MACRO ECONOMICS

정석 거시경제론

2판

장선구 · 박환재 · 이진형 · 함선미

Business & Management Books
비앤엠북스

머리말

정석 거시경제론을 펴내며

세상을 살아가다 보면 다른 사람들의 말 한 마디가 스승처럼 큰 힘이 될 때가 있다. 책에서 읽은 한 줄의 글이 부모처럼 큰 용기가 될 때도 있다. 삶이 힘들고 고통스러울수록 이 세상이 우리의 삶을 더욱 힘들게 할수록 그런 마음이 더욱 간절하다. 우리의 삶과 세상은 우리가 원하는 방향으로 가지 않을 수 있다. 그러나 우리는 스스로 올바르게 생각하고 올바르게 선택한다면 이 세상을 바꿀 수 있고, 우리의 삶을 바꿀 수 있다.

우리 힘으로 우리의 삶을, 우리의 인생을, 더 나아가 이 세상을 바꾸기 위해서는 우리의 삶에, 우리의 인생에, 이 세상에 무슨 문제가 있는지, 왜 그렇게 되어 있는지를 이해해야 한다. 사람들이 살아가는 방식이 경제라고 한다. 그래서 몇몇 경제학자는 경제학이 인생, 우주, 그리고 모든 것에 관한 궁극적 질문을 다루는 것이라고까지 말한다. 팀 하포드는 『경제학콘서트』에서 경제학은 인생을 다루는 학문이라고 말한다. 로버트 프랭크는 『경제 박물학자』시리즈에서 경제학이 세상을 이해하는 데 얼마나 도움을 주는가라는 질문에 답을 하고 있다.

많은 경제학자들이 경제학은 인생, 우주, 그리고 모든 것을 다루는 것이라고 할지라도 우선 왜 그런지를 이해해야 한다. 이것이 바로 이 책을 쓴 이유이다. 많은 사람들은 경제가 잘 돌아가지 않고 우리의 삶이 어려워졌다고 생각한다. 경제가 왜 고장났는지, 그리고 고장난 경제를 고칠 수는 있는지 이해하고 나서야 우리는 우리 스스로 이 세상을, 우리의 삶을 바꿀 수 있는지도 모른다.

커피를 한 잔 들고 창가에 앉아 바깥을 바라보고 있노라면 이런 광고가 눈에 들어온다.

'주말과 공휴일 주방/홀 여직원구함'

이런 구직광고를 경제학자들은 어떻게 볼까? 삶에 지친 젊은 아줌마들은 얼마를 받고 일하게 될까? 일자리가 생겨서 국가 보조금을 더 이상 받지 못하면 시간당 최저임금 9,160원은 그 아줌마들에게 얼마의 가치를 가질까?

머리를 돌려 좀 더 크게 생각해보면 여전히 불경기라는 사실, 이 불경기에 평균임금이 하락하여 최저임금정도에 근접하고 많은 실직자들이 이 세상에 있다는 사실을 말해준다. 이런 광범위한 경제상황이 어떻게 설명될 수 있을까? 현재의 경제상황에 새로운 변화를 일으키는 원인은 무엇일까? 그런 새로운 변화가 우리의 삶에 어떻게 막대한 영향을 미치는가? 이런 질문들에 대한 그 비밀을 파헤쳐 보아야 한다. 이때 비로소 무엇이 문제인지 어떻게 고칠 수 있는 것인지를 이해할 수 있다. 이 책도 그런 관점에서 쓴 것이다.

세상에 나온 책 중에는 우리 독자의 눈길을 끄는 책 제목들이 있다. 부의 비밀이니 삶의 비밀이니 하는 책들이 많다. 그러나 막상 책을 펼쳐보면 그 속에 비밀은 하나도 없다. 이 책도 삶과 인생, 경제의 많은 비밀을 파헤치려고 노력했지만 독자들이 보기에 그렇게 느낄지 자신할 수는 없다. 비록 많은 비밀을 파헤치지는 못하더라도 독자들이 자신만의 안경을 끼고 그 속에 숨겨진 보석과 열쇠가 있다고 생각해준다면 더없는 영광이다. 이러한 마음으로 집필하는 시간들을 소중한 내 삶의 일부라고 생각하며 의욕적으로 책을 썼지만 이 책의 진가를 알아볼 수 있는 것도 독자의 몫으로 남겨둔다.

세상에 이 책을 내놓으면서 다른 거시경제학 서적보다 무엇이 더 좋은 점이어야 할까 고민해보았다. 처음으로 집필한 정석 재정학과 정석 미시경제학에서도 그런 고민을 하였는데, 다시 이런 고민을 하게 된다. 이 책에서는 간결하면서도 정도로 가는 길을 안내하는 지침서가 되어야 하겠다고 생각했다. 인생에는 정도가 없다고 하고, 학문에는 왕도가 없다고 하지만 우리 주변의 삶의 현상을 설명하는 정석은 있다고 믿기에 각 장, 각 절, 각 항마다 정석사고를 넣어 정도를 배울 수 있게 하였다. 그래서 정석사고만 따라 생각해보아도 경제학자처럼 사고할 수 있게 될 것을 기대한다.

저자가 제안하는 강의순서는 강의하는 사람의 목적에 따라 다음 두 가지 방식으로 나누어 하나를 선택하여 진행할 수 있다.

첫째, 소수 선택된 주제로 강의를 하면서도 거시경제학의 핵심을 놓치지 않으려는 목적을 가지고 있다면 제1장과 제2장, 제3장과 제4장의 기초개념과 기초이론을 강의한 후

머리말

제7장과 제8장의 화폐시장을 강의하고, 제9장의 총수요와 총공급을 강의한 후 제11장의 실업과 인플레이션을 강의하는 것이다.

둘째, 거시경제학의 미시적 기초를 강조하면서 많은 주제를 다루고자 하는 강의목적을 가지고 있다면 제1장에서 제4장까지의 기초개념과 기초이론을 강의 한 후 제5장과 제6장의 미시적 기초를 강의하고, 제7장과 제8장의 화폐시장을 강의한 후 제9장과 제10장, 제11장을 강의하는 것이다.

이외에 동태적 경제이론을 추가적으로 강의하고 싶다면 제12장과 제13장을, 개방거시경제학까지 강의하고 싶다면 제14장과 제15장을 강의하는 것이다. 그리고 이 책의 각 장 뒤에 있는 정석기본문제는 본문을 기본적으로 이해하였는지를 체크할 수 있도록 하였고, 정석심화문제는 본문의 이해를 바탕으로 응용력을 체크할 수 있도록 하였다. 문제들의 해답은 정석힌트로 대신하여 스스로 풀 수 있도록 하였다.

저자의 강렬한 의욕에도 불구하고 시간에 쫓기기도 하고 자신의 게으름 때문에 많은 부분이 설명되지 못하고 누락된 점도 있어서 아쉬움을 느낀다. 이 모든 부족한 점을 저자의 능력부족으로 책임을 돌려야 할 것 같다. 꾸준히 노력해서 앞으로 조금씩 개선해 나갈 것을 약속하고 싶다.

그 동안 이 책을 집필한다고 주변의 삶들에게 끼친 고통과 불편함에 고개 숙여 널리 용서를 구하고 싶다. 그리고 저자를 이끌어주신 여러 선생님들께 감사의 마음을 느낀다. 특히 이 책의 원고를 검토하고 교정해준 출판사 사장님과 부장님, 편집자님께 고마운 마음을 가진다. 마지막으로 끝까지 책을 쓰도록 격려하고 채찍질해준 내 가족에게 진심으로 고마움을 표하며 이 책을 바친다.

2021년 8월
저자

차례

1

거시경제학의 기초개념

정석 거시경제론 **제1장**

거시경제학의 성격과 방법

오늘날 우리는 더 많은 것들에 대해 더 적게 말하든가,
더 적은 것들에 대해 더 많이 말하든가 이 둘 중에서 선택해야 한다.
- 로버트 솔로 -

우리가 살아가려면 입고, 먹고 마셔야 한다. 오늘날의 우리는 삶에 필요한 모든 것을 혼자서 해결할 수 없는 사회에 살게 되었다. 우리는 어떤 물건을 만들어 시장에 팔기도 하고, 그렇게 번 돈으로 물건을 구매하기도 한다. 이와 같은 모든 행위는 일정한 규칙을 갖추는 하나의 경제를 이룬다.

원래 가계의 살림살이가 경제의 의미였다. 가계에서 발생하는 문제는 경제에서 발생하는 근본문제들과 유사한 점이 많다. 예를 들어 가계에서 무엇이 진정 필요하며, 어느정도의 옷을 사고 반찬을 만들어야 하는지 결정해야 한다. 그런데 이러한 가계의 경제행위가 총체적으로 나타난 경제현상을 보면, 가계소득이 늘어나 소비가 늘어나기도 하고 가계소득이 줄어 소비가 줄어들기도 한다. 또한 장기적으로 보면 가계의 소득은 꾸준히 늘어난다.

이와 같이 개인 경제행위를 총체적으로 나타낸 자료를 토대로 일정한 규칙성을 찾아내어 현실을 보다 더 잘 이해하고 잘못된 부분은 어떻게 교정할 수 있는지를 모색하는 것이 거시경제학의 주요관심대상이다. 이러한 문제들을 살펴본 후 우리는 거시경제학이 무엇인지 거시경제학의 방법론은 어떤 것인지 살펴볼 것이다. 거시경제학은 결국 사람을 위한 학문이며 보다 나은 삶의 수준을 만드는 데 도움을 주는 학문이다. 우리가 이 장의 공부를 시작하면서 경제현실을 더 잘 이해하고, 우리의 삶을 보다 나은 수준으로 만드는 하나의 지침이 될 수 있을 것이다.

이 장에서 배울 것

- 경제의 개념
- 거시경제학자는 어떻게 사고하는가?
- 경제학은 어떻게 구분되는가?
- 거시경제학의 이해
- 거시경제학의 등장

1 경제의 기초개념

1. 경제행위와 경제

대부분의 사람들은 경제가 돈에 관계된 모든 것이라고 생각한다. 경제가 돈에 관한 것이라고 말할 때 그것은 단순히 물리적인 돈 즉 지폐나 동전을 의미하는 것은 아니다. 돈이라는 것은 우리 자신이 그 사회의 자원 중 얼마만큼 자신의 몫으로 가지고 있는지를 나타낸다. 우리가 돈을 조금 가지고 있다는 것은 그 사회의 자원 중 극히 일부만을 가지고 있다는 의미이다.

돈을 벌기 위해서는 직업을 가지고 일을 해야 한다. 벌어들인 돈과의 교환으로 재화나 서비스를 구입하여 소비를 한다. 그런데 우리가 직업을 가지고 일을 하여 우선 재화나 서비스를 생산해내야 그것을 구입하고 소비할 수 있다. 이와 같이 사람들이 재화와 서비스를 생산하고 교환 및 분배하여 소비하는 모든 행위를 경제행위라고 한다.

이러한 경제행위가 규칙적이고 지속적으로 이루어져 일정한 사회질서와 제도를 형성할 때, 그것을 경제라고 한다. 경제는 그 범위에 따라 여러 종류로 구분할 수 있다. 예를 들어 가정에서 경제행위가 이루어지면 가정경제라고 하고, 국가적으로 경제행위가 이루어지면 국민경제라고 하며, 여러 국가들 사이에서 경제행위가 이루어지면 국제경제라고 한다.

2. 경제행위와 경제주체

경제행위는 개인 또는 집단에 의해 이루어지는데, 경제행위를 하는 개인 또는 집단을 경제주체라고 한다. 보통 하나의 경제를 이루는 경제주체를 가계, 기업, 정부, 해외부문 등으로 나눌 수 있다. [그림 1-1]은 이러한 경제주체들과 경제와의 관계를 보여준다.

그림 1-1 경제주체와 경제

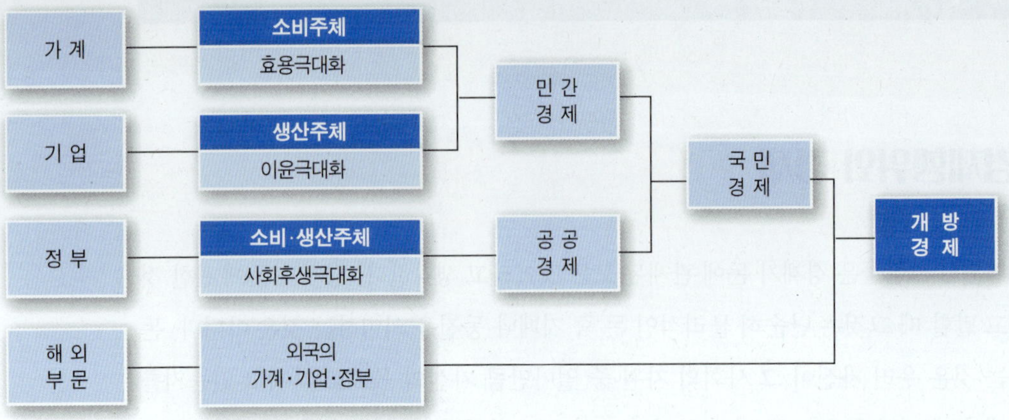

(1) 가계

가계(household)는 자신이 가지고 있는 자원을 공급하고 재화와 서비스를 소비하는 소비의 경제주체이다. 가계는 자원의 공급을 통하여 소득을 얻고, 이 소득으로 소비활동을 한다. 따라서 가계는 소비활동을 할 때 자신이 벌어들인 소득의 범위 내에서 가장 큰 만족을 얻을 수 있는 방법을 선택하려고 한다.

(2) 기업

기업(firm)은 이윤획득을 목적으로 개인들의 자원을 고용하여 재화와 서비스를 생산하는 생산의 경제주체이다. 기업은 가계에서 공급하는 자원을 고용하여 재화 및 서비스를 생산하는데, 그 목적은 이윤을 얻는 데 있다. 따라서 기업은 생산활동을 할 때 주어진 자원과 기술력의 범위 내에서 가장 큰 이윤을 얻을 수 있는 방법을 선택한다.

(3) 정부

정부(government)는 가계와 기업으로 구성되는 민간경제의 경제활동을 시장의 기능이 가장 잘 발휘될 수 있도록 조정하고 규제하는 경제주체이다. 정부는 민간경제가 생산할 수 없는 특수한 재화들인 국방·치안·외교·도로·교량 등의 **공공재**(public goods)를 생산하기도 하고 가계처럼 소비활동을 하기도 한다. 정부가 경제활동을 하는 유일한 목표는 공익을 극대화하는 것이므로 주어진 예산범위 내에서 공익을 극대화할 수 있는 방법을 선택한다.

(4) 해외부문

해외부문(foreign sector)은 민간경제와 정부로 구성되는 국민경제가 다른 나라의 경제와 거래행위를 할 때, 다른 나라의 가계·기업·정부의 경제주체들을 묶어서 사용되는 개념이다. 따라서 해외부문이 존재하는 국민경제를 **개방경제**(open economy)라고 하고 해외부문이 존재하지 않는 무인도의 로빈슨 크루소와 같은 경제를 **폐쇄경제**(closed economy)라고 한다.

정석사고

사람들이 재화와 서비스를 생산하고 교환하고 분배하고 소비하는 모든 행위를 **경제행위**라고 한다. 이러한 경제행위가 규칙적이고 지속적으로 이루어져 일정한 사회질서와 제도를 형성할 때, 그것을 **경제**라고 한다. 경제행위를 하는 개인 또는 집단을 **경제주체**라고 한다.

3. 자본주의 경제

자본주의 경제는 순수시장경제의 핵심요소를 가지고 있는 것이 그 특징이다. 즉, ① 개인들이 자원을 소유하며, 이것을 **사유재산제도**라고 부른다. ② 개인들이 자유롭게 자원사용에 대한 계획과 결정을 하며, 이를 **의사결정의 분권화**라고 부른다.

두 번째 요소는 자유롭게 개인들이 자원사용에 대한 의사결정을 한다는 점에서 **경제적 자유**로 부르기도 한다. 따라서 자본주의 경제는 사유재산제도와 의사결정의 분권화 혹은 경제적 자유를 두 핵심요소로 하여 개인들이 자유의사에 따라 자신의 이익을 추구하며, 무수히 많은 개인의 의사결정들이 시장을 통해 조정되어 경제문제가 해결되는 경제체제이다.

정석사고

자본주의 경제는 **사유재산제도**와 의사결정의 분권화 혹은 **경제적 자유**를 두 핵심요소로 하여 개인들이 자유의사에 따라 자신의 이익을 추구하며, 무수히 많은 개인의 의사결정들이 시장을 통해 조정되어 경제문제가 해결되는 경제체제이다.

자본주의 경제에서는 개인들이 자유롭게 자신의 이익이 극대화되는 방향으로 경제활동(생산·교환·소비 등)을 하는데, 경제활동의 기준이 되는 지표가 바로 시장에서 형성되는 가격이다. 이처럼 시장기구 또는 가격기구가 자원배분의 역할을 담당하고 있다고 하여 자본주의 경제를 자유시장경제라고도 부른다.

자본주의경제는 시장과 가격에 의해서 자원배분이 합리적으로 수행되는 좋은 체제이지만, 개인의 이익만을 추구하는 경제활동이라는 점에서 여러 가지 결함도 노출되고 있다.

경기변동과 실업: 자유로운 경제활동의 결과 과잉생산·과소생산 등으로 경기변동이 야기되고, 여러 기업들이 파산하여 사라짐에 따라 대량실업이 발생하여 귀중한 자원들이 유휴상태로 방치되게 된다. 따라서 이러한 경우에는 그 사회의 자원이 합리적으로 배분되지 않는다.

인플레이션: 자유로운 경제활동의 결과 수출이 잘 되어 많은 돈이 유입되면 인플레이션이 발생한다. 인플레이션은 미래에 대한 불확실성을 증가시켜 기업들의 투자활동을 위축시키고, 서민들의 주거비와 생활비를 상승시켜 소비활동을 위축시킨다. 또한 인플레이션은 재화의 가격을 변화시키므로 자원사용에 대한 신호의 역할을 상실하여 효율적인 자원배분이 이루어지기 어렵게 한다.

빈부격차: 자유로운 경제활동의 결과 어떤 사람들은 다른 사람들보다 많은 자본을 축적하여 축적된 자본에서 많은 소득을 얻게 된다. 따라서 부유한 사람과 가난한 사람 사이에 존재하는 소득불평등의 정도가 점점 더 심각해질 수 있다.

이상과 같은 자본주의경제는 13세기 이탈리아에서 상업중심으로 시작되었다고 한다. 이후 네덜란드, 영국 등으로 전파되어 17세기부터 영국에서 해외무역이 크게 번성하였는데, 무역을 통해 국부를 모을 수 있다는 중상주의의 이론이 그 시대의 주류를 형성하였다. 18세기 영국에서 일어난 산업혁명을 계기로 국부는 상업이 아니라 산업 즉, 생산과정에서 창출된다는 산업자본주의가 등장하게 되었다. 산업자본주의의 이론적 근거는 애덤스미스가 제공하였으며, 그의 사상을 고전학파이론이라고 부른다.

2. 경제학의 구분

경제학에서 경제현상을 설명할 때 가치판단을 개입하는지, 시간의 변동을 고려하는지, 연구대상을 개인 혹은 경제전반으로 하는지, 여러 생산물시장 간 연관성을 고려하는지의 여부에 따라 다양하게 구분할 수 있다. 그러나 모든 경제이론이 이러한 구분에 의해 명확히 나누어지는 것은 아니며 서로 혼재해 있는 경우가 많다는 점에 유의할 필요가 있다.

1. 가치판단: 실증경제학과 규범경제학

경제학은 가치판단을 배제하고 경제를 분석하는가, 아니면 가치판단을 하면서 경제를 분석하는가의 여부에 따라 실증경제학과 규범경제학으로 구분할 수 있다.

실증경제학(positive economics)은 경제현상을 사실 그대로 기술하고 분석하여, 그 결과로 얻어진 일련의 지식체계이다. 다시 말해서 실증경제학은 경제변수들 사이에 존재하는 상호의존관계 또는 인과관계를 발견하여 어떤 경제변수의 변화가 어떤 결과를 보여주는지 경제현상의 변화를 예측하는 지식체계를 말한다. 이러한 실증경제학의 가치는 경제이론이 현실경제를 얼마만큼 잘 설명할 수 있는가와 그 이론의 예측능력에 달려 있다. 보통 경제학에서는 실증경제학이 그 주류를 이루고 있다.

규범경제학(normative economics)은 어떤 경제상태가 바람직하고, 바람직하지 않은지에 대한 주관적인 가치판단에 의해 그것을 결정하는 기준을 제시하는 지식체계를 말한다. 규범경제학에서 가장 중요한 것은 바람직한 상태가 무엇인지 그 기준을 결정하는 일이며, 당시의 사회적 양식에 비추어 타당성 여부의 기준이 결정되므로 가치판단의 기준이 시대와 장소에 따라 달라질 수 있다는 단점이 있다.

2. 시간: 정태경제학과 동태경제학

경제학의 분석방법에 있어서 여건의 변동 또는 시간의 변화를 고려하느냐의 여부에 따라 정태경제학과 동태경제학으로 구분된다. **정태경제학**(static economics)은 경제가 어떤 상태에 도달하여 벗어날 유인이 없는 상태에서 외부충격으로 인해 다른 상태로 바뀔 때, 시간의 변화를 고려하지 않는 상태에서 경제변수간의 상호의존관계나 인과관계를 밝히려는 분석방법을 말하는데, 이를 **정태분석**(static analysis) 또는 **비교정학**(comparative statics)이라고도 한다. 이것은 여건이 변화할 때 시간의 경과에 따른 경제상태의 변화과정은 설명하지 않고 단지 그 결과만을 설명하는 분석방법이다. 따라서 여건의 변화 이전과 이후의 경제상태를 비교함으로써 여건의 변화가 경제에 어떤 영향을 미치는가를 분석하는 접근방법이다.

동태경제학(dynamic economics)은 시간의 변화를 고려하면서 시간의 경과에 따라 변화하는 경제현상 사이의 상관관계를 밝히려는 분석방법을 말한다. 동태경제학은 어떤 상태에서 다른 상태로 이동해가는 과정을 중요시하며, 이를 **동태분석**(dynamic analysis) 또는 **동학**(dynamics)이라고도 한다. 정태경제학이 주로 소비·생산·교환·분배 등의 작은 범주의 경제현상을 분석하는데 이용되는 반면, 동태경제학은 주로 경기변동·경제성장·경제발전 등의 큰 범주의 경제현상을 분석하는데 사용된다.

3. 연구대상: 미시경제학과 거시경제학

경제학은 연구대상에 따라 미시경제학과 거시경제학으로 구분된다. **미시경제학**(microeconomics)은 국민경제를 구성하고 있는 가계·기업의 개별경제주체의 경제행위와 상호작용을 연구대상으로 하여 그것을 지배하는 경제원리를 분석하는 경제학이다. 다시 말해서 가계의 소비행위와 기업의 생산행위를 지배하는 원리를 관찰하여 분석하고, 시장에서 가계와 기업의 상호작용으로 형성되는 가격이 어떻게 결정되는가를 연구대상으로 하는 학문이다. 이 때문에 미시경제학을 과거에는 가격론(price theory)이라고 부르기도 하였다.

거시경제학(macroeconomics)은 가계·기업과 같은 개별경제주체의 경제행위를 직접 연구대상으로 하지 않고, 개별경제 주체들의 집합적 행동결과에 의해서 발생하는 국민경제의 전체적인 현상을 연구대상으로 하여 국민경제 전체에서 성립하는 경제원리를 분석하는 경제학이다. 따라서 국민경제 전체의 총량개념인 국민소득, 고용수준, 물가수준, 통화량, 경제성장, 국제수지 등이 어떻게 결정되며, 어떤 관계를 가지며, 각종 정책이 이들에 어떤 영향을 미치는가를 연구하고 분석하는 학문이다. 특히 자원고용문제와 밀접하게 관련된 국민소득이 어떻게 결정되는가에 중점을 두기 때문에 과거에는 **국민소득론**(national income theory)이라고 부르기도 하였다.

미시경제학과 거시경제학의 관계는 나무와 숲의 관계로 설명할 수 있다. 한 그루의 나무를 관찰하면 거기서 나무의 성장과 사멸의 원리를 알 수 있지만 숲이란 전체의 현상은 알 수가 없다. 이와 같이 미시경제학에서 개별가계나 개별기업을 관찰하면 개별경제 주체의 행동원리는 알 수 있지만 국민경제 전체를 지배하는 원리를 이해하기 어렵다. 따라서 나무와 별도로 숲을 관찰해야 숲을 지배하는 원리를 알 수 있듯이, 국민경제 전체를 지배하는 원리를 이해하기 위해서는 거시경제학이 필요한 것이다.

나무들의 집합이 숲을 이루듯이 미시경제학과 거시경제학은 상호보완적인 관계에 있지만 때때로 서로 다르게 작용할 때도 있다. 예를 들어 개별가계가 모두 저축을 늘리게 되면 일시적으로 사회 전체의 저축이 늘어나지만 소비가 상대적으로 줄어서 경제가 위축되고 전반적인 소득수준이 낮아질 수도 있다. 소득수준이 낮아지면 저축할 여력이 감소하므로 사회 전체의 저축이 감소할 수 있다. 이처럼 부분적으로는 타당한 이야기가 전체적으로 봤을 때 틀려지는 것을 **구성의 오류**(fallacy of composition)라고 하는데, 이것이 거시경제학을 단순히 미시경제학의 확대로 취급하기 어렵게 하는 이유이다. 구성의 오류는 너무 나무에 집착하여 관찰하다보면 숲에서 벌어지는 현상을 잘못 파악할 수 있음을 보여줄 때 사용된다. 이야기 1-1

4. 시장연관성: 부분균형이론과 일반균형이론

경제이론은 어떤 하나의 시장을 연구대상으로 분석하는가 아니면 모든 시장 사이의 상호의존관계를 고려하여 각 시장을 분석하는가에 따라 부분균형이론과 일반균형이론으로 구분할 수 있다. 먼저 경제학에서의 **균형**(equilibrium)이란 물리학에서 유래된 개

이야기 1-1 축구경기와 경제학 분류

손흥민 선수의 행동은 미시, 축구경기의 결과는 거시

축구경기는 여러 사람이 조화를 이루어 상대방의 전략에 어떤 작전으로 대응하는가에 따라 경기의 승패가 달라진다. 축구경기를 미시적인 시각과 거시적인 시각으로 나누어 살펴보고자 한다.

세계최고의 공격수인 우리나라의 손흥민은 매 순간 선택문제에 직면하게 된다. 그는 욕심이 매우 많다. 혼자서 볼을 드리블해서 골로 연결시키고 싶지만 상대 수비수가 가만히 있지 않고, 체력적으로도 한계가 있기 때문에 주어진 상황에서 최선의 선택을 해야 한다. 진로를 가로막는 상대방 수비수가 앞에 나타나면 손흥민은 수비수를 왼쪽으로 돌파할지 아니면 오른쪽으로 돌파할지, 패스를 해야 할지 선택에 직면하게 되는데 이러한 상황은 '미시'적 현미경으로 보는 것이다. 수비를 제치고 볼을 어떤 공격수에게 센터링을 할지 선택해야 하고, 이때 최적의 공격 경로를 따라서 공격수에게 잘 전달되면 그 결과가 골로 연결되는 것이다. 전·후반전이 끝나면 최종결과인 점수와 반칙수, 코너킥수 등이 비교되어 나오는데 이러한 정보는 '거시'적인 망원경으로 본 내용들이다. 아침신문에 주로 나오는 것은 경기의 결과이다. '한국, 일본을 상대로 3:1로 승리하다'와 같은 결과는 거시적인 문제이고, 만일 더 큰 점수 차이로 승리를 못한 데 아쉬워하며 '아, 그때 손흥민이 직접 몰고 갔어야 하는데!' 등의 선택의 문제를 되짚어보는 것은 미시적인 접근이라고 할 수 있다. 이처럼 미시와 거시는 접근방식이 다를 뿐 상호 보완적일 때 그 의미가 높다고 할 수 있다.

념인데, 일반적으로 서로 상반된 힘이 맞아떨어진 상태를 의미하며 다른 교란요인이 없는 한 그 상태를 벗어나려는 유인이 없는 상태를 말한다. 현실의 경제는 개별경제주체들이 자신의 이익을 추구하는 경제활동을 하기 때문에 끊임없이 변동하고 있다. 그러나 경제주체들은 주어진 조건 하에서 어떤 바람직한 상태에 도달하게 되면 더 이상의 변화를 바라지 않게 되고, 그 상태를 유지하려 할 것이다. 이러한 상태를 균형이라고 한다. 이처럼 서로 다른 요인들이 변화에 따라 수평적인 균형상태로 이동할 때 두 균형상태를 비교분석하는 것이 균형분석 또는 **균형이론**이라고 한다.

균형이론은 부분균형이론과 일반균형이론으로 나누어진다. **부분균형이론**(partial equilibrium theory)은 개별시장(부문)의 균형상태를 분석하는 이론이고, **일반균형이론**(general equilibrium theory)은 모든 시장(부문)의 동시적 균형상태를 분석하는 이론이다. 부분균형이론은 분석이 간편하지만 영향을 미치는 다른 시장을 고려하지 않으므로 불완전하거나 잘못된 결론을 내릴 수도 있다. 그러나 하나의 시장을 분석하므로 보다 정확하고 치밀한 분석이 가능하다는 장점이 있다. 반면에 일반균형이론은 모든 시장을 고려하므로 완전하거나 올바른 결론을 얻을 가능성이 높으나 분석이 복잡해지는 만큼 정확성이 상대적으로 떨어진다고 할 수 있다.

이상에서 설명한 경제학의 여러 구분방법을 요약하면 [표 1-1]과 같다.

표 1-1 **경제학의 구분**

구분기준	구 분	내 용
가치판단	실증경제학	경제현상을 있는 사실 그대로 분석하고 경제현상들 간에 존재하는 인과관계를 발견하여 경제현상의 변화를 예측하는 지식체계 ex 세금을 낮추고 사회보장비 지출을 축소하면 국민들은 더욱 열심히 일할 것이다.
	규범경제학	어떤 상태는 바람직하고 어떤 상태는 바람직하지 못하다는 가치판단이 개입하는 지식체계 ex 국민들로 하여금 더욱 열심히 일하게 하기 위해서는 세금과 사회보장비 지출을 축소해야 한다.
시간의 변동	정태경제학	시간의 변동을 고려하지 않는 상태에서 두 균형상태를 비교 · 연구하는 분석방법
	동태경제학	시간의 변동을 고려하면서 한 균형점에서 다른 균형점으로 이동해가는 과정을 중요시하는 분석방법
연구대상 (경제주체)	미시경제학	가계와 기업 등 개별 경제주체의 경제행위와 그 상호작용을 연구대상으로 하는 분야
	거시경제학	개별경제주체들로 구성된 국민경제의 전체적인 현상을 연구대상으로 하는 분야
시장 간 연관성	부분균형 이론	다른 시장상황은 일정하게 주어져 있다고 가정하고 특정시장에 초점을 맞추어 분석하는 이론
	일반균형 이론	특정시장과 다른 모든 시장이 서로 영향을 주고받는 것을 고려하면서 특정시장을 분석하거나 또는 모든 시장들을 한꺼번에 분석하는 이론

3 거시경제학의 방법론

제1절에서 가계, 기업, 정부를 포함한 경제를 국민경제, 여기에 해외부문을 포함시키면 개방경제라고 하였다. 거시경제학은 이 국민경제와 개방경제를 전체적으로 관찰하고 분석하는 경제학의 중요한 분야이다.

거시경제학은 세계정치의 중심에 서있는 거시경제문제를 다룬다. 예를 들어 국제뉴스에 미국에 왜 막대한 무역적자가 발생하는가? 일본의 엔화가치가 낮아지면 왜 우리의 수출이 어려워지는가? 국내물가가 하락하면 경기가 왜 나빠지는가? 미국이 양적완화를 하면 왜 금리가 낮아지는가? 등의 거시경제문제를 관찰하고 그 이면의 논리를 설명하려고 한다. 이것이 경제현상을 설명하고 경제정책을 수립하는 데 유용한 정보와 지식을 제공하는 것이다.

거시경제학자들을 포함하여 일반 경제학자들은 생물학자들처럼 통제된 실험을 하기 어렵다. 그래서 과거의 자료에 의존하여 변화를 관찰하고 그 변화의 규칙성을 찾아내고자 한다. 이를 위해 경제현상을 단순화시켜 관찰하고 가설을 만든다. 그리고 현실을 단순화한 장난감 같은 경제모형('장난감 경제학')을 만들어 가설을 증명한다. 이러한 객관적 방법으로 경제이론들을 만들어낸다. 경제학자들이 사고하는 방식을 이해하기 위해 다음 경제모형에 대해 알아보자.

1. 경제모형

경제학자들은 보통 경제이론을 경제모형이라는 도구를 이용하여 만든다. 그 이유는 물리적인 실험이 어렵기 때문이다. 예를 들어 화학자는 여러 화학물질을 배합해서 실험할 수 있다. 또한 생물학자는 다양한 생물체를 배양해보는 실험을 할 수 있다. 그러나 경제학자는 통화량을 늘려보거나 기업들로부터 노동자를 해고시키는 등의 실험을 할 수 없기 때문이다. 따라서 경제학자들은 역사적 경험에서 얻는 자료와 자신의 사고에 크게 의존한다.

생물학에서 플라스틱으로 만든 동물모형을 사용하여 동물의 특징과 구조를 설명하듯이 경제학자는 현실세계를 과학적으로 사고하고 실험하기 위해서 경제모형을 사용한다. 경제모형은 현실의 경제를 단순화하고 추상화하여 마치 지도처럼 표시하는 표현도구이다. 우리가 어떤 대학을 방문했을 때, 대학에서는 캠퍼스맵이라는 지도를 이용하여 설명하고 안내할 것이다. 이 지도를 통해 대학에 어떤 것이 어떻게 운용되는지 알 수 있듯이 경제모형은 우리의 경제에서 어떤 일들이 어떻게 일어나고 있는지를 알 수 있게 한다.

경제모형을 설정하는 데에는 세 가지 기준이 있다. 그 기준은 현실성, 정확성, 보편성을 말한다. 현실성은 모형에서 질적으로 정확한 방법에 의해 인간 행동을 묘사하는 것을 말하고, 정확성은 양적으로, 보편성은 인간 행동의 광범위한 측면까지 모두 포괄하는 것을 말한다. 그러나 일반적으로 모형이 이 세 가지를 모두 충족시키기는 어렵다. 예를 들어 정확성을 높이면 현실성이 낮아질 수 있고, 현실성을 높이면 보편성이 낮아질 수 있다. 이 기준들 중에서 단순화와 추상화를 통해 주로 현실성을 가지는 것에 초점을 맞춘다.

현실을 **단순화**한다는 것은 중요한 측면, 혹은 중요한 요인들만 추려서 현실을 그려낸다는 것을 의미한다. 이러한 단순화를 다른 말로 바꾸면, 덜 중요한 많은 측면이 생략되었다는 점에서 **추상화**라고 할 수 있다.

경제모형은 흔히 변수, 가정, 가설이라는 세 가지 구성요소로 이루어진다. 경제모형에서 **변수**(variable)는 어떤 경제현상에 영향을 주면서 그 값이 변화하는 요인을 말한다. 경제학자들은 어떤 경제현상을 설명하고자 할 때 먼저 **가정**(assumption)을 설정한다. 경제학자가 특히 좋아하는 가정이란, 현실의 경제현상이 대단히 복잡하므로 단순화하기 위해 모형에 포함시킨 중요변수들을 제외한 나머지 변수들은 존재하지 않는 것으로 간주하거나 또는 변하지 않는다는 일련의 조건으로서 실험환경의 통제라고 할 수 있다. 물론 가정은 최소한으로 해야 모형의 보편성을 잃지 않는다.

2. 가설과 경제이론

경제학자들은 가정을 통해 복잡한 경제현상을 단순화 시키고 추상화 하여 보편적이고 본질적인 규칙성과 법칙성을 찾아내어 가설을 만든다. 경제모형을 통해 경제변수들 사이의 보편적이고 본질적인 인과관계를 추론해낼 수 있는데, 이렇게 추론된 인과관계를 가설이라고 한다. 즉, **가설**(hypothesis)은 모형분석의 결과로 얻어지는 명제를 말한다.

이 가설이 실증적인 검증절차(주로 통계적인 방법)를 거쳐 현실경제를 잘 설명한 것으로 판단한 것을 경제이론이라고 한다. 따라서 **경제이론**은 검증된 경제모형으로서, 일반적으로 가정의 설정, 가설의 정립, 가설의 검증이라는 단계를 거쳐 성립이 된다. 이러한 절차가 [그림 1-2]에 요약되어 있다.

그림 1-2 경제이론의 구성과 정립

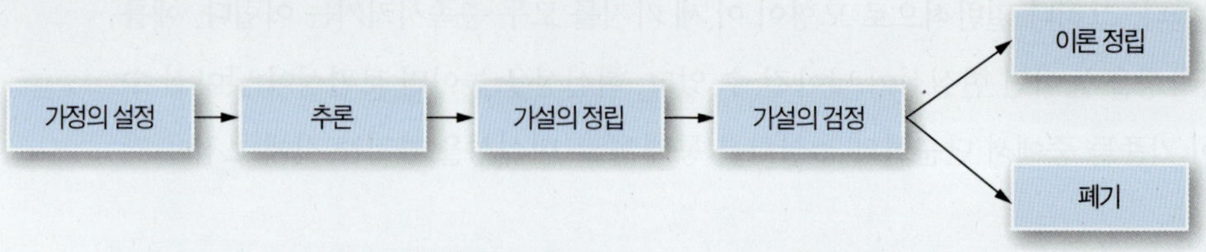

정석사고

경제학자들은 보통 경제이론을 경제모형이라는 도구를 이용하여 만든다. 경제모형은 현실의 경제를 단순화하고 추상화하여 마치 지도처럼 표시하는 표현도구이다. 경제모형은 흔히 변수, 가정, 가설이라는 세 가지 구성요소로 이루어진다. 경제모형으로부터 가정을 통해 경제변수들 사이의 보편적이고 본질적인 인과관계를 추론해낼 수 있는데, 이렇게 추론된 인과관계를 가설이라고 한다. 이 가설이 실증적인 검증절차를 거쳐 현실경제를 잘 설명하는 것으로 검증이 되면 이것을 경제이론이라고 한다.

4 거시경제학의 성격

앞에서 살펴본 것처럼 연구대상에 따라 경제학을 미시경제학과 거시경제학으로 구분할 수 있다. 특히 거시경제학(macroeconomics)은 가계, 기업과 같은 개별경제주체의 집합적 행동결과에 의해서 발생하는(해외부문을 포함한) 국민경제의 전체적인 현상을 연구대상으로 하여 국민경제 전체에서 성립하는 경제원리를 분석하는 경제학이다. 다시 말해서 국가단위의 경제를 국민경제로 정의하면, 거시경제학은 국민경제의 국민소득, 고용수준, 물가수준, 통화량, 경제성장, 국제수지 등이 어떻게 결정되고, 어떤 관계를 가지며, 각종 정책이 이들에 어떤 영향을 미치는가를 연구하고 분석하는 학문이다. 이때 국민경제 내에서의 경제생활이라고 하면 한 사회가 운영하고 있는 경제조직의 특성에 영향을 받는, 예를 들어 자본주의 시장경제의 자원배분기능에 의하여 발생하는 개별 경제생활의 총체적 현상이라고 할 수 있다.

1930년대 세계대공황이 발생했을 때 기존의 미시경제학과 같은 이론들이 현실을 제대로 설명하지 못한다는 반성과 비판이 일었다. 그 결과 개인의 경제생활의 선택과정을 통해 국민경제 전체의 경제현상을 설명하는 논리를 사용하지 않고 전체 경제현상을 구성하는 국민소득, 고용, 물가수준 등의 경제변수들 사이의 관계를 이용하여 전체 경제현상을 이해하려는 분야가 출현하였다. 이러한 경제학의 분야를 거시경제학이라고 한다.

1950년대 세계경제가 매우 안정적으로 성장하게 되면서 개인의 경제생활이 사회적으로 서로 조화를 이루며 전체 경제생활이 결정되는 이론들이 발전하게 되었다. 이로 인해 거시경제학의 많은 기본가정들이 미시경제학의 이론에 토대를 두게 되었다. 그러므로 거시경제학이 미시경제학과 별도의 분야가 아니라 상호보완하는 분야로 발전하게 되었다.

1. 가격의 신축성과 비신축성

경제학자들은 일반적으로 상품의 가격이 수요와 공급이 균형을 이루도록 신속하게 조절된다고 가정한다. 시장의 균형이 맞지 않는 현상은 극히 일시적이며, 일반적으로 신속히 가격이 조정되어 균형에 이른다는 것이며, 이런 가정을 시장청산(market clearing)가정이라고 한다. 그러나 이 가정은 현실을 잘 반영하지 못하고 있다. 임금은 노동계약에 따라 일정기간 고정되며, 많은 기업들이 상품가격을 상당기간 동안 일정 수준으로 유지한다.

그렇다고 현실적으로 볼 때 국민경제에서 전반적으로 가격이 신축적이라는 시장청산가정이 잘못된 것은 아니다. 일정기간동안 임금과 가격이 비신축적이더라도 영원히 고정되어 있지 않다. 언젠가는 수요와 공급의 변화에 따라 가격이 변하여 균형을 이루게 된다. 따라서 대부분의 경제학자들은 시장청산가정이 10년 간격으로 관찰하는 실질GDP의 성장과 같은 장기적인 경제현상을 설명하는 데 적합하지만 가격의 비신축적 가정은 각 년도의 실질GDP와 실업변동과 같은 단기적인 경제현상을 분석하는 데 적합하다고 말한다.

2. 거시경제학에서 미시경제학의 역할

경제문제는 크게 거시경제문제와 미시경제문제로 나누어볼 수 있다. 하나의 경제에서 모든 자원이 잘 활용(고용)되고 있는가라는 거시경제문제와 활용되고 있는 자원이 적재적소에 잘 배분되고 있는가라는 미시경제문제가 있다.

많은 경제문제는 가계와 기업들의 상호작용으로 발생하므로 거시경제학과 미시경제학은 밀접하게 연관되어 있다. 경제 전체를 살펴볼 때에도 개별 경제주체들의 결정을 고려하여야 한다. 경제전체의 소비수준을 알아보기 위해서는 각 가계의 소비결정을 고려하여 그 합계를 나타내야 하므로 거시경제이론은 미시경제적 이론에 기초할 수밖에 없다. 그러므로 거시경제모형은 각 가계와 기업의 최적화행위를 포함하게 된다.

3. 거시경제학의 연구과제

거시경제학은 경제 전체의 크기와 총자원의 고용문제를 분석하는 데 관심을 두며, 거시경제학이 다루는 중요한 주제는 실업과 인플레이션, 이와 관련된 국민소득, 물가, 국제수지, 경제성장, 경기변동 등이다.

경제전체의 활동실적이라고 할 수 있는 지표가 실질 국내총생산이라고 할 수 있는데, 이것이 지속적으로 증가하는 경제성장 현상과 이를 가져오는 핵심요인들은 규명되어야 할 장기적 과제이다. 중단기과제로는 실질 국내총생산이 장기 성장추세선을 중심으로 상승과 하락을 반복하는 경기변동을 들 수 있다. 이러한 경기변동과정에서 나타나는 현상이 바로 실업과 인플레이션문제이다.

4. 거시경제학의 기본원리

우리는 여태까지 거시경제학이 무엇인지, 주요 연구과제가 무엇인지를 살펴보았다. 앞으로 우리가 배울 여러 가지 거시경제현상에는 몇 가지 공통적인 원리들이 작용되고 있다. 여기서는 그러한 기본원리들을 예고편의 하나로 소개하고자 한다.

원리 1 한 나라의 생활수준은 그 나라의 생산성에 의해 결정된다.

세계에는 많은 나라가 있지만 각 나라들의 생활수준은 엄청나게 다르다. 한국의 1인당 국민소득은 에티오피아의 1인당 국민소득보다 높다. 이러한 소득의 차이는 생활수준의 차이로 그대로 나타난다. 우리가 에티오피아 사람들보다 더 많은 자동차, 더 좋은 음식을 먹고, 더 오래 살고 있다.

그렇다면 무엇이 각 나라의 생활수준을 이처럼 다르게 만드는가? 경제학자의 대답은 간단하다. 한 나라의 생활수준은 생산성에 의해 결정된다. **생산성**이란 한 사람이 한 시간 일해서 만들어낼 수 있는 재화와 서비스의 양을 말한다. 생산성이 빠르게 증가하면 국민소득과 생활수준도 빠르게 상승한다. 따라서 국민의 생활수준을 향상시키는 가장 좋은 정책은, 최저임금제와 같은 부수적인 방법들도 있을 수 있지만 생산성의 향상이다. 생산성이 향상되려면 잘 교육받은 노동자가 좋은 장비와 설비를 이용해서 최고의 기술로 생산활동을 하도록 하면 된다.

원리 2 인플레이션은 지나친 화폐의 발행으로 인해 발생한다.

인플레이션은 물가수준의 지속적인 상승현상을 의미한다. 인플레이션에는 큰 비용과 고통 또한 따르는데 가장 큰 고통은 실질적 구매력을 약화시켜 사람들을 빈곤하게 만드는 것이다. 따라서 이를 억제하는 것이 모든 국가의 중요한 과제이다.

그렇다면 무엇이 인플레이션을 일으키는가? 정부가 화폐를 많이 발행하면 생산된 상품량은 일정한데 그 상품에 지불되는 화폐액만 커지게 되므로 물가가 올라가게 되는 것이다. 결국 정부가 화폐량을 늘리면 화폐가치는 하락하게 되고 물가수준이 전반적으로 상승하게 된다.

원리 3 인플레이션과 실업은 단기적으로 서로 상충한다.

정부가 화폐를 많이 발행해서 인플레이션이 발생하는 것이라면 정부가 화폐를 많이 찍지 않으면 되지 않는가? 그런데 왜 인플레이션을 잡기 어려울까? 그 이유는 간단하다. 정부가 화폐를 많이 발행하면 사람들이 즉시 지출을 늘리지만 물가는 서서히 상승한다. 그 이유는 기업들이 가격표를 바꾸고, 식당들이 메뉴판의 가격을 바꾸거나 재인쇄하는 등의 과정에서 오랜 시간이 걸린다. 따라서 개인들의 지출은 즉시 늘지만 재화의 가격은 여전히 낮기 때문에 기업들의 판매가 증가한다. 기업들의 판매가 증가하면 기업들은 더 많은 사람을 고용한다. 따라서 화폐량이 늘면 가격들이 변화에 충분하게 적응할 때까지 단기적으로 실업이 줄어든다. 이 때문에 인플레이션을 억제하기 어렵다.

이와 같이 인플레이션과 실업은 단기적으로 서로 상충한다. 물론 장기적으로는 이러한 현상은 사라지고 물가만 상승하고 실업수준은 직업탐색 등과 같은 일시적인 자연실업수준에 머물게 된다. 인플레이션과 실업의 단기적 상충관계 때문에 정부는 화폐량 혹은 조세 등의 여러 정책수단을 사용하여 단기적으로 인플레이션과 실업을 선택적으로 조절할 수 있게 된다. 그러나 경제학자들이 여러 정책수단의 단기적 효과에 대해서 일치된 견해를 가지고 있는 것은 아니다.

원리 4 국가간 교환 혹은 거래는 서로를 이롭게 한다.

우리가 다른 사람들과 거래를 하지 않고 모든 재화와 서비스를 만들어 자급자족한다면 얼마나 불편할까? 우선 우리는 입을 옷도 직접 만들어야 하고, 농사를 지어 쌀도 생산해야 하고, 그 쌀로 밥도 지어야 한다. 우리가 농사를 지어 쌀을 생산해 일부를 밥짓는데 사용하고 나머지 쌀을 필요로 하는 옷의 판매자와 교환한다면 서로 이득이 될 것이다. 따라서 농사짓기를 좋아하는 사람은 농사만 짓고, 옷 만드는 것을 좋아하는 사람은 옷만 만들어 서로 교환하면 각자 잘하는 것을 하기 때문에 더 많이 생산해서 더 많이 교환할 수 있다.

개인끼리 거래를 통해 서로 이득을 보듯이 국가간에도 서로 거래함으로써 이득을 볼 수 있다. 각 국가가 잘 만들 수 있는 것에 특화하여 더 많이 생산하고, 다른 국가들이 생산한 더 다양하고 많은 재화 및 서비스와 교환하여 더 큰 즐거움을 누릴 수 있다.

정석사고

거시경제학(macroeconomics)은 가계, 기업과 같은 개별경제주체의 집합적 행동결과에 의해서 발생하는(해외부문을 포함한) 국민경제의 전체적인 현상을 연구대상으로 하여 국민경제 전체에서 성립하는 경제원리를 분석하는 경제학이다. 거시경제모형은 가격이 신축적인지 비신축적인지 여부를 가정하는 것이 중요한 특징 중의 하나이다. 거시경제학에서의 미시경제학의 역할은 거시경제현상이 각 개인의 최적화행위의 총합계로 나타나므로 미시경제적 이론에 기초할 수밖에 없다는 것이다. 그러므로 거시경제모형은 각 개인의 최적화행위에 초점을 맞추지는 않지만 묵시적으로 포함한다.

5 거시경제학의 등장

1. 고전학파와 보이지 않는 손

고전학파의 태두인 애덤스미스(A. Smith)는 시장의 자동조절기구를 신봉했다. 시장의 가격체계의 '보이지 않는 손(invisible hand)'을 통해 수요와 공급은 자동적으로 조절되어 균형에 이른다. 따라서 정부는 시장에 개입할 필요가 없이 단지 외부의 침입이나, 국가의 질서를 위한 최소한의 개입만 허용한다. 또한 그는 개인의 이기심이 보이지 않는 손을 통해 공익으로 전환될 수 있다고 보았다.

이처럼 애덤 스미스에 의해 시작된 고전학파의 사상은 건전한 사회제도와 윤리관이 확립되어 있는 사회에서 모든 사람이 자신의 이기심에 따라 자유롭게 경쟁을 한다면, 시장메커니즘의 '보이지 않는 손'을 통하여 국민경제 전체가 부와 번영을 누릴 수 있다는 생각을 기본 바탕으로 한다.

시장에서 분필을 만드는 사람은 이 분필이 특정 학교의 선생님이 수업하는데 도움을 주고자 하는 이타적인 마음에서 생산하는 것이 아니고 분필을 시장에 팔아 돈을 많이 벌기 위해서 생산하는 것이다. 그러나 이러한 개인적인 이익이 보이지 않는 손을 통해서 공공의 이익으로 전환될 수 있기 때문에 시장의 메커니즘을 신봉하였다.

특히 당시에는 공급보다는 수요가 많았기 때문에 상품이 언제나 부족했고, 만들면 모두 팔렸기 때문에 재고를 걱정할 필요는 없었다. "공급은 스스로의 수요를 창출한다"는 세이의 시장법칙이 고전학파의 기본명제였다. 세이의 시장법칙에 따르면 경제의 총공급은 총국민소득이 되며, 총공급에 의해 결정된 국민소득에 총수요가 자동으로 맞추어진다. 따라서 고전학파의 눈에는 수요측면이 중요한 역할을 하지 못한다.

그러나 산업혁명과 대량생산으로 인해 수요보다 공급이 크게 초과하자 기업의 재고가 쌓이기 시작했고, 그 결과 공장 가동의 중단, 해고 등의 악순환이 일어났다. 급기야 1929년에 발생한 대공황 사태에 대해 고전학파 경제학자들은 해답을 제시하지 못했다. 시장의 보이지 않는 손의 기능이 언젠가 다시 되살아날 것을 기대할 뿐이었다.

2. 대공황과 거시경제학

1929년 대공황의 등장은 경제사상의 혁명을 가져왔고 거시경제학의 등장으로 이어졌다. 1929년~1936년 사이의 미국을 비롯한 세계경제의 침체는 매우 이례적인 현상이었다. 〈그림 1-3〉에서 보듯이, 당시의 재화와 서비스의 생산은 무려 30%나 감소하였고, 실업률은 1929년의 3%에서 1933년 25%로 크게 상승하여 네 사람 가운데 한명은 실업자였다. 대공황으로 인해 독일에서는 히틀러의 나치가 정권을 장악했고, 미국에서는 루즈벨트 대통령이 새로운 처방책을 내놓았다.

기존의 고전학파는 시장기구에 대한 무한한 신뢰를 보내고 있기 때문에 보이지 않는 손이 작동하게 되면, 경기침체와 인플레이션이 자동 치유될 것이라는 입장이었다. 그러나 당시 사람들의 입장에서는 커다란 파도로 침몰되어가는 타이타닉에 탑승한 것과 같아 오랜 시간동안 기다릴 수 없었다. 오히려 시장의 자기조절능력에 대한 회의를 불러일으켰으며, 이것이 영국의 **케인즈**(J.M. Keynes)의 등장과 거시경제학의 태동을 불러왔다.

그림 1-3 대공황 : 실업, 물가, 실질소득대공황 : 실업, 물가, 실질소득

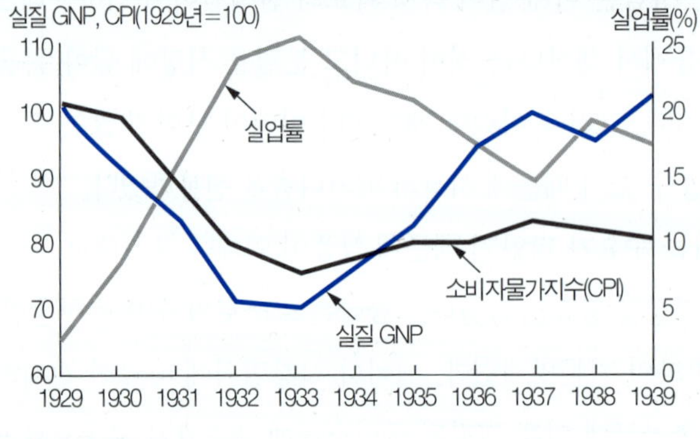

3. 케인즈 혁명과 총수요관리 정책

케인즈는 1936년 경제학에서 가장 혁명적인 메시지를 담고 있는 책이라고 할 수 있는 『고용, 이자 및 화폐의 일반이론』을 발표하였다. 경제의 자율적인 조절능력을 통해 성장과 고용이 보장된다는 믿음을 접고, 당시의 비관적인 상황하에서 기업과 소비자들이

투자와 소비를 줄여 총수요가 감소하고 이로 인해 경기침체가 지속될 것이라고 생각했다. 이를 탈피하기 위해서는 총수요를 끌어올리는 정부의 유수정책(펌프를 통한 물의 공급)을 통해 침체상태에 깊이 빠진 경제를 회생시킬 수 있다고 보았다. 루즈벨트 대통령의 뉴딜정책과 같이 총수요확대를 위한 재정정책(감세, 정부지출증가)을 **총수요관리정책**이라고 한다. 이야기 1-2

4. 고전학파의 부활

케인즈 경제학의 사상이 전 세계를 뒤덮고 있던 당시 오일쇼크가 발생했다. 1973년과 1978년의 제2차례에 걸쳐 발생한 오일 쇼크는 정부의 총수요관리정책으로 해결되지 않았다. 뒤에서 자세히 다루겠지만 오일쇼크로 인해 경기침체(국민소득의 감소)와 물가상

이야기 1-2 노벨경제학상의 문제

노벨경제학상은 원래 노벨상이 아니다. 이 상의 정식명칭은 '알프레드 노벨 기념 경제학 스웨덴은행상(The Sveriges Riksbank Prize in Economic Sciences in Memory of Afred Nobel)'이다. 이 상은 1968년 스웨덴 국립은행 설립 300주년을 기념하여 제정되었고, 스웨덴 국립은행이 영구히 상금을 지원한다. 첫 노벨경제학상은 1969년에 수여되었고 수상자는 얀 틴버겐(Jan Tinbegren)과 랑나르 프리슈(Ragnar Fricsh)였다. 시상식은 항상 알프레드 노벨의 명일인 12월 19일에 스톡홀름에서 열린다. 2001년 이래 노벨경제학상의 상금은 1,000만 스웨덴 크로나(Krona)이고 수상자가 2명 이상인 경우에는 상금을 나누어서 지급한다. 알프레드 노벨의 유언에 따라서 '인류의 행복에 공헌'을 한 사람을 위해 마련한 것으로 노벨물리학상이나 생리의학상 등에 추가로 신설된 것이다. 스웨덴왕립아카데미는 새로운 노벨상을 승인했으나 처음에는 그리 적극적이지 않았다. 1969년 제1회 노벨경제학상을 수여했던 해에 '쿼크(qurk) 이론'으로 노벨물리학상을 수상한 머리 겔만(Murray Gel-Mann)은 "수상할 때 경제학 수상자와 나란히 서야 하나?"라고 불평했다고도 한다.

노벨경제학상의 문제는 수상자가 너무 한쪽으로 편중되어 있다는 점이다. 2012년 현재까지 수상자는 모두 71명인데 미국과 유럽의 경제학자들이 전체의 70%가 넘는 51명에 이른다. 서양인이 아닌 수상자는 인도의 경제학자 아마르타 센이 유일하다. 출신대학도 세계적으로 명성이 있는 소수의 엘리트 학교에 집중되어 있다. 하버드, 시카고, 케임브리지, MIT, 예일, 프린스턴, 스탠퍼드, UC버클리 같은 명문 대학이다. 또한 신고전파 혹은 신케인즈학파인 주류 경제학자들이 아니면 수상하기 어렵다. 이러한 현상은 노벨경제학상이 이론적인 공헌에 높은 가중치를 두고 있기 때문이다. 미국 중앙은행 의장을 역임한 앨런 그린스펀(Alan Greenspan)은 세계적으로 명성이 자자한 경제학자이지만 노벨상을 받을 수 없다. 이론가라기보다 실무가이기 때문이다. 또한 경제학의 한 획을 그은 칼 마르크스(Karl Marx) 역시 살아 있더라도 이 상을 받을 수 없다. 왜냐하면 서구형 자본주의 경제시스템을 기반으로 이론전개를 한 것이 아니기 때문이다.

승이라는 동시에 잡기 어려운 문제, 즉 스태그플레이션(stagflation)에 직면하게 된 것이다. 케인즈의 총수요관리정책을 사용하게 되면 경기침체나 인플레이션 중에서 어느 하나는 치명적인 희생을 부담해야 했던 것이다.

이때 다시 고전학파의 사상을 이어받은 통화주의학파는 수요측면만 고려하는 방법의 한계를 지적하면서 공급측면을 강조하게 되었다. 그 후 케인즈 사상의 계보를 잇는 케인즈학파와 고전학파의 계보를 잇는 통화주의학파와 새고전학파는 시장을 바라보는 상반된 견해로 치열한 논쟁을 벌이게 된다. 이처럼 상반된 두 견해를 놓고 어느 것이 더 옳다고 단정하기란 어려운 일이다. 결국 경제는 인간에 대한 탐구이기 때문에 어느 학파든 심리와 기대가 중요하다는 점을 감안하면서, 장기적 관점에서는 고전학파의 시장기구에 의한 접근방식이 설득력이 있고, 단기적 관점에서는 정부의 적극적 개입정책이 효과가 있다는 선에서 적절히 타협을 하고 있다.

케인즈는 그의 저서인『고용, 이자 및 화폐의 일반이론』에서 당시 주류경제학자들을 고전학파라고 규정하고 있다. 엄밀히 구분하면 고전학파는 애덤 스미스부터 리카도, 세이, 맬서스, 밀에 이르는 시기의 경제학자를 말한다, 이후 19세기말 쿠르노, 고센, 제본스, 왈라스, 멩거 등에 의한 한계혁명이 일어나면서 한계효용학파가 생겨났다. 마샬을 시작으로 고전학파를 계승하면서 한계효용 접근방법을 사용하는 경제학자를 신고전학파라고 한다. 미시경제학에서는 주류가 신고전학파이므로 별도로 명시하지 않지만, 거시경제학에서는 케인즈학파가 주류에 가까우므로 신고전학파를 고전학파에 포함시켜 생각하고 필요한 경우 신고전학파를 명시한다. 그리고 신고전학파는 최근의 새고전학파 이전의 경제학자들이라는 점에서 새고전학파와 구별된다.

다음 〈그림 1-4〉은 케인즈 이전의 학파들에 대한 설명을 요약하고 있다. 한 가지 주의할 점은 최근 거시경제와 미시경제 사이의 장벽이 점차 허물어져서 하나의 통합된 이론에 이르고 있다는 것이다. 물가나 국민소득도 각 경제주체가 내린 결정의 산물이기 때문이다. 다음 장에서는 거시경제학의 기초로서 한 나라의 국민소득이 어떻게 순환하는지 살펴보자.

그림 1-4 거시경제이론의 등장

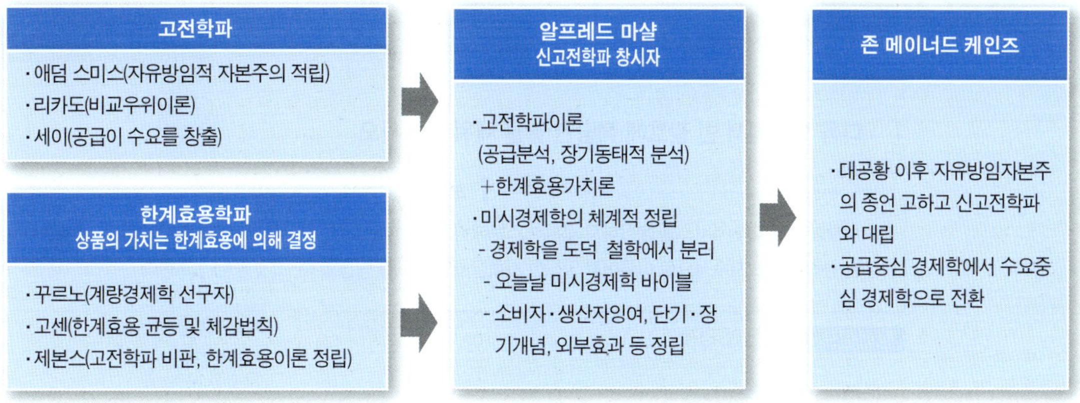

정석사고

케인즈는 세계대공황 당시 주류경제학자들을 고전학파라고 규정하였다. 엄밀히 구분하면 고전학파는 애덤 스미스부터 리카도, 세이, 맬서스, 밀에 이르는 시기의 경제학자를 말한다. 이후 19세기 말 꾸르노, 고센, 제본스, 왈라스, 멩거 등에 의한 한계혁명이 일어나면서 한계효용학파가 생겨났다. 마셜을 시작으로 고전학파를 계승하면서 한계효용학파의 접근방법을 사용하는 경제학자를 신고전학파라고 한다. 케인즈에 의하면 신고전학파를 고전학파에 포함시켜 생각할 수 있다.

정석기본문제

1 다음 보기에서 빈 괄호에 적당한 말을 채워 넣으시오.

보기

사람들이 재화와 서비스를 생산하고 교환하고 분배하고 소비하는 모든 행위를 ( )라고 한다. 이러한 경제행위가 규칙적이고 지속적으로 이루어져 일정한 사회질서와 제도를 형성할 때, 그것을 ( )라고 한다.

정석힌트 경제행위, 경제

2 다음 보기에서 빈 괄호에 적당한 말을 채워 넣으시오.

보기

자본주의경제는 ( )와 ( )를 두 핵심요소로 하여 개인들이 자유의사에 따라 자신의 이익을 추구하여 효율성을 극대화하는 경제이지만 그 결과 ( ), ( ), ( )와 같은 문제들이 발생하는 등 여러 가지 결함도 노출되고 있다.

정석힌트 사유재산제도, 경제적 자유, 실업, 인플레이션, 빈부격차

3 다음 보기에서 빈 괄호에 적당한 말을 채워 넣으시오.

보기

경제학은 연구대상에 따라 ( )과 ( )으로 구분된다. 전자는 개별경제주체의 경제행위와 상호작용을 연구대상으로 하여 ( )이 어떻게 결정되는가를 연구대상으로 하는 학문이다. 반면에 후자는 국민경제의 전체적인 현상을 연구대상으로 하여 자원고용문제와 밀접하게 관련된 ( )이 어떻게 결정되는가를 핵심연구대상으로 하는 학문이다.

정석힌트 미시경제학, 거시경제학, 가격, 국민소득

4 다음 중 거시경제학의 연구대상을 고르시오.

보기

(가) 개별소비세(주세, 담배소비세)가 소비에 미치는 영향
(나) 날씨가 쌀농사에 미치는 영향
(다) 일반물가수준과 고용의 관계에 관한 분석
(라) 상품의 가격결정에 관한 분석

정석힌트 미시경제학은 가격중심에 의한 개별경제주체의 자원배분에 분석의 초점을 두고 있다. 그러나 거시경제학은 국민경제의 물가수준과 고용을 거시경제학에서 다룬다.

5 다음 중 거시경제학의 주요 관심사항이라 볼 수 없는 것은?

① 경제성장 ② 경기변동 ③ 실업
④ 인플레이션 ⑤ 사회적 후생손실

정석힌트 사회적 후생손실은 미시경제학이 주된 관심사항이다. 정답은 ⑤

6 경제이론은 어떻게 정립되는지 다음 단계를 순서대로 나열하시오.

보기

(가) 실증적인 검증절차를 거쳐 현실경제를 잘 설명하는지 가설을 검증한다.
(나) 경제현상을 단순화하기 위해 모형에 포함시킬 중요변수들을 제외한 나머지 변수들은 변하지 않는 것으로 가정한다.
(다) 경제변수들 사이의 보편적이고 본질적인 인과관계를 추론한다.
(라) 가설이 현실경제를 잘 설명하는 것으로 검증되어 경제이론이 된다.

정석힌트 경제이론은 일반적으로 가정의 설정, 가설의 정립, 가설의 검증이라는 단계를 거쳐 성립이 된다. 따라서 (나)-(다)-(가)-(라).

정석심화문제

7 부분에 맞는다고 해서 전체에도 그것이 맞는다고 생각하는 것을 '구성의 오류'라고 한다. 이러한 구성의 오류에서 발생하는 구성의 모순의 예를 경제 현상에서 찾아 설명하시오.

정석힌트 개인의 부동산투기가 개인에게는 이득을 줄 수도 있지만 나라 전체에는 나쁜 영향을 줄 수 있다. 관세부과가 개별국가에는 이득을 줄 수도 있지만 세계경제에 무역량을 줄여 나쁜 영향을 준다. 개인적으로 저축을 많이 하면 좋은 일이지만 모두 저축을 늘리면 단기적으로 경제가 침체할 수 있다.

8 애덤 스미스의 '보이지 않는 손'의 작용에 대하여 설명하고, 개개인의 최적화 행위가 사회적으로 항상 바람직한 것은 아니라는 '구성의 오류'와 어떤 관계가 있는지 설명하라.

정석힌트 애덤 스미스는 각 개인들이 자신의 이익을 좇아 최선을 다하면 사회적으로도 바람직하다고 보았다. 우리가 저녁식사를 할 수 있는 것은 푸줏간 주인이나 빵 제조업자의 박애심 덕분이 아니라 그들의 이기심 때문이라는 것이다. 그러나 공평성의 측면이라든지 경기안정의 측면에서는 개개인의 최적화 행위가 사회적으로 더 나쁜 결과를 가져올 수 있다. 잘 알려진 '용의자의 딜레마'처럼 개인은 자신의 이익을 극대화하려고 노력하지만 사회적으로 가장 바람직한 결과가 나타나지 않을 수 있다. 이외에도 '공용지의 비극'이나 '공공재 혜택의 무임승차', '절약의 역설', '해고의 역설'(불황으로 개별기업들이 모두 대량해고하면 상품의 수요부족으로 오히려 불황을 심화시킬 수도 있다) 등이 있다.

9 다음 그림은 경제주체들이 여러 시장에서 하는 경제행위를 묘사한 국민경제순환도이다. 괄호안의 경제주체들을 적고 그 역할을 설명하시오.

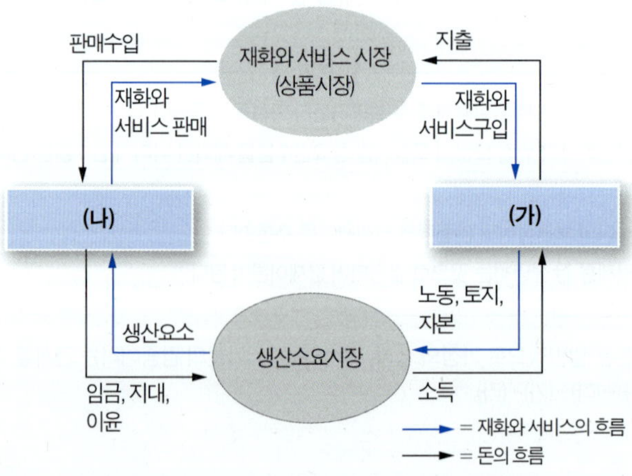

정석힌트 (가) 가계, (나) 기업: 가계는 상품을 구입해서 소비하는 주체이자, 노동과 자본, 토지를 기업에 공급하는 주체이다. 기업은 상품을 생산해서 판매하는 주체이자, 노동과 자본, 토지를 구입(수요)하는 주체이다.

10 톰이라는 경제학자는 "다른 조건이 일정하다면 화폐를 많이 발행할 때 물가가 오른다"는 말을 하였다고 하자. 톰이 말하는 '다른 조건이 일정할 때'라는 가정을 사용하는 이유는 무엇입니까?

정석힌트 톰은 복잡한 현실경제를 단순화해서 중요하게 작용하는 변수만 현재의 값을 그대로 유지한다고 가정하는 것이다. 결국 모형의 단순화, 추상화를 위한 가정이다.

11 고전학파에서 시장의 자동조절적인 가격체계를 비유적으로 표현하는 말은 무엇입니까?

정석힌트 보이지 않는 손 : 시장의 자동조절적인 가격체계

12 케인즈 혁명과 총수요관리정책에 관해 설명하시오.

정석힌트 케인즈는 경제의 자율적인 조정능력을 통한 경제성장과 고용의 보장을 부정하고, 기업과 소비자들이 투자와 소비를 줄이는 유효수요의 감소가 지속적인 경기침체로 연결되어 정부의 유효수요 확대 정책이 필요함을 지적하면서 정부의 시장개입을 통한 재정정책(총수요관리정책)을 주장하였다.

정석 거시경제론 **제2장**

거시경제학의 기초개념

삶은 천천히 나아지고 빨리 나빠지며, 큰 재난만 분명히 눈에 보인다.

-에드워드 텔러[1908~2003, 물리학자]-

앞장에서 경제학을 구분하고 거시경제학에서 미시경제학의 역할을 살펴보았다. 미시경제학에서는 기업의 생산활동과 개인의 소비활동에 대한 분석을 통하여 자원의 효율적 배분문제를 다룬다. 그러나 미시경제이론의 분석도구와 이에 입각한 미시적 경제정책이 모든 경제문제를 해결해 주지는 못한다. 개별가계나 개별기업의 입장에서 최적이라고 생각되는 경제활동이 반드시 국가 전체적인 입장에서도 최적이라는 보장은 없다. 이는 경제활동의 목표가 다르기 때문이다.

자본주의 시장경제에서 가장 전형적인 문제는 경제내 자원이 최대한 활용되지 못하거나 자원배분이 왜곡되는 실업문제와 인플레이션문제이다. 사회전체적으로 노동력을 최대한 고용하여 실업을 없애고 인플레이션을 억제하는 것은 매우 중요한 문제이다. 그러나 개별기업의 입장에서는 적어도 단기적으로 실업이나 인플레이션이 전혀 문제되지 않는다. 또한 개별가계의 입장에서는 저축증대가 바람직하지만 사회 전체로 볼 때 바람직하지 않을 수 있다. 선진국의 경우 개별가계의 저축증대가 전체 소비수요의 감소로 이어져 전체소득이 감소한다. 소득수준이 낮아지면 저축이 감소한다. 이와 같이 미시경제와 거시경제 사이에서 다루는 문제의 핵심이 다르고 구성의 모순이 존재하기도 하므로 미시경제학과 다른 시각을 가진, 경제전체의 움직임을 파악하는 거시경제학이 필요한 것이다. 이것이 바로 거시경제이론의 등장배경이다

이 장에서는 거시경제학의 기초로서 국민소득이 어떻게 순환을 하는지 살펴보고, 국민소득의 개념으로 가장 중요한 국내총생산이 무엇인지 이해할 것이다. 또한 이와 관련된 기타 국민소득의 개념들도 살펴볼 것이다. 마지막으로 총생산의 모든 개념들이 얼마나 유용한지 그리고 그 한계는 무엇인지 살펴본다.

이 장에서 배울 것

- 국민소득의 순환이란?
- 국민소득의 주입과 누출이란?
- 국내총생산이란?
- 기타 국민소득의 개념으로 무엇이 있는가?
- 총생산개념의 유용성과 한계는?

1 국민소득의 순환

한사람의 경제적 지위는 그 사람의 소득으로 알아볼 수 있다. 마찬가지로 한 경제의 생활수준은 그 경제내의 사람들이 얼마나 벌고 있는지 살펴보면 알 수 있다. 경제내의 모든 사람이 벌어들인 소득을 **국민소득** 혹은 **국내총생산**(GDP)이라고 한다. 국민소득이나 국내총생산의 엄밀한 정의는 뒤에서 자세히 살펴보도록 하자. 현재로서는 어떤 경제가 일정기간 동안 생산해낸 총생산물의 시장가치 정도로 생각해두자.

1. 국민소득의 순환

국내총생산은 경제내 모든 사람들의 총소득과 그 경제내에서 생산된 모든 생산물(재화와 서비스)에 대한 **총지출**이라는 두 측면을 동시에 보여준다. 이것은 경제전체로 볼 때 총소득과 총지출은 항상 같다는 것을 의미한다. 대니엘 디포의 소설『로빈슨 크루소』에서 비유를 찾아 다음의 단순한 경제를 생각해보자.

로빈슨 크루소 단순경제

로빈슨이 크루소 주식회사를 만들어 프라이데이에게 도토리를 줍게 하고 그 대가로 1만원을 주고 도토리를 2만원에 판매한다. 로빈슨은 1만원 지출하고 1만원의 이윤을 얻는 데, 크루소 주식회사의 주주인 프라이데이에게 이윤을 배당한다. 프라이데이는 1만원 임금소득과 1만원 배당이윤을 벌고 도토리구입을 위해 2만원 지출한 것이다. 따라서 경제전체의 소득과 지출이 항상 같게 된다.

〈그림 2-1〉은 정부와 해외부문이 없는 단순한 경제에서 일어나는 거래를 보여준다. 가계는 재화와 서비스를 구입하며, 이에 따른 지출은 재화와 서비스시장으로 다시 흘러 들어간다. 한편 기업은 재화와 서비스(상품)를 판매하고 그 판매수입으로 근로자에게 임금을, 토지소유자에게 지대를, 주주들에게 이윤을 지불하며, 생산요소시장으로 흘러 들어간다. 결론적으로 가계의 지출은 **총소득**(임금, 지대, 이윤의 합)과 같은 것이다. 경

그림 2-1 단순한 경제의 국민소득순환

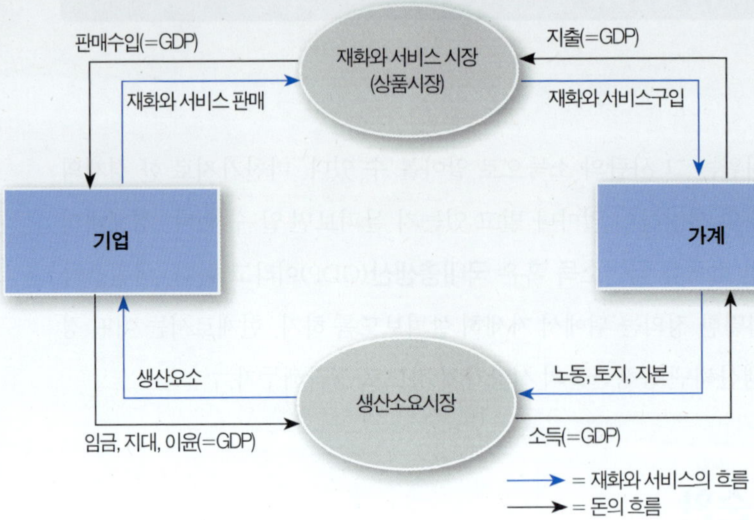

제의 모든 지출은 결국 누군가의 소득들이다. 따라서 '**총소득 = 총지출**'이 항상 성립하는 것이다.

이처럼 상품에 대한 가계지출은 기업의 판매수입이 되고, 생산요소에 대한 기업의 지출은 가계의 소득이 된다. 소득과 지출이라는 측면에서 살펴본 국민경제의 순환적 과정을 **국민소득의 순환**이라고 한다. 단순한 경제에서 소득의 순환은 일단 시작되기만 하면 최초의 소득수준에서 영원히 계속된다. 이야기 2-1

이야기 2-1 가계부채와 소비

한국은행 금융경제연구원은 한국노동패널자료를 이용해서 가계부채와 소비의 관계를 밝히는 논문을 발표하였다. 논문에 따르면 가계소득 중 30% 이상을 가계부채를 갚는 데 쓸 경우 소비에 제약이 발생한다고 분석했다. 따라서 우리나라 전체 가계부채의 대부분을 차지하고 있는 중상위소득계층은 부채상환부담이 증가하고 경기침체가 시작되면 소비를 줄이기 시작한다. 금융경제연구원은 경기가 침체되면 가계부채가 늘지 않더라도 가계부채상환부담이 늘어날 수 있으므로 중상위계층에 대해 자산가격 연착륙, 원리금상환기간연장, 금리인하 등의 조치가 필요하다고 지적하였다.

(1) 누출과 주입

단순한 경제에서는 가계들이 저축하지 않고, 기업은 판매수입의 일부를 사내유보하는 경우를 배제하였다. 현실경제에는 저축과 사내유보를 할 수 있으며, 이와 같이 소득의 순환으로부터 빠져나가는 부분을 **누출**(leakage)이라고 부른다. 누출은 소득순환을 감소시킨다.

만약 기업이 해외의 다른 수입원을 사용하여 노동, 토지 등을 더 고용하면 가계의 소득이 그만큼 증가한다. 이와 같이 소득순환의 외부로부터 도입되어 소득을 증가시키는 지출을 **주입**(injection)이라고 부른다. 주입은 소득순환을 증가시킨다. 누출과 주입은 저축과 투자, 조세와 정부지출, 수입과 수출의 세 가지 범주가 있다. 이를 단순한 경제로부터 현실경제에 가깝게 차례로 도입해보면 다음과 같다.

저축과 투자

가계가 벌어들인 소득의 일부를 소비지출에 사용하지 않고 현금으로 가진다고 가정하자. 또한 기업은 이윤의 모두를 배당하지 않고 사내유보(이윤의 일부를 회사내 보유)한다고 가정하자. 이때 저축과 사내유보이윤은 소득순환으로부터의 누출이다. 그런데 기업이 이윤의 일부를 사내유보하면서 바로 투자를 하면 그것이 소득을 증가시키므로 소득순환으로부터의 주입이 될 수 있다. 이야기 2-2

이야기 2-2 총저축률의 저하

최근 경기불황으로 국민소득이 정체되고 저축에 대한 관심이 낮아지면서 총저축률이 가장 낮은 수준으로 떨어졌다. 가처분국민소득에서 민간과 정부의 소비지출을 뺀 총저축, 가처분국민소득으로 나눈 비율이 총저축률이다. 총저축률이 낮아지면 투자여력이 줄어서 가계건전성까지 나빠진다. 가계의 금융자산보유 규모가 감소하고 실직 등의 충격에 대처하거나 노후를 대비할 능력이 떨어진다. 따라서 저축률을 높이기 위해서는 소비를 줄이기보다는 교육비와 부동산구입비와 같은 지출을 줄여야 한다고 경제전문가들은 조언한다.

조세와 정부지출

단순한 경제에서는 가계와 기업만 있다고 가정하였다. 그러나 실제로 정부부문이 없는 국민경제는 없으므로 정부의 활동을 포함한 경제를 생각해보자. 정부는 공공서비스를 생산하고 공급하기 위해 여러 가지 지출을 한다. 이러한 지출에 필요한 돈은 **조세**(tax)로 충당된다. 따라서 조세는 가계와 기업의 소비지출을 줄이므로 저축처럼 소득순환으로부터의 누출이며, **정부지출**은 상품을 구입하거나 근로자의 고용처럼 생산요소를 구입하므로 국민소득을 증가시킨다는 점에서 소득순환의 주입이다. 또한 정부는 이전지출을 하기도 하는데, 이전지출은 기초연금과 같이 직접 가계에 소득을 보조해주는 것이므로 정부지출과 마찬가지로 소득순환의 주입이다.

사례연구

대니엘 디포의 소설 『로빈슨 크루소』에서 비유를 찾아 살펴보자

로빈슨 크루소 정부경제

어떤 무인도의 로빈슨 크루소는 크루소 주식회사와 정부를 만들어 하루는 도토리를 생산하고, 다음 날은 소비자로 생활한다. 그 다음 날은 정부에서 공무원으로 일한다. 크루소정부는 조세를 거두어 상품을 구매하고 로빈슨 공무원에게 월급을 주며 퇴직할 때 연금을 지불한다.

로빈슨은 소비자로서 자신의 소득 중 일부를 저축하고 나머지를 소비한다. 크루소 주식회사는 생산된 도토리의 일부를 미래의 확대생산을 위해 남겨둔다. 또한 크루소정부는 로빈슨과 크루소 주식회사로부터 조세를 거두어 로빈슨 공무원에게 월급을 지불하며 퇴직할 때 연금을 지급한다.

이제 정부부문을 포함하는 크루소경제의 소득순환모형을 〈그림 2-2〉를 통해 살펴보자. 크루소 주식회사가 생산된 도토리의 일부를 남겨 투자(도토리를 심어 다음 해 더 많은 도토리를 수확)를 한다고 하자. 또 크루소정부가 상품을 구매하고 월급을 지불하는 것은 정부지출인데, 연금을 지급하는 것은 이전지출이다. 크루소정부가 로빈슨 공무원에게 퇴직할 때 연금을 지불하면 생산과 관계없이 단순히 소득보조를 해주는 것이므로 정부지출이 아닌 이전지출로 본다. 따라서 퇴직할 때 연금을 지급하면 정부지출과 별도로 이전지출이 추가된다. 여기서 한 가지 주의 할 점은 이전지출이 직접적으로 소득순환의 증가를 가져오지는 않지만 그 보조소득으로 결국 상품을 구입할 것이므로 소득순환의 증가를 가져온다.

이것을 이해하고 이 모형을 보면, 누출은 저축과 조세, 주입은 투자와 정부지출, 이전지출이다. 실선은 원래의 소득순환 및 주입을 나타내며, 점선은 누출을 나타낸다. 누출의 합계는 각종 조세와 가계 및 기업의 저축을 합한 금액이며, 주입의 합계는 정부지출

그림 2-2 정부를 포함한 단순경제의 국민소득순환

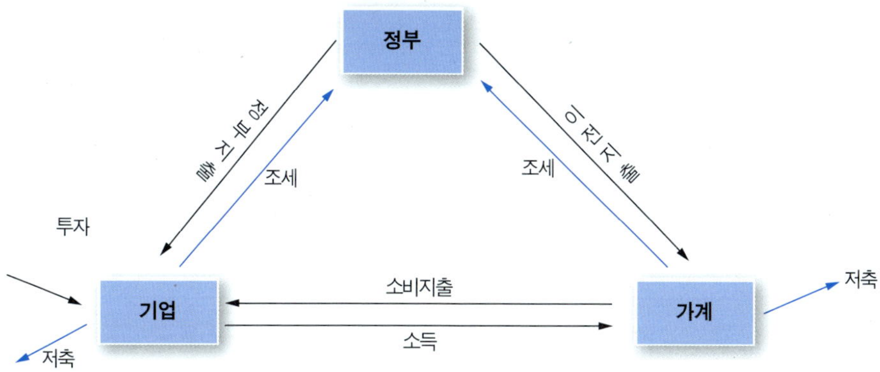

(이전지출 포함), 투자를 합한 금액이다.

만약 누출의 합계가 주입의 합계보다 크면 순환되는 소득의 크기는 감소하며, 반대로 주입의 합계가 누출의 합계보다 크다면 순환되는 소득의 크기는 증가한다. 누출의 합계와 주입의 합계가 동일하면 소득순환은 변하지 않는다. 즉 국민소득이 균형상태에 있게 된다.

가계와 기업만 있는 단순한 크루소경제를 가정하면 누출과 주입이 같은 국민소득의 균형조건은 다음과 같다.

저축(누출)=투자(주입)

정부를 포함한 크루소경제를 가정하면 누출과 주입이 같은 국민소득의 균형 조건은 다음과 같다.

저축+조세(누출)=투자+정부지출(주입)

수출과 수입

단순한 경제에 정부와 해외부문을 추가한 가장 현실적인 모형을 생각해보자. 해외부문의 수입은 누출이고 수출은 주입이 된다. **수입**(import)은 해외에서 생산한 상품을 구매하는 것이므로, 그만큼 국내에서 생산된 상품의 소비가 감소하게 된다. 따라서 수입은 소득순환의 누출이 된다. **수출**(export)은 국내에서 생산된 상품을 해외에 판매하는 것이므로 소득순환의 주입이 된다.

사례연구

정부와 해외부문을 포함한 크루소경제를 만들어 생각해보자.

로빈슨 크루소 개방경제

어떤 무인도의 로빈슨 크루소는 크루소주식회사와 정부를 만들어 하루는 도토리를 생산하고 다음 날은 소비자로 생활한다. 그 다음 날은 정부에서 공무원으로 일한다. 크루소정부는 조세를 거두어 상품을 구매하고 로빈슨 공무원에게 월급을 주며 퇴직할 때 연금을 지불한다. 또한 크루소주식회사는 생산한 도토리의 일부를 다른 무인도에 살고 있는 프라이데이가 생산한 물고기와 교역을 한다.

로빈슨은 소비자로서 자신의 소득 중 일부를 저축하고 나머지를 소비한다. 크루소 주식회사는 생산된 도토리의 일부를 미래의 확대생산을 위해 남겨둔다. 또한 크루소정부는 로빈슨과 크루소 주식회사로부터 조세를 거두어 상품은 구매하고 로빈슨 공무원에게 월급을 지불하며 퇴직할 때 연금을 지급한다. 이에 더하여 크루소주식회사는 생산한 도토리의 일부를 수출하고 프라이데이가 생산한 물고기의 일부를 수입한다.

이제 정부와 해외부문을 포함하는 크루소 개방경제의 소득순환모형을 〈그림 2-3〉을 통해 살펴보자. 이 모형에서 누출은 저축, 조세, 수입으로 이루어지며, 주입은 투자, 정부지출(이전지출 포함), 수출로 이루어진다. 해외부문을 포함하는 개방경제에서의 소득순환의 균형조건은 다음과 같다.

$$\text{저축}+\text{조세}+\text{수입}=\text{투자}+\text{정부지출}+\text{수출}$$

그림 2-3 정부 및 해외부문을 포함한 경제의 국민소득순환

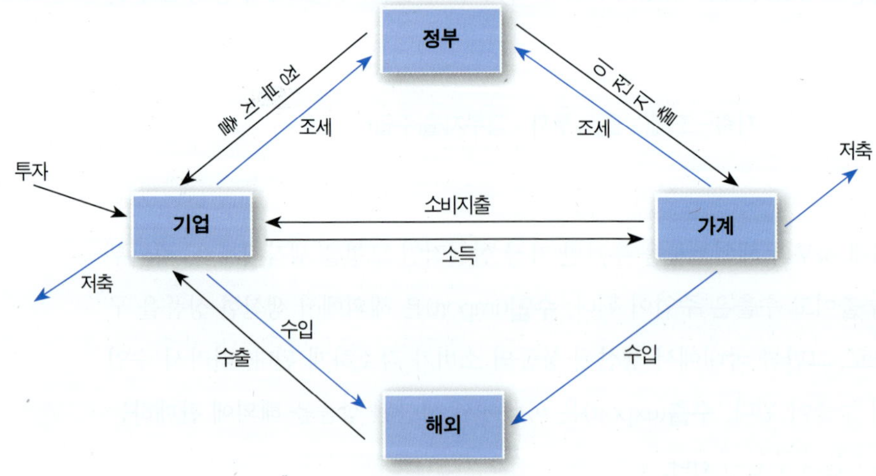

정석사고

소득과 지출이라는 측면에서 살펴본 국민경제의 순환적 과정을 국민소득의 순환이라고 한다. 저축처럼 소득의 순환으로부터 빠져나가는 부분을 누출(leakage)이라고 부르며, 누출은 소득순환을 감소시킨다. 투자와 같이 소득순환의 외부로부터 도입되어 소득을 증가시키는 지출을 주입(injection)이라고 부르며, 주입은 소득순환을 증가시킨다. 저축, 조세, 수입은 누출이며, 투자, 정부지출, 수출은 주입에 해당된다. 따라서 개방경제에서의 소득순환의 균형조건은 '누출=주입'이다

2. 국민소득의 처분과 창출

여태까지 국민소득이 각 생산요소의 소유자에게 분배되고 이것이 다시 지출되는 순환과정을 보았다. 따라서 국민소득은 순환의 생산측면 또는 분배측면이나 지출측면에서 모두 동일하게 측정된다. 이제 생산 혹은 분배측면에서 파악된 국민소득과 지출측면에서 파악된 국민소득의 구성을 살펴보고, 어떠한 조건에서 소득순환의 균형이 달성되는지를 알아보자.

(1) 국민소득의 처분

국민소득의 처분은 거시경제의 총공급과 일치한다. '크루소 개방경제'에서 로빈슨은 크루소 주식회사와 정부를 만들고, 다른 무인도에 있는 프라이데이 경제와 무역을 한다. 이러한 개방경제의 크루소 주식회사에서 도토리를 생산하고 로빈슨이 얻는 소득은 여러 가지 방식으로 처분된다. 로빈슨은 소득의 일부를 소비하고 그 나머지는 저축한다. 또한 로빈슨은 크루소정부에 조세를 납부하고 프라이데이로부터 수입한 상품(물고기)에 대한 지출을 한다. 따라서 로빈슨의 모든 지출을 더하면

생산된 소득(총공급)=소비+저축+조세+수입

이 식은 단순히 생산을 통해 얻은 소득이 처분되는 형태를 나열한 것이므로 항상 성립한다. 이것은 크루소경제의 총공급이 된다.

(2) 국민소득의 창출

국민소득의 창출은 생산된 상품에 대한 총수요에 달려있다. 수요가 없으면 생산이 이루어지지 않기 때문이다. 또한 생산되더라도 팔 수 없게 된다. 반대로 수요가 있으면 그만큼 생산이 증가하고 소득이 창출된다.

이를 쉽게 이해하기 위해 크루소 개방경제를 생각해보자. 크루소 개방경제에서 생산된 상품(도토리)은 로빈슨의 생활에 필요한 것이므로 로빈슨이 구매하여 소비지출한다. 그러나 생산된 상품을 로빈슨이 모두 구입하는 것은 아니다. 크루소 주식회사는 일부 도토리를 미래의 확대생산을 위해 가져가고(이것을 투자행위로 볼 것), 크루소정부는 정부구입지출행위로서 조세수입으로 로빈슨 공무원에게 월급을 지불하며, 다른 무인도의 프라이데이와 교역을 위해 일부 구입한다. 앞으로 이전지출은 그 해 생산된 상품에 대한 대가가 아니므로 생산과 무관하여 이전지출을 정부지출에 포함하지 않거나 무시할 것이다. 이때 크루소 개방경제의 총수요는 다음과 같다.

총수요=소비지출+투자지출+정부지출+수출

이 식도 상품에 대한 수요의 여러 형태를 나열한 것이기 때문에 항상 성립한다.

(3) 균형소득

국민소득의 순환이 일정하게 지속되려면 누출과 주입이 같거나 총수요와 총공급이 같아야 한다. 이때의 소득을 **균형소득**이라고 한다. 국민소득의 처분과 창출에서 총공급과 총수요가 나오는 것을 보았다. 따라서 균형소득이 존재하려면 다음 조건이 성립되어야 한다. 즉,

총공급=총수요

이 균형조건은 소득순환모형의 누출과 주입의 균형의 조건과 일치해야 한다는 것을 알아두어야 한다(구성요소들을 보면 알 수 있음). 그런데 이 식은 항상 성립하는 것이 아니다. 소비를 제외하고는 총수요와 총공급을 구성하는 요소들이 다르기 때문에 총공급이 총수요보다 더 클 수도 작을 수도 있다. 총수요가 더 크면 생산이 증가하여 소득이 증가한다.

정석사고

국민소득의 처분은 거시경제의 총공급과 일치한다. 국민소득의 창출은 생산된 상품에 대한 총수요에 달려있다. 국민소득의 처분과 창출에서 총공급과 총수요가 나오므로, 균형소득은 '총공급 = 총수요'에서 결정된다.

2 국민소득의 개념

국민소득은 한 국가의 경제활동 또는 경제적 성과의 지표인 동시에 국민들의 경제적 후생을 나타내는 지표이기도 하다. 경제는 생산을 통하여 소득을 발생시키고, 이 소득을 기반으로 하여 재화와 서비스에 대한 수요를 창출하며, 판매를 통해 얻은 수입으로 다시 생산요소를 구입하여 생산을 하는 연속적인 순환과정이다. 앞에서 이미 살펴본 것처럼 사람들이 생산과정에 참여하여 소득을 얻고 소득에서 지출을 하면 총소득 혹은 총생산은 총지출과 같게 된다.

이러한 국민소득의 종류에는 제일 중요한 국내총생산을 비롯해서 국민총소득, 국민총처분가능소득, 국민처분가능소득, 국내순생산, 국민순소득, 국민소득 등이 있다. 가계와 기업만 있는 단순폐쇄경제에서 기업의 사내유보이윤이나 감가상각비가 전혀 없다고 가정하면 이 모든 개념들이 같게 된다. 그러나 현실 경제에는 정부와 해외부문이 존재하기 때문에 이들은 다른 측정값을 보여준다. 우선 가장 중요한 국내총생산부터 확실히 정의하고 이해해보자.

1. 국내총생산

(1) 개념

한 나라의 경제적 성과를 가장 잘 나타내는 경제지표로서 국내총생산은 일정기간 동안 한 나라에서 새롭게 생산된 모든 최종생산물의 시장가치를 합한 것이다. 단순해 보이는 정의지만 약간의 문제가 되는 부분도 있다. 따라서 이러한 부분을 구체적으로 살펴보면 다음과 같다.

정석사고

국내총생산(GDP: Gross Domestic Product)이란 일정기간 동안에 한 나라 안에서 새롭게 생산된 재화와 서비스(최종생산물)의 시장가치를 합산한 것이다.

① 일정기간 동안에

일정기간 동안에 일어난 생산과 소득의 유량(flow)을 측정한 것이라는 뜻이다. GDP에는 특정기간을 구체적으로 명기하는데, 보통 3개월 또는 1년을 기간으로 하여 측정된다.

② 한 나라 안에서

한 국가의 영토 내에서 생산된 모든 재화와 서비스의 가치로서 외국인 및 외국인 소유의 생산요소에 의하여 생산된 것은 포함하고, 해외에서 그 나라의 국민 또는 그 나라 국민이 소유하는 생산요소에 의하여 생산된 것은 제외한다. 간단히 말하면 속지주의에 기반을 둔 개념이다. 한편 속인주의에 기반을 둔 개념으로 국민총소득(GNI: Gross National Income)가 있다. 이에 대해서는 뒤에 따로 살펴볼 것이다.

③ 새롭게 생산된

국내총생산이 그 해 또는 그 분기에 생산된 재화와 서비스를 측정대상으로 삼기 때문에 당해 기간 이전에 생산된 중고품의 거래, 또는 당해 기간 이전에 외상거래 되었던 것에 대한 당해 기간의 지불은 GDP의 계산에 포함되지 않는다. 또한 앞으로 생산될 것도 당해 기간 내에 거래가 될 때까지는 GDP의 계산에 포함되지 않는다.

④ 재화와 서비스

사람이 살아가는데 필요한 의식주와 정신적, 문화적 욕구까지 충족시키기 위해 생산되는 것을 말한다. 재화는 사과와 배처럼 물질적 형태를 가진 상품을, 서비스는 미용, 운송, 숙박, 금융, 교육 등과 같이 형태가 없는 사람의 노력을 말한다. 이때 재화와 서비스는 최종생산물을 말한다. 다시 말해서 원재료·반제품과 같이 기업 간에 거래된 중간생산물은 GDP의 대상에서 제외되고, 최종소비자에 의해서 구매되어 재판매되지 않는 최종생산물은 GDP의 대상이 된다는 의미이다. 따라서 GDP는 중간생산물의 거래까지를 모두 포함하는 시장에서의 총거래액과는 분명히 구별되어야 한다.

⑤ 시장가치를 합산한

각 생산물시장에서 거래되는 모든 재화와 서비스의 수량에 이들의 시장가격을 곱하여 얻는 시장가치를 합계한다는 의미이다. 따라서 GDP의 대상에 시장거래를 하지 않는 재화와 서비스는 제외한다. 예를 들어 일반 가정주부는 가사를 돌보는 유용한 서비스를 제공하지만, 이것이 시장에서 거래되지 않기 때문에 주부의 가사활동은 GDP에 포함되지 않는다. 만일 가정주부가 다른 사람의 가정에서 파출부로 일하여 하루 10만 원을 보수로 받았다면, 이것은 시장에서 파출부의 서비스가 일정한 가격으로 거래되었기 때문에 파출부의 보수는 당연히 GDP에 포함된다.

(2) GDP의 구성요소

GDP는 국내에서 생산된 재화와 서비스에 대한 모든 종류의 지출을 포함한다. 앞에서 크루소 개방경제를 이용하여 국민소득은 총수요에 의해 창출된다고 하였다. 따라서 총수요의 구성요소는 모든 형태의 지출을 나타내므로 GDP의 구성요소가 된다. 그런데 GDP는 국내에서 생산된 상품에 대한 총수요를 나타내야 하므로 수입을 빼야 한다. 왜냐하면 수출은 국내에서 생산된 상품의 해외수요이지만 수입은 국내에서 생산된 상품의 수요가 아니기 때문이다. 또 하나 주의할 점은 정부의 이전지출은 생산과 관련없이 개인에게 소득을 보조하는 것이어서 생산에 대한 수요라고 보기 어려워 제외한다. 따라서 국내총생산의 구성요소는 다음과 같다.

$$\text{국내총생산} = \text{소비지출} + \text{투자지출} + \text{정부지출} + \text{수출} - \text{수입}$$

혹은

$$\text{국내총생산} = \text{소비지출} + \text{투자지출} + \text{정부지출} + \text{순수출}$$

정석사고

국내총생산의 구성요소는 소비지출, 투자지출, 정부지출, 순수출이다.

2. 국내총생산의 측정

국내총생산(GDP)은 국민소득 순환과정의 생산, 지출, 분배의 세 가지 측면에서 측정될 수 있다.

첫째, 생산물시장에서 거래되는 상품의 흐름을 포착함으로써 측정하는 방법으로 **상품흐름접근법**(flow of product approach) 혹은 **생산접근법**이라고 한다.

둘째, 생산요소시장에서 생산요소가 생산에 기여한 대가로 받는 소득의 흐름을 포착함으로써 측정하는 방법으로 요소소득접근법(factor income approach) 혹은 **분배접근법**이라고 한다. 생산요소는 생산에 참여한 대가로 임금·이자·배당을 받는다. 기업의 입장에서 보면 생산요소가 받는 요소소득은 요소고용에 따른 비용이 된다. 따라서 요소소득접근법을 **요소비용접근법**(factor cost approach)이라고도 한다.

셋째, 시장에서 거래되는 최종생산물의 흐름과는 반대방향으로 생산물시장에서 이루어지는 최종생산물에 대한 지출을 포착하여 GDP를 계산하는 방법으로 **지출접근법**(the expenditure approach)이라고 한다. 시장에서는 최종생산물의 흐름과는 반대방향으로 최종생산물의 가치에 상당하는 지출의 흐름이 있으며, 이 지출을 모두 합해 국민총생산을 계산할 수 있다.

사례연구

단순경제의 사례

국민계정에서 총생산에 대한 측정치를 국내총생산(GDP)이라고 한다. GDP를 측정하는 방법에 대해서 다음의 가상적인 사례를 통하여 살펴보기로 하자. 정부와 해외부문이 없는 가장 단순한 경제이며, 철강생산회사(A)와 자동차생산회사(B) 두 기업이 존재한다.

정석사례: 철강과 자동차

철강회사(기업A)는 80만원의 임금을 지불하고 근로자를 고용하여 철강을 생산한다. 이것을 자동차생산기업 B에게 100만원에 판매하여 20만원의 이윤을 남긴다.

자동차회사(기업B)는 철강생산기업A로부터 철강을 100만원에 구입하고 70만원의 지불로 근로자를 고용하여 자동차를 생산한다. 생산된 자동차를 소비자에게 200만원에 팔아 30만원의 이윤을 남긴다.

이상의 사례를 〈표 2-1〉에 요약하였다.

표 2-1 단순경제의 상품생산흐름

기업A(철강회사)			기업B(자동차회사)		
매출		100	매출		200
비용		80	비용		170
임금	80		임금	70	
			철강구입	100	
이윤		20	이윤		30

〈표 2-1〉처럼 두 기업만이 존재하는 경제에서 국내총생산을 어떻게 정의할 수 있을까? 생산된 모든 상품(철강과 자동차)의 가치를 합할 것인가, 아니면 철강 생산으로부터의 판매액 100만원과 자동차 생산으로부터의 판매액 200만원을 합한 300만원으로 할 것인가, 아니면 자동차의 시장가치(판매액)만으로 총생산을 정의할 것인가?

이 경우는 철강이 중간재로 사용되었기 때문에 자동차의 생산규모를 계산할 때 자동차를 생산하는 데 투입된 철강의 생산규모를 계산할 필요가 없다. 따라서 국내총생산의 정의에 따라 200만원이 최종생산물의 시장가치가 된다. 이 측정치는 구체적으로 최종재의 생산측면과, 분배측면, 그리고 지출측면으로 나누어 살펴볼 수 있다.

(1) 생산접근법

먼저 중간재가 아닌 최종재만의 생산을 고려한다는 점에 주목하자. 중간재의 기업간 거래를 무시하기 위해 두 기업이 합병했다고 가정하면 쉽게 최종재의 시장가치를 볼 수 있다. 두 기업이 합병을 한다면 철강의 매출액은 합병한 기업의 내부에서 발생하기 때문에 계정에 기록되지 않기 때문이다.

표 2-2 단순경제의 국내총생산

기업A+B(철강+자동차회사)합병	
매출	200
비용(임금)	150
이윤	50

〈표 2-2〉의 계정에서 합병기업은 자동차를 200만원에 판매하여 근로자에게 150(=80+70)만원을 지불하고, 50(=20+30)만원을 이윤으로 얻는다. 다시 말해 총생산물의 시장가치는 200만원의 측정치가 되는 것이다.

그런데, 중간재를 제외한 최종재의 시장가치는 각 생산단계에서 발생하는 부가가치의 합계와 같다. 이 사실을 〈그림 2-4〉를 통해 살펴보자. 앞의 사례에서 철강생산기업은 100만원을 받고 자동차생산기업에 판다. 이 100만원은 근로자의 임금과 이윤으로 구성된다. 사실 현실에서는 철강생산에 기계와 설비(자본)도 필요하며 자본의 감가상각비용도 포함된다. 정확하게 부가가치를 정의하면, 자신의 생산액에서 원재료구입비용과 감가상각비용을 뺀 나머지이다. 즉,

그림 2-4 중간재와 부가가치

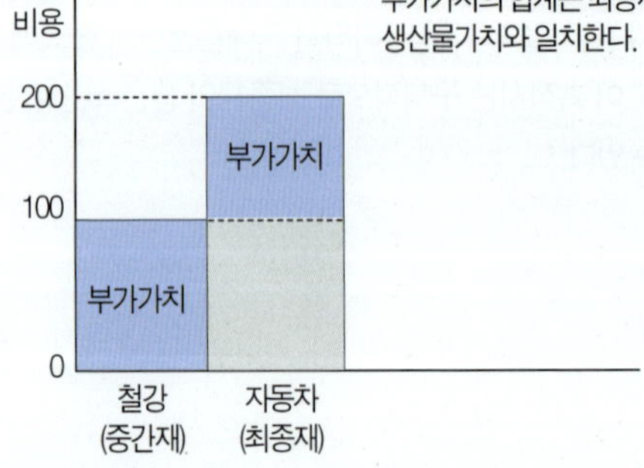

부가가치=생산액−원재료구입비용−감가상각비용

이 단순한 사례에서는 철강생산기업이 원재료도 구입하지 않고 기계와 설비도 사용하지 않으므로 철강생산판매액 100만원이 부가가치이며, 근로자의 임금과 이윤으로 구성된다. 자동차생산기업도 기계와 설비를 사용하지 않으므로 감가상각비용은 없고, 철강을 원재료로 사용하므로 자동차생산판매액 200만원에서 100만원을 뺀 100만원이 자동차생산기업의 부가가치이다.

경제전체적으로 보면 부가가치의 총합계는 100+100=200만원이다. 합병의 경우 총부가가치는 하나의 기업 내에서 철강이 생산되고 그대로 자동차 생산에 투입될 것이므로 중간재의 흐름이 파악되지 않는다. 따라서 국내총생산을 계산할 때 중간재를 제외한 최종재의 시장가치는 부가가치의 합계와 같이 된다.

국내총생산=부가가치의 합계

(2) 분배접근법

생산 측면에서 살펴본 것과 달리 분배측면의 요소소득의 흐름을 통해서도 국내총생산을 살펴볼 수 있다. 일반적으로 수입은 근로자에게 **근로소득**(labor income)의 형태로, 자본가와 기업가에게 **자본소득**(capital income) 또는 **이윤소득**(profit income)의 형태로 분배가 된다. 철강회사 A에 의해서 부가된 가치인 100만원 중에서 80만원은 근로자에게 근로소득으로 분배되고, 20만원은 기업에게 자본소득으로 분배된다. 그리고 자동차회사 B의 부가가치인 100만원 중에서 70만원은 근로소득으로, 30만원은 자본소득으로 돌아간다. 이때 경제 전체에서 근로소득은 150(=80+70)만원이고, 자본소득은 50(=20+30)만원이다. 따라서 총요소소득은 근로소득과 자본소득의 합인 200(=150+50)만원이 된다. 이 수치는 생산측면에서 본 부가가치의 합계와 같다.

국내총생산=요소소득의 합계+감가상각비용의 합계

(3) 지출접근법

사물에는 겉과 속이 있다. 최종생산물의 흐름을 사물의 겉으로 표현한다면 반대방향에는 속에 해당하는 최종생산물의 수요에 의한 화폐지출의 흐름이 있다. 앞에서 국내총생산은 소비지출, 투자지출, 정부지출, 순수출로 구성됨을 보았다. 그런데 경제의 총수요 혹은 총지출과 다른 점은 수입을 뺀다는 점이다. 수입은 국내 생산물에 대한 수요가 아니기 때문이다.

철강과 자동차의 단순한 사례에서는 최종수요부문이 소비자가 자동차를 구매하는 것밖에 없다. 철강회사와 자동차회사 모두 이윤을 그냥 현금으로 보유하기 때문에 아무 투자지출을 하지 않는 것이다. 왜냐하면 투자지출을 한다는 것은 기계와 설비 등에 대한 추가수요가 있어야 하기 때문이다. 따라서 국내총생산은 소비자가 구입을 위해 지출하는 자동차의 판매액 200만원과 같아야 한다. 이 수치도 생산이나 분배측면에서 얻은 결과와 같다.

철강과 자동차의 사례에서 감가상각비용이 있다면 지출측면에서는 어떤 의미를 가질까? 감가상각비용은 기계와 설비 같은 자본재의 감모에 대비해서 적립하는 것으로 자본소모에 대한 대가(자본소유자에게 지불하는 보상액)이다. 이것도 투자의 한 형태인데, 투자는 신규투자와 대체투자로 나누며 감가상각비용은 자본재소모를 보충하는 대체투자지출로 본다. 만약 철강과 자동차의 사례에서 감가상각비용이 있다면, 지출측면의 국내총생산은 다음과 같다.

$$\text{국내총생산} = \text{소비지출} + \text{투자지출(감가상각비용의 합계)}$$

이와 같이 생산, 분배, 지출의 세 가지 측면에서 바라본 국내총생산은 원칙적으로 같을 수밖에 없다. 이러한 관계를 국내총생산의 **삼면등가의 원칙**이라고 한다. 즉 생산측면의 최종생산물의 시장가치는 지출측면의 국내총지출과 같고, 이는 또 소득측면의 국내총소득과 원칙적으로 동일하다는 원리이다.

정석사고

국내총생산(GDP)은 국민소득 순환과정의 생산, 지출, 분배의 세 가지 측면에서 측정될 수 있다. 감가상각비용이 없다면 생산면에서 총생산은 부가가치의 합계와 같고, 분배면에서 요소소득의 합계와 같으며, 지출면에서 소비지출과 같다. 이러한 관계를 국내총생산의 **삼면등가의 원칙**이라고 한다.

3. 국내총생산의 유형

(1) 명목GDP와 실질GDP

① 명목GDP

명목GDP(nominal GDP)는 일정기간 동안에 한 경제가 생산한 최종생산물을 당해연도의 시장가격으로 평가하여 얻은 생산물가치의 개념이다. 명목GDP는 그 일정기간의 경제활동 규모와 실적을 나타내는 데 유용하게 쓰인다. 그러나 다른 기간과 비교하여 경제가 실질적으로 얼마나 변동했는가를 알고자 할 때에는 적당한 지표가 되지 못한다. 왜냐하면 그동안의 물가변동으로 인한 변화분이 명목GDP에 포함되어 있기 때문이다. 따라서 명목GDP의 문제점은 물가변동에 따라 변동된다는 것이다.

② 실질GDP

명목GDP에서 물가변동을 제거하기 위해서는 어느 특정년도의 물가를 기준으로 평가한 물가지수를 구한 후 명목GDP를 이 물가지수로 나누어야 한다. 이렇게 구한 GDP를

이야기 2-3 실질GDP와 기술진보

실질GDP를 계산하는 데 있어서 문제는 기존상품의 품질 변화를 고려하기 어렵다는 점이다. 컴퓨터의 경우는 기술혁신의 속도가 매우 빠르기 때문에 특히 문제가 된다. 1981년 처음 등장한 IBM의 PC와 지금 출시되는 컴퓨터의 품질이 동일하다고 생각하는 사람은 없을 것이다. 이러한 문제를 개선하기 위해서 특정 연도에 상이한 특성을 가진 컴퓨터의 가치를 감안하는 방법이 있다. 컴퓨터의 처리속도뿐만 아니라 내부속도, RAM, 인터넷의 접속 가능성 등 이전에 비해서 향상된 컴퓨터의 성능도 반영해야 할 것이다. 시장에서 3GHz 속도의 컴퓨터에 비해서 4GHz 속도를 지닌 컴퓨터에 사람들이 가격의 10% 정도를 더 지불할 용의가 있다고 상정해보자. 만일 전년도에 3GHz 속도였던 컴퓨터가 올해 들어 4GHz 속도로 바뀌었는데 동일한 가격에 판매된다고 하면, 새로운 컴퓨터는 사실상 전년도의 컴퓨터 가격보다 10% 하락했다고 할 수 있다. 이처럼 상품의 특성(컴퓨터의 속도, 메모리 등) 각각에 암묵적인 가격을 부과하는 방법을 통한 가격측정방식을 '헤도닉 가격모형(hedonic pricing)'이라고 한다.

실질GDP(real GDP)라고 한다. 따라서 어떤 기간의 실질GDP를 다른 기간의 실질GDP와 비교함으로써 총생산량이 실질적으로 얼마나 변화했는지를 파악할 수 있다. 실질GDP는 아래와 같이 정의된다. 이야기 2-3

$$실질GDP = 명목GDP/물가지수$$

이 관계를 다음 예를 통해 더 자세히 알아보자. 어떤 단순한 경제에서 빵만 생산된다고 가정하자. 2014년도에 빵을 100개 생산해 1개당 100원에 판매를 하였고, 2015년도에 빵을 100개 생산해 1개당 200원에 판매를 하였다고 하자. 두 해 모두 똑같이 빵 100개를 생산했지만 물가가 올라 빵의 가격이 2배가 되었다. 이 때문에 실제 생산량은 변화가 없지만 명목GDP가 2배로 되었다.

표 2-3 국내총생산과 실질국내총생산

연도	(1) 생산량	(2) 물가	(3) 명목GDP (1)×(2)	(4) 물가지수	(5) 실질GDP (3)/(4)
2020	100	100	10,000	100×100/100×100=1	10,000
2025	100	200	20,000	100×200/100×100=2	10,000

1. 물가지수 계산방법

이러한 물가변동을 제거하기 위해 우선 각 연도의 물가지수를 작성해야 한다. 이를 위해 어떤 기준연도, 예를 들어 2020년을 기준연도로 잡아 각 연도의 물가를 기준연도의 물가로 나누어 계산한다. 그런데 기준연도 혹은 비교연도의 거래량(생산량)을 가중치로 사용하여 각 연도의 물가를 비교한다. 이 가중치의 기준에 따라 라스파이레스 물가지수와 파셰 물가지수, 피셔 물가지수, 로우 물가지수 방법으로 나뉜다.

라스파이레스(Laspeyres) 물가지수는 기준연도의 거래량을 가중치로 사용하여 물가지수를 계산하는 방식이다. 즉,

$$라스파이레스\ 물가지수 = \frac{기준연도거래량 \times 비교연도\ 물가}{기준연도거래량 \times 기준연도\ 물가}$$

이 방식은 비교연도에 새로운 상품들이 시장에 나타나면 이를 가중치에 반영하지 못하는 단점이 있다. 기술혁신에 의해 비용이 적게 드는 신상품들이 많이 나올수록 이 물가지수는 물가변화를 과대평가하는 경향이 있다.

파셰(Paasche) 물가지수는 비교연도의 거래량을 가중치로 사용하여 물가지수를 계산하는 방식이다. 즉,

$$파셰\ 물가지수 = \frac{비교연도거래량 \times 비교연도\ 물가}{비교연도거래량 \times 기준연도\ 물가}$$

이 방식은 비교연도에 새로운 상품들이 시장에 나타나면 이를 가중치에 반영하므로 가중치가 매년 바뀌는 번거로움은 있지만 비교적 정확한 물가변화를 반영할 수 있다. 그리고 라스파이레스 물가지수가 물가변화를 과대평가하는 경향이 있다면 파셰물가지수는 비교연도 거래량을 가중치로 사용함으로써 물가변화를 과소평가하는 경향이 있다고 볼 수 있다.

피셔(Fisher) 물가지수는 라스파이레스와 파셰물가지수를 기하평균하는 방식으로 산출한다. 즉,

$$피셔\ 물가지수 = \sqrt{라스파이레스\ 물가지수 \times 파셰\ 물가지수}$$

이 방식은 어떤 품목의 상대가격 상승(하락)시 해당 품목의 상대수요도 감소(증가)하는 일반적인 경제환경 하에서 최상위지수(superlative index) 혹은 이상적 지수(ideal index)로 간주된다.

2. 물가지수의 유형

기준연도에는 물가지수가 항상 1이 되므로 명목GDP가 실질GDP와 항상 같다. 따라서 각 연도의 명목GDP를 기준연도의 실질GDP로 나누면 물가지수가 나온다. 이러한 물가지수를 GDP디플레이터(GDP deflator)라고 한다. 즉,

$$GDP디플레이터 = 명목GDP/실질GDP$$

결국 GDP디플레이터는 한 경제에서 생산된 모든 최종생산물의 평균가격을 나타내는 물가지수이다. 이외에도 물가지수에는 소비자물가지수와 생산자물가지수가 있다. 소비자물가지수(CPI: Consumer Price Index)는 도시가계의 소비자가 일상 소비생활에서 구입하는 재화와 서비스의 가격변동을 측정하기 위한 물가지수이다. 가계소비의 지출에서 차지하는 비중이 1/10,000 이상인 품목을 선정하여 도시 가계의 평균적인 생계비나 화폐의 구매력을 측정한다. 생산자물가지수(PPI: Producer Price Index)는 국내생산자가 국내시장에 출하하는 재화 및 서비스의 종합적인 물가수준을 측정하여 지수화한 것이다. 생산자물가지수는 소비재만 포함하는 소비자물가지수와 달리 소비재는 물론 자본재도 포함하고 원재료와 중간재까지도 포함하므로 대상품목이 많아 전반적인 상품의 물가동향이 반영된다. 거래액이 국내시장에서 거래되는 상품거래 총액의 1/10,000과 서비스 거래액의 1/2,000 이상인 품목을 선정하여 생산자 출하가격인 공장도가격의 평균을 구하는 것이다. 이야기 2-4

이야기 2-4 체감물가와 지표물가

우리가 일상생활에서 피부로 느끼는 체감물가는 물가작성기관에서 발표하는 지표물가보다 높다고 느낄 때가 많다. 왜 이런 일이 생길까? 우선 사람마다 자신이 소비하는 상품과 서비스들이 다르기 때문이다. 지표물가는 모든 조사대상 품목을 가중평균하여 계산하므로 전체 가계 입장에서 평균적인 물가변화를 보여준다. 그러나 체감물가는 가계나 개인이 자주 구입하는 몇 가지 품목만을 생각하기 때문에 가격변화에 민감하게 영향을 받을 수밖에 없다. 예를 들어 등록금, 즉 교육비가 오르면 가계는 그 부담을 매우 크게 느끼지만 전체 평균물가는 조금 오르거나 그대로일 수도 있다.

다음은 품질이 향상되어 더 비싸진 제품들을 소비하는 경우 우리는 더 비싼 가격에 제품을 구입하게 되어 물가가 올랐다고 느끼는 반면, 지표물가는 품질향상을 차감한 순수 가격인상부분만 지표물가에 반영하여 물가상승이 상대적으로 작게 나타난다.

또한 체감물가에 크게 영향을 주는 주택가격이나 주식가격이 지표물가의 계산에서 빠지기 때문에 우리가 느끼는 물가변화가 훨씬 크다. 그리고 소비자들이 물가를 비교하는 시점이 지표물가의 비교시점과 서로 다르기 때문일 수 있다. 우리는 흔히 자동차를 구입하고 5년쯤 지난 후 자동차를 교환할 마음으로 다시 자동차가격을 보면 무척 올랐다고 느낀다. 그런데 실제 지표물가는 전년도를 기준으로 얼마나 변했는지를 보여준다. 따라서 구입주기가 긴 제품에서는 더욱 체감물가와 지표물가의 차이를 느낀다.

(2) 실제GDP와 잠재GDP

실제GDP(actual GDP)는 한 나라에서 '실제로'생산된 모든 최종생산물을 시장가격으로 평가한 것이다. 반면에 **잠재GDP**(potential GDP)란 한 나라에 존재하는 모든 생산요소, 즉 노동과 자본 등이 정상적이고 효율적으로 고용될 경우 달성할 수 있는 '최대의' GDP를 말한다. 어떤 나라의 모든 생산요소들이 정상적이고 효율적으로 고용되는 상태가 바로 완전고용을 의미하므로 잠재GDP는 **완전고용국민소득**과 같은 의미이다. 잠재GDP와 실제GDP의 차이를 **GDP갭**(GDP gap)이라고 하는데 다음과 같다.

$$\text{GDP갭} = \text{잠재GDP} - \text{실제GDP}$$

경기침체로 생산요소가 정상적이고 효율적으로 고용되지 못하고 있다면 GDP 갭이 0보다 크다. 반대로 경기호황으로 실제GDP가 잠재GDP를 초과하는 경우는 GDP 갭이 0보다 작다.

정석사고

명목GDP에서 물가변동을 변동을 제거하면 실질GDP(real GDP)가 된다. 실제GDP(actual GDP)는 한 나라에서 '실제로'생산된 모든 최종생산물을 시장가격으로 평가한 것이다. 반면에 잠재GDP(potential GDP)란 한 나라에 존재하는 모든 생산요소, 즉 노동과 자본 등이 정상적이고 효율적으로 고용될 경우 달성할 수 있는 '최대의'GDP를 말한다. 잠재GDP와 실제GDP의 차이를 GDP갭(GDP gap)이라고 한다.

4. 기타 국민소득의 개념

GDP는 일정기간 중 한 나라 안에서 생산된 모든 최종생산물의 시장가치이다. 내국인이든 외국인이든, 소유자가 누구든 자국내 생산요소에 의하여 생산된 것이면 GDP에 포함된다. 그런데 이와 약간씩 다른 국민소득측정지표들도 있다.

(1) 국민총소득(GNI: Gross National Income)

국민총소득(GNI)은 일정기간 중 한 나라 자국민이 벌어들인 임금, 이자, 배당 등의 소득을 모두 합한 것이다. 국민소득의 삼면등가의 원칙에 따라 이러한 분배면의 총소득은 생산면의 총생산액과 같으므로 국내에서 생산하든 국외에서 생산하든 그 나라 국민에 의하여 또는 그 나라 국민이 소유하는 생산요소에 의하여 생산된 것이면 GNI에 포함된다. 반면에 한 나라의 국경 내에서 생산되는 모든 최종생산물의 시장가치를 국내총생산(GDP)이기 때문에 국경을 중심으로 보는 것이 GDP이고, 사람의 국적을 중심으로 본 것이 GNI이다. 국경 내에서 생산된 것이면 설사 외국인에 의해서 생산된 것이라도 GDP에 포함된다. 따라서 GNI와 GDP는 별개의 개념이라고 할 수 있다.

한국근로자가 이라크에 가서 일한다면 해외에서 근로소득 혹은 광의로 요소소득이 국내로 송금되고, 필리핀 근로자가 한국에서 일하면 해외에 지불하는 근로소득이 발생한다. 따라서 국내총생산에 이러한 조정을 하면 GNI와 GDP 사이에 다음의 관계가 성립된다.

GNI=GDP+(국외에서 취득하는 요소소득−국외에 지불하는 요소소득)

=GDP+국외 순수취 요소소득

폐쇄경제에서는 해외거래가 없으므로 GDP와 GNI의 크기가 같다. 그러나 개방경제에서는 외국인이 국내투자도 하고 내국인이 해외투자도 하므로 GDP와 GNI는 같지 않다. 자국민이 해외투자를 많이 하는 나라에서는 GNI가 GDP보다 크다. 반대로 외국인이 국내투자를 많이 하는 나라에서는 GNI가 GDP보다 작다. 일반적으로 선진국의 경우에는 자국민의 해외투자가 많아서 GNI가 GDP보다 크고, 외국인투자가 많은 후진국의 경우에는 GDP가 GNI보다 크다.

(2) 국민순소득(NNI)과 국민소득(NI)

국민순소득(National Net Income: NNI)은 국민총소득(GNI)에서 감가상각비를 뺀 소득을 말한다. **감가상각비**란 자본재를 사용함에 따라 마모되는 자본재의 가치감소분을 말하며, 국민소득계정에서 '**고정자본소모**'라고 한다. 감가상각비는 기업내부에 적립되는 것으로 소득으로 보기 어렵기 때문이다. 따라서 국민순소득은 다음과 같다.

NNI=GNI−감가상각비

한편 이보다 좁은 소득개념으로서 **국민소득**(National Income : NI)은 국민들이 일정기간 생산활동에 참여한 대가로 받는 임금, 지대, 이자, 이윤을 합계한 것이다. 만약 정부부문이 없다고 하면 '**요소소득=국민소득**'이라는 등식이 성립한다. 그러나 정부는 간접세를 징수하고 또 기업에게 보조금을 지급하기도 하기 때문에 정부부문이 존재하는 현실에서는 이 등식이 성립하지 않는다.

정부가 기업에게 지급하는 보조금은 요소소득이 아니면서도 국민소득에 포함한다. 이 보조금은 그 기간의 생산활동을 반영하지 않기 때문에 국내총생산(혹은 국민총소득)에서는 제외되지만 기업이 받은 소득의 일종으로서 국민소득에 포함시킨다. 그러나 간접세는 국민소득(NI)에 포함되지 않는다.

NI=GNI−감가상각비−생산 및 수입세+기업보조금

=NNI−(생산 및 수입세−기업보조금)

=NNI−순생산 및 수입세

이상에서 살펴본 국민소득은 생산활동에 참여한 대가로 벌어들인 소득으로서 본원소득을 대상으로 하고 있다. 그런데 국민이 소비와 저축으로 처분할 수 있는 처분가능소득에는 본원소득 이외에 아무런 대가없이 수취하는 이전소득 혹은 경상이전도 있다. 이를 반영한 국민소득지표에는 국민총처분가능소득, 국민처분가능소득, 가계처분가능소득이 있다. 이에 대해 살펴보자.

(3) 국민총처분가능소득(GNDI : Gross National Disposable Income)

국민총처분가능소득(GNDI)은 국민총소득에서 무상으로 해외로부터 얻는 소득과 무상으로 해외에 지급하는 소득을 가감한 소득을 말한다. 무상으로 해외로부터 얻는 소득은 교포송금, 종교기부금 등과 같이 생산활동과 관계없이 해외로부터 얻는 소득(국외수취경상이전)이다. 한편 무상으로 해외에 지급하는 소득은 해외이주비, 해외기부금 등과 같이 생산활동과 관계없이 해외에 지급되는 소득(국외지급경상이전)이다. 국민총소득에서 이러한 조정을 하면 GNDI와 GNI 사이에 다음의 관계가 성립된다.

GNDI=GNI+(국외에서 얻는 비생산소득−국외에 지불하는 비생산소득)
=GNI+국외순수취 경상이전
=총소비+총저축

(4) 국민처분가능소득(NDI : National Disposable Income)

국민총처분가능소득에서 감가상각비를 공제한 것을 국민처분가능소득이라고 한다. 따라서 국민총가처분소득과 국민처분가능소득은 다음과 같은 관계가 성립한다.

NDI=GNDI−감가상각비
=총소비+(총저축−감가상각비)
=총소비+순저축

혹은 국민순소득(본원소득)과의 관계로 나타내보면 다음과 같다.

NDI=NNI+국외순수취 경상이전

(5) 가계본원소득(PPI : Personal Primary Income)

가계본원소득(PPI)이란 생산활동과 관련해서 개인에게 귀속되는 모든 소득을 말한다. 국민소득이라고 해서 모두 개인소득이 되지는 않는다. 국민소득 가운데 일부는 기업에 의해 원천공제 되는데, 그 이유는 근로자의 퇴직 후 연금지급을 위해 기업이 정부에 사회보장부담금으로 납부하기 때문이다. 기업이윤의 일부는 법인세로서 국고로 귀속되며, 일부는 배당금으로 주주에게 분배되지만, 나머지 기업이윤은 사내에 유보이윤(투자를 위한 사내적립금)으로 남는다. 또 일부는 이자소득, 임대료 형태로 정부의 재산소득으로 귀속된다. 그러므로 개인에게 돌아오지 않는 법인세, 유보이윤, 사회보장부담금, 정부의 재산소득 등은 개인소득에 포함되지 않는다.

PPI＝NI－법인세－사내유보이윤－사회보장부담금－정부의 재산소득

(6) 가계처분가능소득(PDI : Personal Disposable Income)

가계처분가능소득(PDI)이란 개인이 자유의사에 따라 소비와 저축으로 자유로이 처분할 수 있는 소득을 말한다. 따라서 가계본원소득에 생산활동과 관련없이 개인이 기업과 정부로부터 받는 이전소득을 더하고, 개인이 생산활동과 관련없이 기업과 정부에 이전한 소득을 공제하면 가계처분가능소득이 된다. 그리고 이 두 이전소득의 차이를 '순이전소득'이라고 하며, 결국 가계처분가능소득은 가계본원소득에서 순이전소득을 더한 것과 같다. 즉,

PDI＝가계본원소득(PPI)＋순이전소득

가계처분가능소득은 소비와 저축으로 사용되므로 이것은 결국 민간소비와 민간저축의 합과 같다.

정석사고

국민총소득(GNI, Gross National Incone)은 일정기간 중 한 나라 자국민이 벌어들인 임금, 이자, 배당 등의 소득을 모두 합한 것이다. 국민순소득(NNI, National Net Income)은 국민총소득(GNI)에서 감가상각비를 뺀 소득을 말한다. 국민소득(NI, National Income)은 국민순소득(NNI)에서 순생산 및 수입세를 뺀 소득을 말한다. 국민총처분가능소득(GNDI, Gross National Disposable Income)은 국민총소득에서 무상으로 해외로부터 얻는 소득과 무상으로 해외에 지급하는 소득을 가감한 소득을 말한

다. 국민총처분가능소득에서 감가상각비를 공제한 것을 국민처분가능소득(NDI, National Disposable Income)이라고 한다. 가계본원소득(PPI, Personal Primary Income)이란 생산활동과 관련해서 개인에게 귀속되는 모든 소득을 말한다. 가계처분가능소득(PDI, Personal Disposable Income)이란 개인이 자유의사에 따라 소비와 저축으로 자유로이 처분할 수 있는 소득을 말한다. 가계조정처분가능소득(PADI, Personal Adjusted Disposable Income)이란 가계처분가능소득에서 사회적 현물이전을 합한 것을 말한다.

3 총생산개념의 유용성과 한계

1. 후생지표 vs 생산량지표

참된 경제활동수준의 측정은 우리가 더 낫다고 느낄 때 측정치가 올라가는 바로미터(barometer)가 되어야 한다. 그러한 추정치를 경제학자들은 후생지표(welfare measure)라고 부른다. 불행히도 우리는 현재 상품과 서비스가 얼마나 많이 생산되었는지를 보는 생산량지표(output measure)밖에 가지고 있지 않다. 경제활동수준의 증가 혹은 경제성장을 측정하는 가장 간단한 측정치가 국내총생산(GDP)이다.

개념적으로 이것은 최종생산물이 팔릴 때까지 생산과정의 각 부문에서의 부가가치를 합계한 것과 같다. 이 경우 최초로 투입되는 원료들은 부가가치가 없는 것으로 본다. 당연히 GDP는 후생측정치가 아니며, 한 가지 큰 결함은 마모된 기계를 대체하는 새로운 기계의 가치가 총생산의 가치에 더해지는 것이다.

2. GDP의 문제점

먼저 전통적으로 지적되는 GDP의 문제점을 살펴보면 다음과 같다.

첫째, 자가노동, 자가소비, 자가소득 등이 GDP에 포함되지 않는다. 가정주부가 청소하고 아이를 기르는 행위들은 대단히 가치있는 일이지만 시장에 거래되지 않는다는 이유로 GDP에서 제외된다. 자신이 가꾸어 먹는 채소도 GDP에서 제외된다. 또한 자신이 사업을 하면 자신의 임금을 받지 않으므로 GDP에서 제외된다.

둘째, 부동산의 가격변동, 주가변동에 따르는 자본이득이 생산활동에 기인한 것이 아니라는 이유로 GDP에서 제외된다. 또한 밀수, 밀매, 마약, 탈세 등의 지하경제도 정상적 생산활동이 아니라는 이유로 GDP에서 제외된다. 이야기 2-5

셋째, 여가 또한 GDP에서 제외된다. 사람들은 경제활동수준이 높아지고 삶의 질이 높아질수록 더 많이 소비하려 한다. 어떤 사람이 퇴직을 하여 원하던 정원가꾸기를 즐긴다면 그 사람의 후생은 증가하지만 그 사람이 직장에서 일하던 때에 비하여 GDP는 감소한다.

넷째, GDP는 생산활동으로 인한 생산들만 포함하고 공해는 고려하지 않는다. 공해를 증가시키는 물질적 생산은 GDP에 포함하면서 공해로 인해 발생한 피해를 공제하지 않는다.

다섯째, GDP는 상품의 질의 변화를 반영하지 못한다. 기술혁신으로 제품의 질이 좋아지고 가격이 하락하면 오히려 GDP가 감소한다.

3. 새로운 후생지표를 찾아서

> "일상생활에서 소득계산의 목적은 사람들에게 자신들이 가난해지지 않으면서 그들이 소비할 수 있는 양에 대한 신호를 주는 것이다. 이러한 생각을 따르면 사람들의 소득이 일주일동안 소비하고 나서도 여전히 그가 처음에 누렸던 후생만큼 그 주일의 끝에서도 누릴 수 있을 것으로 기대되는 최대한의 가치로 정의되어야 한다."
>
> 〈Hicks, 1947〉

힉스(Hicks, 1947)의 정의에 의하면 소득이란 미래소득의 감소없이 소비할 수 있는 최대한의 소득을 말하며, 자본의 감소없이 얻을 수 있는 최대의 소득을 의미하기도 한다.

이러한 개념에서 볼 때 건물, 교량과 같은 인조자본이 마모되어 대체투자를 하는 것은 소득으로 보지 말아야 한다. 그리고 토양과 산림 등의 자연자본에 대해서는 이미 존재

이야기 2-5 지하경제

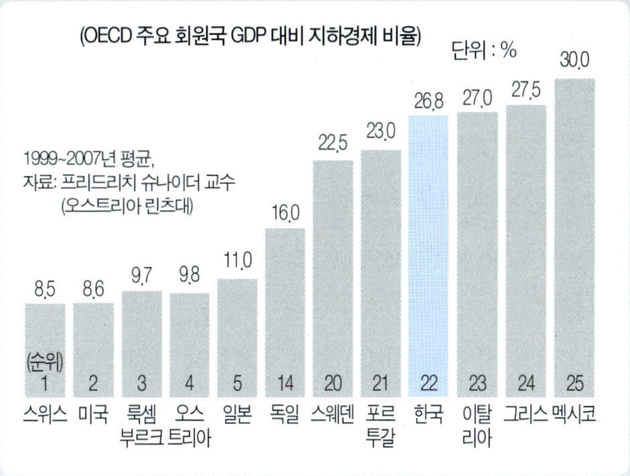

어느 더운 여름 날 오후에 누가 찾아와 문을 노크하더니 1만원만 주면 세차를 해주겠다고 하였다. 나는 좋다는 의사표시를 하면서 1만원을 주었다. 공식적으로 말하면 이 거래는 비공식적 거래이므로 장부에 기록되지 않으며 세금도 내지 않는다. 이런 식의 불법거래는 늘 일어나는 일이다.

GDP로 측정한 2004년 미국의 공식적인 경제규모는 12조 달러에 달한다. 마약이나 매춘 같은 불법거래를 제외한 비공식부문의 추계규모는 GDP의 6~20%에 달한다. 이 수치의 중간값을 잡아보면 연간 1조 5,000억 달러에 이른다. 한편 우리나라의 지하경제 비중은 OECD회원국 중 4번째로 크다고 알려져 있다. 2004~2005년 우리나라 지하경제의 비중은 GDP의 27.6%에 달한다. 프리드리히 슈나이더교수가 2003년 발표한 지하경제 추정치를 보면 전 세계에서 가장 높은 지하경제비중을 가진 나라는 볼리비아로서 GDP의 68.3%에 달한다. 반면에 서구 나라들의 지하경제 비중은 평균 16.7%에 불과했다.

우리가 마음에 가지는 의문은 내 차를 세차한 사람은 좋은 일을 한 것일까? 그 일을 시킨 나는 어떤가? 유모수당, 이웃끼리 돕는 품앗이, 과외소득 보고하지 않기 등도 모두 지하경제에 잡힌다. 지하경제라는 표현 때문에 사실보다 훨씬 더 부정적으로 들릴 뿐이다.

지하경제를 추정하는 방법으로는, 직접적인 추정방법으로서 설문조사를 하거나 혹은 납세자들 중에 일부를 무작위로 추출한 후 밝혀진 소득과 신고한 소득을 비교해서 전체 규모를 파악하는 방법이 있고, 간접적인 추정방법으로서 지하경제가 주로 현금으로 결제된다는 점을 이용해서 지하경제의 규모가 커지면 현금 수요의 증가를 가져올 것으로 보고 일반적인 화폐수요를 초과하는 부분이 지하경제와 관련이 있다고 파악하는 것이다. 이러한 지하경제를 감안하면 정부의 통계를 해석할 때 다음과 같은 점을 고려해야 한다. 정부의 공식 소득통계는 실제 국민소득을 과소평가하고, 공식 실업률은 실제 실업률을 과대평가한다. 또한 지하경제가 일반경제보다 더 빠르게 성장하면 실제 경제성장률은 공식적인 수치보다 더 빠르다.

지하경제는 경제가 저성장하는 경우에 세수확보의 중요한 수단이 된다. 특히 남유럽 국가들의 경우 저성장이 지속되는 가운데 지하경제발굴을 통한 세원확보는 재정건전성을 달성하는 중요한 수단이 된다. 또한 최근에는 EU를 중심으로 절세 전략을 통해 막대한 이익을 남기려는 다국적기업을 본격적으로 조사하려고 시도하고 있다. 스타벅스는 14년간 영국에서 매출액이 31억파운드에 달했지만 법인세 납부액은 860만파운드에 불과했고, 구글은 전 세계에서 거둔 수익 중에서 98억달러를 버뮤다로 이전해 약 20억달러를 절세한 것으로 밝혀졌다.

하는 자연자본을 현금화하는 개발전략과, 자연자본을 감가시키지 않는 개발전략은 구분되어야 한다. 토양을 척박하게 하고 산림을 훼손하여 얻는 개발이익을 소득으로 보기보다는 자연자본의 감소로 보아야 하기 때문이다.

GDP 구성요소중 소비자들의 후생을 반영하는 항목이 있다면 그것은 소비인데, 소비를 인구수로 나누어 얻는 1인당 실질소비(real consumption per capita)가 후생을 반영하는 생산량지표에 가장 가깝다. 물론 이것도 완전한 후생지표는 되지 않으며, 소득증가에 의한 경제활동수준의 향상과 토양, 대기, 물과 같은 자연자본의 감가에 따른 경제활동수준의 증가를 구분하지 못한다.

몇몇 연구들은 1인당 실질소비를 적절히 조정하여 후생지표에 가깝도록 만드는데 노력을 경주하여 왔다. 그 중 환경적 측면의 문제점을 개선시키기 위한 처음의 시도가 노드하우스와 토빈(J. Nordhaus & W. Tobin, 1972)의 연구에 의해 이루어졌다. 하나의 조정으로써 공해에 의한 환경오염(공해비용)을 고려하였는데, 그 방법은 도시와 농촌의 가족간 소득격차를 그 화폐가치로 보고 실질소비지출액에서 차감하였다. 또한 회사에 출퇴근을 하기 위해 소비하는 교통비용을 제외하였다. 그리고 그들은 여가시간과 가사서비스의 가치를 시장임금으로 환산하여 소득에 포함시켰다. 그들은 마지막 조정항목으로서 개인소비지출액에 정부서비스의 가치를 포함시켰다. 이러한 일련의 조정을 거쳐 그들이 만든 후생지표를 **경제후생지표**(MEW: Measure of Economic Welfare)라고 부른다. 그들은 1929~1965년 동안 미국의 1인당 MEW의 성장률을 추산하였는데 연평균 42%로 나타나서 같은 기간의 1인당 실질NDP 성장률 87.5%에 비해 훨씬 낮았다. 새무엘슨(P. Samuelson)은 이를 **순경제후생**(NEW: Net Economic Welfare)이라고 불렀다.

1980년대 들어와서 보다 진전된 방법으로 환경적 측면의 문제점을 개선시킨 **녹색 GDP**를 추계한 많은 연구들이 있다. 어셔(Usher, 1980), 조로타스(Zolotas, 1989), 레페토(Repetto, 1989), 데일리와 콥(Daly and Cobb, 1989) 등의 연구들이 그러한 예이다. 이 중 데일리와 콥은 **지속가능한 경제후생지표**(ISEW: Index of Sustainable Economic Welfare)라는 개념을 연구하였다. ISEW는 GDP에서 교통혼잡비용, 각종 환경오염과 자원고갈비용, 건강과 교육을 위한 예방적 지출을 가감하여 만든 일종의 후생지표이다. 이들은 미국의 1인당 후생이 1951~1986년 기간 동안 20% 상승하였으나 1970~1980년 동안 오히려 감소하기 시작했다고 주장한다. 이러한 증거가 사실이라면 GDP에 의한 경제활동수준의 증가가 1인당 후생을 증가시키다가 최근에 와서는 오히려 감소시키고 있다는 것이다.

앞에서 언급한 모든 지표들은 평균개념에 초점을 맞추어 후생을 측정하고 있다. 이러한 문제를 극복하기 위해 1990년 유엔개발계획(UNDP)은 **인간개발지수**(HDI: Human Development Index)라는 것을 개발하였는데, 그 중요한 구성요소는 생명기간(건강), 지식, 소득(생활수준) 등이다. 생활수준은 1인당 GNI와 같은 소득에 의해 결정되며, 건강상태는 평균수명, 지식수준은 문맹률과 교육연수로 측정하는 것이다. 이 세 가지를 통합하여 하나의 지수로 만든 것이 인간개발지수이다. 그러나 이 지수도 나라 전체의 삶의 질을 숫자로 표시한 것이지 개인별 삶의 질을 나타내는 것은 아니라는 점에서 더 개선된 지표를 여전히 필요로 한다. 이야기 2-6

정석사고

국내총생산은 상품과 서비스가 얼마나 많이 생산되었는지를 보는 생산량지표(output measure)이다. 이 지표의 문제점은 첫째, 자가노동, 자가소비, 자가소득 등이 GDP에 포함되지 않는다. 둘째, 부동산의 가격변동, 주가변동에 따르는 자본이득이 생산활동에 기인한 것이 아니라는 이유로 GDP에서 제외된다. 또한 밀수, 밀매, 마약, 탈세 등의 지하경제도 정상적 생산활동이 아니라는 이유로 GDP에서 제외된다. 셋째, 여가가 GDP에서 제외된다. 넷째, GDP는 생산활동으로 인한 생산들만 포함하고 공해는 고려하지 않는다. 다섯째, GDP는 상품의 질의 변화를 반영하지 못한다.

이러한 문제점을 극복하면서 소비자의 후생에 초점을 맞춘 후생지표들이 개발되었는데, 새무엘슨의 경제후생지표(MEW: Measure of Economic Welfare), 환경적 측면의 문제점을 개선시킨 녹색 GDP, 데일리와 콥의 지속가능한 경제후생지표(ISEW: Index of Sustainable Economic Welfare), 유엔개발계획(UNDP)의 인간개발지수(HDI: Human Development Index) 등이다.

이야기 2-6 인간개발지수

1990년 유엔개발계획(UNDP)이 개발한 인간개발지수의 근본취지는 경제발전이 결국 인간개발이며, 그 목표는 다음 세 가지라는 것이다.

① 더 잘사는 것

② 더 오래 사는 것

③ 더 많이 아는 것

이 세 가지는 현실적으로 1인당 GNI, 평균수명, 교육수준으로 측정되며 이를 통합한 HDI는 그 값이 0.90이상이면 선진국으로, 그 이하이면 개도국으로 분류한다. 개도국은 다시 세 그룹으로 분류한다.

① 0.5 이하: 저수준의 인간개발국가,

② 0.5~0.79: 중수준의 인간개발국가,

③ 0.8~0.89: 고수준의 인간개발국가

경제학자들은 경제발전의 지표로 1인당 국민소득보다 HDI를 사용해야 된다는 방향으로 의견을 모아가고 있다. 2009년 UNDP의 『인간개발보고서』에 의하면 한국은 HDI값이 0.937로 선진국으로 분류되며, 세계 194개국 중 26위를 차지하고 있다.

정석기본문제

1 다음 보기를 읽고 알맞은 말을 넣으시오.

보기

국민소득의 처분은 (①), (②), (③), (④)으로 구성되며, 국민소득의 창출은 (⑤), (⑥), (⑦), (⑧)로 구성된다.

정석힌트 ① 소비, ② 저축, ③ 조세, ④ 수입, ⑤ 소비지출, ⑥ 투자지출, ⑦ 정부지출, ⑧ 수출

2 다음 중 국내총생산(GDP)에 대한 설명으로 옳지 않은 것은?

① 속인주의가 아닌 속지주의에 기반하고 있다.

② 중간재를 포함한 모든 생산물을 대상으로 한다.

③ 종전 주택의 주거서비스는 GDP에 포함된다.

④ 주부의 가사노동은 원칙적으로 제외된다.

⑤ 저량이 아닌 유량개념이다.

정석힌트 중간재는 이중계상의 문제가 있기 때문에 최종 생산된 재화와 서비스만 대상으로 한다. 단 예외로 사용이 보류된 중간재의 경우는 차후에 계상될 수 있기 때문에 포함한다. 정답은 ②

3 다음 중 국내총생산(GDP) 측정의 한계에 대한 설명으로 옳지 않은 것은?

① 시장 및 비시장 거래상품 모두를 대상

② 지하경제 부분 미계상

③ 여가와 노동의 선택문제 미반영

④ 생산과정에서 발생하는 환경오염, 교통혼잡, 범죄증가 등 고려하지 않음

⑤ 기회비용 측면 미반영

정석힌트 시장에서 거래되는 상품의 가치만을 대상으로 함- 주부의 가사노동 제외. 정답은 ①

4 **다음 중 물가지수에 관한 설명으로 옳지 않은 것은?**

① 물가지수는 기준시점을 100으로 물가를 전환한 지수이다.

② 라스파이레스 물가지수는 일반적으로 물가변화를 과소평가한다.

③ 파셰 물가지수는 가중치가 매년 바뀌어 현실의 물가동향을 정확히 반영할 수 있다.

④ 생산자물가지수는 국내시장의 제1차 거래단계에 있는 기업들간에 거래되는 모든 재화와 서비스의 가격변동을 측정한 물가지수이다.

⑤ GDP디플레이터는 파셰방식으로 측정된다.

정석힌트 라스파이레스 물가지수는 일반적으로 물가변화를 과대평가한다. 정답은 ②

5 **"우리가 소득 중 일부를 저축한다면 그만큼 생산물이 팔리지 않게 되어 총생산과 총지출이 일치하지 않게 된다."이 주장의 타당성에 대해 평가하시오.**

정석힌트 저축은 국민소득의 처분항목의 하나로서 총공급의 구성요소이며, 팔리지 않은 생산물은 기업의 재고투자로서 총수요의 투자지출의 구성요소이다. 따라서 총생산 혹은 총공급과 총지출이 항상 같게 된다.

6 **다음 보기에서 빈 괄호에 적당한 말을 채워 넣으시오.**

보기

(가) GDP삼면등가의 법칙이란 GDP를 ( ), ( ), ( )의 세 가지 관점에서 파악한 ( ), ( ), ( )이 항상 같다는 것을 말한다.

(나) GDP는 모든 생산단계에서의 ( )와 ( )을 합한 것이다.

(다) 잠재GDP는 ( )상태에서의 GDP 혹은 국민소득을 의미한다.

(라) 경제후생지표(MEW)는 GDP에 ( )와 ( ), ( )를 더하고 ( )와 ( )을 뺀 것을 의미한다.

정석힌트 (가) 생산, 분배, 지출, 국내총생산, 국내총소득, 국내총지출.
(나) 부가가치, 감가상각.
(다) 완전고용.
(라) 여가의 가치, 가사서비스의 가치, 정부서비스의 가치, 공해비용, 교통비용.

7 병맥주의 가격이 2,000원이고 이 가격에 500원의 주세가 포함되어있다. 병맥주공장은 500원을 지불하고 원료를 구입하며, 맥주제조기의 감가상각비용이 500원이다. 이 경제의 국내총생산과 부가가치의 합계를 설명하시오.

정석힌트 국내총생산은 부가가치와 감가상각비용의 합계이며, 국내총생산은 2,000원에서 간접세 500원을 뺀 1,500원이며, 부가가치의 합계는 2,000원에서 간접세와 감가상각비용을 뺀 나머지이다. 즉, 1,000원이다.

8 다음 보기에서 GDP와 관련된 서술로서 옳지 않는 것을 모두 고르시오.

보기

(가) 국내총생산은 한 경제가 일정기간 동안에 생산한 모든 생산물의 시장가치이다.
(나) 수출이 수입을 초과하면 그 초과분이 해외투자가 된다.
(다) 순투자나 재고투자는 음이 될 수 없다.
(라) 총자본스톡이 증가하려면 순투자가 대체투자보다 커야 한다.
(마) GNI는 속인주의에 따르고, GDP는 속지주의에 따른다.

정석힌트 (가) 모든 생산물이 아니라 모든 최종생산물에 대한 시장가치이다.
(다) 순투자는 총투자에서 대체투자를 뺀 것인데 음이 될 수 있다. 또한 재고투자도 재고가 줄어들면 음이 될 수 있다.
(라) 순투자가 양이기만 하면 총자본스톡이 증가한다. 정답은 (가), (다), (라).

9 다음 보기에서 GDP에 포함되지 않는 것을 모두 고르시오.

보기

(가) 감가상각비
(나) 기존주택의 구입
(다) 정부의 이전지출
(라) 조세
(마) 주식의 매매차익

정석힌트 (나) 기존주택은 이미 건축된 것으로 단순히 소유권의 이전에 불과하므로 포함되지 않는다. (다) 정부의 이전지출은 생산활동과 관계없으므로 포함하지 않는다. (마) 자본이득은 포함하지 않는다. 정답은 (나), (다), (마)

10 다음 보기를 읽고 알맞은 말을 넣으시오.

보기

(①)은 일정기간 동안에 한 나라의 국경안에서 새롭게 생산된 최종생산물의 시장가치의 합계이다. (②)에 대외순수취요소소득을 더하면 (③)을 얻게 된다. (④)에서 감가상각을 공제하면 (⑤)을 얻는다. (⑥)에 순간접세를 차감하면 (⑦)을 얻는다.

정석힌트 ① 국내총생산 ② 국내총생산 ③ 국민총소득 ④ 국민총소득 ⑤ 국민순소득 ⑥ 국민순소득 ⑦ 국민소득

정석심화문제

11 중국에 소재한 한 기업이 2020년에 반도체를 생산하였다. 이 반도체를 미국 소재 컴퓨터 제조 기업이 2021년에 수입하여 컴퓨터에 내장한 뒤, 같은 해에 그 컴퓨터를 한국으로 수출하였다. 한국의 어느 대학생이 이 컴퓨터를 2021년에 구입하였다. 이상의 거래로 인해 각국의 2021년 국민소득계정에 나타난 변화의 설명으로 옳은 것은?

	한국 (소비지출, 순수출, GDP)	중국 (순수출, GDP)	미국 (순수출, GDP)
①	(증가, 감소, 불변)	(증가, 불변)	(증가, 증가)
②	(증가, 감소, 증가)	(증가, 증가)	(불변, 불변)
③	(불변, 불변, 불변)	(증가, 불변)	(증가, 증가)
④	(증가, 감소, 불변)	(증가, 증가)	(불변, 증가)
⑤	(증가, 감소, 알 수 없음)	(증가, 불변)	(증가, 불변)

정석힌트 내용을 정리하면 다음과 같다.

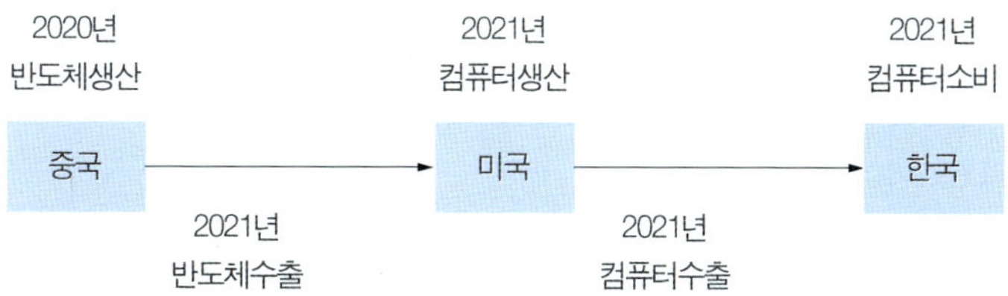

- 중국 : 2021년 순수출 증가
- 미국 : 2021년 순수출 증가(반도체수입액보다 컴퓨터수출액이 큼)
  2021년 국민소득 증가
- 한국 : 2021년 소비지출 증가
  2021년 수입증가로 순수출 감소
  2021년 국민소득 불변(소비지출 증가와 순수출 감소가 일치)

정답은 ①

12 배추와 김치 두 재화만 생산하는 국가를 가정하자. 배추회사는 자체적으로 필요한 투입물을 모두 생산한다. 김치회사는 배추를 유일한 중간투입물로 이용하여 김치를 생산한다. 두 회사는 재화를 생산하기 위해 노동자를 고용하며, 판매된 재화의 가치에서 임금 및 중간투입물 비용을 차감한 만큼 이윤을 얻는다. 아래 표를 보고 국내총생산을 계산할 때, 다음 중 옳지 않은 것은?

	배추회사	김치회사
중간투입물 비용	0	150
임금	100	250
생산물 가치	150	500

① 노동소득분배율은 70%이다.

② 배추회사가 창출한 부가가치는 150이다.

③ 김치회사가 창출한 부가가치는 350이다.

④ 배추회사와 김치회사의 이윤은 각각 50과 100이다.

⑤ 국내총생산을 지출 측면에서 계산한다면, 배추에 대한 지출 150과 김치에 대한 지출 500을 합한 650이다.

정석힌트 배추는 중간생산물로 최종재화의 가치는 김치의 생산가치인 500이 된다.

① 국민소득수준은 500이 되고, 노동자에게 분배되는 몫은 배추회사에서 100, 김치회사에서 250이 되어 총 350만큼 지불된다. 그 결과 노동소득분배율은 350/500으로 70%가 된다.

② 배추회사가 창출한 부가가치는 150이 된다.

③ 김치회사가 창출한 부가가치는 최종생산물의 가치인 500에서 중간투입물 가치인 150을 뺀 350이 된다.

④ 배추회사의 이윤은 50이고, 김치회사의 이윤은 100이다.

⑤ 지출국민소득을 계산해보면 배출에 대한 지출은 최종지출이 아니므로 제외되어야 한다. 따라서 김치에 대한 지출인 500만 고려해야 한다.

정답은 ⑤

13 2020년도에 어떤 나라의 밀 생산 농부들은 밀을 생산하여 그중 절반을 소비자에게 1,000억 원에 팔고, 나머지 반을 1,000억 원에 제분회사에 팔았다. 제분회사는 밀가루를 만들어 그 중 절반을 800억 원에 소비자에게 팔고 나머지를 제빵회사에 800억 원에 팔았다. 제빵회사는 빵을 만들어 3,200억 원에 소비자에게 모두 팔았다. 이 나라의 2020년도 *GDP*는? (단, 이 경제에서는 밀, 밀가루, 빵만을 생산한다.)

① 1,600억 원

② 2,000억 원

③ 3,200억 원

④ 5,000억 원

정석힌트 *GDP*를 계산하는 방법으로는 최종생산물의 시장가치와 부가가치를 활용하는 방법이 있다. 문제에서 주어진 정보를 그림으로 나타내면 다음과 같다.

먼저 최종생산물에 대한 소비의 총합은 밀의 단계에서 1,000, 밀가루의 단계에서 800, 빵의 단계에서 3,200이 되어 최종소비로 사용된 가치는 모두 5,000(=1,000+800+3,200)이 된다. 이것은 지출국민소득과 같은 개념이다.

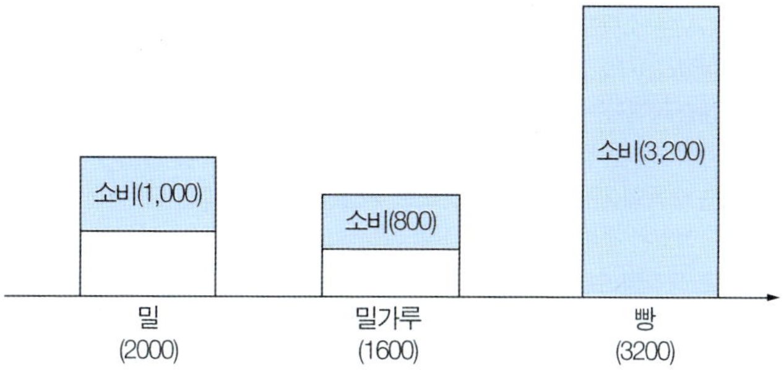

부가가치의 합계로 계산하게 되면 다음과 같다.

	밀	밀가루	빵
최종생산물가치(V)	2,000	1,600	3,200
비용(C)	0	1,000	800
부가가치($VA = V - C$)	2,000	600	2,400

따라서 부가가치의 합은 5,000(= 2,000 + 600 + 2,400)이 된다.

정답은 ④

14 국민소득지표에 대한 설명으로 옳지 않은 것은?

① 폐쇄경제에서는 실질*GDP*와 실질*GDI*가 같다.

② 명목*GNI*는 명목*GNP*와 동일한 개념이다.

③ 교역조건 변화에 따른 실질무역손익이 음(−)의 값을 가질 경우, 실질*GDI*는 실질*GDP*보다 작다.

④ 실질GNI는 실질GNP와 동일한 개념이다.

⑤ 명목 국외순수취 요소소득이 음(−)의 값을 가질 경우, 명목*GNI*는 명목*GDP*보다 작다.

정석힌트 명목*GNI* = 명목*GNP* = 명목*GDP* + 명목국외수취요소소득

실질*GDI* = 실질*GDP* + 교역조건 변화에 따른 실질무역손익

실질*GNI* = 실질*GDI* + 실질국외순수취요소소득

= [실질*GDP* + 교역조건 변화에 따른 실질무역손익] + 실질국외순수취요소소득

= [(실질*GNP* − 실질국외순수취요소소득) + 교역조건 변화에 따른 실질무역손익]

+ 실질국외순수취요소소득

= 실질*GNP* + 교역조건 변화에 따른 실질무역손익

1990년대 중반 이후에는 *GNI*(Gross National Income)가 자주 사용되고 있는데, *GDP*는 생산지표이고, *GNI*는 소득지표이며, *GNP*는 생산과 소득지표가 혼합된 지표이다.

① 실질*GDP*와 실질*GDI*의 가치는 교역조건 변화로 인한 실질무역손익의 차이가 있다. 따라서 폐쇄경제에서는 실질*GDP*와 실질*GDI*의 값이 같게 된다.

② 명목*GNP*는 명목*GNI*와 같은 개념이다. *GNP*에서 *P*는 생산의 개념을 반영한 것이고, *GNI*에서 *I*는 소득의 개념을 반영한 것으로 후생의 지표를 의미한다.

③ 교역조건의 변화에 따른 실질무역손익이 음(−)이라고 한다면 교역으로 인해서 손해를 본 것으로 생각할 수 있다. 따라서 생산된 제품의 가치가 교역으로 인해서 그에 걸맞은 대우를 받지 못한 것이라고 할 수 있다. 즉 후생이 감소한 것이다. 따라서 '실질*GDP* > 실질*GDI*'가 된다.

④ 실질*GNI* = 실질*GNP* + 교역조건 변화에 따른 실질무역손익의 관계에 있다. 따라서 명목*GNI*를 물가지수로 나누어 구한 값인 실질*GNP*와 실질*GNI*는 서로 다르다. 즉 '교역조건 변화에 따른 실질무역손익'만큼의 차이가 존재한다.

⑤ 국외순수취 요소소득이 음(−)인 경우에는 한국인이 외국에서 벌어들인 요소소득보다 외국인이 한국에서 벌어간 요소소득이 큰 경우에 그 결과 국내의 소득지표인 *GNI*는 국내의 생산지표인 *GDP*보다 작게 된다.

정답은 ④

15 어떤 나라의 민간부문의 소비지출과 투자지출이 각각 600과 200이며, 정부지출과 조세수입이 각각 100과 80, 수출과 수입이 각각 400과 300이다. 다음 중 옳지 않은 것은?

① 이 나라의 지출국민소득은 1,000이다.

② 이 나라의 재정수지는 20만큼 적자이다.

③ 이 나라의 민간부문의 저축은 320이다.

④ 이 나라의 민간부문과 정부부문의 저축의 합계는 340이다.

⑤ 이 나라의 경상수지는 100만큼 흑자이다.

정석힌트 ① 지출국민소득 = $C+I+G+X-M$이므로 600+200+100+400−300 = 1,000이 된다.
② 재정수지 = $T-G$이므로 80−100 = −20으로 적자이다.
③ 민간저축 = $Y-T-C$이므로 1,000−80−600 = 320이 된다.
④ 국민저축 = 민간저축 + 정부저축 = $(Y-T-C)+(T-G)$ = 320+(−20) = 300
⑤ 경상수지 = $X-M$이므로 400−300 = 100이다.
정답은 ④

16 개방경제인 갑국의 국민소득 결정모형이 다음과 같을 때, 갑국의 국내총소득, 국민총소득, 처분가능소득은? (단, 제시된 항목 외 다른 것은 고려하지 않는다.)

보기

- 국내총생산 : 1,000
- 교역조건 변화에 따른 실질무역 손익 : 50
- 사내유보이윤 : 10
- 이전지출 : 3
- 대외 순수취 요소소득 : 20
- 감가상각 : 10
- 각종 세금 : 3

① 1,000, 980, 960
② 1,000, 1,020, 1,000
③ 1,050, 1,050, 1,050
④ 1,050, 1,070 1,050
⑤ 1,070, 1,050, 1,030

정석힌트 GDP=1,000
$GDI = GDP+$교역조건에 따른 실질무역손익 = 1,000−(+50) = 1,050
$GNI = GDI+$대외순수취요소소득 = 1,050+20 = 1,070
$GI = GNI-$감가상각−사내유보이윤−세금+이전지출=1,070−10−10−3+3 = 1,050

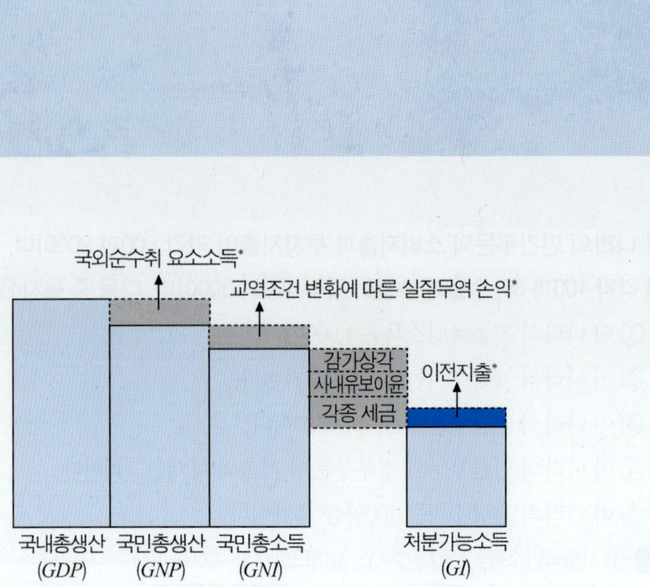

* 국외순수취 요소소득과 교역조건 변화에 따른 실질무역 손익이 모두 음(−)의 값을 갖는다고 가정

정답은 ④

17 *A*국은 사과와 딸기 두 재화만을 생산하며, 각 재화의 생산량과 가격은 다음 표와 같다. *A*국이 2013년 가격을 기준으로 실질*GDP*를 계산한다고 할 때, 다음 중 옳지 않은 것은?

연도	사과		딸기	
	생산량	가격	생산량	가격
2013	10	1	5	2
2014	8	2	6	1

① 2013년의 명목*GDP*는 20이다.
② 2013년의 실질*GDP*는 20이다.
③ 2014년의 명목*GDP*는 22이다.
④ 2014년의 실질*GDP* 성장률은 전년 대비 0%이다.
⑤ 2014년의 *GDP*디플레이터 상승률은 전년 대비 5%이다.

정석힌트

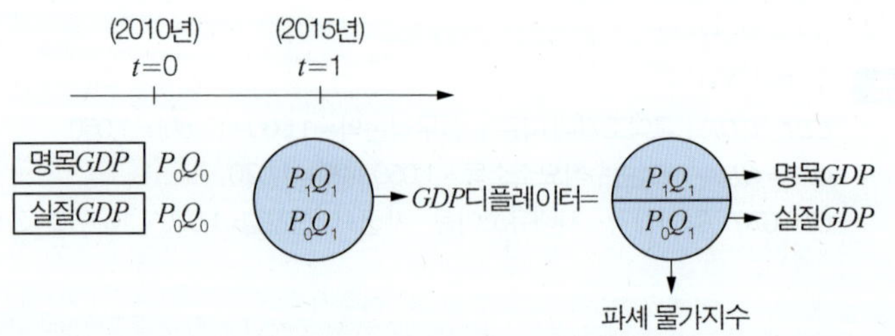

2014년의 명목GDP와 실질GDP를 구하고 GDP디플레이션을 구하는 문제이다. 기본적인 것이므로 반복해서 쉽게 계산할 수 있어야 한다.

2014년 명목$GDP=(8\times2)+(6\times1)=22$

2014년 실질$GDP=(8\times1)+(6\times2)=20$

$$GDPdeflator=\frac{명목GDP}{실질GDP}\times100=\frac{22}{20}\times100=110$$이 된다.

따라서 GDP디플레이터 상승률은 전년 대비 10%가 된다.

정답은 ⑤

18 아래의 표는 A국의 GDP에 관한 자료이다. (단, 기준연도는 2008년이다.)

연도	명목GDP	GDP디플레이터
2008	$2,000	100
2009	$3,000	120
2010	$3,750	150
2011	$6,000	200

다음 설명 중 옳지 않은 것은?

① 2008년에서 2009년 사이의 인플레이션율은 20%이다.
② 2010년에서 2011년 사이의 인플레이션율은 33.3%이다.
③ 2008년에서 2009년 사이에 경제성장을 경험했다.
④ 2009년에서 2010년 사이에 경제성장을 경험했다.
⑤ 2010년에서 2011년 사이에 경제성장을 경험했다.

정석힌트 2009년과 2010년 실질GDP는 동일하기 때문에 경제성장을 경험했다고 할 수 없다.
실질GDP는 명목GDP를 GDP디플레이터로 나눠 구할 수 있다.

인플레이션율은 $\frac{비교연도\ GDP디스플레이터-전년도\ GDP디플레이터}{전년도\ GDP디플레이터}$를 이용해 구하면 다음 표와 같다.

연도	명목GDP	GDP디플레이터	실질GDP	인플레이션율
2008	$2,000	100	$20	
2009	$3,000	120	$25	20%
2010	$3,750	150	$25	25%
2011	$6,000	200	$30	33.3%

정답은 ④

2

거시경제학의 기초이론

정석 거시경제론 **제3장**

고전학파의 국민소득결정이론

재물을 스스로 만들지 않는 사람에게는 쓸 권리가 없듯이
행복도 스스로 만들지 않는 사람에게는 누릴 권리가 없다.
- 조지 버나드 쇼 -

앞장에서 국민소득이라고 할 때 가장 많이 사용하는 중요한 지표가 국내총생산이라고 하였다. 한 나라의 GDP규모는 그 구성요소인 소비지출, 투자지출, 정부지출, 순수출을 보면 알 수 있다. 국민소득이 증가하는 것을 경제성장이라고 한다. 경제가 성장하면서 경기순환도 발생하며, 물가도 변동한다. 따라서 국민소득은 모든 거시경제변수들과 연관되어 있다. 이 장에서는 국민소득이 어떻게 결정되는지 살펴볼 것이다. 그런데 국민소득을 결정하는 데에 두 가지 시각이 있는데, 두 시각은 고전학파와 케인즈의 모형으로서 이를 단순화하여 국민소득이 결정되는 원리를 설명할 것이다.

앞장에서 잠시 언급하였듯이 고전학파는 애덤 스미스 이후부터 케인즈(J. M. Keynes)의 혁명이전까지의 주류경제학자들이 형성한 학파를 말한다. 케인즈는 그의 저서인『고용, 이자 및 화폐의 일반이론』에서 당시 주류경제학자들을 고전학파라고 규정하고 있다. 사람의 이기심에 의한 자유경쟁과 시장메커니즘의 '보이지 않는 손'을 믿는 고전학파의 모형은 자본량과 노동량, 생산기술 등 공급측면에 의해 국민소득이 결정된다. 반면에 케인즈모형은 생산물에 대한 수요측면에 의해 결정된다. 일반적으로 국민소득은 미시경제학에서 배운 수요와 공급처럼 총수요와 총공급의 상호작용에 의해 결정된다. 또한 물가와 이자율 등 주요 거시경제변수들과 연관되어 동시적으로 결정된다.

이러한 모든 거시경제변수들을 고려한 국민소득의 결정은 뒤로 미루고, 핵심을 이해할 수 있는 두 학파의 단순 실물모형을 살펴볼 것이다. 이처럼 두 모형을 따로 보는 이유는 고전학파모형이 통화주의자와 새고전학파로 발전하고 있고, 케인즈모형은 케인즈학파와 새케인즈학파로 발전하고 있기 때문이다. 이 장에서는 화폐시장과 같은 부문을 고려함이 없이 단순한 실물모형에서 고전학파의 국민소득결정모형을 살펴볼 것이다. 이어 다음 장에서는 케인즈의 단순모형을 살펴볼 것이다.

이 장에서 배울 것

- 고전학파모형의 기본가정은?
- 고전학파의 고용이론은?
- 고전학파의 균형국민소득 결정이론은?
- 고전학파의 저축과 투자의 의미는?

1 고전학파의 기본가정

고전학파는 자유시장메커니즘의 '보이지 않는 손'에 의해 개인의 이익이 증진되며 이것이 국가의 이익도 증진하므로 서로 조화를 이룬다는 신념을 기본바탕으로 한다. 이러한 고전학파는 국민소득이 장기적 관점에서 한 나라의 노동량과 자본량, 생산기술 등의 공급측면에 의해 결정된다고 믿는다. 고전학파의 기본 가정들은 현실 경제와는 상당한 거리가 있는 것도 있지만 거시경제를 분석하는 출발점으로서는 중요한 의미를 지닌다. 세이의 법칙(say's law)에 의한 기본적인 가정은 다음과 같다.

[가정1] 공급은 스스로 그 자체의 수요를 창조한다

어떤 국민경제에 가계와 기업의 두 부문이 있을 때 가계는 생산물의 생산과정에서 생산요소를 기업에 제공함으로써 그 대가로 임금, 이자, 지대 등의 소득을 얻는다. 또 가계는 그 소득을 기업이 생산하는 생산물을 구입하는 데에 지출한다. 한편 기업은 생산물을 가계에 판매하고, 그 수입금으로 생산요소를 구입하는데 지출한다. 만약 가계가 획득한 소득 전부를 다 사용하여 기업이 생산하는 생산물을 구입하고, 기업은 생산물을 가계부문에 판매함으로써 얻은 수입금 전부를 다 사용하여 가계가 제공하는 생산요소를 구입한다면 모든 생산물은 항상 다 판매된다. 이처럼 세이의 법칙이 성립하면 공급수준이 국민소득수준을 결정한다. 이야기 3-1

[가정2] 상품시장과 생산요소시장의 모든 가격이 완전신축적이다.

물가와 임금이 완전신축적이라면 수요와 공급이 항상 일치하도록 가격이 즉시 조정되어 모든 시장에 과부족이 있을 수 없게 된다.

[가정3] 노동에 대한 수요와 공급은 모두 실질임금의 함수이며, 완전경쟁적이다.

실질임금은 명목임금을 물가로 나눈 값인데 노동자들은 실질임금의 변화없이 명목임금만 오를 때 착각하여 노동공급을 늘리는 화폐착각 혹은 화폐환상이 없다. 노동시장이 완전경쟁적이어서 기업간 경쟁으로 인해 노동은 항상 완전고용되는 수준까지 생산이

이야기 3-1 세이의 법칙 논쟁

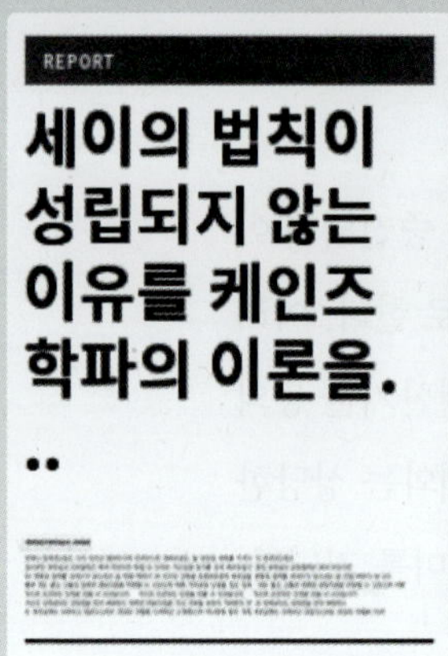

경제학 역사에서 가장 유명한 논쟁은 19세기 초반 영국 곡물법폐지를 놓고 벌인 리카도–맬서스의 논쟁이 있었다. 리카도의 자유무역과 맬서스의 보호무역 논쟁에서 자유무역이 승리하게 된다. 그 다음 논쟁은 20세기 케인즈–하이에크 논쟁이다. 케인즈의 정부의 시장개입주의와 하이에크의 신자유시장주의 논쟁이 맞붙은 것이다. 그런데 리카도–맬서스 논쟁에도, 케인즈-하이에크 논쟁에도 세이에 대한 입장이 깔려 있다. 맬서스와 케인즈는 세이의 법칙을 부인하면서 자본주의는 가만히 놓아두면 공급 과잉으로 위기에 빠진다는 점을 인정한 것이다. 2008년 글로벌 금융위기이후 새로운 논쟁이 일어나고 있는데, 바로 맨큐–피케티 논쟁이다. 피케티가 세이의 법칙을 부인하면서 부유세의 부과와 같은 정치적 개입으로 부의 소수집중을 막아야 한다고 주장한다.

확장된다.

[가정4] 노동시장에서의 초과수요나 초과공급은 신축적인 명목임금에 의하여 신속히 조정된다.

노동시장에서 초과수요나 초과공급이 발생하면 임금의 신속한 조정에 의하여 완전고용상태로 되돌아간다. 만약 노동의 초과수요가 발생하면 임금이 올라가고 이에 따라 노동자의 노동공급이 늘어 초과수요가 해소된다는 것이다.

[가정5] 화폐는 단순히 하나의 유통수단이다.

화폐는 가치의 저장수단이 아니라 상품의 거래를 위한 유통수단에 불과하다. 화폐란 하나의 베일에 불과한 것으로 화폐로 인하여 실물거래가 영향을 받는 일은 없다는 의미이다. 이것을 고전학파의 **화폐베일**(veil)관이라고 한다.

2. 고전학파의 고용이론

고전학파의 이론에서는 공급측면이 중요시되고 있다. 특히 요소시장을 포함한 모든 시장에서 완전경쟁이 이루어진다고 가정하고 있기 때문에 모든 생산요소는 완전고용이 된다고 가정된다. 따라서 공급은 결국 부존하는 생산요소의 크기와 생산함수(생산기술)에 따라 결정된다고 볼 수 있다. 또한 세이의 법칙이 성립하기 때문에 공급 능력이 결국 경제의 규모를 결정하게 된다.

고전학파의 모든 이론은 일반균형이론에서 설명하는 '로빈슨 크루소 시장경제'를 가정하고 생각하면 매우 쉽게 이해할 수 있다. 따라서 이하에서 크루소 시장경제를 가정하고 설명할 것이다. 다만 크루소경제의 도토리가격을 P원이라고 생각하고 경제에서 도토리밖에 없으므로 그 가격이 바로 물가라고 생각하면 된다.

로빈슨 크루소 시장경제

무인도의 로빈슨 크루소는 하루 동안 생산을 하고 그 다음날은 소비만 하기로 했다. 또한 크루소 주식회사를 만들어 주주가 되었다. 이러한 활동을 조정하기 위하여 로빈슨은 노동시장과 도토리시장을 만들었다. 시장의 거래를 위하여 로빈슨은 바닷가에서 모은 조개껍질로 '원'이라는 화폐를 만들고, 도토리 1개에 P원으로 가격을 매겼다. 크루소주식회사는 쇠막대기(자본)와 자신의 노동을 사용하여 도토리를 생산하고 내일의 확대생산을 위해 일부를 남기며 로빈슨은 내일의 소비를 위해 도토리의 일부를 남긴다.

1. 생산함수

크루소 시장경제에서처럼 분석의 단순화를 위하여 자본(쇠막대기)과 노동만이 생산요소라고 가정하자. 생산함수는 생산요소의 고용량과 생산량 사이에 존재하는 일정한 기술적인 관계를 보여준다. 생산량은 생산요소의 투입량에 의해서 결정되지만, 단기에 있어서 자본이 고정되어있다면 생산량은 노동의 고용량에 의해서 그 크기가 결정된다.

크루소 시장경제의 쇠막대기처럼 단기간에 자본이 쉽게 만들어지지 않으므로 자본 투입량은 일정하다고 할 수 있다. 자본의 투입량이 일정한 상태에서 노동의 투입을 지속적으로 증가시키면 생산량이 증가하지만 점점 피로해져서 일정시점 이후부터는 노동의 한계생산이 체감하는 한계생산체감의 법칙이 작용한다. 로빈슨 크루소 시장경제에서는 로빈슨의 생산가능곡선이 바로 크루소 경제의 총생산함수이다. 이것을 노동−도토리공간에 표시한 결과가 〈그림 3-1〉에 나타나 있다.

그림에서 처음에는 자본스톡의 크기가 K_0(쇠막대기=0)일 때의 생산함수는 Y_0이고, 이 때 노동의 고용량이 L_0으로 주어진다면 산출량은 Y_0으로 나타난다. 그러나 노동의 투입량을 L_0으로 동일하게 유지하더라도 자본스톡의 크기가 K_1(쇠막대기=1)로 증가하면 생산함수가 상방으로 이동하여 도토리의 총생산량은 Y_0에서 Y_1로 증가한다. 따라서 단기적으로 경제의 총생산함수는 다음과 같이 정의할 수 있다.

그림 3-1 **총생산함수**

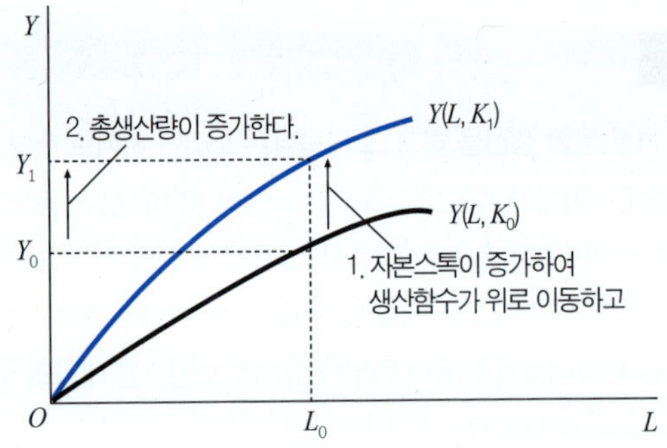

정석사고

단기총생산함수는 자본이 일정할 때 국민경제의 노동의 총고용수준에 대응하는 총생산량을 결정해 주는 기술적 관계를 나타내는 함수이다.

2. 노동시장

고전학파의 이론에서 공급의 크기를 결정하는 가장 중요한 요소는 노동의 투입량이다. 그런데 이 노동투입량은 노동시장에서 노동의 수요와 공급에 의해 결정된다.

(1) 노동의 총수요

노동을 수요하는 경제주체는 생산물을 생산하는 기업(크루소주식회사)이다. 고전학파는 크루소의 시장경제처럼 생산물(도토리)시장과 노동시장이 완전경쟁적이라고 가정한다. 따라서 크루소주식회사는 시장의 수요와 공급에 의해서 결정된 시장가격을 수용하여 그 가격에 노동을 수요하고 생산물을 판매한다. 이때 크루소주식회사는 이윤을 극대화하기 위하여 노동의 한계생산물가치(VMP_L)가 임금(W)과 일치하는 수준까지 노동을 고용한다. 즉,

$$\text{한계생산가치}=\text{임금},\ VMP_L=W$$

그런데 한계생산가치는 한계생산(MP_L)에 도토리의 가격(P)을 곱한 것이므로 도토리의 가격을 물가라고 해석하면 다음처럼 실질임금이라는 개념을 도입할 수 있다.

$$\text{한계생산}=\text{임금/물가}=\text{실질임금},\ MP_L=\frac{W}{P}=w$$

이로부터 크루소주식회사는 노동의 한계생산이 실질임금과 같을 때까지 고용량을 결정한다.

만약 노동의 한계생산이 실질임금보다 크다면 이윤극대화를 추구하는 기업들은 고용을 증가시킨다. 고용이 증가됨에 따라 노동의 한계생산이 작아지므로 결국 노동의 한계생산과 실질임금이 같게 될 때까지 고용을 증가시킨다. 반대로 노동의 한계생산이 실질임금보다 작다면 기업은 고용을 줄이고, 고용의 감소에 따라 한계생산이 커진다. 따라서 실질임금수준에 대응하여 그려진 노동의 한계생산곡선이 바로 기업의 노동에 대한 수요곡선이 된다. 이 노동수요곡선은 한계생산(=실질임금)−노동량공간에 표시되는데 실질임금이 명목임금을 물가로 나누어 진정한 구매력을 나타낸다는 점이 거시경제에서 중요하기 때문이다.

노동에 대한 수요곡선은 한계생산체감의 법칙이 작용하는 한 우하향하는 모양의 곡

선이다. 기업은 실질임금이 상승하면 노동에 대한 수요를 줄이고, 실질임금이 하락하면 노동에 대한 수요를 증가시킨다. 크루소 시장경제에 기업이 많아져도 큰 어려움 없이 이것을 경제 전체로 확대할 수 있다. 각 기업의 노동수요곡선을 수평으로 합하면 되기 때문이다. 크루소 경제의 노동에 대한 총수요는 실질임금의 감소함수(함수를 f로 표시)로서 다음과 같다.

$$L^d = f(w)$$

그림 3-2 노동수요곡선

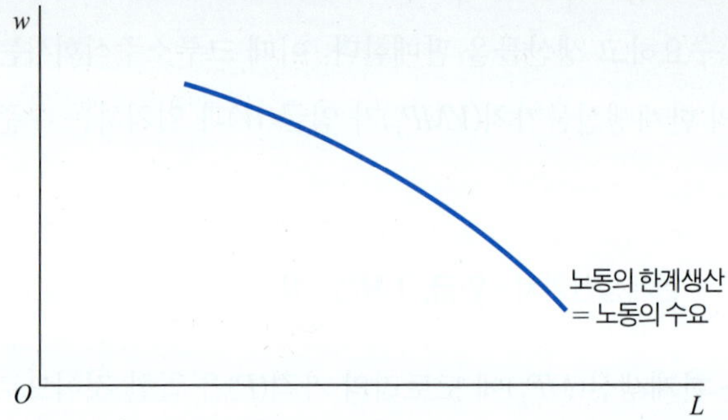

〈그림 3-2〉는 총생산함수에서 그 기울기가 의미하는 한계생산을 옮겨 그린 것이며 노동의 총수요곡선이다. 노동에 대한 총수요함수가 실질임금의 함수이므로 물가의 상승은 실질임금의 하락을 의미하며 노동에 대한 총수요를 증가시킨다. 이것은 크루소주식회사가 생산한 도토리가격이 올라가면 생산을 늘리기 위해 고용을 증가시키는 것과 같은 이치이다.

(2) 노동의 총공급

노동시장에서의 노동의 공급은 소비자로서 로빈슨이 얼마나 일하고 얼마나 쉴 것인지 결정하는 것과 관련된 문제이다. 예를 들어 로빈슨이 1시간 덜 일하면 1시간 벌 수 있는 임금을 포기하는 것과 같다. 따라서 시간당 임금은 바로 여가의 기회비용이며, 노동과 여가를 선택할 때 이를 고려하여 노동을 공급한다.

여가의 가격 혹은 한계가치는 여가의 기회비용(임금)이므로 효용을 극대화하는 로빈슨의 최적선택은 (도토리에 대한) 여가의 한계대체율(MRS)이 (도토리에 대한) 여가의 상대가격과 일치하도록 하면 된다. 그리고 크루소경제에서 도토리가 유일한 상품이므로 그 가격이 물가가 된다. 즉,

$$MRS_{\text{여가, 도토리}} = \frac{\text{임금}}{\text{도토리 가격}} = \frac{\text{임금}}{\text{물가}} = \text{실질임금}$$

이 최적선택을 통해 볼 때 실질임금이 올라가면 여가의 기회비용이 올라가므로 여가를 줄이고 노동공급을 증가시킨다(임금의 소득효과를 무시하고 대체효과만 작용). 따라서 노동공급곡선은 노동의 한계비용곡선과 같은 의미를 가진다.

크루소의 시장경제의 노동공급곡선은 경제에 무수히 많은 사람이 있더라도 단순히 그들의 노동공급곡선을 수평으로 합하면 국민경제 전체의 노동총공급곡선을 구할 수 있다. 노동총수요곡선과 달리 실질임금이 상승하면 노동의 공급도 증가하고, 실질임금이 하락하면 노동의 공급도 감소하는 관계에 있다. 따라서 노동의 총공급(L^S)은 실질임금(w)의 증가함수로서 다음과 같다.

$$L^S = f(w)$$

그림 3-3 **노동공급곡선**

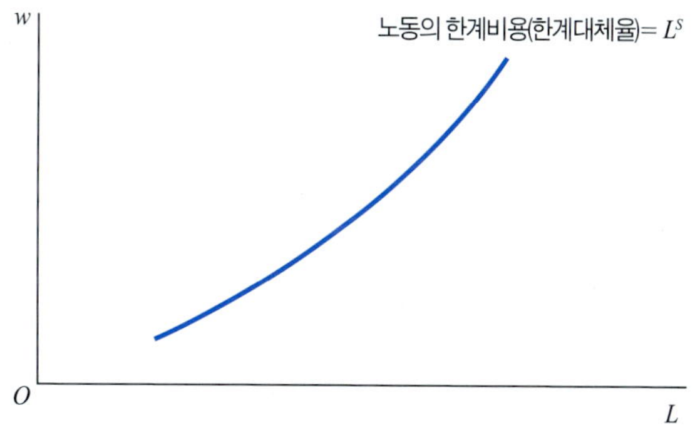

〈그림 3-3〉는 로빈슨의 여가와 도토리의 선택에서 여가의 한계대체율이 체감한다는 것과 동일한 의미로써 노동의 한계비용이 체증한다는 것을 그린 것이며 노동의 총공급곡선이다. 노동의 총공급곡선은 〈그림 3-3〉에서 보는 바와 같은 우상향하는 곡선이 된다. 노동의 총수요함수와 마찬가지로 노동의 총공급함수도 실질임금의 크기에 영향을

주는 명목임금과 물가의 변화에 의해 영향을 받는다. 물가가 상승하면 실질임금이 하락하므로 노동공급이 감소한다. 이것은 크루소주식회사가 생산한 도토리가격이 올라가면 도토리소비를 줄이고 여가를 늘려 일을 적게 한다는 의미이다.

(3) 노동시장의 균형

이제 노동의 수요와 공급을 결합해보자. 노동시장도 일반 시장과 마찬가지로 노동의 총수요와 노동의 총공급이 일치할 때 균형이 성립한다. 이 노동시장의 균형조건은 다음과 같다.

$$L^d = L^S$$

이처럼 노동의 수요와 공급이 일치할 때 국민경제의 균형고용량과 균형임금수준이 결정된다.

그림 3-4 노동시장의 균형과 완전고용

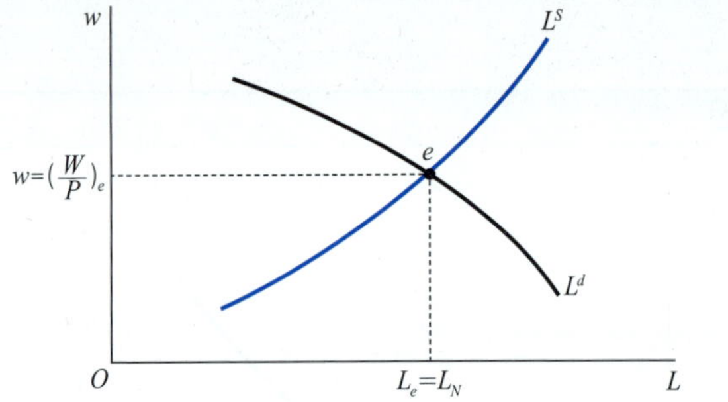

〈그림 3-4〉는 노동에 대한 총수요과 총공급이 일치하는 균형상태가 e점에서 이루어진다는 것을 보여준다. 이 때의 실질임금$(\frac{W}{P})_e$를 **균형실질임금**이라 하고, 고용량(L_e)을 **균형고용량**이라고 한다. 노동시장에 초과수요나 초과공급이 발생하면 실질임금이 조정되어 균형상태로 복귀된다. 이 균형이 완전고용상태와 어떤 관계가 있을까? 완전고용은 '현행 실질임금에서 일하고자 하는 모든 사람들이 고용된 상태'라고 정의된다. 고전학파의 입장에서 균형고용량은 일하고자 하는 모든 사람이 고용된다는 의미에서 완전고용량(L_N)이다.

(4) 고전학파의 균형조정과정

고전학파는 노동시장에서 항상 완전고용 수준에서 자동적으로 균형에 도달한다. 고전학파의 기본가정은 모든 시장이 완전경쟁적이고 가격은 상하방으로 완전히 신축적이다. 만약 물가가 상승하여 실질임금이 하락하면 노동에 대한 총수요량이 총공급량보다 더 큰 초과수요 상태가 된다. 초과수요상태가 되면 기업간 경쟁을 통해 명목임금이 상승한다. 명목임금의 상승은 실질임금을 상승시켜 노동공급이 증가하고, 이에 따라 초과수요가 줄어든다. 결국 명목임금이 원래의 물가상승만큼 상승할 때 실질임금이 다시 균형실질임금수준으로 돌아간다. 이제 노동시장에 초과수요가 사라지고 명목임금의 상승도 멈춘다.

반대로 물가가 하락하여 실질임금이 상승하는 경우에는 노동의 초과공급이 발생하고, 이에 따라 명목임금이 하락한다. 이 경우에도 명목임금이 물가하락만큼 하락하여 균형실질임금 수준으로 돌아가게 된다. 따라서 항상 노동시장은 완전고용상태가 된다.

정석사고

고전학파의 이론에서 공급의 크기를 결정하는 가장 중요한 요소는 노동의 투입량이다. 그런데 이 노동투입량은 노동시장에서 노동의 수요와 공급에 의해 결정된다. 노동수요는 한계생산가치가 실질임금과 같은 수준에서, 노동공급은 여가의 기회비용인 실질임금에 의해 결정되며, 노동시장의 균형은 '노동공급=노동수요'이다.

3 고전학파의 균형국민소득 결정

1. 총공급의 결정

고전학파는 크루소경제처럼 소비자가 효용을 극대화하는 선택으로 노동공급량을 결정하고, 크루소주식회사가 이윤을 극대화하는 노동수요량을 결정하면 노동시장에서 이러한 경제주체들의 의사결정을 조정하여 완전고용수준의 균형고용량이 자동적으로 결정된다. 주어진 자본수준에서 균형고용량이 결정되면 총생산함수에 의해 완전고용 국민총생산수준에서 상품의 총공급량이 결정된다.

〈그림 3-5〉는 고전학파의 총공급의 결정 과정을 보여준다. 그림 (b)는 노동시장의 균형을 나타내고 있다. 노동시장은 E점에서 균형에 도달하고 있으며, 이때의 균형고용량은 완전고용량(L_N)을 나타내고 있다. 주어진 자본수준과 생산기술하에서 완전고용수준의 균형고용량을 고용할 경우의 총생산량 또는 총공급량은 그림 (a)에서 Y_N로 나타나고 있다. 고전학파의 관점에서 완전고용수준의 총공급량은 자동적으로 달성된다.

이와 같이 고전학파의 경우 국민소득의 크기는 전적으로 총공급의 크기에 의해 결정된다. 장기적으로는 국민소득의 크기가 변화하는데, 일정불변으로 가정했던 자본스톡의 크기, 기술수준, 인구 등이 시간이 지남에 따라 변화하여 총공급이 변화하기 때문이다. 장기적으로도 국민소득의 크기는 총공급에만 의존하므로 고전학파의 국민소득결정이론은 공급측 결정이론이다.

2. 고전학파의 저축과 투자

고전학파의 국민소득결정이론을 국민소득의 순환과정에서의 주입과 누출로 설명해보자. 정부부문과 해외부문이 없는 경제를 가정할 때 국민소득의 순환과정에서 저축은 누출이고, 투자는 주입이다. 따라서 저축이 투자와 일치할 때 균형국민소득이 결정된다. 로빈슨 크루소의 시장경제에서 보았듯이 크루소주식회사는 내일의 확대생산을 위해 도토리의 일부를 남기고 로빈슨은 내일의 소비를 위해 도토리의 일부를 남긴다. 여기서 크루소주식회사의 행위는 투자이고, 로빈슨의 행위는 저축이다.

고전학파의 입장에서 본 저축은 단순히 소득 중에서 현재 소비지출을 하지 않고 남은 부분이라는 수동적인 의미가 아니라, 미래의 소비를 위하여 현재의 소비를 희생한다는 적극적인 의미를 가진다. 다시 말해서 현재의 소비를 줄이는 대신 미래의 소비를 늘리겠다는 의사결정이 바로 저축이다. 이런 관점에서 저축은 미래의 소비를 위한 일종의 투자를 의미한다. 크루소 시장경제에서 로빈슨과 크루소주식회사가 같은 사람이므로 로빈슨이 도토리의 일부를 남기면 그 남긴 도토리는 크루소주식회사의 투자로 연결될

그림 3-5 완전고용과 균형국민소득 결정

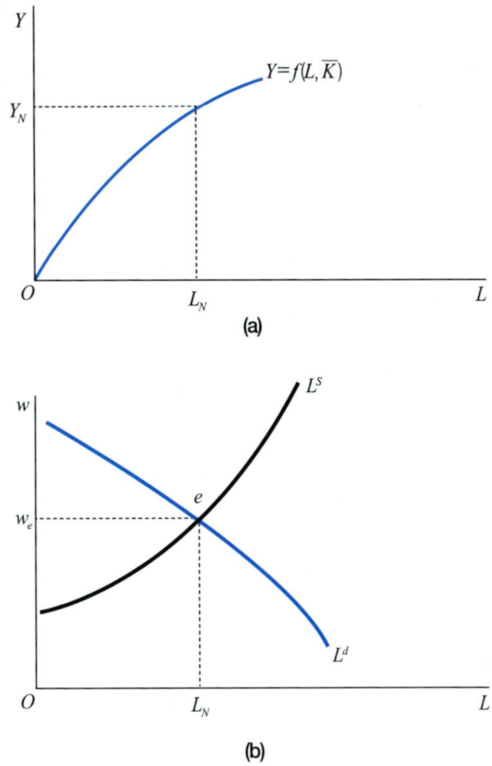

뿐만 아니라 일치하게 된다.

이와 같이 고전학파의 세계에서는 사전에 계획된 저축과 사전에 계획된 투자가 일치한다. 이로 인해 저축과 투자가 있는 경우에도 세이의 법칙은 항상 성립한다. 가계의 소득 중에서 일정 부분이 소비되지 않고 저축된다 하더라도 동일한 금액만큼의 투자가 이루어지기 때문에 총수요는 항상 총공급과 같아지게 된다. 따라서 고전학파의 세계는 초과수요나 초과공급이 경제에 존재하지 않게 되어 항상 균형국민소득을 달성한다.

만약 저축과 투자를 결정하는 주체가 달라 저축이 투자보다 크거나 작으면 어떻게 항상 일치될 수 있는 것일까?

고전학파에서 저축은 내일의 소비를 위하여 현재의 소비를 희생하는 것이라고 하였다. 이러한 희생에는 보상이 따르게 마련이다. 이처럼 오늘 소비하기보다 오늘 저축을 해서 내일 소비하는 것에 대한 프리미엄 혹은 보상이 바로 이자율이다. 이것이 고전학파에서 이자율의 의미이며, 개인의 시점간 선택에서 핵심변수라고 여긴다.

고전학파는 저축이 투자보다 많으면 저축에 대한 프리미엄인 이자율이 낮아지고 투자가 증가하여 저축과 투자가 일치하게 된다. 반대로 저축이 투자보다 적으면 희소한 저축에 대한 프리미엄인 이자율이 높아지고 투자가 감소하여 저축과 투자가 일치하게 된다. 이 점은 다음 장에서 살펴볼 케인즈의 모형과 완전히 다른 것인데, 케인즈모형에서는 모든 가격들이 신축적으로 조정되지 않으므로 이자율도 신속히 조정되지 않는다. 따라서 저축과 투자가 사전적으로 항상 일치하지 못하며, 소득자체의 조정으로 균형국민소득에 이른다.

정석사고

고전학파에서는 저축에 대한 프리미엄인 이자율이 신속히 조정되어 항상 저축과 투자가 일치한다고 본다. 따라서 고전학파의 세계는 초과수요나 초과공급이 경제에 존재하지 않게 되어 항상 균형국민소득을 달성한다.

정석기본문제

1 '공급은 스스로 그 자체의 수요를 창조한다'는 세이의 법칙이 고전학파 경제학자들에게 적극 수용되는 이유가 무엇입니까?

정석힌트 저축과 투자가 일치하지 않으면 이자율이 신축적으로 조정되어 저축과 투자가 항상 일치하게 되며, 이로 인해 총공급에 총수요가 항상 일치하게 된다.

2 고전학파의 균형국민소득의 의미는 무엇입니까?

정석힌트 노동시장에서 수요와 공급이 일치할 때 균형고용량이 결정되고 균형고용량이 생산함수에 의해 균형생산수준 즉, 균형국민소득이 결정된다. 이때의 균형은 미시경제학에서 본 일반균형의 의미를 내포한다.

3 다음 보기에서 고전학파의 국민소득결정이론에 대한 서술 중 옳지 않은 것은?

보기

(가) 고전학파의 노동시장에서 물가와 명목임금이 각각 50%씩 오르면 균형고용량은 변하지 않는다.
(나) 고전학파 모형은 저축이 투자로 연결되므로 저축이 국민소득증대에 매우 중요한 역할을 한다.
(다) 세이의 법칙은 총생산물가치가 총소득과 항상 같다는 항등관계를 의미한다.
(라) 고전학파 국민소득결정모형은 개발도상국 경제나 장기분석에 적합하다.

정석힌트 (다)에서 세이의 법칙은 공급이 수요를 창조한다는 것이다.

4 다음 보기를 읽고 빈칸에 적절한 말을 넣으시오.

보기

고전학파의 모형에서는 균형고용량이 국민소득을 결정한다고 볼 때 매기에 결정되는 국민소득은 항상 (　　) 이다.

정석힌트 완전고용국민소득

5 다음 보기를 읽고 빈칸에 적절한 말을 넣으시오.

보기

고전학파에 따르면 저축과 투자는 모두 (   )의 함수이다.

정석힌트 이자율

6 다음 보기를 읽고 빈칸에 적절한 말을 넣으시오.

보기

고전학파의 고용이론에서 노동의 총공급과 총수요는 모두 (   )의 함수이다.

정석힌트 실질임금

7 다음 보기에서 고전학파의 세이의 법칙 성립과정에 가장 중요한 역할을 하는 것은?

보기

(가) 실질이자율
(나) 자연실업률가설
(다) 국민소득에 영향을 받는 투자
(라) 화폐유통속도의 완전신축성

정석힌트 고전학파는 대부자금시장에서 이자율이 신축적으로 결정되고 이것이 생산물시장의 균형과 세이의 법칙을 보장한다. 정답은 (가)이다.

8 **다음 보기에서 고전학파가 완전고용을 정상적인 것으로 보는 이유를 모두 고르시오.**

보기

(가) 공급에 맞는 수요가 항상 존재하는 세이의 법칙
(나) 임금과 가격의 비신축성
(다) 저축과 투자를 일치시키는 이자율의 신축성
(라) 투자의 이자율 비탄력성

정석힌트 고전학파는 대부자금시장에서 저축과 투자를 일치시키는 이자율이 신축적으로 결정되고, 이것이 생산물시장에서 가격을 신축적으로 변화시켜 항상 균형이 보장되고, 세이의 법칙이 성립한다고 보았다. 정답은 (가), (다)이다.

9 **고전학파의 폐쇄경제에서 다음과 같은 가정을 할 때 경제의 변화를 서술하시오.**

보기

(가) 소비=0.6×가처분소득 (나) 소득세=정액세 1,000억

정석힌트 국민저축=민간저축+정부저축
민간 처분가능소득이 1,000억 감소하면 한계소비성향이 0.6이어서 소비가 600억 감소하고 민간저축이 400억 감소한다. 따라서 정부저축의 1,000억 증가와 민간저축의 400억 감소를 합하면 국민저축은 600억 증가한다. 이에 따라 이자율이 신축적으로 변동(하락)하여 투자가 600억 증가하면 다시 원래의 국민소득수준으로 회복된다.

정석심화문제

10 **고전학파의 대부자금설이 성립할 경우 정부가 저축을 촉진하기 위해 이자소득세를 인하하고 동시에 투자를 촉진하는 투자세액공제제도를 도입할 때 예상되는 대부자금 시장의 변화로 옳은 것은?(단, 수요곡선은 우하향, 공급곡선은 우상향)**

① 균형이자율 상승, 균형거래량 증가

② 균형이자율 상승, 균형거래량 감소

③ 균형이자율 하락, 균형거래량 증가

④ 균형이자율 하락, 균형거래량 증감 불분명

⑤ 균형이자율 등락 불분명, 균형거래량 증가

정석힌트 우상향하는 저축곡선(대부자금공급)과 우하향하는 투자곡선(대부자금수요)에서 이자소득세 인하는 저축을 증가시키고, 투자세액공제는 투자를 증가시켜 대부자금공급곡선과 대부자금수요곡선을 모두 우측이동시키게 되는데 이때 대부자금은 반드시 증가하지만 이자율은 어떻게 될지 불분명하다.

정답은 ⑤

11 **어떤 실질이자율수준에서 국민저축이 50, 국내총투자가 40, 그리고 순자본유출이 20이라고 하자. 개방경제의 대부자금시장모형에 따른 예측으로 맞는 것은?**

① 대부자금에 대한 초과수요가 존재하여 실질이자율이 상승할 것이다.

② 대부자금에 대한 초과수요가 존재하여 실질이자율이 하락할 것이다.

③ 대부자금의 초과공급이 존재하여 실질이자율이 상승할 것이다.

④ 대부자금의 초과공급이 존재하여 실질이자율이 하락할 것이다.

⑤ 대부자금시장이 균형상태에 있기 때문에 실질이자율이 변하지 않을 것이다.

정석힌트 순자본유출은 대부자금의 수요에 해당한다. 대부자금의 공급에 해당하는 국민저축은 50이고, 대부자금의 수요에 해당하는 국내총투자와 순자본유출의 합이 60으로 대부자금시장은 초과수요상태이다. 따라서 대부자금시장에 초과수요가 존재하여 실질이자율이 상승한다.

정답은 ①

12 개방경제의 대부자금시장(loanable funds market)모형을 이용하여 국가 신용등급 상향조정에 따른 외국인의 채권투자자금 순유입 증가가 거시경제에 미치는 영향을 분석한 것 중 옳지 않은 것은? (단, 민간저축과 순자본유입은 각각 실질이자율의 증가함수이고, 투자는 실질이자율의 감소함수이다.)

① 국내 채권가격이 상승한다.

② 국내 민간저축량이 감소한다.

③ 민간투자량이 증가한다.

④ 순자본유입 증가만큼 대부자금공급량이 증가한다.

⑤ 국내 총저축량이 감소한다.

정석힌트 국가신용등급 상향조정→순자본유입(해외저축 증가)→대부자금 공급 증가→이자율하락→민간소비 증가(CD), 투자증가(AC)→민간저축감소(CD)하게 된다. 이때 최종적으로는 순자본유입의 증가분(AD)> 대부자금공급량 증가분(AC)의 결과가 나타난다. 왜냐하면 순자본유입의 증가분 크기의 일부가 민간저축감소분(국내저축감소분)만큼 줄어들기 때문이다.

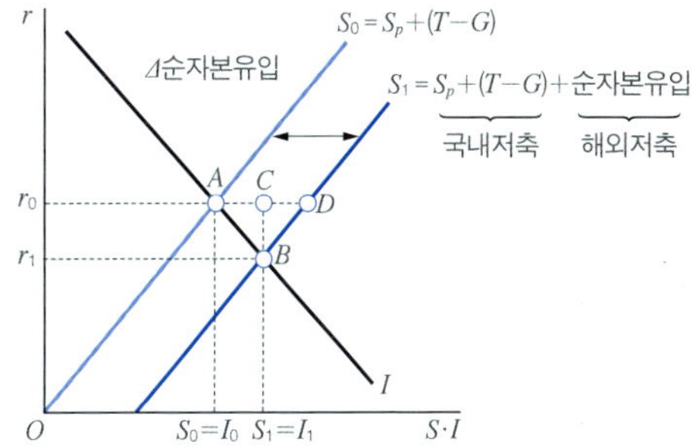

정답은 ④

13 어느 경제에서 총생산함수는 $Y=100\sqrt{L}$이고, 노동공급함수는 $L=2{,}500\left(\frac{W}{P}\right)$이며, 생산가능인구는 3,000명이다. 이 경제에서는 실질임금이 단기에는 경직적이지만 장기에는 신축적이라고 가정하자. 이 경제의 단기와 장기에서 일어나는 현상으로 옳지 않은 것은? (단, W는 명목임금, P는 물가수준, L은 노동자수를 나타낸다.)

① 장기균형에서 취업자 수는 2,500명이다.
② 장기균형에서 명목임금이 10이라면 물가수준은 10이다.
③ 장기균형에서 실업자는 500명이다.
④ 기대치 않은 노동수요 감소가 발생할 경우 단기적으로 실업이 발생한다.

정석힌트 장기균형에서는 노동수요와 공급이 일치한다. 노동공급함수는 $L^s = 2{,}500\left(\frac{W}{P}\right)$이다.

이를 $\left(\frac{W}{P}\right)$로 정리하면 $\left(\frac{W}{P}\right) = \frac{L^s}{2{,}500}$가 된다.

노동수요함수는 $\frac{W}{P} = MP_L = \frac{50}{\sqrt{L}}$이다.

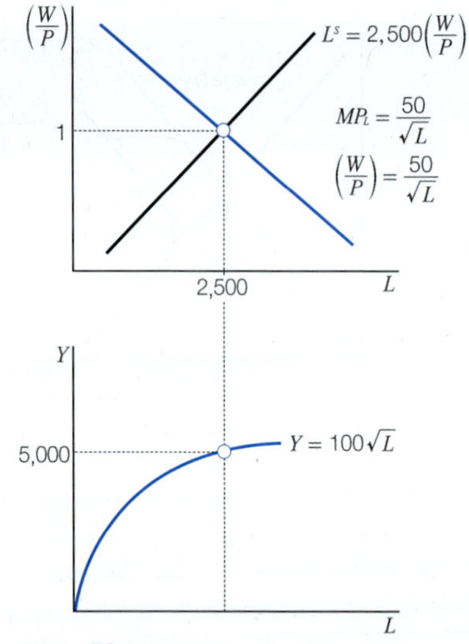

① 노동시장의 균형에서 $\frac{W}{P} = \frac{50}{\sqrt{L}} = \frac{L}{2{,}500}$이 성립하므로 완전고용균형하에서 고용자수 $L^* = 2{,}500$명이다.
② 이때 $\frac{W}{P} = 1$이므로 명목임금이 10이라면 물가수준은 10이다.
③ 문제에서 주어진 정보는 생산가능인구이다. 실업률을 구하기 위해서는 경제활동인구를 알아야 하는데 그에 대한 정보가 없어서 실업률은 구할 수 없게 된다.
④ 기대치 않은 노동수요 감소가 발생할 경우 노동수요곡선이 좌측으로 이동하게 되며, 실질임금과 노동수요곡선이 만나는 상태에서 고용자수가 결정된다. 이때 완전고용균형하에서 고용자수와 괴리되므로, 그 차이만큼 단기적으로 실업이 발생한다. 정답은 ③

정석 거시경제론 **제4장**

케인즈의 국민소득결정이론

합리적으로 행동할 경우, 우리들은 최선의 선택 또는 서로 용납할 수 없는 사정속에서 최선의 타협안을 찾으려고 한다. 그러나 때에 따라 인간은 그 선택이나 고려해야할 사정을 결정할 때 착각하는 경우도 있다.

- 티보르 시토프스키 <인간의 기쁨과 경제적 가치>

앞장에서 고전학파모형에 의하면 실질국민소득은 경제 내의 자본량, 노동공급량, 생산기술 등의 공급측면에 의해 결정된다. 국민소득의 순환과정에서의 저축과 투자도 자동적으로 일치하여 항상 세이의 법칙이 성립된다. 그러나 케인즈는 실질국민소득이 생산물이 얼마나 수요하는가 하는 수요측면에 의해 결정된다고 주장한다.

일반적으로 국민소득은 수요측면과 공급측면의 상호작용에 의해 결정된다. 또한 물가와 이자율 등 주요 거시경제변수들과 연관되어 동시적으로 결정된다. 그러나 고전학파모형에서처럼 모든 거시경제변수들을 고려한 국민소득의 결정은 뒤로 미루고, 비현실적이지만 케인즈의 단순모형을 살펴볼 것이다. 케인즈의 이론에는 단순모형과 완전모형이 있는데, 단순모형은 화폐부문의 고려없이 실물부문만 감안하는 모형을, 완전모형은 화폐부문과 실물부문을 모두 고려한 모형을 말한다. 케인즈의 완전모형에 의한 국민소득의 결정은 뒤로 미루고, 여기에서는 단순모형에 의한 국민소득의 결정을 살펴볼 것이다.

이 장에서는 케인즈의 단순모형의 가정들을 우선 살펴본 후 이 모형에서 총수요의 구성요소는 무엇이며, 그 특징은 무엇인지 살펴본다. 또한 총수요에 의해 균형국민소득이 어떻게 결정되는지 탐구한다. 이에 더하여 총수요가 변화하는 경우 균형국민소득이 어떻게 변하는지 고찰하고 이때 발생하는 케인즈의 승수효과를 설명할 것이다. 마지막으로 케인즈의 단순모형에서 발생하는 절약의 역설과 총수요의 과부족으로 인한 인플레이션갭과 디플레이션갭을 살펴볼 것이다.

이 장에서 배울 것

- 케인즈의 단순이론의 가정과 총수요의 구성요소는?
- 케인즈의 소득–지출모형이란?
- 케인즈의 승수효과란?
- 케인즈의 절약의 역설이란?
- 인플레이션갭과 디플레이션갭이란?

1 케인즈 단순모형의 기본가정

고전학파의 모형에서는 세이의 법칙에 따라 초과수요와 초과공급이 존재할 수 없고 항상 완전고용 국민소득이 달성된다. 그러나 1930년대의 세계 대공황(the great depression)으로 실업문제가 장기화되자 케인즈(J. M. Keynes)는 고전학파의 경제이론을 비판하면서 새로운 거시경제이론을 제시하였다.

케인즈가 제시한 새로운 이론은 고전학파와는 전혀 다른 가정에서 출발하고 있다. 그의 단순모형은 총공급이 아니라 총수요가 균형국민소득을 결정한다는 가정을 기본적으로 하고 있다. 경기침체기에 실업이 일반화되어 있는 상태에서는 기업들이 유휴생산설비를 가지고 있어 총수요만 증가하면 얼마든지 총생산을 늘릴 수 있다고 생각하였다. 케인즈가 설정하는 그 기본적 가정은 다음과 같다.

[가정1] 공급이 그 자체의 수요를 창조한다는 세이의 법칙을 거부하고, 수요가 공급을 창조한다.

케인즈에 의하면 경제가 불완전고용 하에서의 균형상태에 있기 때문에 수요만 있다면 공급을 증가시킬 수 있는 여지가 있다. 따라서 수요가 공급을 결정하게 된다.

[가정2] 명목임금은 하방경직적이고 물가는 단기적으로 일정하다.

하방경직적 명목임금의 가정은 노동자들이 협상이나 계약에 의해 임금을 정하면 그 임금수준을 낮추는 데에 거부감을 가진다는 것이다. 그리고 물가가 단기적으로 일정하다는 가정은 명목임금과 실질임금이 같으며 명목소득과 실질소득도 같아진다는 의미이다. 또한 물가가 일정하므로 인플레이션에 대한 기대심리가 없다는 것이다.

[가정3] 노동의 수요는 실질임금의 감소함수이고, 노동의 공급은 명목임금의 증가함수이다.

기업이 노동자를 고용할 때 실질임금이 높으면 생산비용이 높아지므로 고용을 줄인다. 노동자들이 노동을 공급할 때에는 명목임금이 높을수록 더 많은 노동자가 노동을 공급하려고 한다는 의미이다.

[가정4] 노동시장은 신속히 조정되지 못하고 비자발적 실업이 존재할 수 있다.

노동시장의 불균형은 임금과 같은 가격보다는 주로 고용량과 같은 수량에 의해 조정되므로 불균형의 해소에 시간이 오래 걸려서 실업이 발생한다.

[가정5] 고용수준은 국민소득의 변화에 비례한다.

항상 실업이 존재하는 경기침체기에는 고용량이 증가하고 실업이 줄어들면 이에 비례해서 국민소득이 증가한다. 따라서 고용이론과 국민소득결정이론은 같은 의미를 가진다.

다음 절에서는 케인즈의 총수요를 우선 살펴 볼 것인데, 케인즈모형을 더욱 단순화하기 위해 꼭 필요한 것은 아니지만 몇 가지 가정을 추가하기로 한다. 첫째, 가계와 기업만 존재하는 단순폐쇄경제를 가정한다. 둘째, 소비는 소득의 증가함수이다. 셋째, 투자는 독립적으로 이루어지며, 자본의 감가상각이나 사내유보이윤은 없다.

2 총수요: 소비수요와 투자수요

한 경제가 생산한 생산물의 총수요는 각 경제주체가 생산된 최종재화와 서비스에 대한 수요를 모두 합한 것이다. 크루소 시장경제에서처럼 가계와 기업만 존재하는 단순모형을 가정하므로 총수요는 가계의 소비수요와 기업의 투자수요로 구성된다.

로빈슨 크루소 시장경제

무인도의 로빈슨 크루소(가계)는 하루 동안 도토리를 생산하고 그 다음날은 소비만 하기로 했다. 또한 크루소주식회사(기업)를 만들어 주주가 되었다. 이러한 활동을 조정하기 위하여 로빈슨은 노동시장과 도토리시장을 만들었다. 로빈슨은 소득으로 번 도토리의 일부를 저축하고, 크루소주식회사는 쇠막대기와 노동을 통해 생산을 하며 일부 도토리를 남겨 심으면 다음 해에 더 많은 수확(투자)을 할 수 있다.

1. 소비수요

(1) 소비수요와 소비지출

우선 소비지출과 소비수요를 구분해보자. 소비지출은 사후적으로 실현된 소비이며, 소비수요는 사전적으로 계획된 소비를 말한다. 다시 말해서 소비수요는 사람들에 의하여 의도된 소비이지 실현된 소비는 아니다. 그 이유는 소비수요가 각 소득수준에 대응해서 사람들이 소비하고자 하는 소비수준을 나타내기 때문이다.

소비는 소득이 감소하여도 크게 줄이기 어렵고 소득이 크게 늘어도 그만큼 증가하지는 않는다. 소비는 국민총생산에 대한 수요 중 가장 비중이 크면서 어느 변수보다 가장 안정적인 경제변수이다.

(2) 소비함수

소비는 소득뿐만 아니라 재산, 미래의 기대소득, 이자율, 정책 등 여러 요인들에 의해 영향을 받지만 그 중 가장 중요한 요인은 소득수준이다. 케인즈는 이론상 이자율도 소비에 영향을 미칠 수 있다고 생각하였지만 부차적인 요인이라고 생각하였다. 따라서 다른 모든 조건들은 일정불변이라 가정할 때 소득수준과 소비수준의 관계는 아래와 같이 정의될 수 있다.

$$C=f(Y) \quad (C\text{: 소비},\ Y\text{: 소득})$$

(3) 케인즈 소비함수

케인즈의 단순화된 소비수요는 다음과 같은 특징을 가지는데, 케인즈 경제학의 중심이 된다.

① 소비자의 소득이 증가하면 소비도 증가한다. 즉, 소비는 소득의 증가함수이다.

② 소득이 아무리 낮아도 생존을 위한 소비지출은 한다. 국민경제로 확대해석하면 국민소득수준이 매우 낮을 때에도 재고의 감소, 해외로부터 차입 등으로 기초생활수준은 유지한다.

③ 소득이 증가하면 소비자들은 소비도 하지만 소득의 일부를 저축한다.

④ 일반적으로 소득의 증가폭에 비해서 소비의 증가폭은 상대적으로 작다. 즉, 소득이 증가할 때 평균소비성향이 감소한다. 이 사실은 대단히 중요한 의미를 갖는데, 부

유한 사람이 가난한 사람보다 저축을 더 많이 한다는 것이다. 이것은 케인즈의 핵심가정 중의 하나이다.

표 4-1 소득과 소비

소득 (Y)	소비 (C)	평균소비성향 ($\frac{C}{Y}$)	한계소비성향 ($\frac{\Delta C}{\Delta Y}$)
0	80	-	-
200	240	1.2	0.8
400	400	1.0	0.8
600	560	0.93	0.8
800	720	0.90	0.8
1,000	880	0.88	0.8

(4) MPC와 APC

〈표 4-1〉은 어떤 경제의 가상적인 소비함수를 나타낸 것이다. 표에서 보는 바와 같이 소득이 400에 도달할 때까지는 소비지출이 소득보다 더 크다. 그러나 소득이 400에 도달하면 소비지출과 소득의 크기가 같아지고, 소득이 그 이상으로 증가하면 소비지출이 소득보다 작아지는 것을 볼 수 있다.

일반적으로 단순모형에서는 소비함수를 소득의 일차함수의 형태로 나타낸다.

〈표 4-1〉의 소득과 소비지출과의 관계를 식으로 나타내면 아래와 같다.

$$C=80+0.8Y$$

일반적인 일차함수의 형태로 나타내면

$$C=a+bY$$

a는 기초소비로서 소득이 전혀 없을 경우에도 생존을 위하여 지출하여야 하는 최소한의 금액이다. 반면에 b는 **한계소비성향**(Marginal Propensity to Consume : MPC)으로서 소득이 한 단위 증가할 경우 소비가 얼마만큼 증가하는지를 나타낸다. 다시 말해서 소득의 증가분(Δ소득)에 대한 소비지출의 증가분(Δ소비)의 비율을 말한다. 즉,

$$MPC = \frac{\Delta C}{\Delta Y}$$

이 사례에서는 한계소비성향이 0.8로 항상 일정하다.

다른 유용한 개념으로 소비지출을 단순히 소득으로 나눈 값을 **평균소비성향**(Average Propensity to Consume : APC)이라고 한다. 일반적으로 평균소비성향은 소득의 증가에 따라 점점 작아지는 경향이 있다.

$$APC = \frac{C}{Y}$$

(5) 그래프를 이용한 설명

〈그림 4-1〉의 (a)는 x−축에 국민소득(Y), y−축에 소비(C)와 저축(S)을 나타낸 것이다. 그림에서 45°선은 국민소득이 모두 소비와 저축으로 처분된다는 것을 의미한다. 45°선과 소비곡선이 교차하는 점 A에서는 '소비=소득'이므로 저축은 0이 된다. 따라서 A점을 기준으로 소비곡선이 45°선 위쪽에 위치하는 점에서는 '소비>소득'이고, 소비곡선이 45°선보다 아래쪽에 위치하는 점에서는 '소비<소득'이다. 한계소비성향은 항상 1보다 작기 때문에 소비곡선의 기울기는 45°선보다 작다.

소득에서 소비하지 않고 남긴 소득은 어떻게 처분되는가? 케인즈에 의하면 소득(Y)

그림 4-1 소비함수와 저축함수

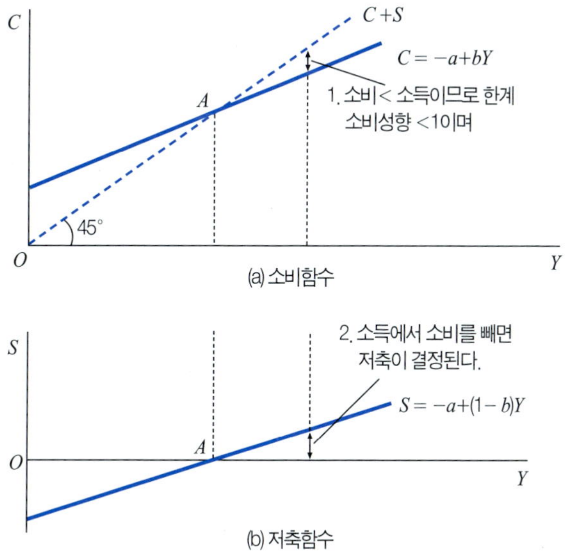

중에서 소비하고 남은 나머지가 저축(S)이다. 소득이 증가할 때 그 증가분이 모두 소비되는 것이 아니라 일부는 저축으로 처분된다. 다시 말해서 소득은 소비과 저축의 두 가지 형태로 처분되므로 소비함수가 주어지면 저축함수는 자동적으로 결정된다. 따라서 소득에서 소비하고 남은 소득이 저축이므로 평균저축성향과 평균소비성향을 합하면 1이 된다.

정석사고

케인즈의 단순화된 소비수요의 특징은 소비는 소득의 증가함수이다. 소득이 증가하면 소비자들은 소비도 하지만 소득의 일부를 저축한다. 일반적으로 소득의 증가폭에 비해서 소비의 증가폭은 상대적으로 작다. 즉, 한계소비성향이 1보다 작다.

2. 투자수요

(1) 투자 개념

소비수요에서처럼 투자수요도 투자지출과 같은 것일까? 결론부터 말한다면 투자의 경우에는 같지 않다. **투자**란 일반적으로 자본재의 증가 또는 대체를 위하여 여러 가지 자원을 구매하는 활동을 말한다. 투자는 기업에 의하여 이루어지는데, 투자의 주된 동기는 이윤획득에 있다. **투자수요**란 사전적(ex ante)으로 의도된 투자를 말하고 **투자지출**은 사후적으로 실현된 투자를 말한다.

(2) 투자결정요인

투자수요의 크기는 이자율, 예상수익, 소득, 자본재가격, 재원조달의 용이성, 경기변동, 기술발전, 정책 등에 의해 영향을 받는다. 자본재의 구입은 예상수익의 현재가치를 보고 결정하기 때문에 투자수요에 예상수익과 이자율이 중요하다. 그런데 이자율과 미래의 불확실성에 예상수익의 현재가치가 크게 변하기 때문에 투자는 매우 불안정적이다.

(3) 투자 유형

투자지출은 고정투자지출(신규투자지출+대체투자지출)과 재고투자지출로 구성되는데, 투자수요는 의도된 고정투자와 의도된 재고투자로 구성된다. 고정투자지출은 의도된 고정투자와 일치시킬 수 있지만 재고투자는 그렇지 않다. 재고로 남는 상품을 재고투자지출로 볼 때, 원래 의도된 재고가 상품이 얼마나 팔리는가에 따라 사후적으로 재고투자지출이 결정되므로 일치시키기 어렵다.

투자를 구분하는 방법은 여러 관점이 있지만 여기서는 독립투자(autonomous investment)와 유발투자(induced investment)의 두 가지로 구분해보자. 독립투자란 소득수준이나 이자율과 관계없이 이루어지는 투자를 말한다. 예를 들어 장기적으로 계획된 투자, 신기술도입을 위한 투자, 도로·항만·철도 등 사회간접자본의 증대를 위한 투자는 모두 소득수준에 관계없이 독립적으로 이루어지는 투자이다. 이에 반하여 유발투자는 소득이나 이자율의 변화에 의해 발생하는 투자를 말한다.

케인즈의 단순모형에서는 모든 투자는 독립투자로 가정한다. 따라서 투자는 소득이나 이자율에 관계없이 형성되는 투자이므로 일정한 수준의 값 즉, 상수와 같다.

$$\boldsymbol{I}=\boldsymbol{I}_0$$

〈그림 4-2〉에서 독립투자수요는 소득수준과 관계없이 결정되기 때문에 일정한 값에서 국민소득을 나타내는 가로축에 대하여 수평선이 된다.

그림 4-2 투자함수

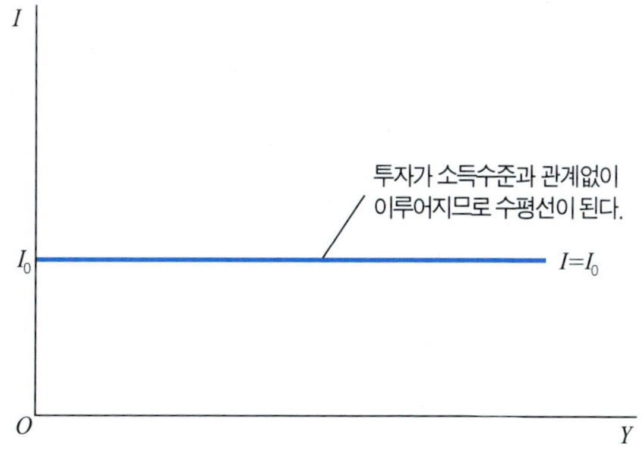

정석사고

투자수요란 사전적(ex ante)으로 의도된 투자를 말하고 투자지출은 사후적으로 실현된 투자를 말한다. 투자지출은 고정투자지출(신규투자지출+대체투자지출)과 재고투자지출로 구성되는데, 투자수요는 의도된 고정투자와 의도된 재고투자로 구성된다. 고정투자지출은 의도된 고정투자와 일치시킬 수 있지만 재고투자는 상품이 얼마나 팔리는가에 따라 사후적으로 재고투자지출이 결정되므로 원래 의도된 재고와 일치시키기 어렵다.

3 케인즈의 단순모형: 소득-지출모형과 국민소득결정이론

1. 케인즈의 단순모형: 소득－지출모형

(1) 총공급

앞장에서 설명하였듯이 국민소득의 순환에서 국민소득의 처분은 거시경제의 총공급과 일치한다. 총공급은 소비와 저축의 합이다. 크루소 시장경제에서 로빈슨(가계)의 소득처분은 다음과 같다.

$$Y^S = C + S$$

크루소주식회사가 로빈슨가계에 지불한 소득은 소비와 저축의 합계인데 크루소주식회사의 판매수입은 소비지출액뿐이다. 따라서 로빈슨가계의 저축액만큼 크루소주식회사는 도토리를 팔지 못해 재고로 남기게 된다. 그러나 저축이 크루소주식회사에 대출되어 자본재구입에 투자된다면 누출된 저축이 다시 순환과정에 주입된다. 결국 저축만큼 판매되지 않아 재고로 남아 있던 도토리는 크루소주식회사가 심어서 다음 해에 수확을 늘리는 투자로 소득순환에 환류된다.

(2) 총수요

국민소득의 순환에서 국민소득의 창출은 생산된 상품에 대한 수요에 달려있다. 크루소 시장경제에서 생산된 상품(도토리)은 로빈슨의 생활에 필요한 것이므로 로빈슨이 구매하여 소비지출한다. 그러나 생산된 상품을 로빈슨이 모두 구입하는 것은 아니다. 크루소 주식회사는 일부 도토리를 심어서 내년에 더 많은 도토리를 얻는 투자지출을 한다. 이때 크루소 시장경제의 총수요는 다음과 같다.

총수요=소비지출+투자지출

케인즈는 특히 총수요를 구매력이 뒷받침되는 의도된 총수요로서 유효수요라고 하였다.

(3) 균형국민소득

총공급은 생산국민소득으로서 기업이 지불한 금액과 동일하며, 생산된 국민소득은 소비되거나 저축된다. 따라서 총공급은 소비와 저축을 합한 것과 같다. 그런데 균형국민소득은 총공급과 총수요가 일치하는 수준에서 결정된다. 즉,

총공급=총수요

총수요가 소비와 투자의 합이고, 총공급이 소비와 저축의 합이므로 이것은 다시 다음과 같이 표현될 수 있다.

저축=투자

(4) 균형국민소득조정과정

만약 총공급이 총수요보다 크거나 저축이 투자보다 더 크면, 생산과정에서 생산된 총공급량의 일부가 시장에서 판매되지 않고 재고로 남게 된다. 그 결과 기업이 생산을 축소하게 되므로 국민소득도 감소한다. 반대로 총수요가 총공급보다 크거나 저축보다 투자가 더 크면, 생산물에 대한 초과수요로 인하여 생산이 확대되고 국민소득이 증가한다. 결론적으로 균형국민소득은 저축과 투자가 일치하는 조건이 충족될 때 결정된다. 다시 말해서, 균형국민소득은 국민소득의 순환과정에서 보면 주입(투자)과 누출(저축)이 같게 될 때 결정된다.

(5) 그래프를 이용한 설명

〈그림 4-3〉는 x-축의 생산된 국민소득이 y-축의 소비와 투자로 처분되는 과정을 보여준다. 그림의 원점에서 그은 45°선은 생산된 국민소득이 항상 100% 처분된다는 균형국민소득의 궤적이다. 이 생산국민소득을 **총소득선**이라고 부르고 총수요곡선을 **총지출선**이라고 부르자. 생산국민소득이 총소득이며, 총소득이 100% 지출되어야 균형이 된다. 총소득선은 이 경제에서 일종의 총공급곡선과도 유사한 개념이다. 그러나 나중에 다루게 되겠지만 총공급곡선과 총수요곡선은 물가와 국민소득의 관계를 보여주는 곡선이므로 이와 달리 부르는 것이 좋다. 따라서 총소득선은 물가가 일정할 때의 총공급, 총지출선은 물가가 일정할 때의 총수요를 의미한다.

〈그림 4-3〉의 (a)에서 투자는 독립투자(I_0)이므로 일정수준에서 수평선으로 나타나 있다. 소비는 기초소비(a)에서 출발하여 소득의 한계소비성향(기울기)만큼 소비지출하므

그림 4-3 **균형국민소득의 결정**

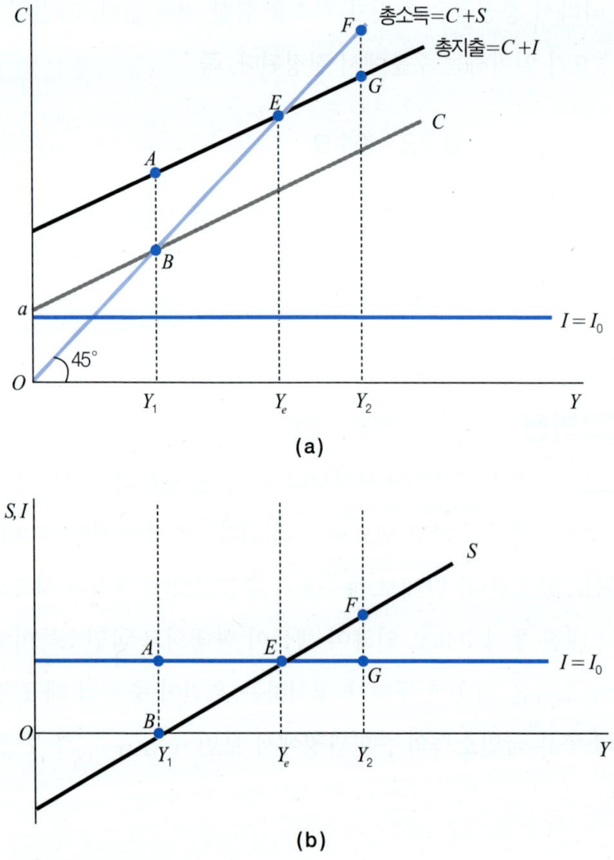

로 우상향하는 선으로 나타나 있다. 가계와 기업만 있는 단순한 경제를 가정하면 총지출선은 각 생산국민소득에서 소비와 투자를 수직으로 합한 선이다. 이것이 총소득선과 만나는 E점에서 균형국민소득(Y_e)이 결정된다.

만일 생산국민소득이 Y_2수준이라면 총생산(총소득)이 총지출을 초과하여 FG만큼의 초과공급이 발생한다. 이로 인해 판매되지 않은 재고가 증가하기 때문에 이윤극대화를 추구하는 기업들은 생산을 감축한다. 그 결과 국민소득은 감소하여 Y_e 방향으로 이동하게 된다. 반대로 생산국민소득이 Y_e보다 작은 Y_1 수준이면 AB만큼 총지출이 총생산을 초과하기 때문에 판매증가로 재고가 감소하면서 기업의 이윤이 증가하고 생산이 증가하게 된다. 그 결과 국민소득은 증가하게 되어 Y_e방향으로 이동하게 된다. 따라서 총지출이 총생산에 일치하는 점에서 균형국민소득이 결정된다. 이와 같이 케인즈의 단순모형에서 총지출로 표시되는 유효수요의 크기가 균형국민소득을 결정한다. 이것을 케인즈의 **유효수요의 원리**라고 한다. 이상의 설명을 요약해보면 다음 〈표4-2〉와 같다.

표 4-2 경제의 균형조건

상태	재고	총생산량	균형
총지출<총생산(총소득)	증가	감소	불균형
총지출=총생산	불변	불변	균형
총지출>총생산	감소	증가	불균형

2. 주입과 수출

방금 살펴 본 '소득-지출모형'은 국민소득의 순환과정에서의 주입과 누출로도 설명이 가능하다. 즉, 누출인 저축이 주입인 투자와 일치할 때 균형국민소득이 결정된다. 즉, '저축=투자'. 이때 저축과 투자는 사전(ex ante)에 계획된 저축, 사전에 계획된 투자를 의미한다. 그런데 사후적(ex post)으로는 저축과 투자가 항상 일치한다. 국민소득의 순환과정에서 저축은 누출이고, 투자는 주입이다. 만약 사전에 계획된 저축이 사전에 계획된 투자보다 크다면 상품에 대한 판매가 부족하여 기업의 재고가 증가한다. 그런데 재고도 투자의 일종으로 신규투자와 구분하여 재고투자로 본다. 따라서 사후적 투자는 항상 사전에 계획된 투자와 재고투자의 합이므로 이것이 항상 저축과 같을 수밖에 없다.

그러나 우리는 이러한 사후적 의미의 일치보다 사전에 계획된 투자와 저축의 일치에 관심이 있다. 사후와 사전의 차이가 발생하는 이유는 저축과 투자를 결정하는 주체들이 다르기 때문이다. 저축은 가계에서, 투자는 기업에서 이루어지기 때문에 사전에 계획된 저축과 사전에 계획된 투자가 일치한다는 보장이 없다.

〈그림 4-3〉의 (b)에서와 같이 균형국민소득은 사전적 투자와 사전적 저축이 일치하는 E점에서 균형국민소득 Y_e가 결정된다. 만약 생산국민소득이 균형국민소득수준보다 작은 Y_1이면 사전적 저축은 0인데 반하여 사전적 투자는 AB이다. 그러므로 생산국민소득이 Y_1이면 투자가 저축보다 크게 되어 AB만큼 초과수요가 발생한다. 그 결과 재고가 줄고 판매가 늘어 생산이 증가하고 국민소득이 Y_e방향으로 증가한다. 반대로 생산국민소득이 균형국민소득보다 큰 Y_2이면 사전적 저축이 사전적 투자보다 커서 FG만큼 초과공급이 발생하게 된다. 그 결과 재고가 증가하고 생산이 감소하여 국민소득은 Y_e방향으로 감소하게 된다.

정석사고

국민소득의 순환에서 국민소득의 창출은 생산된 상품에 대한 수요에 달려있다. 물가가 일정할 때의 생산국민소득이 총소득, 물가가 일정할 때의 총수요를 총지출로 볼 때 국민소득의 균형은 사전에 의도한 총지출이 총소득과 일치할 때 결정된다. 따라서 물가가 고정된 케인즈의 단순모형은 총지출로 표시되는 유효수요의 크기가 균형국민소득을 결정한다. 이것을 케인즈의 유효수요의 원리라고 한다.

4 균형국민소득의 변화와 승수효과

1. 승수의 개념

케인즈의 단순모형은 정부와 해외부문이 없는 단순한 경제이다. 총지출은 소비지출과 투자지출로 구성되며, 투자지출이 독립적으로 증가하면 그만큼 소득이 증가하는 것이 아니라 몇 배로 증가하는 효과를 **승수효과**라고 한다. 투자지출이 1원 증가하면 승수효과에 의해 1/(1−한계소비성향)만큼 총소득이 증가하는 것이다. 이야기 4-1

2. 승수효과의 원리

승수효과를 알기 쉽게 설명해보자. 투자지출이 1원 증가했을 때 기업이 자신의 투자를 위해 1원어치 구입하면 그 상품의 공급자가 1원을 얻게 된다. 이 1원을 얻은 공급자는 자신의 소비성향이 소득의 80%를 지출하는 것이라면 1원의 80%를 소비할 것이다. 이 소비재를 공급한 다른 사람이 0.8원을 얻게 된다. 0.8원을 얻은 소비재 공급자가 다시 소득의 80%를 지출한다면 (0.8)×(0.8)원은 다른 누군가가 얻는 소득이 된다. 이 과정이 어느 누구에게서 끝날지 모르지만 투자지출 1원이 이 보다 훨씬 큰 소득과 소비의 증가를 가져올 것은 틀림없다. 즉,

$$1+0.8+0.8^2+0.8^3+\cdots$$

이와 같이 투자지출의 증가가 연쇄적으로 총지출 혹은 총수요를 증대시킨다.

이야기 4-1 펌프물붓기

펌프가 말라 있을때는 손잡이를 눌러봐도 물이 나오지 않는다. 그런데 물을 한 바가지 붓고 난 후 손잡이를 누르면 물이 나오기 시작한다. 마찬가지로 경제가 불황에 빠져 있을 때 정부지출을 늘려 경제에 주입하는 것은 펌프에 물을 붓는 것과 같은 효과를 낸다는 것이 케인즈의 설명이다. 한 바가지의 물이 몇 통의 물로 나오듯이 투자 또는 정부지출의 증가는 승수효과를 통해 몇 배의 국민소득을 만들어낸다는 것이다.

이러한 케인즈의 주장은 재정은 항상 균형을 유지해야 한다는 인식에 획기적인 변화를 가져다주었다. 그러나 케인즈의 주장은 재정적자 그 자체가 문제되지 않는 것으로 널리 인식되게 하였다. 다시 말해서 경기가 좋지 않을 때 정부지출을 늘려 어느 정도의 재정적자가 발생해도 무방하다는 인식이 널리 퍼지게 된 것이다.

3. 승수효과의 수리적 접근

케인즈의 승수효과는 다음과 같이 모형화할 수 있다. 소비자들의 한계소비성향이 c일 때, 제1기에는 투자지출분($\varDelta I$)만큼 소비자들의 소득이 늘어난다. 제2기에는 투자지출분만큼 늘어난 소득을 소비자들이 소비하면 누군가 소득으로 벌 것이므로 경제전체로 보아 제1기의 투자지출분에 한계소비성향을 곱한 만큼 추가로 소득이 증가하게 된다. 제3기에는 제2기의 소득증가분에 한계소비성향을 곱한 만큼 추가로 또 소득이 증가하게 된다. 이러한 연쇄적 과정을 식으로 표현하면 다음과 같다(초항 $\varDelta I$, 등비 b인 무한등비급수의 합은 초항/(1−등비)).

$$\varDelta I + b\varDelta I + b^2\varDelta I + \cdots = \left(\frac{1}{1-b}\right)\varDelta I$$

만약 한계소비성향이 0.8이라고 하면 1/(1−0.8)=5배만큼 소득이 증가한다. 즉 기업이 투자를 1원 증가시키면 국민은 5원의 소득을 얻는다는 의미이다. 따라서 케인즈의 승수는 다음처럼 정의할 수 있다.

$$\text{승수크기} = \frac{\Delta Y}{\Delta I}$$

그런데 이러한 승수효과는 다음과 같이 간단한 방법으로도 도출할 수 있다. 예를 들어 소비가 총소득의 한계소비성향(c)만큼 이루어진다면 국민소득의 균형식에서 승수효과를 기계적으로 구할 수 있다. 즉,

$$Y = C + I = bY + I$$

이 균형식을 총소득에 관해 정리하면 다음과 같은 식을 얻는다.

$$Y = \frac{1}{1-b}I$$

이 식은 정부와 해외 부문이 없을 때의 균형국민소득의 크기를 나타내는 국민소득창출방정식이며, 투자 앞에 붙는 계수가 바로 승수이다. 따라서 투자지출이 1원 증가하면 승수효과에 의해 $\frac{1}{1-b}$원만큼 총소득이 증가하는 것이다. 투자는 독립투자로 소득수준에 관계없이 40이라고 가정하자. 이 경우의 균형국민소득은 다음과 같이 계산된다.

$$Y = \frac{1}{1-0.8} \times 40 = 200$$

4. 승수효과의 그래프 접근

이제 승수효과를 그림을 통해 한번 살펴보자. 〈그림 4-4〉에서 균형국민소득이 100억원인데, 독립투자가 10억원 증가했다고 하자. 총지출선이 10억만큼 위로 이동하여 점1로 가게 된다. 이러한 지출의 증가는 소득을 증가시키는데, 10억원의 소득이 증가하여로 점2로 이동한다. 점2는 45도선위에 있으므로 지출 혹은 수요가 있으면 즉시 잉여생산능력으로 공급을 충족시킨다는 의미이다. 소득이 10원 증가하면 이 증가한 소득(10억원)에 한계소비성향(80%)을 곱한 8억원 만큼 소비지출이 증가하여 점3으로 이동한다. 또 지출이 증가하였으므로 그 8억원 만큼 소득이 바로 증가하여 점4로 이동한다. 소득

그림 4-4 투자증가와 승수효과

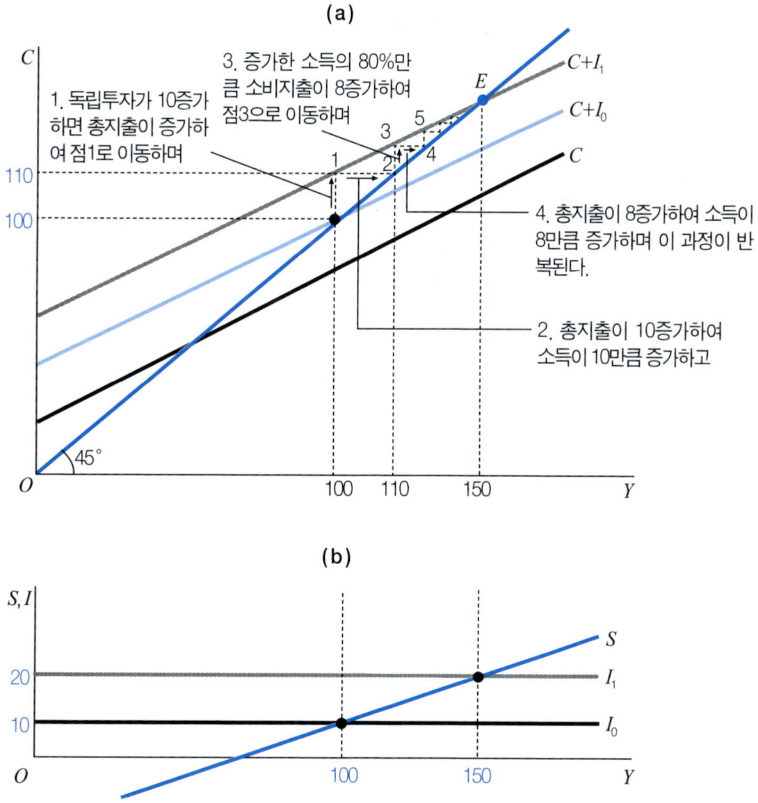

이 다시 8억원 증가하였으므로 증가한 소득(8억원)에 한계소비성향(80%)을 곱한 6.4억원 만큼 소비지출이 증가하여 점5로 이동한다. 이것이 다시 소득증가를 가져오며, 이 과정이 반복되다가 E점의 균형국민소득 150억원에 이르게 된다. 10억의 독립투자가 그것의 5배인 50억의 소득증가를 가져온다.

5. 승수효과의 필요조건

승수효과는 케인즈의 이론에 가장 핵심적인 부분이지만 몇 가지 가정이 충족되어야 효과가 발생한다.

① 소비가 안정적이어야 한다. 먼저 한계소비성향이 시간이나 소득변화에 변화하지 않아야 한다는 것이다.

② 수요가 있을 때 공급이 즉시 그것을 충족시키는 잉여생산능력이 있어야 한다. 만약 잉여생산능력이 없어 수요에 맞추어 투자재나 원료 등을 구입하는데 애로가 발생하면 생산증가가 어려워 승수효과가 지속되기 어렵다.

③ 독립투자지출이 매기 계속되어야 승수효과가 지속될 수 있다. 이 점은 대단히 중요한 사실인데, 만약 독립투자가 1회에 그친다고 가정하자. 이 경우 1기의 소득은 투자지출의 증가인 10만큼 증가하지만 2기에는 증가한 소득에 한계소비성향(80%)을 곱한 8만큼 증가한다. 이때 2기에 투자는 100억에 10억을 더한 110억에서 다시 100

그림 4-5 투자증가와 승수효과

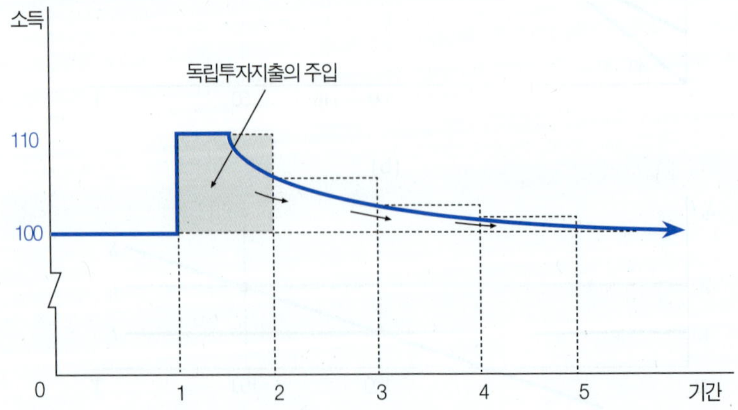

억으로 줄어들므로 2기의 투자감소의 승수효과가 역으로 작용하여 궁극적으로는 정확히 1기의 투자증가의 승수효과를 상쇄시키게 된다.

〈그림 4-5〉에서 보듯이 독립투자지출을 1회만 증가시키면 당장 지출이 증가한 만큼 소득이 증가한다. 그러나 2기에서는 1기의 소득증가의 승수효과가 작용해도 투자가 원래의 수준으로 감소하는 승수효과에 의해 상쇄되기 시작한다. 결국 완전히 상쇄되어 원래의 소득수준으로 돌아간다. 이상의 한계점을 인식하면서 승수효과를 이해하기 바란다.

5 절약의 역설

1. 절약의 역설 개념

개인의 입장에서 저축을 생각할 때 저축은 분명히 바람직한 것이다. 그런데 어떤 경우에는 사회전체의 입장에서 바람직하지 않은 결과를 가져올 수도 있다. 만약 모든 사람이 저축을 더 많이 하려고 노력 할수록 저축을 늘리는데 성공하지 못할 뿐만 아니라 오히려 국민소득이 감소하는 결과를 가져오는 현상이 발생하는데 이러한 현상을 가리켜 절약의 역설(paradox of thrift)이라고 한다. 이야기 4-2

국민소득순환과정에서 저축은 소득의 흐름으로부터 빠져나가는 누출이다. 즉 저축이 바로 투자로 연결되어 다시 주입되지 않으면 저축의 증대는 곧바로 총수요의 감소를 의미한다. 따라서 저축의 증대, 즉 소비지출의 감소는 총수요의 감소를 의미한다. 총수요가 감소하면 국민소득도 감소하게 되고, 그 결과 국민경제 전체적으로 총저축이 늘어나지 않거나 오히려 감소되는 현상이 생길 수 있다.

이야기 4-2 경제의 역설현상들

역설은 얼핏보면 상당한 일리가 있지만 결과가 다른 방향으로 흘러가는 모순된 생각이나 주장을 말한다. 경제에서 이러한 역설현상을 어렵지 않게 발견할 수 있다. 경제자체가 사실 역설적인지도 모르는 현상으로 가득차 있다. 학생들은 이러한 현상을 호기심으로 접할 수 있을 지 모르나 경제정책을 입안 관료들에게는 대단히 고통스러운 논리들이다.

케인즈가 말한 '절약의 역설'처럼 금리가 높을 때 모든 사람은 내구성소비재의 소비를 줄이고 투자를 줄이면서 저축을 하려고 한다. 그러나 모든 사람이 더 많이 저축하여 미래의 소비를 늘리려고 할수록 금리는 다시 내려가서 그러한 개인들의 노력을 허사로 만든다.

유럽의 재정위기에서 보듯이 '복지의 역설'도 있다. 복지지출이 증가하면 빈곤층의 가난을 어느 정도 해소할 수 있지만 그때부터 빈곤층의 자활의욕을 높이는 것이 아니라 오히려 근로의욕을 떨어뜨려 사회보장제도에 의존하려는 빈곤층의 숫자를 늘리는 현상이 발생한다.

세금과 관련된 '굴스비의 역설'도 있다. 부자들에게 세금을 올리고 누진세를 강화하면 조세수입도 올리고 공평한 소득분배도 달성할 수 있을 것 같다. 그러나 현실은 우리가 예상한대로 굴러가지 않는다. 이러한 세금은 부유한 자본가들의 투자의 위축과 자본유출을 초래하여 오히려 장기적으로 공평한 소득분배도 달성하지 못하면서 세금수입만 줄어드는 현상이 발생한다.

실업과 관련하여 '해고의 역설'도 있다. 경제가 어려우면 기업들은 손쉽게 대량해고를 할 수 있다. 그러나 이렇게 되면 많은 사람들의 구매의욕이 낮아져서 상품의 수요가 부족해지고 오히려 불황을 심화시키게 된다.

2. 그래프 접근

〈그림 4-6〉에서는 독립투자만 존재하는 경제를 가정하고 있다. 투자(I_0)와 저축(S)이 일치하는 E점에서 균형국민소득은 Y_e이다. 이제 모든 사람들이 절약하여 저축을 ΔS만큼 증가시키려고 한다면 저축곡선은 S에서 $S+\Delta S$로 상방이동하게 된다. 그 결과 Y_e수준의 국민소득에서 저축이 투자보다 크게 된다. 저축이 투자보다 커짐에 따라 재고가 발생하고, 생산이 감소하여 국민소득이 감소하게 된다. 국민소득은 증가한 저축이 원래의 투자수준과 일치할 때까지 계속 감소하여 새로운 균형국민소득 Y_e'에 도달하게 된다. 새로운 균형국민소득에서 총저축액은 원래의 총저축액과 동일하다. 다시 말해서 저축액은 늘리지 못하고 국민소득만 감소한 결과를 가져온다.

만약 저축이 늘어 소득이 감소할 때 소득감소로 인해 투자까지 감소한다면 저축액은

그림 4-6 절약의 역설

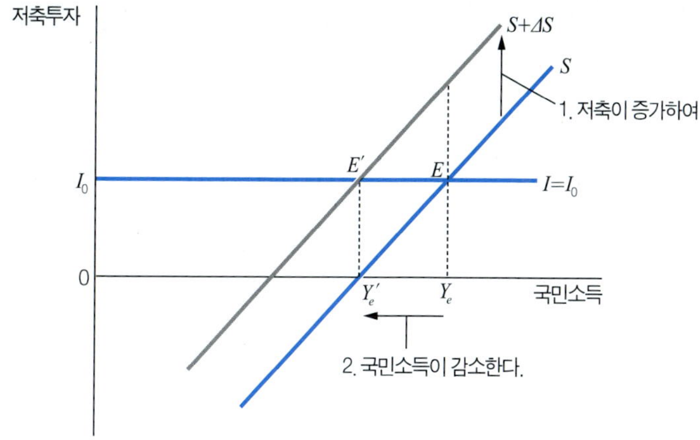

오히려 줄어들 수도 있다. 따라서 절약의 역설은 저축이 증가할 때 투자가 변하지 않거나 줄어든다는 가정에서 나온 결과이다. 일반적으로 개발도상국들에서는 저축이 증가할 때 투자도 증가하는 경우가 많다. 이러한 경우 저축증가가 소득감소를 유발하지 않으며 오히려 자본량을 증가시켜 경제성장에 도움이 된다. 반면에 선진국의 경우에는 경제가 성숙단계에 접어들어 투자기회가 부족한 경우가 많아서 저축이 투자로 직접 연결되기 힘들기 때문에 절약의 역설과 같은 현상이 발생할 수도 있다.

정석사고

모든 사람이 저축을 더 많이 하려고 노력할수록 저축을 늘리는데 성공하지 못할 뿐만 아니라 오히려 국민소득이 감소하는 결과를 가져오는 현상을 절약의 역설(paradox of thrift)이라고 한다.

6 인플레이션갭과 디플레이션갭

1. 케인즈 균형국민소득과 완전고용국민소득수준

케인즈의 모형에서 국민소득은 총수요의 크기에 의하여 결정된다. 따라서 총공급은 총수요가 증가하면 거기에 맞추어 즉시 충족되므로 국민소득도 증가한다. 그러나 국민소득의 증가에는 한계가 있다. 다시 말해서 실질국민소득은 잉여생산능력이 모두 소진되어 노동을 포함한 모든 생산요소들을 완전히 고용한 상태의 완전고용국민소득수준 이상 증가할 수 없다.

2. 인플레이션갭과 디플레이션갭

〈그림 4-7〉에서 완전고용국민소득은 Y_N이며, 이 수준에서 총소득선(45도선)이 총지출선$(C+I)_f$와 만나고 있어서 완전고용국민소득을 달성하고 있다. 만약 총지출이 증가하여 $(C+I)_2$로 이동하면 완전고용소득수준에서 AE만큼의 초과수요가 발생하게 된다. 일반적으로는 초과수요가 존재할 경우 생산이 증가되어 국민소득이 증가하게 된다. 그러

그림 4-7 인플레이션갭과 디플레이션갭

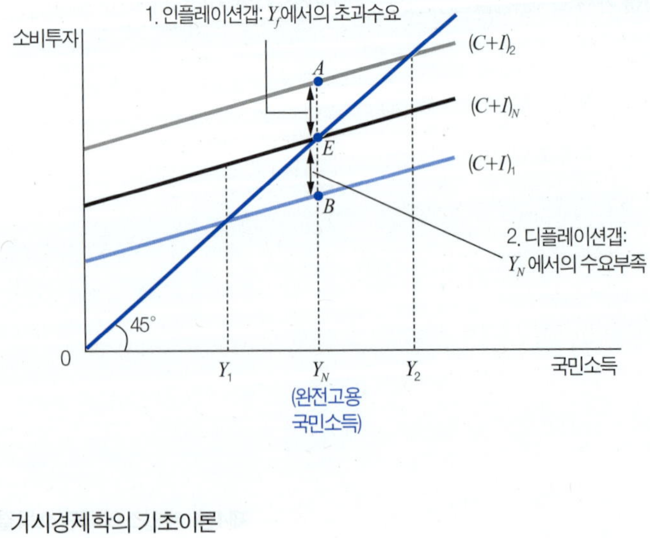

나 현재 모든 생산요소가 완전고용이 된 상태이므로 생산의 증가는 없이 물가만 상승을 하게 된다. 완전고용소득수준에서 발생하는 초과수요 AE를 **인플레이션갭**(Inflation gap)이라고 한다. 반대로 총지출선이 $(C+I)_1$이라면 완전고용국민소득을 달성하는데 EB만큼의 총수요가 부족하다. 이때 균형국민소득은 완전고용국민소득 수준에 미치지 못하는데 완전고용소득수준에서 발생하는 총수요의 부족분 EB를 **디플레이션갭**(deflation gap) 혹은 **경기침체갭**(recessionary gap)이라고 한다.

3. GDP갭

일반적으로 선진국에서는 주로 총수요가 부족한 상태를 자주 경험하므로 디플레이션갭이 존재한다. 경제내의 부존자원을 완전히 고용하지 못해 균형국민소득이 완전고용국민소득보다 낮다는 것이다. 그림에서 어떤 경제의 실제국민소득 혹은 실제GDP가 Y_1이라고 하면 이것과 완전고용국민소득과의 차이가 **GDP갭**이다. 이러한 GDP갭을 없애기 위해서는 EB만큼 독립투자와 같은 총수요를 증가시켜 완전고용국민소득에 이를 수 있다. 따라서 총수요증가에 의한 케인즈의 승수효과는 디플레이션갭만큼 총지출을 위로 증가시키면 GDP갭만큼 소득이 증가하여 완전고용에 이른다. 이것을 정리하면 승수는 다음과 같다.

$$\text{승수} = \frac{\text{GDP갭}}{\text{디플레이션갭}} = \frac{\text{총소득의 증가}}{\text{총지출의 증가}}$$

이야기 4-3 **GDP갭**

2007년 12월 미국경제는 1930년대 대공황 이후 가장 길고 힘든 경기침체에 빠졌다. 경기침체기간 동안 세후소득과 투자지출은 동반 하락하였다. 800만 명 이상의 고용이 줄어들었고, 실업률은 10% 이상 급증하였다. 2008년 미국연방정부는 세금환급을 통해 세후소득을 증가시키려는 케인지안 정책을 사용했지만 납세자들은 소비지출을 늘리지 않고 대신 채무상환에 사용하였다. 그 결과 경기부양에 큰 도움이 되지 않았다. 2009년 연방정부는 경기침체갭을 줄이고 경기부양을 위해 정부지출을 증가시키는 정책을 실행하였다.

케인즈와 케인즈학파는 이를 근거로 적극적 총수요관리정책 혹은 재정정책을 주장한다. 고전학파모형은 항상 완전고용이 자동적으로 달성되는 것이지만 케인즈모형은 항상 총수요가 부족하여 완전고용에 미치지 못한다고 본다. 뒤에서 보겠지만 케인즈적 처방은 경제에 디플레이션갭이 존재하면 확대재정정책을 실시하여 총수요를 증가시키고, 인플레이션갭이 존재하면 긴축재정정책을 실시하여 총수요를 감소시키는 것이다. 이야기 4-3

정석사고

완전고용소득수준에서 발생하는 초과수요분을 인플레이션갭(Inflation gap)이라고 한다. 완전고용소득수준에서 발생하는 총수요의 부족분을 디플레이션갭(deflation gap) 혹은 경기침체갭(recessionary gap)이라고 한다. 총수요증가에 의한 케인즈의 승수효과는 디플레이션갭만큼 총지출을 증가시키면 GDP갭만큼 소득이 증가하여 완전고용에 이른다. 따라서 승수는 'GDP갭/디플레이션갭'과 같다.

정석기본문제

1 다음 보기를 읽고 빈칸에 적절한 말을 넣으시오.

보기

케인즈에 따르면 저축은 (   )의 함수이다.

정석힌트 소득

2 다음 보기를 읽고 빈칸에 적절한 말을 넣으시오.

보기

소득과 독립적으로 이루어지는 투자수준을 (   )이라고 한다.

정석힌트 독립투자

3 다음 보기를 읽고 빈칸에 적절한 말을 넣으시오.

보기

케인즈의 국민소득결정모형에서 승수는 ( )의 역수로 정의되기 때문에 ( )가 많을수록 국민소득이 크게 증가한다.

정석힌트 한계저축성향, 소비

4 다음 보기를 읽고 빈칸에 적절한 말을 넣으시오.

보기

실제*GDP*보다 잠재*GDP*가 큰 경기침체의 경우, 그 차이를 (   )이라고 하며, 실제*GDP*가 잠재*GDP*보다 큰 경기호황의 경우, 그 차이를 (   )이라고 한다.

정석힌트 디플레이션갭, 인플레이션갭

5 '수요가 공급을 결정한다'는 케인즈 주장의 근거는 무엇입니까?

정석힌트 경제가 불완전고용 하에서의 균형상태에 있기 때문에 수요만 있다면 공급을 증가시킬 수 있는 여지가 있다는 것이다.

6 케인즈의 균형국민소득의 의미는 무엇입니까?

정석힌트 노동시장에서 불균형이지만 과소고용국민소득수준에서도 다른 소득수준으로 변할 유인이 없다는 뜻에서 균형이다.

7 다음 보기에서 케인즈의 단순모형의 국민소득결정이론에 대한 서술 중 옳지 않은 것은?.

보기

(가) 케인즈 모형에서 총수요가 완전고용국민소득보다 크면 인플레이션갭이 발생한다.
(나) 케인즈 모형에서 의도하지 않은 재고가 증가하면 균형국민소득은 증가한다.
(다) 케인즈의 투자승수는 평균저축성향이 클수록 작아진다.
(라) 케인즈의 국민소득결정모형은 선진국 경제나 단기분석에 적합하다.

정석힌트 (나) 재고가 증가하면 생산이 감소하고 균형국민소득은 감소한다. (다) 평균이 아니라 한계저축성향이 클수록 승수가 작아진다.

8 다음 보기를 읽고 무슨 뜻인지 설명하시오.

보기

케인즈 모형에서 저축과 투자가 사전적으로 항상 일치하지는 않지만 사후적으로 항상 일치하게 된다.

정석힌트 케인즈는 저축과 투자를 결정하는 주체가 각각 가계와 기업이기 때문에 사전적으로 일치한다는 보장이 없다. 그러나 저축이 투자보다 크더라도 수요부족으로 판매되지 않은 상품을 재고투자로 간주한다면 사후적으로 저축과 투자는 항상 같게 된다.

9 다음 보기는 케인즈의 단순모형을 보여주는데, 글을 읽고 물음에 답하시오.

보기

소비=100+0.6×소득

투자=100

(1) 총지출식(총수요식)을 구하시오.

(2) 균형국민소득을 구하시오.

(3) 저축=투자를 이용해서 균형국민소득을 구하시오.

(4) 투자가 200으로 증가할 때 균형국민소득은 얼마나 증가합니까?

정석힌트 (1) 총지출=200+0.6×총소득.

(2) 총소득=총지출에서 총소득=200/0.4=500.

(3) 저축=총소득−총소비=총소득−(100+0.6×총소득)=−100+0.4×총소득; 저축=투자에서 −100+0.4×총소득=100이며, 총소득=500이다. 따라서 (2)번에서 구한 것과 동일하다.

(4) 투자승수=1/(1−0.6)=2.5이며, 증가한 투자액 100에 투자승수를 곱하면 250의 국민소득이 증가한다.

10 다음 보기를 읽고 알맞은 말을 넣으시오.

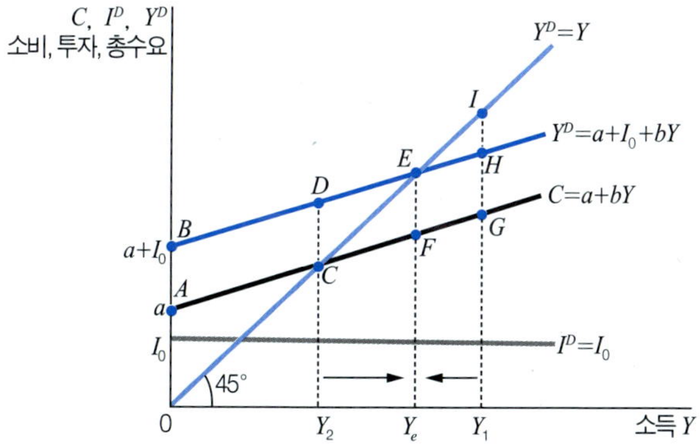

(1) 독립투자가 없을 때의 균형점과 균형국민소득은?

(2) 독립투자가 발생할 때 균형점과 균형국민소득은?

(3) 완전고용소득수준이 Y_1일 때 인플레이션갭은?

(4) 소득수준이 Y_1일 때 저축수준은?.

정석힌트 (1) C점, Y_2 (2) E점, Y_e, (3) IH, (4) IG.

11 다음 보기에서 물가와 이자율이 고정되어 있는 폐쇄경제를 가정할 때 총수요가 큰 폭으로 변화하는 순서대로 적으시오.

보기

(가) 한계소비성향이 0.6이며, 정부가 500억 감세정책을 사용한다.
(나) 한계소비성향이 0.5이며, 가계가 소비를 500억 증가시킨다.
(다) 한계소비성향이 0.25이며, 기업이 투자를 200억 증가시킨다.

정석힌트 (가) $\frac{-0.6}{1-0.6}\times(-500)=750$(173P 조세승수 참조)

(나) $\frac{1}{1-0.5}\times(500)=1,000$

(다) $\frac{1}{1-(1-0.25)}\times(200)=800$

따라서 정답은 (나)-(다)-(가)

12 다음 보기는 우리 경제의 모형이다. 이 경제의 잠재GDP는 500이다. GDP갭을 해소하기 위해 정부지출은 얼마나 증가해야할까요?

보기

(가) 소비=7.5+0.75×처분가능소득
(나) 정부지출=50
(다) 수출=20
(라) 투자=100
(마) 조세=10+0.4×국민소득
(바) 수입=10+0.25×국민소득

정석힌트 개방경제의 균형국민소득식은 '국민소득=소비+투자+정부지출+수출-수입'이므로 국민소득=7.5+0.75[국민소득-(10+0.4×국민소득)]+100+50+20-(10+0.25×국민소득)
이 식에서 국민소득=200이다. 따라서 GDP갭은 300이며, 이에 개방경제의 정부지출승수를 나누어야 필요한 정부지출증가분이 나온다. 개방경제의 정부지출승수는 균형국민소득식에서 좌측에 국민소득항을 모을 때 그 계수의 역수가 된다. 즉, [1-0.75(1-0.4)+0.25]×국민소득=⋯.

개방경제의 정부지출승수$=\frac{1}{1-0.75(1-0.4)+0.25}$

따라서 $300\div\frac{1}{1-0.75(1-0.4)+0.25}=240$이 필요하다.

13 다음 보기는 우리 경제의 모형이다. 투자, 정부지출, 순수출은 외생적으로 주어져 있다. 조세를 100 증가시키고, 정부지출을 100 증가시킬 때 소득은 얼마나 증가합니까?

보기

소비=500+0.8×처분가능소득

정석힌트 정부지출승수는 $\frac{1}{1-0.8}$ 이고, 조세승수는 $\frac{-0.8}{1-0.8}$ 이므로 균형재정승수는 $\frac{1-0.8}{1-0.8}=1$이다. 따라서 국민소득은 정확히 100 증가하게 된다

정석심화문제

14 **케인즈의 균형국민소득결정 모형에서 실제 지출이 Y_3 수준이라고 할 때, 재고와 생산량에 대한 설명으로 옳은 것은?**

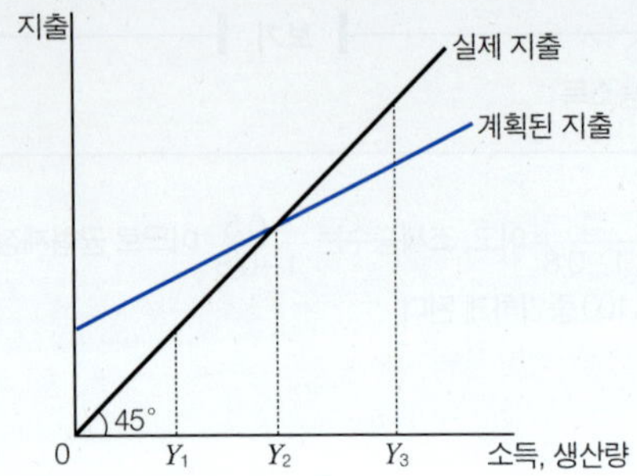

다음 설명 중 옳지 않은 것은?

① 재고가 증가하여 생산량이 증가한다.

② 재고가 감소하여 생산량이 증가한다.

③ 재고가 증가하여 생산량이 감소한다.

④ 재고가 감소하여 생산량이 감소한다.

⑤ 재고가 불변하여 생산량이 불변한다.

정석힌트 문제에서 제시된 그래프는 케인즈의 소득-지출 모형이다. 실제 지출이 Y_3인 경우에 실제지출이 계획된 지출보다 큰 경우이다. 따라서 그래프의 수직거리만큼 재고가 증가하게 된다. 이렇게 재고가 증가하게 되면 재고를 조정하는 과정에서 생산은 감소하게 된다.

정답은 ③

15 어느 한 국가의 거시경제모형이 다음과 같다. 다음 설명 중 옳은 것은?

보기

$Y^D = C + I^D$	(총수요)
$C = 200 + 0.9Y$	(소비수요)
$I^D = 150$	(투자수요)
$Y^D = Y$	(균형조건)
$Y_N = 5{,}500$	(완전고용국민소득)

① 균형국민소득의 크기는 2,500이다.

② 디플레이션갭의 크기는 150이다.

③ GDP갭의 크기는 1,000이다.

④ 정부가 2,000만큼 정액세를 부과하고 그 금액만큼 정부지출을 한다면 완전고용국민소득이 달성된다.

⑤ 독립투자가 250만큼 증가한다면 완전고용국민소득이 달성된다.

정석힌트

총수요함수 : $Y^D = C^D + I^D + G + (Ex - Im)$

균형국민소득 : $Y = Y^D$

GDP갭 = 완전고용국민소득 − 균형국민소득

승수 : $\dfrac{1}{1 - c(1-t) - i + m}$, 조세승수 : $\dfrac{-c}{1 - c(1-t) - i + m}$

먼저 모형을 정리하여 유효수요함수를 구해야 한다.

$Y^D = C + I^D = 200 + 0.9Y + 150 = 0.9Y + 350$

$Y^D = Y$ 균형식을 활용하여, 균형국민소득을 구할 수 있다.

균형국민소득은 $Y = 0.9Y + 350$에서 $Y = 3{,}500$가 된다. 완전고용국민소득이 5,500으로 주어져 있으므로 $GDPgap = Y_N - Y = 2{,}000$이 된다. 이제 주어진 문제의 보기를 살펴보면 다음과 같다.

① 균형국민소득의 크기는 3,500이다.

② 디플레이션갭의 크기는 완전고용국민소득이 되기 위해 필요한 유효수요의 크기이므로, 디플레이셥갭 × 승수 = 완전고용국민소득이 되어야 한다.
문제에서 승수의 크기는 $\dfrac{1}{1-c} = \dfrac{1}{1-0.9} = 10$이므로, 필요한 독립지출의 크기는 200, 즉, 디플레이션갭의 크기는 200이 된다.

③ GDP 갭의 크기는 2,000이다.

④ 균형재정승수의 경우 $\dfrac{1}{1-c} = \dfrac{-c}{1-c} = 1$로 나타난다. 따라서 조세를 2,000만큼 증가시키고 동일한 크기만큼 정부지출을 증가시킨다면 균형국민소득은 2,000만큼 증가하게 된다.

⑤ 승수의 크기가 10이므로 독립투자가 200만큼 증가한다면 완전고용국민소득이 달성된다.

정답은 ④

16 A국의 소비지출(C), 투자지출(I), 정부지출(G), 순수출(Xn), 조세징수액(T)이 다음과 같을 때, 이에 관한 설명으로 옳은 것은? (단, Y는 국민소득이고, 물가, 금리 등 가격변수는 고정되어 있으며, 수요가 존재하면 공급은 언제나 이루어진다고 가정한다.)

보기

- $C=300+0.8(Y-T)$
- $I=300$
- $G=500$
- $Xn=400$
- $T=500$

① 균형국민소득은 4,000이다.

② 정부지출이 10 증가하는 경우 균형국민소득은 30 증가한다.

③ 조세징수액이 10 감소하는 경우 균형국민소득은 30 증가한다.

④ 정부지출과 조세징수액을 각각 100씩 증가시키면 균형국민소득은 100 증가한다.

⑤ 정부지출승수는 투자승수보다 크다.

정석힌트 ① 균형국민소득은 다음과 같이 구할 수 있다.

$Y=C+I+G+Xn$

즉 $Y=[300+0.8(Y-500)]+300+500+400$이 되고 $Y=5,500$이 된다.

② 정부지출승수가 $\frac{1}{1-MPC}=\frac{1}{1-0.8}=5$이므로 정부지출이 10 증가하게 되면 균형국민소득은 50 증가한다.

③ 조세승수는 $\frac{-MPC}{1-MPC}=\frac{-0.8}{1-0.8}=-4$이므로 조세징수액이 10 감소하게 되면 균형국민소득은 -40 감소한다.

④ 균형재정승수는 1이 된다. 따라서 정부지출과 조세징수액을 동일하게 100씩 증가시킨다면 균형재정은 유지되고, 국민소득은 100을 넣고 100을 빼기 때문에 아무런 영향이 없을 것으로 보이지만 국민소득은 100만큼 증가한다.

⑤ 정부지출승수와 투자승수는 모두 $\frac{1}{1-MPC}=\frac{1}{1-0.8}=5$로 동일하다.

정답은 ④

17 다음은 어느 폐쇄경제를 나타낸다. 이 경제에 대한 다음 설명 중 옳은 것은?

보기

$Y=C+I+G$　　　$C=1,000+0.5Y$

$I=100-25r$　　　$G=0$

$\overline{Y}=2,100$　　　$S=\overline{Y}-C-G$

$GAP=Y-\overline{Y}$

(단, $Y, C, I, G, r, \overline{Y}, S, GAP$은 총수요, 소비, 투자, 정부지출, 실질이자율, 총생산, 총저축, 인플레이션갭이며 실질이자율은 중앙은행이 조정한다.)

① 중앙은행이 실질이자율을 일정하게 유지할 경우 투자가 외생적으로 50만큼 증가하면 총수요는 150만큼 증가한다.

② 중앙은행이 실질이자율을 4로 설정할 경우 양(+)의 인플레이션갭이 발생한다.

③ 중앙은행이 실질이자율을 1로 설정할 경우 총저축이 투자보다 많은 초과 저축이 발생한다.

④ 중앙은행이 실질이자율을 인플레이션갭이 0이 되도록 설정할 경우 투자는 50이 된다.

⑤ 정부지출 증가로 총수요가 50만큼 증가하는 경우 중앙은행이 인플레이션갭을 이전 수준으로 유지하려면 실질이자율을 2만큼 인상하여야 한다.

정석힌트 주어진 자료에 따라 총지출(총수요)식은 다음과 같게 된다.

$AE=C+I+G=(1,000+0.5Y)+(100-25r)+0=1,100+0.5Y-25r$

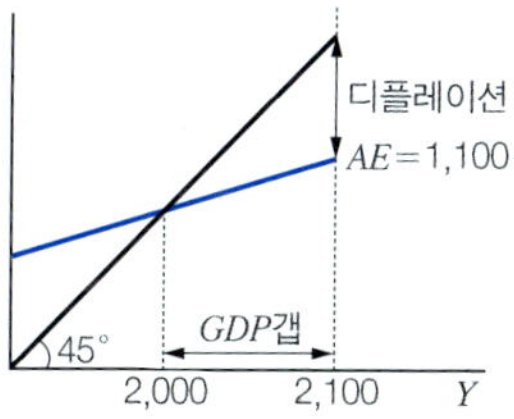

① 독립투자승수는 $\frac{1}{1-0.5}=2$이다. 따라서 투자가 50 늘면 총수요인 국민소득은 100만큼 증가한다.

② $r=4$에서 균형국민소득은 완전고용국민소득보다 낮은 2,000이 된다. 따라서 경기가 침체 상태이므로 디플레이션갭이 존재한다.

③ $r=1$에서 균형국민소득은 2,150이므로 인플레이션갭 상태이다. 총지출인 유효수요가 더 크므로 투자보다 저축이 작은 상황이다.

④ 실질이자율을 인플레이션갭이 0이 되도록 설정하려면 국민소득은 완전고용국민소득과 같은 수준이 되어야 한다. 따라서 $Y=\overline{Y}$이므로 $2,100=1,100+0.5\times2,100-25r$이 성립해야 하고 이때 $r=2$이다. $r=2$를 대입하면 투자는 50을 얻을 수 있다.

⑤ 정부지출승수가 2이므로 총수요가 50 증가하려면 정부지출은 25 증가시켜야 한다. 따라서 정부지출 25 증가로 인한 유효수요를 25만큼 줄이기 위해서는 $I=100-25r$에서 r을 1만큼 인상하면 된다. 정답은 ④

3

거시경제학의 미시적 기초

정석 거시경제론 **제5장**

소비와 투자함수

남에게 보이기 위한 소비활동이야말로 가장 정당한 과세의 대상이다.

- 토스타인 베블런 -

앞에서 우리는 고전학파와 케인즈의 단순모형을 통해 어떻게 한 경제의 국민소득이 결정되는가를 보았다. 케인즈의 단순모형에서 국민소득은 총수요에 의해 결정된다. 가계와 기업만 존재하는 단순경제에서 총수요의 구성요소는 소비와 투자이다. 케인즈의 모형에서는 소비는 총소득의 한계소비성향만큼 소비하고 투자는 독립적이라고 가정한다. 그리고 독립투자가 증가할 때 승수효과를 통해 국민소득이 증가한다.

그런데 소비가 총소득의 함수라고 하더라도 개인에게 있어서 어떤 소득인가에 따라 소비도 달라진다. 예를 들어 복권에 당첨되어 버는 소득인지, 계속 일을 하며 벌 것으로 예상되는 소득인지에 따라 개인의 소비행태가 달라질 수 있다. 이와 같이 거시경제의 소비함수는 미시적 기초가 필요하다. 마찬가지로 투자가 독립적이라는 것은 지나치게 단순화한 가정이다. 실제로 투자는 소득이나 대출이자 등에 의해 영향을 받는다. 이러한 관계를 분석하는 거시경제의 투자함수도 미시적 기초를 필요로 한다. 이와 같은 거시경제의 미시적 기초를 닦은 후 정부의 재정정책이 고전학파모형과 케인즈모형에서 어떤 효과를 보여주는지 살펴볼 것이다.

이 장에서는 거시경제의 미시적 기초로서 총수요의 중요한 구성요소인 소비와 투자가 어떤 변수의 영향을 받는가를 알아볼 것이다. 이러한 기초를 바탕으로 다음 장에서는 정부의 살림살이 즉, 재정의 의미를 살펴보고, 정부지출과 조세와 같은 정부의 재정정책이 고전학파모형에서 어떤 효과를 보이는지, 케인즈모형에서 어떤 효과를 나타내는지 살펴볼 것이다. 이외에 고전학파의 계보를 잇는 새고전학파의 관점도 살펴볼 것이다.

이 장에서 배울 것

- 소비의 수수께끼란?
- 소비함수란?
- 절대소득, 항상소득, 생애소득가설이란?
- 투자함수란?
- 근대적 가속도원리란?

1 소비함수: 거시경제의 미시적 기초

1. 케인즈의 소비함수

케인즈의 소비이론의 일부는 앞장에서 케인즈모형의 국민소득결정이론을 설명할 때 살펴보았다. 케인즈모형의 핵심은 총소득을 결정할 때 총수요가 중요하다는 사실이며, 총수요의 구성요소에서 소비와 투자가 중요하다. 그런데 소비와 투자를 가급적 단순하게 만들어서 케인즈의 단순모형을 살펴보았다. 그러나 경제현실은 이보다 훨씬 복잡하고 정교한 이론들이 필요할 때가 많다.

(1) 케인즈 소비함수 특징

앞장에서 설명했지만 케인즈가 설명한 소비함수의 특징을 좀 더 간략하게 정리해보자.

첫째, 한계소비성향은 0과 1사이에 있다. 케인즈의 말을 인용하면,

> "사람들은 일반적으로 그리고 평균적으로 소득이 증가함에 따라 소비를 증가시키지만 소득이 증가한 만큼은 증가시키지 않는다."

둘째, 평균소비성향은 소득이 증가함에 따라 하락한다. 따라서 고소득층이 저소득층보다 저축을 많이 한다.

셋째, 소비는 소득이 중요한 결정요소이며, 이자율은 중요하지 않다. 케인즈의 말을 인용하면,

> "경험에 기초하여 내린 결론에 따르면 개인의 지출에 미치는 이자율의 단기적 영향은 부차적이며 상대적으로 중요하지 않다고 생각한다."

이러한 추론에 기초해서 케인즈의 소비함수는 소득의 함수가 된다.

(2) 케인즈 소비함수 실증분석과 소비함수 수수께끼

많은 경제학자들은 자료를 수집해서 케인즈의 추론을 검증하였다. 그 결과들은 케인즈의 세 가지 추론을 확인시켜주었다. 그러나 두 가지 예외적인 현상이 나타났다.

첫째, 케인즈의 소비함수에 따르면 선진국의 경제성장으로 소득이 증가하면 평균소비성향이 낮아져 점점 더 많이 저축되고 결국 총수요가 부족해질 것이라는 추측이었다. 그러나 제2차 세계대전이후 이러한 지속적인 불경기는 발생하지 않았다.

둘째, 미국의 경제학자 **사이먼 쿠즈네츠**(S. Kuznets, 1946)가 1869년 이후 1929년까지의 소비와 소득자료를 모아 분석한 결과 경제성장으로 소득이 증가해도 평균소비성향이 하락하지 않았으며, 상당기간 매우 안정적이었다. 이처럼 지속적인 불경기 가설과 평균소비성향의 하락 가설이 맞지 않는 현실을 **소비의 수수께끼**라고 한다.

경제학자들의 연구 중 일부는 케인즈의 추론을 확인하였고, 다른 일부는 상반되는 결과를 얻었다. 대부분의 연구들은 가계자료나 단기자료를 이용할 경우 케인즈의 추론을 사실로 확인하고 장기자료를 이용할 경우 그 추론에 상반된 결과를 얻었다. 이러한 이유로 케인즈의 소비함수를 **단기소비함수**, 그의 추론에 상반되게 평균소비성향이 일정한 소비함수를 **장기소비함수**라고 한다(〈그림 5-1〉). 1950년대에 **밀턴 프리드만**(M. Friedman)과 **프랑코 모딜리아니**(F. Modigliani)는 이러한 사실을 체계적으로 설명하였다. 이것이 그 유명한 프리드만의 항상소득가설과 모딜리아니의 생애주기가설이다.

그림 5-1 장기와 단기소비함수

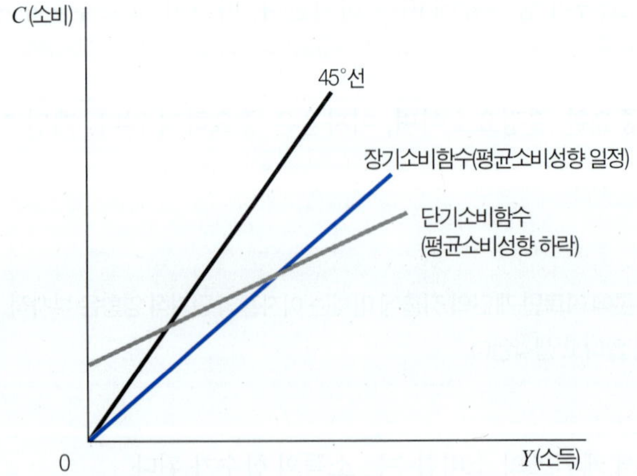

정석사고

케인즈의 추론에 비추어 볼 때, 경제성장으로 소득이 증가하면 평균소비성향이 낮아져 총수요가 부족해진다는 지속적인 불경기 가설과 평균소비성향의 하락 가설이 성립하게 되는데, 이 가설들이 맞지 않는 현실을 소비의 수수께끼라고 한다.

2. 프리드만의 소비함수: 항상소득가설

(1) 등장 배경

밀턴 프리드만(M. Friedman)은 1957년 『소비함수의 이론(*A Theory of Consumption Function*)』이라는 책에서 소비는 현재소득에만 의존하지 않고 미래에 기대되는 모든 소득의 평균소득에 의존한다고 주장한다. 그의 항상소득가설은 개인의 소득이 일시적으로 변동할 수 있지만 소비는 주로 미래의 기대소득의 평균소득 즉, 항상소득에 의존한다고 추론하였다. 이 항상소득은 고전학파와 새고전학파의 사고에 대단히 중요하므로 확실히 이해해보자.

(2) 항상소득과 일시소득

프리드만에 의하면 현재소득은 일시소득과 항상소득으로 구성된다. 즉,

$$\text{현재소득}=\text{일시소득}+\text{항상소득},\ Y=Y_t+Y_p$$

일시소득(Y_t)은 지속되지 않고 무작위로 변하는 소득을 말하며, 항상소득(Y_p)은 사람들이 미래에 지속될 것이라고 예상하는 소득이다. 다시 말해서 항상소득은 미래에 기대되는 모든 소득의 평균소득이지만 일시소득은 그 평균소득에서 예상치 못하게 벗어나는 소득이다.

일시소득과 항상소득의 개념을 간단한 예로 생각해보자. 올해 날씨가 너무 좋아 로빈슨은 도토리를 많이 수확하여 소득이 많아졌다. 내년의 날씨도 지속적으로 좋다고 보기 어렵기 때문에 이때 로빈슨의 소득은 일시소득이다. 로빈슨이 몇 년에 걸쳐 훈련을 한 결과 정교한 생산기술을 터득하였다. 이 생산기술을 사용하여 로빈슨은 더 많은 수확을 하여 소득을 높였다. 이때 로빈슨의 소득은 영구히 지속될 수 있으므로 항상소득에 가깝다.

이제 항상소득을 명확히 정의해보자. 만약 로빈슨이 n기 살면서 올해 y_1, 내년 y_2, 후 내년 y_3, … 등으로 소득을 평생 번다고 해보자. 이때의 항상소득(Y_p)은 다음과 같이 정의된다.

$$Y_p = \frac{1}{n}\sum_{i=1}^{n}\frac{y_t}{(1+\text{할인율})^t}$$

만약 로빈슨이 1만원의 복권에 당첨되었다면 이 소득은 일시소득(Y_t)이다. 그러나 로빈슨이 100년 동안 살고 이자율(할인율)이 0이라고 하면 항상소득은 100원씩 100년 동안 발생하는 것이다.

(3) 항상소득가설

소비는 항상소득에 의존한다는 프리드만의 항상소득가설은 사람들이 일시적인 소득 변화에 소비를 평탄화해서 일정하게 유지하려고 하는 경향을 말하고 있다. 복권에 당첨된 로빈슨의 예처럼 복권당첨금을 1년안에 모두 소비하는 것이 아니라 매년 100원씩 100년을 소비한다는 것을 의미한다. 따라서 항상소득가설에 따른 소비함수는 다음과 같다.

$$C = mY_p$$

이와 같이 소비는 항상소득에 비례한다.

프리드만은 케인즈의 소비함수가 잘못된 변수를 사용한 변수상의 오류문제를 가진다고 본다. 다시 말해서 소비를 현재소득에 연계시켜 항상소득에 의존하는 사실을 왜곡했다고 본다. 이를 통해 소비의 수수께끼를 해결할 수 있다고 주장한다. 케인즈모형에서 평균소비성향(APC)은 다음과 같다.

$$APC = \frac{C}{Y} = \frac{mY_P}{Y} = \frac{mY_P}{Y_p + Y_t}$$

이 식에서 현재소득이 일시적으로 항상소득보다 커지는 경우 평균소비성향은 하락한다. 반면에 현재소득이 일시적으로 항상소득보다 작아지는 경우 평균소비성향은 상승한다. 현재소득은 일시소득과 항상소득으로 구성되므로 평균소비성향의 변화는 모두 일시소득의 변화에서 발생한다(항상소득에 상수를 곱한 만큼 소비가 증가하는데, 그 상수가 모든 사람에게 같다면 평균소비성향은 일정하기 때문이다). 따라서 일시소득이 높은 사람은 현재소득이 커지고 이에 따라 평균소비성향이 하락한다. 바로 이러한 사실 때문에 많은 연구자들이 단기에 케인즈의 소비함수를 발견한 것이다. 그러나 장기 시계열자료에서 현재소득의 변화는 항상소득에서 발생한다. 따라서 장기에 소비함수에서는 쿠즈네츠가 발견한 사실처럼 평균소비성향이 일정하다. 결론적으로 항상소득가설은 소비의 수수께끼를 해결하였다.

(4) 항상소득가설 한계와 정책시사점

항상소득가설은 그 소득을 측정하기가 쉽지 않다는 데 문제가 있다. 그럼에도 불구하고 항상소득가설은 새고전학파의 소비이론의 중심에 있다. 예를 들어 정부가 일시적으로 국민에게 소득을 보조하는 이전지출을 했을 때 일시소득이 증가하지만 사람들의 항상소득이 거의 변하지 않으므로 소비의 증가도 거의 발생하지 않는다. 따라서 새고전학파의 관점에서 볼 때 일시적 정부지출은 아무런 효과가 없다는 **재정정책의 무력성**으로 연결된다.

그림 5-2 항상소득가설에 의한 소비함수

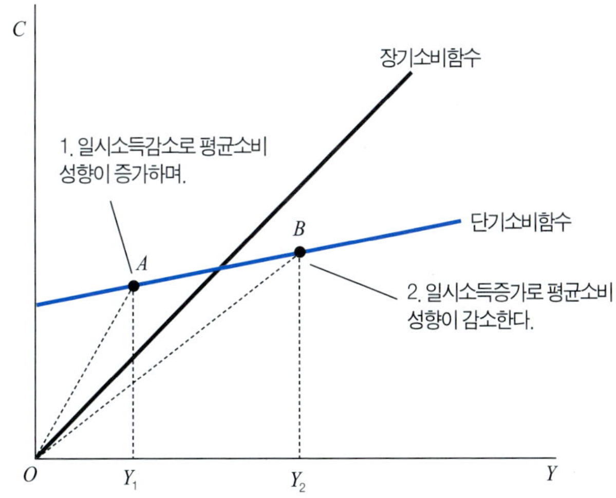

정석사고

프리드만에 의하면 현재소득은 일시소득과 항상소득으로 구성된다. 항상소득은 미래에 기대되는 모든 소득의 평균소득이지만 일시소득은 그 평균소득에서 예상치 못하게 벗어나는 소득이다. 평균소비성향은 항상소득에 비례하고 현재소득에 반비례한다. 따라서 단기적으로 일시소득이 높아져 현재소득이 커지면 평균소비성향이 하락한다. 이러한 사실에서 많은 연구자들이 단기에 케인즈의 소비함수를 확인했다. 그러나 장기 시계열자료에서 현재소득의 변화는 항상소득에서 발생한다. 따라서 장기에 소비함수에서는 쿠즈네츠가 발견한 사실처럼 평균소비성향이 일정하다. 이처럼 항상소득가설은 소비의 수수께끼를 설명할 수 있다.

3. 모딜리아니의 소비함수: 생애소득가설

(1) 등장배경

노벨상을 수상한 모딜리아니(F. Modigliani)와 같이 연구한 안도(A. Ando)와 브룸버그(R. Brumberg)는 1950년대 여러 연구들을 발표하면서 소비의 수수께끼를 해결하려고 하였다. 그들이 사용한 모형은 피셔의 시점간 자원배분모형인데, 소비가 개인의 평생소득에 의존한다는 것이다.

(2) 생애주기가설과 소비평탄화

그런데 모딜리아니는 『생애주기, 개인저축, 국부(*Life-cycle, Individual Thrift, the Wealth of Nations*)』(1986)에서 소득이 사람의 생애를 통해 소득이 높은 시기에서 낮은 시기로 이동할 수 있다는 사실에 주목하였다. 이러한 소비행태의 가설을 생애소득가설이라고 한다. 이를 자세히 보기로 하자.

모딜리아니에 의하면 사람이 일생 동안 살면서 소득이 크게 변하는 가장 큰 이유는 은퇴 때문이다. 많은 사람들은 60대가 되면 은퇴하기 때문에 은퇴이후 소득이 대폭 감소하리라고 예상을 한다. 그렇다고 자신의 생활수준까지 대폭 낮추기를 바라지는 않는다. 그래서 사람들은 일하고 있는 동안 저축을 하려는 동기가 생긴다. 이러한 동기가 소비에 어떤 영향을 미칠까?

만약 로빈슨이 자산을 상속받지 못하면 일을 하면서 자산을 축적하고 은퇴한 후에 축적된 자산을 사용한다. 자산을 축적하는 과정이 바로 저축행위이며, 이러한 저축을 통해 소비를 평탄화하려고 한다. 따라서 이자율이 0이라고 가정하면 일하는 동안의 저축의 합계가 은퇴후 소비의 합계와 같다. 〈그림 5-3〉은 이러한 점을 보여준다. 로빈슨이 전 생애 동안 소비를 평탄화해서 일하는 동안 자산 혹은 부를 축적하고 은퇴한 후에 축적된 자산에서 인출하여 사용한다.

그림 5-3 생애소득과 소비

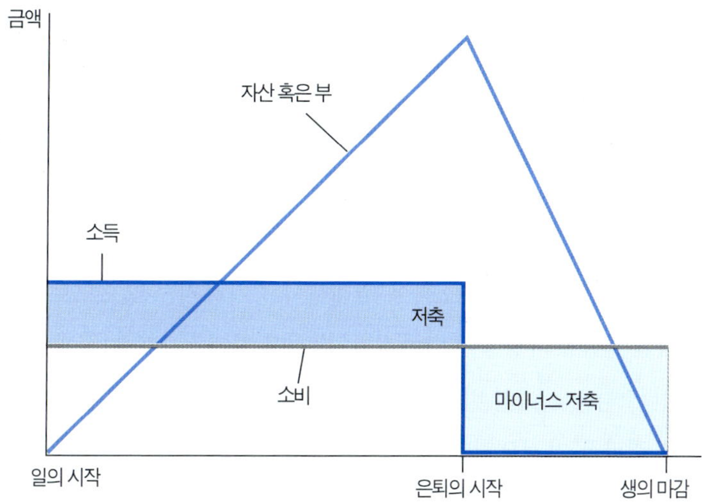

(3) 예를 통한 설명

로빈슨은 100년을 살며, 지금부터 일하여 매년 현재소득 Y를 벌다가 50년 후 은퇴한다고 하자. 그리고 이자율은 0이라고 가정하자. 로빈슨의 생애소득은 매기 축적된 자산에서 나오는 소득(A)과 50년 동안 일하면서 얻는 근로소득($50\times Y$)으로 구성된다. 따라서 생애소비(C)는 생애소득에 의존하는데, 생애소득은 다음과 같다.

$$C=A+50Y$$

로빈슨은 100년 동안 생애소득을 나누어 **소비를 평탄화**하여 소비한다. 따라서 매기 로빈슨의 소비는 다음과 같다.

$$C=\frac{A+50Y}{100}=\frac{A}{100}+\frac{50}{100}Y=0.01A+0.5Y$$

(4) 평균소비함수와 소비수수께끼 해결

모든 사람이 로빈슨처럼 소비를 계획한다면 경제내의 총소비도 자산과 소득에 의존하며, 매기의 총소비는 다음과 같이 일반화할 수 있다.

$$C=\alpha A+\beta Y(\alpha,\ \beta: \text{임의의 상수})$$

이러한 생애소득가설로 소비의 수수께끼를 설득력있게 설명할 수 있다. 생애소득의 소비함수에서 평균소비성향을 구해보면 다음과 같다.

$$APC=\frac{C}{Y}=\alpha\frac{A}{Y}+\beta$$

단기에 자산 혹은 부가 소득에 비례해서 증가하지는 않으므로 일시적으로 소득(Y)이 높아지면 평균소비성향이 낮아진다. 그러나 장기적으로 자산과 소득은 함께 증가하므로 자산/소득($=\frac{A}{Y}$)의 비율이 일정하여 평균소비성향도 일정하게 된다.

같은 결과를 자져오지만 다르게 해석해보면 매기 자산이 일정할 때에는 생애소득의 소비함수는 케인즈의 소비함수와 같다. 그러나 이것은 단기간의 이야기이고, 장기적으로 자산은 축적되어 늘어나므로 단기소비함수가 계속 위로 이동하게 된다. 〈그림 5-4〉

그림 5-4 생애주기가설과 소비함수

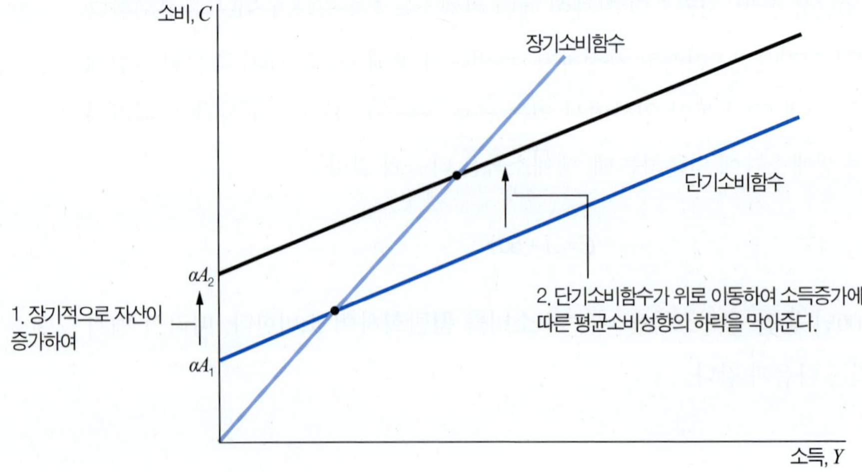

는 이러한 것을 보여주는데, 장기적으로 자산이 증가하면 단기소비함수가 위로 이동하여 소득이 증가함에 따라 평균소비성향이 하락하지 못하도록 막아주는 역할을 한다. 이와 같이 모딜리아니는 프리드만처럼 쿠즈네츠가 제기한 소비의 수수께끼를 생애소득가설로 해결하였다. 이야기 5-1

(5) 정책적 시사점

생애소득가설은 소비의 결정요인으로 장기소득개념을 사용한다는 점에서 프리드만의 항상소득가설과 유사하다. 생애소득가설에 의하면 정부의 일시적 지출증가는 생애소득의 증가를 가져오지 못하므로 소비에 영향이 없으며, 그 결과는 **재정정책의 무력성**으로 귀결된다.

정석사고

생애소득가설에 의하면, 단기에 자산 혹은 부가 소득에 비례해서 증가하지는 않으므로 일시적으로 소득이 높아지면 평균소비성향이 낮아진다. 그러나 장기적으로 자산과 소득은 함께 증가하므로 자산/소득의 비율이 일정하여 평균소비성향도 일정하게 된다. 단기적으로 매기 자산이 일정할 때에는 생애소득의 소비함수는 케인즈의 소비함수와 같다. 그러나 장기적으로 자산은 축적되어 늘어나므로 단기소비함수가 계속 위로 이동하게 된다. 이러한 이동은 소득이 증가함에 따라 평균소비성향이 하락하지 못하도록 막아주는 역할을 한다. 이와 같이 모딜리아니의 생애소득가설은 프리드만의 항상소득가설처럼 쿠즈네츠가 제기한 소비의 수수께끼를 설명할 수 있다.

이야기 5-1 노년층의 소비

생애소득에 따르면 노년층은 남은 생애 동안 고른 소비를 하기 위해 신속하게 부를 인출하여 소비하지 않는다. 이에 대한 2가지 이유로 첫째 이유는 불확실성에 기인하여 예측할 수 없는 비용발생을 우려한다는 것이다. 따라서 소비보다 추가적인 저축 즉, 예비적 저축을 한다는 것이다. 둘째 이유는 예기치 못하게 병원비를 지불하게 되는 것을 우려하여 더 많이 저축한다는 것이다.

이러한 예비적 저축에 바탕을 둔 소비이론은 완전한 설명력을 가지는 것은 아니다. 노년층이 예금을 급히 인출하지 않는 이유로 그들이 많은 보험을 들어 연금을 받을 수 있기 때문일 수 있다. 또한 자식들에게 유산을 남기기 위해서 예금을 신속히 인출하지 않을 수도 있다. 그러므로 단순한 생애소득으로 소비행태를 모두 설명할 수는 없으며 예비적 저축뿐만 아니라 유산동기, 보험동기 등 다양한 이유가 존재한다.

4. 듀젠베리의 상대소득가설

(1) 전시효과와 톱니효과

미국의 경제학자 듀젠베리는 사람들의 소비가 전시효과와 톱니효과에 의해 영향을 받는다고 한다. **전시효과**란 소비자가 속한 사회계층에 의해 소비수준이 결정되는 효과를 말하며, **톱니효과**란 소득수준이 높아지면 소비가 증가하지만 소득수준이 낮아져도 과거의 소비수준에 영향을 받아 소비가 쉽게 낮아지지 않는 효과를 말한다. 이처럼 소비가 계층간 소득의 차이, 현재와 과거소득의 차이에 의해 발생하는 상대소득에 의존한다는 가설이 듀젠베리의 **상대소득가설**이다.

(2) 단기와 장기의 소비함수

단기적으로 소비함수는 전시효과에 의해 설명되고 장기적으로 소비함수는 톱니효과에 의해 설명된다. 먼저 단기적으로 볼 때 고소득층은 자신보다 낮은 소득계층의 소비수준에 주로 영향을 받고 저소득층은 자신보다 높은 소득계층의 소비수준에 주로 영향을 받는다. 따라서 고소득층의 평균소비성향은 낮고 저소득층의 평균소비성향은 높다. 〈그림 5-5〉에서 보면 이 사회의 평균소득과 소비수준이 B점에 있다고 해보자. 평균소득보다 낮은 저소득층(Y_1)은 소비수준을 A점이 아닌 F점에, 고소득층(Y_3)은 D점이 아닌 G점에 맞추어 체면유지를 한다는 것이다.

그림 5-5 상대소득과 소비

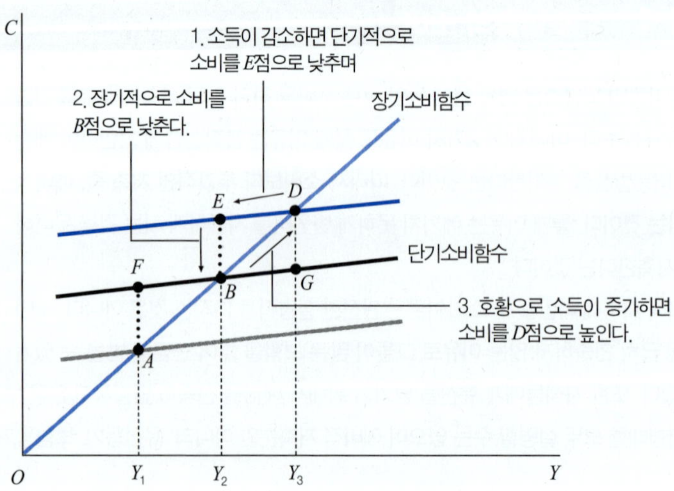

그러나 장기적으로 볼 때 〈그림 5-5〉에서 현재소득이 Y_2일 때 갑자기 불경기가 닥쳐 소득이 Y_1로 감소하였다고 하자. 소비자는 가능하면 과거 최고소득에 맞춘 예전의 소비 수준을 유지하려고 하기 때문에 소비가 B점에서 A점으로 줄지 않고 F점으로 줄어든다. 그러나 장기적으로 줄어든 소득이 그대로 유지된다면 결국 A점으로 소비를 낮춘다. 반대로 이번에는 현재소득이 Y_2일 때 호황이 되어 소득이 Y_3로 증가했다고 하자. 이때에는 과거 최고소득 이상의 소득이므로 소비가 B점에서 D점으로 증가한다. 그러다가 다시 불경기가 닥쳐서 소득이 Y_2로 줄어든다고 하자. 이때 소비자는 D점에서 B점으로 소비를 줄이지 않고 E점으로 소비를 줄인다. 이러한 상황이 장기적으로 진행되면 결국 소비는 B점으로 떨어진다.

결론적으로 소득이 감소하면 단기적으로는 D점에서 E점으로, 장기적으로는 B점으로, 다시 소득이 줄면 B점에서 F점으로, F점에서 A점으로 이동한다. 이 모양이 마치 톱니와 같다고 하여 톱니효과라고 한다. 이처럼 톱니효과는 단기에 소득이 감소할 때 평균소비성향이 상승하고, 장기에 평균소비성향이 일정하다는 것을 설명해준다. 그러나 호황일 때에는 장기소비함수를 따라 과거소득의 패턴에 준하지 않고 소비가 증가한다. 따라서 소비의 수수께끼를 부분적으로만 설명해주고 있다.

5. 홀의 확률보행가설

(1) 합리적 기대가설의 도입

항상소득가설이나 생애소득가설은 소비자가 현재소득뿐만 아니라 미래에 기대되는 소득까지 파악하고 소비결정을 한다. 따라서 이 가설들은 소비가 개인의 기대에 의존한다. 이때 기대를 합리적기대로 바꾸어 보면 재미있는 가설이 나온다.

합리적 기대란 사람들이 이용가능한 모든 정보를 활용하여 미래에 대한 최적의 예측을 한다는 것이다. **로버트 홀**(Robert Hall)은 사람들이 합리적 기대를 가지고 항상소득에 의해 소비를 결정한다면 '소비는 확률보행에 따른다'고 한다. **확률보행**은 시간에 따라 변수가 변화하는데, 그 변화를 예측하지 못하는 행태를 말한다. 홀의 추론은 항상소득가설에 따라 사람들이 소비를 평탄하게 하려고 한다고 가정한다. 시간이 지나 기대를 변화시킬 새로운 뉴스가 계속 나올 경우 정보를 변화시키고 기대를 변화시켜서 항상소득이 계속 변하게 된다. 따라서 사람들이 합리적 기대를 한다면 예상하지 못한 사건들에 반응하여 정보와 기대를 바꾸면서 항상소득을 바꾸므로 항상소득에 맞추는 소비도 예상하지 못하게 바뀌게 된다는 것이다.

(2) 정책적 의미

홀의 확률보행가설은 새고전학파의 관점에서 대단히 중요한 정책적 의미를 던져주고 있다. 소비자들이 합리적 기대를 가지고 항상소득가설을 따를 경우 오직 예상하지 못한 정책변화만이 소비에 영향을 미친다. 그리고 정책의 변화는 기대를 변화시킬 때 효력이 발생한다. 문제는 기대라는 것이 눈에 보이지도 측정하기도 어렵다는 사실이다. 따라서 재정정책의 변화가 언제, 어떻게 총소비를 변화시킬지 알기 어려운 문제를 가지게 된다.

정석사고

듀젠베리는 사람들의 소비가 전시효과와 톱니효과에 의해 영향을 받는다고 한다.

전시효과: 소비자가 속한 사회계층에 의해 소비수준이 결정되는 효과

톱니효과: 소득수준이 높아지면 소비가 증가하지만 소득수준이 낮아져도 과거의 소비수준에 영향을 받아 소비가 쉽게 낮아지지 않는 효과

이처럼 소비가 단기에 계층간 소득의 차이, 장기에 현재와 과거소득의 차이에 의해 발생하는 상대소득에 의존한다는 가설이 듀젠베리의 상대소득가설이다. 홀의 확률보행가설에 의하면 사람들이 합리적 기대를 한다면 예상하지 못한 사건들에 반응하여 정보와 기대를 바꾸면서 항상소득을 바꾸므로 항상소득에 맞추는 소비도 예상하지 못하게 바뀌게 된다.

6. 소비이론의 마무리

케인즈는 소비함수를 '기본적으로 심리적인 법칙'이라고 하였다. 이러한 인간행태에 관해 케인즈로부터 로버트 홀까지 소비이론에 관한 모든 연구의 기초를 살펴보았다. 케인즈는 소비가 주로 현재소득에 의존한다고 주장하였다. 이후 많은 경제학자들은 소비자들이 여러 기간에 걸쳐 발생하는 소득까지 고려한다는 점도 주목해야한다고 주장하였다. 소비자들은 미래의 필요(은퇴후 소비 등)와 재원(자산 등)도 예측한다. 이것은 케

인즈가 제시한 소비함수보다 훨씬 복잡한 함수관계가 존재한다는 사실을 말해준다. 최근의 연구들은 소비가 현재소득만의 함수가 아니라 자산도 중요하고, 미래의 기대소득도 중요하며, 이자율도 중요하다고 주장한다.

많은 소비-소득가설들은 상호배타적이기 보다 상호보완적이다. 시대와 사회에 따라 인간행태가 다르듯 소비행태도 다를 수 있으며, 여러 다양한 가설을 잘 결합하여 사용할 수도 있다. 어쨌든 경제학자들은 소비의 결정요인에 대해 여전히 논쟁 중이다. 경제학자들은 서로 상이한 소비함수를 가정함으로써 경제정책의 효과에 대해 서로 다른 의견을 제시하고 있다. 정책의 효과를 평가할 때 소비가 차지하는 중요성이 매우 크기 때문에 많은 경제학자들이 계속 이러한 소비행태를 연구하고 있는 것이다.

2 투자함수: 거시경제의 미시적 기초

1. 투자의 개념과 의의

총수요의 또 하나의 중요한 구성요소는 투자이다. 투자는 새로운 시설이나 설비를 마련하거나 재고를 확보하기 위해 지출하는 것이다. 다시 말해서 **투자**는 기계설비나 재고와 같은 자본재의 증가 또는 유지를 위해 지출하는 행위이다. 소비재에 대한 지출은 가계의 효용을 증가시키지만 자본재에 대해 지출할 경우 미래의 생활수준을 높일 수 있다. 투자는 현재와 미래를 연결하는 총수요의 구성요소인 것이다.

투자지출은 국민소득에서 차지하는 비중이 소비보다 작지만 경기변동에 매우 불안정하고 장기적 성장뿐만 아니라 경기변동에 중요한 역할을 한다. 경기가 후퇴할 때 생산물에 대한 지출이 감소하는데, 대부분 투자지출의 감소로 인한 것이다. 따라서 경제학자들은 생산량의 변동을 잘 이해하기 위해 투자에 대해 면밀히 검토를 한다. 케인즈의 단순모형에서는 투자가 **독립투자**만 있다고 가정하였다. 그러나 **유발투자**도 있다고 하였다. 아래 설명에서는 주로 이에 대한 투자를 살펴볼 것이다.

투자지출에는 **고정투자**가 있고, **주택투자**가 있고, **재고투자**가 있다. 이중에서 주택투자는 사람들이 거주하거나 임대해주기 위해 구입하는 신축주택에 대한 지출을 말한다. 이러한 주택투자는 소비자의 내구재구입으로 볼 수 있으며, 기업의 투자와는 다를 수 있다. 따라서 이것을 제외한 다른 투자들을 살펴볼 것이다. 고정투자는 기업이 생산에 사용할 목적으로 구입하는 장비와 시설, 건물 등을 말한다. 재고투자는 재료와 최종생산물을 포함해서 기업이 창고에 보관하는 물품을 말한다.

2. 투자결정모형

(1) 투자의 신고전파모형

신고전파모형은 자본에 추가되는 투자가 자본의 한계비용, 이자율 등과 어떤 관계가 있는지 잘 보여준다. 이 모형을 쉽게 이해하기 위해 다음과 같은 사례를 가정해보자.

로빈슨 크루소 주식회사

크루소주식회사(생산기업)는 1개에 R원으로 임대한 쇠막대기와 노동을 통해 도토리를 생산해서 P원에 팔고, 일부 도토리를 남겨 심으면 다음 해에 더 많은 수확을 할 수 있다. 로빈슨은 자회사로서 로빈슨주식회사(임대기업)를 만들고 쇠막대기를 인디언으로부터 1개당 1원에 구입해서 크루소주식회사에 R원으로 임대만 한다.

이 예에서 자본은 쇠막대기이며, 크루소주식회사는 자본을 사용해서 최종재만 생산하는 생산기업이고, 로빈슨주식회사는 자본을 임대만 하는 임대기업이다. 이때 크루소주식회사는 얼마만큼 쇠막대기를 구입할까?

자본의 임대가격(임대료)

생산요소시장의 원리를 잘 알고 있는 로빈슨은 자본(쇠막대기)의 한계생산가치를 자본의 임대료에 맞추어 자본을 고용하면 최적의 선택이 이루어진다고 생각한다. 즉,

자본의 한계생산가치＝자본의 한계생산×P＝임대료

혹은

$$\text{자본의 한계생산} = \text{실질임대료}$$

노동의 한계생산처럼 자본의 한계생산도 자본량이 많아질수록 하락한다. 간단한 예로 기계가 점점 더 많아지면 유휴 기계도 생겨서 기계 1대당 생산하는 수량이 작아지기 때문이다. 자본의 수요곡선은 바로 이 자본의 한계생산을 그린 곡선이며, 우하향하는 모양을 보인다. 그런데 자본의 공급이 어떤 시점에서 고정되어 있다면 공급곡선은 수직선의 모양을 가진다(뒤에서 보겠지만 임대기업의 최적선택에 따라 자본공급이 우상향할 수 있다).

〈그림 5-6〉은 이러한 자본의 수요와 공급곡선을 그린 것이다. 자본량이 감소하면 자본공급곡선이 왼쪽으로 이동하여 실질임대료 혹은 실질임대가격(=임대가격/물가)이 상승하고, 기술발전으로 자본의 한계생산이 높아지면 자본의 수요곡선이 위로 이동하여 실질임대가격이 상승한다. 또한 노동이 증가하면 자본의 한계생산이 높아져서 자본의 수요곡선이 위로 이동하여 실질임대가격이 상승한다.

그림 5-6 자본시장과 실질임대가격

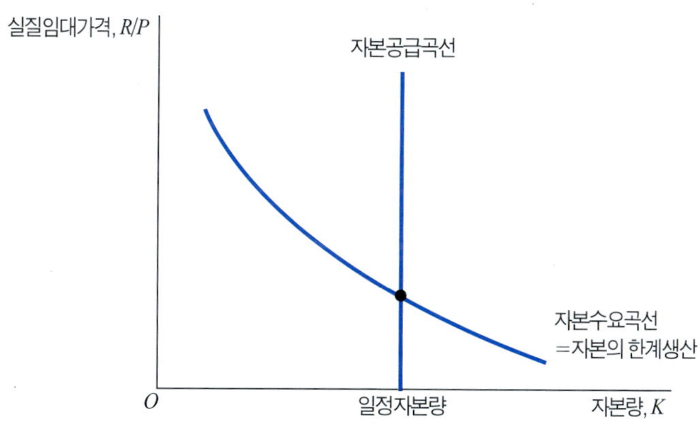

자본의 비용

이제 로빈슨주식회사의 상황을 보자. 로빈슨주식회사는 자본의 임대를 통한 수입과 비용을 비교해서 최적선택을 한다. 이 회사의 수입은 임대료수입인데, 비용은 간단하지 않다. 일단 비용의 한 항목을 줄이기 위해 인디언이 요구하는 쇠막대기의 가격은 1원으로 변하지 않는다고 가정하자. 로빈슨주식회사가 완전경쟁적으로 행동한다면 임대료의 책정을 자본의 기회비용에 맞출 것이다. 이때 자본의 기회비용은 다음으로 구성된다.

① **이자비용**: 자본재 한 단위를 현금으로 1원에 구입하면 누구에게서 현금을 빌려야 하므로 1원에 이자율을 곱한 만큼 1개당 이자비용이 발생한다.

② **감가상각비용**: 자본재를 임대해서 남이 사용하면 자본재가 마모되기 마련이다. 이것을 원상회복시키기 위해서는 마모에 따른 가치손실분을 보충해야한다. 1개당 마모되는 비율을 감가상각률이라고 하면, 1원에 감가상각률을 곱한 1개당 감가상각비용이 발생한다.

따라서 자본재 1단위를 임대하는데 따른 비용은 다음과 같다.

자본의 한계비용＝이자율＋감가상각률

이러한 자본의 한계비용 혹은 기회비용을 흔히 **자본의 사용자비용**이라고 한다. 결론적으로 로빈슨주식회사는 자본량을 증가 혹은 감소시킬지 결정을 해야 한다. 로빈슨주식회사는 자본재를 1원에 구입해서 R원으로 임대할 때 그에 따른 한계수입과 한계비용이 일치하도록 결정을 한다. 즉,

임대료＝이자율＋감가상각률

투자의 결정요인

크루소주식회사는 얼마나 많은 쇠막대기를 임대하는가? 이윤을 극대화하기 위해 자본의 한계수입과 한계비용이 같을 때까지 자본을 임대한다. 그런데 자본의 한계수입은 자본의 한계생산가치를 의미하고 자본의 한계비용은 임대료에 반영되므로 다음과 같은 이윤극대화조건이 성립된다.

자본의 한계생산가치＝임대료＝이자율＋감가상각률

혹은

자본의 한계생산＝실질임대료＝실질이자율＋실질감가상각률

이상에서 다음처럼 크루소주식회사의 투자결정조건을 설명할 수 있다. '자본의 한계

생산이 자본의 실질사용자비용보다 큰 경우 생산기업은 자본을 증가시키고, 반대로 자본의 한계생산이 자본의 실질사용자비용에 못 미치면 자본을 감소시킨다.' 다시 말해서 자본의 한계생산에서 자본의 실질사용자비용을 뺀 것을 **이윤율**이라고 하면, 이윤율이 0보다 크면 자본을 증가시키고, 0보다 작으면 자본을 감소시킨다.

이제 투자함수를 도입해보자. 앞에서 설명한 투자는 순투자 혹은 신규투자의 개념인데 여기에 감가상각된 자본에 대한 대체투자의 합이 기업의 고정투자가 된다. 이러한 것들을 고려하여 투자함수를 정의하면 다음과 같다.

투자=f(실질이자율, 실질감가상각률, 자본의 한계생산)

이식에서 한 가지 주의해야 할 점은 로빈슨주식회사가 인디언으로부터 쇠막대기의 가격을 지속적으로 1원에 구입한다고 했는데, 인디언이 가격을 나중에 올릴 수도 있다. 따라서 흔히 투자함수에 이러한 자본재의 구입가격을 변수로 넣는다는 것이다.

이러한 투자함수는 투자가 실질이자율에 의존한다는 것이며, 신고전파모형은 그 이유를 잘 보여준다. 실질이자율이 증가하면 자본(사용자)비용이 증가한다. 따라서 이윤율이 감소하고 자본을 줄이려는 동기가 커진다. 이러한 이유로 투자와 실질이자율이 (−)의 관계를 가지며, 이 관계가 〈그림 5-7〉에 나타나있다. 만약 기술혁신으로 자본의 한계생산이 증가하면 이윤율이 증가하여 자본을 축적하려는 동기가 증대되어 투자함수가 오른쪽으로 이동한다(〈그림의 (b)〉).

그림 5-7 투자함수

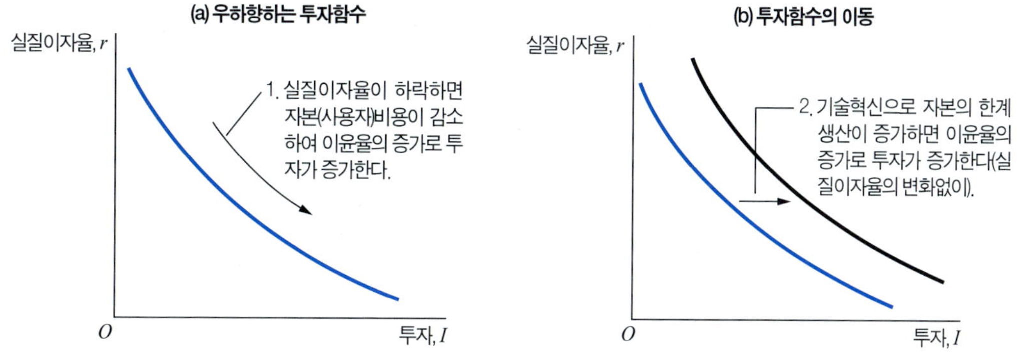

정석사고

생산기업이 임대기업으로부터 기계 등의 자본을 임대할 때 생산기업은 '자본의 한계생산=실질임대료'까지 임대하고, 임대기업은 임대료책정을 '실질임대료=자본의 실질사용자비용=실질이자비용+실질감가상각비용'에서 결정한다. 자본의 한계생산이 자본의 실질사용자비용보다 큰 경우 생산기업은 자본을 증가시키고, 반대로 자본의 한계생산이 자본의 실질사용자비용에 못 미치면 자본을 감소시킨다. 따라서 투자는 이자율, 감가상각률, 자본의 한계생산에 의존한다.

(2) 케인즈의 투자모형

투자와 기대

기업이 투자하는 이유는 이윤획득을 위한 동기에서 생긴다. 그런데 기업의 투자결정은 과거가 아니라 미래에 기대되는 이윤에 의해 투자를 결정한다. 기업은 투자로부터 기대되는 기대수익과 투자의 비용을 비교하여 그 차이가 의미하는 이윤에 따라 투자를 결정한다.

투자의 기대수익과 비용

먼저 투자의 기대수익을 보자. 기업이 공장을 세우거나 보다 많은 기계를 구입하는 것은 그 투자로 미래에 수익이 계속 발생할 것이라고 믿기 때문이다. 예를 들어 투자로 인해 5년간 수익이 발생하는데, 매년 발생하는 기대수익의 흐름을 $수익_1$, $수익_2$, …, $수익_5$라고 하자. 이러한 기대수익의 현재가치(P)를 계산해보면 다음과 같다.

$$P=\frac{수익_1}{(1+할인율)}+\frac{수익_2}{(1+할인율)^2}+\cdots\cdots+\frac{수익_5}{(1+할인율)^5}$$

그리고 기업의 입장에서 투자의 비용은 투자금액 자체이다. 따라서 투자를 통한 이윤은 기대수익의 현재가치에서 투자비용을 뺀 다음 식과 같다.

투자의 이윤=기대수익의 현재가치−투자비용

투자의 한계효율

케인즈는 투자의 이윤을 0으로 하는 할인율을 **투자의 한계효율**(Marginal Efficiency of Investment: MEI)이라고 정의하였다. 이것을 비용—편익분석에서는 내부수익률이라고 한다.

케인즈의 투자의 한계효율은 어떤 의미를 가질까? 만약 우리가 1원을 투자하면 이익을 남길 때도 손해를 볼 때도 있을 것이다. 그렇다면 주식이나 증권투자의 경우도 손해 보는 사람과 이익 보는 사람들이 있고, 경제전체의 평균으로 보면 서로 상쇄되어 0에 가깝다. 마찬가지로 평균적인 사람이 투자를 1원 할 때 평균적으로 얻을 수 있는 순수익은 0에 가깝다고 할 수 있다. 투자로 인해 여러 기간에 걸쳐 기대수익이 발생하는 경우 평균적으로 매년 얼마 정도의 수익률을 가지면 투자이윤이 0에 가까워지는지를 찾는 것이다. 따라서 투자의 한계효율은 투자를 1원 할 때 손해 보지 않고 평균적으로 매년 올릴 수 있는 기대수익률이다. 다시 말해서 투자의 한계효율은 이윤=0일 때 투자 1원당 기대되는 평균수익률이라고 말할 수 있다.

투자의 결정기준

만약 기업이 투자자금 1원을 은행에 맡겨둔다면 이자율만큼은 벌 수 있다. 그런데 투자의 한계효율(손실없는 기대수익률)이 이자율보다 작다면 사실 투자를 포기하고 은행에 돈을 맡겨두는 편이 나을 것이다. 이처럼 투자의 한계효율을 기회비용으로서의 역할을 하는 이자율과 비교하여 투자를 결정하는 것이다. 따라서 이자율이 높아지면 즉, 투자의 기회비용이 높아지면 투자의 한계효율이 지금보다 더 높은 투자만 하게 되므로 당연히 투자가 감소한다. 반대로 이자율이 낮아지면 즉, 투자의 기회비용이 낮아지면 투자의 한계효율이 지금보다 더 낮은 투자도 이루어져서 투자가 증가한다.

투자함수

이상의 설명에서 투자가 이자율과 (−)의 관계를 가지며 투자함수는 이자율에 대해 우하향하는 곡선이라는 사실을 파악할 수 있다. 케인즈의 단순모형에서 투자는 독립투자라고 하였지만 이제 투자는 이자율의 함수라는 것을 알 수 있다.

그림 5-8 **투자함수**

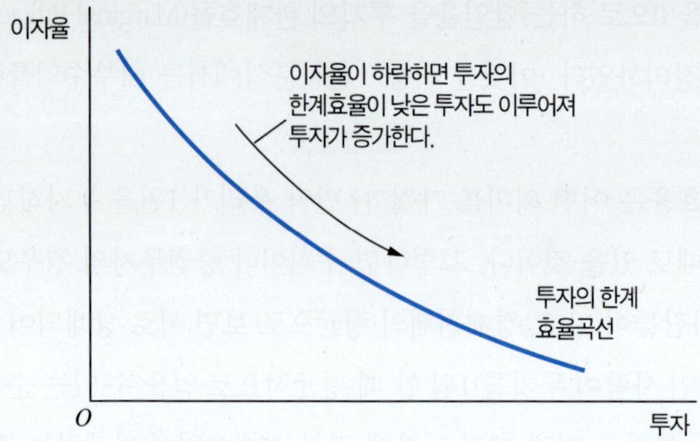

정석사고

케인즈는 투자의 이윤을 0으로 하는 할인율을 투자의 한계효율(Marginal Efficiency of Investment: MEI)이라고 정의하였다. 즉, 투자의 한계효율은 이윤=0일 때 투자 1원당 기대되는 평균수익률이다. 따라서 투자의 기회비용(이자율)이 높아지면 투자의 한계효율이 지금보다 더 높은 투자만 하여 투자가 감소하고, 투자의 기회비용이 낮아지면 투자의 한계효율이 지금보다 더 낮은 투자도 이루어져서 투자가 증가하므로 투자는 이자율과 (−)의 관계를 가진다.

(3) 토빈의 q

① 토빈 q 정의

미국의 경제학자 제임스 토빈(J. Tobin)은 신규투자 혹은 순투자가 기업의 주식가치와 밀접한 관계를 가지며, 이 관계를 고려하여 기업은 투자를 결정한다고 밝혔다. 토빈은 신규투자가 증가하면 자본의 대체비용에 비해 자본의 시장가치가 얼마나 큰지를 보여주는 토빈의 q도 증가한다고 말한다. 이 토빈의 q를 엄밀히 정의하면 다음과 같다.

$$q = \frac{\text{기업보유자본의 시장가치}}{\text{기업보유자본의 대체비용}}$$

$$= \frac{\text{기업발행주식가치} + \text{기업부채}}{\text{기업보유자본의 가치}}$$

② 토빈의 q와 투자 결정

토빈은 q가 1보다 크거나 작은지에 따라 순투자가 증가하거나 감소한다고 추론한다. q가 1보다 크면 자본의 대체비용보다 자본의 시장가치를 더 높이 평가하는 것이므로 자본을 더 구입해서 주식가치를 상승시킬 수 있다.

토빈의 이론이 신고전파모형과 어떤 관계가 있을까? 기업보유자본의 한계생산(이것이 자본의 실질가치를 결정함을 생각할 것)이 자본의 실질(사용자)비용보다 크다면 기업은 이윤을 얻는다. 이러한 이윤은 기업의 주식가치를 증가시킨다. 이것은 토빈의 q가격이 상승한다는 의미이다.

③ 토빈 q 시사점

토빈의 q의 이점은 현재이윤뿐만 아니라 기대되는 미래 이윤도 반영한다는 점에 있다. 만약 내년부터 정부가 법인세를 낮춘다고 가정하자. 기대이윤이 증가하므로 현재의 주식가치가 올라가고 토빈의 q가 상승한다. 이에 따라 현재의 투자도 증가한다. 이야기 5-2

정석사고

토빈은 '토빈의 q=자본의 시장가치/자본의 대체비용'이라고 정의하고 신규투자가 증가하면 자본의 한계생산을 높이고 자본의 시장가치를 높여 토빈의 q도 증가한다.

이야기 5-2 주식시장과 경제지표

폴 새무엘슨은 주식시장의 신뢰성에 대해 다음과 같은 유명한 말을 했다. '주식시장은 지난 다섯 번의 경기후퇴 중 아홉 번을 예측했다.' 이와 같이 주식시장은 변동이 심하여 경제의 미래에 대한 예측이 잘못되기 십상이다. 그러나 주식시장과 경제의 관계를 무시하면 안 된다. 주식가격의 변화가 실질GDP의 변화와 유사한 패턴을 보여주기 때문이다. 그 이유를 총수요 및 총공급모형과 토빈의 q이론으로 설명할 수 있다. 주식가격이 하락하면 토빈의 q가 하락하고 투자자들이 장래수익성을 비관적으로 보기 때문에 투자가 감소하여 생산과 고용이 축소된다. 또한 주식은 가계의 부의 일부이기 때문에 사람들이 더 가난하게 느껴 소비를 억제하여 총수요가 줄어든다. 따라서 주식시장을 관찰함으로써 경기침체를 예상해볼 수 있다. 보통 주가는 생산과 고용이 축소되기 앞서 먼저 하락한다.

2. 재고투자

(1) 재고투자 개념

재고투자는 기업이 자신의 창고에 얼마간 쌓아둔 재료와 최종생산물과 같은 물품을 말한다. 이 재고투자는 중요할 수도 중요하지 않을 수도 있다. 국민소득의 총지출 중 가장 작은 구성요소로서 국민소득의 1%에 불과하지만 변동이 심해서 경기변동의 중심과제이다. 경기가 나쁠 때 판매되더라도 재고가 많이 남을 것이므로 보충하지 않아 재고투자가 음수가 된다. 즉 의도한 재고투자는 감소하게 된다.

(2) 재고보유 이유

기업이 재고를 보유하는 이유 중 하나는 여러 기간에 걸친 생산의 평탄화를 위해서이다. 판매가 증가할 때 기업은 판매할 양보다 적게 생산해서 재고에서 상품을 판매하고, 판매가 감소할 때 기업은 판매할 양보다 많이 생산해서 재고를 보관한다.

재고를 보유하는 또 다른 이유는 기업이 상품을 많이 보유하여 고객에게 보다 효율적으로 판매하기 위해서이다. 어떤 업체는 기계가 고장날 것에 대비해서 여분의 부품재고를 가져 생산요소로서의 재고 보유동기가 작용하기 때문이다. 재고가 많을수록 생산량이 증가한다고 볼 수 있다.

재고보유의 세 번째 이유는 판매가 급증할 경우 상품이 바닥나는 것을 피하기 위해서이다. 이것은 판매증가로 재고가 일시 고갈될 때 이윤이 고갈되는 일을 회피하기 위해서이며, 재고고갈의 회피를 위한 동기라고 한다. 재고보유의 네 번째 이유는 상품을 생산하는데 시간이 걸리기 때문에 상품이 부분적으로 완성되었을 때 그 구성부품을 재고의 일부로 포함하여 진행중인 작업을 위한 동기에서 발생한다.

(3) 재고투자에 영향을 미치는 요인

이러한 동기에서 보유하는 재고투자도 실질이자율에 영향을 받는다. 재고를 늘리면 현재판매를 포기하는 것이므로 판매해서 기대되는 수익의 이자비용이 발생한다. 따라서 실질이자율이 상승하면 재고보유에 따른 이자포기의 비용이 증가하므로 재고투자가 감소하게 된다. 재고투자는 은행대출의 신용에도 의존한다. 신용이 좋으면 재고구입에 용이하고 신용이 나빠지면 재고구입이 어려워 재고투자가 감소한다.

정석사고

투자지출에는 주택투자를 제외하면 고정투자와 재고투자가 있다. **재고투자**는 기업이 자신의 창고에 얼마간 쌓아둔 재료와 최종생산물과 같은 물품을 말한다. 재고투자의 이유는 생산의 평탄화, 생산요소로서의 재고, 재고고갈의 회피, 진행중인 작업을 위해 재고를 보유하려는 동기에서 발생한다.

3. 자본스톡조정모형

(1) 자본량의 증가와 투자 관계

이것을 자본스톡조정모형을 만들어 생각해보자. 자본량(자본스톡)의 증가가 투자이므로 투자를 다음과 같이 나타내보자.

투자=현재 자본량−전기 자본량

기업이 이윤극대화(자본의 한계생산 = 실질임대료)를 바라는 수준의 자본량이 있다고 하자. 이때 이번기의 투자는 바라는 자본량에서 전기에 이루어진 자본량의 차이를 메우기 위해 이루어진다. 그런데 이러한 갭을 줄여나가는 데에 시간이 걸리고, 이 기간을 단축시키려고 하면 조정비용이 들어간다. 따라서 최적 자본량으로 조정하는 조정속도를 빠르게 하면 조정비용이 많이 들게 되므로 투자를 다음과 같이 표현할 수 있다.

투자=조정속도계수×(최적 자본량−전기 자본량)

바라는 자본량과의 갭이 크면 클수록 투자가 커지고, 조정속도를 빨리 할수록 투자가 커지게 된다. 이것을 **자본스톡조정모형**이라고 부른다.

(2) 신고전학파 모형과 관계

자본스톡조정모형은 앞에서 본 신고전파모형과 깊은 관계를 가진다. 이 모형에서 기업이 바라는 자본량은 신고전파모형의 실질임대료(자본의 한계생산)의 영향을 받는데, 실질임대료가 올라가면 바라는 자본량이 줄고 신규투자가 줄어든다. 그런데 실질임대료는 실질이자율과 실질감가상각률에 의존하므로 실질이자율이 올라가면 실질임대료가 올라가고 바라는 자본량과 신규투자가 줄어들 것이다. 또한 기업의 목표생산량이 높아지면 바라는 자본량이 높아지고 투자가 증가한다.

4. 가속도원리

만약 자본량이 소득수준의 일정비율이라고 하면 이 비율은 소득이 증가하면 소비도 증가하고 이로 인해 자본량에 대한 수요도 커지는 정도를 나타내며, 이를 가속도계수라고 하자. 현재의 바라는 자본량은 현재소득의 일정비율이라고 하면 다음과 같다.

바라는 자본량=가속도계수×현재소득

전기에서도 전기에 바라는 자본량을 실현했다면

투자=가속도계수×(현재소득−전기소득)=가속도계수×소득증가분

따라서 투자는 일정비율 즉 가속도계수만큼 소득증가에 비례하여 증가하는데, 이것을 가속도원리라고 한다.

그런데 위 식을 이용해서 소비변동을 통해 유발투자가 변하는 정도를 보여주는 고전적 가속도원리를 표현할 수 있는데 다음과 같다.

투자=가속도계수×소비증가분

이때 가속도계수는 소비증가분에 대한 유발투자의 비율을 말한다. 그런데 소비증가를 소득증가와 연관시켜보면 가속도원리와의 관계를 볼 수 있다. 즉,

투자=가속도계수×한계소비성향×소득증가분

이것으로부터 가속도원리의 가속도계수인 일정비율이 더 작은 값을 가진다고 추론할 수 있다. 소득이 증가하면 한계소비성향만큼 소비가 증가하므로 소득이나 한계소비성향이 증가하면 유발투자는 커진다.

정석기본문제

1 다음 중 총수요의 구성요소에 해당하지 않는 것은?

① 소비지출

② 투자지출

③ 정부의 구매지출

④ 수출

⑤ 정부의 조세수입

정석힌트 총수요는 소비지출, 투자지출, 정부지출, 순수출(수출-수입)로 구성된다. 정답은 ⑤

2 다음 중 소비함수 논쟁에 대한 설명으로 옳지 않은 것은?

① 케인즈는 소비가 절대소득에 반응한다고 주장하였다.

② 일반적으로 장기에는 케인즈의 절대소득에, 단기에는 프리드만의 항상소득에 소비가 영향을 받는 것으로 분석된다.

③ 안도-딜리아니는 소비가 생애주기소득에 반응한다고 주장하였다.

④ 듀젠베리는 소비가 상대소득에 반응한다고 주장하였다.

⑤ 프리드만은 소비가 항상소득에 반응한다고 주장하였다.

정석힌트 소비함수는 일반적으로 단기에는 케인즈의 절대소득(현재소득)에, 장기에는 프리드만의 항상소득에 소비가 영향을 받는 것으로 인정되고 있다. 정답은 ②

3 다음 중 소비곡선의 이동요인이 아닌 것은?

① 가처분소득

② 부(wealth)

③ 물가

④ 실질이자율

⑤ 미래기대소득

정석힌트 (1) 소비곡선상의 이동 : 소비함수의 x축과 y축의 값인 가처분소득과 소비수준이 변하는 경우.
(2) 소비곡선의 이동 : 그 밖의 다른 요인들이 변화하면 소비곡선 자체가 전체적으로 이동. 정답은 ①

4 소비자들이 미래에 더 많은 소득을 얻을 것이라고 기대를 하는 경우, 소비곡선에 일어나는 변화에 대한 설명으로 적절한 것은?

① 소비곡선이 위로 이동
② 소비곡선이 아래로 이동
③ 소비곡선상에서 위로 이동
④ 한계소비성향이 상승
⑤ 한계소비성향이 하락

정석힌트 소비자들이 미래에 더 많은 소득을 얻을 것이라고 기대를 하는 경우, 소비곡선은 위로 이동하게 된다. 정답은 ①

5 다음 중 투자곡선의 이동요인이 아닌 것은?

① 미래 예상수익 ② 소득
③ 재원조달의 용이성 ④ 이자율
⑤ 기업의 혁신상태

정석힌트 (1) 투자곡선상의 이동 : 이자율이 변하면서 투자수준이 변하는 경우
(2) 투자곡선의 이동 : 투자에 영향을 미치는 변수들 중에서 이자율 이외의 다른 요인들이 변하여 투자곡선 자체가 이동. 정답은 ④

6 저축은 소득 중에서 소비되지 않은 잔여액인데, 케인즈와 고전학파는 저축의 결정요인에 대해 각자의 견해를 가지고 있다. 그 차이를 설명하시오.

정석힌트 고전학파는 저축이 이자율의 함수라고 보았지만 케인즈는 저축이 소득 중 소비하고 남는 부분이므로 소득의 함수라고 보았다

7 소비의 수수께끼에 대하여 설명하시오.

정석힌트 소비의 수수께끼란 소득이 증가해도 평균소비성향이 변하지 않는 쿠즈네츠의 발견이 케인즈의 소비함수로 설명할 수 없다는 의미로 불리었고, 지속적인 불경기 가설(소득이 증가하면 평균소비성향이 낮아져 저축이 늘고 총수요가 부족해진다는 가설)과 평균소비성향의 하락 가설이 맞지 않는 현실을 말한다.

8 항상소득가설과 생애소득가설을 비교하여 설명하시오.

정석힌트 항상소득가설은 소득을 일시소득과 항상소득으로 구분하고 소득의 종류에 따라 소비행태가 달라진다고 본다. 생애소득가설은 전 생애에 걸쳐 소비와 저축이 분배된다는 가설이다. 두 이론 모두 소비의 수수께끼를 잘 해결하고 있는데, 단기에는 평균소비성향이 한계소비성향보다 크고, 장기에는 같아진다는 것을 설명한다.

9 케인즈의 투자모형에서 투자의 증감원인에 대하여 설명하시오

정석힌트 케인즈는 투자의 한계효율(손실없는 기대수익률)을 기회비용으로서의 역할을 하는 이자율과 비교하여 투자를 결정하는 것이다. 따라서 이자율이 높아지면 즉, 투자의 기회비용이 높아지면 투자의 한계효율이 지금보다 더 높은 투자만 하게 되므로 당연히 투자가 감소한다. 반대로 이자율이 낮아지면 즉, 투자의 기회비용이 낮아지면 투자의 한계효율이 지금보다 더 낮은 투자도 이루어져서 투자가 증가한다.

10 투자결정에서 토빈의 q를 설명하시오.

정석힌트 토빈은 신규투자가 증가하면 자본의 대체비용에 비해 자본의 시장가치가 얼마나 큰지를 보여주는 토빈의 q도 증가한다고 말한다. 따라서 토빈은 q가 1보다 크거나 작은지에 따라 순투자가 증가하거나 감소한다고 추론한다.

11 다음 보기는 한 가지 재화를 생산하는 어떤 국가의 경제상황이다. 이 경제의 적정투자수준은?

보기

(가) 초기자본량 = 100
(나) 자본의 한계생산 = 40 − 0.02 × 자본
(다) 자본재가격 = 500
(라) 물가 = 10
(마) 명목이자율 = 19%
(바) 감가상각률 = 4%
(사) 기대인플레이션율 = 3%

정석힌트 (1) 자본의 사용자비용은 (19% + 4% − 3%)×자본재가격 = 100이다.
(2) 자본의 한계생산가치는 10×(40 − 0.02×자본) = 400-0.2×자본
(3) 적정자본량은 (1) = (2): 100 = 400 − 0.2×자본. 자본 = 1,500이다.
(4) 투자 = 자본의 변화분이므로 1,500 − 100 = 1,400

정석심화문제

12 **다음 중 케인즈의 소비함수에 대해 틀린 설명은?**

① 현재의 가처분소득에 가장 크게 의존한다.

② 가처분소득이 증가하면 소비는 소득의 증가분보다 적게 증가한다.

③ 평균소비성향이 한계소비성향보다 작다.

④ 단기에서의 소비 움직임을 잘 설명한다.

⑤ 평균소비성향은 소득이 증가함에 따라 감소한다.

정석힌트 ①, ② 케인즈는 소비가 당기가처분소득(Y_d)에만 영향을 받는다고 보았다.

$C=f(Y_d)=C_0+c \cdot Y_d$

(단, C는 한계소비성향, MPC) 여기서 MPC고정이고, $0<MPC<1$의 값을 가진다.

③ 절대소비(C_0)>0이므로 $APC>MPC$이 된다.

④ 쿠즈네츠 소비자료 실증에 의하면 단기에만 적합하다고 밝혀졌다.

정답은 ③

13 **케인즈 소비함수에 관한 설명으로 옳지 않은 것은?**

① 한계소비성향은 0보다 크고 1보다 작다.

② 소비는 현재소득의 함수이다.

③ 소득이 없어도 기본적인 소비는 있다.

④ 소득이 증가할수록 평균소비성향은 증가한다.

⑤ 소득과 소비의 장기적 관계를 설명할 수 없다.

정석힌트 ① 케인즈의 소비함수는 기본적으로 다음과 같은 형태를 지닌다.

$C=a+bY$

단, a는 기초소비로 $a>0$이고, b는 한계소비성향으로 $0<b<1$라고 가정한다.

② 소비는 현재소득의 증가함수이다.

③ 현재소득이 없더라도, 기본적인 소비인 $a>0$라고 가정한다.

④ 소득이 증가할수록 평균소비성향은 감소하게 된다.

$APC=\frac{C}{Y}=\frac{a+bY}{Y}=\frac{a}{Y}+b$가 되기 때문이다.

⑤ 소득과 소비의 장기적인 관계를 설명할 수 없다는 점이 한계이다. 케인즈의 소비함수에서는 $APC<MPC$인데, 장기에서는 쿠즈네츠의 실증연구에 의하면 $APC=MPC$가 성립하기 때문이다. 따라서 이러한 한계점을 극복하기 위해서, 상대소득가설, 항상소득가설, 생애주기가설 등이 등장하게 되었다.

정답은 ④

14 **장기소비함수와 단기소비함수에 대한 설명으로 가장 적절한 것은?**

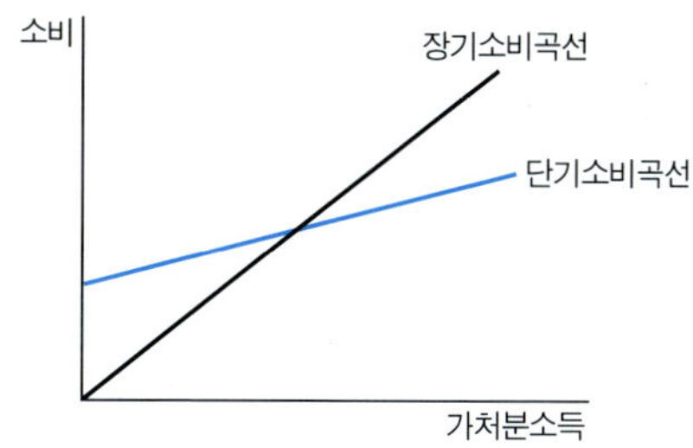

① 장기 및 단기소비함수의 한계소비성향은 가처분소득이 늘어남에 따라 증가한다.

② 장기시계열 자료를 보면 평균소비성향이 증가한다.

③ 항상소득가설에 의하면 호황기에 일시적으로 소득이 증가하면 증가된 소득의 대부분을 소비한다.

④ 횡단면 자료분석에 나타나는 소득변화는 항상소득의 변화를 반영하므로 장기소비함수의 기울기가 단기소비함수의 기울기보다 가파르게 된다.

⑤ 단기소비함수의 평균소비성향은 가처분소득이 증가함에 따라 감소한다.

정석힌트 케인즈 이후의 소비함수 특성은 쿠즈네츠의 실증적 결과와 일치한다. 쿠즈네츠는 케인즈의 소비이론은 단기에만 맞는다는 사실을 밝혔다. 장단기 소비함수의 특성은 다음과 같다.

- 장기소비곡선은 원점을 통과하는 직선이다.
- 가처분소득이 늘어나도 장기평균소비성향은 일정하다.
- 장기평균소비성향=장기한계소비성향(장기소비곡선의 기울기)이다.
- 0<장기APC=장기MPC<1이다.
- 단기MPC<장기MPC이다.

③ 항상소득가설이나 생애주기가설이나 일시적 소득은 모두 저축한다.

④ 횡단면 자료분석은 단기소비함수의 특성을 설명하려는 것이다.

정답은 ⑤

15 항상소득이론에 근거한 설명으로 옳은 것을 모두 고른 것은?

보기

(가) 직장에서 승진하여 소득이 증가하였으나 이로 인한 소비는 증가하지 않았다.
(나) 경기 호황기에는 일시소득이 증가하여 저축률이 상승한다.
(다) 항상소득에 대한 한계소비성향이 일시소득에 대한 한계소비성향보다 더 크다.

① (가)
② (나)
③ (가), (다)
④ (나), (다)

정석힌트 승진에 따른 소득의 증가는 항상소득의 증가를 의미한다. 항상소득가설에서는 항상소득이 증가하면 소비가 증가하지만 임시소득이 증가하는 경우에는 소비가 증가하지 않고 저축이 증가한다. 따라서 임시소득의 한계소비성향이 항상소득에 대한 한계소비성향보다 작다. 경기호황으로 인해 임시소득이 증가하면 저축률이 상승한다.

정답은 ④

16 프리드먼의 항상소득가설에 대한 설명 중 가장 적절한 것은?

① 현재소비는 현재소득에만 의존한다.
② 항상소득과 일시소득 사이에 높은 상관관계가 있다.
③ 현재소득이 일시적으로 항상소득 이상으로 증가하면 평균소비성향은 일시적으로 하락한다.
④ 항상소득가설은 유동성제약이 없는 소비자의 경우보다 유동성제약이 있는 소비자의 경우에 부합한다.
⑤ 소득의 변동이 일시적인 요인에 의한 경우에 소비의 변동이 소득의 변동보다 커진다.

정석힌트 ① 현재소비는 임시소비와 영구소비로 구성되며 임시소비는 불규칙적이고, 영구소비는 영구소득에만 영향을 받는다.
②, ⑤ 일시소득은 항상소득과 무관하며 모두 저축으로 간다.
③ 현재소득이 일시적으로 항상소득 이상으로 증가하면 단기호황으로서 평균소비성향은 일시적으로 하락한다.
④ 항상소득가설은 유동성제약이 없는 소비자를 전제로 한다.

정답은 ③

17 **다음은 소비함수에 대한 설명이다. 이에 대한 분석으로 옳지 않은 것은?**

보기

- 김 씨는 절대소득가설을 따르며, 소비함수는 $C=0.8Y+10$이다. (단, C는 소비, Y는 소득이다.)
- 이 씨는 항상소득가설을 따르며, 소비함수는 $C_t=0.5Y_t^P$, $Y_t^P=0.5Y_t+0.3Y_{t-1}$이며, 소득은 t기에 120, $t-1$기에 80이다.
(단, C_t는 t기의 소비, Y_t^P는 t기의 항상소득, Y_t는 t기의 소득이다.)
- 박 씨는 상대소득가설을 따르며, 소비함수는 $Y \geq Y_m$일 때에 $C=0.7Y$이며, $Y<Y_m$일 때에 $C=0.7Y_m+0.5(Y-Y_m)$이다. (단, C는 소비, Y는 소득, Y_m은 과거 최대소득이다.)

① 김 씨의 $\frac{\Delta C}{\Delta Y}$는 소득의 크기에 상관없이 일정하다.

② 김 씨의 $\frac{C}{Y}$는 소득의 증가에 따라서 체감한다.

③ 이 씨의 $\frac{C_t}{Y_t}$는 1보다 크다.

④ 박 씨의 $\frac{\Delta C}{\Delta Y}$는 Y가 Y_m보다 작을 때 1보다 작다.

⑤ 박 씨의 $\frac{\Delta C}{\Delta Y}$는 Y가 Y_m보다 클 때 1보다 작다.

정석힌트 ① 김 씨의 한계소비성향은 $MPC=\frac{\Delta C}{\Delta Y}=0.8$이므로 소득수준에 관계없이 일정하다.

② 김 씨의 평균소비성향은 $APC=\frac{C}{Y}=0.8+\frac{10}{Y}$이 되어 소득이 증가하게 되면 감소한다.

③ 주어진 정보 $Y_t=120$, $Y_{t-1}=80$을 이용해서 항상소득식에 대입하면 $Y_t^P=0.5Y_t+0.3Y_{t-1}=(0.5\times120)+(0.3\times80)=84$가 된다. $C_t=0.5Y_t^P$에서 $C_t=42$이다. 따라서 $\frac{C_t}{Y_t}=\frac{42}{120}=0.35<1$이 되어 1보다 작다.

④ $Y \geq Y_m$일 때에 $C=0.7Y$이므로 한계소비성향은 $MPC=\frac{\Delta C}{\Delta Y}=0.7$로 1보다 작다.

⑤ $Y<Y_m$ 일 때에 $C=0.7Ym+0.5(Y-Y_m)$이므로 $MPC=\frac{\Delta C}{\Delta Y}=0.5$로 1보다 작다.

정답은 ③

18 **국민소득 중 민간부분이 차지하는 비중이 증가하여 왔다. 민간투자에 대한 설명으로 가장 알맞지 않은 것은?**

① 생산에 필요한 장비, 설비 및 건물, 토지를 설비투자라 한다.

② 거주하기 위하여 구매한 신규주택은 주택투자에 포함한다.

③ 원자재 및 중간재, 최종재로 창고에 보관 중인 재화를 재고투자라 한다.

④ 소득과 이자율의 영향을 받지 않는 투자를 독립투자라 한다.

⑤ 소득수준에 영향을 받는 투자를 유발투자라 한다.

정석힌트 거시경제에서 투자의 개념은 다음을 유념한다.

- 부가가치창출과정이 수반되어야 한다. (주식, 기업합병, 부동산은 투자가 아님)
- 투자는 소비에 비해 국민소득에서 차지하는 비중이 작지만, 변동은 더 크다.
- 주거용 건물을 포함한 건물은 투자로 잡는다.
- 재고변동은 재고투자로 잡아 국민소득에 계상된다.
- 소득과 이자율에 영향을 받지 않는 투자는 독립투자, 소득수준에 영향을 받는 투자는 유발투자라 한다.
- 유발투자(가속도 원리)는 승수효과를 더 크게 한다.
- 투자는 기업의 자본재 변동분을 말하므로 토지구입액은 투자에 포함되지 않는다.

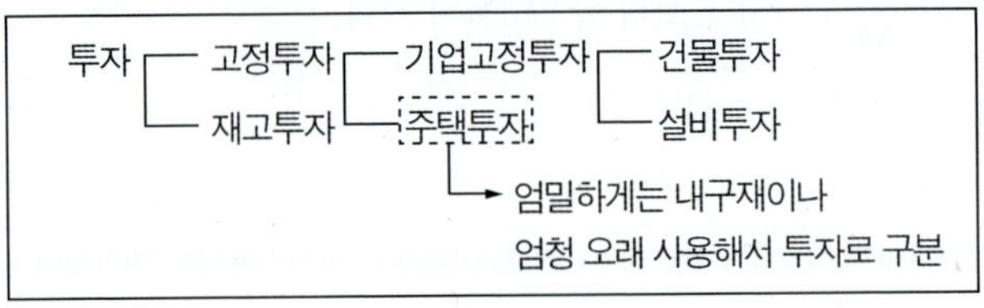

정답은 ①

19 **신고전학파의 투자이론에 관한 설명으로 옳지 않은 것은?(단, 감가상각률과 자본재 가격의 변화율 및 조세의 영향은 고려하지 않는다.)**

① 실질이자율이 상승하면 기업의 투자는 감소한다.

② 실질이자율이 하락하면 자본의 한계생산도 하락한다.

③ 경제 전체의 기술진보로 인하여 자본의 한계생산이 높아지면 기업의 투자수요는 증가한다.

④ 경제 전체의 기술진보로 인하여 자본의 한계생산이 높아지면 이자율은 상승한다.

⑤ 감가상각률을 고려하지 않으므로 자본재 1단위에 대한 투자의 기회비용은 자본재 1단위의 매매가격과 같다.

정석힌트 신고전학파의 투자이론에서는 자본의 사용자비용과 자본의 한계생산물가치를 비교하여 투자를 결정한다. 적정자본량은 자본의 사용자 비용, 즉 $C_K=(r+d)P_K$, (r: 이자율, d: 감가상각률)과 자본의 한계생산물가치인 $VMP_L=P\times MP_L$가 일치할 때 결정된다. 그런데 문제에서는 감가상각을 고려하지 않으므로 $C_K=r\cdot P_K=VMP_L=P\times MP_L$가 성립해야 한다.

① 실질이자율이 상승하면 자본의 사용자비용이 증가하므로 투자는 감소한다.

② 실질이자율이 하락하면 자본의 사용자비용이 감소하여 투자가 증가하고 한계생산물체감의 법칙에 따라 자본의 한계생산성이 체감한다.

④ 자본의 한계생산성이 높아지면 자본의 한계생산물가치가 증가해 투자수요가 증가한다. 투자수요가 증가하면 이자율이 상승한다.

⑤ 자본재 1단위에 대한 투자의 기회비용은 자본재 1단위의 매매가격이 아니라 $C_K=r\cdot P_K$이다.

정답은 ⑤

20 다음은 신고전학파의 투자모형이 적용되는 경제이다. 이 경제에서 자본량은 자본 추가에 따른 실질이윤율이 양수(+)이면 증가, 음수(−)이면 감소, 영(0)이면 변함이 없다. 이 경제의 정상상태(steady state)에서 자본량은 얼마인가?

보기

- 자본 추가에 따른 실질이윤율 : $MPK-p_K(r+\delta)$
- 생산함수 : $Y=K^{1/2}(\bar{L})^{1/2}$
- 시장에서 주어진 자본의 실질가격, 실질이자율 : $p_K=100$, $r=2\%$
- 고정된 노동량, 감가상각률 : $\bar{L}=100$, $\delta=8\%$

(단, MPK, p_K, r, δ, Y, K, $\bar{L}$는 각각 자본의 한계생산물, 자본의 실질가격, 실질이자율, 감가상각률, 생산물, 자본량, 고정된 노동량이며 자본의 가격상승률은 생산물 가격상승률과 같다고 가정한다.)

① 1/4
② 1/2
③ 1
④ 2
⑤ 4

정석힌트 신고전학파의 투자모형에서 정상상태(균형상태)를 찾는 문제이다. 각 투자이론에서 중요한 포인트는 정상상태로 더 이상의 자본 추가도, 감소도 없는 상태를 말한다. 신고전학파의 투자모형에서는 자본 추가에 따른 실질이윤율이 0이 될 때를 의미한다. (이는 문제에서 설명이 주어져 있다.) 자본 추가에 따른 실질이윤율은 $MPK-p_K(r+\delta)=0$으로 나타낼 수 있으므로, $MPK=p_K(r+\delta)$일 때 정상상태이다.

생산함수로부터 $MPK=5K^{-\frac{1}{2}}$임을 알 수 있고, $pK=100$, $r=2\%$, $\delta=8\%$이므로 이를 식에 대입하면 정상상태에서 자본량 K는 $5K^{-\frac{1}{2}}=100(0.02+0.08)$가 된다. 따라서 정상상태의 자본량은 $K=\frac{1}{4}$이다.

정답은 ①

21 어느 기업의 자본의 한계생산물(MP_k)이 $50-0.1K$ 라고 하자. 자본재 가격은 단위당 10,000원, 감가상각률은 5%로 일정하며, 생산물 가격은 단위당 200원으로 일정하다. 실질이자율이 초기 10%에서 5%로 하락하였을 때, 이 기업의 초기 자본량(K_0)과 바람직한 투자수준(I)은? (단, K는 자본량이다.)

① $K_0 = 375,\ I = 25$

② $K_0 = 375,\ I = 50$

③ $K_0 = 425,\ I = 25$

④ $K_0 = 425,\ I = 50$

정석힌트 투자는 자본의 증가로 다음과 같은 관계를 가지고 있다. t기의 투자는 t기의 자본량에서 $(t-1)$기의 자본량을 뺀 것이다. 신고전파투자이론인 조르겐슨의 자본의 사용자비용의 공식을 적용하면 다음과 같다.

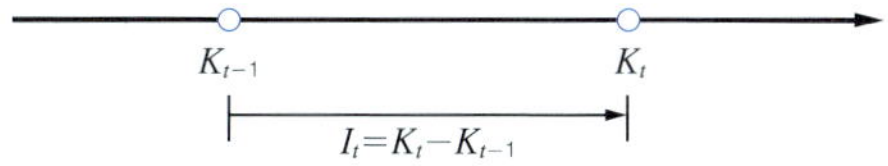

$$MP_K \cdot P = (r+d)P_K$$

문제에서 주어진 정보를 대입하면 다음과 같게 된다.

- 실질이자율이 0.1인 경우
  $(50-0.1K_0)200 = (0.1+0.05)10{,}000$
  $K_0 = 425$
- 실질이자율이 0.05로 하락한 경우
  $(50-0.1K_1)200 = (0.05+0.05)10{,}000$
  $K_1 = 450$

따라서 투자는 이자율 변화 후에 자본량의 증가 크기를 의미하므로 $I = K_1 - K_0 = 25$가 된다.

정답은 ③

정석 거시경제론 **제6장**

정부지출과 재정정책

세상은 고통으로 가득하지만 한편 그것을 이겨내는 일로도 가득차 있다.

- 헬렌 켈러-

앞장에서 거시경제의 소비함수와 투자함수의 미시적 기초를 살펴보았다. 소비와 투자는 총수요의 중요한 구성요소이다. 그러나 또 다른 중요한 요소도 있는데, 바로 정부지출이다. 그러나 케인즈의 단순모형에서 모형을 단순화해서 민간부문의 경제를 묘사하기 위해 정부부문을 제외하였다. 이제 정부부문을 도입하여 총수요 구성요소인 정부지출의 역할을 살펴볼 수 있다.

정부는 국민의 생명과 재산을 지켜주는 국방, 치안, 소방 등의 공공서비스를 제공하거나 시장에서 체결된 계약이 잘 이행되도록 또는 거래와 경쟁이 공정하게 이루어지도록 뒷받침해주는 역할을 담당한다. 이때 공공욕구를 충족시키기 위해서 정부가 수행하는 조세수입 및 정부지출활동을 재정(public finance)이라고 한다. 다시 말해서 재정은 예산에 의한 정부의 활동을 가리킨다. 재정정책(fiscal policy)이란 조세를 부과하거나 정부지출을 변경시켜 국민경제의 안정과 성장, 복지증대를 추구하는 정책을 말한다. 이처럼 정부지출을 조절하여 경제를 안정화시키는 정책을 특히 총수요관리정책 혹은 안정화정책이라고 한다.

이 장에서는 정부의 살림살이 즉, 재정의 의미를 살펴보고, 정부지출과 조세와 같은 정부의 재정정책이 고전학파모형에서 어떤 효과를 보이는지, 케인즈모형에서 어떤 효과를 나타내는지 살펴볼 것이다. 이외에 고전학파의 계보를 잇는 새고전학파의 관점도 살펴볼 것이다.

이 장에서 배울 것

- 정부재정과 정부지출이란?
- 케인즈모형의 재정정책 효과는?
- 고전학파모형의 재정정책 효과는?
- 새고전학파모형의 재정정책 효과는?
- 공급중시경제학모형의 재정정책 효과는?
- 재정의 안정화기능이란?

1 재정과 정부지출

총수요의 중요한 구성요소는 소비와 투자이다. 그러나 또 다른 중요한 요소도 있는데, 바로 정부지출이다. 그러나 케인즈의 단순모형에서 모형을 단순화해서 민간부문의 경제를 묘사하기 위해 정부부문을 제외하였다. 이제 정부부문을 도입하여 총수요 구성요소인 정부지출의 역할을 살펴볼 것이다. 먼저 총수요의 구성요소인 장부지출을 살펴보기 전에 정부의 살림살이라고 할 수 있는 재정에 대해 알아보도록 하자.

1. 재정의 의의

정부는 국민의 생명과 재산을 지켜주는 국방, 치안, 소방 등의 공공서비스를 제공하거나 시장에서 체결된 계약이 잘 이행되도록, 그리고 거래와 경쟁이 공정하게 이루어지도록 뒷받침해주는 역할을 담당한다. 이때 공공욕구를 충족시키기 위해서 정부가 수행하는 재원조달 및 지출활동을 **재정**(public finance)이라 한다. 이때 재원조달자금을 세입, 정부의 지출을 세출이라고 한다. 흔히 말하는 재정은 예산에 의한 정부의 활동을 가리킨다.

정부도 가계와 마찬가지로 재정을 꾸려나가기 위해서 매년 예산을 편성하고 세입과 세출계획을 세운다. 이때 회계연도 개시 전에 정상적인 절차에 입각해서 편성된 예산을 **본예산**이라고 하고, 회계연도가 진행되는 과정에서 갑작스러운 국내외의 경제상황 변화나 천재지변 같은 이유로 예산을 변경할 필요가 있을 때 편성하는 예산을 **추가경정예산**이라고 한다.

(1) 정부의 재정

정부의 재정은 크게 예산(budget)과 기금(fund)으로 구성되어 있다. **예산**은 매년 계획을 세우고 국회의 심의를 받아 의결된 이후에 집행할 수 있는 것으로 일반회계와 특별회계로 구분된다. 회계란 말이 처음 접하는 사람에게 어려울 수 있는 용어이지만 간단히 말해서 지출과 수입을 대차대조표로 나타낸 것이다.

일반회계는 일반행정, 국방, 교육, 공공사업 등 중앙정부의 통상적인 활동과 관련된 지출과 이를 충당하는 수입을 나타낸 회계이다. 반면에 특별회계는 말 그대로 특별한 정부의 기능을 수행할 목적으로 설치한 대차대조표, 즉 회계이다. 예를 들어 양곡관리, 철도사업, 통신사업 등과 같이 특별히 지정된 사업에서 발생하는 수입과 지출을 나타내는 것이다.

기금은 세입세출예산과 별도로 준조세, 한국은행차입, 국채발행과 같이 자금을 조달하여 어떤 사업을 독립적으로 운용할 필요가 있을 때 설치한다. 기금은 국회의 심의와 의결과정을 거칠 필요가 없어 경제상황에 유연하게 대처할 수 있다는 장점이 있다.

우리가 흔히 말하는 예산은 일반회계만을 뜻하며, 특별회계는 특정한 목적을 위한 사업을 위해 일반회계와 따로 분리해 설치 운영하는 별도의 회계를 말한다. 일반회계는 정부 재정의 핵심을 차지하고 있기 때문에 특별회계에 비해서 비중이 크다. 예산통일의 원칙에 입각할 때는 일반회계의 예외가 되는 특별회계의 수는 적을수록 바람직하다. 또한 기금도 행정부가 마음대로 운용할 수 있는 재량의 여지가 커질 수 있기 때문에 불필요한 기금의 양산은 바람직하지 않다.

재정에 관한 통계는 크게 세입(재정수입), 세출(재정지출), 보전재원으로 분류된다. 세입 혹은 재정수입은 경상수입과 자본수입으로 나눌 수 있다. 경상수입은 다시 조세수입과 세외수입 그리고 사회보장 기여금으로 구성되어 있는데 조세수입이 가장 큰 비중을 차지하고 있다. 조세수입은 국민으로부터 조세를 징수하는 금액이다. 세외수입은 각종 수수료, 입장료, 각종 벌과금 등에서 들어오는 수입이다. 사회보장 기여금은 국민연금, 산업재해보상보험, 고용보험 등에 대한 기여금을 말하며 최근 국민연금제도의 확대실시, 고용보험제도 실시 등으로 증가하는 추세를 보이고 있다. 자본수입은 정부가 소유한 토지나 건물을 팔아서 얻는 수입을 말한다.

세출 혹은 재정지출은 정부지출을 말한다. 재정지출은 경제적 성질에 따라서 경상지출과 자본지출, 그리고 순융자로 구분한다. 경상지출은 공무원봉급, 재화와 용역의 구입, 이자지출, 그리고 경상이전으로 구성된다. 경상이전은 가계부문에 대한 사회보장지출, 지방자치단체 지원교부금, 비영리기구에 대한 지원금 등의 이전지출을 말한다. 자본지출은 사회간접자본 투자나 자산취득 등을 위한 투자지출을 말하고, 순융자는 국민주택기금의 융자, 제조업체 육성을 위한 융자, 농어민 융자, 에너지관리공단 융자 등을 말한다. 이 중에서 경상지출이 가장 큰 비중을 차지한다. 최근에는 자본지출이 증가하는 추세를 보이고 있다. 재정지출 혹은 정부지출에 대해서는 따로 자세히 살펴볼 것이다.

이상에서 살펴본 재정수입과 재정지출의 차이를 **재정수지**라고 한다. 재정수지가 0보다 크면 재정흑자, 0보다 작으면 재정적자라고 한다. 만약 재정수입과 재정지출이 같다면 균형재정이라고 한다. 재정적자가 발생하면 정부는 그 부족한 돈을 어떻게 메울까? 크게 세 가지 방법이 있는데, 중앙은행으로부터 차입하는 방법, 국공채를 발행하는 방법, 해외에서 차입하는 방법이 있다. 반대로 재정흑자가 발생하면 국가채무를 비롯한 기존의 차입금을 갚을 수 있다.

정석사고

정부의 재정은 크게 예산(budget)과 기금(fund)로 구성되어 있다. **예산**은 일반회계와 특별회계로 구분된다. **일반회계**는 중앙정부의 통상적인 활동과 관련된 지출과 이를 충당하는 수입을 나타낸 회계이다. 반면에 **특별회계**는 특별한 정부의 기능을 수행할 목적으로 설치한 회계이다. **기금**은 세입세출예산과 별도로 준조세, 한국은행차입, 국채발행과 같이 자금을 조달하여 어떤 사업을 독립적으로 운용할 필요가 있을 때 설치하는 회계이다. 수입면에서 **세입** 혹은 **재정수입**은 경상수입과 자본수입으로 나눌 수 있다. 지출면에서 **세출** 혹은 **재정지출**은 정부의 지출을 말한다. 재정수입과 재정지출의 차이를 **재정수지**라고 한다

(2) 재정의 범위

우리나라 재정에 관한 통계는 중앙정부, 지방정부, 비금융공기업으로 나누어 재정수지(재정수입과 재정지출)를 나타낸다. 〈그림 6-1〉에서 보는 것처럼 중앙정부와 지방정부를 합하여 **일반정부**라고 하며, 일반정부에 비금융공기업을 더하여 **비금융공공부문**이라고 한다. 이것을 통합한 재정수지를 **통합재정수지**라고 한다. 즉, 통합재정수지는 중앙은행 등 공공 금융기관을 제외한 비금융공공부문 전체의 재정수입과 재정지출의 내역을 말한다. 통합재정수지는 재정이 건전하게 잘 운용되는지의 여부를 판단하는 지표가 되기도 하고, 재정활동이 국민경제에 어떤 영향을 미치는가를 분석하는 데 사용되기도 한다. IMF 회원국들은 통합재정수지를 반드시 작성해야 하기 때문에 국가 간 국제적

그림 6-1 재정구조

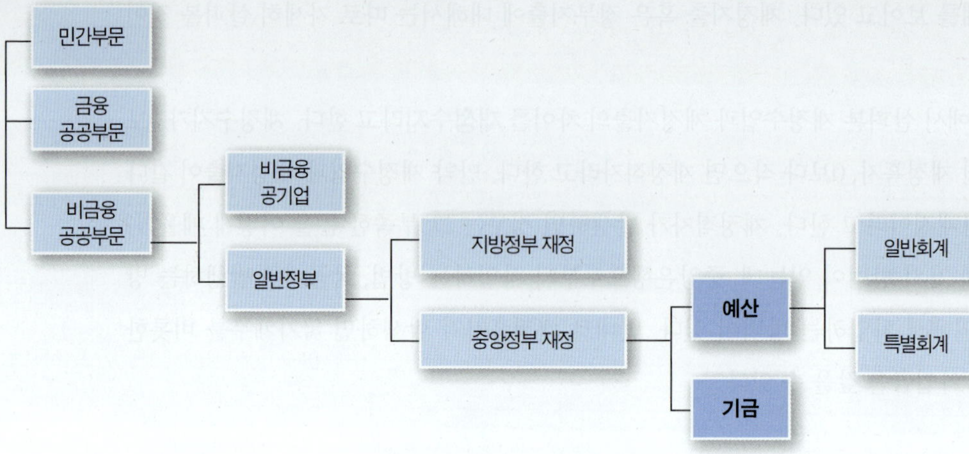

인 비교를 하는 데도 사용할 수 있다.

(3) 재정의 기능

정부의 본질적 특징은 합법적으로 강제력을 가진 조직이라는 것이다. 그리고 그 강제력은 누구에게나 적용되는 보편성을 가진다. 이러한 보편적 강제력을 지닌 정부의 '보이는 손'은 특정한 방법인 조세와 공채로 자금을 조달하여 공공재 생산·공급 및 소득재분배정책, 경제안정과 성장을 추진할 수 있다. 오늘날의 정부는 법과 질서를 유지하고 소유권을 확립하는 기본적인 역할만 하지 않는다. 정도의 차이는 있지만 대부분의 정부는 시장경제에도 깊숙이 개입하고 있다. 그 이유는 시장경제의 불완전성에 기인하며, 그러한 불안전성을 해결하려는 노력이 정부의 주요기능 혹은 재정의 주요기능이다.

〈그림 6-2〉은 머스그레이브(R.A. Musgrave)가 제시하는 정부 혹은 재정의 3대 기능을 나타낸 것이다. 각 기능에 대해 간단히 살펴보자.

① 자원배분기능: 공공재의 생산 및 공급

시장이 효율적인 자원배분을 하지 못할 때 시장에서 자원배분의 효율성을 높이기 위해 정부가 공공재를 직접 생산하거나 공급하는 일을 담당할 수 있다. 한 가지 주의할 점은 정부가 공공재를 생산하는 것과 공급하는 것은 의미가 다르다는 것이다. 정부가 공공재를 생산하는 것은 정부가 소비자를 상대로 직접 판매를 하는 기업가의 역할을 하는

그림 6-2 **재정기능**

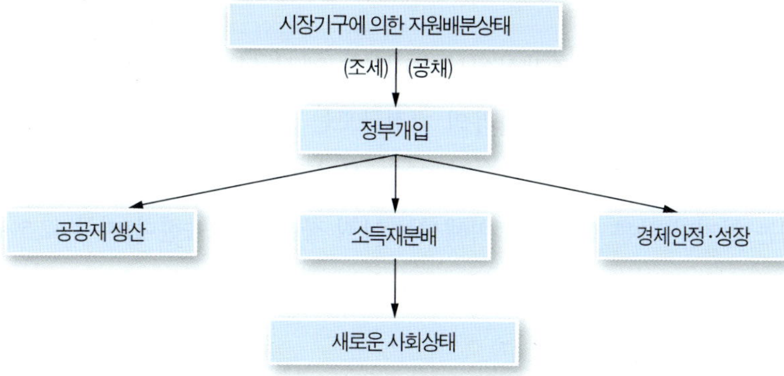

것이고, 정부가 공공재를 공급하는 것은 민간기업에 생산활동을 맡기고 정부는 단순히 비가격기구를 통해 공급만 한다는 것이다. 정부가 직접 생산활동에 참여하는 경제가 순수한 시장경제에 가깝다고 하겠다.

② 소득분배기능

공평한 소득분배를 달성하기 위해 정부가 개입하게 되는데 어떤 분배상태가 공평한가에 대해서는 다양한 견해가 있으며 의견의 일치가 어려운 실정이다. 더구나 공평한 분배상태에 대한 의견이 일치하더라도 어떠한 정책수단으로 이를 달성할지도 중요한 문제이다. 조세나 지출정책을 통해 각 개인이 가지는 소득수준을 직접 변화시킬 수도 있고, 각 생산요소의 상대가격을 변화시킬 수도 있고, 다른 기회의 확대를 통해 목표를 달성할 수도 있다. 그런데 효율적 자원배분과 공평한 분배가 서로 상충할 경우, 정부는 효율성의 희생을 최소화하면서 공평한 분배기능을 수행하여야 한다.

③ 경제안정 및 성장기능

시장경제의 본질적인 문제인 주기적인 경기변동으로 인하여 발생하는 인플레이션과 실업문제, 세계경제의 상호의존성이 심화됨에 따라 나타나는 국제수지 적자문제와 국가채무문제 등을 해결하기 위해 정부는 여러 거시적 정책수단을 활용하여 시장에 개입할 필요가 있다. 그리고 지속적인 경제성장을 추진하기 위해서도 정부의 역할이 요구된다. 따라서 경제안정화기능에만 머물지 않고 보다 적극적으로 경제성장을 촉진하는 기능까지 정부의 기능으로 보아야 한다.

2. 정부지출

우리나라는 국내총생산에서 차지하는 재정규모(=재정지출/GDP)가 상대적으로 빠르게 증가해왔다. 우리나라의 재정규모는 1970년대는 약 19%였는데, 계속 상승하여 2010년에는 약 31%까지 확대되었다. 이런 현상이 적정한지를 판단하는 객관적인 지표는 없지만 다른 선진국에 비해서는 아직 작은 편에 속한다(미국 42.5%, 영국 50.6%, 일본 40.4%, OECD평균 44.6%). 그렇지만 그 구체적인 지출내용을 보고 재정규모의 적정성을 판단해야 한다.

정부지출(재정지출)은 총수요의 세 번째 구성요소로서 정부가 재화와 서비스를 구입하기 위한 지출, 어떤 특정한 개인이나 단체에 대하여 지출하는 보조금, 직접 또는 간접으로 민간에 대여하는 것 등을 말한다. 앞에서 설명한 것처럼 재정지출 혹은 정부지출은 경제적 성질에 따라서 ① 경상지출(소비지출), ② 자본지출(투자지출), ③ 순융자로 구분한다. 이 구분의 내용들에서 보면, 경상지출로서 정부는 공무원들에게 봉급을 주고, 공공도서관의 책을 구입하며, 경상지출의 한 형태인 이전지출로서 노인에 대한 사회보장, 저소득층에 직접 소득을 보조하는 보조금을 지불하기도 한다. 자본지출로서 정부는 도로 및 공공 토목공사를 시행하기 위해 지출한다. 그리고 순융자로서 정부가 직접 또는 간접적으로 민간을 포함한 각종기관에 융자금을 빌려줄 수 있으며, 회수금을 빼고 나면 순융자가 된다.

정부의 자본지출 혹은 투자지출은 정부지출 중 국민소득에 대한 효과가 가장 크다. 도로, 항만, 통신 등의 공공사업에 대한 투자, 교육에 대한 투자, 모든 사회간접자본을 만들기 위한 지출을 포함한다. 이것은 경제성장에도 기여하며, 도로, 학교 등의 건설은 국민들의 공공욕구를 충족시킨다. 또한 저렴한 주택을 건설하여 공급하는 지출은 소득재분배의 기능을 수행한다.

따라서 우리가 재정에서 국민경제에 중요한 영향을 미치는 정부지출을 말할 때, 이전지출과 순융자는 제외한다. 왜냐하면 이전지출과 순융자는 생산과 관련이 없어서 재화와 서비스의 교환이 발생하지 않기 때문이다. 이전지출과 순융자는 재화와 서비스수요에 간접적으로 영향을 미친다. 이것은 재정의 소득재분배기능을 한다. 이전지출과 순융자는 가계의 가처분소득을 증대시키지만 조세는 가처분소득을 감소시킨다. 따라서 특별한 설명이 필요 없는 한 조세에 이전지출과 순융자를 포함시켜 순조세의 개념으로 조세를 생각하면 이전지출과 순융자를 포함하면서도 분석에서 제외할 수 있다.

분석의 범위를 좁혀서 정부지출(G)과 조세(T)의 차이를 **재정수지**라고 정의한다. 따라서 균형재정은 다음과 같다.

정부의 예산제약식 : 정부지출=조세

정부지출이 조세보다 크면 적자재정, 그 반대이면 흑자재정이라고 한다. 어떤 재정상태가 바람직한가 하는 것은 시대와 경제상황에 따라 다르다. 예를 들어 고전학파는 균형재정이 바람직하다고 보았으나 케인즈이론이 득세하면서 총수요가 부족한 경기불황에서는 적자재정이 바람직하다고 보았다. 그러나 재정적자가 누적되면 정부부채가 늘어 국가채무의 위기에 빠질 수도 있어서 미래세대에 과도한 부담을 주는 세대간 공평성의 문제를 야기할 수 있다. 결론적으로 어느 재정상태가 바람직한지 해답은 없다.

다음에 살펴볼 모형들에서 정부지출과 조세는 외생적으로 주어진다고 가정할 것이다. 다시 말해서 정부지출과 조세가 국민소득모형 밖에서 결정되어 고정된 값이라는 것이다. 그러나 정부지출과 조세가 국민소득모형내에서 결정되는 소비, 투자 등에 미치는 영향을 분석할 것이다.

정석사고

재정지출 혹은 **정부지출**은 경제적 성질에 따라서 ① 경상지출(소비지출), ② 자본지출(투자지출), ③ 순융자로 구분한다. 정부의 자본지출 혹은 투자지출은 정부지출 중 국민소득에 대한 효과가 가장 크다. 분석의 범위를 좁혀서 정부지출(G)과 조세(T)의 차이를 **재정수지**라고 정의하며, 정부지출이 조세보다 크면 적자재정, 그 반대이면 흑자재정이라고 한다.

2. 재정정책과 케인즈모형

1. 재정정책

순수한 재정정책(fiscal policy)이란 조세를 부과하거나 정부지출을 변경시켜 국민경제의 안정과 성장, 복지증대를 추구하는 정책을 말한다. 정부는 세입과 세출에서 가장 큰 비중을 차지하는 조세수입과 정부소비지출을 조정하여 단기에 경제를 안정화시킬 수 있다. 이처럼 정부소비지출을 조절하여 경제를 안정화시키는 정책을 특히 총수요관리정책 혹은 안정화정책이라고 한다. 또한 장기적으로 정부투자지출을 통해 경제의 생산능력을 증가시키는 경제성장을 추구할 수 있다. 이러한 경제성장을 통해 국민의 후생을 높이는 복지향상을 꾀할 수 있다.

단기의 재정정책은 정부소비지출과 조세수입에 초점을 맞추고 논의하기로 하자. 정부도 예산제약에 직면하고 있으므로 주어진 세입 내에서 세출을 결정하게 된다. 만일 조세수입보다 더 큰 정부지출이 필요한 경우에 돈을 더 찍어 내거나 국·공채를 발행해 재원을 추가적으로 조달할 수 있다. 또한 국내에서 조달이 어려운 경우에 해외에서 차입할 수도 있다. 이러한 정부의 예산제약식은 다음과 같다.

정부지출−조세수입=통화공급+국채발행+해외차입

이때 주의해야 할 점은, 순수한 의미에서 재정정책이 통화공급의 변화를 초래하지 않는 정부지출이나 조세의 변화를 의미한다는 것이다. 화폐시장을 배운 후 나중에 보겠지만 정부가 통화공급을 이용한 재정정책을 실시하는 경우에는 통화정책과 재정정책의 정책혼합(policy mix)이라고 한다.

이제 국민소득순환과정에서 설명한 것처럼 정부를 포함한 크루소경제를 만들어 케인즈단순모형과 고전학파모형을 확대하여 생각해보자.

로빈슨 크루소 정부경제

어떤 무인도의 로빈슨 크루소는 크루소 주식회사와 정부를 만들어 하루 도토리를 생산하고 다음 날 소비자로 생활한다. 그 다음 날은 정부에서 공무원으로 일한다. 크루소정부는 국방·치안의 대가로 로빈슨으로부터 조세를 거두어 로빈슨 공무원에게 월급을 지불한다.

로빈슨은 소비자로서 자신의 소득 중 일부를 저축하고 나머지를 소비한다. 크루소 주식회사는 생산된 도토리의 일부를 미래의 확대생산을 위해 남겨둔다. 또한 크루소정부는 로빈슨으로부터 조세를 거두어 로빈슨 공무원에게 월급을 지불한다. 크루소경제는 폐쇄경제이면서 은행이 없으므로 크루소정부의 예산제약은 다음과 같다.

정부의 예산제약식 : 정부지출－조세수입＝국채발행

이제 정부부문을 포함하는 크루소경제의 소득순환모형을 고려하면서 재정정책이 국민소득에 미치는 효과를 생각해보자.

정석사고

재정정책(fiscal policy)이란 조세를 부과하거나 정부지출을 변경시켜 국민경제의 안정과 성장, 복지 증대를 추구하는 정책을 말한다. 특히 정부소비지출을 조절하여 경제를 안정화시키는 정책을 총수요관리정책 혹은 안정화정책이라고 한다.

2. 케인즈모형과 재정정책: 단기적 관점

(1) 케인즈모형

국민소득의 순환에서 국민소득의 처분은 거시경제의 총공급과 일치한다. 크루소 정부경제에서 로빈슨(가계)은 분배받은 소득의 일부를 세금으로 납부한 후 가처분소득에서 시중에서 필요한 각종 소비재를 구입하고 나머지는 미래를 위하여 저축한다. 이때 로빈슨(가계)의 소득처분은 다음과 같다.

$$Y=C+S+T$$

국민소득의 순환에서 국민소득의 창출은 생산된 상품과 서비스에 대한 수요에 의존한다. 크루소 정부경제에서 생산된 상품(도토리)은 로빈슨이 구매하여 소비지출한다. 그러나 생산된 상품과 서비스를 로빈슨이 모두 구입하는 것은 아니다. 크루소 주식회사는 일부 도토리를 심어서 내년에 더 많은 도토리를 얻는 투자지출을 한다. 또한 정부는 로빈슨의 서비스를 구입하고 월급을 지급하는 정부지출을 한다. 이때 크루소 정부경제의 총수요는 다음과 같다.

$$Y^d=C+I+G$$

따라서 균형 국민소득은 총소득과 총수요가 일치할 때 결정된다.

$$Y=C+S+T=C+I+G=Y^d$$

균형식에서 소비가 양변에 공통으로 들어가 있으므로 이를 제거하면 의도된 주입($I+G$)과 누출($S+T$)이 같아지는 경우가 된다. 이 모형에서 누출은 저축과 조세, 주입은 투자지출과 정부지출이다. 따라서 균형에서 주입과 누출이 일치하여 다음과 같이 된다.

$$S+T=I+G$$

이때 정부의 지출이 조세수입보다 크면($G>T$) 재정적자가 되고 균형을 유지하기 위해서는 민간의 저축(S)이 투자수요(I)보다 커야 한다는 것을 의미한다.

이제 앞에서 본 케인즈의 소비함수를 사용하고, 투자와 정부지출, 조세는 독립적으로 이루어진다고 하자. 이때 케인즈의 소비함수는 총소득에서 조세를 뺀 가처분소득에 한계소비성향(c)을 곱한 것과 비례관계를 가진다. 즉,

$$Y=a+b(Y-T)$$

결과의 변동없이 문제를 단순화하기 위해 ($a=0$)으로 가정하고 이것을 국민소득의 균형식에 넣어보자. 즉,

$$Y=C+I+G=b(Y-T)+I+G$$

이 균형식을 총소득에 관해 정리하면 다음과 같은 식을 얻는다.

$$Y=\frac{1}{1-b}[I+G-bT]$$

이식에서 케인즈이론의 핵심인 투자승수, 정부지출승수, 조세승수를 구할 수 있다.

① 투자승수

투자의 증가에 따른 총소득(균형국민소득)의 증가분을 나타내는 투자승수는 다음과 같다.

$$\text{투자승수}=\frac{1}{1-b}$$

② 정부지출승수

정부지출의 증가에 따른 총소득의 증가분을 나타내는 정부지출승수는 다음과 같다.

$$\text{정부지출승수}=\frac{1}{1-b}$$

③ 조세승수

조세의 증가에 따른 총소득의 증가분을 나타내는 조세승수는 다음과 같다.

$$\text{조세승수}=\frac{1}{1-b}(-b)=\frac{-b}{1-b}$$

정석사고

케인즈모형에서 균형국민소득은 총소득과 총수요가 일치할 때 결정된다. 이 모형에서 누출은 저축과 조세, 주입은 투자지출과 정부지출이다. 따라서 균형에서 주입과 누출이 일치한다. '총소득=총수요'의 균형국민소득식에서 케인즈의 핵심인 투자승수, 정부지출승수, 조세승수를 구할 수 있다.

(2) 케인즈모형과 재정정책

케인즈는 현실에서 총수요와 총소득이 일치하는 균형국민소득이 일반적으로 완전고용국민소득보다 작다고 보았다. 다시 말해서 불완전고용 상태에서 균형국민소득이 결정된다는 것이 케인즈의 핵심적 사고이다. 경기침체가 발생하면 실업률은 높아지고, 민간의 소비가 줄고, 기업도 투자를 꺼려 유효수요가 부족하게 된다. 이때 정부는 정부지출을 늘리거나 조세수입을 줄이는 재정정책을 실시할 수 있다. 이와 같이 정부가 의도적으로 정부지출이나 조세의 변동을 통해서 국민소득을 조정하여 경제안정을 달성하려는 정책을 정부의 **재량적 재정정책**(discretionary fiscal policy)이라고 한다.

케인즈모형에서는 재량적 재정정책을 통해 총수요를 증가시키면, 총수요의 증가는 승수효과를 통해 총수요의 증가분보다 훨씬 큰 승수배만큼 국민소득을 증가시킨다. 이와 같이 정부지출과 조세감면을 통해 총수요를 증가시키는 재정정책을 **확대재정정책** 혹은 확장적 재정정책이라고 한다. 반대로 정부지출을 줄이거나 증세를 통해 총수요를 감소시키는 재정정책을 **긴축재정정책**이라고 한다. 케인즈가 바라본 현실이 경기침체기라면 확대재정정책으로 국민소득을 완전고용국민소득으로 끌어올릴 수 있다. 우선 케인즈모형에서 정부지출의 증가에 따른 효과를 좀 더 면밀히 살펴보고, 그 다음으로 정부지출과 조세가 같은 균형재정에서의 효과, 조세가 일정하지 않고 소득에 비례하여 부과하는 경우의 효과로 확대하여 살펴본다.

정석사고

정부가 의도적으로 정부지출이나 조세의 변동을 통해서 국민소득을 조정하여 경제안정을 달성하려는 정책을 정부의 **재량적 재정정책**(discretionary fiscal policy)이라고 한다. 정부지출과 조세감면을 통해 총수요를 증가시키는 재정정책을 **확대재정정책** 혹은 확장적 재정정책이라고 한다. 반대로 정부지출을 줄이거나 증세를 통해 총수요를 감소시키는 재정정책을 **긴축재정정책**이라고 한다.

(3) 정부지출의 승수효과

케인즈는 정부지출을 증가시키면 승수효과에 의해서 몇 배 이상의 국민소득이 증가하는 효과가 있다고 주장한다. 정부의 적절한 총수요관리정책을 통해서 완전고용국민소득 수준을 달성할 수 있다고 본 것이다. 케인즈학파의 주장에 따르면 정부지출이 디플레이션갭(완전고용소득수준에서 발생하는 총수요의 부족분)만큼 늘어나면 균형국민소득은 GDP갭(실제국민소득과 완전고용국민소득과의 차이)만큼 증가하므로 다음과 같은 관계가 성립한다.

디플레이션갭×정부지출승수 = GDP 갭

그 결과 경제는 완전고용국민소득을 달성할 수 있다.

그러나 매기 정부지출을 똑같이 계속 증가시켜야 승수효과가 발생한다. 이러한 누적적인 정부지출의 증가는 재정적자를 초래하여 재정의 건전성을 해칠 우려가 있다. 누적적인 재정적자를 피하기 위해 조세를 증가시키면 조세의 승수효과가 국민소득을 승수적으로 감소시키는 작용을 하므로 완전고용국민소득에 미치지 못하게 된다. 따라서 정부가 국공채를 발행하여 정부지출로 인한 재정적자를 메워야 하는데, 결국 민간은 정부지출의 증가만큼 국공채를 보유하게 된다. 그렇다면 일반소비자들은 국공채를 자산의 일부로 보고 소비를 증가시킬까? 케인즈학파는 사람들이 국공채를 자산으로 인식하여 소비를 늘린다고 본다. 이어서 살펴보겠지만 고전학파와 새고전학파는 국공채는 자산이 아니라 미래의 조세일 뿐이라고 본다.

정석사고

정부지출이 디플레이션갭(완전고용소득수준에서 발생하는 총수요의 부족분)만큼 늘어나면 균형국민소득은 GDP갭(실제국민소득과 완전고용국민소득과의 차이)만큼 증가하므로 '디플레이션갭 × 정부지출승수=GDP갭'이 성립한다.

(4) 균형재정의 승수효과

만약 정부가 정부지출의 증가를 조세의 증가로 메울 때 케인즈모형에서의 승수효과는 어떻게 작용할까? 정부의 예산제약식은 다음과 같다.

정부의 예산제약식 : 정부지출=조세수입

이 경우 정부지출의 증가가 국민소득을 정부지출승수효과만큼 증가시키고, 조세의 증가가 조세승수효과만큼 국민소득을 감소시킨다. 다시 말해서 정부지출을 1원 늘릴 때 정부지출승수와 조세 1원 늘릴 때 조세승수를 더하면 국민소득은 몇 원 증가하는가

를 알 수 있다. 즉,

$$\text{정부지출승수}+\text{조세승수}=\frac{\Delta Y}{\Delta G}+\frac{\Delta Y}{\Delta T}=\frac{1}{1-b}+\frac{-b}{1-b}=1$$

이것으로부터 매우 놀라운 사실을 발견할 수 있는데, 정부가 정부지출을 1원 늘리고 조세를 1원 올리면 국민소득이 정확히 1원 증가한다는 사실이다. 이것을 **균형재정정리**라고 하며 이때의 승수 1을 **균형재정승수**라고 한다. 이 정리는 언뜻 생각하기에 국민소득이 늘지 않는다고 생각하기 쉽지만 정부지출만큼 국민소득이 증가한다는 사실을 말해준다.

정석사고

정부가 정부지출을 1원 늘리고 조세를 1원 올리면 국민소득이 정확히 1원 증가한다는 사실을 균형재정정리라고 한다. 이때의 승수 1을 균형재정승수라고 한다.

(5) 조세가 소득에 비례하여 부과하는 비례세의 승수효과

여태까지 케인즈모형에서 사람들은 일정하게 정해진 금액만큼 정부에 조세를 납부하는 것으로 가정하였다. 그런데 현실은 이러한 형태의 조세보다 소득에 비례해서 또는 누진적으로 부과하는 조세가 더 일반적이다. 만약 조세가 소득에 비례해서 부과되는 경우 케인즈의 승수효과는 어떻게 나타날까?

조세가 소득에 비례해서 부과되는 형태의 조세를 비례세라고 하는데 정의에 따라 다음과 같다.

$$T=tY$$

이것을 국민소득의 균형식에 넣어 나타내면 다음과 같다.

$$Y=C+I+G=b(Y-T)+I+G$$

이 균형식을 총소득에 관해 정리하면 다음과 같은 식을 얻는다.

$$Y=\frac{1}{1-b(1-t)}[I+G]$$

이 경우 정부지출의 증가에 따른 총소득의 증가분을 나타내는 정부지출승수는 다음과 같다.

$$\text{정부지출승수} = \frac{\Delta Y}{\Delta G} = \frac{1}{1-b(1-t)}$$

따라서 일정액으로 부과하는 정액세의 경우의 정부지출승수[=1/(1−c)]보다 훨씬 작아진다는 것을 알 수 있다. 이것은 비례세와 같은 조세가 소비함수의 기울기를 완만하게 만들어서 즉, 세율이 높을수록 소득증가에 따른 소비의 증가폭이 작아져서 정부지출의 증가가 소비증가를 많이 가져오지 않기 때문이다. 이야기 6-1

정석사고

조세가 소득에 비례해서 부과되는 형태의 비례세의 경우의 정부지출승수[=1/(1−한계소비성향(1−세율))]가 일정액으로 부과하는 정액세의 경우의 정부지출승수[=1/(1−한계소비성향)]보다 훨씬 작아진다.

이야기 6-1 재정정책승수

2008년과 2009년 미국의 서브프라임 모기지사태가 전 세계적 차원의 금융위기로 확산되었던 세계경제의 침체기에 여러 나라 정부들은 총수요를 부양하기 위한 재정정책을 실행하였다. G20국가들은 2009년에 GDP의 평균 1.6%, 2010년에 GDP의 평균 2% 규모의 경기부양책을 내놓았다. 그런데 경제학자들은 이런 정책이 얼마나 효과가 있을지에 대해 의견이 나누어진다.

경제학자들의 논쟁은 재정승수의 크기에 관한 것이다. 정부지출의 증가가 이자율과 민간지출에 미치는 영향에 대한 가정의 차이 때문에 재정지출확대의 승수효과 추정치는 경제학자에 따라 크게 달라진다. 오바마정부의 경제학자들은 향후 4년동안 연방기금 금리가 일정하다는 가정하에 미국의 재정지출 승수가 1.6, 조세감축 승수가 1.0이 될 것으로 기대한다. 반면에 존 코건(John Cogan), 존 테일러(John Taylor) 등의 모형은 정부차입이 증가함에 따라 이자율과 조세가 좀 더 빠르게 상승할 것으로 가정하여 승수가 매우 작게 된다. 이 때문에 GDP증가규모가 오바마정부가 기대하는 수준의 1/6에 그칠 것이라고 전망한다.

3 재정정책과 고전학파모형, 새고전학파모형 및 공급중시 경제학

1. 고전학파모형과 재정정책: 장기적 관점

고전학파의 핵심적인 사고는 세이의 법칙이 작용하여 총수요는 항상 총공급과 같다는 것이다. 앞장에서 본 것처럼 고전학파의 모형은 국민소득이 총생산함수와 노동시장의 균형에 의해 독립적으로 결정된다. 이렇게 결정된 총생산에 총수요가 자동 조절된다고 본다.

고전학파모형에서 재정정책의 효과를 보기 위해서는 정부의 행동을 제약하는 예산제약식에서 출발해야한다. 크루소 정부경제에서 정부의 예산제약식은 다음과 같다.

정부지출−조세수입=국채발행

정부의 예산제약식에서 정부지출을 늘리려면 조세수입을 늘리거나 국채를 발행해서 메워야 한다. 정부지출을 조세증가로 메우는 방법과 정부지출을 국채발행으로 메우는 방법이 국민소득에 어떤 영향을 미치는지 살펴보자.

(1) 정부지출을 국채발행으로 메우는 방법

정부가 정부지출을 늘리기 위해 국채를 발행하면 국채시장에서 국채의 공급이 늘고 국채가격이 하락한다. 국채가 소화되는 과정에서 회사채와 같은 자산매입이 감소하고 기업의 자금조달이 어려워져서 이자율이 상승하게 된다. 이에 대한 자세한 분석은 다음 장에서 자세히 살펴보도록 하자. 이 장에서는 사람들이 자신의 현금을 정부에게 주고 국채를 사기 때문에 기업의 회사채매입이 줄어들어 자금조달이 어려워짐에 따라 이자율이 오른다는 정도로 생각하자.

고전학파나 새고전학파의 핵심변수가 다름아닌 이자율인데, 왜 이자율이 그토록 중요한지 잠시 살펴보자. 고전학파에서 이자율의 의미는 소비자입장에서 볼 때 오늘 소비하기보다 오늘 저축을 해서 내일 소비하는 것에 대한 프리미엄이다.

① 소비시점간 대체효과: 이자율이 오르면 오늘 소비하기보다 저축을 늘려 내일 소비하려는 동기가 증대한다. 즉, 이자율이 오르면 현재소비가 줄어든다. 이것은 미시경제학에서 배운 소비시점간 대체효과와 같다(시점간을 '기간간'으로도 해석하며, 현재와 미래의 시점사이를 의미한다).

② 부의 효과: 미시경제학에서 배운 소득효과와 같은 부의 효과는 없다고 본다. 미시경제학에서 이자율이 상승하면 현재의 저축수준에서 보다 높은 이자소득을 얻을 수 있기 때문에 소비를 증가시키고 저축을 감소시키는 소득효과가 존재한다. 그러나 현금을 빌려주는 사람은 이익을 보지만 현금을 빌리는 사람은 손해를 보기 때문에 평균적으로 부의 증가는 없다고 본다.

③ 노동시점간 대체효과: 이자율은 노동공급에 영향을 미친다. 이자율이 오르면 현재 여가의 기회비용이 커져서 노동을 더해서 저축을 증가시키려는 노동시점간 대체효과도 발생한다. 그런데 노동시장에서 노동공급을 증가시키면 실질임금이 하락하여 소비가 줄어든다. 그런데 경제전체적으로 이 효과는 미약하다고 본다.

이와 같이 이자율이 오르면 소비가 줄어든다. 그런데 투자는 이자율에 더욱 민감하여 대폭 줄어든다. 결론적으로 정부가 확대재정정책을 실시하기 위해서 국채를 발행하면 시중에 국공채의 증가로 인해 국채의 가격은 하락하게 되고, 이자율은 상승한다. 이자율이 상승하게 되면 민간의 소비와 투자가 위축되어 정부지출의 총수요증가분을 상쇄시킨다. 고전학파는 이를 구축효과(crowding-out effect)라고 한다. 다시 말해 구축효과란 정부의 확대재정정책이 이자율을 상승시켜 민간의 소비와 투자활동을 위축시키는 효과를 말한다.

(2) 정부지출을 증세로 메우는 방법

정부가 정부지출을 늘리기 위해 조세를 증가시키면 개인소비자의 입장에서 가처분소득이 감소한다. 이러한 증세가 일시적이라고 생각한다면 사람들은 소비평탄화를 위해 당장의 소비를 줄이는 대신 저축을 줄이려고 한다. 저축이 줄면 자금을 원하는 많은 사람들이 자금을 빌리기 어려워져서 이자율이 올라가게 된다.

국채발행에서 본 것처럼 이자율이 오르면 소비가 줄어들고 투자도 줄어든다. 결론적으로 정부가 확대재정정책을 실시하기 위해서 증세를 하면 이자율이 상승한다. 이자율이 상승하게 되면 민간의 소비와 투자가 위축되어 정부지출의 총수요증가분을 상쇄시킨다. 따라서 정부가 정부지출을 늘리기 위해 국채를 발행해 증세를 해도 **구축효과**(crowding-out effect)가 발생한다.

(3) 이자율의 상승과 완전구축효과

고전학파는 정부지출에 의해 이자율이 오르면 총수요의 소비와 투자가 완전히 구축된다고 본다. 이것을 〈그림 6-3〉을 통해 알아보자. 그림에서 x–축은 저축과 투자, 정부지출을, y–축은 이자율을 나타낸다. 현재 균형재정으로 투자(주입)=저축(누출)인 E점에 있다고 하자. 그런데 정부지출이 증가하면 국민소득의 순환에 새로운 주입으로 투자곡선이 증가하여 오른쪽으로 이동하며 주입이 누출보다 커짐에 따라 이자율이 상승한다. 그림의 '새이자율'에서 저축은 증가하였고, 투자는 감소하였다. 저축의 증가는 소비의 감소를 의미하므로 총수요의 소비와 투자 모두 감소하여 새로운 주입인 정부지출의 증가를 완전히 상쇄시킨다. 이에 따라 새로운 균형(F점)에 도달할 수 있다.

이와 같이 정부의 확대재정정책이 민간의 소비와 투자를 감소시키는 몰아내기 효과를 **구축효과**(crowding-out effect)라고 한다. 고전학파는 정부지출이 소비와 투자를 일대

그림 6-3 정부지출의 구축효과

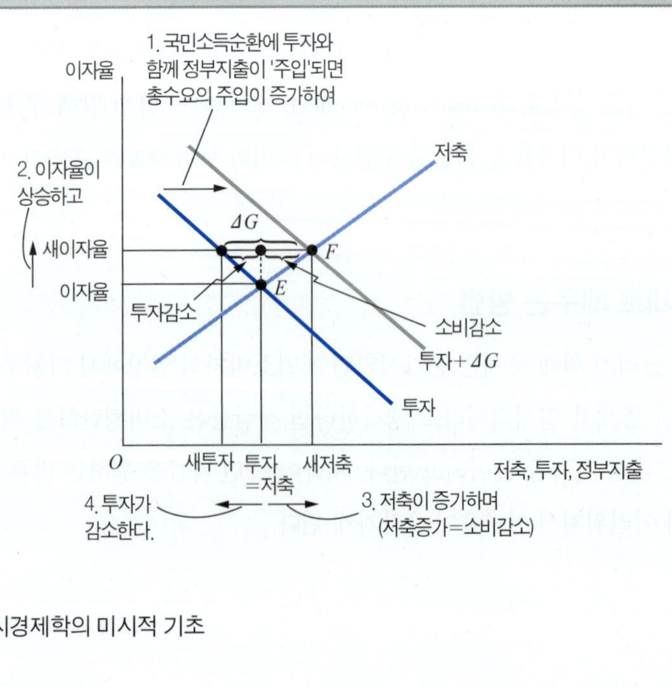

일로 몰아내기 때문에 완전구축효과가 발생한다고 본다. 그러므로 고전학파는 케인즈의 재량적 재정정책이 유효하지 않으며 오히려 이자율을 올려 경제에 바람직하지도 않다고 본다.

(4) 구축효과에 대한 논쟁

고전학파의 완전구축효과에 대해서는 여러 학파사이에 논쟁이 있다. 케인즈학파는 설사 구축효과가 있더라도 그 정도가 완전하지 않을 뿐만 아니라 미약하다고 보기 때문에 여전히 확대재정정책이 유효하다고 본다. 그러나 고전학파는 구축효과가 완전하지 않아서 설사 확대재정정책이 단기에 총수요를 증가시키더라도 경제의 총공급능력이 증가하지 않으면 물가만 상승하는 부작용을 가져온다고 본다.

그리고 고전학파의 계보를 잇는 통화주의자와 새고전학파 중에서 자유주의철학을 가진 통화주의자는 구축효과가 크게 작용하지만 이자율의 상승과 물가상승으로 단기에 국민소득이 미약하게나마 증가할 수도 있어서 불완전한 구축효과를 주장한다(그들의 주장을 완전히 이해하려면 다음 장의 화폐시장을 살펴보아야 하지만, 간단히 물가상승이 공급자들의 이윤을 증가시킨다고 착각해서 공급을 늘리는 효과가 있다고 생각하자). 결국 학파들의 논쟁은 구축효과의 크기가 어느 정도인가에 달려있다. 다음은 별도로 새고전학파의 견해를 한번 보기로 하자. 그들의 견해는 더욱 극단적이어서 확대재정정책이 장단기 할 것 없이 아예 아무런 효과가 없다고 주장한다. 따라서 구축효과도 발생하지 않는다는 것이다.

정석사고

정부가 확대재정정책을 실시하기 위해서 국채를 발행하면 시중에 국채의 증가로 인해 국채의 가격은 하락하게 되고, 이자율이 상승한다. 이자율이 상승하게 되면 민간의 소비와 투자가 위축되어 정부지출의 총수요증가분을 상쇄시킨다. 고전학파는 이를 구축효과(crowding-out effect)라고 한다.
정부가 확대재정정책을 실시하기 위해서 증세를 하면 사람들이 소비의 평탄화를 위해 소비대신 저축을 줄여서 자금부족으로 인해 이자율이 상승한다. 이자율이 상승하게 되면 민간의 소비와 투자가 위축되어 정부지출의 총수요증가분을 상쇄시킨다. 따라서 정부가 정부지출을 늘리기 위해 국채를 발행해 증세를 해도 구축효과(crowding-out effect)가 발생한다.

2. 새고전학파모형과 재정정책: 장기적 관점

통화주의의 자유주의철학을 수용하면서 고전학파적 분석을 하는 일군의 학자들을 새고전학파라고 한다. 새고전학파의 대표적 학자로는 배로, 루카스, 사전트 등을 꼽을 수 있다. 특히 배로는 국채발행을 통한 정부지출의 증가는 장기적으로 뿐만 아니라 단기에서 조차 아무런 효과가 없다고 주장한다.

(1) 리카도의 대등정리

배로(R. Barro)에 의하면, 사람들은 감세나 국채발행을 통해 정부지출을 증가시키는 것에 대해 다음과 같이 반응한다고 추론한다. 크루소 정부경제를 생각하며 로빈슨 크루소의 생각을 한번 추론해보자.

로빈슨 크루소 정부경제

정부는 정부지출의 증가에 대한 재원을 국채의 추가 발행으로 충당하므로 미래의 어떤 시점에서 정부가 조세를 증대시켜 부채와 그동안 축적된 이자를 지불하여야 할 것이다. 이런 정책은 미래의 조세증대와 연결된 일시소득의 증가를 의미한다. 지금 일시소득의 증가는 궁극적으로 돌려줘야 하는 미래의 조세를 나에게 주었을 뿐이다. 내 형편이 좋아진 것이 아니므로 소비를 변화시키지 않을 것이다.

미래를 고려한 로빈슨 크루소는 오늘의 감세를 위해 발행한 국채가 언젠가 상환하기 위해 거두지 않을 수 없는 미래의 조세라고 본다. 로빈슨 크루소의 이러한 견해는 사실 항상소득가설에 기초하고 있다. 소비는 현재소득이 아니라 현재소득과 미래에 기대되는 소득를 포함한 평생소득 즉, 항상소득에 의존한다고 가정한다. 따라서 국채발행을 통한 재정적자는 현재소득을 증가시키지만 항상소득과 소비는 변화시키지 않는다.

로빈슨 크루소는 미래의 조세를 지불하기 위해 정부지출의 증가로 늘어난 가처분소득을 전액 저축을 한다. 그리고 저축의 형태는 감세를 위해 정부가 발행한 국채를 구입하는 것이 가장 안전한 방법이다. 이렇게 함으로써 로빈슨 크루소는 현재와 미래의 소비행태를 바꾸지 않으며, 늘어난 국채발행이 그만큼의 국채수요로 상쇄되므로 국채의 가격도 하락하지 않으며, 이자율도 오르지 않는다. 따라서 구축효과 자체가 발생하지 않는다.

이와 같이 합리적인 사람은 국채와 같은 정부부채를 미래의 조세로 생각하므로 정부지출의 수준만 문제가 될 뿐 이것을 조세로 조달할 것인지 아니면 국채로 조달할 것인지는 아무런 효과의 차이도 없다. 이것을 **리카도의 대등정리**(ricardian equivalence)라고 한다. 이것을 더 구체적으로 살펴보자.

정부의 재정운영

정부는 제1기에 1원의 적자재정을 운영하려고 한다. 정부지출수준이 일정하다고 가정하면 정부는 1원의 재정적자를 보충하기 위해 1원의 국채를 발행하고 제2기에 가서 국채를 모두 청산해서 균형재정을 유지한다.

이러한 정부의 재정적자정책은 총수요에 어떤 영향을 미칠까? 배로의 해석은 다음과 같다. 합리적인 사람이라면 제1기의 감세를 통한 국채발행은 제2기에 국채의 원금(1원)과 이자를 갚기 위해 세금을 그만큼 부과할 것이라고 예상한다. 즉, 제1기와 제2기의 실질조세총액은 다음과 같이 항상 0이다.

$$\text{조세총액} = (-1) + \frac{1+\text{국채이자율}}{1+\text{이자율}}$$

첫 번째 항은 1원의 감세를 의미하며 두 번째 항은 국채의 원금과 이자를 현재가치로 할인한다는 의미이다. 국채이자가 이자율로 사용된다면(사실 3년만기 국채이자율이 시장이자율이다), 합리적인 사람은 현재의 감세를 내일의 증세로 인식하여 실질적 조세부담에 변화가 없다고 본다. 내일의 증세액의 현재가치가 바로 국채의 발행액이므로 내일의 조세를 부담하기 위해 저축형태로 국채를 구입해둔다는 것이다. 그러므로 제1기의 재정적자는 모두에게 부 또는 자산효과(국채를 자산으로 보고 더 부유하게 느끼는 효과)를 전혀 발생시키지 못한다. 당연히 현재소비와 노동공급에 아무런 영향을 주지 못하므로 총수요와 총공급에도 영향이 없다. 이것이 대등정리의 핵심내용이다. 또한 리카도의 대등정리는 재정적자를 보충하기 위한 재원조달방법으로 조세와 국채사이에 아무런 차이가 없다는 것을 의미한다.

(2) 그림을 통한 설명

리카도의 대등정리를 〈그림 6-4〉를 통해 알아보자. 그림에서 x-축은 저축과 투자, 정부지출을, y-축은 이자율을 나타낸다. 현재 균형재정으로 투자(주입)=저축(누출)인 E점에 있다고 하자. 그런데 정부지출이 증가하면 국민소득의 순환에 새로운 주입으로 투자곡선이 증가하여 오른쪽으로 이동한다. 그러나 소비자들이 국채매입을 통해 정확히 정부지출의 증가분만큼 저축을 늘린다. 그 결과 저축곡선도 오른쪽으로 이동하여 이자율에 변화가 없게 된다. 그림의 E점에서 정부지출만큼 저축만 늘어 소비와 투자에 아무런 변화를 일으키지 않으면서 새로운 균형(F점)에 도달하게 된다. 따라서 리카도의 대등정리에 따르면 이자율의 변화도 구축효과도 발생하지 않는다.

그림 6-4 정부지출의 구축효과

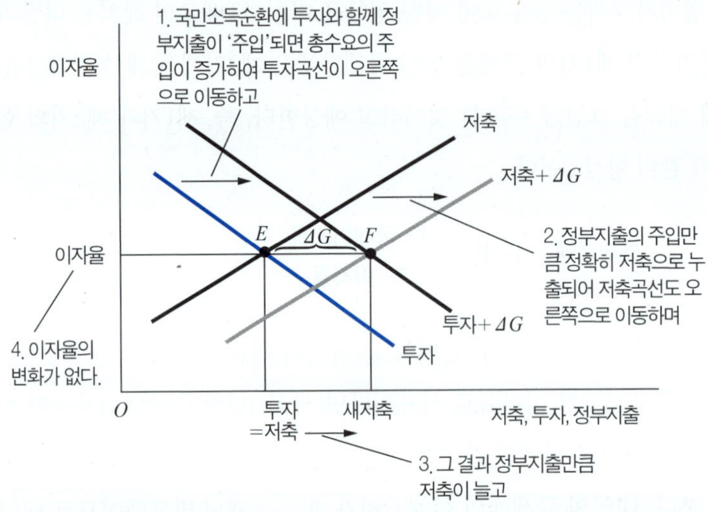

정석사고

합리적인 사람은 국채와 같은 정부부채를 미래의 조세로 생각하므로 정부지출의 수준만 문제가 될 뿐 이것을 조세로 조달할 것인지 아니면 국채로 조달할 것인지는 아무런 효과도 차이도 없다. 이것을 리카도의 대등정리(ricardian equivalence)라고 한다. 리카도의 대등정리에 따르면 이자율의 변화도 구축효과도 발생하지 않는다.

3. 공급중시 경제학과 재정정책: 장기적 관점

(1) 공급중시 경제학

우리는 앞에서 주로 조세의 변화가 총수요와 국민소득에 미치는 영향을 살펴보았다. 그런데 일군의 경제학자(래퍼, 펠드스타인 등)들이 조세의 변화가 경제의 총공급에 중요한 영향을 미친다고 주장하였다. 이러한 경제학사상을 **공급중시 경제학**(supply-side economics)이라고 하는데, 이는 조세감면을 통한 공급능력의 확대로 총수요와 총공급을 모두 증가시킬 수 있다는 이론체계이다.

이러한 사상은 1980년대 레이건 행정부의 정책기조인 감세정책의 이론적 기반을 제공하였다. 공화당에 뿌리를 둔 레이건 행정부는 고전학파의 철학인 정부개입을 축소하는 작은 정부, 시장의 가격기능을 중시하는 신자유주의를 기반으로 하였다. 그들은 누진적인 조세와 직접세를 통한 소득재분배를 위해서 정부가 시장에 개입하는 것에 부정적이었다. 왜냐하면 지나친 누진성과 공평성을 강조하면 사람들의 의욕과 동기에 부정적인 영향을 주어, 근로의욕이나 투자의욕을 해칠 수 있다고 보았다. 따라서 정부지출을 축소하고, 시장개입을 줄이기 위해서 '야수 굶기기(국가가 굶어야 작은 정부가 가능하다는 말)'라고 표현되는 세율인하를 실시해야 한다고 주장하였다. 오히려 세율을 인하하면 근로자들은 더 열심히 일을 하게 되고, 기업들도 투자의욕이 높아져 생산을 촉진시킬 수 있다고 보았다.

(2) 래퍼곡선

공급중시 경제학자의 **래퍼**(A. Laffer)는 세율을 0에서 점차 올리게 되면 세수가 일정수준까지 같이 증가하지만, 세율이 어느 수준인 t^*을 넘어서게 되면 오히려 근로의욕을 저하시키게 되어 사람들은 일을 열심히 하지 않게 되고 그 결과 세수의 기반이 되는 소득자체가 낮아져 경제 전체적으로 세수가 감소할 것이라고 주장하였다.

이러한 세율과 세수의 관계를 나타내는 곡선이 바로 **래퍼 곡선**(Laffer curve)인데, 〈그림 6-5〉에서 보듯이 세율이 t^* 이상인 구간에서는 세율을 낮추는 것이 오히려 세수를 높일 수 있다. 이러한 원리는 애덤 스미스의 『국부론』에서도 발견할 수 있는데, 그의 말을 인용해보자.

그림 6-5 래퍼곡선

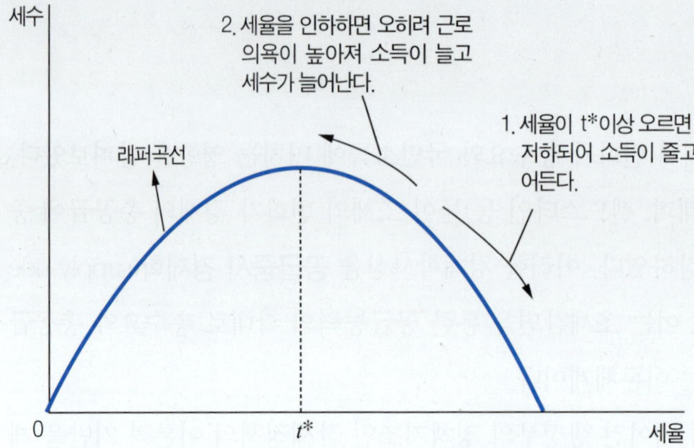

> "높은 세율을 부과하는 경우 얻게 되는 세수는 때로는 과세된 재화의 소비를 감소시키고 또 때로는 밀수를 증가시키기 때문에 보다 낮은 세율로부터 걷히는 세수보다도 적을 수가 있다."

리카도는『경제학원리』에서 기업의 이윤에 대하여 과세하면 투자가 감소한다고 주장하였다. 이러한 점을 볼 때 래퍼곡선이 현실적으로 일리가 있음을 인정할 수 있다. 그러나 이러한 이론이 아직 완전히 완성된 학문체계는 아니며, 현실의 세율이 t^*를 넘는 수준이라는 것을 어떻게 파악할지도 논란의 여지가 많다.

이러한 논리를 기반으로 1980년대 초 레이건 행정부와 2000년대 초 부시 행정부는 대규모의 감세정책을 실시한 바 있다. 그 결과 산업의 경쟁력이 높아진 측면도 있지만 다른 한편 세율인하가 조세수입의 감소로 연결되어 누적적 재정적자를 초래하였다.

정석사고

조세의 변화가 경제의 총공급에 중요한 영향을 미친다고 주장하는 경제학사상을 공급중시 경제학(supply-side economics)이라고 한다. 이는 조세감면을 통한 공급능력의 확대로 총수요와 총공급을 모두 증가시킬 수 있다는 이론체계이다. 조세감면이 오히려 세수를 늘려 공급능력을 늘릴 수 있다는 주장은 세율과 세수의 관계를 나타내는 래퍼 곡선(Laffer curve)에 근거를 두고 있다.

4 재정의 안정화기능

1. 재정의 자동안정화 장치

재정의 자동안정화 장치(automatic stabilizers)란 정부가 인위적인 재량적 재정정책을 쓰지 않아도 자동적으로 경기변동 폭을 줄이고 경제를 안정화시키는 장치가 경제 내에 장착되어 있다는 것이다. 자동안정화 장치는 케인즈의 재량적 재정정책과 대립되는 개념이다.

예를 들어 누진소득세와 실업보험, 사회복지제도가 작동하는 경우를 가지고 살펴보자. 누진소득세란 소득이 증가하는 경우 조세의 크기가 더욱 커지는 형태의 소득세를 말하고, 실업보험은 경기침체로 소비가 위축되는 것을 막기 위해 정부가 실업자들에게 보조해주는 장치이다. 경기가 지나치게 호황인 경우에는 소득수준이 높아지는데 누진소득세가 작동한다면 조세 증가로 민간의 가처분소득을 감소시켜 소비가 줄어들고 총

이야기 6-2 커피값과 경기회복

미국 경제전문방송 CNBC 인터넷 판에 따르면 미국 뉴욕에 커피 한 잔에 무려 12달러나 하는 커피체인점이 생겨났다고 보도하였다. 커피 원두 1파운드 가격보다 비싼 이 커피는 손으로 직접 수확한 에티오피아산 원두로 커피를 추출한다. 이 커피를 판매하는 체인점 '카페 그럼피'는 파인애플, 키위 등 열대과일향과 재스민, 레몬그리스, 로즈마리 등 꽃향기에 초콜릿향까지 느낄 수 있는 커피라고 하며 와인향에 비유하였다.

'에티오피아 네키스'라는 이름의 이 커피는 마국 뉴욕에 위치한 '카페 그럼피' 세 곳에서 한정된 시간에만 판매를 한다. CNBC 방송은 이렇게 비싼 커피를 판다는 것은 기업이 소비자의 구매지출을 확신하는 자신감으로 보인다고 전했다. 따라서 이것은 경기회복의 징조이자 그 증거라고 보도하였다. 하지만 역으로 생각해보면 소비자들이 그들의 지갑을 과감히 열 것이라는 확신이라기 보다 공짜홍보를 노린 치밀한 마케팅전략일 수도 있다고 CNBC 방송은 덧붙였다.

수요는 감소하게 된다. 그 결과 경기호황을 어느 정도 누그러뜨릴 수 있다. 반면에 경기가 지나치게 침체된 경우에는 실업보험과 사회복지제도를 통해서 소비할 수 있는 여건을 마련해주어 경기침체 수준을 어느 정도 끌어올릴 수 있다. 이야기 6-2

누진소득세와 실업보험제도를 이용한 자동안정화장치는 경제적 상황에 맞춰 정책을 매번 변경해야 하는 번거로움에서 벗어날 수 있도록 한다. 그러나 경기가 불황에서 벗어나 회복세로 돌아서는 데 오히려 방해가 되기도 한다. 불황에서 벗어나면서 소득이 증가하는 순간에 조세징수액도 같이 증가해 가처분소득을 줄이므로 총수요의 증가를 더디게 만드는 작용을 한다.

정석사고

재정의 자동안정화 장치(automatic stabilizers)란 정부가 인위적인 재량적 재정정책을 쓰지 않아도 자동적으로 경기변동 폭을 줄이고 경제를 안정화시키는 장치가 경제 내에 재정제도로서 장착되어 있다는 것이다.

2. 균형재정과 정책함정

재정적자가 항상 좋은 것은 아니지만 그렇다고 반드시 균형재정이 항상 좋은 것도 아니다. 경제상태가 불황인 경우에도 균형재정을 계속 밀고 나가게 되면 자칫 경기를 더욱

그림 6-6 정책함정

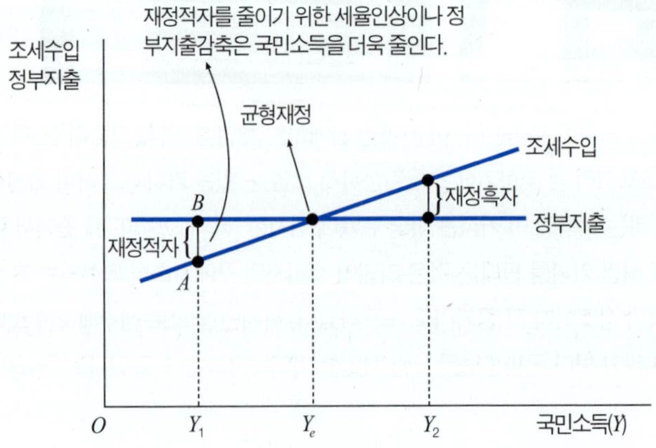

불황에 빠뜨리게 될 수 있다. 이와 같이 경기가 불황 상태에 있는 경우에 균형재정을 추구하다가 오히려 경기를 더욱 침체에 빠뜨리는 상황을 정책함정(policy trap)이라고 한다.

〈그림 6-6〉에서 현재 소득수준이 Y_1로 조세수입이 정부지출보다 작아 AB만큼 재정적자상태에 직면해 있다. 이때 정부가 재정적자를 줄이기 위해서 세율을 인상하여 조세수입을 증가시키거나 정부지출을 줄여 균형재정을 달성하려고 하면 오히려 총수요가 줄어들어 소득은 더욱 낮아지게 되고 경기침체가 심화될 수 있다. 결국 경기침체가 심화되면 조세수입도 줄어 재정적자도 해소할 수 없게 된다. 이야기 6-3

정석사고

경기가 불황 상태에 있는 경우에 균형재정을 추구하다가 오히려 경기를 더욱 침체에 빠뜨리는 상황을 정책함정(policy trap)이라고 한다.

이야기 6-3 일본의 잃어버린 10년과 유동성함정

일본 경제는 1990년대 들어오면서 갑자기 불황에 직면하게 되었다. 일본의 높았던 땅값과 주식가격의 거품이 꺼지기 시작한 것이다. 이후 일본은 '잃어버린 10년(lost decade)'이라고 부르는 장기 불황상태에 빠진다. 이를 타개하기 위해서 일본 정부는 공공사업을 통해서 지출의 폭을 확대하려는 재정정책을 실시했다. 그러나 사람들은 증가한 소득을 소비로 연결하지 않았고 대부분 저축하는 바람에 별다른 효과를 보지 못했다. 금융정책에서도 이자율이 거의 0 수준으로 하락해 더 낮출 수 있는 여지가 없었다. 유동성 함정에 빠진 것이다. 유동성 함정에서는 정부가 화폐공급량을 아무리 늘린다고 해도 이자율은 더 낮아질 수 없게 되고 그 결과 투자가 증가하지 못해 통화정책을 통한 경기부양 효과는 미미해진다.

최근 금융위기로 인해 미국 중앙은행(Fed)도 정책금리를 3.5%에서 거의 0~0.25% 수준으로 낮췄고, 유럽 중앙은행(European Central Bank)도 4%에서 1%로 낮추었다. 이와 같이 유동성 함정에 빠진 경우 중앙은행이 할 수 있는 방법은 별로 없다. 물론 이자율을 0% 이하로 낮출 수 있다. 만일 이자율이 −5%라면 100만 원을 빌린 사람은 95만 원만 갚으면 되므로 차입자가 이득이 된다. 그렇게 되면 서로 빌리려고 할 것이다. 문제는 돈을 빌려주는 사람은 바보가 되기 때문에 아무도 돈을 빌려주지 않을 것이다. 그런데 맨큐(G. Mankiw)는 이때 이자율을 0% 이하로 하락시킬 수 있는 방안을 제시했다. 바로 현금을 가지고 있으면 손해를 보게 만드는 것이다. 예를 들어 1년 후에 지폐의 맨 끝자리가 5로 끝나는 것은 모두 휴지조각이 된다고 선언하는 것이다. 그렇게 되면 사람들은 너도나도 휴지조각이 되기 전에 돈을 대출해주려고 할 것이고 경제를 촉진하는 힘으로 미약하게나마 작동할 수 있게 된다고 설명했다.

정석기본문제

1 정부의 재정정책 수행을 위한 재원조달수단으로 볼 수 없는 것은?

① 조세 부과

② 기업투자 장려정책

③ 국채 발행

④ 본원통화 추가 발행

⑤ 해외 차입

정석힌트 순수한 재정정책(fiscal policy) : 조세를 부과하거나 국·공채를 발행하고 지출을 변경시켜 국민경제의 안정과 성장을 추구하는 정책. 만일 세입보다 더 큰 재정지출이 필요한 경우 돈을 더 찍어내거나 국채를 발행, 국내에서 조달이 어려운 경우에 해외에서 차입한다. 정답은 ②

2 가계와 기업만 존재하는 경제에서의 재정정책에 대한 다음 설명 중 옳지 않은 것은?

① 재정적자란 정부지출(G)이 조세수입(T)보다 큰 경우이다.

② 경제균형에서 의도된 주입($I+G$)보다 누출($S+T$)이 커야 한다.

③ 재정흑자의 경우, 민간의 저축(S)이 투자수요(I)보다 작아야 한다.

④ 재정적자의 경우, 민간의 저축(S)이 투자수요(I)보다 커야 한다.

⑤ 재정흑자란 정부지출(G)이 조세수입(T)보다 작은 경우이다

정석힌트 경제균형에서 의도된 주입($I+G$) = 누출($S+T$). 정답은 ②

3 다음 중 재정의 자동안정화장치에 해당하는 것은?

① 소비세

② 역진적 소득세

③ 실업보험

④ 정액세

⑤ 국립공원 입장료 등 세외수입

정석힌트 재정의 자동안정화 장치에는 누진소득세, 실업보험, 사회복지제도 등이 있다. 정답은 ③

4 공급중시 경제학에 관한 다음 설명 중 옳지 않은 것은?

① 누진적인 조세와 직접세를 통한 소득재분배를 옹호한다.

② 고전학파의 철학인 정부개입을 축소하는 작은 정부, 시장의 가격기능을 중시하는 신자유주의를 기반으로 한다.

③ 정부지출 축소, 시장개입을 줄이기 위해서 세율인하를 실시한다.

④ 래퍼 곡선에 근거한 세율과 세수와의 관계에 주목한다.

⑤ 그러나, 실제에서의 정책실행 결과는 세율인하가 조세수입 감소로 이어져 재정적자가 심화된 것으로 나타났다.

정석힌트 공급중시 경제학자들은 누진적인 조세와 직접세를 통한 소득재분배를 위해서 정부가 시장에 개입하는 것에 부정적이다. 왜냐하면 지나친 누진성과 공평성을 강조하면 사람들의 의욕과 동기에 부정적인 영향을 주어, 근로의욕이나 투자의욕을 해칠 수 있기 때문이다. 정답은 ①

5 다음 보기에서 재정에 대한 서술 중 옳지 않는 것은?

보기

(가) 경제가 균형일 때 재정이 흑자이면 민간저축이 투자보다 크다.
(나) 비례세의 균형재정승수는 1보다 작다.
(다) 정부지출이 증가하면 소비와 저축도 승수효과를 통해 증가한다.
(라) 구축효과가 아주 작기 때문에 재정정책이 유효하다는 것이 케인즈의 견해이다.
(마) 경기침체갭을 해소하기 위해 그 갭만큼 정부지출을 증가시켜야 한다.

정석힌트 (가)에서 투자가 저축보다 커야 총수요 = 총공급이 된다.

6 다음 보기의 재정정책에 관한 서술 중 옳지 않는 것을 모두 고르시오.

보기

(가) 고전학파모형에서 구축효과는 국공채발행의 경우 나타나지만 조세정책의 경우 나타나지 않는다.
(나) 구축효과는 재정정책에 대응하는 이자율의 변동에 따라 다르게 나타난다.
(다) 재정의 자동안정화장치에는 사회보장지출이 있다.
(라) 감세정책으로 총수요가 증가하면 이자율이 상승하여 민간투자가 구축된다.
(마) 케인즈의 재량적 재정정책은 총수요를 변화시켜 국민소득을 변화시킨다.

정석힌트 구축효과 발생의 핵심은 정부지출에 따른 이자율상승에 있는데, 뒤에서 더 배우겠지만 화폐수요가 이자율에 비탄력적일수록 구축효과는 커진다. 고전학파모형에서 국공채발행이든 조세든 간에 구축효과는 나타난다. 정답은 (가).

7 재량적 재정정책과 재정의 자동안정화 장치를 보는 고전학파와 케인즈의 입장을 비교 설명하시오.

정석힌트 고전학파는 신축적인 이자율의 총수요조절기능으로 총수요는 항상 총공급과 일치하므로 재정정책이 총수요관리정책으로 무력하다고 본다. 결국 확대재정정책이 이자율을 상승시켜 민간소비와 투자활동을 완전히 위축시키는 구축효과만 발생한다. 한편 케인즈는 이자율이 낮은 경기침체시에 구축효과가 미미하므로 정부지출을 경기침체 갭만큼 증가시켜 주는 재정정책의 승수효과를 통해 완전고용국민소득에 도달하도록 할 수 있다고 본다. 고전학파는 자동안정화 장치로 경기조절이 가능하다고 보는 반면 케인즈는 그것으로 충분하지 못하므로 재량적 재정정책을 사용해야한다고 본다.

8 새고전학파의 리카도 대등정리에 대하여 설명하시오

정석힌트 합리적인 사람은 현재의 감세를 내일의 증세로 인식하여 실질적 조세부담에 변화가 없다고 본다. 내일의 증세액의 현재가치가 바로 국채의 발행액이므로 내일의 조세를 부담하기 위해 저축형태로 국채를 구입해둔다는 것이다. 그러므로 현재소비와 노동공급에 아무런 영향을 주지 못하므로 총수요와 총공급에도 영향이 없다. 또한 이자율에도 변화가 없어서 구축효과도 발생하지 않는다.

9 정부의 재정정책과 관련한 고전학파의 구축효과에 대해 설명하시오.

정석힌트 케인즈는 정부지출을 증가시키면 승수효과에 의해서 몇 배 이상의 국민소득이 증가하는 효과가 있다고 주장한다. 정부의 적절한 총수요관리정책을 통해서 완전고용국민소득 수준을 달성할 수 있다고 본 것이다. 케인즈학파의 주장에 따르면 정부지출이 디플레이션 갭만큼 늘어나면 균형국민소득은 GDP 갭만큼 증가하므로 완전고용 국민소득을 달성한다. 그러나 고전학파는 상반된 주장을 펼친다. 그들은 정부의 총수요관리정책이 별로 효과가 없으며 극단적으로는 무력하다고 본다. 정부가 확대재정정책을 실시하기 위해서 국채를 발행하면 시중에 국채의 증가로 인해 국채의 가격은 하락하게 되고, 국채의 이자율은 상승한다. 이자율이 상승하게 되면 민간의 소비와 투자가 위축되어 정부지출의 총수요증가분을 상쇄시킨다. 고전학파는 이를 구축효과(crowding-out effect)라고 한다. 다시 말해 구축효과란 정부의 확장적 재정정책이 이자율을 상승시켜 민간의 소비와 투자활동을 위축시키는 효과를 말한다. 결국 구축효과의 존재여부가 고전학파와 케인즈 학파의 견해 차이를 반영한다.

정석심화문제

10 리카도 대등정리(Ricardian equivalence theorem)는 정부지출의 재원조달 방식에 나타나는 변화가 민간 부문의 경제활동에 아무런 영향을 주지 못한다는 것이다. 이 정리가 성립하기 위한 가정으로 옳은 것을 모두 고른 것은?

보기

ㄱ. 유동성 제약
ㄴ. 경제활동인구 증가율 양(+)의 값
ㄷ. 일정한 정부지출수준과 균형재정
ㄹ. 합리적 기대에 따라 합리적으로 행동하는 경제주체

① ㄱ, ㄴ ② ㄴ, ㄷ ③ ㄷ, ㄹ
④ ㄱ, ㄷ, ㄹ ⑤ ㄴ, ㄷ, ㄹ

정석힌트 리카도 대등정리가 성립하기 위해서는 다음의 가정이 충족되어야 한다.
(ㄱ) 유동성 제약이 없어야 한다.
(ㄴ) 경제활동인구의 증가율이 0이어야 한다.
(ㄷ) 일정한 정부지출 수준을 계속 유지해야 하고, 균형재정상태여야 한다.
(ㄹ) 합리적 기대를 가정한다.
정답은 ③

11 리카도의 대등정리가 성립하는 경우 다음 중 옳은 것은?

① 조세징수보다 국채발행이 더 효과적인 재원조달방식이다.
② 정부가 발행한 국채는 민간의 순자산을 증가시키지 않는다.
③ 조세감면으로 발생한 재정적자를 국채발행을 통해 보전하면 이자율이 상승한다.
④ 조세감면으로 재정적자가 발생하면 민간의 저축이 감소한다.
⑤ 재원조달방식의 중립성이 성립되지 않아 재정정책이 통화정책보다 효과적이다.

정석힌트 ① 리카도 대등정리가 성립하면 국채를 미래의 조세로 인식하여, 두 가지 방법은 동일한 효과를 보이게 된다. 따라서 어느 것이 더 효과적인 재원조달방식이라고 할 수 없고 동등하다고 봐야 한다.
② 리카도 대등정리가 성립하게 되면 경제주체는 정부가 발생한 국채를 미래의 조세로 인식하여 순자산이 증가한 것으로 생각하지 않는다.
③ 조세 감면으로 발생한 재정적자를 국채를 발행해 재원을 조달하는 경우 리카도 대등정리가 성립하게 되면 아무런 효과가 없다. 따라서 이자율에도 아무런 영향을 미치지 못한다.
④ 조세감면을 통한 재정적자를 국채로 발행하게 되면 미래의 조세가 높아질 것으로 생각하여 이를 대비하기 위해서 민간의 저축은 증가하게 된다.
⑤ 리카도 대등정리가 성립하게 되면 재원조달방식의 중립성이 성립하여, 국채로 재원을 조달하든 조세로 조달하든 동일한 효과를 보이게 된다. 따라서 재정정책은 무력하게 된다. 정답은 ②

12 우리나라의 거시경제모형이 다음과 같을 때, 이와 관련된 설명 중 옳은 것을 모두 고르면?(변수 아래 첨자 0은 외생변수임을 의미함)

보기

- $Y=C+I+G+(X-M)$
- $C=C_0+0.7Y_d$
- $I=I_0$
- $G=G_0$
- $Y_d=Y-T$
- $X=X_0$
- $T=T_0+0.2Y$
- $M=M_0+0.06Y$

보기

(가) 수입은 국민소득의 증가함수이고, 한계소비성향이 증가하면 균형국민소득도 증가한다.
(나) 균형재정승수는 1이다.
(다) 정부지출승수와 투자승수는 2이고, 조세승수는 −1.4이다.
(라) 해외부문이 존재하지 않을 때 투자승수는 커진다.

① (가), (나), (다)　② (가), (다), (라)
③ (나), (다)　④ (나), (다), (라)
⑤ (가), (나), (다), (라)

정석힌트 $Y=C+I+G+(X-M)$에 모두 대입을 하게 되면
$Y=C_0+0.7(Y-T_0-0.2Y)+I_0+G_0+(X_0-M_0-0.06Y)$에서 Y로 정리하면 다음과 같이 된다.

$$Y=\frac{1}{1-0.7(1-0.2)+0.06}[C_0-0.7T_0+I_0+G_0+X_0-M_0]$$

(가) 수입은 국민소득의 증가함수이고, 한계소비성향이 증가할수록 승수효과가 커져 국민소득도 증가한다.

(나) 균형재정승수는 $\frac{\Delta Y}{\Delta G}+\frac{\Delta Y}{\Delta T_0}=\frac{1-0.7}{1-0.7(1-0.2)+0.06}=\frac{0.3}{0.5}=0.6$이다.

(다) 정부지출승수는 $\frac{\Delta Y}{\Delta G}=\frac{1}{1-0.7(1-0.2)+0.06}=\frac{1}{0.5}=2$

투자승수는 $\frac{\Delta Y}{\Delta I}=\frac{1}{1-0.7(1-0.2)+0.06}=\frac{1}{0.5}=2$가 된다.

조세승수는 $\frac{\Delta Y}{\Delta T_0}=\frac{-0.7}{1-0.7(1-0.2)+0.06}=\frac{-0.7}{0.5}=-1.4$

(라) 해외부분이 존재하면 소득이 증가할 때 수입의 증가로 누출이 발생하기 때문에 폐쇄경제하의 경우보다 투자승수는 작아진다. 따라서 해외부분이 존재하지 않는 폐쇄경제하에서 투자승수는 커진다.

정답은 ②

13 자동안정화장치에 대한 설명으로 옳은 것을 짝지은 것은?

보기

ㄱ. 자동안정화장치로서 비례세 도입은 승수의 크기를 감소시킨다.
ㄴ. 자동안정화장치는 *GDP* 변동폭을 확대시킨다.
ㄷ. 누진소득세제, 실업보험, 사회보장제도는 자동안정화장치의 예이다.
ㄹ. 케인즈학파는 자동안정화장치의 중요성을 강조하고 있다.

① ㄱ, ㄷ

② ㄴ, ㄷ

③ ㄴ, ㄹ

④ ㄷ, ㄹ

정석힌트 재정의 자동안정화장치는 경기침체나 경기호황 때 정부지출과 조세를 변경시키지 않아도 경기가 안정으로 회복되는 제도를 말한다. 대표적인 예로 소득세의 누진구조, 실업보험, 사회보장제도, 사내유보이윤 등이 있다.

(ㄱ) 비례세가 도입되면 소득이 증가할 때 승수가 작아진다.

(ㄴ) 자동안정화장치는 경기상승 시에는 국민소득의 증가폭을 줄이고, 경기불황 시에는 국민소득의 감소폭을 줄여주는 역할을 한다.

(ㄹ) 자동안정화장치의 중요성을 강조하는 것은 통화주의학파이다.

정답은 ①

4

화폐수요·공급과 통화정책

정석 거시경제론 **제7장**

화폐공급

돈은 최선의 종이요, 최악의 주인이다.

- 프랜시스 베이컨 -

우리는 앞에서 화폐부문을 생각하지 않고 소득과 지출의 흐름을 생각하였다. 그러나 오늘날의 경제는 화폐부문을 무시하고 생각할 수 없다. 우리가 시장에 가서 과일을 사먹거나 식당에서 음식을 사먹을 때 아무런 가치가 없어 보이는 종이 몇 장을 주고, 시장상인이나 식당주인은 아무 의심없이 그 종이를 받아 손님에게 과일을 넘기고 음식을 대접한다.

우리가 실물로서 상품을 거래하는 시장을 상품시장이라고 하면 그 이면에 돈의 흐름이 존재한다. 이러한 돈의 흐름이 이루어지는 시장을 화폐시장이라고 한다. 국내의 화폐시장에서 화폐로 화폐를 구입하는 바보는 없겠지만 화폐를 통해 상품을 거래한다. 만약 사람들이 물물교환을 통해 상품을 구입한다면 어떤 일이 생길까? 내가 와인을 마시고 싶은데 과일만 가지고 있다. 이때 나는 이 과일을 필요로 하는 사람을 찾아내야 하고 또 그 사람이 와인을 가지고 있어야 한다. 따라서 서로 물물교환을 하려면 두 사람이 각각 상대가 원하는 물건을 가지고 있어야 한다. 이러한 일을 '욕망의 이중적 일치'라고 하는데, 각각 상대의 욕망을 충족시키기란 쉽지 않다.

화폐, 즉 돈은 이러한 문제를 해결해준다. 어떤 사람이 나의 과일을 원하는데 와인이 없어도 상관없다. 그 사람에게 내 과일을 팔아 그 대가로 화폐를 받으면 된다. 나중에 그 화폐로 빵을 원하지만 와인을 파는 사람을 만나 지불하면 된다. 와인을 판 사람은 받은 화폐로 빵을 파는 사람을 만나면 된다. 따라서 화폐는 욕망이 이중적으로 일치하지 않아도 거래가 이루어지게 한다. 이 장에서 우리는 화폐가 어떤 역할을 하는지, 화폐만 취급하는 기업, 즉 은행의 화폐창출, 정부의 통화공급 등에 대해 자세히 살펴볼 것이다.

이 장에서 배울 것

- 화폐의 기능은?
- 화폐의 범위는?
- 화폐는 어떻게 공급되는가?
- 화폐공급의 신용승수란?
- 화폐공급함수란?

1 화폐의 기능과 범위

1. 화폐란 무엇인가

(1) 화폐의 개념

우리가 어떤 사람을 부자라고 할 때 그 사람은 돈을 많이 가지고 있다는 의미이다. 경제학자들은 돈이라는 말 대신 화폐라는 말을 사용하는데 화폐가 부의 한 형태이지만 모두는 아니기 때문이다. 따라서 **화폐**는 결제를 할 수 있는 자산의 저량(stock)을 말한다.

화폐라는 말은 때때로 매우 다양한 의미로 사용된다. 따라서 경제학에서는 화폐가 어떤 기능을 하는가에 초점을 맞추어 그러한 기능을 수행하는 모든 것을 화폐라고 정의한다. 화폐의 범주에는 수표, 어음, 신용카드처럼 교환의 매개물이나 거래의 지불수단이 될 수 있는 것 모두가 속할 수 있다. 이야기 7-1

이야기 7-1 화폐불임설과 사채업

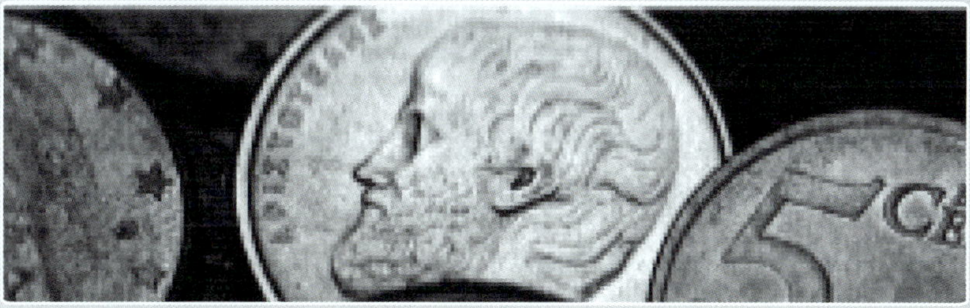

아리스토텔레스가 주장한 "화폐는 새끼를 치지 못한다"는 화폐불임설은 오랫동안 서구사회를 지배해왔다. 아리스토텔레스는 사채업에 대해서 부정적이었다. 서양에서는 중세까지만 해도 사채업이 사회의 악이라는 생각을 갖고 있었다. 기원전 2000년경에 편찬된 함무라비법전은 과도한 가격과 이자를 징수하는 사람을 죄인으로 처벌하는 법조문을 명문화하였다. 아리스토텔레스는 사람들이 돈을 빌리는 이유는 크게 사업자금의 마련과 일상생활에 지출하기 위해서라고 보았다. 사업자금을 마련하기 위한 경우는 빌린 돈을 사업으로 더 크게 부풀리게 되므로 이자를 지불하는 것이 마땅하다고 보았다. 그러나 개인의 일상생활비로 소비된 경우는 소득을 창출하지 못한다. 아리스토텔레스는 이러한 개인적인 필요를 위해서 빌린 돈에 대해서 이자를 요구하는 것은 건전하지 못하고 비윤리적이라고 주장하였다. 또한 개인적인 필요로 돈을 빌리는 사람은 가난하거나 불우한 상황에 처한 경우가 많기 때문에 경제적이 아닌 윤리적인 관점에서 바라보아야 한다고 주장하였다.

(2) 화폐의 3가지 기능

① 교환매개의 기능

교환매개(medium of exchange)의 기능이란 거래과정에서 화폐가 일반적인 지불수단으로 사용된다는 것을 의미한다. 만일 화폐가 없을 경우 '욕망의 이중적 일치(double coincidence of wants: 물물교환을 위해 두 사람은 서로 상대방이 원하는 물건을 가져야 한다는 의미)'를 달성하기 어렵기 때문에 거래자는 원하는 물건을 갖고 있는 사람을 찾으려고 많은 시간과 노력을 들여야만 한다. 따라서 일반적 지불수단으로 사용되어 거래비용을 줄여주는 교환매개의 기능은 화폐의 가장 중요하고 본원적인 기능이라고 할 수 있다.

② 가치척도(회계단위)의 기능

가치척도(unit of account)의 기능은 상품의 가치가 화폐의 단위로 측정될 수 있다는 것을 의미한다. 경제학에서 흔히 상품의 상대가격을 사용하지만 실제 시장에서나 가게에서는 상품의 가격을 사용한다. 햄버거가 콜라의 3배 가치이면 햄버거 가격이 3,000원일 때 콜라 가격이 1,000원이다. 따라서 모든 상품은 화폐를 공통의 회계단위로 사용해서 가치를 매긴다.

③ 가치저장의 기능

화폐는 한 시점에서 다른 시점까지 구매력을 보관해주는 역할을 하는데 이를 가리켜 가치저장(store of value)의 기능이라고 한다. 내가 사과를 1만원에 팔면 나중에 그 돈으로 다른 물건을 살 수 있으므로 화폐는 가치의 저장수단이다. 그러나 화폐가 유일한 가치저장수단은 아니다. 때로는 귀금속이나 곡물 같은 상품이 가치저장수단으로서 화폐보다 선호되기도 했지만, 다양한 금융자산이 등장하면서 가치저장 수단으로서의 화폐는 점차 경쟁력을 상실하게 되었다.

이와 같이 가치를 저장하는 수단에는 화폐이외에 주식이나 채권, 금, 쌀, 미술품, 악기, 주택, 토지 등 많은 자산들이 존재한다. 그러나 그 중에서 화폐는 가장 빠르고 쉽게 현금화할 수 있다. 현금화란 어떤 자산의 가치를 즉시 결제할 수 있는 수단으로 바꾸는 정도라고 하겠다. 이처럼 어떤 자산을 쉽게 현금화할 수 있는 정도를 경제학자들은 유동성

(liquidity)이라고 한다. 이야기 7-2

사람들이 어떤 자산을 보유할지 선택할 때 그 자산들이 가지는 유동성과 가치저장의 유용성을 모두 고려해야 한다. 주택이나 토지는 물가가 올라갈 때 가치를 증식시킬 수 있어서 유용하지만 금방 현금화하기 어려운 유동성에 제약이 따른다. 반대로 화폐는 현금으로 바로 결제할 수 있어서 유동성이 가장 높은 자산이지만 물가가 올라갈 때 화폐의 가치가 하락한다는 사실이다. 다시 말해서 물가가 올라가면 같은 물건을 구입하는데 더 많은 화폐가 필요하기 때문이다.

결론적으로 우리가 화폐라고 할 때 현금만 생각하기 쉽지만 경제학자들은 앞에서 본 세가지 기능을 수행하는 어떤 자산도 화폐의 범위에 포함한다. 따라서 화폐란 일상거래에서 일반적으로 통용되는 모든 지불수단이다.

(3) 화폐의 역사

인류 역사에서 지폐나 주화를 사용하기 시작한 것은 그리 오래전의 일이 아니다. 일반적으로 어떤 물건의 교환매개로서 화폐가 될 수 있기 위해서는 먼저 작고 가볍고 운반하기 편리해야 하고, 작은 단위로 나누어 쓸 수 있어야 한다. 또한 내구성이 있어 오랜 기간 보관해도 변질되지 않는 성격을 지녀야 한다. 이야기 7-3

이야기 7-2 유동성

유동성(liquidity)이란 어떤 자산이 교환의 매개수단으로 얼마나 쉽게 전환될 수 있는가를 나타낸다. 화폐는 유동성이 가장 높은 자산이기 때문에, 얼마나 화폐로 쉽게 전환 가능한가의 정도를 유동성이라고도 한다. 일반적으로 주식, 채권은 쉽게 화폐로 바꿀 수 있다는 점에서 주택, 미술품보다 유동성이 높다. 예를 들어 10만 원짜리의 금과 10억 원짜리의 주택을 비교해보면 금은 현금과 보다 쉽게 교환할 수 있다는 것을 알 수 있을 것이다. 주택이나 미술품은 화폐로 교환하여 거래에 사용하는 데 시간이 걸린다. 화폐의 보유를 어느 정도 하는 것이 최적일지의 문제는 화폐가 가져다주는 유동성과, 화폐의 보유로 인한 인플레이션의 경우 화폐가치의 하락을 적절히 고려해야 한다.

이야기 7-3 왜 돈이라고 부르게 되었을까?

돈이라는 말의 어원에 대해서는 세 가지 설이 있다. 화폐가 여러 사람들의 손을 거치면서 세상을 돌고 도는 데서 나왔다는 설, 옛날 엽전 열 닢을 한 돈으로 부른 화폐단위에서 유래되었다는 설, 그리고 약이나 귀금속 등 값이 나가는 물건의 무게를 재는 중량단위인 돈중에서 나왔다는 설이 있다. 영어의 money는 그리스 신화에 나오는 여신 쥬노 모네타(Juno Moneta)의 칭호인 모네타(Moneta)에서 유래되었다고 한다. 이것은 기원전 269년 로마인들이 쥬노 사원에 최초의 주화 제조공장을 세웠기 때문이다. 이에 따라 주전소를 모네타(moneta) 또는 이 말에 해당하는 영어인 mint라고 했고, 그 이후 이 말에 해당하는 프랑스어 Monneie의 영향으로 주전소뿐만 아니라 여기서 만들어진 모든 것을 통틀어 money라고 부르게 되었다.

처음에 사람들이 교환의 매개물로 사용하기 시작한 것은 쌀, 베, 소금, 가축 등의 상품이었는데 이를 **상품화폐**(commodity money) 혹은 물품화폐라고 한다. 쌀이나 베 같은 상품화폐를 대신해 등장한 화폐가 바로 금, 은, 구리 등과 같이 내구성이 강하며 분리하기 쉽고 운반하기 쉬운 귀금속이며, 이를 **금속화폐**(metallic money)라고 한다. 무게로 달아 쓸 수 있는 금속은 다른 물건보다 화폐로 기능하기에 훨씬 더 유리한 조건을 갖추고 있어 빠른 속도로 상품화폐를 대체하였다. 그렇지만 금속화폐는 몇 가지 문제점을 내포하고 있었다. 경제규모가 확대되면서 화폐에 대한 수요가 증가함에 따라 금속화폐는 그 공급이 한정되어 실물경제를 충분히 뒷받침할 수 없었다. 그 결과 시중에는 조악한 주화만이 유통되는 사태가 발생했다. 이것을 **그레샴의 법칙**(Gresham's law: 악화가 양화를 구축한다)이라고 하는데, 금화가 유통될 때 금의 함유량이 많은 금화가 먼저 사라지는 현상을 말한다.

그 후 18세기에 들면서 본격적으로 지폐를 사용하기 시작하였다. 지폐는 그 자체로 아무 가치가 없는 종잇조각에 불과하다. 그러나 정부가 지폐를 금으로 교환할 수 있는 **태환성**(convertibility)을 보장하여 가치를 부여하였다. 이러한 제도를 **금본위제**라고 한다. 금본위제는 19세기말 동안 전 세계적으로 보편화된 제도였다. 그러나 세계적 금의 부족으로 지폐를 금과 연계하지 않는 **불태환지폐**를 사용하기 시작했는데, 이처럼 지폐 그 자체로서는 가치가 없는 화폐를 **법화**(legal tender, fiat money) 혹은 **법정불환지폐**라고 하며, 정부의 명령에 따라 통용되는 화폐이다. 이야기 7-4

이야기 7-4 오즈의 마법사와 은본위제

돈을 지칭하는 단어는 금(金)자가 들어가 있다. 금액, 자본금, 금융기관 등이 대표적인 예인데, 은행은 왜 금행(金行)이라고 하지 않고 은행(銀行)이라고 하는가? 과거에는 금과 은을 같이 사용했고, 순수하게 금만을 사용하는 금본위제도는 그 역사가 길지 않다.

바움(F. Baum)이 쓴 『오즈의 마법사(*The Wonderful Wizard of OZ*)』는 금본위제도와 은본위제도를 우회적으로 다룬 소설이다.

남북전쟁 당시 미국은 금과 은을 같이 화폐로 사용했는데, 1873년 금만 화폐로 인정하는 금본위제도를 채택하게 되었다. 금이 바로 돈이 되는 것이다. 그러나 금본위제도를 법으로 채택한 후에 금의 공급이 부족해지면서 1880년부터 1896년까지 물가가 23%나 하락하는 디플레이션이 발생하였다. 디플레이션하에서는 채무자인 농민과 노동자들은 채무의 실질부담이 증가해 손해를 보게 되고, 은행가와 지주들은 많은 이득을 보게 된다. 농민과 노동자들의 생활이 궁핍해지자, 은도 금과 같이 화폐로 유통시키자는 복본위제도가 제기되었다. 은은 생산량이 상대적으로 많아 화폐의 공급량을 증가시켜 물가하락을 막을 수 있다고 생각한 것이다. 이러한 쟁점은 1896년 미국 대통령 선거에까지 연결되어 민주당 후보인 윌리엄 브라이언은 금과 은을 같이 화폐로 통용하자는 복본위제도를 주장하였고, 공화당 후보인 윌리엄 매킨리는 금본위제도를 계속 고수하는 입장을 취하였다. 『오즈의 마법사』는 이 대통령 선거 바로 직후에 출간된 작품으로 내용은 다음과 같다.

어느날 도로시는 회오리 바람에 휩쓸려 오즈 나라의 한 지방에 떨어진다. 도로시는 자신이 살던 캔자스 지방으로 되돌아가고 싶은데 방법은 딱 하나, 에메랄드성의 위대한 마법사인 오즈를 찾아가서 소원을 들어달라고 부탁하는 것이다. 도로시는 노란 벽돌길을 따라서 에메랄드성을 여행하는 과정에서 허수아비, 양철 나무꾼, 겁쟁이 사자를 만나게 된다. 이들은 일행이 되어 힘들게 에메랄드성에 도착했는데, 마법사 오즈는 엉터리로 도로시의 소원을 들어줄 능력이 없었다. 모두 낙담하고 있던 사이에 도로시가 신고 있던 은구두의 뒤꿈치를 땅에 튕기자 소원이 이루어진다.

주인공 도로시는 전통적인 가치관을 지닌 미국인을 의미하고, 허수아비는 농민을, 양철 나무꾼은 근로자를, 겁쟁이 사자는 선거에서 패배한 브라인언을 상징한다. 그들이 희망을 품고 따라가는 노란 벽돌길은 바로 금본위제도인 것이다. 마법사 오즈(OZ)의 이름은 금본위 제도의 금의 단위인 온스(ounce)의 약자이다. 마법사 오즈가 엉터리라는 것은 금본위제도가 가난에서 벗어나는 소원을 들어줄 수 없다는 의미이다. 결국 은본위제도를 뜻하는 도로시의 구두는 사람들을 가난에 빠뜨린 디플레이션에서 벗어날 수 있는 해결책인 것이다. 작가의 이러한 은유적인 암시가 이 우화 속에 담겨져 있었던 것이다. 그러나 당시 스코틀랜드에서 새로운 금제련기술이 개발되어 저렴한 비용으로 손쉽게 금을 뽑아내는 기술이 등장하였고, 새로운 금광이 계속 발견되면서 금의 양이 풍부하게 증가해 이 문제는 모두 해결되었다.

은행제도가 점차 발전함에 따라 법화뿐 아니라 수표도 교환의 매개물로 널리 사용되었다. 수표는 은행에 맡긴 예금을 기초로 발생하는 지불수단이라는 뜻에서 **예금화폐**(deposit money)라고 부르기도 한다. 최근에는 통신기술이 발전하여 신용카드와 **전자화폐**(electronic money, 전자매체에 가치를 저장하는 지불수단)가 등장하여 지불수단으로 법화와 예금화폐를 상당 부분 대체하고 있다. 그러나 아직 신용카드와 전자화폐를 화폐로 포함하지는 않고 있다.

정석사고

화폐는 결제를 할 수 있는 자산의 저량을 말한다. 화폐는 일반적인 교환의 매개수단, 가치척도(회계)의 단위, 가치의 저장수단으로 기능을 한다. 가치의 저장수단으로 현금화가 중요한데 이를 **유동성**이라고 한다. 화폐의 진화과정은 상품화폐 → 금속화폐 → 법화(지폐) → 예금화폐 → 전자화폐로 발전하고 있다.

2. 금융과 금융제도

일반적으로 가계는 저축을 통해 여유자금을 남에게 빌려주는 흑자 경제주체인 반면,

그림 7-1 우리나라 금융시장의 구조

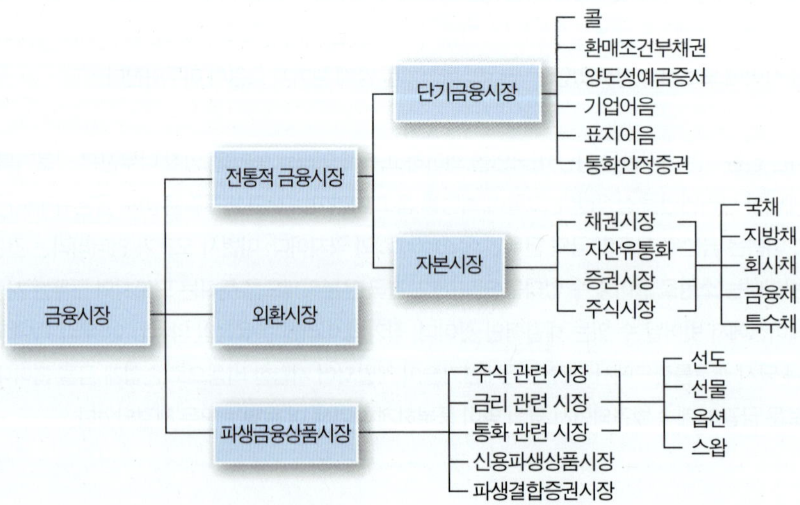

기업과 정부는 이를 빌려 쓰는 적자 경제주체이다. 이들 사이에서 자금이 융통되는 과정을 **금융**이라 부르며, 금융이 이루어지는 시장을 **금융시장**(financial markets)이라고 한다. 일반적으로 금융시장에서는 예금, 보험증서, 주식, 채권 등과 같은 다양한 금융자산이 거래된다. 이야기 7-5

(1) 금융시장의 기능

금융시장은 자금의 수요자와 공급자를 효율적으로 연결시키는 기능을 수행하고, 또한 다양한 금융상품을 제공하여 금융자산과 관련된 위험을 분산시키는 기능을 수행한다. 뿐만 아니라 금융시장은 조성된 자금이 효율적으로 사용되도록 투자의 흐름을 조정하는 역할도 수행한다. 금융자산의 가격은 투자대상의 건전성에 대한 신호를 제공함으로써 투자자금이 효율적으로 활용되도록 유도하고 이러한 모든 금융행위에 수반되는 거래비용을 낮추어 금융시장을 보다 효율적이게 한다.

이야기 7-5 근대은행의 유래

고대 바빌로니아 시대에도 원시형태의 은행이 존재했고, 함무라비법전에도 재산의 기탁과 운용, 그리고 이자에 대한 기록이 남아 있다. 중세에 도시 간 교역이 확대되면서 다양한 형태의 화폐가 통용되었다. 그러나 국가나 도시별로 다양한 화폐의 등장은 교역을 어렵게 만들었고, 화폐를 환전해주는 환전상이 등장하게 되었다. 환전상들은 뱅크(bank)라는 테이블 위에서 환전을 해주었는데, 뱅크라는 말은 여기서 유래되었다.

유럽의 경제규모는 십자군전쟁과 르네상스를 거치면서 확대되었고, 교역범위도 넓어졌다. 당시 화폐제도는 금본위제도였으므로 거래 대금을 결제하는 데는 금화가 필요했고, 이를 운송하는 데는 많은 비용과 위험이 따랐다. 그런데 당시 유럽에서는 상인들이 금세공업자(goldsmith)에게 금화나 귀금속을 맡기는 풍토가 있었다. 이들은 안전한 금고를 보유하고 있었고, 상인들은 금화나 귀금속을 금세공업자에게 맡기고 영수증으로 금보관증서(gold deposit certificates)인 골드스미스 노트(goldsmith's note)를 받았다. 증서의 발행자인 보관업자의 신용만 보장된다면 금화 대신에 거래의 지불수단으로 골드스미스 노트를 활용하면 비용도 절약되고 위험도 낮아진다. 이렇게 금세공업자가 금을 세공하는 본업 외에 수수료를 받고 금화를 보관해주는 부업으로 더 큰 수익을 얻게 되면서 근대은행이 시작되었다.

(2) 금융시장의 분류

금융시장은 금융방식에 따라 직접금융시장과 간접금융시장으로 구분되며, 기간에 따라 단기금융시장과 장기금융시장으로 구분된다.

① 금융방식에 따른 분류

직접금융시장

직접금융시장은 자금을 필요로 하는 경제주체가 공급자로부터 자금을 직접 빌려 쓸 수 있는 시장으로, 자금 수요자가 발행한 주식이나 채권을 거래대상으로 하는 주식시장이나 채권시장이 대표적인 예이다. 직접금융시장은 다시 발행시장과 유통시장으로 구분 가능한데, 발행시장이란 자금 수요자가 발행한 증권이 자금 공급자에게 처음으로 판매되는 시장으로서 1차적 시장(primary market)이라고도 한다. 유통시장은 이미 발행된 증권이 투자자들 사이에서 교환되는 시장으로서 투자자들이 보유자산을 쉽게 현금화할 수 있는 방법을 제공한다.

간접금융시장

간접금융시장은 은행이나 보험회사 같은 금융 중개기관을 매개로 하여 자금이 오가는 시장으로, 자금 수요자가 금융 중개기관을 통해 간접적으로 자금을 조달한다는 뜻에서 간접금융시장이라고 부른다. 이 시장에서는 예금증서나 보험증서가 거래대상이다.

금융시장은 기간에 따라 대부기간이 1년 미만이며 단기금융시장, 1년 이상이면 장기금융시장이라고 한다.

② 기간에 따른 분류

단기금융시장

단기금융시장은 다시 콜시장과 할인시장으로 구분된다. 콜시장은 만기가 하루일수도 있는 금융시장으로 주로 금융기관끼리 유휴자금이 거래된다. 콜시장에서 거래되는 자금을 공급자측에서 본 것을 콜론(call loan)이라고 하며, 콜머니(call money)는 수요자측에서 부른 것이다. 할인시장은 상업어음(상품의 매매대금을 만기일에 지불할 것을 약속한 증서), 기업어음(기업이 순전히 자금을 융통하기 위해 발행한 증서), 통화안정증권(한국은행이 통화량을 조절하기 위해 발행하는 단기증권), 양도성예금증서(정기예금을 매매하도록 무기명으로 발행한 증서), 환매조건부채권(금융기관이 보유하는 채권을 고객에 판 후 고객이 원할 때 다시 사들이는 채권), 재정증권(단기국채) 등이 거래되는 시장을 말한다.

장기금융시장

장기금융시장에는 장기대부시장과 증권시장이 있으며, 장기대부시장은 기업의 설비자금을 산업은행과 같은 특수은행으로부터 대부받는 시장이다. 금융시장 중 가장 중요한 시장으로서 증권시장은 자본시장이라고도 하며, 채권시장과 주식시장으로 구분된다.

■ **채권**: **채권**(bond)은 채무자가 채권자에게 미래의 정해진 시점에서 일정한 이자와 원금을 지급하기로 약속한 증서로, 모든 채권에는 대차계약의 만기일, 만기일 내에 지급될 이자, 그리고 만기일에 지급되는 금액이 명시되어 있다. 만기일까지 매 기간 지급되는 이자를 **액면이자** 또는 **표면이자**(coupon rate)라고 하고, 만기일에 지급될 금액을 **액면가**(face value)라고 한다. 유통시장에서 채권의 가격과 수익률은 달라지지만, 채권의 유통가격이 하락할지라도 만기까지 기다리면 최소한 액면이자와 액면가는 확보 가능하기 때문에 채권투자의 수익률은 다른 금융상품의 경우에 비해 상대적으로 안정적인 경향이 있다고 한다. 채권에는 정부가 발행하는 국채, 회사가 발생하는 회사채 등이 포함된다.

채권의 가격은 만기일이 되기 전에 유통과정에서 채권의 수요와 공급에 의해 시장가격이 변동한다. 만약 정부가 국채를 추가발행하면 국채공급이 늘어 국채가격이 하락한다. 국채가격이 하락한다는 것은 사람들이 채권보다 주식이나 현금을 더 선호하여 이자율이 올라간다는 것을 의미한다. 이 부분에 대해서는 화폐수요를 배울 때 다시 살펴볼 것이다.

■ **주식**: **주식**(stock)은 주식회사가 투자자에게 자금을 투자한 대가로 발행해주는 증서로서 그 회사의 이윤에 대한 청구권이다. 주식투자로부터 얻는 수익은 기업이 지급한

이야기 7-6 **신문사직원보다 성적이 낮은 투자전문가**

월스트리트저널에서는 1990년 7월 이후 매달 4명의 투자 전문가를 모집해서 6개월 동안 최고의 수익률을 올린 것으로 보이는 주식을 고르게 하였다. 이와 경쟁할 상대는 신문사 직원이었다. 신문사 직원은 주식 시세표를 벽에 붙인 후에 4개의 다트를 던져 주식을 선정하였다. 투자 전문가의 종목과 다트로 선정한 종목의 실적을 비교했는데, 1997년 1월까지 총 79차례의 대회가 열렸고 전문가들 종목이 45승, 다트로 뽑은 종목이 34승을 거두었다. 월스트리트저널에 의하면, 1996년에는 다트로 뽑은 종목이 6개월 연승을 거두기도 했다. 평균적인 수익률에 있어서 투자전문가들의 성적이 10.6%로 다트로 결정한 종목의 5.6%보다 앞선 것으로 나타났다.

배당금과 주식가격 변화에 따른 **자본이득**(capital gain)을 더한 것이다. 채권의 소유자는 채무자가 파산하지 않는 한 일정한 이자를 받을 수 있지만, 주주가 받는 배당금은 영업실적에 따라 변동이 심하기 때문에 투자자의 입장에서 보면 채권이 주식보다 더욱 안정적인 수익률을 보장하는 금융상품이라고 할 수 있다.

그러나 기업의 입장에서 보면 주식을 발행하는 쪽이 보다 유리하다고 할 수 있다. 왜냐하면 주식 발행을 통해 자금을 조달하는 경우에는 원리금 상환의 부담 없이 오랫동안 안정적으로 자금을 사용할 수 있고, 만일 영업실적이 아주 나쁠 때는 주주에게 배당금을 전혀 지불하지 않아도 되기 때문이다. 따라서 자본시장에서 거래되는 주식의 가격은 사람들이 그 기업의 장래수익성을 높이 평가하면 주식수요가 늘고 주식가격이 올라간다. 반대로 사람들이 그 기업의 장래수익성을 낮게 평가하면 주식가격이 내려간다. 이야기 7-6

(3) 금융기관

흑자경제주체로부터 적자경제주체로 자금을 이전시키는 중개행위를 금융이라고 하였다. 이와 관련된 모든 제도적 장치를 **금융제도**라고 한다. 금융제도의 핵심주체는 금융기관인데, 그 역할이 〈그림 7-2〉에 나타나있다. 다시 말해서 금융기관은 자금공급자의 자금을 관리하고 자금수요자에게 자금을 공급해주는 기관이다.

그림 7-2 금융기관의 역할

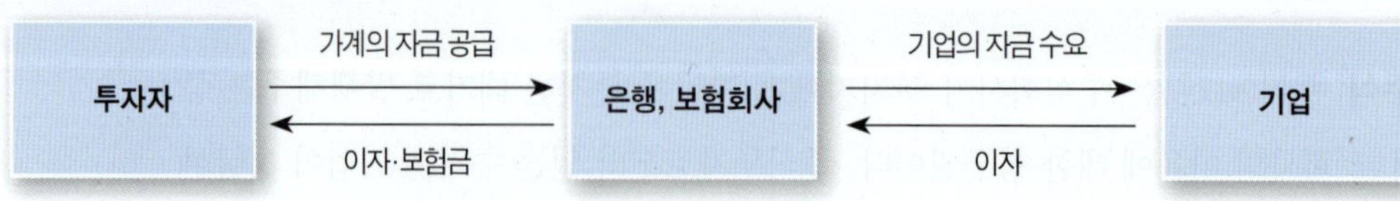

〈표 7-1〉에서 보듯이 금융기관은 크게 예금취급기관과 보험회사, 금융투자회사, 기타 금융기관으로 나뉜다. 예금취급기관은 다시 은행과 비은행 예금취급기관으로 구분된다. 은행은 일반은행과 특수은행으로 구성되며, 비은행 예금취급기관은 신용협동조합, 우체국예금 등으로 구성된다. 기타금융기관은 예금취급기관을 제외한 금융기관을 말한다.

표 7-1 우리나라의 금융기관

<table>
<tr><td rowspan="11">예금
취급
기관</td><td rowspan="2">중앙은행</td><td>한국은행</td><td></td></tr>
<tr><td>외국환평형기금</td><td></td></tr>
<tr><td rowspan="9">기타
예금 취급기관</td><td>예금은행</td><td>시중은행, 지방은행, 외국은행 국내지점, 특수은행</td></tr>
<tr><td>수출입은행</td><td></td></tr>
<tr><td>종합금융회사</td><td>은행 및 증권사 종금계정 포함</td></tr>
<tr><td>자산운용회사
투자신탁계정</td><td></td></tr>
<tr><td>신탁회사</td><td>은행, 증권사 및 보험사 신탁계정</td></tr>
<tr><td>상호저축은행</td><td></td></tr>
<tr><td>신용협동기구</td><td>상호금융, 새마을금고, 신용협동조합</td></tr>
<tr><td>우체국예금계정</td><td></td></tr>
<tr><td>증권사CMA 계정</td><td></td></tr>
<tr><td rowspan="8">기타
금융
기관</td><td rowspan="2">보험회사 및
연금기금</td><td>보험회사</td><td>생명보험회사, 손해보험회사, 공제조합</td></tr>
<tr><td>연금기금</td><td>공무원연금, 군인연금, 사립학교교원연금, 대한교원공제회 등</td></tr>
<tr><td rowspan="5">기타
금융중개기관</td><td>증권기관</td><td>증권금융회사, 증권회사</td></tr>
<tr><td>투자회사</td><td>뮤추얼펀드</td></tr>
<tr><td>여신전문금융기관</td><td>리스회사, 신용카드회사, 신기술금융회사, 할부금융회사 등</td></tr>
<tr><td>유통화전문기관</td><td>유통화전문회사, 주택저당채권유동회회사</td></tr>
<tr><td>공적금융기관 등</td><td>국민주택기금, 국민투자기금, 한국주택금융공사, 자산관리공사 등</td></tr>
<tr><td>금융보조기관</td><td>자금중개회사 등</td><td>자금중개회사, 선물회사, 투자자문회사, 신용보증기관, 신용평가회사 등</td></tr>
</table>

(4) 금융제도

① 금융제도 구성

금융제도는 금융거래를 원활히 하는 제도적 장치를 말한다. 금융제도는 크게 세 가지로 구성된다. 금융시장와 금융기관, 그리고 금융거래를 지원하고 감시하는 금융하부구조로 이루어진다. **금융하부구조**란 금융시장과 금융기관을 지원하고 감시하는 각종 법률과 기구들을 일컫는다. 금융하부구조에는 중앙은행, 금융감독기구 등이 포함된다.

중앙은행은 금융시장을 조정하는 책임을 지고 있다. 중앙은행은 현금통화를 발행하여 화폐의 양을 규제한다. 또한 **은행의 은행**으로서 일반은행들의 지불준비금이 부족하면 일반은행이 고객으로부터 받은 상업어음을 재할인해서 차입을 해가도록 지원한다. 또 중앙은행은 **정부의 은행**으로서 정부가 발행한 국채를 일반은행에 팔아 그들의 현금통화를 증가시켜주는 양적 완화를 하는 동시에 차입을 하는 역할을 한다. 또 중앙은행은 외화관리도 하지만 이것은 일반은행도 하기 때문에 중앙은행의 고유기능은 아니다. 요약하면 중앙은행은 금융시장 자체의 불확실성과 정보의 비대칭성이 많아 미시적으로 금융시장의 조정자 역할을 한다. 또 거시적으로 물가안정과 환율안정을 위해 화폐를 찍어내어 화폐의 양을 조정한다.

한편 금융감독기구는 정보의 비대칭성으로 인해 발생하는 여러 가지 불공정하고 불건전한 금융행위를 금지하고 과도한 위험추구행위를 규제하는 법을 만들어 시행하고 감독한다.

② 최근 금융제도 변화

최근 금융제도는 크게 변화하고 있는데, 대표적인 현상이 **금융의 자유화현상**과 **금융의 국제화현상**, **금융의 증권화현상**(직접금융이 높아지는 현상)을 들 수 있다. 금융의 자유화와 국제화 속에서 금융기술은 점점 더 고도화되고 복잡해지고 있다. 금융기술의 놀라운 진보는 무엇이든 닥치는 대로 이익을 만들어 내는 데까지 이르렀다. 금융의 증권화는 토지를 담보로 한 채권을 매매하거나 개인이 가진 요트나 가축까지 증권화해서 자금조달을 할 수 있게 한다.

예를 들어 우리가 젖소를 키우려면 자본과 노동이 필요하다. 스폰서가 자금을 대는 경우도 있지만 대부분의 경우 젖소를 기르는 경영자가 모두 부담한다. 그러나 젖소를 중권화하면 소유와 경영을 분리할 수 있다. 목장경영자는 젖소증권을 발행하여 자금을 전세계에서 모집한다. 목장경영자는 젖소를 기르기만 하고 운영자금은 증권매매대금으로 충당한다. 증권소유자는 젖소와 우유를 팔아 얻는 이익으로 원금과 이자를 받는다. 목장의 평가는 목장경영자의 능력에 의해 증권가격과 그의 임금에 반영된다. 목장의 사고나 젖소의 병은 보험에 들면 되고, 증권을 자유롭게 매매하는 것도 가능해진다. 이처럼 증권은 더 이상 기업의 투자자금을 조달하기 위한 수단만은 아니다.

금융의 자유화와 국제화에서는 금융시장이 안고 있는 위험과 불확실성이 가장 큰 문제점으로 부각된다. 하나의 금융기관만 금융파탄이 나도 그 기관의 문제로 끝나지 않고 여러 경로를 통해 다른 나라에 신속히 파급된다. 또 금리의 자유화 속에서 다른 금융기

이야기 7-7 공진효과와 거품현상

2002년 영국에서 최첨단 건축기술과 디자인으로 설계된 '밀레니엄 다리'가 이틀 만에 폐쇄되는 사고가 있었다. 당시 약 2,000만파운드를 투자한 프로젝트였는데 다리가 너무 흔들려 안전상 이유로 통행을 금지시킨 것이다. 다리가 흔들린 이유는 공진효과(resonance effect)때문이었다. 물리학에서는 두 물체의 주파수가 같아지는 경우를 공진(共振)이라고 하는데, 다리 위에서 2,000여명이 동시에 발을 맞춰 건너다보니 행인과 다리의 흔들림의 주파수가 같아져 심각하게 흔들린 것이다. 1940년 미국 워싱턴 주의 타코마 교량도 공진효과로 인해 개통 4개월 만에 붕괴되는 참사를 겪기도 했다. 계속 불어오는 강풍으로 교각이 소리굽쇠처럼 울려 퍼졌고, 그 진동으로 인해 지속적으로 상당한 충격을 받아 붕괴된 것이다. 자연의 소리 없는 작은 파장이 공진현상을 불러일으켜 무서운 결과를 초래한 것이다. 이러한 문제는 예로부터 알려져 실제로 군인들이 단체로 발을 맞추는 행군으로 다리에 진동이 전해지지 않도록 다리를 건널 때는 걸음을 달리하는 훈련을 받기도 하였다. 이후 교량을 설계할 때는 풍동(wind tunnel)에 교량 모델을 마련해두고 교량의 공력특성을 실험하기도 한다.

경제에서도 모든 사람들이 같은 주파수에 맞춰 행동하는 경우가 있다. 시장에서 모든 사람들이 특정한 재화를 모두 구매하는 경우에 가격이 엄청나게 뛸 수 있고, 그러다 어느 순간 가격이 일정수준을 넘어서면서 한순간에 가격거품이 꺼져 붕괴되는 경우도 흔하다. 투기성 거품은 금융자산이 실질적으로 내재가치를 상회할 때 나타난다. 거품 속에서 구매자들은 더 높은 가격에라도 기꺼이 구매하려는 어리석은 구매자가 나타날 것이라는 희망을 가지고 웃돈을 얹어 주식을 구매한다. 우둔한 사람들의 공급이 더 이상 없게 되면 가격은 드디어 하락하기 시작하고 때로는 이 현상이 매우 빠르게 일어나기도 한다. 한 시장의 거품 붕괴는 전염성을 가져서 다른 시장에 거품이 끼었는지 아닌지에 상관없이 급격한 붕괴를 야기한다.

거품에 대한 연구는 경제학자들에게도 매우 논쟁거리이다. 1990년 노벨경제학상 수상자이면서 시카고 대학 교수인 머튼 밀러(Merton Miller)는 시장의 효율성이 투기적 거품을 제거한다고 생각했다. 네덜란드의 튤립투기 사건도 거품과 관련 없다고 보았다. 이와 반대로 시카고대학의 리처드 탈러(Richerd Thaler)와 예일대학의 로버트 실러(Robert Shiler)등은 그린스펀 의장의 비이성적 과열 발언에 대한 학문적인 증거를 지지하는 비이성적인 행동 측면에서 연구했다. 문제는 실제로 어떤 시장에 거품이 있는지 없는지를 판단하기 위한 기준인 자산의 내재가치를 정확히 판단할 수 없다는 데 있다. 그러나 최근에는 실험경제학(experimental economics)을 중심으로 통제된 실험실 여건에서 거품에 대한 연구를 시도하고 있다.

관과의 경쟁에서 살아남기 위해서 금융기관들은 위험이 따르더라도 높은 금리로 자금을 운용하는 '고위험 고수익'을 추구할 수밖에 없게 된 것이다. 이에 국제결제은행(BIS)이 '은행의 자기자본비율규제'(자기자본비율규제는 은행대출액의 일정비율이상 자기자본으로 확보하도록 의무화한 규정)를 마련한 것은 금융에 내재한 위험을 관리하려는 아주 작은 예에 불과하다. 앞으로 위험의 관리 문제는 점점 더 중요해질 것이다. 이야기 7-7

③ 금융심화와 금융연관비율

금융기술의 놀라운 발전은 사람들의 자산선택에 금융자산의 비중을 높여, 한 경제의 자산에서 실물자산에 비해 금융자산의 비중을 높이고 있다. 이러한 현상을 **금융심화**(financial deepening)라고 하는데, **금융연관비율**(Financial Interrelation Ratio :FIR)을 사용해서 금융심화의 정도를 측정하고 있다. 즉,

$$\text{금융연관비율} = \frac{\text{금융자산액}}{\text{명목GDP}}$$

이 비율에서 분모에 실물자산액을 사용해야하는데, 흔히 실물자산액을 측정하기 어려운 관계로 실물자산액 대신 명목GDP를 사용한 것이다.

이러한 금융제도의 변화에 효율적인 금융하부구조를 갖추어 금융시장의 위험과 불확실성을 제거하는 것이 매우 중요한 과제가 되고 있다. 이제 이러한 금융기관과 금융제도를 이해하면서 화폐의 양 측, 통화량을 측정하는 통화지표에 대하여 살펴보자.

정석사고

자금이 융통되는 과정을 **금융**이라 부르며, 금융이 이루어지는 시장을 **금융시장**(financial markets)이라고 한다. **금융기관**은 자금의 수요와 공급을 중개하는 기관이다. **금융제도**는 금융거래에서 일어나는 비대칭정보의 문제를 완화하고 거래비용을 줄여 금융거래를 원활하게 하는 제도적 장치를 말한다.

최근 금융제도는 크게 변화하고 있는데, 대표적인 현상이 **금융의 자유화현상**과 **금융의 국제화현상**, **금융의 증권화현상**(직접금융이 높아지는 현상) 등이다. 경제가 발전하면서 한 경제의 자산에서 실물자산에 비해 금융자산의 비중을 높이는 현상을 **금융심화**(financial deepening)라고 하며, **금융연관비율**(Financial Interrelation Ratio :FIR)을 사용해서 금융심화의 정도를 측정하고 있다.

3. 화폐량의 측정

경제에 유통되는 화폐의 양, 통화량은 경제에 매우 큰 영향을 미친다. 이것을 살펴보기 전에 화폐의 양을 어떻게 측정할 수 있을까? 화폐의 기능을 하는 것이 점차 다양해짐에 따라 이제는 어떤 것까지 화폐의 범위에 포함시켜야 할지 불분명해졌다. 이러한 문제는 화폐의 양을 나타내는 통화량을 조절하는 데 어려움을 안겨주고 있다. 현실에서 통화당국은 편의상 협의통화(M1), 광의통화(M2) 혹은 총유동성(M3) 등 여러 가지 통화지표(measures of money)를 설정해놓고, 이 중 하나로 통화량을 측정하고 있다.

(1) 통화지표

통화지표란 한 경제에 유통되는 화폐의 양, 즉 통화량을 나타내는 지표를 말한다. 그런데 어떤 것까지 화폐로 포함시키느냐에 따라 현금통화, M1, M2, 그리고 M3와 같은 여러 가지 통화지표가 만들어지고 있으며 유동성(liquidity)의 정도를 기준으로 분류하고 있다.

① 협의통화

민간이 보유하고 있는 지폐와 주화(동전)를 현금 혹은 현금통화라고 한다. 협의통화라고 불리는 M1은 현금통화에 당좌예금, 보통예금과 같은 은행의 각종 요구불예금, 은행의 저축예금, MMF(money market mutual fund)와 같은 자유입출식예금의 합계를 말한다. 자유입출식예금은 즉각 현금화할 수 있는 것이 보통이므로 실질적으로는 현금과 거의 같으며, 이를 예금통화라고 한다. 결론적으로 협의통화는 현금통화와 예금통화의 합계를 말한다.

협의통화=현금통화+예금통화

② 광의통화

광의통화라고 불리는 M2는 협의통화(M1)에 은행의 정기예금이나 정기적금 같은 각종 저축성예금, 양도성 예금증서(CD)나 환매조건부채권매도(RP)와 같은 시장형 금융상품, 그리고 수익증권과 금전신탁 같은 실적배당형 금융상품, 거주자 외화예금 및 금융채 등의 합계를 말한다. 다만 만기 2년 미만인 단기금융상품만 포함한다. 이하에서 은행이 취급하는 만기 2년 미만의 저축성예금과 각종 수익형 금융상품을 **준예금통화**라고 해두자. 결론적으로 광의통화는 협의통화와 준예금통화의 합계를 말한다.

광의통화=현금통화+준예금통화

③ 총유동성

총유동성으로 불리는 M3는 광의통화(M2)에 유동성이 상대적으로 크게 떨어지는 기타금융기관의 금융자산까지 포함시켜 만든 통화지표이다. M3는 어느 정도의 유동성을 갖고 있어 실질적으로 화폐의 기능을 수행할 수 있는 모든 금융자산을 화폐의 범위에 포함시킨다는 점에서 가장 포괄적 통화이다.

■ 금융기관유동성(Lf)

한국은행은 **금융기관유동성**(Lf)은 금융기관이 공급하는 유동성만을 측정하는 지표로 광의통화(M2) 이외에 은행의 만기 2년 이상 장기금융상품, 보험회사 및 증권회사의 금융상품이 포함된다. 결론적으로 금융기관유동성은 '광의통화+은행의 장기금융상품+

그림 7-3 통화지표의 구성

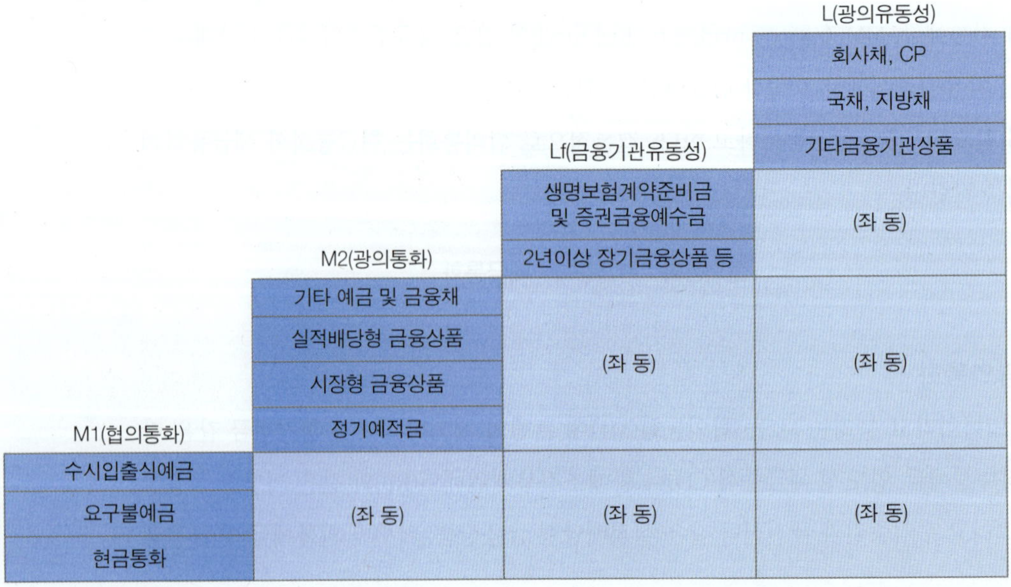

보험회사 및 증권회사의 금융상품'을 합한 것이다.

금융기관유동성=광의통화+은행 장기금융상품+보험·증권 금융상품

■ 광의유동성(L)

광의유동성(L: Liquidity Aggregates)은 한 경제에 풀려 있는 전체 유동성을 측정하는 지표로서 금융기관이 공급하는 유동성만을 포괄하는 금융기관유동성에 비해 금융자산의 포괄범위가 훨씬 더 넓은 지표이다. 이 지표는 금융기관유동성(Lf) 외에 기타금융기관상품, 기업과 정부 등이 발행하는 기업어음, 회사채, 국채, 지방채 등의 유동성 금융상품이 포함된다. 결론적으로 광의유동성은 '금융기관유동성+정부·기업의 유동성 금융상품, 기타 금융기관상품'을 합한 것이다.

광의유동성=금융기관유동성+정부·기업발행 유동성 금융상품+기타 금융기관상품

(2) 통화지표 선택의 기준

우리나라는 1979년까지 주로 M1을 목표치에 접근시키려는 방식으로 통화를 관리했다. M1은 한국은행이 통제하기 쉬울 뿐 아니라 실물경제와 밀접한 관계를 갖는다고 생각했기 때문이다. 그러나 경제 규모가 커지고 다양한 금융기관이 출현하면서 M1이 실물경제의 동향을 제대로 반영하지 못한다는 생각에서 1979년부터는 M1 대신 M2를 통화관리의 중심지표로 사용하고 있다. 최근에는 금융국제화와 금융증권화의 진전으로 인해 금융자산이 무척 다양해지고 있을 뿐 아니라 금융시장 구조가 급격히 변화해가는 추세이다. 이런 환경에서는 M2도 더 이상 적절한 통화지표가 될 수 없어 한층 더 포괄적인 통화지표를 사용해야 한다는 주장이 제기되고 있다.

통화관리의 중심지표로 삼기에 바람직한 통화지표는, 먼저 통화지표와 실물경제사이에 밀접한 관계가 존재해야 한다. 오늘날과 같은 상황에서는 현금통화는 실물경제와 그다지 밀접한 관계가 있다고 볼 수 없어 중심지표로 부적합하다고 할 수 있다. 또 다른 통화지표의 기준은 통제가 가능해야 한다는 것이다. 그래야 중앙은행이 통화량을 통해 경기를 조절할 수 있기 때문이다.

정석사고

통화지표란 한 경제에 유통되는 화폐의 양, 즉 통화량을 나타내는 지표를 말한다. 어떤 것까지 화폐로 포함시키느냐에 따라 현금통화, 협의통화(M1), 광의통화(M2), 그리고 총유동성(M3)과 같은 여러 가지 통화지표가 만들어진다.

협의통화 = 현금통화 + 예금통화

광의통화 = 현금통화 + 준예금통화

총유동성 = 금융기관유동성 = 광의통화 + 은행 장기금융상품 + 보험·증권 금융상품

광의유동성 = 금융기관유동성 + 정부·기업발행 유동성 금융상품 + 기타 금융기관상품

2 화폐공급

우리의 주머니에 있는 지폐와 동전을 포함해서 시중에 유통되고 있는 한 화폐의 양, 즉 통화량은 어떻게 구성될까? 앞에서 본 대로 통화지표에 따라 그 구성이 다르겠지만 여기서는 협의통화에 대해서만 생각해보자. 통화량이 화폐공급인데, 화폐공급은 두 가지 경로로 이루어진다. 하나는 중앙은행이 화폐를 찍어내어 공급하는 화폐량이 있는데, 이것을 **본원통화**(reserve base)라고 한다. 다른 하나는 중앙은행이 찍어낸 화폐량을 기초로 예금은행들이 만들어 내는 **예금창조**(deposit creation) 혹은 신용창조에 의해 화폐공급이 이루어진다. 따라서 화폐공급은 본원통화와 예금창조를 합한 것이다. 이제 먼저 중앙은행이 발권은행으로서 어떻게 화폐를 공급하는지 살펴보자. 이어서 예금은행이 기업으로서의 역할을 하며 어떻게 화폐를 공급하는지 면밀히 살펴보자.

1. 중앙은행과 화폐공급

(1) 본원통화와 지급준비금

중앙은행은 발권은행으로서 지폐와 동전을 찍어낼 수 있다. 이렇게 중앙은행에 의해

발행된 화폐량 혹은 통화량을 **본원통화**(reserve base)라고 한다. 본원통화를 좀 더 엄밀히 정리하면 다음과 같다.

정석사고

본원통화는 중앙은행의 창구를 통해 일차적으로 시중에 공급되는 통화량이다.

이렇게 시중에 풀려나온 본원통화는 예금은행이 고객의 요구에 따라 지급해야 될지 모르기 때문에 예금의 일정비율을 지급준비금으로 남기고 나머지 모든 화폐량은 민간에게 풀려나가 현금으로 보유하게 된다. 따라서 본원통화는 예금은행이 보유한 지급준비금과 민간이 보유한 현금을 합한 것과 같다. 그리고 예금은행은 보유하는 지급준비금을 모두 은행내에서 현금으로 가지지는 않는다. 일부는 은행내 현금으로 가지고 나머지는 중앙은행에 예치해둔다. 이때 은행이 지급준비금의 일부를 은행내 보유하는 현금을 예금은행 **시재금**이라고 하며, 그 나머지가 중앙은행에 예치되는 그 나머지 현금을 중앙은행 **지급준비예치금**이라고 한다.

그런데 예금은행이 중앙은행에 예치하는 지급준비예치금은 중앙은행의 창구를 통해 일차적으로 나간 본원통화의 일부이지만 중앙은행에 다시 돌아오는 통화량이다. 따라서 본원통화에서 지급준비예치금을 빼고 중앙은행에서 이차적으로 시중에 공급되는 통화량을 **화폐발행액**이라고 한다. 결론적으로 본원통화는 화폐발행액과 지급준비예치금의 합으로 구성된다. 이상의 설명을 요약한 본원통화의 구성은 다음 〈표 7-2〉와 같다.

표 7-2 본원통화의 구성

본원통화		
현금통화	지급준비금(예금은행)	
현금통화	시재금(예금은행)	지급준비예치금(중앙은행)
화폐발행액		지급준비예치금(중앙은행)

(2) 지급준비금 필요성

예금은행은 왜 지급준비금이 필요할까? 그리고 중앙은행은 왜 이것을 규제하고 있을까? 은행도 기업이기 때문에 가능하면 대출을 많이 하여 수익을 올리려고 한다. 따라서 예금은행은 가능하면 현금을 적게 보유하고 대출하려고 한다. 그런데 만약 많은 고객들이 동시에 예금을 인출하려고 한다면 은행이 파산할 수 있다. 결국 은행이 수익성을 추구하다가 안정성을 해치게 된다. 이에 따라 중앙은행은 예금은행에 대하여 예금액의 일정비율만큼 반드시 지급준비금으로 보유하도록 한다. 이야기 7-8

중앙은행이 예금은행에게 반드시 보유하도록 정한 예금총액의 일정비율을 **필요지급준비율** 혹은 **법정지급준비율**(legal reserve ratio)이라고 하며, 그 금액을 필요지급준비금이라고 한다. 그런데 흔히 예금은행은 이 필요지급준비금보다 더 많은 현금을 실제로 보유하는데, 대출할 수 있는 여유자금을 가지기 위해서이다. 이와 같이 은행이 실제로 보유하는 실제지급준비금이 필요지급준비금을 초과하는 금액을 초과지급준비금이라고 하며 이것이 예금총액에서 차지하는 비중을 **초과지급준비율**(excess reserve ratio)이라고 한다. 결론적으로 지급준비율은 다음과 같이 구성된다.

지급준비율=필요지급준비율+초과지급준비율

이야기 7-8 뱅크런

뱅크런(bank run)은 예금자들이 은행에서 예금을 인출하기 위해 몰려드는 현상을 말하는데, 은행에 무슨 문제가 생겨 파산할지도 모른다는 생각에 예금자들이 서로 먼저 돈을 찾으려고 은행으로 뛰어가는 모습에서 유래되었다고 한다. 예금자들은 은행의 경영 상태를 잘 알지 못하는 상황에서 은행이 부실해질지 모른다는 소문이 돌면 자신의 예금을 먼저 찾고자 은행으로 한꺼번에 몰려들 수 있다. 은행은 예금중의 일정비율만 지급을 위해서 남겨둔 상태이므로 한꺼번에 돈을 찾으려고 몰려들면 건전한 은행이라도 파산할 수 있다. 특히 뱅크런은 전염성이 강해 다른 은행의 예금자들도 괜히 불안해져 많은 은행들이 한꺼번에 파산해 금융시장이 공황에 빠질 수도 있다. 1929~1933년 대공황 시기에 미국의 예금인출사태로 당시 약 2만 5,000개의 은행 중에서 1만 1,000여개가 문을 닫았다. 최근에도 영국의 노던록, 미국의 컨트리와잉드, 아이슬란드의 은행들에서 이런 사태가 나타나기도 했다. 뱅크런을 막기 위해서는 일시적으로 예금인출을 중단하거나, 중앙은행이 인출자금을 지원해주어야 한다. 우리나라를 비롯한 많은 나라들은 예금보험제도를 통해서 은행이 파산해도 예금자가 일정금액의 예금을 돌려받을 수 있도록 하여 예금자들의 불안감을 누그러뜨리려고 한다. 우리나라는 예금보험공사가 예금자 1인당 5,000만원 한도로 예금보험금을 지급해준다.

예를 하나 들어 이해해보자. 크루소예금은행은 예금총액으로 20만원을 가지고 있으며, 중앙은행의 필요지급준비율 5%를 유지해야 한다고 하자. 이때 필요지급준비금은 20만원×0.05=1만원이 된다. 그런데 크루소은행은 나머지 19만원을 프라이데이에게 대출해주려고 현금으로 금고에 둔다고 하자. 크루소은행의 실제지급준비금은 시재금 19만원과 필요지급준비금 1만원을 합한 20만원이며, 그 차이는 시재금 19만원으로서 초과지급준비금이 된다.

(3) 중앙은행의 대차대조표

대차대조표는 일정시점에서 기업이 보유하고 있는 자산과 부채의 내역과 같은 총체적인 재무 상태를 나타낸 표이다. 기업의 대차대조표를 보면 왼쪽(차변)에 자산을 오른쪽(대변)에는 그 자산구매에 따르는 지출 즉, 부채를 기록하는 것이다. 이것을 **T-계정**이라고도 한다. 이와 마찬가지로 중앙은행의 대차대조표는 오른쪽에 부채를 나타내고 왼쪽에 자산을 나타내며, 항상 두 변의 합계가 일치해야 한다. 중앙은행은 오른쪽에 나타내는 부채로서 본원통화를 기록하는데, 본원통화는 시중으로 빠져나가는 현금이기 때문에 부채가 된다. 이러한 본원통화는 그 반대의 흐름으로 여러 가지 형태의 자산과 대출을 기록한다. 중앙은행은 정부의 은행으로서 정부에 대출해주고, 은행의 은행으로서 예금은행에 대출해주며 나머지는 국내에 자산(기타자산)과 해외에 자산을 보유하게 된다. 만약 정부나 예금은행으로부터 현금이 들어오면 그것을 대출에서 뺀 순대출, 해외에 부채가 있다면 해외자산에서 이것을 뺀 순자산이라고 생각하자. 이를 고려하여 요약하면 다음 〈표 7-3〉과 같다.

표 7-3 중앙은행의 대차대조표

차변(자산)	대변(부채)
정부대출	본원통화
예금은행대출	화폐발행액
해외자산	예금은행 지급준비예치금
기타자산	

이 대차대조표는 본원통화가 어떻게 흘러가서 통화량을 증감할 수 있는지를 잘 보여준다. 첫째, 정부가 중앙은행으로부터 현금을 많이 빌려가면 정부대출의 증가에 맞추어

본원통화가 커져야 한다. 둘째, 예금은행이 중앙은행으로부터 현금을 많이 빌려가면 예금은행대출의 증가에 맞추어 본원통화가 커져야 한다. 셋째, 수출이 증가하면 해외로부터 수출대금이 달러로 들어오며, 이 외환을 해외자산으로 기록한다. 따라서 이 외환의 증가에 맞추어 본원통화가 증가한다. 반대로 수입이 증가하면 해외에 수입대금을 달러로 지출하며, 이 지출액만큼 해외자산이 감소한다. 이에 따라 본원통화도 감소한다. 넷째, 중앙은행이 정부가 발행한 국채를 매입하면 국내의 기타자산이 증가하며, 이에 맞추어 본원통화가 증가한다. 결론적으로 자산이 늘면 현금이 더 풀려나가서 본원통화가 증가하며, 이에 따라 통화량이 증가한다.

정석사고

통화량이 화폐공급이며, 화폐공급은 두 가지 경로로 이루어진다. 하나는 중앙은행이 화폐를 찍어 내어 공급하는 화폐량인 본원통화, 다른 하나는 중앙은행이 찍어낸 화폐량을 기초로 예금은행들이 만들어 내는 예금창조(deposit creation) 혹은 신용창조에 의해 화폐공급이 이루어진다. 따라서 '화폐공급= 본원통화+예금창조'.

본원통화는 예금은행이 보유한 지급준비금과 민간이 보유한 현금을 합한 것과 같다. 예금은행이 보유하는 지급준비금은 일부 은행내 현금으로, 나머지는 중앙은행에 예치해둔다.

즉, '예금은행 지급준비금=예금은행 시재금+ 중앙은행 지급준비예치금'.

예금은행의 입장에서 '지급준비금=필요지급준비금+초과지급준비금'.

2. 예금은행과 화폐공급

앞에서 화폐공급은 중앙은행이 찍어낸 본원통화와 이를 기초로 예금은행들이 만들어 내는 예금창조(deposit creation) 혹은 신용창조에 의해 이루어진다고 하였다. 이제 예금은행이 공급하는 통화량을 살펴보자.

본원통화는 중앙은행의 창구를 통해서 시중에 나온 현금인데, 예금은행은 이를 기초로 몇 배의 화폐공급량을 늘릴 수 있다. 협의통화를 말할 때 통화량에는 현금뿐만 아니라 요구불예금도 포함된다. 요구불예금은 은행에 예치되어 있기 때문에 은행이 요구불예금을 어떻게 처리하는가에 따라 통화량을 늘릴 수 있다.

(1) 지급준비금 제도

① 100% 지급준비금제도

은행이 어떻게 통화량을 증가시킬 수 있는지 보기 위해 아주 원시적인 경제를 생각해 보면 쉽게 이해할 수 있다. 어떤 무인도에 로빈슨 크루소는 크루소은행을 만들었다. 크루소은행은 로빈슨 크루소로부터 현금만 받고 대출은 하지 않는 예금은행이다. 즉,

로빈슨 크루소은행 1

무인도의 로빈슨 크루소는 혼자 도토리 1개에 1원으로 매겨 100개를 가지고 있다. 로빈슨 크루소는 크루소은행을 만들어 로빈슨 크루소로부터 예금만 받고 대출은 하지 않는다. 이때 크루소은행은 단지 화폐를 보관만 하는 로빈슨 크루소의 금고역할만 한다.

이 경제의 통화량은 로빈슨 크루소가 가지고 있는 현금 100원이다. 크루소은행은 그 현금 100원을 요구불예금으로 받아 은행내에 가지므로 은행의 시재금은 100원이다. 크루소은행은 모든 예금을 대출없이 실제지급준비금으로 보유하므로 100% 지급준비금제도라고 할 수 있다. 따라서 크루소은행의 T-계정은 다음과 같다.

표 7-4 은행의 T−계정

자산		부채	
지급준비금	100	요구불예금	100

이상과 같이 처음 로빈슨 크루소가 은행에 예금하지 않은 때에는 자신이 보유한 현금 100원이 바로 통화량이다. 그런데 로빈슨 크루소가 현금을 모두 은행에 예금하면 현금은 사라지고 요구불예금 100원이 통화량이 된다. 이처럼 로빈슨 크루소가 현금을 예금하면 현금은 줄고 요구불예금이 증가한다. 그러나 그 합이 동일하므로 통화량은 여전히 100원이다.

② 부분지급준비금제도

크루소은행이 이번에는 로빈슨 크루소로부터 받은 모든 요구불예금을 지급준비금으로 가지지 않고 그 일부를 프라이데이에게 생활비 대출을 해준다고 해보자. 프라이데이

한테서 이자라도 더 붙여 돌려받을 수 있다면 대출을 하는 것이 수익성면에서 합리적이다. 그러나 로빈슨 크루소가 갑자기 일부 예금인출을 요구하면 지급해야 되므로 50%를 지급준비금으로 남겨둔다고 가정하자. 이렇게 로빈슨 크루소는 부분지급준비제도를 운영한다.

로빈슨 크루소은행 2

무인도의 로빈슨 크루소는 혼자 도토리 1개에 1원으로 매겨 100개를 가지고 있다. 로빈슨 크루소는 크루소은행을 만들어 로빈슨 크루소로부터 예금을 받고 예금의 50%를 프라이데이에게 생활비대출을 한다.

로빈슨 크루소가 지급준비금으로 예금의 50%를 보유하는데 이 50%가 지급준비율이다. 이때 크루소은행의 T-계정은 다음과 같다.

표 7-5 은행의 T-계정

자산		부채	
지급준비금	50	요구불예금	100
대 출	50		

크루소은행에서 로빈슨 크루소의 예금 그 자체는 부채이다. 로빈슨 크루소의 예금인출요구에 항상 따라야 하기 때문이다. 그런데 크루소은행의 자산은 두 종류로 나뉜다. 하나는 50%의 지급준비금 50원이고, 다른 하나는 프라이데이에게 대출해준 금액 50원이다.

이 경제의 통화량은 얼마일까? 로빈슨 크루소가 은행에 맡긴 요구불예금이 100원이다. 그런데 반을 지급준비금으로 남기고 나머지 반을 프라이데이에게 현금으로 대출해 주었다. 따라서 지금은 프라이데이가 현금 50원을 갖게 되어 무인도의 통화량은 로빈슨 크루소의 요구불예금 100원과 프라이데이의 현금 50원을 합쳐 150원으로 증가한다. 언뜻 보면 신기하기까지 하지만 유에서 무가 창출된 것은 아니다. 왜냐하면 프라이데이가 대출해간 돈은 아마도 생활에 필요한 물건들을 구입할 것이지만 결국 은행빚이 늘어난 결과에 불과하다. 결론적으로 은행은 부분지급제도로 통화량을 늘리지만 그 만큼 사람들은 은행에 부채를 만들게 된다. 이야기 7-9

이야기 7-9 부분지급준비금제와 통화량

부분지급준비금제도하에서 은행예금인출사태는 심각한 문제를 일으킨다. 예금인출사태가 발생하면 그 은행은 일단 문을 닫고 일부 대출을 회수하거나 중앙은행으로부터 현금을 차입할 때까지 영업을 중단할 수밖에 없다.

이러한 사태는 1930년대 미국의 대공황기에 발생하였다. 가계는 은행에 돈을 맡기기 보다 현금을 보유하고 싶어했으며, 은행은 필요한 현금을 확보하기 위해 지급준비율을 높였다. 지급준비율이 높아짐에 따라 예금통화승수가 하락하고 화폐공급도 줄었다. 대공황기에 실제 통화공급이 28%감소하였다.

(2) 지급준비금과 예금창조과정

① 예금창조

앞에서 은행이 부분지급준비금제도를 가지면 통화량은 본원통화 공급량보다 더 크게 증가한다. 이 때문에 본원통화를 '**고성능화폐**(high-powered money)'라고도 한다. 방금 본 화폐의 창출은 한 은행에 그치지 않는다. 크루소은행(제1은행)으로부터 대출을 받은 프라이데이는 생활을 위해 이것저것 물건을 사면 그 물건을 팔아 50원을 벌어들인 인디언들이 프라이데이은행(제2은행)에 예금을 한다. 프라이데이은행은 예금으로 받은 50원에서 50%를 지급준비금으로 남기고 나머지 25원을 어떤 인디언에게 대출한다. 대출받은 인디언은 다른 인디언에게 물건을 구입하고 다른 인디언은 물건판매로 번 돈을 인디언은행(제3은행)에 예금한다. 이것을 〈그림 7-4〉에 나타내보자.

② 예금통화승수(신용승수)

이상과 같이 예금이 대출되고 대출이 예금되는 과정을 통해 처음 크루소로부터 받은 100원의 본원통화가 그 2배인 200원의 통화량을 창출한다. 이렇게 통화량이 창출되는 승수배 2를 **예금통화승수**(money multiplier) 혹은 **신용승수**라고 하며, 1원의 지급준비금으로 은행제도가 창출하는 화폐의 양을 말한다. 즉,

$$\text{예금통화승수} = \frac{1}{\text{지급준비율}}$$

그림 7-4 예금창조

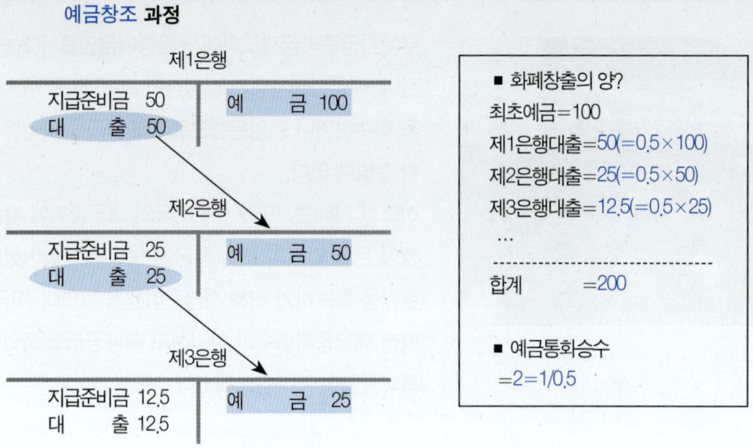

예금통화승수는 지급준비율이 얼마인가에 따라 결정된다.

앞서 살펴본 바와 같이 지급준비율(R)이 0.5이면 예금통화승수는 1/0.5=2가 된다. 따라서 예금창조액을 구하는 일반식은 다음과 같다.

예금창조액=예금통화승수×최초예금액

최초예금액(본원적 예금이라고도 함)에 의해 추가로 창출된 요구불예금을 파생적 예금이라고 하는데 위의 예에서는 예금창조액에서 최초예금액을 뺀 나머지이다. 즉,

파생적 예금=예금통화승수×최초예금액−최초예금액

이 식에서 최초예금액을 묶으면 순신용승수를 구할 수 있는데, 예금통화승수에서 1을 뺀 것과 같다. 즉,

순신용승수=예금통화승수−1

지금까지 설명한 예금창조의 과정은 현금이 모두 예금되고, 은행이 초과지급준비금을 보유하지 않는다는 가정에서 나온 결과이다. 또 한 가지 주의해야 할 점은 예금창조를 통해 예금액과 통화량이 증가한 것을 보고, 국민경제의 부(wealth)가 증가되었다고 생각하면 안 된다는 것이다. 단지 국민경제의 유동성을 증가시키는 역할만을 할 뿐이며, 부의 크기는 국민경제의 생산력에 달려 있기 때문이다.

정석사고

예금통화승수 혹은 신용승수(credit multiplier)는 본원적 예금이 요구불예금을 몇 배 이상 창출하는 경우 그 몇 배를 보여주는 승수를 말하며, 현금누출이 없고 초과지급준비금이 없는 경우 신용승수는 필요지급준비율의 역수이다.

3 화폐공급함수

1. 모형의 확장

앞에서 쭉 보아온 크루소은행의 이야기는 현금이 모두 예금된다고 가정하였다. 그러나 실제 사람들이 가진 현금을 모두 예금하지는 않는다. 다시 말해서 자신이 가진 화폐의 일정비율만큼 현금을 가지고 나머지를 예금한다. 이때 현금으로 보유하는 양과 최초 예금액의 비율을 현금예금비율이라고 하자. 크루소은행의 세계에서는 이것을 0으로 가정하였다.

또 다른 비현실적인 가정은 은행이 초과지급준비금을 가지지 않는다는 것이었다. 그러나 실제 은행은 영업자금을 위해 필요지급준비금 이상으로 지급준비금을 보유한다. 만약 은행이 총예금액에서 일정한 비율만큼 실제지급준비금을 가진다면 이 비율은 일반적으로 필요지급준비율보다 높을 것이다. 이때 이 비율을 지급준비율(=필요지급준비율+초과지급준비율)이라고 하자. 크루소은행의 예에서는 지급준비율=필요지급준비율이라고 가정한 것이다. 다시 말해서 초과지급준비율=0으로 가정한 것을 의미한다.

이제 보다 현실에 다가서서 민간의 현금예금비율, 은행의 지급준비율을 고려하여 신용승수를 다시 생각해보자. 현금누출과 초과지급준비금의 보유로 신용승수가 얼마나 작아지는지 보자는 것이다. 이처럼 현실적 가정하에서 구해지는 신용승수를 앞의 예와 구분하여 통화승수 혹은 화폐승수라고 하자. 즉 현실적 가정하에서 본원통화가 몇 배의 통화량의 증가를 가져오는지를 보여주는 승수를 통화승수라고 한다.

통화승수는 통화량을 본원통화로 나누는 승수이다. 이 경우 본원통화는 다음과 같다.

$$
\begin{aligned}
\text{본원통화} &= \text{현금통화} + \text{지급준비금} \\
&= \text{현금예금비율} \times \text{최초예금액} + \text{지급준비율} \times \text{최초예금액}
\end{aligned}
$$

따라서 최초예금액이 1원이라면 본원통화는 다음과 같다.

$$\text{본원통화} = \text{현금예금비율} + \text{지급준비율}$$

이제 통화량을 정의해보면 다음과 같다.

$$
\begin{aligned}
\text{통화량} &= \text{현금통화} + \text{예금통화} \\
&= \text{현금예금비율} \times \text{최초예금액} + \text{최초예금액}
\end{aligned}
$$

따라서 최초예금액이 1원이라면 통화량은 다음과 같다.

$$\text{통화량} = \text{현금예금비율} + 1$$

이제 최초예금액이 1원이라면 통화량을 본원통화로 나눈 통화승수는 다음과 같다.

$$\text{통화승수} = \frac{(\text{현금예금비율} + 1)}{(\text{현금예금비율} + \text{지급준비율})}$$

여기서 구한 통화승수는 크루소은행에서 구한 신용승수보다 작다는 것을 확인하기 바란다. 그 이유는 일부 현금이 신용창조과정에서 누출되고 은행이 지급준비율을 높이기 때문이다.

2. 화폐공급함수

통화승수를 이용하여 화폐공급함수를 정의하면 다음과 같다.

$$\text{화폐공급} = \text{통화승수} \times \text{본원통화}$$

이상을 다른 방법으로 접근해볼 수도 있다. 다음 정석예제를 통해 살펴보자.

정석예제 : 현금누출

경제에 1,000원짜리 지폐 100장이 있다. 사람들이 현금과 예금을 각각 반씩 보유하고, 은행은 10%를 지급준비금으로 보유한다.

이때 본원통화는 10만원이고, 현금예금비율은 1이 되며, 지급준비금에 대한 예금통화 승수는 1/지급준비율=10이 된다. 우선 배운 공식을 이용하여 통화승수와 통화량을 계산해보면 다음과 같다.

$$\text{통화승수} = \frac{1+1}{1+0.1} = \frac{2}{1.1}$$

$$\text{화폐공급 혹은 통화량} = \text{통화승수} \times \text{본원통화} = (2/1.1) \times 10\text{만원} = 18.2$$

이와 다른 방법으로 공식을 이용하는 대신 다음과 같은 관계를 만들 수 있다.

$$\text{예금} = \text{예금통화승수} \times (\text{본원통화} - \text{현금}) = 10 \times (10\text{만원} - \text{현금})$$

$$\text{현금} : \text{예금} = 1 : 1$$

위의 두 식을 연립으로 풀면 예금과 현금을 찾을 수 있으므로 통화량은 다음과 같다.

$$\text{통화량} = \text{예금} + \text{현금} = \frac{100}{11} + \frac{100}{11} = 18.2$$

이상에서 앞에서 배운 공식을 이용하든, 현금과 예금의 두 연립식을 풀든 같은 결과를 가져온다는 것을 알 수 있다. 실제 통화량의 문제를 고민할 때 공식보다 연립식을 세워 사고하는 것이 본질을 이해하는 데 더 유용하다.

정석사고

현금누출과 초과지급준비금의 보유라는 현실적 가정아래 본원통화가 몇 배의 통화량의 증가를 가져오는지를 보여주는 승수를 **통화승수**라고 한다. 최초예금액이 1원이라면 통화량을 본원통화로 나눈 통화승수는 $\frac{(\text{현금예금비율}+1)}{(\text{현금예금비율}+\text{지급준비율})}$이다. 이에 따른 화폐공급은 '통화승수×본원통화'이다.

정석기본문제

1　다음 중 유동성이 가장 높은 통화지표는?

① M1(협의통화)　② M2(광의통화)
③ Lf(금융기관유동성)　④ L(광의유동성)
⑤ 현금통화

정석힌트 유동성이란 가치의 손실없는 현금화의 정도를 의미하므로 현금통화는 가장 유동성이 큰 자산이다. 정답은 ⑤

2　다음 보기를 읽고 빈칸에 적절한 말을 넣으시오.

보기

통화지표는 (　　)의 정도를 기준으로 어느 것까지 화폐로 포함시키느냐에 따라 현금통화, M1, M2, M3와 같이 여러 가지로 편제된다

정석힌트 유동성

3　다음 보기를 읽고 빈칸에 적절한 말을 넣으시오.

보기

(　　)는 민간이 보유한 현금통화와 은행이 고객의 인출에 대비하여 보유하는 지급준비금으로 구성된다.

정석힌트 본원통화

4　다음 보기를 읽고 빈칸에 적절한 말을 넣으시오.

보기

기업이 은행으로부터 대출받는 것을 (　)이라고 하며, 주식이나 채권을 발행하여 자금을 조달하는 것을 (　)이라고 한다.

정석힌트 간접금융, 직접금융

5 다음 보기를 읽고 빈칸에 적절한 말을 넣으시오.

보기

은행의 초과지급준비금은 ( )에서 ( )을 뺀 금액이다.

정석힌트 지급준비금, 필요지급준비금

6 화폐의 세 가지 기능에 대하여 설명하시오.

정석힌트 지불수단으로서 교환의 매개수단, 가치의 저장수단, 회계의 단위로서 상품의 가치를 측정하는 기준

7 파생적 예금은 무엇을 의미합니까?

정석힌트 최초의 본원적 예금에 의해서 추가적으로 창출된 요구불예금

8 다음 보기에서 화폐에 대한 서술 중 옳지 않는 것은?

보기

(가) 화폐의 가장 본질적인 기능은 가치저장으로서의 기능이다.
(나) 중앙은행이 건물을 매입하면 통화량이 증가한다.
(다) 신용승수가 2이면 필요지급준비율은 20%이다.
(라) 통화승수는 초과지급준비율과 현금예금비율이 작을수록 작다.
(마) 기업이 사채시장에서 자금을 조달하는 것은 직접금융이다.
(바) 수출이 증가하면 본원통화가 증가한다.

정석힌트 (가)는 사실이 아니다. 교환의 매개수단이다. (다)는 사실이 아니다. 신용승수의 역수가 필요지급준비율이다. 따라서 50%이다. (라)는 사실이 아니다. 통화승수는 초과지급준비율과 현금예금비율이 작을수록 크다.

9 다음 보기에서 통화승수의 증가를 가져오는 것들을 모두 고른다면?

> **보기**
>
> (가) 전자화폐의 사용증가
> (나) 현금보유의 증가
> (다) 이자율의 상승
> (라) 법정지급준비율의 증가

정석힌트 정답은 (가), (다)이다.
(가) 전자화폐의 사용증가는 현금예금비율을 낮추어 통화승수가 증가한다.
(나) 현금보유의 증가는 현금예금비율을 높여서 통화승수가 감소한다.
(다) 이자율의 상승은 현금예금비율을 낮추어 통화승수가 증가한다.
(라) 지급준비율의 증가는 현금예금비율을 높여서 통화승수가 감소한다.

10 다음은 어떤 은행의 대차대조표이다. 모든 사람들이 가진 현금 100만원에서 50만원이 이 은행에 예금되었다고 가정한다.

자산	부채
지급준비금 20 대　　출 30	요구불예금 50

(요구불예금의 지급준비율=0.2)

(1) 요구불예금의 필요지급준비율이 0.2라면 이 은행의 초과지급준비금은 얼마입니까?
(2) 최대한 가능한 예금통화승수를 구하시오.
(3) 다른 모든 은행들은 필요지급준비금만 보유하고 나머지를 대출한다면 통화량이 얼마나 증가하는가?
(4) 모든 사람들이 현금과 예금을 반씩 가지고, 은행들은 예금의 20%를 지급준비금으로 보유한다고 할 때 이 경제의 통화량은 얼마입니까?

정석힌트 (1) 50×0.2=10이므로 20−10=10이다. (2) 예금통화승수는 1/지급준비율=1/0.2=5이다. (3) 통화량의 증가=10×5=50이다. (4) ① 현금:요구불예금 = 1:1. ② 예금통화승수가 5이므로 5×(100−현금) = 요구불예금. ①과 ②의 두 식을 풀면 5×(100−현금)=현금에서 현금=83.3, 요구불예금=83.3을 얻는다. 따라서 통화량=166.6이다.

11 다음 보기는 1,000원짜리 1,000장이 있는 경제에서 사람들의 현금예금보유행태와 은행의 지급준비행태를 나타낸다. 글을 읽고 물음에 답하시오.

보기

예금=0.4×현금
지급준비금=0.2×예금

(1) 이 경제의 통화승수를 구하시오.

(2) 이 경제의 통화량을 구하시오.

정석힌트 (1) 지급준비율이 20%이므로 통화승수는 5이다.
(2) ① 현금:요구불예금=10:4. ② 예금통화승수가 5이므로 5×(100만원-현금)=요구불예금. ①과 ②의 두 식을 풀면 $5\times(100\text{만원}-\text{현금})=\frac{4}{10}\times\text{현금}$에서 현금=92.6, 요구불예금=37.0을 얻는다. 따라서 통화량=129.6이다.

12 통화승수가 4이고 민간의 현금보유와 일반은행의 지급준비금이 각각 20이라고 할 때 민간이 보유한 요구불예금은 얼마입니까?

정석힌트 $\text{통화승수}=\frac{20+D}{20+20}=4$이므로 D=140.

13 다음은 중앙은행이 공개시장에서 시중은행으로부터 1억원의 국채를 매입한다고 가정하고 이로 인해 발생하는 시중은행과 중앙은행의 대차대조표에서의 변동을 나타낸다.

시중은행

자산		부채
국채	(다)	
지급준비예치금	(라)	

중앙은행

자산		부채	
국채	(가)	시중은행 지불준비예치금	(나)

(가), (나), (다), (라) 안에 적절한 수치로 묶는다면? (단, 수치 앞에 +는 증가, −는 감소)

정석힌트 +1, +1, −1, +1 국채가 발행되면 중앙은행이 이를 인수하여 자산항목에 +1억원을 기재한다. 이것을 중앙은행에 매각하고 지급준비예치금으로 받기 때문에 부채항목에 시중은행 지급준비예치금 +1억원으로 기록한다. 시중은행은 이를 민간부문에 매각하므로 국채가 자산항목에 −1억원으로 기록되고, 중앙은행에 예치하여 지급준비예치금 +1억원으로 이를 상쇄시킨다.

14 어떤 경제의 통화량이 현금통화 100, 예금통화 200, 지급준비금 50이라고 할 때 통화승수는 얼마입니까?

정석힌트 현금예금비율은 현금/예금=100/200=1/2이고 지급준비율은 지급준비금/예금=50/200=1/4이다. 따라서 통화승수는 (현금+예금)/(현금+지급준비금)=(1+현금예금비율)/(현금예금비율+지급준비율)=(1/2+1)/(1/2+1/4)=2.

정석심화문제

15 상업은행인 해피은행의 재무상태표(대차대조표)가 아래와 같다고 하자. 법정지급준비율이 10%라고 가정할 때 해피은행이 보유하고 있는 초과지급준비금을 신규로 대출하는 경우 은행제도의 신용창조를 통한 총통화량의 증가분은 최대 얼마인가?

자산		부채	
지급준비금	60	예금	200
대출	40		
국채	100		

① 100

② 200

③ 300

④ 400

⑤ 500

정석힌트 **통화승수 공식**

- $m = \frac{1}{c + z(1-c)}$: 현금/통화비율인 ($C = \frac{C}{M}$)을 알고 있는 경우
- $m = \frac{k+1}{k+z}$: 현금/예금비율인 ($k = \frac{C}{D}$)을 알고 있는 경우

주어진 정보에 의하면 법정지급준비율은 10%이다. 즉, 승수의 크기는 $\frac{1}{0.1}$인 10배가 된다. 따라서 법정지급준비금은 총예금의 10%인 20이 된다. 현재 지급준비금이 60이므로 초과지급준비금은 40이다. 문제에서 초과지급준비금을 신규로 대출해 준다고 했으므로 대출가능한 금액은 40이 된다. 이때 승수는 10이므로 $M = \frac{1}{0.1} \times 40 = 400$이 된다.

정답은 ④

16 최근 A는 비상금으로 숨겨두었던 현금 5천만원을 은행에 요구불예금으로 예치하였다고 한다. 현재 이 경제의 법정지급준비율은 20%라고 할 때, 예금 창조에 대한 〈보기〉의 설명 중 옳은 것을 모두 고르면?

보기

ㄱ. A의 예금으로 인해 이 경제의 통화량은 최대 2억 5천만원까지 증가할 수 있다.

ㄴ. 시중은행의 초과지급준비율이 낮을수록, A의 예금으로 인해 경제의 통화량이 더 많이 늘어날 수 있다.

ㄷ. 전체 통화량 가운데 민간이 현금으로 보유하는 비율이 낮을수록, A의 예금으로 인해 경제의 통화량이 더 많이 늘어날 수 있다.

ㄹ. 다른 조건이 일정한 상황에서 법정지급준비율이 25%로 인상되면, 인상 전보다 A의 예금으로 인해 경제의 통화량이 더 많이 늘어날 수 있다.

① ㄱ, ㄴ

② ㄴ, ㄷ

③ ㄱ, ㄴ, ㄷ

④ ㄱ, ㄴ, ㄷ, ㄹ

정석힌트 기본적인 승수는 두 가지 공식이 있다.(사실 동일한 것이지만, 두 가지가 있다고 암기하는 것이 더 편리하다.)

현금-통화비율이 주어진 경우에는 $m = \frac{1}{c-(1-c)z}$이고, 현금-예금비율이 주어진 경우에는 $m = \frac{k+1}{k+z}$이다.

(ㄱ) 법정지급준비율이 20%이므로 최대승수는 $c=k=0$인 경우로 $m = \frac{1}{z} = \frac{1}{0.2} = 5$가 된다. 따라서 현금 5천만원이 본원적 예금으로 유입되기 때문에 최대로 증가 가능한 통화량은 5배인 2억 5천만원이 된다.

(ㄴ) 시중은행들이 법정지급준비금 이상으로 초과지급준비금을 보유한다면 통화량 증가 승수는 작아지게 될 것이다. 반대로 초과지급준비율이 낮게 되면 더 많은 대출이 가능하게 되어 신용승수는 커지게 되고 그 결과 통화량은 더 많이 늘어난다.

(ㄷ) 민간이 보유하는 현금의 비율이 낮을수록 승수는 증가하므로 예금으로 인해 더 많은 통화량을 증가시킬 수 있다.

(ㄹ) 법정지급준비율이 증가하게 되면 신용승수는 작아지게 되고 통화량은 감소한다.

정답은 ③

17 통화승수에 관한 설명으로 옳지 않은 것은?

① 통화승수는 법정지급준비율을 낮추면 커진다.

② 통화승수는 이자율 상승으로 요구불예금이 증가하면 작아진다.

③ 통화승수는 대출을 받은 개인과 기업들이 더 많은 현금을 보유할수록 작아진다.

④ 통화승수는 은행들이 지급준비금을 더 많이 보유할수록 작아진다.

⑤ 화폐공급에 내생성이 없다면 화폐공급곡선은 수직선의 모양을 갖는다.

정석힌트 ① 통화승수는 법정지급준비율인 필요지급준비율을 낮추면 더 많은 대출이 가능하게 되어 커지게 된다.

② 통화승수는 이자율 상승으로 인해서 현금보유가 작아지고, 요구불예금이 증가하게 되면 커지게 된다.

③ 통화승수는 현금보유가 증가할수록 승수값은 작아진다. 간단한 공식인 $m = \dfrac{1}{c + (1-c)z}$ 혹은 $m = \dfrac{k+1}{k+z}$에서 알 수 있듯이 현금보유비율인 c, k가 작아질수록 승수의 크기는 커진다.

④ 통화승수는 은행들이 지급준비금을 더 많이 보유할수록(초과지급준비율 증가) 대출을 하지 않게 되니 작아지게 된다.

⑤ 화폐공급의 내생성이란 통화공급이 이자율에 영향을 받는 경우를 말한다. 따라서 내생성이 없는 경우에는 이자율에 영향을 받지 않게 되어 화폐공급곡선이 수직이 되고, 내생성이 있는 경우에는 이자율에 영향을 받게 된다. 이때 이자율이 상승할수록 현금보유비율이 작아지므로 통화승수가 커지게 되어 화폐공급은 증가한다. 그 결과 화폐공급곡선은 우상향하는 형태가 된다.

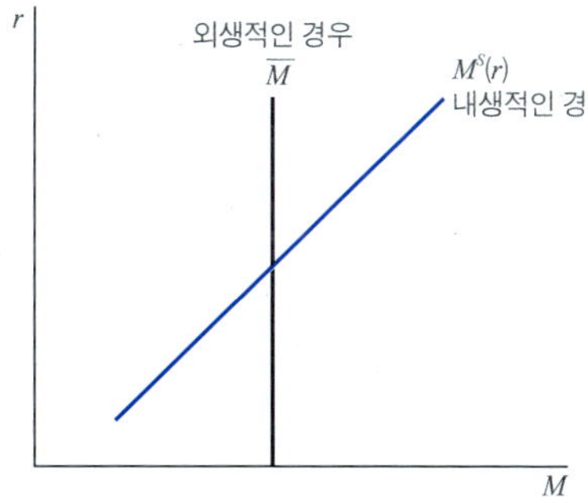

정답은 ②

정석 거시경제론 **제8장**

화폐수요와 통화정책

마음대로 좋은 나뭇잎을 골라 뜯어먹는 목이 긴 기린의 행복을 생각할 때,
목이 짧아 굶어죽은 기린의 고통을 잊어서는 안 된다.
- 존 메이나드 케인즈 -

우리는 앞장에서 중앙은행과 은행권 전체가 어떻게 화폐공급량을 결정하는지 보았다. 그런데 다른 일반 재화처럼 화폐의 가치는 화폐의 수요와 공급에 의해 결정된다. 사과나 바나나의 수요와 마찬가지로 화폐수요를 결정하는 요인도 다양하다. 사람들이 지갑에 넣고 다니는 현금의 양은 신용카드가 얼마나 널리 사용되는가, 현금인출기가 얼마나 편한 데에 설치되어 있는가, 얼마의 소득을 벌고 있는가 등에 의해 좌우된다. 화폐수요량은 화폐를 지갑에 넣어 다니거나 이자가 낮은 예금통장에 예금하기보다 채권을 살 수도 있는데, 이때 채권으로부터 얻는 이자율의 영향을 받게 된다. 소비함수와 투자함수와 더불어 거시경제의 미시적 기초의 하나로 이러한 화폐수요를 분석한다.

화폐수요를 결정하는 여러 요인 중에서 가장 중요한 것이 물가수준이다. 우리가 화폐를 보유하는 첫 번째 동기는 교환의 매개수단에 있다. 따라서 화폐보유의 양은 상품의 가격에 달려있다. 상품가격이 비싸서 물가가 높다면 결제를 하기 위해 더 많은 돈이 필요하므로 더 많은 현금을 가지고 다녀야 한다. 즉, 화폐수요량은 증가하게 된다. 고전학파는 이러한 사고를 바탕으로 화폐수요이론을 전개한다. 반면에 케인즈는 단기적으로 물가가 일정하다고 가정하고 사람들이 여러 가지 자산 중 화폐의 형태로 보유하고자 하는 화폐의 총량을 화폐수요라고 보았다. 따라서 소득뿐만 아니라 이자율에 의해 화폐수요량이 결정된다. 이러한 차이는 이자율결정 요인의 차이에도 그대로 적용된다. 고전학파는 이자율이 실물적 요인인 투자와 저축에, 케인즈는 화폐수요와 화폐공급에 의한 화폐적 요인에 의해 결정된다고 본다. 그런데 통화정책은 이러한 이자율과 화폐량을 적정수준에 조정하는 것을 통화정책의 중간목표로 설정하고 경제의 안정적 성장이라는 최종목표를 달성할 수 있다.

이 장에서는 고전학파와 케인즈의 관점을 나누어 화폐시장에서 화폐수요가 어떻게 결정되며, 케인즈의 관점에 따라 화폐공급과 결합하여 이자율이 어떻게 결정되는지 살펴볼 것이다. 또한 중앙은행이 통화정책의 중간목표로서 이자율과 통화량을 조정하여 통화정책의 최종목표를 어떻게 달성하는지 살펴볼 것이다.

이 장에서 배울 것

- 거시경제의 미시적 기초로서 화폐수요란?
- 케인즈의 이자율결정은?
- 고전학파의 이자율결정은?
- 통화정책의 수단은?
- 중앙은행의 독립성과 인플레이션의 관계는?

1 화폐수요: 거시경제의 미시적 기초

화폐수요(demand for money)는 사람들이 어떤 한 시점에서 보유하고자 하는 화폐의 총량을 말한다. 화폐는 유동성이 가장 높은 자산이지만 다른 금융자산에 비해 수익성은 없다. 토지나 귀금속과 같은 실물자산과 회사채와 국채와 같은 수익성 금융자산도 존재하는 상황에서 사람들은 왜 화폐를 선택할까? 화폐수요의 크기는 어떻게 결정되는가? 이에 대한 기초적 지식을 배워보자.

1. 고전학파의 화폐수요이론

(1) 화폐수량설

① 화폐유통속도

고전학파는 화폐가 재화와 서비스의 거래를 결제하는 수단으로 가장 효과적이라고 믿는다. 따라서 화폐수요의 크기는 일년동안 한 경제에서 생산된 상품의 거래를 결제하기 위해 지폐나 동전이 몇 번 사용되어야 하는가?라는 질문에 경제학자들은 지폐나 동전이 지갑에서 지갑으로 몇 번이나 옮겨가는가를 보면 된다고 생각한다. 이것을 **화폐의 유통속도**라고 한다. 다시 말해서 화폐의 유통속도는 일정기간 화폐가 최종생산물의 거래를 매듭짓기 위해서 평균적으로 몇 번씩 사용되었는가 하는 회전수를 의미한다. 이야기 8-1

우리가 와인을 10병 생산했는데, 그 가격이 1원이라고 하자. 그런데 사람들이 가지고 있는 화폐의 양 즉, 통화량이 5원이라고 하자. 이 경우 화폐의 유통속도는 어떻게 될까? 통화량 5원으로 와인 10병을 구매해야 한다. 일단 통화량 5원으로 와인 5병을 구매할 수 있다. 그 나머지 와인은 어떻게 될까? 와인을 판매한 판매대금 5원은 노동자, 주주 등 누군가에게 지불될 것이다. 그 돈으로 다시 남은 와인 5병을 살 수 있으므로 화폐는 두 번 유통되어야 한다. 즉, 화폐의 유통속도는 다음과 같다.

이야기 8-1 화폐유통속도와 돈의 회전

한국은행에 따르면, 연간으로 환산한 명목 국내총생산을 시중 통화량지표인 광의통화(M2)로 나눠 화폐유통속도를 구한다. 리먼 브라더스 사태로 금융시장이 극도로 경색에 빠진 2008년 4분기와 2009년 1분기에는 1년전의 0.808에서 0.704, 0.687까지 내려갔다. 하지만 2009년 1분기를 저점으로 다시 상승하기 시작했다. 한국은행 경제통계국장은 화폐유통속도가 빨라지는 것은 신용경색이 해소되면서 금융시장에 풀렸던 자금이 실물경제를 뒷받침 하는데 흘러가고 있다는 뜻이라고 설명하였다.

$$\text{화폐의 유통속도} = \frac{\text{와인가격} \times \text{와인생산량}}{\text{통화량}}, \quad V = \frac{PY}{M}$$

다시 이 식의 의미를 살펴보면 와인판매금액이 10원인데 통화량이 5원이면 화폐가 2배 속도로 지갑사이를 옮겨 다녀야 한다.

② 교환방정식

화폐의 유통속도에서 분모를 오른쪽으로 이동시켜 와인의 가격을 물가로 생각하고 정리하면 다음 식이 나온다.

$$\text{화폐의 통화량} \times \text{유통속도} = \text{물가} \times \text{생산량}, \quad MV = PY$$

이 식은 일정기간 동안 생산물 총거래액이 그 기간 중 화폐지불액과 같다는 것을 의미하며, 이식을 **화폐수량방정식** 혹은 **교환방정식**이라고 한다. 이 식은 화폐수량, 즉 통화량이 상품의 명목가치와 어떻게 연결해주는가를 보여준다. 화폐의 양이 늘어나면 물가가 오르거나, 생산량이 늘거나, 화폐의 유통속도가 낮아져야 한다.

③ 화폐수량설 특징

미국의 경제학자 **피셔**(I. Fisher)는 다음과 같은 추론을 통해 화폐량과 물가의 연결통로를 찾아내었다.

첫째, 장기에는 실질국민소득이 매우 안정된 비율로 성장하므로 화폐의 유통속도도 상당히 안정적이다. 화폐유통속도는 결국 사람들의 소비습관을 의미하는데 화폐사용의 습관은 쉽게 잘 변하지 않는다.

둘째, 통화량을 증가시키면 결국 상품의 명목가치가 비례적으로 증가한다.

셋째, 상품의 생산량은 생산요소와 생산기술에 의존하므로 통화량과 관계가 없다.

넷째, 따라서 화폐의 유통속도와 실질생산량이 안정적이라면 통화량 혹은 화폐공급을 늘리면 물가만 상승한다.

이상과 같은 추론이 화폐수량설의 핵심이론이다.

이와 같이 화폐수량설은 통화량과 물가의 관계를 추론하는 것이지만 통화량과 명목국민소득의 관계를 암시해주고 있다. 즉,

$$\text{통화량}=\left(\frac{1}{\text{화폐의 유통속도}}\right)\times\text{물가}\times\text{생산량}$$

$$=\left(\frac{1}{\text{화폐의 유통속도}}\right)\times\text{명목국민소득},\ M=\frac{1}{V}PY$$

이 관계로부터 우리가 추론할 수 있는 사실은 사람들이 화폐를 교환의 매개수단으로 사용하여 명목국민소득이 늘어나면 더 많은 화폐를 수요한다는 것이다. 이러한 이유로 화폐수량방정식을 고전학파의 화폐수요이론이라고 한다.

정석사고

피셔의 화폐수량설의 핵심인 화폐수량방정식 혹은 교환방정식은 일정기간 동안 생산물 총거래액이 그 기간 중 화폐지불액과 같다는 것을 의미한다. 생산물 총거래액 대신 명목국민소득을 사용하여 화폐수량방정식을 정의하면 명목국민소득이 증가할 때 더 많은 화폐를 수요한다는 것이다.

(2) 현금잔고 방정식

① 현금잔고

피셔의 화폐수량설이 암묵적으로 화폐수요가 명목국민소득에 비례한다는 점을 시사하는 반면 고전학파의 계보를 잇는 영국의 경제학자 마샬(A. Marshall)은 명시적으로 화폐수요함수를 제시하고 있다. 피셔의 화폐수량설이 화폐가 단순한 결제수단으로서 거래목적상 필요한 만큼 수요된다는 것을 암묵적으로 나타낸다. 반면에 마샬은 화폐의 가

치저장수단을 중시하면서 사람들이 미래의 지출을 위해 명목소득에 대해 일정비율의 화폐를 현금으로 보유하는 화폐수요량, 즉 **현금잔고**에 초점을 맞추었다.

마샬은 사람들이 어떤 물건을 판매한 대가로 받은 화폐를 즉시 지출하는 것은 아니라는 점을 파악하고 여러 기간에 나누어 구매하기 위한 구매력을 저장하는 수단으로 화폐를 보유한다고 보았다. 구체적으로 소득의 수입시점과 지출시점이 일치하지 않고 다른 금융자산인 채권의 매매에 비용이 따르므로 사람들이 모두 채권으로 보유하지 않고 일부를 현금으로 보유하게 된다. 그리고 소득이 많은 사람일수록 구매량이 많을 것이므로 화폐보유량도 많다고 추론한다.

② 마샬의 k

사람들이 보유하는 화폐량, 즉 현금잔고는 평균적으로 명목소득의 일정비율로 결정된다고 보았다. 이 화폐보유비율을 '**마샬의 k**'라고 하는데 현금잔고방정식은 다음과 같다.

$$\text{화폐수요량} = k \times \text{명목국민소득}, \quad M^d = kPY$$

이 간단한 방정식은 명목국민소득의 일정비율을 현금으로 보유한다는 것을 의미하며, 마셜이 속한 케임브리지학파의 이름을 따서 케임브리지 **현금잔고방정식**이라고 한다. 이 방정식에서 화폐보유비율인 마샬의 k는 다른 금융자산인 채권의 선택에 영향을 미치고, 이에 따라 화폐수요에 영향을 줄 수 있다.

현금잔고방정식에서 명목국민소득을 생산측면에서 보면 물가와 실질생산량의 곱이 되고, 지출측면에서 보면 통화량과 유통속도의 곱이 된다. 즉,

$$\text{명목국민소득} = \text{물가} \times \text{생산량} = \text{통화량} \times \text{화폐유통속도}, \quad PY = MV$$

이것을 현금잔고방정식의 명목국민소득에 넣으면 다음을 얻을 수 있다.

$$\begin{aligned}\text{화폐수요량} &= k \times \text{물가} \times \text{생산량} \\ &= k \times \text{통화량} \times \text{화폐유통속도}, \quad M^d = kPY = kMV\end{aligned}$$

③ 화폐수량설과 비교

결국 피셔의 화폐수량방정식과 비교해보면 마샬의 k는 화폐유통속도의 역수에 불과

하다. 마샬의 k가 화폐유통속도의 역수이므로 화폐유통속도가 일정기간동안 화폐가 몇 번 사용되는가 하는 횟수를 나타내는 반면, 마샬의 k는 화폐가 한 사람의 수중에 얼마나 오래 머물러 있는가 하는 기간을 나타낸다.

그렇다고 두 방정식이 본질적으로 같은 것은 아니다. 피셔의 화폐수량설은 통화량과 거래규모간의 거시적 관점에서 화폐를 단순히 교환의 매개수단으로 보고 있지만 마셜의 현금잔고수량설은 개인의 자산구성이라는 미시적 관점에서 화폐를 미래의 지출을 위한 가치저장의 수단으로도 보고 있다. 현금잔고수량설이 비록 화폐를 가치저장의 수단으로도 보지만 미래의 지출을 위한 것이지 자산으로 보유하기 위한 것이라는 정도의 시각은 가지지 못했다.

재미있는 것은 두 이론 모두 통화량이 물가와 명목국민소득만 변화시킬 뿐 실질소득, 고용수준 등에는 변화를 주지 못한다는 동일한 결론에 도달하고 있다. 결국 화폐부문은 실물부문에 아무런 영향을 미칠 수 없다는 것이며, 이 사고가 **고전학파의 이분법**(classical dichotomy)을 이룬다. 이러한 이론은 케인즈학파의 등장이전에는 거시경제이론의 기초가 되었다.

정석사고

마샬의 **현금잔고수량설**의 핵심인 현금잔고방정식은 명목국민소득의 일정비율(=마샬의 k)을 현금으로 보유한다는 것이다. 피셔의 화폐수량설은 통화량과 거래규모간의 거시적 관점에서 화폐를 단순히 교환의 매개수단으로 보고 있지만 마셜의 현금잔고수량설은 개인의 자산구성이라는 미시적 관점에서 화폐를 미래의 지출을 위한 가치저장의 수단으로도 보는 점이 다르다. 다음 표로 요약한다.

화폐수량방정식	현금잔고방정식
화폐의 교환매개수단	화폐의 가치저장 수단 화폐를 다른 금융자산인 채권과의 선택행위에서 수요한다
유량개념	저량개념
화폐수요가 소득의 함수	화폐수요가 소득의 함수
단기에 화폐유통속도 일정	화폐유통속도가 마샬의 k에 영향을 미쳐 화폐수요에 영향을 줄 수 있다. 단기에 화폐유통속도 일정

2. 케인즈의 화폐수요이론: 유동성선호설

(1) 유동성과 유동성 선호

케인즈는 『고용과 이자 및 화폐의 일반이론』에서 한 경제의 이자율을 결정하는 요인을 설명하기 위해 유동성선호이론을 도입하였다. 따라서 그의 이론은 화폐수요와 화폐공급 두 구성요소로 이루어져 있다. 화폐공급은 앞에서 본 것처럼 중앙은행에 의해 공급되는 것이므로 이미 설명한 바 있다. 여기서는 화폐수요에 초점을 맞추어 그의 이론을 설명하기로 한다.

이미 화폐의 3대 기능에서 본 바와 같이 화폐가 유동성이 가장 높은 자산이다. 이때 유동성(liquidity)은 그 자산을 손실없이 얼마나 쉽게 교환의 매개수단으로 바꿀 수 있는지, 즉 현금화할 수 있는지를 나타낸다.

정석사고

유동성(liquidity)은 그 자산을 손실없이 얼마나 쉽게 교환의 매개수단으로 바꿀 수 있는지, 즉 현금화할 수 있는지의 정도를 의미한다.

모든 자산이 어느 정도의 유동성을 가지지만 가장 높은 유동성을 가진 자산이 화폐이다. 이 때문에 유동성이라고 하면 화폐라고 생각해도 무방하다. 따라서 유동성선호는 화폐를 선호하는 혹은 화폐를 수요하는 정도를 나타낸다.

정석사고

유동성선호는 화폐를 선호하는 혹은 화폐를 수요하는 정도를 의미한다. 이러한 의미에서 케인즈의 화폐수요를 유동성선호라고 한다.

사람들은 주식, 채권, 부동산, 예금 등 여러 형태의 자산을 섞어서 보유하는 경향이 있는데 이를 '포트폴리오 선택(portfolio choice)'이라고 한다. 그런데 화폐는 다른 자산과 달리 아무런 수익도 가져다주지 못한다. 케인즈는 그럼에도 불구하고 화폐를 보유하려는 동기는 무엇일까 하는 문제를 제기하였다.

화폐수요란 사람들이 여러 가지 자산 중 화폐의 형태로 보유하고자 하는 화폐의 총량을 나타낸다. 케인즈는 기본적으로 다음의 세 가지 동기에 따라 화폐수요가 이루어진다고 보았다.

(2) 거래적 화폐수요

거래적 동기(transaction motive)의 화폐수요란 사람들이 재화와 서비스를 구입하고 그 대가로 지불하기 위한 동기로 화폐를 보유한다는 것이다. 가계의 소득이 한 달에 한 번씩 들어오는 급여뿐이라고 할 때, 급여가 들어오는 날 모두 지출한다면 화폐를 보유할 이유가 없다. 그러나 수입과 지출이 다른 시기에 다른 금액으로 발생한다면 그때그때 지출을 하기 위해서는 평소에 어느 정도의 화폐를 보유하고 있어야 한다.

통상 거래를 하기 위해서 화폐를 보유하는 경우, 어떤 사람이 화폐를 많이 보유할까? 아무래도 소득이 많은 사람이 적은 사람보다 더 많은 지출을 할 것이므로 지갑에 돈을 많이 넣고 다닐 것으로 추론된다. 즉, 거래적 동기의 화폐수요는 소득에 비례한다고 할 수 있다.

(3) 예비적 화폐수요

예비적 동기(precautionary motive)의 화폐수요는 갑작스런 질병이나 예기치 못한 사고와 같이 장래에 돌발적으로 발생할지 모르는 만일의 사태에 대비해서 화폐를 보유하는 것이다. 거래적 동기의 화폐수요가 계획된 지출을 위한 것이라면 예비적 동기의 화폐수요는 예기치 못한 지출을 위한 것이다. 거래적 화폐수요와 마찬가지로 소득이 증가할수록 예비적 목적으로 더 많은 화폐를 보유하는 경향이 있다.

거래적 및 예비적 화폐수요는 화폐를 거래의 수단으로 보고 소득에 비례한다는 점에서 마샬의 현금잔고수량설과 별반 다르지 않다. 케인즈도 이 부분은 현금잔고수량설이 그대로 적용될 수 있음을 받아들인다.

(4) 투기적 화폐수요

사람들은 거래적 동기와 예비적 동기 이상으로 화폐를 보유하는 경우가 많은데, 화폐가 아닌 다른 금융자산들에 투자를 해서 자본이득을 얻을 수 있는데도 하나의 자산으로서 화폐를 보유하는 것을 **투기적 동기**(speculative motive)의 화폐수요라고 한다. 케인즈의 유동성선호이론의 핵심이 되는 부분이다.

케인즈이론을 단순화해서 화폐와 채권만 있다고 가정해보자. 화폐를 대체할 만한 대표적인 금융자산으로서 채권은 유동성이 낮지만 매기마다 정액이자를 가져다준다. 채권을 보유하면 이자수입을 기대할 수 있지만 화폐를 보유하면 아무 이자도 얻지 못한다. 따라서 화폐 1원의 보유에 따른 기회비용은 채권의 이자율이다. 그런데도 사람들은 왜 화폐를 보유하는 것일까?

채권가격이 원래 구입가격보다 오르면 자본이득이 발생하고 원래구입가격보다 내려가면 자본손실이 발생한다. 이러한 자본이득과 자본손실은 채권가격이 이자율과 밀접한 관련이 있기 때문에 발생한다. 채권가격이 어떻게 결정되는지 간단히 살펴보면 이해할 수 있다. 만약 매년 이자 1원씩 영구히 지급되는 채권이 있다면 그 채권의 현재가치는 어떻게 될까? 이자수입흐름의 현재가치를 구해보면 채권의 현재가치는 다음과 같다.

$$\text{채권의 현재가치} = \frac{1}{\text{이자율}}$$

보통 채권의 지급이자는 확정되어있지만 시장의 이자율이 변동하므로 채권의 현재가치도 변동하게 된다. 만약 현재 채권가격이 채권의 현재가치보다 낮다면 서로 그 채권을 매입하려고 하여 채권가격이 상승한다. 반대 상황이라면 서로 채권을 사려 하지 않기 때문에 채권가격이 하락한다. 결국 채권가격은 채권의 현재가치와 일치하는 수준에서 균형을 이룬다.

그런데 사람들이 예상하는 채권의 현재가치는 자신의 예상이자율(케인즈는 사람들이 마음속에 정상이라고 생각하는 어떤 이자율이라고 본다)에 의해 결정되고, 현재 채권가격은 현재 시장이자율에 의해 결정된다고 생각해보자. 이때 채권에서 기대되는 자본이득은 다음과 같다.

$$\text{자본이득} = \frac{1}{\text{예상이자율}} - \frac{1}{\text{시장이자율}}$$

따라서 채권의 기대수익은 채권의 고정적 이자수입과 자본이득으로 구성되며 다음과 같다.

$$\text{기대수익} = \text{이자수입} + \text{자본이득}$$

현재 채권가격이 채권의 현재가치보다 낮다면 사람들은 현재 시장이자율이 예상이자율보다 높아 앞으로 내릴 것으로 예상하기 때문에 자본이득을 기대하여 채권을 매입하려고 한다. 반대로 채권가격이 채권의 현재가치보다 높다면 사람들은 시장이자율이 예상이자율보다 낮아 앞으로 오를 것으로 예상하기 때문에 자본손실(음의 자본이득)을 피하기 위해 채권대신 화폐를 보유하려고 한다.

한 가지 주의 할 점은 시장이자율이 예상이자율보다 낮더라도 어느 하락수준까지는 여전히 채권을 보유한다. 왜냐하면 시장이자율이 예상이자율보다 크게 낮지 않으면 채권의 고정적 이자수입이 자본손실보다 크기 때문이다. 그러나 각자 예상이자율이 다른 많은 사람이 존재하는 경제전체로 볼 때 이 부분은 중요하지 않다.

요약하면, 현재 시장이자율이 높아서 현재 채권가격이 낮을 때에는 화폐보다 채권을 선호하여 채권을 매입하려고 한다. 반대로 현재 시장이자율이 낮아서 현재 채권가격이 높을 때에는 채권보다 화폐를 선호하여 화폐를 수요하게 된다. 따라서 투기적 화폐수요는 이자율의 감소함수가 된다.

(5) 유동성 함정

케인즈는 사람마다 예상이자율 수준이 다르다고 가정한다. 시장이자율이 매우 높은 수준이면 대부분의 사람들이 이자율이 하락할 것으로 예상하므로 채권매입이 많아지고 투기적 화폐수요는 줄어든다. 반대로 시장이자율이 매우 낮은 수준이면 대부분의 사람들이 이자율이 상승할 것으로 예상하므로 채권매입이 줄어들고 투기적 화폐수요는 증

그림 8-1 화폐수요곡선과 유동성 함정

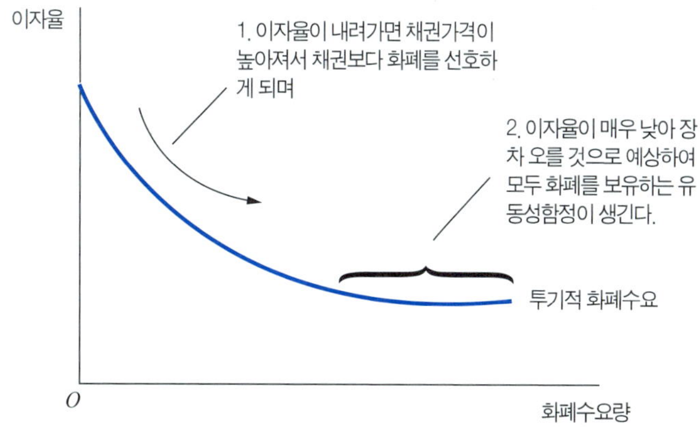

가한다. 개인의 논리를 경제전체로 확대해도 투기적 화폐수요는 이자율의 감소함수가 되며, 〈그림 8-1〉에서처럼 우하향하는 곡선이 된다.

그런데 시장이자율이 어느 수준으로 내려가면 모든 사람이 더 이상 시장이자율이 하락하지 않고 오를 것이라고 예상하기 때문에 채권을 매입하지 않고 모두 화폐를 보유하는 현상이 발생한다. 이 상태를 케인즈는 **유동성함정**(liquidity trap)이라고 불렀다.

정석사고

유동성함정(liquidity trap)은 모든 사람이 더 이상 시장이자율이 하락하지 않고 오를 것이라고 예상하기 때문에 채권을 매입하지 않고 모두 화폐를 보유하는 현상이다.

〈그림 8-1〉에서 낮은 이자율에서 그려진 화폐수요곡선의 수평선 부분이 이것을 나타낸다.

(6) 케인즈 화폐수요

케인즈의 유동성선호설에서 화폐수요는 거래적·예비적(l_t) 및 투기적 동기(l_s)에 의한 화폐수요를 합한 것이다. 거래적 화폐수요와 예비적 화폐수요는 소득의 증가함수이고, 투기적 동기의 화폐수요는 이자율의 감소함수이므로 케인즈의 총화폐수요는 소득의 증가함수인 동시에 이자율의 감소함수가 된다. 유동성선호함수를 L이라고 표시하면 다음과 같다.

$$M^d = l_t(Y) + l_s(r) = L(Y, r)$$

그런데 케인즈의 총화폐수요는 물가가 일정하다는 가정(물가가 일정한 단기)에서 도출한 것이어서 화폐수요와 소득이 실질개념을 의미하는지 명목개념을 의미하는지 명확하지 않다. 이에 따라 일반적으로 케인즈의 화폐수요는 소득과 이자율의 함수에 일정한 물가수준을 곱하여 다음과 같이 나타낸다.

$$M^d = P \cdot L(Y, r)$$

혹은 양변에 물가를 나누어 실질화폐잔고의 수요를 나타내기도 한다.

$$\frac{M^d}{P} = L(\overset{\oplus}{Y}, \overset{\ominus}{r})$$

이 식에서 소득이 증가하거나 이자율이 하락하면 실질화폐잔고수요는 증가하게 된다.

정석사고

케인즈의 유동성선호설에서 화폐수요는 거래적·예비적 및 투기적 동기에 의한 화폐수요를 합한 것이다. 거래적 화폐수요와 예비적 화폐수요는 소득의 증가함수이고, 투기적 동기의 화폐수요는 이자율의 감소함수이다. 따라서 케인즈의 총화폐수요는 소득의 증가함수인 동시에 이자율의 감소함수가 된다. 케인즈는 단기적으로 물가가 일정하다고 가정하므로 실질화폐잔고의 수요가 소득과 이자율의 함수이다.

3. 프리드만의 화폐수요이론: 신화폐수량설

(1) 화폐수요의 불안정성

고전학파의 계보를 잇는 대표적 통화주의자인 프리드만은 화폐수요함수가 단기적으로 불안정하다는 케인즈의 생각에 반기를 들면서 제시한 화폐수요이론이다. 고전학파의 화폐수량설은 화폐의 유통속도와 실질생산량이 대체로 안정적이거나 일정해서 통화량(화폐수요)이 증가하면 물가가 비례적으로 상승한다고 보았다. 그런데 케인즈는 단기적으로 볼 때 통화량이 증가하면 이자율이 하락하여 투자가 증가하고 실질생산량이 증가한다고 보았다. 따라서 케인즈는 화폐의 유통속도와 실질생산량이 일정하다는 화폐수량설의 주장을 비판하면서 통화량의 변화에 이러한 것들도 영향을 받는다고 주장하였다. 다시 말해서 화폐수요함수가 안정적이지 않다는 것이다.

(2) 프리드만의 화폐수요이론

프리드만은 먼저 화폐수요나 통화량이 변화할 때 화폐의 유통속도와 실질생산량이 일정하지 않고 어느 정도 영향을 받지만 매우 안정적이라는 주장을 한다. 프리드만은 화폐도 여러 자산 중 하나로서 사람들의 예산제약과 기회비용에 의해 화폐수요가 결정된다고 주장한다. 사람들의 예산제약은 실질소득이며, 화폐보유의 기회비용은 화폐와 대체되는 금융자산인 채권과 주식의 예상수익률과 예상물가상승률이라고 보았다. 따라서 프리드만의 화폐수요함수는 다음과 같다.

$$\text{실질화폐수요} = F(\overset{\oplus}{\text{실질소득}}, \overset{\ominus}{\text{채권수익률}}, \overset{\ominus}{\text{주식수익률}}, \overset{\ominus}{\text{예상물가상승률}})$$

프리드만의 실질화폐수요함수에서 채권과 주식의 예상수익률과 예상물가상승률이 오를수록 실질화폐수요는 감소하고, 실질소득이 증가할수록 실질화폐수요는 증가한다. 그런데 프리드만은 화폐수요가 채권과 주식의 수익률, 즉 이자율에 민감하지 않고 실질소득에 매우 민감하다고 보았다. 따라서 이러한 점을 압축하여 표현한 프리드만의 실질화폐수요함수는 다음과 같다.

$$\frac{M^d}{P} = L(r_b, r_e, \pi^e) \cdot Y$$

혹은

$$\frac{M^d}{P} = L(r_b, r_e, \pi^e) \cdot Y$$

(단, r_b는 채권수익률, r_e는 주식수익률, π^e는 예상물가상승률, Y는 소득)

(3) 고전학파 화폐이론과 비교

프리드만의 화폐수요함수는 마샬의 현금잔고방정식이나 화폐수량방정식과 매우 유사한데, 그것들처럼 k가 일정하다고 보지는 않았다. 그러나 k가 매우 안정적일뿐만 아니라 거시경제 다른 어떤 함수보다 안정적이라고 보았다. 예를 들어 화폐공급이 증가하면 화폐수요함수의 변수들인 물가나 실질소득이나 이자율이 변하는데, 이자율보다 물가나 실질소득이 변하여 균형을 회복한다고 보았다. 즉 통화량의 변화가 물가와 실질소득의 곱인 명목소득에 영향을 준다는 것이다.

이와 같이 통화량의 변화가 명목국민소득을 결정한다는 피셔의 화폐수량설의 추론과 동일한 결과를 보여준다고 하여 그의 이론을 **신화폐수량설**(restatement of quantity theory of money)이라고 한다. 다만 화폐의 유통속도와 실질생산량이 일정하다는 화폐수량설의 주장과 달리 그것들의 변화가능성을 인정하기 때문에 통화량의 변화에 비례해서 물가가 변화하지는 않는다.

(4) 케인즈 화폐이론과 비교

한 가지 재미있는 사실은 프리드만의 신화폐수량설도 케인즈의 화폐수요함수처럼 이자율과 소득의 함수이다. 그러나 케인즈는 화폐수요에 이자율이 매우 중요한 역할을 한다고 보는 반면 프리드만은 소득이 매우 중요한 역할을 한다고 본다. 이때 프리드만이 말하는 소득은 케인즈의 현재소득이 아니라 항상소득에 기초하고 있다(소비함수에서 그 중요한 차이를 다시 확인할 것).

사실 이러한 사고의 차이는 그 이론들이 나온 경제상황과 무관하지 않다. 케인즈의 이론이 나온 경제상황은 1930년대 실업이 문제였던 경제상황이었고, 프리드만의 이론이 나온 경제상황은 1960~1970년대 실업을 극복하고 경제가 성장하는 과정에서 인플레이션이 문제가 되는 경제상황이었다. 이러한 배경에서 신화폐수량설이 새롭게 관심의 대상으로 조명을 받게 된 것이다. 그러나 1970년대 두 차례의 세계석유위기를 겪으면서 통화량과 국민소득간의 안정적인 관계뿐만 아니라 통화량과 이자율의 관계에 대한 안정적인 관계도 많은 의문을 가지게 되었다.

정석사고

프리드만의 신화폐수량설은 모든 형태의 금융자산예상수익률을 고려해 화폐를 자산선택의 일부로 보유한다는 이론이다. 신화폐수량설에서는 화폐유통속도가 일정하지 않고 채권과 주식의 예상수익률과 예상물가상승률에 변동할 수 있고, 이것이 마샬의 k에 영향을 미쳐 화폐수요에 영향을 미칠 수 있다. 따라서 화폐수요는 실질소득과 이자율의 함수이다.

유동성선호설	신화폐수량설
화폐의 교환매개수단 화폐의 가치저장 수단 화폐를 채권과의 선택행위에서 수요	화폐의 가치저장 수단 화폐를 모든 금융자산과의 선택행위에서 수요
화폐수요가 실질소득과 이자율의 함수	화폐수요가 실질소득과 이자율의 함수
화폐수요에 이자율의 영향이 큼	화폐수요에 실질소득의 영향이 큼
당기의 실질소득	장기적인 기대실질소득=항상소득

2 이자율의 결정이론

사실 이자율은 고전학파와 케인즈학파를 포함한 모든 학파에게 대단히 중요한 가격의 하나이다. 앞장에서 재정정책의 유효성을 살펴볼 때 잠시 설명한 구축효과도 바로 이 이자율이 어떤 역할을 하는가에 따라 학파간 완전히 다른 결과를 보여준다. 여기서 살펴본 여러 학파의 화폐수요이론도 이자율이 어떻게 결정되는가에 따라 완전히 다른 결과를 보여준다. 이에 대해 간단한 학습을 해보도록 하자. 이야기 8-2

1. 케인즈의 이자율결정이론

고전학파는 이자율을 실물적 현상으로 보지만 케인즈는 이자율을 화폐적 현상으로 본다. 이러한 사고에 따라 케인즈는 화폐시장의 수요와 공급에 의해 이자율이 결정된다는 것이다. 케인즈에 따르면 화폐수요는 다음과 같다.

$$M^d = P \cdot L(Y, r)$$

그리고 화폐공급은 중앙은행에 의해 일정한 수준만큼 공급되는 화폐량이다. 매우 구체적으로 나타내어 앞장에서 배운 것을 정리하는 차원에서 적어보면 다음과 같다.

$$M^S = m \cdot H$$

(m은 통화승수, H는 본원통화)

이야기 8-2 금리 혹은 이자율변동의 표현

시중금리가 5%에서 3%로 내렸을 때, '금리가 2%나 내렸다'고 말하면 이는 엄격히 말해서 정확한 표현이 아니다. 5%의 2%는 0.1%이다. 5%에서 3%로 내렸다면 그것은 금리가 40%나 하락한 것이다. '2%하락했다'고 표현하기 위해서는 새로운 단위가 필요하다. 이것이 바로 '%포인트'이다. 즉 '2%포인트 하락했다'고 해야 맞는 표현이며, 때로는 '2%p 하락'이라고 표현하기도 한다. 한편 %포인트보다 작은 단위를 표시하기 위해서 bp(basis point)가 사용된다. 1%포인트는 100bp이다. 예를 들면 10bp는 0.1%포인트를, 1bp는 0.01%포인트를 말한다.[2)]

어쨌든 화폐공급은 이자율과 관계없이 결정되므로 공급이 고정되었다고 가정하면 된다. 화폐수요가 이자율의 감소함수이고, 화폐공급이 이자율과 관계없이 공급되는 수직선이므로 이 두 곡선이 만나는 교차점에서 균형이자율이 결정된다. 〈그림 8-2〉에서 화폐수요와 공급에 의해 균형이자율이 결정되는 과정을 보여주고 있다.

그런데 이제 화폐공급이 증가하였다고 하자. 우리는 쉽게 이자율이 하락함을 알 수 있다. 그 과정을 살펴보는 것이 케인즈의 화폐이론을 이해하는 데 더 도움이 된다. 케인즈의 이론에서 화폐시장은 채권시장과 동시적으로 균형이 조정된다. 원래의 이자율에서 화폐가 초과공급되면 사람들은 원래의 자산구성비율을 유지하기 위해 화폐대신 채권을 보유하려고 하기 때문에 채권의 수요가 증가한다. 이에 따라 채권가격은 상승한다. 채권의 수요는 자금을 내주고 채권을 구입하려는 것이기에 시중에 자금이 많아져서 이자율이 하락한다. 따라서 채권수요의 증가 혹은 채권가격의 상승은 이자율의 하락과 함께 동전의 양면에 해당된다. 이 사실을 꼭 기억해두기 바란다.

결론적으로 케인즈의 화폐이론은 화폐가 단순히 교환의 매개수단이 아니라 경제주체의 의사결정에 영향을 미치는 것으로서 이자율이 화폐시장과 채권시장을 포괄하는 금융시장에서 결정되는 화폐적 현상인 것이다.

정석사고

케인즈는 이자율이 화폐시장에서 화폐의 수요와 공급에 의해 결정되는 화폐적 현상이라고 본다.

그림 8-2 **화폐시장**

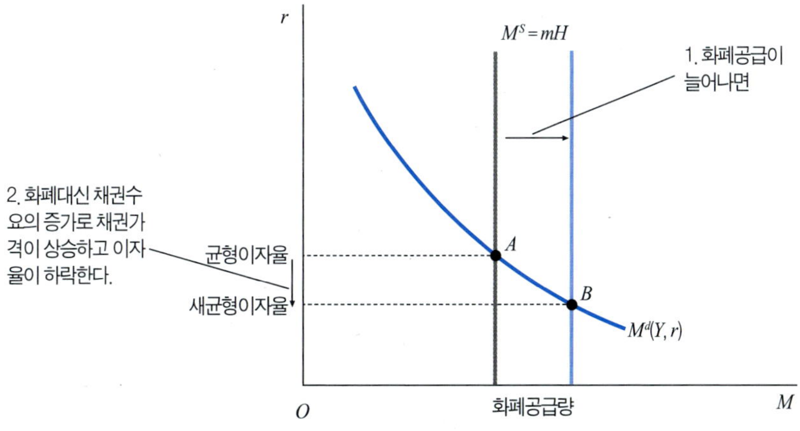

2. 고전학파의 이자율결정이론: 대부자금설

(1) 대부자금 공급=수요

고전학파는 이자율이 생산물 혹은 상품시장의 균형에서 결정된다고 보았다. 다시 말해서 경제에서 생산된 총생산 혹은 총공급이 총수요에 의해 처분되는 과정에서 이자율이 결정된다고 보았다. 로빈슨 크루소 정부경제의 생산물시장의 균형식 혹은 국민소득의 균형식 '총공급=총수요'은 다음과 같이 '누출=주입'으로 나타낼 수 있다.

$$\underbrace{S+(T-G)}_{(\text{누출})}=\underbrace{I}_{(\text{주입})}$$

조세에서 정부지출을 뺀 금액의 차이를 정부저축으로 보면, 식의 왼쪽은 정부저축과 민간저축을 합한 총저축이라고 볼 수 있다. 따라서 정부가 존재하는 경제에서도 여전히 저축과 투자가 같다는 균형식이 성립한다.

이 식에 따르면 저축은 대부자금의 공급으로, 개인이 투자자들에게 저축을 빌려주거나 은행에 예금을 해서 대출하도록 저축을 한다. 투자는 대부자금의 수요로서, 투자자는 채권을 판매하여 직접 빌리거나 은행으로부터 대출을 받는다. 투자는 이자율의 감소

그림 8-3 저축과 투자, 균형이자율

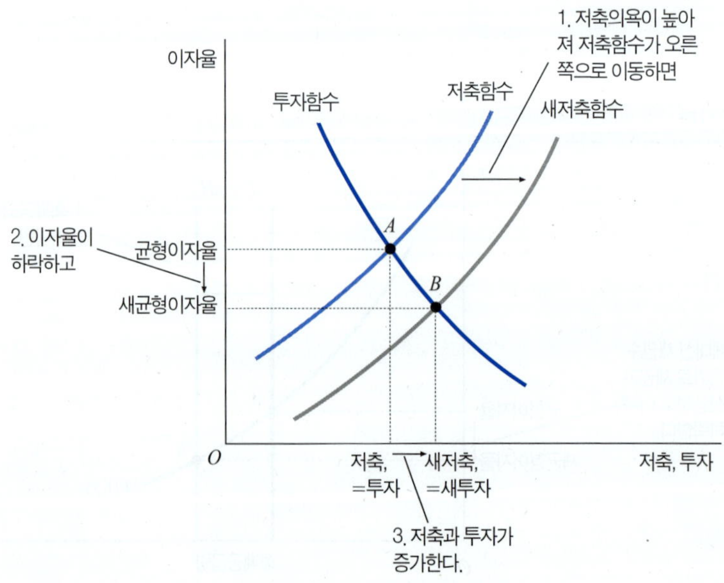

함수인데, 저축은 어떨까? 고전학파에서 이자율의 의미는 소비자입장에서 볼 때 오늘 소비하기보다 오늘 저축을 해서 내일 소비하는 것에 대한 프리미엄이다. 따라서 이자율이 오르면 오늘 소비하기보다 저축을 늘려 내일 소비하려는 소비시점간 대체효과를 발생시킨다. 즉, 저축은 이자율의 증가함수이다. 〈그림 8-3〉는 저축과 투자가 일치하는 수준에서 균형이자율이 결정된다는 것을 보여준다.

(2) 정부지출 증가 효과

만약 정부가 저축 유인제도를 도입하여 저축의욕을 높이면 모든 이자율수준에서 더 많은 저축을 할 것이므로 저축곡선이 오른쪽으로 이동하여 균형이자율이 낮아지고 저축과 투자는 증가하게 된다(A점에서 B점으로 이동). 정부가 조세를 통해 정부지출을 늘릴 때에는 정부저축이 0이기 때문에 아무런 변화가 없다.

그런데 만약 정부가 국채발행을 통해 정부지출을 늘리면 어떻게 될까? 이 경우에는 앞에서 구축효과를 설명할 때 본 것처럼 이자율이 상승한다. 정부지출의 증가는 정부저축의 감소를 의미하므로 저축곡선을 왼쪽으로 이동시켜 균형이자율을 상승시키기 때문이다. 〈그림 8-4〉는 이러한 과정을 잘 보여주고 있다. 구축효과를 설명할 때에는 정부지출의 증가를 의도된 주입의 증가로 보고 주입과 누출의 일치에서 균형이자율의 변화를

그림 8-4 **저축과 투자, 정부지출**

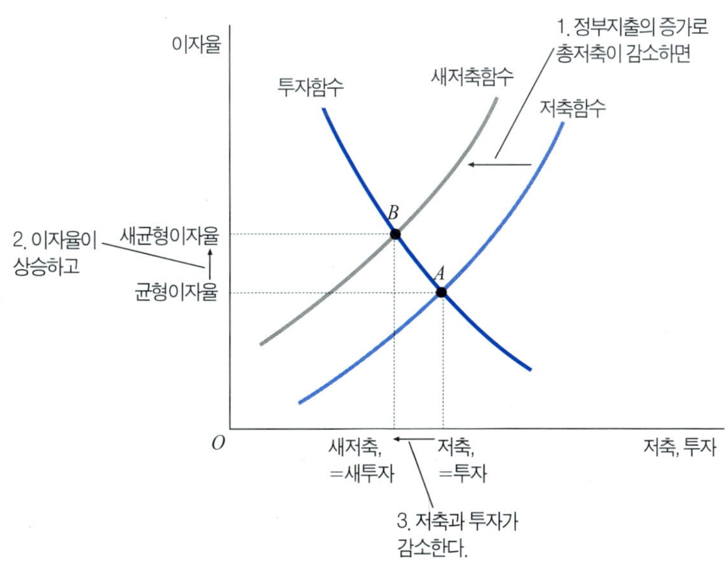

보았지만 이제 대부자금의 공급인 저축과 대부자금의 수요인 투자의 일치관계에서 모든 해석이 가능하다. 이러한 이유로 고전학파의 이자율결정이론을 **대부자금설**이라고 한다.

(3) 실질이자율의 결정

이자율이 대부자금시장의 수요와 공급 혹은 생산물시장의 총공급과 총수요에 의해 결정된다는 것이다. 따라서 화폐는 이자율결정에 아무런 영향을 미치지 못한다. 화폐는 화폐부문, 즉 물가수준, 화폐임금 등에만 영향을 미친다는 화폐베일관(역자主: 화폐는 실물의 베일에 불과하다는 관점)을 보여주고 있다. 고전학파의 이자율은 저축과 투자가 항상 일치되도록 신축적으로 조정된다. 그러나 케인즈의 이자율결정이론은 저축과 투자가 항상 일치하지 않는다. 왜냐하면 투자는 이자율의 함수이지만 저축은 이자율의 함수가 아니라 소득의 함수이다. 따라서 이자율과 소득 모두를 조정한 후 저축과 투자가 일치하게 된다.

(4) 확정된 대부자금설

고전학파의 대부자금설은 오린(B.G. Ohlin) 등에 의해 현대적 의미의 대부자금설로 확장되었다. 이것도 기본적으로 대부자금의 공급과 수요에 의해 이자율이 결정되지만 대부자금의 공급에 저축과 중앙은행이 발행하는 화폐량의 증가까지 포함한다. 대부자금의 수요에는 투자와 민간의 추가적 화폐보유로 인한 화폐퇴장(화폐수요증가분)까지 포함한다. 즉

저축+통화량증가분=투자+화폐수요증가분

이와 같이 현대적 대부자금설은 이자율결정 요인으로 고전학파의 실물적 요인(투자와 저축)에 케인즈에 의하여 설명된 화폐적 요인(유동성 선호와 중앙은행의 통화량)을 포괄하는 금융시장의 기초이론으로 발전하고 있다.

정석사고

고전학파의 대부자금설은 자금을 빌려주고 빌리는 대부자금시장의 수요와 공급에서 이자율이 결정된다는 것이다. 국민소득순환의 의도된 주입(=I)과 누출(=S)이 같다는 균형에서 저축은 대부자금의 공급, 투자는 대부자금의 수요이므로 대부자금의 수요와 공급이 일치하는 수준에서 균형이자율이 결정된다.

3 통화정책

1. 통화정책 파급경로

중앙은행이 통화량이나 이자율을 조절하여 경제의 안정적 성장을 이루려는 정책이 통화정책(monetary policy)이다. 그런데 이를 위해 고려해야 할 점이 무수히 많다. 이 중에서 먼저 통화정책의 최종목표(goals)로서 물가안정과 고용안정, 국제수지균형, 경제성장 등을 달성하기 위해 물가, 이자율과 통화량 중 어느 지표를 보고 어떤 운용방식을 선택할 것인가 하는 운용목표(operating targets)의 선택문제를 가진다. 또한 운용목표로서 어떤 지표를 선택했다고 하더라도 공개시작조작, 재할인율조정, 지급준비율조정과 같은 통화정책수단(monetary instruments) 중 어떤 수단을 사용해야 하는가라는 선택문제를 가진다.

요약하면 통화정책의 최종목표를 달성하기 위해 어떤 통화정책수단을 사용해야 하는지, 그 정책수단으로 어떤 지표의 운용목표를 조정해야 하는지를 결정해야 한다. 이 모든 과정을 통화정책의 파급경로(transmission mechanism of monetary policy)라고 하는데, 단기적으로 총공급이 고정되어 있으므로 통화정책은 총수요를 조절하는 총수요관리정책의 하나라고 볼 수 있다. 아래 〈그림 8-5〉는 통화정책의 파급경로를 정리한 것이다. 이야기 8-3

이야기 8-3 금융시장과 통화정책의 파급경로

기준금리 조정의 효과가 실물경제에 파급되기 위해서는 통화정책의 파급경로가 원활하게 작동되어야 하고, 이를 위해서는 금융시장이 효율적으로 형성되어 있어야 한다. 자금시장은 중앙은행의 통화정책이 수행되는 시장이고, 정책효과가 파급되는 시발점이다. 통화정책은 일차적으로 콜시장 등 자금시장에 영향을 미치고, 자금시장의 변화가 채권시장 및 주식시장에 파급되어 최종적으로 기업 투자 및 가계소비 등에 영향을 미쳐 실물경제활동과 물가의 변동을 초래한다. 한편 투자에 따른 위험회피를 위해 활용되어온 선물, 스왑, 옵션 등 파생금융상품도 금융시장에서 차지하는 비중이 커지고 있는데, 이로 인해 전통적인 통화정책 파급경로에 변화가 발생할 수 있다. 예를 들어 한국은행이 경기하락을 막기 위해서 기준금리를 인하하였는데 글로벌 금융위기 등에 따른 자산축소의 영향으로 외국인이 국채선물을 대규모로 매도할 경우에는 국채선물 가격이 하락하고, 이것이 채권현물가격의 하락(금리상승)을 초래하여 오히려 시장금리 상승을 유발하는 등 기준금리의 인하효과가 제한될 수 있다. 이와 같이 현물시장의 거래를 보완하기 위해 만들어진 파생금융상품거래가 오히려 현물시장에 영향을 주는 현상을 'wag the dog(꼬리가 몸통을 흔든다)현상'이라고 한다.

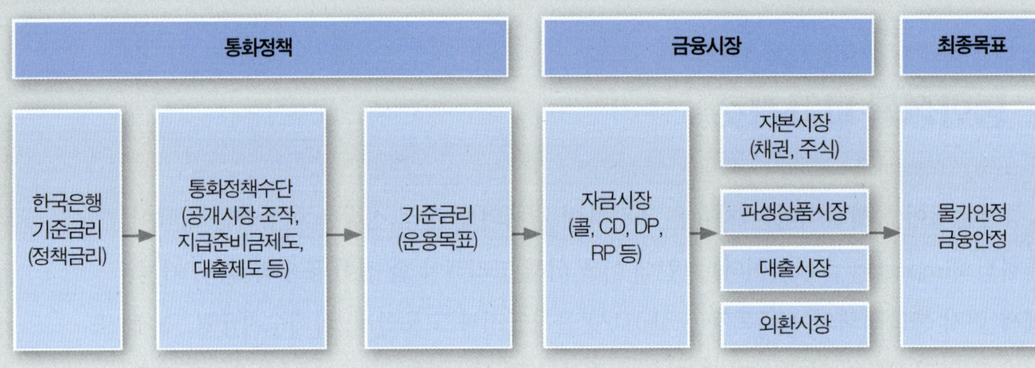

정석사고

중앙은행이 통화량이나 이자율을 조절하여 경제의 안정적 성장을 이루려는 정책이 **통화정책**(monetary policy)이다. **통화정책의 파급경로**(transmission mechanism of monetary policy)는 중앙은행이 통화정책수단을 사용하여 통화정책의 운용목표를 달성하고 이를 통하여 통화정책의 최종목표를 달성하고자 하는 일련의 과정을 일컫는다.

2. 통화정책수단

통화정책의 파급경로 중 통화정책수단에 대해 먼저 알아보자. 중앙은행은 본원통화의 공급량을 조절하거나 지급준비율의 역수인 통화승수의 크기를 조절함으로써 통화량에 영향을 미칠 수 있다. 이처럼 통화정책의 효과가 국민경제의 전반에 영향을 미칠 수 있도록 고안된 통화정책수단을 **일반적 정책수단**(general control)이라고 한다. 〈그림 8-5〉에서 볼 수 있는 공개시장조작, 재할인율정책, 지급준비율정책이 일반적 정책수단이다. 반면에 대출규제나 이자율규제와 같이 국민경제의 특정 부분에만 선별적으로 영향을 미치는 통화정책수단을 **선별적 정책수단**(selective control)이라고 한다.

그림 8-5 통화정책의 파급경로

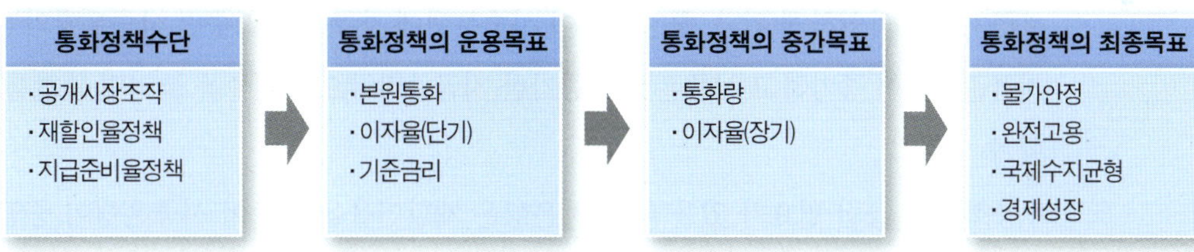

(1) 일반적 정책수단

일반적 정책수단에는 지급준비율정책, 재할인율정책, 공개시장조작 등이 있는데 중앙은행이 통화량을 조절하는 가장 기본적 수단이다.

① 지급준비율정책

지급준비율은 필요지급준비율과 초과지급준비율로 구성되는데, **필요지급준비율**(reserve requirements ratio)은 은행들이 예금액에서 의무적으로 보유해야 되는 지급준비금의 최저비율을 말한다. 필요지급준비율이 높아지면 은행들이 더 많은 지급준비금을 보유해야 하므로 예금액에서 대출할 수 있는 금액이 줄어든다. 따라서 지급준비율의 역수인 예금통화승수가 작아지고 통화량이 축소된다.

예금자의 인출에 대비한 지급준비금제도는 원래 예금자를 보호하려는 취지에서 도입된 제도인데, 이렇게 출발한 제도를 통화관리의 수단으로 사용하는 것이 지급준비율정책이다. 최근에 주요 선진국에서는 지급준비율을 크게 내리거나 아예 폐지하는 추세에 있어 실제로 통화관리정책으로서 지급준비율정책의 의미는 크게 상실되고 있다.

정석사고

필요지급준비율을 인하 → 예금은행의 초과지급준비금이 증가 → 통화승수 증가 → 통화량 증가

② 재할인율정책

중앙은행은 시중의 일반은행들의 은행 역할을 한다. 따라서 시중은행들에 자금을 빌려주는 역할도 하는데, 중앙은행이 시중은행의 고객의 상업어음을 제시받아 시중은행에 빌려주는 자금에 적용되는 이자율을 재할인율(rediscount rate)이라고 한다. 갑작스레 대출이 늘거나 예금이 감소하여 시중은행의 지급준비금이 부족할 때 중앙은행으로부터 부족자금을 차입하게 된다. 중앙은행이 시중은행에 자금을 빌려주면 시중은행의 (초과) 지급준비금이 증가하고 시중은행이 증가한 지급준비금으로 대출을 늘리면 통화를 창조할 수 있다.

통화량을 늘릴 필요가 있을 때 중앙은행은 재할인율을 낮추어 시중은행이 중앙은행으로부터 더 많은 자금을 빌리도록 유도한다. 예를 들어 시중은행이 고객에게 할인받은 10억원 상당의 약속어음을 중앙은행에 제시하고 중앙은행으로부터 돈을 빌리려고 한다. 이때 재할인율이 10%라면 시중은행이 중앙은행에게 차입받을 수 있는 금액은 9억원이 되고, 재할인율이 20%로 증가하면 동일한 약속어음을 재할인하여 빌릴 수 있는 금액은 8억원으로 감소하게 된다. 따라서 시중에 유통되는 통화량은 1억원이 줄어들게 된다.

정석사고

재할인율 인하 → 통화량 증가

③ 공개시장조작

공개시장조작(open market operation)은 중앙은행이 채권시장과 같은 공개시장에서 국채를 사거나 파는 행위를 말한다. 이러한 행위로 본원통화의 양을 조절하는 정책수단

이다. 중앙은행이 은행이나 민간에게 국채를 매각하면 국채를 구입한 사람들은 자신들이 보유하고 있는 현금이나 예금을 인출하여 매입대금을 지불한다. 따라서 사람들이 일부 현금으로 국채매입대금을 지불할 때 시중에 유통되는 화폐량이 정확히 그 금액만큼 줄어든다. 또한 사람들이 일부 예금을 인출하여 지불할 때 은행의 지급준비금이 줄어들고 이에 따라 은행들이 대출을 줄이므로 예금통화창조과정이 역방향으로 작용하여 (−)의 예금통화승수에 의해 통화량이 더 큰 폭으로 줄어든다.

반대로 중앙은행이 은행이나 민간으로부터 국채를 매입하면 국채매입대금만큼 본원통화의 양이 늘어난다. 이 자금의 일부는 현금으로 보유되고 일부는 예금된다. 이때 현금의 증가액과 정확히 같은 금액만큼 통화량이 증가하게 된다. 그런데 시중은행에 예금되는 자금은 지급준비금이 늘면서 예금통화승수에 의해 통화량을 더 큰 폭으로 증가시킨다.

공개시장조작은 본원통화를 조절하는 효과뿐 아니라 이자율을 변화시키는 효과도 갖고 있다. 만일 중앙은행이 국채를 매입하기 시작하면 국채에 대한 수요가 증가해 국채가격이 상승하고, 국채 이자율은 가격과 반대로 움직이기 때문에 하락하게 된다. 금융시장이 발달한 선진국에서는 공개시장조작이 가장 많이 사용되는 통화정책수단이다. 최근 논의되는 양적완화도 중앙은행이 국채를 매입함으로써 직접 통화량을 늘려 유동성을 높이는 정책이다.

정석사고

공개시장에서 국채 매입 → 통화량 증가, 이자율 하락

(2) 선별적 정책수단

일반적 정책수단이 국민경제 전체의 통화량에 대한 간접규제수단이라고 한다면 선별적 정책수단은 어떤 특정부문의 자금공급을 촉진하거나 억제하는 **직접규제**(direct control)수단이다. 표적을 조준하여 사격하듯이 주로 개발도상국에서 국민경제의 특정부문에 표적을 조준하여 자금공급을 직접 규제하는 정책수단으로서 대출한도제와 금리규제정책이 사용된다.

대출한도제(ceiling system)는 은행별로 대출한도를 정하거나 은행이 제공하는 대출의 양뿐만 아니라 그 용도까지 직접 통제하는 방식을 말한다. 일명 '창구지도'라고도 하는데, 우리나라의 경우 1970년대 사용하기도 하였다.

금리규제정책은 통화당국이 직접 이자율의 상한을 설정하거나, 싼 이자율로 특정부문에 자금을 집중 배분하는 정책수단이다. 개발도상국에서 경제발전 초기단계에 전략산업을 육성하기 위해 그 산업에 자금을 더 많이 배분하여 경제발전을 시키는 정책수단으로 사용되기도 한다.

정석사고

일반적 정책수단(genearl control) - 경제전체에 영향을 미치는 간접규제수단

- 일반적 정책수단 : 공개시장조작, 지급준비율정책, 재할인율정책

선별적 정책수단(selective control) - 경제의 어떤 특정부문에 영향을 미치는 직접규제수단

- 선별적 정책수단 : 대출한도제, 금리규제정책.

3. 통화정책의 운용목표

통화정책의 파급경로에서 각종 통화정책수단으로 통화정책의 운용목표를 달성하게 되는데, 그 운용방식에 두 가지가 있다. 하나는 중간목표관리제이고, 다른 하나는 물가안정목표제이다.

중간목표관리제는 최종목표를 달성하기 위한 중간목표를 설정하고, 운용목표의 변화를 통하여 중간목표를 우선적으로 달성하려고 노력하는 방식이다. 중간목표는 최종목표에 밀접한 관계가 있는 지표로서 이자율(장기)이나 통화량 등을 사용한다. 현재 이자율을 중간목표로 해야 한다는 케인즈학파의 주장은 거의 설명력을 잃고 통화량을 중간목표로 하는 통화목표관리제가 사용된다. 한편, **물가안정목표제**는 중간목표 없이 최종목표를 물가안정으로 단일화하여 이를 달성하려는 방식이다. 이 목표제의 장점은 물가안정이 경기변동에 의한 불확실성을 줄여서 경제를 안정적으로 만든다는 것이다.

(1) 중간목표관리제로서의 통화목표관리제

① 최종목표와 중간목표

우리 인생에서 인생의 장기적인 최종목표를 달성하기 위해 중간 중간 단기적인 목표를 세워 상황의 변화에 맞게 조금씩 수정해 나간다. 우리의 인생과 마찬가지로 통화정책에 있어서도 통화정책의 최종목표는 완전고용과 물가안정을 달성하고, 경제성장을 촉진하며, 소득분배를 개선하는 것인데, 이를 달성하기 위해서 다양한 정책수단(policy instruments)을 사용하여 중간목표(intermediate targets)를 이루어 나간다. 그 이유는 최종목표에 도달하는 기간이 매우 길 수밖에 없기 때문에 최종목표의 방향대로 잘 가고 있는지 중간목표를 설정하여 점검할 필요가 있기 때문이다.

요약하면 최종목표에 도달하는 과정에 중간목표를 설정하고, 그 중간목표를 여러 정책수단을 사용하여 적절히 관리하면 효율적으로 최종목표에 도달할 수 있다는 것이다. 어떤 변수가 중간목표로 사용되기 위해서는 다음과 같은 조건들이 충족되어야 한다.

[조건 1] 중간목표는 최종목표와 안정적이고 체계적인 관계가 있어야 하고, 정책수단을 사용해 쉽게 통제할 수 있어야 한다.

[조건 2] 중간목표로 선택된 변수의 변화를 쉽게 파악하고 측정할 수 있어 상황을 판단하는 데 직접적인 도움이 되어야 한다.

② 중간목표로서의 통화량과 이자율

통화정책의 중간목표로 사용될 수 있는 조건을 충족하는 변수로 통화량과 이자율을 생각할 수 있다. 그런데 통화량과 이자율을 동시에 바람직한 수준으로 유지하는 것은 쉬운 일이 아니다. 중간목표로서 이자율이 더욱 적합하다고 믿는 사람들은 통화량에만 관심을 집중하다 보면 이자율에 급격한 변동이 일어나 투자와 같은 실물부문이 크게 변동하여 불안정해질 위험이 있음을 제기한다. 또한 금융산업의 급속한 발달로 인해 다양한 금융상품이 등장하고 인터넷을 이용한 사이버머니, 신용카드 등이 보편화됨으로써 현실적으로 정책당국이 통화량을 조정할 수 없는 상황이 되었다고 강조한다(이를 이자율목표관리제라고 한다).

반면에 통화량을 중간목표로 선택해야 한다고 생각하는 사람들은 통화량을 안정적으로 유지하는 것이 경제안정에 큰 도움이 된다는 점을 지적하면서, 이자율 목표에 너무 집착하면 통화정책이 오히려 경기를 불안정하게 만들 위험이 있다고 지적한다. 예를 들어 호황으로 인해 화폐수요가 증가하는 경우, 화폐공급량을 늘려야 이자율 상승을 막을 수 있다. 이자율상승을 막기 위해 화폐공급량을 늘리게 되면 오히려 경기가 너무 과열되어 인플레이션이 유발될 가능성이 크다는 것이다(이를 통화목표관리제라고 한다).

③ 중간목표 선정 사례

이자율을 중간목표로 삼아야 한다는 주장은 사실 케인즈에 의한 처방인데, 1970년대부터 통화량을 중간목표로 삼아야 한다는 통화목표관리제에 의해 완전히 밀려났다. 프리드만의 신화폐수량설에 따르면 이자율은 경제상황을 파악하는 데 혼란을 주기 쉽다는 것이다. 먼저 적정이자율이 어떤 수준인지 알기 어려워 정책으로 고정시킨 이자율이 적정이자율보다 높으면 경제활동이 위축되고, 적정이자율보다 낮으면 경제활동이 활

이야기 8-4 **한국은행 기준금리 변동추이**

한국은행 기준금리는 한국은행이 금융기관과 환매조건부증권(RP)매매, 자금조정 예금 및 대출 등의 거래를 할 때 기준이 되는 정책금리로서 간단히 '기준금리(base rate)'라고도 한다. 한국은행은 기준금리를 7일물 RP 매각 시 고정입찰금리로, 7일물 RP 매입 시 최저입찰금리(minimum bid rate)로 사용한다. 그리고 자금조정 예금 및 대출 금리를 기준금리에서 각각 -100bp 및 +100bp 가감하여 운용한다. 한국은행 금융통화위원회는 매월 물가 동향, 국내외 경제 상황, 금융시장 여건 등을 종합적으로 고려하여 기준금리를 결정하고 있다. 이렇게 결정된 기준금리는 초단기금리인 콜금리에 즉시 영향을 미치고, 장단기 시장금리, 예금 및 대출금리 등의 변동으로 이어져 궁극적으로는 실물경제활동에 영향을 미치게 된다.

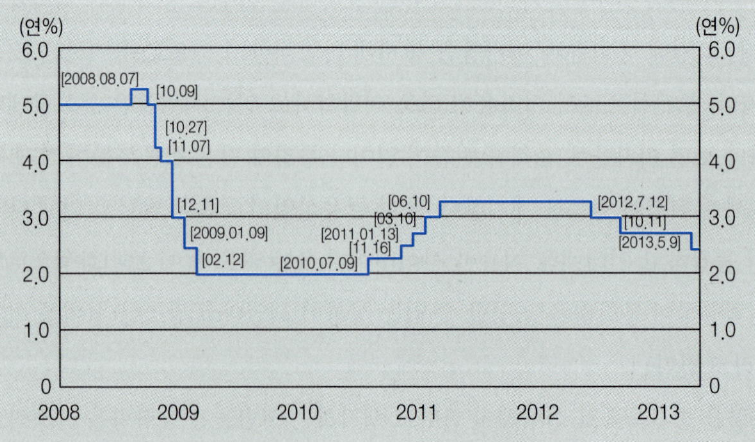

발하여 물가가 상승한다. 또한 이자율이 상승하고 있을 때 그 원인이 무엇인지 알기 어렵다. 예를 들어 대부자금시장에 자금의 초과수요가 있어서 그럴 수도 있고, 통화공급량이 많아 물가상승과 더불어 이자율이 상승할 수도 있다. 따라서 이자율의 변동만으로 경제상황을 파악하기가 쉽지 않다는 것이다. 이야기 8-4

④ 통화공급목표의 설정

통화공급목표로서 우리나라를 포함한 대부분의 나라들은 1972년 유럽공동체(EC) 각료이사회가 권고한 EC방식의 통화공급증가율을 정한다. 이 방식은 피셔의 교환방정식에 이론적 근거를 두고 있다. 즉,

$$MV=PY$$

(M은 통화량, V는 화폐유통속도, P는 물가, Y는 국민소득)

이 화폐수량방정식 혹은 교환방정식을 증가율로 나타내면 다음과 같다.

$$\frac{\Delta M}{M}+\frac{\Delta V}{V}=\frac{\Delta P}{P}+\frac{\Delta Y}{Y}$$

정석사고

각종 통화정책수단으로 통화정책의 운용목표를 달성하는 운용방식에 중간목표관리제와 물가안정목표제가 있다. 통화정책의 중간목표로 사용될 수 있는 조건을 충족하는 변수로 통화량과 이자율이 있다. 이에 따라 중간목표관리제로 통화목표관리제와 이자율목표관리제로 나뉜다. 현재 이자율을 중간목표로 해야 한다는 케인즈학파의 주장은 거의 설명력을 잃고 통화량을 중간목표로 하는 통화목표관리제가 사용된다. 통화목표관리제에서 목표통화공급증가율을 '예상물가상승률+자연성장률−화폐의 예상유통속도증가율'에 맞춘다.

(2) 물가안정목표제

1980년대부터 금융의 국제화현상이 진행되면서 화폐수요가 불안정해지고 이에 따라 통화량과 최종목표 사이의 관계가 불안정해졌다. 그렇다고 이자율을 중간목표로 설정하는 것이 바람직하다고 볼 수도 없는 상황이었다. 이와 같이 이자율과 통화량의 중간목표의 한계가 지적되면서 1990년대부터는 뉴질랜드, 캐나다, 영국 등 여러 나라에서 물

가안정목표제(inflation targeting)를 채택하는 방향으로 나아갔다. 구체적으로 1990년 3월 뉴질랜드가 이 제도를 처음 도입한 이후 캐나다, 영국, 스웨덴 등이 잇달아 채택하고 있다. 우리나라도 1998년 4월부터 이 제도를 도입해 실시하고 있다. 이야기 8-5

물가안정목표제란 통화량이나 이자율 같은 중간목표를 생략하고 물가상승률만을 통화정책의 유일한 목표로 채택하여 관리하는 제도를 말한다. 통화정책이 물가뿐 아니라 고용이나 환율, 경제성장과 같은 다양한 목표를 동시에 달성할 수 있는지에 대한 회의가 제기되었고, 통화정책이 장기에는 고용에 별 영향을 주지 못하고 물가만 올리는 결과를 가져온다는 주장이 점차 설득력을 얻어가기 시작하면서 물가안정목표제가 등장하였다. 물가안정목표제가 실제로 물가안정에 효과를 발휘할 수 있기 위해서는 중앙은행의 독립성이 보장되고, 중앙은행의 물가예측 능력이 뛰어나야 한다. 중앙은행이 물가상승률을 예측하려면 통화량, 금리, 환율, 자산가격, 기대인플레이션 등의 **정보변수**들이 필요한데, 이 중에서 물가에 영향이 큰 통화량과 이자율(금리)이 가장 중요한 정보변수이다.

물가안정목표제는 지금까지 물가안정의 측면에서 상당한 성과를 거둔 것으로 알려져 있다. 그러나 앞으로도 이 제도가 계속 효과를 발휘한다는 보장은 없다. 여태까지 설명

이야기 8-5 우리나라 통화정책의 변화

1997년 IMF금융위기에 우리나라 통화정책은 두 가지 큰 변화를 시도하였다. 하나는 통화정책의 중간목표로 통화량에서 이자율로 바꾼 것이다. 그 이유는 통화량과 최종목표인 물가 사이의 관계가 안정적이지 않다는 인식에서였다. 또한 환율을 안정시켜야 하는 상황에서 이자율을 올려야 외국자본이 대거 유입되어 환율이 안정될 수 있기 때문이다.

두 번째 큰 변화는 물가안정목표제를 도입한 것이다. 1998년 한국은행법을 개정하면서 통화정책의 목표를 물가안정에만 초점을 맞춘 것은 매우 획기적인 정책의 변화였다. 물가안정목표제는 미리 물가의 목표치를 공표함으로써 물가상승의 기대심리를 억제하는 데 그 목적이 있었다. 따라서 사람들이 피부로 느낄 수 있는 소비자물가지수를 기준으로 물가안정의 목표치를 설정하였다. 2000년에서 2006년 사이에 소비자물가지수 대신 근원인플레이션(농산물과 석유류 제품을 제외한 소비자물가지수 상승률)을 한 때 사용하였지만 그 근본취지에 맞추어 다시 소비자물가지수를 현재 사용하고 있다.

2008년 세계 금융위기가 발생하면서 중앙은행의 임무는 물가안정에만 국한되어서는 안 된다는 비판이 제기되면서 2011년 한국은행법을 개정하여 금융안정의 임무까지 추가되었다.

한 중간목표관리제(특히 통화목표관리제)와 물가안정목표제를 비교하여 정리한 것이 다음 〈표 8-1〉에 요약되어 있다.

표 8-1 물가안정목표제와 중간목표관리제의 비교

운용방식	운용체계			
물가안정 목표제	정책수단 (Policy instruments) [재할인 및 대출정책, 지급준비율 정책, 공개시장조작 정책]	→ 운용목표 (Operating targets) [단기금리]	↑ 정보변수 (Information variables) [통화량, 환율, 금리, 자산가격 등]	→ 최종목표 (Policy goals or objectives) [물가안정, 금융안정, 경제성장, 완전고용, 국제수지 균형]
중간목표 관리제	정책수단 (Policy instruments) [재할인 및 대출정책, 지급준비율 정책, 공개시장조작 정책]	→ 운용목표 (Operating targets) [단기금리, 본원통화]	→ 중간목표 (Intermediate targets) [통화량, 이자율, 환율]	→ 최종목표 (Policy goals or objectives) [물가안정, 금융안정, 경제성장, 완전고용, 국제수지 균형]

정석사고

물가안정목표제란 통화량이나 이자율 같은 중간목표를 생략하고 물가상승률만을 통화정책의 유일한 목표로 채택하여 관리하는 제도를 말한다. 중앙은행이 물가상승률을 예측하려면 통화량, 금리, 환율, 자산가격, 기대인플레이션 등의 **정보변수**들이 필요한데, 이 중에서 물가에 영향이 큰 통화량과 금리가 가장 중요한 정보변수이다.

4. 중앙은행의 기능과 독립성 논쟁

(1) 중앙은행 역할과 발전

중앙은행(central bank)이란 한 나라의 통화금융제도의 중심이 되어 은행권을 독점적으로 발행하고 금융정책을 시행하는 특수은행을 말한다. 우리나라의 한국은행, 미국의 연방준비은행, 영국의 영란은행 등이 대표적인 예이다. 각국의 중앙은행은 독점적으로 은행권을 발권하고, 일반 시중은행의 지급준비금 관리, 국고의 출납을 담당한다. 그 외

이야기 8-6 중앙은행의 역사

세계 최초의 중앙은행은 영국의 잉글랜드은행이다. 이 은행은 1694년 처음 설립되어 영국 왕실이 해군을 재건하는 자금을 조달하는 창구역할을 하여 왕실을 정부로 보면 '정부의 은행'역할을 수행했다. 그 이후 왕실의 은행으로서 신용을 높이고 다른 은행의 여윳돈도 맡음으로써 '은행의 은행'역할을 수행했다. 1884년 화폐발행권의 독점권을 얻어 국유화하면서 중앙은행으로 태어나게 되었다.

우리나라의 한국은행은 1950년 6월 12일 처음 설립되었다. 영국처럼 장기적으로 진화 발전되어온 은행이 아니라 독립 후 국가제도의 정비차원에서 정부가 주도하여 설립한 은행이다. 현재 한국은행은 통화정책의 수립과 실행, 화폐발행, 금융안정기능 등을 수행하고 있다. 다시 말해서 정부의 은행, 은행의 은행 등의 역할을 하고 있다.

에도 금융정책을 수립하고 은행의 은행, 정부의 은행 역할을 담당한다. 이야기 8-6

중앙은행은 자본주의의 성숙과 금융제도의 발달과정 속에서 자연스럽게 진화되어 온 것으로 그 진화과정에서 여러 기능이 파생되었다. 중앙은행의 정당성과 필요성의 여부에 대해서는 논쟁이 여전히 계속되고 있지만 현실적으로는 거의 모든 국가에서 중앙은행제도를 받아들이고 있다. 1980년대 중반만 해도 전 세계에서 법적인 독립성을 지닌 중앙은행은 미국의 연방준비은행(federal reserve bank), 독일의 분데스방크(deutche bundes bank), 스위스 국립은행(swiss national bank) 정도였는데 최근에는 신흥개발도상국도 화폐금융제도의 신뢰성 확보를 위해 중앙은행제도를 받아들이고 있다.

(2) 중앙은행 독립성 장단점

모든 국가들에서 중앙은행의 독립성을 강화하는 방향으로 제도가 개편되고 있다. 중앙은행은 정치적 고려를 하여 행정부의 의지를 통화정책에 그대로 반영할 수도 있으며, 반대로 정치적 영향력에서 벗어나 중앙은행이 독립적으로 통화정책을 결정할 수도 있다.

중앙은행 독립성의 장점은 중앙은행이 정치적 압력에 예속될 경우 선거 등 정치적 이유로 통화관리가 느슨해지고 물가가 불안정해지는 것을 방지할 수 있다는 데에 있다. 반면에 중앙은행의 독립에 회의적인 사람들도 있다. 그들은 통화정책처럼 중요한 정책을 중앙은행이 단독으로 결정하는 것은 무리일 뿐만 아니라, 중앙은행이 독립적으로 움직이면 다른 기관과의 효율적인 협조가 불가능해져 경제정책의 전반적 효율성이 떨어진다는 점을 지적한다.

이 문제는 각 나라의 정치, 사회, 경제의 특성에 따라 달라질 것이다. 일부 국가에서 중앙은행은 정부의 한 기관일 뿐이고 또 일부 국가에서 중앙은행은 거의 독립되어 있다. 미국의 경우 총재임기 14년이 보장되는 연방준비은행은 대법원과 유사한 정도의 독립성을 지니고 있다.

(3) 중앙은행 독립성 효과 실증연구

많은 경제학자들이 중앙은행의 독립적 구조가 통화정책에 미치는 영향을 검토하였다. 중앙은행의 독립수준을 나타내는 지수를 은행장의 임기, 은행이사회에 대한 정부관리의 역할, 정부와 중앙은행의 접촉빈도 같은 다양한 특성에 기초하여 작성하고, 이 지수를 이용하여 중앙은행의 독립성과 거시경제의 상관관계를 검토하였다. 그 연구결과는 매우 놀라운 사실을 보여주었다. 일반적으로 중앙은행의 독립성이 잘 보장된 나라일수록 물가상승률 즉, 인플레이션이 낮고 안정적인 경향을 보여주었다.

〈그림 8-6〉은 1961년부터 1990년까지의 기간에 중앙은행의 독립성과 평균 인플레이션의 상관관계를 보여준다. 독일, 스위스, 미국 같이 중앙은행의 독립성이 강한 국가들에서 평균 인플레이션이 낮은 경향을 보여주었고, 뉴질랜드, 스페인 같이 중앙은행의 독립성이 약한 국가들에서 평균 인플레이션이 높은 경향을 보여주었다.

그림 8-6 중앙은행의 독립성과 인플레이션, 실질GDP 증가율

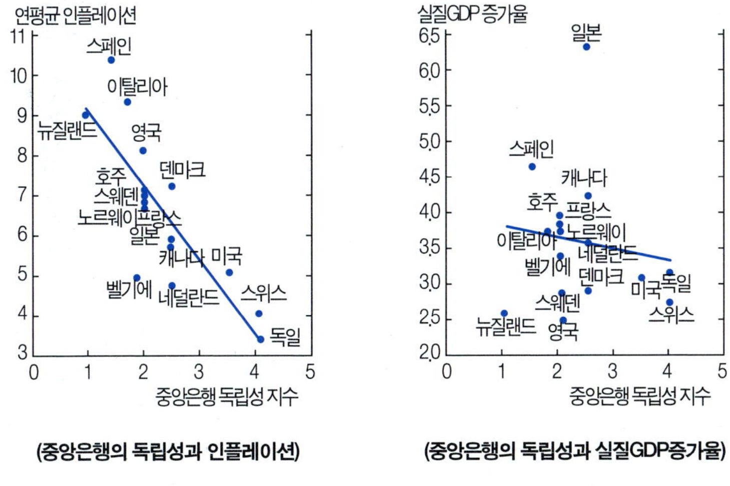

(중앙은행의 독립성과 인플레이션) **(중앙은행의 독립성과 실질GDP증가율)**

연구결과의 다른 하나는 중앙은행의 독립성이 실질 경제활동과 밀접한 관계가 없다는 사실을 보여주었다. 특히 중앙은행의 독립성이 실질GDP의 평균성장, 실질GDP의 변동과는 큰 상관이 없다는 것이다. 연구결과의 두 가지 사실을 결합해보면, 우리는 중앙은행이 독립성을 유지할 경우 실질GDP의 변동없이 인플레이션을 낮출 수 있는 혜택을 누릴 수 있다는 결론을 얻을 수 있다.

정석사고

많은 연구의 중요한 결과의 하나는 중앙은행의 독립성이 잘 보장된 나라일수록 물가상승률 즉, 인플레이션이 낮고 안정적인 경향을 보여준다. 연구의 중요한 결과의 다른 하나는 중앙은행의 독립성이 실질 경제활동과 밀접한 관계가 없다는 사실을 보여준다. 두 가지 사실을 결합해보면, 중앙은행이 독립성을 유지할 경우 실질GDP의 변동없이 인플레이션을 낮출 수 있는 혜택을 누릴 수 있다는 결론을 얻을 수 있다.

정석기본문제

1 화폐수요에 대한 설명으로 옳지 않은 것은?

① 화폐는 다른 자산과 달리 아무런 수익도 가져다주지 못한다.

② 투기적 동기의 화폐수요에서는 사람들이 인플레이션에 대비해서 화폐를 보유함으로써 수익을 극대화한다는 것을 강조한다.

③ 거래적 동기의 화폐수요는 사람들이 재화와 서비스를 구입하고 그 대가로 지불하기 위한 동기로 화폐를 보유한다는 것을 말한다.

④ 예비적 동기의 화폐수요는 소득에 비례한다.

⑤ 투기적 동기에 의한 화폐수요는 이자율과 반비례 관계에 있다.

정석힌트 투기적 동기의 화폐수요 : 사람들이 화폐가 아닌 다른 금융자산들에 투자를 해서 자본이득을 얻기 위해 화폐를 보유한다. 정답은 ②

2 화폐시장의 균형에 대한 다음 설명 중 옳지 않은 것은?

① 화폐수요곡선은 우하향한다.

② 소득이 증가하면 화폐수요곡선이 왼쪽으로 이동한다.

③ 화폐공급량이 증가한다면 화폐공급곡선은 오른쪽으로 이동한다.

④ 화폐의 수요곡선과 화폐의 공급곡선이 교차하는 점에서 균형이자율이 결정된다.

⑤ 만약 이자율이 균형이자율보다 더 높은 수준에 있다면 화폐의 초과공급이 발생한다.

정석힌트 총수요곡선에서 불변이라고 가정한 다른 요인에 변화가 생기면 화폐수요곡선 자체가 이동(예: 소득증가 → 거래적 화폐수요 증가 → 화폐수요곡선 오른쪽 이동). 정답은 ②

3 중앙은행의 통화관리방식에 관한 다음 설명 중 옳지 않은 것은?

① 중앙은행은 통화승수의 크기를 조절할 수는 없고 본원통화의 공급량만을 조절하여 통화량에 영향을 미칠 수 있다.

② 법정지급준비율을 올리면 통화량은 감소한다.

③ 재할인율을 인하하면 통화량은 증가한다.

④ 유가증권을 매입하면 통화량은 증가한다.

⑤ 유가증권을 매입하면 이자율은 하락한다.

정석힌트 중앙은행은 본원통화의 공급량을 조절하거나 통화승수의 크기를 조절함으로써 통화량에 영향을 미칠 수 있다. 정답은 ①

4 다음 중 중앙은행의 기능에 해당하지 않는 것은?

① 독점적으로 은행권을 발권 ② 일반 시중은행의 지급준비금 관리
③ 국고의 출납 ④ 정부예산의 수립 및 재원조달
⑤ 은행의 은행, 정부의 은행 역할을 담당

정석힌트 중앙은행의 기능 : 독점적으로 은행권을 발권, 일반 시중은행의 지급준비금 관리, 국고의 출납, 금융정책을 수립, 은행의 은행, 정부의 은행 역할을 담당한다. 정답은 ④

5 다음 보기를 읽고 빈칸에 적절한 말을 넣으시오.

보기

이자율은 고전학파의 경우 ( )시장에서, 케인즈의 경우 ( )시장에서 수요와 공급의 원리로 결정된다.

정석힌트 대부자금 혹은 생산물, 화폐

6 다음 보기를 읽고 빈칸에 적절한 말을 넣으시오.

보기

통화정책의 수단에는 ( ), ( ), ( ), 대출한도, 이자율규제정책 등이 있는데, 앞의 세 가지를 ( ) 정책수단이라고 하며, 뒤의 두 가지를 ( ) 정책수단이라고 한다.

정석힌트 지급준비율정책, 공개시장조작, 재할인율정책, 일반적, 선별적

7 "우리나라의 마샬의 k는 주요국의 그것보다 낮다. 마샬의 k가 낮은 이유는 우리나라의 통화공급량이 너무 낮기 때문이다. 통화량을 대폭 증가시켜야 우리나라의 마샬의 k가 선진국에 근접할 것이다."이 말은 1990년대 초 있었던 마샬의 k 논쟁에서 전경련에서 제시한 것이다. 이 명제를 평가하시오.

정석힌트 마샬의 k는 금융자산의 수익률과 인플레이션의 영향을 받는다. 우리나라에서 흔히 금융자산의 수익률이 높기 때문에 마샬의 k가 낮다. 그러나 장기적으로 통화량이 증가하면 물가도 비례적으로 증가한다. 그러므로 마샬의 k가 안정적이다. 선진국의 경우 통화량증가율이 낮아도 마샬의 k가 높다.

8 천원짜리 지폐 한 장이 하루동안 10명의 손을 거친다면 마샬의 k는 얼마입니까?

정석힌트 마샬의 $k=1/$화폐의 유통속도$=1/10$.

9 다음 보기에서 화폐수요에 대한 서술 중 옳지 않는 것은?

보기

(가) 화폐의 유통속도가 일정하면 마샬의 k도 일정하다.
(나) 채권의 가격과 이자율은 역의 관계에 있으므로 정부가 국채를 매각하면 이자율이 하락한다.
(다) 화폐수량설은 통화량이 물가를 결정한다.
(라) 경제가 3% 성장하고 화폐의 유통속도가 1% 하락하면 연 4%의 통화공급증가율이 적정하다.
(마) 경제가 호황일 때 정부는 국채를 매각하거나 재할인율을 인상하는 정책을 사용한다.
(바) 화폐 1원의 보유비용은 이자율이다.

정석힌트 (나)는 사실이 아니다. 국채를 매각하면 국채가격이 내려가서 이자율이 상승한다.

10 "이자율이 상승하면 투기적 화폐수요는 항상 감소한다."이에 대해 평가하시오.

정석힌트 투기적 화폐수요는 화폐와 채권사이의 선택이다. 이자율이 상승하면 화폐보유의 기회비용이 증가하므로 화폐대신 채권을 보유하려는 대체효과가 발생한다. 한편 채권을 가지고 있던 투자자들은 이자율상승으로 자본손실을 입으므로 안전한 자산인 화폐를 보유하려는 소득효과가 발생한다. 이 두 효과가 상반되기 때문에 항상 투기적 화폐수요가 감소한다고 말할 수 없다.

11 다음은 중앙은행이 공개시장에서 시중은행으로부터 1억원의 국채를 매입한다고 가정하고 이로 인해 발생하는 시중은행과 중앙은행의 대차대조표에서의 변동을 나타낸다.

시중은행

자 산	부 채
국채 (다) 지급준비예치금 (라)	

중앙은행

자 산	부 채
국채 (가)	시중은행 지불준비예치금(나)

(1) (가), (나), (다), (라) 안에 적절한 수치로 넣으시오. 단, 수치 앞에 $+$는 증가, $-$는 감소를 의미하도록 넣으시오.

(2) 이를 통해 통화량에 어떤 변화가 예상됩니까?

정석힌트 (1) $+1$, $+1$, -1, $+1$.
(2) 시중은행의 지급준비예치금의 증가는 승수과정을 통해 통화량이 증가한다.

12 다음 보기에서 실질이자율에 대한 서술 중 옳지 않는 것은?(단, 무인도경제를 가정)

보기

(가) 고전학파와 케인즈학파 모두 통화량의 증가는 실질이자율의 하락을 가져온다.
(나) 고전학파와 케인즈학파 모두 실질이자율의 하락은 투자지출의 증가를 가져온다.
(다) 케인즈학파는 실질이자율이 화폐시장의 수요와 공급에 의해 결정된다.
(라) 고전학파는 실질이자율이 대부자금시장의 저축과 투자에 의해 결정된다.

정석힌트 (가)는 사실이 아니다. 고전학파는 명목변수인 통화량과 실질변수인 실질이자율은 서로 분리되어 결정된다.

13 다음은 공개시장조작을 통해 중앙은행의 대차대조표에서의 변동을 나타낸다.

중앙은행

자 산	부 채
국채 +100	시중은행 지불준비예치금 +100

이로부터 발생하는 경제현상을 유추할 때 옳은 것을 모두 고른다면?

보기

(가) 명목이자율이 하락한다.
(나) 통화공급량이 증가한다.
(다) 채권가격이 하락한다.
(라) 국채를 매입한다.

정석힌트 중앙은행의 대차대조표로부터 중앙은행이 국채를 매입하였다는 사실을 알 수 있다. 국채를 매입하면 시중에 화폐가 풀려나오는 것이므로 통화공급량이 증가하고 화폐시장에서 명목이자율이 하락한다. 이자율의 하락은 국채가격을 상승시킨다. 따라서 (다)를 제외한 다른 예시문은 타당하다.

14 다음 보기를 읽고 물음에 답하시오.

보기	
총산출액=500조원	실질GDP=100조원
명목GDP=200조원	통화량=20조원

(1) 이 경제의 거래유통속도는?

(2) 이 경제의 소득유통속도는?

(3) 이 경제의 물가수준은?

(4) 소득유통속도가 일정하고 실질GDP가 매년 5% 증가하면 중앙은행이 물가수준을 올해 수준에 유지시키려면 통화량은?

정석힌트 (1) 거래유통속도=500/20=25. (2) 소득유통속도=200/20=10. (3) 물가=200/100=2.
(4) 실질GDP의 증가율만큼 5% 증가시켜야 한다.

15 어떤 경제상황이 다음 보기와 같을 때, 화폐수량설과 피셔방정식에 따르면 실질이자율은 얼마입니까?

보기	
실질경제성장률=5%	명목이자율=10%
통화량증가율=8%	화폐유통속도=불변

정석힌트 화폐수량설은 '화폐의 유통속도×통화량=물가×생산량'이므로 변화율로 바꾼 식은 다음과 같다.

통화량증가율+유통속도변화율=인플레이션율+실질경제성장률

(8%) (0%) (?) (5%)

인플레이션율이 3%이므로 피셔방정식에 따르면 명목이자율=실질이자율+인플레이션율. 따라서 실질이자율은 7%.

정석심화문제

16 화폐수량설에 따른 화폐수량방정식은 $MV=PY$이다. 이에 관한 설명으로 옳지 않은 것은?

① 장기적으로 화폐의 중립성이 성립한다.

② 화폐유통속도는 오랜 기간에 걸쳐 비교적 안정적이다.

③ 중앙은행이 통화량을 증가시키면 물가는 상승한다.

④ 중앙은행이 통화량을 증가시키면 장기적으로 산출량이 증가한다.

⑤ 중앙은행이 통화량을 변화시키면 산출량의 명목가치는 비례적으로 변한다.

정석힌트 ① 화폐의 중립성이란 통화량과 같은 명목변수의 변화가 실질변수에 아무런 영향이 없다는 것이다. 단기에는 성립하지 않을 수도 있으나, 장기에는 성립한다.

② 화폐유통속도는 사람들의 거래관행이나 관습에 의해서 오랜 기간 고착된 것이므로 비교적 안정적(극단적인 경우에는 고정)이라고 본다.

③ 통화량을 증가시키면 유통속도와 실질GDP가 고정되어 있는 경우에 물가 상승에만 영향을 미친다.

④, ⑤ 중앙은행이 통화량을 증가시키면 산출량의 명목가치인 PY는 P의 증가와 비례적으로 증가한다. 그렇지만 장기적으로 산출량인 Y는 불변이다.

정답은 ④

17 화폐수요함수가 $\frac{M}{P}=500+0.2Y-1,000i$이다. $Y=1,000$, $i=0.1$일 때, $P=100$과 $P=200$이라면 화폐유통속도는 각각 얼마인가? (단, M은 통화량 P는 물가, Y는 실질국민소득, i는 명목이자율, V_1은 $P=100$일 때 화폐유통속도, V_2는 $P=200$일 때 화폐유통속도이다.)

① $V_1=\frac{5}{6}$, $V_2=\frac{5}{6}$

② $V_1=\frac{5}{6}$, $V_2=\frac{10}{6}$

③ $V_1=\frac{10}{6}$, $V_2=\frac{10}{6}$

④ $V_1=\frac{10}{6}$, $V_2=\frac{20}{6}$

⑤ $V_1=\frac{20}{6}$, $V_2=\frac{20}{6}$

정석힌트 교환방정식을 이용해 화폐유통속도를 구할 수 있다.

우선 주어진 화폐수요함수

$\frac{M}{P}=500+0.2Y-1,000i$에 $Y=1,000$, $i=0.1$, $P=100$을 대입하면 $M=60,000$

$\frac{M}{P}=500+0.2Y-1,000i$에 $Y=1,000$, $i=0.1$, $P=200$을 대입하면 $M=120,000$

교환방정식 $MV=PY$에 대입하면 $V_1=\frac{10}{6}$, $V_2=\frac{10}{6}$으로 계산된다.

정답은 ③

18 고전적 화폐수량설(현금잔고방정식)에 대한 신화폐수량설의 특징이 아닌 것은?

① 마샬의 k는 상수가 아니라 이자율, 기대인플레이션 등의 안정적 함수이다.

② 두 이론 모두에서 화폐량의 증가는 명목소득에 영향을 미친다.

③ 화폐량의 증가는 실질소득에 영향을 미치지 않는다.

④ 화폐량 증가의 장단기효과는 다르다.

⑤ 화폐량의 증가는 실질이자율에 영향을 미칠 수 있다.

정석힌트 고전적 화폐수량설과 신화폐수량설의 특징을 잘 알아두자.

비교 내용	현금잔고방정식 (고전적 화폐수량설)	신화폐수량설
이론구성 시각	거시적 수준 (명목화폐수요)	미시적 최적화 이론 (실질화폐수요)
화폐보유동기	화폐의 취득과 사용시차 메움 (거래지연의 가치저장기능)	주식, 채권, 저축 등과 포트폴리오 구성
화폐수요함수의 안정성	유통속도 고정 마샬의 k 고정	마샬의 k가 소득과 이자율에 안정적
화폐수요	명목소득에 비례 (소득탄력성 = 1)	인플레이션율과 반비례 실질소득변화에 안정적 이자율변화에 안정적
화폐중립성	단기에도 성립 (세이의 법칙 성립)	장기에만 성립 (자연실업률 가설)
화폐수량설	단기에도 성립	장기에만 성립 (장기필립스곡선)
통화지표	M_1(실증 없음)	M_2에 대하여 실증됨

③ 신화폐수량설에서는 단기에 화폐의 중립성이 무너져서 실질소득에 영향을 미친다고 본다. 그러나 장기에는 화폐의 중립성, 화폐수량설이 성립한다.

정답은 ③

19 화폐수요함수는 $\frac{M^d}{P}=\frac{Y}{5i}$이다. 다음 중 옳은 것을 모두 고른 것은? (단, $\frac{M^d}{P}$는 실질화폐잔고, i는 명목이자율, Y는 실질생산량, P는 물가이다.)

보기

ㄱ. 명목이자율이 일정하면, 실질생산량이 k% 증가할 경우 실질화폐잔고도 k% 증가한다.

ㄴ. 화폐유통속도는 $\frac{5i}{Y}$이다.

ㄷ. 명목이자율이 일정하면 화폐유통속도는 일정하다.

ㄹ. 실질생산량이 증가하면 화폐유통속도는 감소한다.

① ㄱ, ㄴ

② ㄱ, ㄷ

③ ㄴ, ㄷ

④ ㄴ, ㄹ

⑤ ㄷ, ㄹ

정석힌트 (ㄱ) 변화율로 나타내면 $\frac{\Delta M^d}{M^d}-\frac{\Delta P}{P}=\frac{\Delta Y}{Y}-\frac{\Delta i}{i}$가 된다. 따라서 명목이자율인 $\frac{\Delta i}{i}=0$이면 실질화폐잔고의 변화율인 $\frac{\Delta M^d}{M^d}-\frac{\Delta P}{P}$는 $\frac{\Delta Y}{Y}$에 비례하게 된다. 따라서 $\frac{\Delta Y}{Y}=k\%$라면 $\frac{\Delta M^d}{M^d}-\frac{\Delta P}{P}=k\%$가 된다.

(ㄴ) $MV=PY$에서 $M^dV=PY$가 되어 $\frac{M^d}{P}=\frac{Y}{V}$이므로 문제의 정보를 대입하면 $\frac{M^d}{P}=\frac{Y}{5i}$이므로 $V=5i$가 된다.

(ㄷ) $V=5i$이므로 유통속도는 이자율에 비례한다. 따라서 명목이자율이 일정하게 되면 화폐유통속도는 변하지 않고 일정하게 된다.

(ㄹ) $V=5i$이므로 실질생산량이 증가하게 되면 다른 조건인 이자율이 일정하게 되고 유통속도는 일정하게 된다.

정답은 ②

20 다음은 우리나라의 화폐유통속도에 대한 그래프를 나타낸 것이다. 이에 대한 설명으로 타당하지 않은 것을 고르시오.

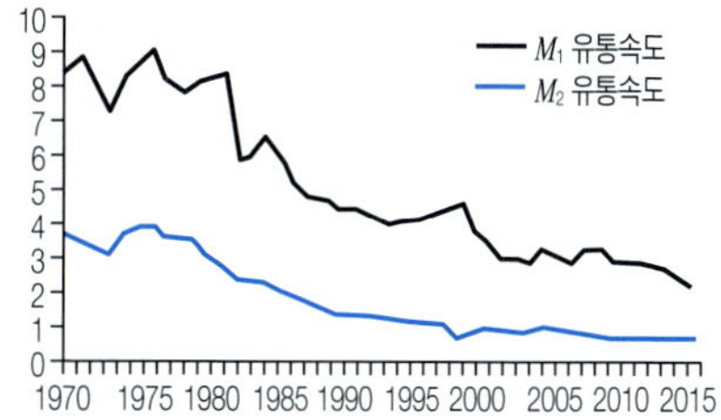

① 우리나라의 화폐유통속도는 2000년대 초까지 감소하다가 평균적으로 안정적인 상태에 접어들었다.

② 1970년대 이후에 화폐유통속도를 볼 때 화폐수량설은 장기적으로 성립할 수 있다는 것을 보여준다.

③ 신용카드의 사용과 현금자동인출기의 도입은 유통속도를 낮추게 된다.

④ 마샬의 k를 고려한 현금잔고방정식은 화폐를 보유하는 동기는 주로 거래적 목적이다.

⑤ 마샬의 케임브리지학파는 부를 구성하는 여러 자산의 상대적 수익률의 변화는 단기적으로 마샬의 k를 변화시킬 수 있다고 보았다.

정석힌트 ① 화폐유통속도가 1970년대 이후에 점차 감소하고 있는 추세이다. 이는 이 기간 동안 금융시장에서 혁신이 일어났기 때문인데, 신용카드 사용과 현금자동인출기의 이용이 일반화된 시기이다. 그러나 2000년 이후만을 고려하면 M_1과 M_2의 유통속도는 모두 2.7과 0.7에서 안정적인 상태를 유지하는 것으로 나타난다.

② 화폐유통속도가 1970년대 이후에 점차 감소한다는 점은 화폐수량설에 따른 화폐수요함수가 장기적으로 성립할 수 없다는 것을 나타낸다. 화폐수량설은 지불관습에 의해 화폐의 유통속도(V)가 고정된다고 보았다.

③ 신용카드의 광범위한 사용은 주어진 명목소득에서 그만큼 화폐의 사용량이 줄어들게 만들고 그 결과 화폐의 유통속도는 낮게 나타난다.

④ 케임브리지학파 경제학자인 마샬과 피구는 사람들이 화폐를 보유하는 것은 생활을 편리하게 하기 위해서이다. 사람들은 세탁기를 사는 것은 세탁을 하는 데 들어가는 시간과 노력을 절약하기 위함이고 자동차를 보유하는 이유도 비슷하다. 마찬가지로 화폐를 보유하는 것은 편리함 때문이므로 소득이 증가하면 가전제품이나 자동차 등의 수요처럼 화폐수요도 증가한다. 케임브리지학파 경제학자들은 경제주체들이 얼마나 화폐를 보유하려고 하는가에 대한 경제주체들의 의사결정 문제를 고려해서 현금잔고방정식을 도출하였다.

정답은 ②

21 통화정책의 전달경로 중 신용경로(credit channel)에 대한 설명으로 옳지 않은 것은?

① 기준금리가 낮아지면 명목환율이 상승하여 수출입에 영향을 미치는 것이다.

② 통화정책이 가계와 기업의 대차대조표를 변화시킴으로써 소비와 투자에 영향을 미치는 것이다.

③ 팽창적 통화정책이 역선택 및 도덕적 해이 문제를 완화시킴으로써 실물 부문에 영향을 미치는 것이다.

④ 증권화의 진전이나 금융자유화가 되면 은행의 자금조달경로가 다양해져 신용경로의 중요성이 작아진다.

정석힌트

	파급경로		영향	실물경제 효과	
화폐금융 정책 (기준 금리)	금리경로		단기금리→장기금리, 은행여수신금리	소비, 투자	총수요 생산 물가 경상수지
	자산가격 경로	q이론	주가 → 토빈 q	투자	
		부효과	주가, 부동산 가격 → 개인의 부	소비	
	환율경로		금리 → 환율	수출, 수입	
	신용경로		은행예금 대출, 대차대조표 → 리스크 프리미엄	소비, 투자	
	기대경로		경기전망, 인플레이션 기대	소비, 투자	

화폐금융정책이 실물경제에 파급되는 경로에는 전통적으로 금리경로(interest rate channel)가 있고, 최근에는 자산가격경로(asset price channel) 및 환율경로(exchange rate channel), 그리고 금리경로와 대비되는 신용경로(credit channel), 기대경로(expectation channel) 등이 있다.

신용경로는 현재 미국의 연방준비제도 총재였던 버냉키가 주장한 전달경로이다. 신용경로란 화폐금융정책의 양적인 측면인 은행대출에 영향을 미쳐 기업투자와 가계소비에 파급되는 과정을 말한다. 중앙은행이 화폐공급을 축소하면 은행예금의 감소로 이어지고 은행예금감소에 대처하기 위해서 은행 등 대출을 줄이거나 유가증권보유를 줄이게 된다. 그런데 이런 경우에 은행은 보통 신용위험이 낮고 유동성이 높은 국공채를 보유하려고 하기 때문에 대출을 줄이게 된다. 이때 은행에서 자금을 빌린 기업들이 신용이 튼튼하다면 아무런 문제가 없겠지만 신용이 취약한 중소기업이가 가계소비자들은 은행이 대출을 줄이게 되면 바로 자금부족을 경험하게 된다. 그 결과 기업의 투자와 가계의 소비는 위축된다.

문제에서는 신용경로에 대한 것이 아닌 것을 고르는 것으로, 대차대조표, 은행예금대출이 아닌 환율을 통한 경로가 답이라는 것을 쉽게 알 수 있다.

① 환율경로란 통화량의 증가가 이자율을 떨어뜨리고, 명목환율과 실질환율을 상승시켜 순수출을 증가시키고 그 결과 총수요와 국민소득이 증가한다는 것을 말한다.

② 대차대조표 경로는 자산에서 부채를 차감한 기업의 순자산과 관련이 있다. 기업의 순자산이 적으면 대출담보가 작아서 역선택에 따른 손실이 높아진다. 즉, 순자산이 적으면 역선택 문제가 커지고 투자를 위한 여신이 감소하여 도산해도 잃을 것이 많지 않기 때문에 기업은 더 위험한

투자를 할 가능성이 증가해서 도덕적 해이 문제가 커진다. 따라서 순자산이 감소하면 투자를 위한 여신이 줄어든다.

③ 신용경로는 금융시장에서 정보의 비대칭성과 계약이행을 강제하는 데 드는 비용 때문에 역선택과 도덕적 해이 즉, 대리인 문제가 나타난다. 통화량의 증가로 인해 순자산이 증가하고, 현금흐름이 증가하게 되면 역선택과 도덕적 해이가 작아져서 여신이 증가하고 그 결과 투자가 증가해 국민소득은 증가하게 된다.

④ 화폐금융정책의 신용경로는 금융자유화에 따른 은행의 자금조달 방식의 다양화로 인해서 그 중요성이 감소하는 추세이다. 중앙은행의 긴축정책으로 예금이 감소하더라도 은행들은 양도성예금증서(*CD*) 등을 발행하여 자금을 조달할 수 있고, 금융국제화에 따라서 국제금융시장에서 자금을 조달할 수 있어 국내금융시장 사정이 긴축적이라고 특별히 대출을 축소시킬 이유가 없기 때문이다.

정답은 ①

5

총수요·총공급 이론과 안정화정책

정석 거시경제론 **제9장**

총수요·총공급의 이론

한 사람의 부자가 있기 위해서는 5백 명의 가난뱅이가 있지 않으면 안 된다.

- 애덤 스미스 -

국민소득결정에서 케인즈의 단순모형을 배운 적이 있다. 이것을 소득-지출모형이라고 하였다. 이때 투자는 독립적이어서 이자율과 관계없다고 가정하였다. 화폐시장을 고려하지 않았기 때문에 케인즈의 이자율이 결정되는 과정을 포함시키지 않았다. 또한 단기적으로 물가도 일정하다고 가정하고 있다. 말 그대로 가장 단순한 케인즈의 모형을 통해 국민소득이 어떻게 총수요에 의해 창출되는지를 보았을 뿐이다. 물론 그것이 가장 핵심적인 사고를 보여주고 있지만 전혀 완전하지는 않다.

이 장에서는 케인즈의 단순모형에 투자가 이자율의 감소함수라는 사실과 이자율이 화폐시장에서 결정되어 국민소득에 영향을 준다는 사실을 포함하여 케인즈의 완전한 이론을 완성할 것이다. 케인즈의 거시이론의 핵심은 국민소득결정이론인데, 총수요의 구성요소인 소비는 소득과 한계소비성향의 함수이며, 다른 구성요소인 투자는 투자의 한계효율과 이자율의 함수이다. 한편 화폐시장에서 케인즈의 이자율은 통화량(화폐공급)과 유동성선호(화폐수요)에 의해 결정된다. 이처럼 결정된 케인즈의 이자율은 투자의 한계효율에 맞추어 투자가 결정된다.

이와 같이 케인즈의 이자율은 실물부문인 생산물시장과 화폐부문인 화폐시장을 연결시키는 통로의 역할을 한다. 이 통로를 따라 투자가 결정되어 국민소득이 결정된다는 케인즈의 완전이론이 탄생한다.

이 장에서 케인즈의 생산물시장균형, 화폐시장균형, 이 두 시장의 동시균형을 봄으로써 완전이론을 구성하고 이로부터 총수요곡선을 도출하는 동시에 총공급곡선까지 결합하여 명실상부한 거시경제분석의 완결판을 만들 것이다. 이제 이러한 이론의 완성을 위해 긴 여행을 시작해보자.

이 장에서 배울 것

- 생산물시장의 균형 IS곡선이란?
- 화폐시장의 균형 LM곡선이란?
- 생산물과 화폐시장의 균형을 이루는 총수요곡선은?
- 고전학파와 케인즈의 총공급곡선의 차이는?
- 새고전학파와 새케인즈학파의 총공급곡선의 차이는?

1 생산물시장과 IS곡선

케인즈의 단순모형(소득－지출모형)에서 소비와 투자가 이자율에 영향을 받지 않는다고 가정하여 생산물시장에서 균형국민소득이 결정되는 것을 살펴보았다. 그러나 생산물시장뿐만 아니라 화폐시장까지 고려해야 케인즈의 완전이론을 만들 수 있다. 사실 노벨경제학상 수상자인 힉스(Hicks)가 1937년에 케인즈의 이론을 완전하게 설명할 수 있도록 고안한 모형이다. 이 모형은 저축과 투자가 균형을 이룬다는 *IS*곡선으로 생산물시장의 균형을 나타내고, 화폐수요와 화폐공급이 균형을 이룬다는 *LM*곡선으로 화폐시장의 균형을 나타내어 이 두 곡선의 결합을 통해 총수요측면에서의 케인즈의 완전이론을 구성하고 있다.

1. IS곡선 도출

케인즈의 단순모형에서는 투자가 독립적이어서 일정한 수준으로 주어진다고 가정하였다. 그러나 이제 케인즈의 투자가 이자율의 함수라는 사실을 알고 있다. 화폐시장에서 결정된 이자율이 주어지면 투자의 한계효율에 맞추어 투자를 결정한다. 따라서 이자율이 하락하면 투자의 한계효율이 낮은 사업까지 투자를 하므로 투자가 증가한다. 반대로 이자율이 상승하면 투자의 한계효율이 높은 사업만 투자하므로 투자가 감소한다.

케인즈의 단순모형(소득－지출모형)에서 크루소 정부경제를 생각하면 총수요 혹은 총지출은 다음으로 구성된다.

$$Y=C+I(r)+G$$

소득－지출모형에서 총지출은 의도된 혹은 계획된 지출을 말하며, 생산된 국민소득이 실제 100%처분되는 실제지출과 다르다. 물론 이 두 지출이 일치할 때 균형국민소득이 결정된다. 이자율이 상승하면 투자지출이 감소하여 의도된 총지출이 감소하며, 이에 따라 균형국민소득이 감소한다. 즉, 이자율이 상승하면 국민소득이 감소한다는 관계가 도출된다.

이것을 〈그림 9-1〉을 통해 살펴보자. 그림의 (a)에서 이자율이 상승하면 투자가 감소한다. 그림 (b)에서 투자지출의 감소로 계획된 총지출이 감소하여 총지출선이 아래쪽으로 이동한다. 감소한 총지출선이 총소득선(실제 지출)과 만나는 소득수준이 균형국민소득이 된다. 따라서 그림 (c)에서 이자율의 상승은 균형국민소득의 하락을 가져온다. 이 관계가 *IS*곡선으로 요약된다.

2. IS곡선 이동

IS곡선은 각 이자율수준에서 생산물시장의 균형을 나타내는 국민소득의 궤적이다.

그림 9-1 생산물시장과 IS곡선의 도출

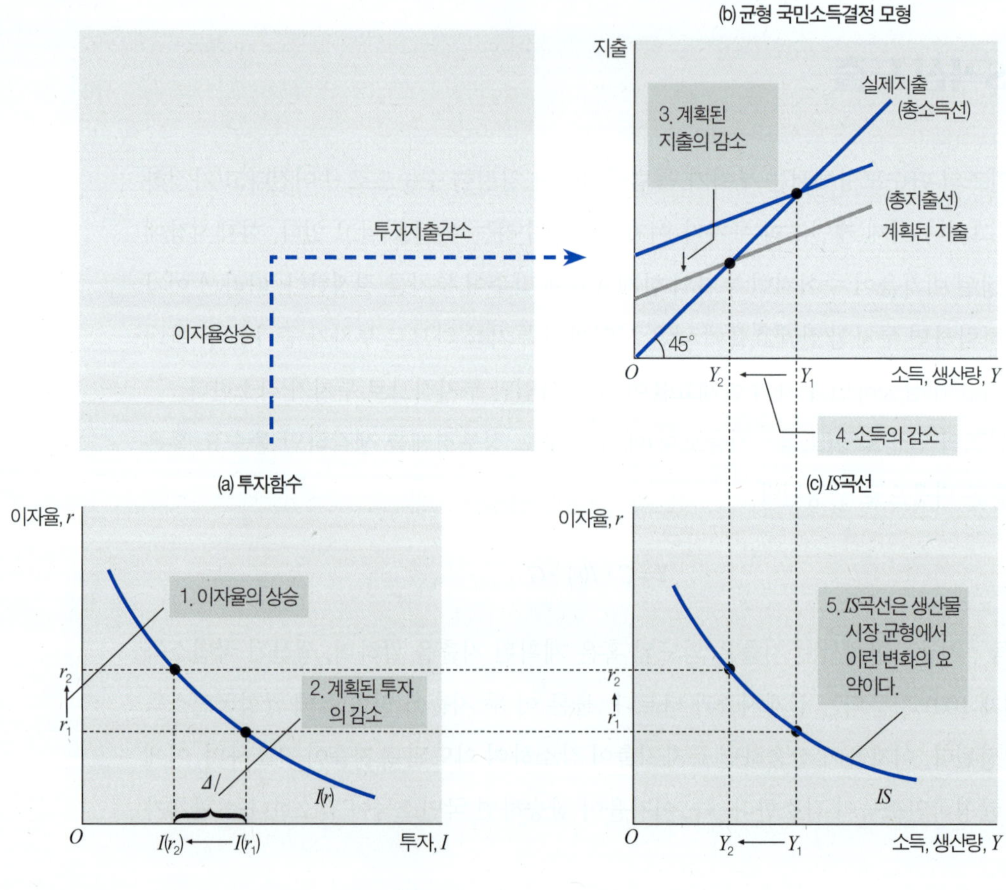

그림 9-2 정부지출(정부구매)의 증가와 IS곡선의 이동

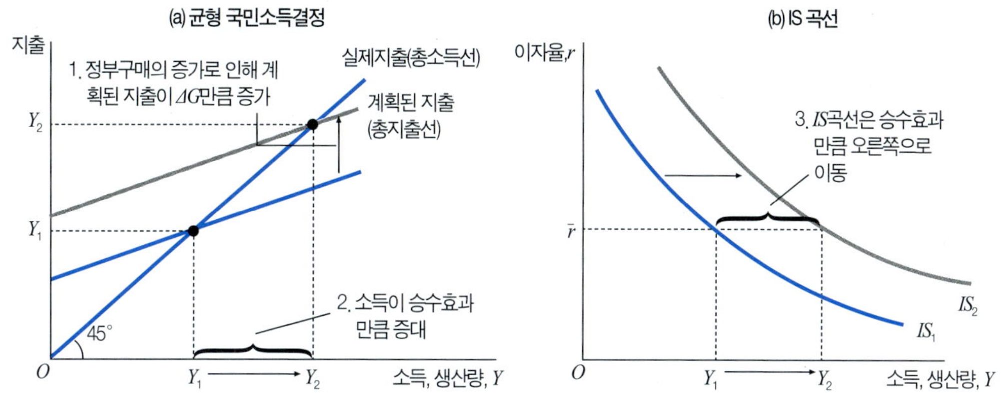

그런데 균형국민소득은 정부지출과 조세에도 의존한다. *IS*곡선을 도출할 때 정부지출과 조세는 일정하다고 가정했다. 만약 이것들이 변화하면 *IS*곡선도 이동하게 된다. 이것을 〈그림 9-2〉로 한번 이해해보자. 정부지출이 ΔG만큼 증가했다고 할 때 *IS*곡선에 어떤 변화가 일어날까? 정부지출이 증가하면 계획된 총지출이 증가하고 이에 따라 소득은 승수효과만큼 증가한다. 이에 따라 원래의 이자율수준에서 *IS*곡선이 오른쪽으로 이동한다. 〈그림 9-2〉(a)에서 총지출선이 위쪽으로 이동하고 (b)에서 *IS*곡선이 오른쪽으로 이동한다. 결론적으로 총수요를 증가시키는 모든 재정정책은 *IS*곡선을 오른쪽으로 이동시키고, 총수요를 감소시키는 모든 재정정책은 *IS*곡선을 왼쪽으로 이동시킨다.

3. IS곡선 기울기

이제 *IS*곡선의 가파른 정도에 대하여 생각해보자. 고전학파의 투자함수, 즉 투자지출의 수요가 이자율에 민감할수록 *IS*곡선은 수평에 가깝게 된다. 그 이유는 이자율이 상승할 때 투자수요가 감소하는데 이자율에 민감하면 이자율이 조금만 상승해도 투자수요가 대폭 감소하기 때문이다. 같은 이자율변화에 소득의 변화가 더 크다는 것은 *IS*곡선의 기울기가 완만해진다는 의미이다. 따라서 케인즈처럼 투자의 이자율탄력성이 매우 작다고 보면 *IS*곡선은 수직선에 가깝게 된다.

정석사고

IS곡선은 생산물시장을 균형시켜 주는 이자율과 국민소득의 모든 조합을 연결한 곡선이다. 투자지출의 수요가 이자율에 민감할수록 IS곡선은 수평에 가깝게 된다.

2 화폐시장과 LM곡선

1. LM곡선 도출

케인즈에 의하면 이자율은 화폐시장의 균형에서 결정된다. 화폐수요는 유동성선호에 의해 결정되고, 화폐공급은 중앙은행에 의해 공급되는 통화량에 의해 결정된다. 이제 한 경제의 소득수준이 변화할 경우 실질화폐잔고의 수요에 어떤 변화가 오는지 생각하면서 시작해보자.

소득이 증가하면 거래적·예비적 동기의 화폐수요가 증가하게 된다. 고정된 화폐공급 수준에서 화폐수요가 증가한다는 것은 개인들이 채권을 팔거나 예금을 인출하여 화폐를 보유하려고 한다는 의미이다. 이제 귀해진 자금을 조달하기 위해 은행과 채권발행자는 더 높은 이자율을 제시해야 한다. 결국 더 높아진 균형이자율에서 개인들이 화폐와 다른 금융자산의 구성에 만족하게 된다(혹은 화폐수요의 증가로 채권수요가 감소하고 채권가격이 하락하여 이자율이 상승한다고 생각해도 된다).

이처럼 소득이 증가하면 이자율도 상승한다는 관계가 도출된다. 이것을 〈그림 9-3〉을 통해 이해해보자. 그림의 (a)에서 소득이 증가하면 화폐수요곡선이 오른쪽으로 이동한다. 그런데 실질화폐잔고의 공급이 고정되어 있다면 실질화폐잔고의 초과수요를 해소하기 위해 이자율이 상승해야 한다. 결국 화폐시장에서 소득의 증가는 이자율의 상승을 가져온다. 그림의 (b)는 이러한 소득과 이자율의 관계를 요약한 곡선으로서 바로 케인즈의 *LM*곡선이다. 이 곡선 위의 모든 점은 화폐시장의 균형을 나타내는 점들이며 우상

그림 9-3 화폐시장과 LM곡선의 도출

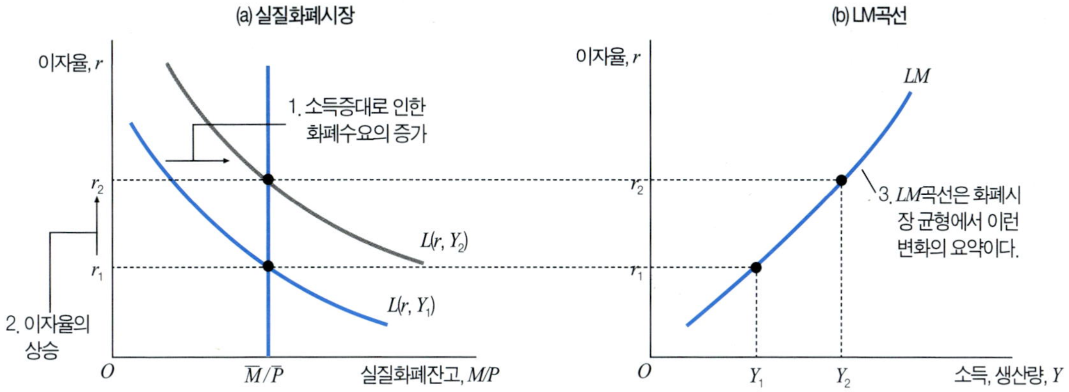

향하는 곡선의 형태를 보여준다.

2. LM곡선의 이동

LM곡선은 각 주어진 소득수준에서 화폐시장의 균형을 나타내는 이자율의 궤적이다. 그런데 균형이자율은 실질화폐잔고의 공급에도 의존한다. LM곡선을 도출할 때 실질화폐잔고의 공급이 일정하다고 가정했다. 만약 이것이 변화하면 LM곡선도 이동하게 된다. 이것을 〈그림 9-4〉를 통해 살펴보자. 중앙은행이 실질화폐잔고의 공급을 ΔM만큼 감소시켰다고 할 때 LM곡선에 어떤 변화가 일어날까? 실질화폐공급이 감소하면 주어진

그림 9-4 화폐공급의 증가와 LM곡선의 이동

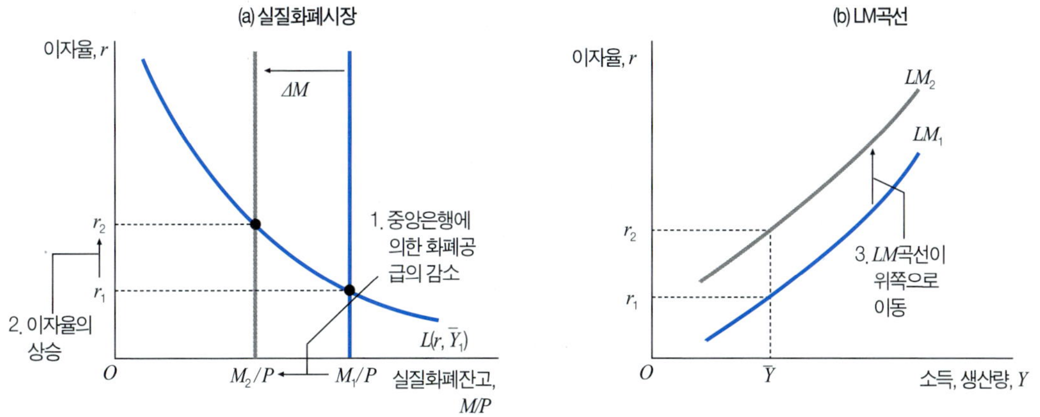

소득수준에서 실질화폐수요를 줄여 균형이 되도록 유도하기 위해 이자율이 상승해야 한다. 이에 따라 주어진 소득수준에서 *LM*곡선이 위쪽으로 이동한다. 〈그림 9-4〉(a)에서 실질화폐공급이 왼쪽으로 이동하고 (b)에서 주어진 소득수준에서 *LM*곡선이 위쪽으로 이동한다. 결론적으로 실질화폐공급을 증가시키는 모든 통화정책은 *LM*곡선을 오른쪽(아래쪽)으로 이동시키고, 실질화폐공급을 감소시키는 모든 통화정책은 *LM*곡선을 왼쪽(위쪽)으로 이동시킨다.

3. LM곡선의 기울기

마지막으로 *LM*곡선의 가파른 정도에 대하여 생각해보자. 케인즈의 유동성 선호함수, 즉 실질화폐잔고의 수요가 이자율에 민감할수록 *LM*곡선은 수평에 가깝게 된다. 그 이유는 소득이 증가할 때 실질화폐수요가 증가하는데 이자율에 민감하면 이자율이 조금만 상승해도 균형이 되기 때문이다. 같은 소득변화에 이자율의 변화가 더 작다는 것은 *LM*곡선의 기울기가 완만해진다는 의미이다. 따라서 케인즈의 유동성함정처럼 화폐수요가 이자율에 완전히 민감하면(완전탄력적이면) *LM*곡선은 수평선이 된다.

정석사고

LM곡선은 주어진 물가수준에서 화폐시장을 균형시켜 주는 이자율과 실질국민소득의 모든 조합을 연결한 곡선이다. 케인즈의 유동성 선호함수, 즉 실질화폐잔고의 수요가 이자율에 민감할수록 LM 곡선은 수평에 가깝게 된다.

3 생산물시장과 화폐시장의 동시균형: 단기적 관점

지금까지 설명한 케인즈의 완전이론은 생산물시장의 균형과 화폐시장의 균형을 보여 주는 다음 두 방정식으로 구성된다. 소비함수를 C, 투자함수를 I라고 표시하면,

$$IS: Y = C(Y) + I(r) + G$$
$$LM: \frac{M^s}{P} = \frac{M^d}{P} = L(Y, r)$$

경제의 균형점은 〈그림 9-5〉에서 보는 것처럼 이 두 곡선이 교차하는 점이다. 이 균형점에서 생산물시장과 화폐시장이 동시적으로 균형을 이루게 되는 이자율과 소득수준이 결정된다. 다시 말해서 생산물시장에서는 계획된 지출이 실제지출과 일치하는 국민소득이 결정되고, 화폐시장에서는 주어진 소득수준에 실질화폐잔고의 수요와 공급이 일치하는 이자율이 결정된다.

케인즈의 사고속에 머물고 있던 기본 아이디어는 유례없이 실업문제가 심각했던 세계대공황속에서 유효수요가 항상 부족하다는 것이었다. 따라서 총공급은 총수요에 맞추어 조절되므로 총수요가 균형국민소득을 결정한다. 이러한 이유로 케인즈의 완전이론은 총수요를 완성하는 작업이었다. 이제 다음 절에서 케인즈의 완전이론에서 어떻게 총수요함수라는 것이 도출되는가를 볼 것이다. 이것은 정책변화와 국민소득에 영향을 미치는 다른 변화(수요 혹은 공급충격)가 초래하는 단기적 효과를 분석하고 추론하는데

그림 9-5 화폐시장과 생산물시장의 균형

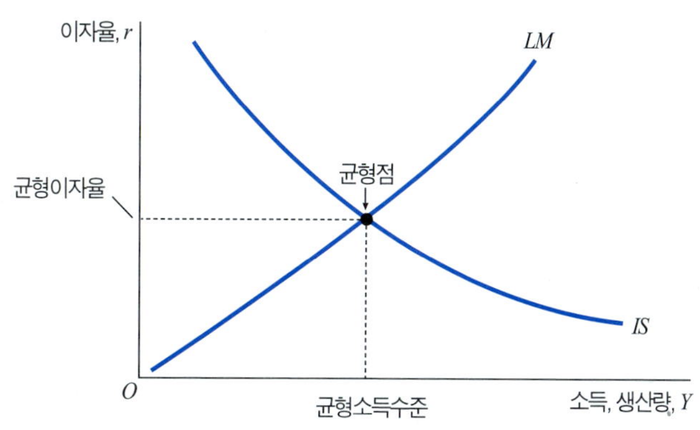

매우 유용하여, 많은 경제학자들이 즐겨 사용한다. 물론 우리가 완성하려는 총수요·총공급모형의 일부를 구성하는 중요한 부분이다.

정석사고

생산물시장에서는 계획된 지출이 실제지출과 일치하는 국민소득이 결정되고, 화폐시장에서는 주어진 소득수준에 실질화폐잔고의 수요와 공급이 일치하는 이자율이 결정된다.

4 총수요곡선

1. 총수요곡선의 개념과 도출

케인즈의 완전이론인 *IS*−*LM*모형은 가격이 고정되어 있는 단기균형국민소득을 설명하는데 유용하다. 이 모형이 어떻게 총수요모형으로 전환되는지 알아볼 것이다. 미시경제학에서의 수요모형이 상품의 가격과 상품수량의 관계를 보이듯이, 거시경제의

그림 9-6 총수요곡선의 도출

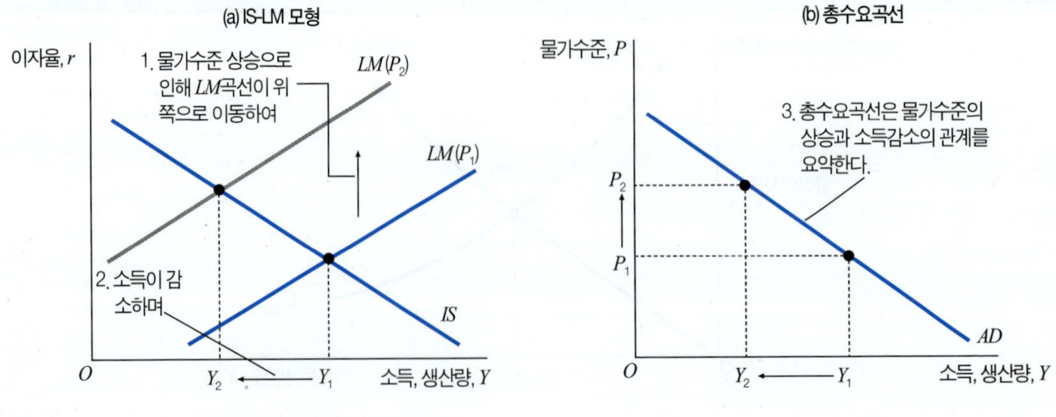

총수요모형은 물가와 국민소득의 관계를 보여주는 것이다. 따라서 물가수준이 변화할 때 *IS*−*LM*모형에 어떤 변화가 일어나는지를 살펴보는 것으로 시작한다.

화폐공급이 일정한데 물가수준이 상승하였다고 하자. 물가수준의 상승은 실질화폐잔고의 공급을 감소시킨다. 실질화폐잔고의 공급이 감소하면 *LM*곡선이 위쪽으로 이동하여 이자율이 상승하고 균형국민소득수준이 하락한다. 이와 같이 물가와 국민소득사이에 음(−)의 관계가 존재하는데, 〈그림 9-6〉에서 보듯이 이러한 음의 관계를 요약한 곡선이 총수요곡선이다.

2. 총수요곡선의 이동

총수요곡선이 *IS*−*LM*모형의 결과를 요약한 것에 불과하므로 물가수준의 변화 이외에 *IS*곡선과 *LM*곡선을 이동시키는 어떤 정책뿐만 아니라 어떤 충격도 총수요곡선을 이동시킨다. 예를 들어 화폐공급이 증가(통화팽창)하면 *LM*곡선이 오른쪽(아래쪽)으로 이동하여 국민소득이 증가하고 총수요곡선이 오른쪽으로 이동한다(〈그림 9-7〉)

또한 정부지출이 증가(재정팽창)하면 *IS*곡선이 오른쪽으로 이동하여 국민소득이 증가하고 총수요곡선이 오른쪽으로 이동한다(〈그림 9-8〉).

요약하면, 물가수준이 변화하여 *IS*−*LM*모형의 소득수준이 변화하면 총수요곡선 위의 이동이 되고, 물가수준이 일정할 때 어떤 충격에 따른 *IS*−*LM*모형의 소득수준의 변

그림 9-7 화폐공급의 증가와 총수요곡선의 이동

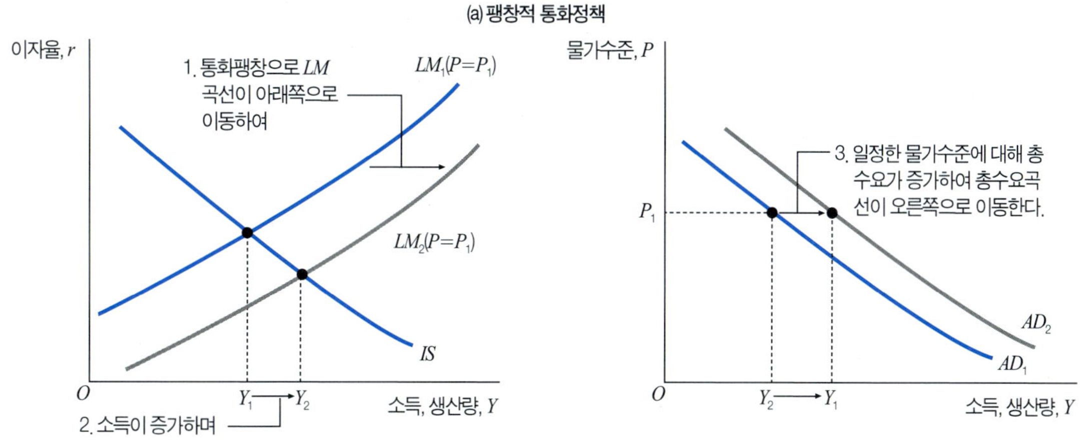

그림 9-8 정부지출의 증가와 총수요곡선의 이동

(a) 팽창적 재정정책

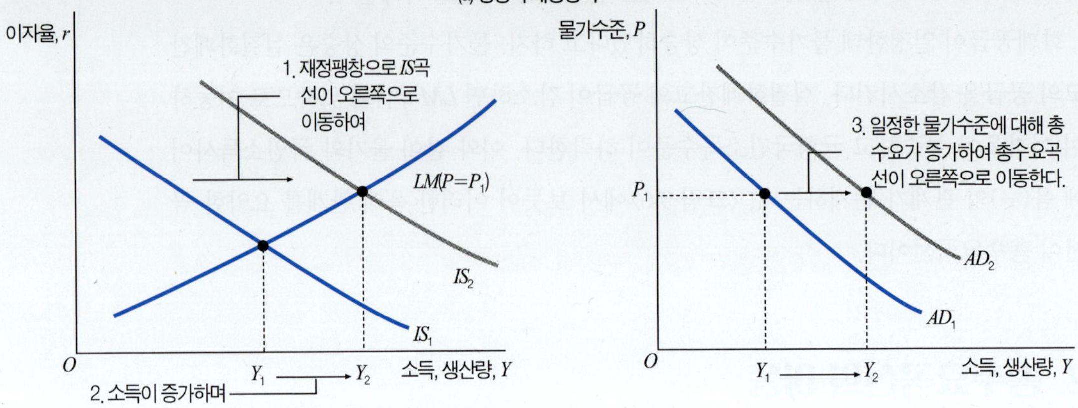

화는 총수요곡선(자체)의 이동이다.

3. 총수요곡선이 우하향하는 이유

(1) 이자율 효과

이제 이 절을 마무리하면서 총수요곡선이 우하향하는 이유를 배운대로 정리해보자. 물가가 올라가면 실질화폐잔고가 줄어들고 화폐와 채권의 자산구성을 원래대로 맞추기 위해서는 화폐보유를 늘리고 채권보유를 줄여야 한다. 채권수요를 줄이는 과정에서 채권가격이 하락하고 이자율이 상승한다. 이자율의 상승은 투자수요를 줄여서 총수요를 감소시키게 된다. 이에 따라 균형국민소득이 줄어든다. 이것이 **케인즈 효과** 혹은 **케인즈의 이자율효과**이다.

(2) 자산효과(피구효과)

국채의 자산효과와 유사하게 화폐잔고의 자산효과도 총수요곡선을 우하향하게 하는 힘으로 작용한다. 예를 들어 물가가 상승하면 실질화폐잔고가 감소하는데, 실질화폐잔고가 감소하면 사람들이 특히 소비자들이 더 가난하게 느껴 소비를 줄이는 효과가 작용한다. 이 때문에 총수요가 감소하고 균형국민소득이 줄어든다. 이것을 **피구효과**와 혹은 **피구의 자산효과**라고 부른다.

(3) 환율 효과

뒤에서 다룰 개방경제에서 작용하는 것인데 물가와 이자율이 환율을 변화시켜 발생하는 효과이다. 물가가 오르면 케인즈효과에서 보듯이 이자율이 오른다. 이자율이 오르면 외환시장에서 외환(달러)을 팔고 원화를 구입하여 국채를 구입하려고 한다. 이 과정에서 원화의 가치가 오르고 같은 원화로 더 많은 해외상품을 살 수 있게 되어 수입이 증가한다. 수입은 국민소득의 순환과정에서 누출이므로 균형국민소득이 감소하게 된다. 따라서 총수요곡선이 우하향하게 된다. 이러한 효과를 개방경제의 **환율효과** 혹은 **환율의 무역수지효과**라고 부른다.

결론적으로 총수요곡선이 우하향하는 이유는 케인즈효과, 피구효과, 환율효과에 의해 설명될 수 있다. 물론 이 중에서 가장 중요한 이유는 케인즈효과라고 할 수 있다. 이 절에서 총수요곡선을 완성하고, 다음 절에서 총공급곡선을 완성하려고 한다. 이제 이 두 곡선을 결합하면 경기변동을 포함하여 경제의 여러 변화를 설명할 수 있는 가장 강력한 분석도구를 가지고 경제학자처럼 사고할 수 있게 될 것이다. 〈그림 9-9〉에 이러한 분석도구들이 어떻게 형성되는지 요약되어 있다. 이를 위한 흥미로운 일이 아직 기다리고 있으니 조금 더 긴 여행을 시작해보자.

그림 9-9 총수요의 총공급, 단기균형

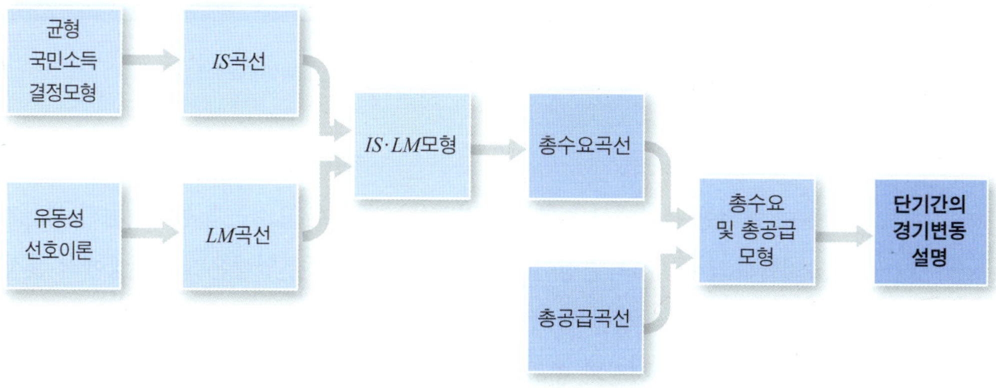

정석사고

총수요곡선은 각각의 물가수준에 대응하여 한 나라 생산물에 대한 실질총수요를 보여주는 곡선이다. 총수요곡선이 우하향하는 이유는 케인즈효과, 피구효과, 환율효과에 의해 설명될 수 있다.

(1) 케인즈의 이자율 효과: 물가상승→실질화폐잔고의 공급감소(LM곡선 좌측이동)→이자율 상승→투자 감소→총수요 감소

(2) 피구의 자산효과: 물가상승→민간 실질자산 감소→소비위축

(3) 환율효과: 물가 상승→수출가격 상승→수출감소, 수입증가→총수요 감소

5 총공급곡선

총공급은 어떤 경제의 생산능력이라고 할 수 있는데, 보다 엄밀히 정의해보면 다음과 같다.

정석사고

총공급은 일정기간 동안 한 경제내 모든 기업들이 판매하려고 계획한 총생산량이다.

자본이 일정한 단기에서 총공급을 결정하는 중요한 요소는 노동투입량과 생산기술이다. 고전학파의 국민소득결정이론에서 보았듯이 노동투입량은 노동시장에서 결정되며, 투입되는 노동력으로 생산해내는 총생산량은 생산기술을 반영한 총생산함수에 의해 결정된다. 따라서 노동시장과 총생산함수로부터 총공급함수를 도출할 수 있다. 여기서 도출되는 총공급곡선은 각 물가수준에 대응하는 총공급의 관계를 보여준다. 고전학파와 케인즈학파의 상이한 경제관이 노동시장을 어떻게 보는가에 따라 총공급곡선의 형태도 달라진다. 이제 총수요와 총공급의 이론을 완성하기 위한 마지막 관문으로 총공급이론을 살펴보도록 하자.

1. 고전학파의 총공급곡선: 장기적 관점

(1) 노동의 수요와 공급

총생산함수(생산가능곡선)는 자본량과 생산기술수준이 주어지는 단기에서 노동의 총고용수준에 대응하는 총생산량의 관계를 나타내는 함수이다. 그리고 노동의 총수요곡선은 총생산곡선의 기울기인 노동의 한계생산곡선이며, 실질임금의 감소함수이다. 즉,

$$L^d = f(\overset{\ominus}{w})$$

그림 9-10 완전고용과 균형국민소득 결정

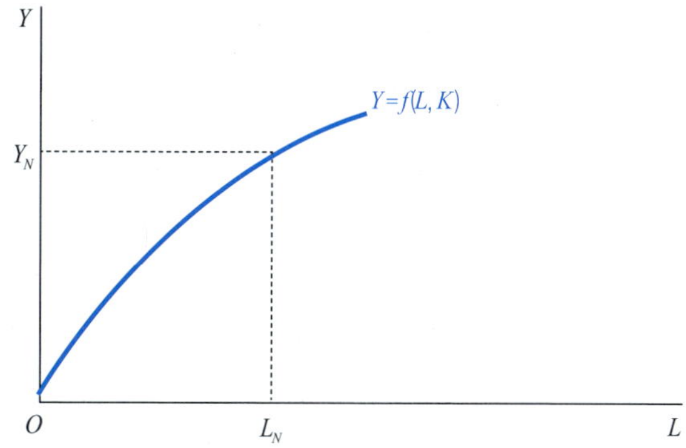

(a) 총생산함수

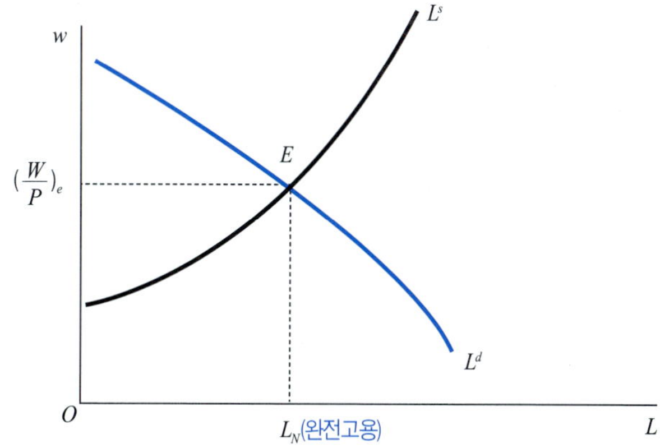

(b) 노동시장

한편 노동의 총공급곡선은 여가와 소득사이의 소비자선호의 한계대체율곡선이며, 실질임금의 증가함수로서 다음과 같다.

$$L^s = f(\overset{\oplus}{w})$$

이상에서 노동의 총수요와 총공급이 일치할 때 국민경제의 균형고용량과 균형임금수준이 결정된다.

(2) 임금의 조정과 완전고용소득

고전학파의 입장에서 균형고용량은 일하고자 하는 모든 사람이 고용된다는 의미에서 완전고용량(L_N)이다. 고전학파는 항상 완전고용 수준에서 자동적으로 노동시장의 균형에 도달한다. 왜냐하면 모든 시장이 완전경쟁적이고 가격은 완전히 신축적이기 때문이다. 만약 물가가 상승하여 실질임금이 하락하면 노동에 대한 총수요량이 총공급량보다 더 큰 초과수요 상태가 된다. 초과수요상태가 되면 기업간 경쟁을 통해 명목임금이 상승한다. 명목임금의 상승은 실질임금을 상승시켜 노동공급이 증가하고, 이에 따라 초과수요가 줄어든다. 결국 명목임금이 원래의 물가상승만큼 상승할 때 실질임금이 다시 균형실질임금수준으로 돌아간다. 반대로 물가가 하락하여 실질임금이 상승하는 경우에는 노동의 초과공급이 발생하고, 이에 따라 명목임금이 하락한다. 이 경우에도 명목임금이 물가하락만큼 하락하여 균형실질임금수준으로 돌아가게 된다. 따라서 항상 노동시장은 완전고용상태가 된다.

(3) 수직의 총공급곡선

주어진 자본수준에서 균형고용량이 결정되면 총생산함수에 의해 완전고용 국민총생산수준에서 상품의 총공급량이 결정된다. 물가가 변화해도 명목임금이 항상 신축적으로 조정되어 실질임금의 변화가 없기 때문에 균형고용량에 변화가 없고 총생산량도 변하지 않아서 완전고용 국민소득도 변하지 않는다.

총공급곡선이란 다른 조건이 일정불변일 때 각 물가수준에 대응하여 공급자들이 공급하고자 하는 실질총생산량을 나타내는 곡선을 말한다. 총공급의 크기는 단기적으로 노동의 고용량에 의해서 결정되며, 고용량은 노동시장에서 노동에 대한 수요와 공급이 일치하는 점에서 결정이 된다. 물가가 상승할 경우 앞에서 본 바와 같이 명목임금도 같은 비율로 상승하기 때문에 실질임금의 변화는 전혀 없게 되고, 노동시장에서의 균형고용량도 완전고용수준에서 전혀 변화가 없게 된다. 이에 따라 총공급의 크기도 완전고용국민소득수준에서 변화가 없게 된다. 다시 말해, 총공급의 크기는 물가의 변화 여부와 관계없이 항상 일정한 수준이 된다는 것이다.

(4) 그래프를 이용한 설명

이것을 그림으로 나타내면 〈그림 9-11〉의 수직선의 총공급곡선이 고전학파의 총공급곡선이다. 그림에서 물가가 상승하더라도 총공급은 완전고용국민소득($\bar{Y}$) 수준에서 일정한 것을 볼 수 있다. 〈그림 9-11〉에서 우하향하는 곡선의 형태를 가진 총수요곡선은 각 물가수준에 대응하여 국민경제 전체적으로 수요하고자 하는 실질총생산량이다. 이때 총수요곡선이 AD_1과 같다면 균형국민소득은 A점에서 결정된다.

(5) 총수요 증가 효과

총공급곡선이 수직선인 경우 총수요의 변화는 물가에만 영향을 미치고 생산량에는 영향을 미치지 못한다. 예를 들어 화폐공급의 증가로 총수요가 증가하면 총수요곡선이 AD_2로 이동한다. 이때 새로운 균형은 AD_2와 총공급곡선이 교차하는 B점으로 이동한다. 총수요의 증가는 물가수준만 높이고 균형국민소득은 완전고용 국민소득수준에서 변화가 없다. 따라서 고전학파의 경우 국민소득수준은 전적으로 총공급수준에 의해 결정된다.

그림 9-11 균형국민소득의 결정

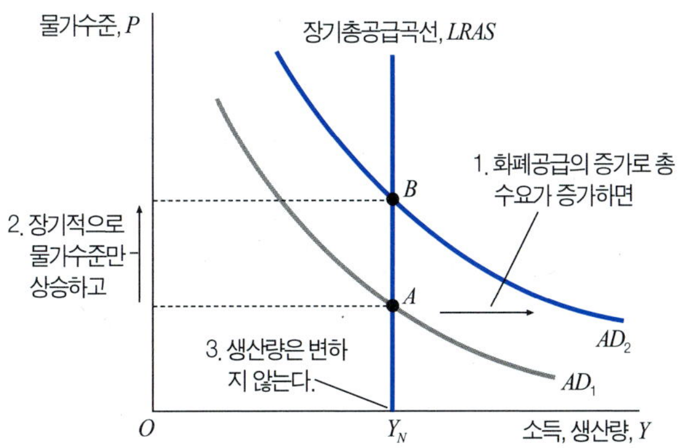

(6) AS곡선의 이동

현실적으로 고전학파의 경우에도 장기적으로는 국민소득의 크기가 변화한다. 총공급곡선에서 일정불변으로 가정했던 자본스톡의 크기, 기술수준, 인구 등이 장기적으로는 변화하게 되고 이에 따라 총공급이 변화하기 때문이다. 자본스톡과 기술의 변화는 생산함수에 영향을 미치고, 인구의 변화는 노동시장에서 노동의 공급에 영향을 미친다. 이러한 변화는 총공급곡선을 오른쪽으로 이동시켜 경제내 자원이 완전히 고용된 국민소득수준을 증가시킨다. 그러나 이 경우에도 균형국민소득수준은 여전히 총공급수준에만 의존한다.

정석사고

총공급곡선이란 다른 조건이 일정불변일 때 각 물가수준에 대응하여 공급자들이 공급하고자 하는 실질총생산량을 나타내는 곡선을 말한다. 고전학파의 총공급곡선은 임금을 포함한 모든 가격이 신축적이어서 수직선의 총공급곡선이다.

2. 케인즈의 총공급곡선: 단기적 관점

(1) 케인즈의 기본가정

고전학파의 모형과 수직적인 총공급곡선은 장기적인 관점에서 도출된다. 단기에서조차 모든 사람들이 물가에 대한 완전한 정보를 가져서 임금과 물가가 신축적이라고 보는 것은 다소 극단적이다. 케인즈의 견해를 따라 고전학파의 가정들을 완화할 경우 총공급곡선은 어떻게 될까?

케인즈의 견해는 두 가지 점에서 고전학파의 가정과 다르다. 하나는 단기적으로 명목임금은 하방경직적이다. 다른 하나는 사람들은 물가에 대한 정보가 완전하지 않아서 실제물가가 변하여도 자신의 예상물가에 반영하지 못한다. 이것을 다른 말로 화폐환상 혹은 화폐착각을 가진다고 한다.

(2) 케인즈 AS곡선 도출

케인즈의 견해는 뒤에서 살펴볼 새케인즈학파의 사고에 반영되지만 여기서는 매우

그림 9-12 **케인즈의 단기총공급곡선**

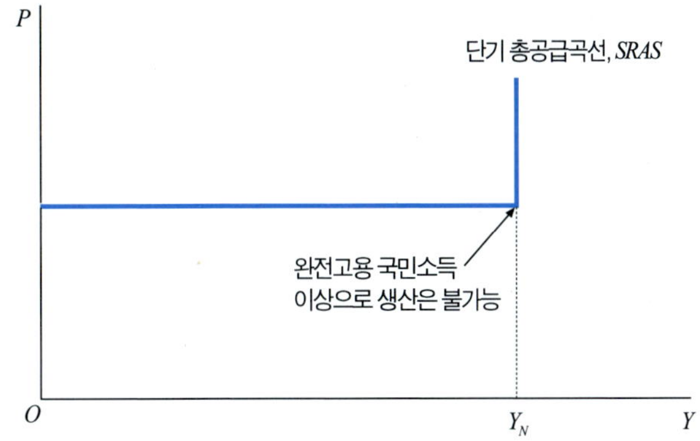

극단적으로 케인즈의 견해를 해석해보자. 모든 노동자들은 물가가 변해도 계약에 의해 주어진 명목임금수준에 따라 노동을 공급하며, 기업들은 물가가 변해도 가격목록표를 인쇄하여 새로운 목록표를 만들어 사용하는 데 매우 높은 비용이 들어 기존의 가격에 따라 제품을 판매한다. 이런 경우 모든 가격은 미리 결정된 수준에 고정되어 있으며, 이 가격수준에서 기업들은 고객들이 구입하고자 하는 수량만큼 판매하고, 이 수요량을 충족시킬 만큼만 노동을 고용하여 생산한다. 모든 가격수준 즉, 물가수준이 고정되어 있으며, 이 물가수준에서 수요가 있는 한 무한히 생산하여 판매할 수 있으므로 총공급곡선은 주어진 물가수준에서 수평적인 총공급곡선이 된다(〈그림 9-12〉).

(3) AD곡선 변화 영향

경제가 단기적 균형이라면 수평적인 총공급곡선과 총수요곡선이 교차하는 점에 있다. 〈그림 9-13〉의 A점이 이런 상황을 나타낸다. 이러한 경우 총수요의 변화는 그대로 생산량에 영향을 미친다. 예를 들어 화폐공급의 감소로 총수요가 감소하면 총수요곡선이 AD_2로 이동한다. 이때 새로운 균형은 AD_2와 총공급곡선이 교차하는 B점으로 이동한다. 총수요의 감소는 물가수준의 변화없이 균형국민소득을 감소시킨다. 따라서 케인즈의 경우 국민소득수준은 전적으로 총수요에 의해 결정된다.

정석사고

케인즈의 총공급곡선은 모든 가격이 경직적이어서 주어진 물가수준에서 수평적인 총공급곡선이 된다.

그림 9-13 단기균형국민소득의 결정과 균형의 이동

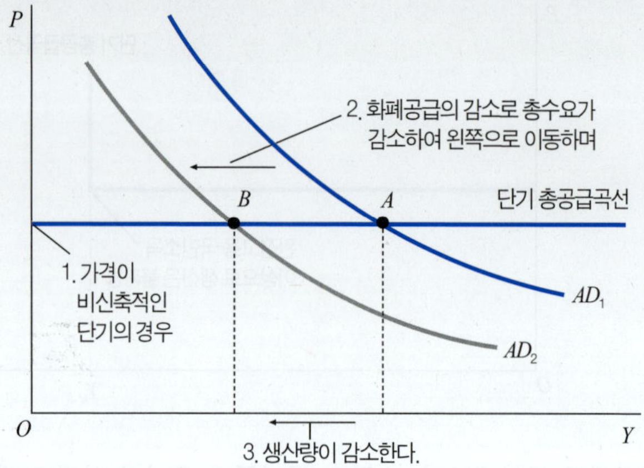

3. 새고전학파의 총공급곡선

(1) 등장 배경

고전학파의 총공급곡선은 장기적 관점에서 모든 가격이 신축적이서 수직선의 형태를 가진다. 반면에 케인즈의 총공급곡선은 단기적 관점에서 모든 가격이 경직적이어서 수평선의 형태를 가진다. 그러나 실제로 여러 정책에 의한 총수요의 변화가 시차를 두고 생산량을 변화시키는 현실을 볼 때 수직적 총공급곡선에 약간의 의문을 가지게 된다. 또한 모든 가격이 경직적이라는 케인즈의 극단적인 견해에서 도출된 수평적 공급곡선에 대해서도 의문을 가진다. 현실에서는 일부 가격이 경직적이지만 일부 가격은 신축적이기 때문이다.

이러한 사실을 다음 예로 묘사해보자. 공이 경사면을 굴러갈 때 '마찰'이 없다고 가정한 후 경사면과 속도의 관계를 이론적으로 살펴볼 수 있다. 그러나 많은 기술자들은 이것을 현실로 받아들이기 어려워한다. 실제 현실의 세계에는 마찰이 존재하기 때문이다. 이와 같이 고전학파모형처럼 마찰이 없다거나, 케인즈의 극단적인 견해처럼 너무나 심한 마찰이 있다고 보는 대신 어느 정도의 어떤 마찰이 있는가를 살펴 볼 필요가 있다.

이러한 의문에서 시작해서 약간의 마찰을 고려할 때 고전학파의 극단적 관점을 완화하여 단기적으로 우상향하는 공급곡선을 가질 수 있음을 보여주려는 노력이 있었다. 그 대표적 노력의 산물이 새고전학파의 루카스에 의해 이루어졌다. 한편 다른 형태의 마찰

을 고려할 때 케인즈의 극단적 관점을 완화하여 단기적으로 우상향하는 공급곡선을 가질 수 있음을 보여주려는 노력도 있었다. 그 대표적 노력의 산물이 새케인즈학파의 맨큐에 의해 이루어졌다. 맨큐의 공급곡선은 다음 항으로 미루고 여기서는 루카스의 공급함수를 살펴보기로 한다.

(2) 루카스 공급곡선 도출

루카스는 모든 기업들이 각각 단일상품을 생산하고 많은 상품을 소비한다고 가정한다. 기업들은 상품수가 많아 모든 가격을 알 수는 없다. 이러한 불완전한 정보 때문에 기업은 자신이 생산한 상품가격만 오르고 다른 모든 기업의 상품가격이 오르지 않으면 고용을 증가시켜 보다 많은 상품을 생산하여 큰 이윤을 얻는다고 본다. 그러나 다른 기업들의 상품가격도 오르고 자신의 상품가격도 올라, 다시 말해서 일반물가수준이 오르면 고용을 늘리고 생산을 늘릴 유인을 가지지 않는다. 이것을 크루소경제를 만들어 생각해 보자.

로빈슨 크루소 불완전정보경제

어떤 무인도의 로빈슨 크루소는 크루소 주식회사를 만들어 도토리를 생산하고 다른 무인도에 살고 있는 프라이데이는 물고기를 생산하고 있다. 로빈슨 크루소는 도토리가격, 물고기가격, 임금이 모두 오른다는 예상을 하면 도토리생산을 증가시키지 않는다. 그러나 자신의 도토리가격만 오른다고 판단되면 더 열심히 일해서 생산을 늘리고 큰 이윤을 얻는다.

로빈슨 크루소는 일반물가수준에 대한 합리적 기대를 형성한다. 자신의 도토리가격이 상승할 때 이것이 일반물가수준의 상승이라고 합리적으로 예상하면 현재의 정상생산량수준을 증가시키지 않지만 자신의 도토리가격만 오르고 일반물가수준이 상승한 것으로 예상하지 못한다면 완전고용 생산량 이상으로 생산량을 증가시킨다. 이것을 어떤 양수 α을 사용하여 간단한 수식으로 표현하면 로빈슨 크루소의 생산량은 다음과 같다.

$$생산량 = 완전고용\ 생산량 + \alpha(자기상품가격 - 예상물가)$$

이와 같이 로빈슨 크루소의 예상에 따라 생산량이 결정된다. 만약 일반물가수준이 올라서 도토리가격이 상승하였을 때 로빈슨 크루소는 이것이 일반물가수준의 상승이라고

그림 9-14 루카스의 공급곡선

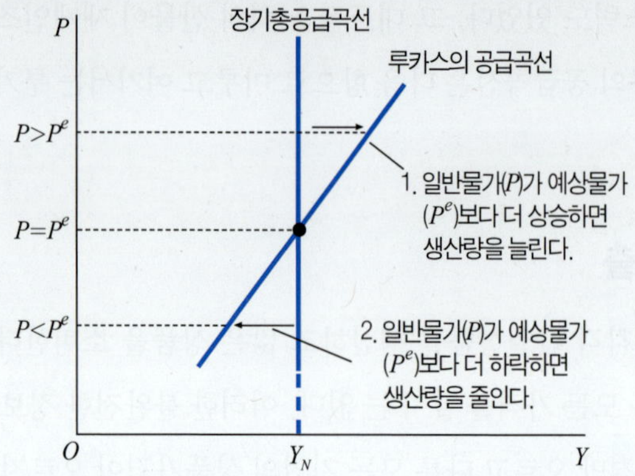

예상하지 못하면 자기상품가격의 상승으로 착각하여 정상생산량보다 더 많이 생산하게 된다. 이러한 착각은 로빈슨 크루소가 합리적 기대를 하더라도 정보가 불완전하여 발생하는 것이다.

그런데 프라이데이도 같은 방식으로 생산량을 결정한다. 일반물가가 올라 로빈슨 크루소의 도토리가격뿐만 아니라 프라이데이의 물고기가격도 상승한다. 이때 프라이데이는 예상되는 물가보다 자기상품가격이 오른 것으로 착각하여 생산량을 늘린다. 이것을 경제전체로 확대하여 해석하면, 정상생산량을 완전고용수준의 자연생산량, 자기상품가격을 모든 상품(도토리와 물고기)의 가격으로 대체하여 일반물가로 표현하면 다음과 같다.

$$Y=Y_N+\alpha(P-P^e)$$

이것을 **루카스의 공급곡선**이라고 한다. 루카스의 공급곡선에서 **자연생산량(Y_N)**은 개별 기업의 정상생산량을 국민경제에서 볼 때 완전고용국민소득으로 생각할 수 있는데, 마찰이 없는 세계에서 달성가능한 생산량이다. 엄밀히 말해서 자연생산량은 자연실업률(직업탐색차 발생하는 일시적 실업)에 대응하는 생산량이라는 의미이다. 고전학파나 케인즈는 자연생산량을 초과해서 생산할 수 없다고 보지만 현대 거시경제학자들은 단기에 정상조업도를 초과하여 자연생산량 이상으로 생산할 수 있다고 본다. 자연실업률에 대해서는 다음 장 이후에 자세히 살펴볼 것이다.

(3) 루카스 공급곡선 이동

결론적으로 루카스의 공급곡선은 예상하지 못한 일반물가수준의 상승이 총공급의 증가를 가져온다. 화폐환상이 없이 모든 가격들이 신축적이라고 가정하더라도 사람의 합리적 기대하에서 정보의 불완전성 때문에 생산량은 물가에 반응할 수 있다. 그런데 최근의 연구들은 다소 다른 접근방법을 따르고 있다. 루카스에 따르면 현실세계의 마찰이 발생하는 이유가 개인의 정보이용이 제한을 가지기 때문인데, 최근 연구는 정보를 처리하는 개인의 능력이 제한적이기 때문이라고 한다.

정석사고

고전학파의 총공급곡선은 장기적 관점에서 수직선의 형태를 가진다. 반면에 케인즈의 총공급곡선은 단기적 관점에서 모든 가격이 경직적이어서 수평선의 형태를 가진다. 루카스의 공급곡선은 예상하지 못한 일반물가수준의 상승이 총공급의 증가를 가져온다. 화폐환상이 없이 모든 가격들이 신축적이라고 가정하더라도 사람의 합리적 기대하에서 정보의 불완전성 때문에 생산량은 물가에 (+)로 반응할 수 있다. 장기적으로 시행착오과정을 거쳐 물가를 정확히 예상하게 되면 수직선의 총공급곡선이 된다.

4. 새케인즈학파의 총공급곡선

(1) 가격경직성이론

앞에서 케인즈는 임금과 상품가격들이 경직적이라고 가정하여 수평적 총공급곡선을 도출하였다. 그러나 왜 가격들이 경직적인지 이론적 근거를 명확히 제시하지는 못했다. 맨큐와 같은 새케인즈학파는 마찰이 있는 세계에서 기업의 최적화 행위의 결과로서 가격이 경직성을 나타낸다는 것을 논증하고 이에 근거하여 우상향하는 총공급곡선을 도출한다.

하나의 경제안에서도 어떤 기업은 가격을 신축적으로 조절할 수 있지만 또 다른 기업은 목록표나 가격표를 인쇄하여 유통시키면 가격을 바꾸는 데 따르는 비용(메뉴비용)이 발생한다. 이 비용 이외에도 임금이 신축적이지 못해서 이를 반영한 가격이 비신축적일 수 있다. 이것은 임금이 시간에 따라 서서히 변하는 사회적 기준이나 공정성에 의존해서 변하기 때문이기도 하다. 어쨌든 현실세계에 이러한 비신축적 가격조절기업과 신축적 가격조절기업이 공존한다.

한 경제 내에 두 가지 형태의 기업이 있다고 가정한다. 다음 크루소경제의 예로 들면서 비신축적 가격모형을 설명해보자.

로빈슨 크루소 비신축적 가격경제

어떤 무인도의 로빈슨 크루소는 크루소 주식회사를 만들어 도토리를 생산하고 다른 무인도에 살고 있는 프라이데이는 물고기를 생산하고 있다. 로빈슨 크루소는 일반물가와 소득수준을 고려하여 신축적으로 가격을 조절하는 기업이다. 프라이데이는 향후 경제조건에 대한 예상(향후 생산량이 자연생산량수준에 있을 것으로 예상)에 기초해서 미리 가격을 발표하는, 비신축적으로 가격을 조절하는 기업이다.

로빈슨 크루소와 같은 기업은 자신의 상품가격을 결정할 때 일반물가수준(P)과 국민소득수준을 고려한다. 즉,

① 일반물가수준: 일반물가의 상승은 기업에 대한 비용의 상승을 의미한다. 따라서 기업은 자기상품의 가격을 인상시키고자 한다.

② 국민소득수준: 소득수준이 상승할수록 생산된 제품에 대한 수요가 증가한다. 수요증가에 따라 기업의 생산이 증가하면 한계비용도 증가하므로 기업이 원하는 가격도 올라야 한다.

따라서 기업이 원하는 상품가격은 어떤 양수 β를 사용하여 다음과 같은 규칙에 따라 결정된다.

$$\text{상품가격}(P_i) = \text{일반물가}(P) + \beta \times (\text{실제국민소득}(Y) - \text{완전고용국민소득}(Y_N))$$

혹은

$$\text{상품가격} = \text{일반물가} + \beta \times (\text{실제생산량} - \text{자연생산량})$$

크루소기업은 신축적인 가격을 유지하여 언제나 위의 가격설정규칙에 따라 가격을 결정한다.

한편 프라이데이와 같은 기업은 경직적인 또는 고정된 가격을 유지하고 향후 생산량이 자연생산량수준에 있을 것으로 예상하여 미리 가격을 발표한다. 따라서 이 형태의

기업은 가격을 다음과 같은 규칙에 따라 결정한다.

$$\text{상품가격}(P) = \text{예상물가}(P^e)$$

이와 같이 두 형태의 기업이 결정하는 가격규칙을 이용해서 총공급곡선을 도출할 수 있다. 이를 위해 먼저 두 형태의 기업들의 가격의 가중평균치를 전반적인 물가수준(일반물가수준)이라고 하자. 프라이데이기업과 같이 경직적인 가격을 유지하는 기업의 비율이 n이고 크루소기업과 같이 신축적인 가격을 유지하는 기업의 비율이 $(1-n)$이라고 하면 일반물가수준은 다음과 같다.

$$P = n \cdot P^e + (1-n) \times [P + \beta(Y - Y_N)]$$

첫째항은 경직적 가격을 유지하는 기업의 가격을 해당기업비율로 가중한 것이며, 둘째항은 신축적 가격을 유지하는 기업의 가격을 해당기업비율로 가중한 것이다. 양변에 $(1-n) \times P$를 뺀 후 n으로 나누면 일반물가수준을 압축적으로 나타낼 수 있다. 즉,

$$P = P^e + \frac{(1-n) \times \beta}{n}(Y - Y_N)$$

혹은 둘째항의 계수를 a로 묶으면

$$P = P^e + \gamma(Y - Y_N)$$

이 식을 해석해보자면, 물가가 상승하면 비용도 증가하므로 경직적 가격을 유지하는 기업이 물가상승을 예상하여 자신의 상품가격을 올리면 다른 기업들도 가격을 올리게 된다. 다시 말해서 예상물가의 상승은 실제물가를 상승시킨다. 또한 소득이 증가하면 수요도 증가하므로 신축적 가격을 유지하는 기업은 소득증가를 예상하면 가격을 올리게 되고 이는 물가상승으로 이어진다. 따라서 일반물가는 예상물가와 생산량수준에 의존한다.

이제 이 식을 실제생산량에 관하여 정리하면 익숙한 형태의 총공급방정식이 나온다. 즉,

$$Y = Y_N + \frac{1}{\gamma}(P - P^e) = Y_N + \alpha(P - P^e)$$

일반물가수준이 예상물가수준을 벗어나 상승하면 생산량도 자연생산량에서 벗어나

증가하는 양(+)의 상관관계를 가지게 된다(추가로 프라이데이와 같은 경직적 가격조절 기업의 수가 많아지면 a가 작아져서 총공급곡선의 기울기가 완만해진다는 것도 관찰할 수 있다. 그래서 모든 기업이 경직적 가격을 유지하면 총공급곡선이 수평선이 된다). 이것을 그림으로 나타내면 비록 그 원인은 다르지만 정확히 루카스의 공급곡선과 동일한 모양과 결과를 보여준다.

(2) 임금경직성이론

맨큐의 가격경직성이론과 유사한 이론으로서 임금경직성이론은 명목임금이 단기적으로 경직적이라고 가정하는데, 그 이유는 명목임금이 길게는 3년 동안 장기계약에 의해 결정된다는 것이다. 또 다른 이유는 사회규범과 관습에 따라 임금수준이 잘 변화하지 않는다는 것이다. 실제 일반물가가 예상물가보다 낮으면 실질임금은 기업이 지불하려고 의도한 수준보다 높게 되어 기업의 실질비용이 증가하게 된다. 이에 따라 기업은 고용을 줄이고 이로 인해 생산이 감소한다. 반대로 실제 일반물가가 예상물가보다 높으면 실질임금은 기업이 지불하려고 의도한 수준보다 낮게 되어 기업의 실질비용이 감소하게 된다. 이에 따라 기업은 고용을 늘리고 이로 인해 생산이 증가한다. 결국 실제 일반물가와 생산량이 양(+)의 관계를 가지며, 우상향하는 총공급곡선이 도출될 수 있다.

정석사고

가격경직성이나 임금경직성이론에 의해 새케인즈학파의 총공급곡선은 우상향한다.

5. 총공급곡선의 마무리

이제 이 절을 마무리 하면서 총공급곡선이 우상향하는 이유를 배운대로 정리해보자. 고전학파의 총공급곡선은 장기적 관점에서 수직선의 형태를 가진다. 반면에 케인즈의 총공급곡선은 단기적 관점에서 모든 가격이 경직적이어서 수평선의 형태를 가진다. 그러나 실제로 여러 정책에 의한 총수요의 변화가 시차를 두고 생산량을 변화시키는 현실을 볼 때 수직적 총공급곡선에 약간의 의문을 가지게 된다. 또한 모든 가격이 경직적이라는 케인즈의 극단적인 견해에서 도출된 수평적 공급곡선에 대해서도 의문을 가진다. 현실에서는 일부 가격이 경직적이지만 일부 가격은 신축적이기 때문이다.

실제 현실의 세계에는 여러 종류의 마찰이 존재할 수 있다. 고전학파모형처럼 마찰이 없다거나, 케인즈의 극단적인 견해처럼 너무 심한 마찰이 있다고 보는 대신 어느 정도의 어떤 마찰이 있는가를 살펴 볼 필요가 있다. 새고전학파의 루카스는 불완전정보모형에서 경제의 마찰을 찾았고, 새케인즈학파의 맨큐는 비신축적 가격모형에서 경제의 마찰을 찾았다. 두 가지 모형이 가정과 강조하는 점이 다르기는 하지만 총생산량에 대해 의미하는 바는 유사하다.

이 모형들이 서로 양립할 수 없다고 볼 필요는 없다. 세상에는 이러한 마찰들뿐만 아니라 다른 것들도 있을 수 있으며, 이 모든 것이 단기총공급곡선이 우상향하는 이유가 될 수 있다. 이 절에서 총공급곡선이 우상향하는 이유로 루카스의 착각이론, 새케인즈학파의 가격경직성이론과 임금경직성이론으로 설명될 수 있다는 정도로 요약하면서 이제 경제학자처럼 총수요와 총공급을 함께 검토해보자.

6 총수요·총공급이론

총수요곡선은 각각의 물가수준에서 국민경제가 수요하고자 하는 국민소득을 나타낸다. 반면에 총공급곡선은 각각의 물가수준에서 국민경제가 공급하고자 하는 총생산을 나타낸다. 총수요·총공급이론은 국민경제에서 총수요곡선과 총공급곡선이 교차하는 점에서 균형물가와 균형국민소득이 결정된다는 것이다.

고전학파모형에서는 총공급곡선이 수직선이어서 총수요는 물가만 결정할 뿐 국민소득에 영향을 주지 못한다. 이 때문에 고전학파모형을 **총공급결정이론**이라고 한다. 반면에 케인즈의 완전모형은 총공급곡선이 수평선이어서 총수요가 국민소득을 결정한다. 이 때문에 케인즈 완전모형을 **총수요결정이론**이라고 한다. 이야기 9-1

그러나 이러한 양극단적인 모형은 단기적으로 국민소득이 변동하는 단기 경기변동을

이야기 9-1 **총수요·총공급모형의 기원**

총수요·총공급모형은 단기 경기변동을 설명하기 위해 생겨났다. 경제학자들이 경기변동에 대해 심각하게 받아들인 사건이 바로 1930년대의 세계대공황이다. 이에 1936년 케인즈는 『고용과 이자 및 화폐에 관한 일반이론』에서 당시 지배하고 있던 고전학파의 경제이론은 단기적 충격에 의한 경기변동을 설명할 수 없다고 비판하였다. 그의 주장은 세계경제가 높은 실업률에 신음할 때 총수요를 조절하여 사람들을 살려내는 것이 시급한 과제라는 것이다. 그가 이러한 경기변동과 대공황에 대한 설명과 처방을 시도하는 과정에서 총수요·총공급모형은 탄생한 것이다.

설명하는 데 한계를 가진다. 이에 새고전학파의 착각이론이나 새케인즈학파의 가격경직성이론은 현실경제를 보다 더 현실적으로 볼 수 있게 해주었다. 이러한 이론들은 단기적으로 왜 국민소득이 완전고용수준이 되지 못하는지, 어떤 때에는 완전고용수준을 넘어서서 생산이 되기도 하는지를 설명해준다. 다음 장에서는 이러한 단기적 경기변동에 대해서 총수요·총공급곡선을 이용하여 설명하는 동시에 이를 완화하는 효과적인 경제안정화정책들을 살펴볼 것이다. 이제 총수요·총공급모형을 가지고 경제학자처럼 치밀한 분석이 가능하게 된 것이다.

다음 장에서 이러한 여행을 하기 전에 다음 두 가지 주의할 점을 정리해두고 기억해야 한다. 하나는 총수요곡선과 총공급곡선을 이동시키는 요인들을 정리해두는 것이다. 다른 하나는 케인즈, 고전학파, 새고전학파와 새케인즈학파의 총공급곡선에 대한 견해를 정리해두는 것이다.

먼저 총수요곡선과 총공급곡선을 이동시키는 요인을 정리해보자. 총수요곡선이 우하향하는 이유는 물가가 하락하면 생산물에 대한 수요량이 증가한다는 의미이다. 물가 이외에 생산물의 수요량에 영향을 미치는 모든 다른 요인들은 총수요곡선을 이동시킨다. 조세의 인하로 처분가능 소득이 증가하여 소비지출이 증가하면 총수요곡선이 오른쪽으로 이동한다. 투자세액공제로 투자지출이 증가하면 총수요곡선이 오른쪽으로 이동한다. 또한 통화량이 증가하면 이자율이 하락하여 자금차입비용이 줄어들고 투자지출이 증가할 수 있는데, 이것도 총수요곡선을 오른쪽으로 이동시키는 요인이 된다. 정부구입의 증가 혹은 정부지출의 증가는 총수요곡선을 오른쪽으로 이동시키는 요인이 된다. 아

이야기 9-2 전염병과 경제

대규모의 전염병은 경제활동에 어떤 영향을 미치는가? 재미있는 사실은 대규모의 전염병이 경제활동을 위축시킨다는 증거가 없다. 언뜻 생각해보면 노동력이 급감하여 총공급곡선이 왼쪽으로 이동하여 경제활동이 위축될 것 같지만 현실은 그렇지 않았다. 예를 들어 흑사병이 노동력을 희소하게 해서 중세봉건체제의 붕괴를 재촉한 것은 사실이지만 경제성장의 속도를 느리게 했다는 확증은 아직 없다.

1918년 전세계를 휩쓴 독감으로 미국에서 67만 5천명이 죽었고, 전체적으로 4천만명이 사망하였다. 그런데 1919년부터 1930년에 이르는 기간에 미국 각주의 경제성장률을 비교해보면 오히려 사망률이 높았던 주들에서 성장률이 더 높았다.

직 개방경제를 본격적으로 설명하지는 않았지만 해외수출이 늘어나서 국민소득순환의 주입이 증가하면 총수요곡선이 오른쪽으로 이동한다.

단기총공급곡선은 주어진 물가수준에서 단기에 공급되는 생산물의 공급량을 나타낸다. 단기총공급곡선은 물가변동에 대한 착각, 가격경직성, 임금경직성 때문에 어느 정도 우상향할 수 있다는 점에서 수직적 장기총공급곡선과 구별된다. 따라서 단기총공급곡선이 이동하는 이유는 장기총공급곡선이 이동하는 이유에 덧붙여서 물가변동에 대한 착각과 가격경직성에서 중요하게 작용한 예상물가라는 새로운 변수를 추가해야한다. 이점이 대단히 중요하다. 루카스나 맨큐에서 보듯이 기업들이 물가가 낮아질 것으로 예상하는 경우(낮은 예상물가) 임금과 비용을 낮게 책정하여 주어진 일반물가수준에서 기업들은 실제생산량을 증가시킨다. 이에 따라 단기총공급곡선이 오른쪽으로 이동한다. 한편 장기총공급곡선이 이동하는 이유는 노동, 자본, 자연자원, 기술의 변동에 의해 경제의 생산능력이 변동하고 이에 따라 총공급곡선이 이동한다. 이상의 설명을 〈표 9-1〉에 요약하였다. 이야기 9-2

다음으로 케인즈, 고전학파, 새고전학파와 새케인즈학파의 총공급곡선에 대한 견해를 정리해보자. 이점은 〈그림 9-15〉에 요약되어 있다. 국민소득이 낮고 실업이 상존하는 불황에는 케인즈모형이 좀 더 설득력이 있다. 이를 **케인즈영역**이라고 한다. 반대로 국민소득이 완전고용수준이어서 실업이 없는 호황에는 고전학파모형이 좀 더 설득력이

그림 9-15 여러 학파의 총공급곡선 형태

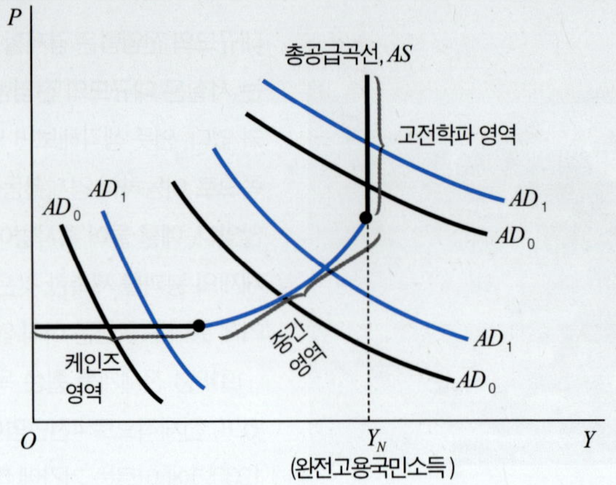

표 9-1 총수요와 총공급의 이동

총수요 · 총공급	요 인
총수요곡선이동	물가이외의 소비지출의 변동(조세인하, 주식하락 등) 물가이외의 투지지출의 변동(투자세액공제, 통화량증가, 기대심리) 정부지출변동 순수출변동
총공급곡선이동	예상물가변동(예상물가하락 → 생산량증가 → 오른쪽으로 이동) 노동인구(량)변동 자본량변동 자연자원량변동 기술지식변동

있고, 이를 고전학파영역이라고 한다. 새고전학파의 불완전정보모형이나 새케인즈학파의 비신축적 가격모형에서처럼 단기적으로 약간의 마찰이 존재하여 우상향하는 총공급곡선의 부분을 중간영역이라고 한다. 어느 경기상태 혹은 어느 영역에 있느냐에 따라 경제안정화정책의 효과는 극단적으로 다른 결과를 보일 것이지만 이를 염두에 두면 결과들을 이해하는 데 많은 도움이 될 것이다.

정석사고

물가 이외에 생산물의 수요량에 영향을 미치는 모든 다른 요인들은 총수요곡선을 이동시킨다. 단기총공급곡선이 이동하는 이유는 장기총공급곡선이 이동하는 이유에 덧붙여서 물가변동에 대한 착각과 가격경직성에서 중요하게 작용한 예상물가라는 새로운 변수를 추가해야한다.

총공급곡선의 형태에서 국민소득이 낮고 실업이 상존하는 불황의 영역을 케인즈영역, 국민소득이 완전고용수준이어서 실업이 없는 호황의 영역을 고전학파영역, 새고전학파의 불완전정보모형이나 새케인즈학파의 비신축적 가격모형에서처럼 단기적으로 약간의 마찰이 존재하여 우상향하는 총공급곡선의 부분을 중간영역이라고 한다.

정석기본문제

1 다음 중 물가상승 시의 총수요변화에 대한 설명으로 타당하지 않은 것은?

① 실질자산가치(구매력) 하락

② 소비지출 감소

③ 소비함수 하방이동

④ 실질*GDP* 감소

⑤ 총지출곡선은 불변

정석힌트 물가상승 → 실질자산가치(구매력)감소 → 소비지출감소 → 소비함수 하방이동 → 총지출곡선 하방이동 → 실질*GDP*감소 따라서 정답은 ⑤

2 총공급곡선에 대한 설명으로 옳지 않은 것은?

① *P*(물가)가 상승하면 *Y*(공급량, 국민소득)이 증가하는 우상향하는 형태를 지닌다.

② 총공급곡선은 기업의 이윤변화와 관련이 있다.

③ 기업의 공급량 변화는 비용에는 영향을 받지 않는다.

④ 고전학파는 수직적 총공급곡선을 주장한다.

⑤ 루카스의 총공급함수는 예상물가수준이 주어져 있을 때 총공급은 물가의 증가함수이다.

정석힌트 기업의 공급량 변화는 비용과 가격에 의해 영향을 받게 된다. 따라서 정답은 ③

3 아래와 같은 총공급곡선의 이동요인이 아닌것은?

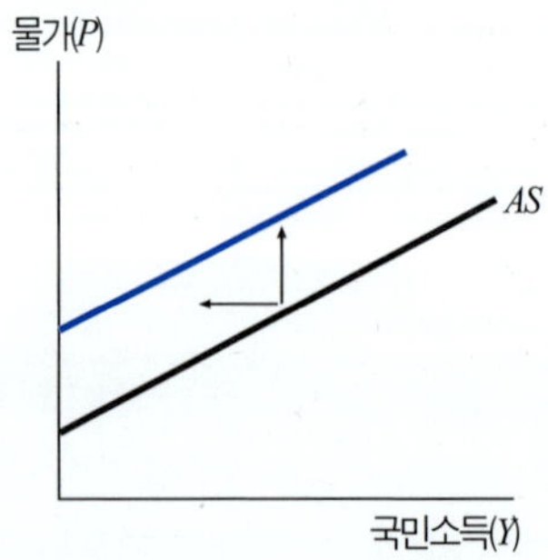

① 일정한 가격하의 명목임금 상승

② 다른 투입물 가격 상승

③ 기술 퇴보

④ 실질임금 하락

⑤ 생산성 감소

정석힌트 *AS*를 위(좌측)로 이동시키는 요인 : 명목임금 증가, 다른 투입물 가격 상승, 기술과 생산성 감소. 따라서 정답은 ④

4 **총수요 증가에 따른 다음의 총수요－총공급모형에 대한 설명중 옳지 않은것은?**

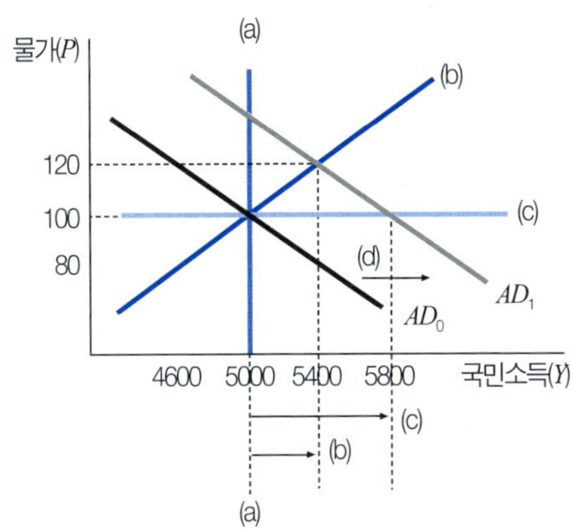

① *AS*곡선의 형태에 관계없이 균형 국민소득은 항상 증가한다.

② *AD*곡선과 *AS*곡선이 일치하는 점에서 균형물가가 결정된다.

③ 정부지출 증가로 위와 같은 총수요곡선의 이동이 가능하다.

④ *AS*곡선이 (b)인 경우, 국민소득은 증가한다.

⑤ *AS*곡선이 (c)인 경우, 물가수준은 불변이다.

정석힌트 *AS*곡선의 형태에 따라 국민소득과 물가의 변화여부가 결정되며, 일반적인 *AS*곡선의 경우에 국민소득과 물가의 증가 정도는 총공급곡선의 기울기에 따라 달라진다. 따라서 정답은 ①

5 다음 보기를 읽고 빈칸에 적절한 말을 넣으시오.

> **보기**
>
> *IS*곡선이 우하향하는 것은 이자율의 하락이 (　)를 증가시켜 (　)와 (　)을 증가시키기 때문이다.

정석힌트 투자수요, 총수요, 국민소득

6 다음 보기를 읽고 빈칸에 적절한 말을 넣으시오.

> **보기**
>
> LM곡선이 우상향하는 것은 국민소득의 증가가 (　)를 증가시켜 (　)을 상승시키기 때문이다.

정석힌트 화폐수요, 이자율

7 물가가 오를 때 *LM*곡선에 어떠한 영향을 미치는지 설명하시오.

정석힌트 물가가 오르면 화폐수요가 증가하여 화폐시장에 초과수요가 발생한다. 이를 해소하기 위해 이자율이 상승하게 되며, 이로 인해 주어진 소득에서 *LM*곡선이 위쪽으로 이동한다.

8 소득－지출모형에 의한 균형국민소득결정에서 다음 정책이 균형소득에 미치는 충격을 설명하시오. 또 *IS*곡선에 어떤 영향을 주는지 설명하시오.

(1) 정부지출(정부구매)의 증가

(2) 조세의 증가

정석힌트 (1) 계획된 총지출선을 위쪽으로 이동시켜 균형국민소득이 증가한다. 따라서 *IS*곡선이 승수효과만큼 바깥쪽(오른쪽)으로 이동한다.

(2) 계획된 총지출선을 아래쪽으로 이동시켜 균형국민소득이 감소한다. 따라서 *IS*곡선이 승수효과만큼 안쪽(왼쪽)으로 이동한다.

9 중앙은행에 의해 통화량이 증가할 때 균형이자율과 *LM*곡선에 미치는 영향을 설명하시오.

정석힌트 *LM*곡선은 주어진 소득수준에서 화폐시장을 균형시키는 이자율이다. 균형이자율은 실질화폐잔고와 통화공급에 의존한다. 실질화폐잔고가 증가하고 이자율이 하락하며, 이에 따라 주어진 소득수준에서 *LM*곡선이 아래쪽으로 이동하게 된다.

10 다음 보기에서 총수요와 총공급에 대한 서술 중 옳지 않은 것은?

| 보기 |

(가) 화폐수요의 이자율탄력성이 클수록 *LM*곡선의 기울기는 가파르게 된다.
(나) 투자수요의 이자율탄력성이 클수록 *IS*곡선의 기울기는 완만해지고 총수요곡선은 가파르게 된다.
(다) *IS-LM*모형에서 균형총생산과 균형이자율이 결정된다.
(라) 루카스의 공급함수는 단기적으로 예상물가가 고정되어 있다고 본다.
(마) 총공급곡선의 형태에 대하여 장기적으로는 고전학파의 견해가, 단기적으로는 케인즈의 견해가 더 적절하다.
(바) 주어진 총수요곡선을 따라 이동할 때 물가도 변한다.

정석힌트 (가)는 사실이 아니다. 화폐수요의 이자율탄력성이 클수록 *LM*곡선의 기울기는 완만하게 된다.
(나) 총수요곡선은 완만하게 된다.
(다) 균형총생산이 결정되는 것이 아니라 균형총수요가 결정된다.
정답은 (가), (나), (다)이다.

11 "장기총공급곡선은 경제적 요인이 장기 총생산능력에 아무런 영향을 미치지 않기 때문에 수직이다."이에 대해 평가하시오.

정석힌트 장기총공급곡선은 물가가 장기총공급에 영향을 미치지 못하기 때문에 수직이 된다. 그러나 인구나 생산성 등의 경제적 요인은 장기총공급에 영향을 미친다.

12 다음의 사건들이 단기 총공급곡선 혹은 총수요곡선에 어떤 변화를 가져오는지 설명하시오.

| 보기 |

(1) 사람들이 저축을 늘리기로 하였다.
(2) 기후변동으로 사과수확에 큰 피해를 입었다.
(3) 많은 사람들이 해외이민을 떠났다.

정석힌트 (1) 소비가 줄어서 총수요곡선이 왼쪽으로 이동한다. 이에 따라 물가와 총생산이 하락한다.
(2) 단기 총공급곡선이 왼쪽으로 이동하여 물가는 오르고 총생산은 하락한다.
(3) 노동공급이 줄어서 단기 총공급곡선이 왼쪽으로 이동하고 물가는 오르고 총생산은 하락한다. 한편 소비가 줄어서 총수요곡선이 왼쪽으로 이동하고 물가는 내려가고 총생산은 하락한다. 이 두 효과를 고려하면 총생산은 하락하지만 물가는 오를 수도 내릴 수도 있다.

13 **단기 총공급곡선이 우상향하는 사실을 지지하는 세 가지 이론을 설명하고 장기균형으로 회복되는 속도를 결정하는 요인을 설명하시오.**

정석힌트 (1) 루카스의 착각이론: 기대 혹은 예상물가가 실제물가보다 느리게 조정되어 소득이 증감하게 된다.
(2) 케인즈의 임금경직성이론: 물가가 하락해도 임금이 경직적이어서 노동수요가 줄고 소득이 감소한다.
(3) 새케인즈학파의 가격경직성이론: 기업이 가격조정에 비용이 들기 때문에 가격이 경직적이다. 물가가 내려도 즉시 내리지 못하기 때문에 판매량이 급감하고 생산과 고용을 줄이게 된다. 따라서 장기균형으로 회복되는 속도는 예상물가의 조정, 임금의 경직성, 가격의 경직성이 해소되는 시간에 달려있다.

14 **[illegible]의 경제상황을 보고 물음에 답하시오.**

보기

(1) 소비=0.[illegible](소득−조세)+200
(2) 투자=200−[illegible]×이자율
(3) 화폐수요/물가=[illegible]+0.2×소득−30×이자율

(1) 정부지출이 100이고 [illegible]가 100인 균형재정정책을 사용할 때 *IS*곡선을 도출하시오.
(2) 화폐공급이 510일 때 *LM*[illegible]을 도출하시오.
(3) 총수요곡선을 도출하시오.
(4) 물가가 1일 때 단기총공급곡선을 [illegible]하시오.
(5) 균형국민소득과 균형이자율을 [illegible]

정석힌트 (1) 총수요=소비+투자+정부지출=0.8[illegible]득−100)+200+200[illegible]20×이자율+100=소득. 따라서 *IS*곡선: 이자율=21−0.01×소[illegible]
(2) 화폐수요=100+0.2×소득−30×이자율[illegible]510/물가. 따라[illegible] *LM*곡선: 이자율=10/3−17/물[illegible]
(3) *IS*곡선과 *LM*곡선에서 [illegible]거하고 [illegible]가를 소득의 함수로 나타내면 되므로 총수요곡선: 17/물가=−(53/3)+(1/60)×소득.
(4) 단기총공급곡선: 물가=1
(5) 총수요=총공급에서 균형소득=2,080, 균형이자율=0.2

15 다음 보기에서 IS곡선의 기울기에 대한 서술 중 옳지 않은 것은?

보기

(가) 투자의 이자율탄력성이 클수록 완만하다.
(나) 한계소비성향이 클수록 완만하다.
(다) 투자가 이자율뿐만 아니라 소득의 함수이면 더욱 완만해진다.
(라) 피구효과 또는 자산효과를 고려하면 더욱 완만해진다.
(마) 개방경제의 수출입을 고려하면 더욱 완만해진다.

정석힌트 (마)는 사실이 아니다. 개방경제의 수출입을 고려하면 더욱 가파르다.

$$IS\text{곡선의 기울기}=\frac{1-\text{한계소비성향}\times(1-\text{세율})-\text{유발투자계수}+\text{한계수입성향}}{\text{투자의 이자율탄력성}}$$

16 다음 보기처럼 폐쇄경제의 $IS-LM$모형을 전제할 때 현재상태를 설명하시오.

보기

(1) IS곡선: 이자율$=5-0.1\times$국민소득
(2) LM곡선: 이자율$=0.1\times$국민소득
(3) 현재 국민소득$=30$, 이자율$=2.5$

정석힌트 두 곡선을 연립으로 풀면 국민소득=25, 이자율=2.5이다. 현재상태는 동일한 이자율에서 국민소득이 5만큼 더 크다. 현재 상태는 IS곡선의 상방에, LM곡선의 하방에 위치하고 있다. 따라서 생산물시장이 초과공급상태이고, 화폐시장은 초과수요상태이다.

17 다음 보기처럼 폐쇄경제모형을 전제할 때 균형국민소득과 이자율은?

보기

(1) 소비 = 100 + 0.8 × 국민소득

(2) 투자 = 50 - 2 × 이자율

(3) 정부지출 = 150

(4) 화폐수요 = 0.2 × 국민소득 − 2 × 이자율

(5) 통화공급 = 100

정석힌트 생산물시장의 균형은 국민소득 = 소비 + 투자 + 정부지출

즉, 국민소득 = 100 + 0.8×국민소득 + 50 − 2×이자율 + 150

정리하면 (가) 국민소득 = 1,500 − 10×이자율

한편 화폐시장의 균형은

화폐수요 = 통화공급

즉, 0.2 × 국민소득 − 2 × 이자율 =100

정리하면 (나)국민소득=500+10 × 이자율

(가)와 (나)를 등식으로 놓고 풀면 즉,

1,500 − 10×이자율=500 + 10×이자율

따라서 이자율은 50이다. 이것을 (가) 혹은 (나)에 넣으면 국민소득=1,000이 도출된다.

18 다음 보기는 어떤 경제의 *IS-LM*모형을 가정한 것이다. 이 모형에서 중앙은행이 공채를 매입하는 정책이 국민소득에 미치는 효과를 더 크게 하는 것들을 보기에서 모두 고르시오.

보기

소비=소득만의 함수

투자=이자율만의 함수

화폐수요=소득과 이자율만의 함수

(가) 한계소비성향이 커진다.

(나) 투자의 이자율탄력성이 커진다.

(다) 화폐수요의 소득탄력성이 커진다.

(라) 화폐수요의 이자율탄력성이 커진다.

정석힌트 (가) 공채매입을 통해 시중에 통화공급이 증가하면 소득이 증가하고 한계소비성향이 클수록 소득이 더 크게 증가한다.

(나) 통화량이 증가하면 화폐시장에서 화폐공급이 증가하여 이자율이 하락하고 투자의 이자율탄력성이 클수록 투자가 더 크게 증가하고 소득도 더 크게 증가한다.

(다) 통화량의 증가로 소득이 증가할 때 화폐수요의 소득탄력성이 클수록 화폐수요가 더 크게 증가하여 이자율을 다시 부분적으로 상승시킨다. 이에 따라 투자는 상대적으로 덜 증가하고 소득도 덜 증가한다. 따라서 답이 아니다.

(라) 화폐공급이 증가하여 이자율이 하락하고 화폐수요의 이자율탄력성이 클수록 화폐수요가 더 크게 증가하여 다시 부분적으로 이자율을 상승시킨다. 이에 따라 투자는 상대적으로 덜 증가하고 소득도 덜 증가한다. 따라서 답이 아니다.

19 **정부가 국채를 발행하여 정부지출을 증가시킬 때 (A) 국채를 시중에 매각하는 방법과 (B) 국채를 중앙은행에 인수시키는 방법이 있다. 다음 보기를 참고하여 *IS*−*LM*모형의 결과를 올바르게 설명한 것은?**

보기

(가) *IS*곡선의 왼쪽이동
(나) *IS*곡선의 오른쪽이동
(다) *LM*곡선의 왼쪽이동
(라) *LM*곡선의 오른쪽이동

(1) A의 경우 (가)이다.

(2) B의 경우 (나)와 (라)이다.

정석힌트 (1) 국채를 시중에 매각하면 통화량은 불변이고, 정부지출로 *IS*곡선만 오른쪽이동을 한다.

(2) 국채를 중앙은행이 인수하면 본원통화가 증가하여 통화량이 증가한다. 통화량이 증가하면 이자율이 하락하고, 구축효과(화폐수요의 증가가 부분적으로 이자율을 다시 상승시켜 수요를 억제함)가 없다는 가정하에서 투자가 증가하고 소득이 증가한다. 즉, *IS*곡선이 오른쪽으로 이동한다. 한편 통화량의 증가는 *LM*곡선을 직접 오른쪽으로 이동시킨다. 또한 정부지출의 증가는 *IS*곡선을 오른쪽으로 이동시킨다.

20 다음 보기에서 수직선으로 표시되는 것을 고르시오.

보기

(가) 고전학파의 *IS*곡선
(나) 케인즈 단순모형의 *IS*곡선
(다) 고전학파의 *LM*곡선
(라) 케인즈 단순모형의 *LM*곡선
(마) 고전학파의 총수요곡선
(바) 케인즈 단순모형의 총수요곡선
(사) 고전학파의 총공급곡선
(아) 케인즈 단순모형의 총공급곡선

정석힌트 정답은 (나), (다), (바), (사).
(가) 고전학파의 *IS*곡선: 한 점(거의 수평선)
(나) 케인즈 단순모형의 *IS*곡선: 수직선
(다) 고전학파의 *LM*곡선: 수직선
(라) 케인즈 단순모형의 *LM*곡선: 수평선
(마) 고전학파의 총수요곡선: 직각쌍곡선
(바) 케인즈 단순모형의 총수요곡선: 수직선
(사) 고전학파의 총공급곡선: 수직선
(아) 케인즈 단순모형의 총공급곡선: 수평선

21 다음 보기처럼 어떤 경제의 총수요와 총공급이 주어져 있다. 완전고용 국민소득이 50일 때 물가의 변화와 국민소득의 변화에 대하여 설명하시오.

보기

(1) 총수요: $Y=100-P$

(2) 총공급: $Y=20+P$

단, Y: 국민소득, P: 물가

정석힌트 두 곡선을 같도록 하여 풀면 $100-P = 20+P$에서 단기균형물가=40이 나온다. 이 물가=40을 총공급함수에 대입해보면 현재의 단기균형국민소득은 국민소득=60이 도출된다. 따라서 단기균형국민소득이 완전고용국민소득보다 높다는 것을 알 수 있다. 현재의 단기균형을 그림으로 나타내면 그림의 G점과 같은 상태이다. 이때 완전고용 국민소득이 50이므로 인플레이션갭은 10이다.

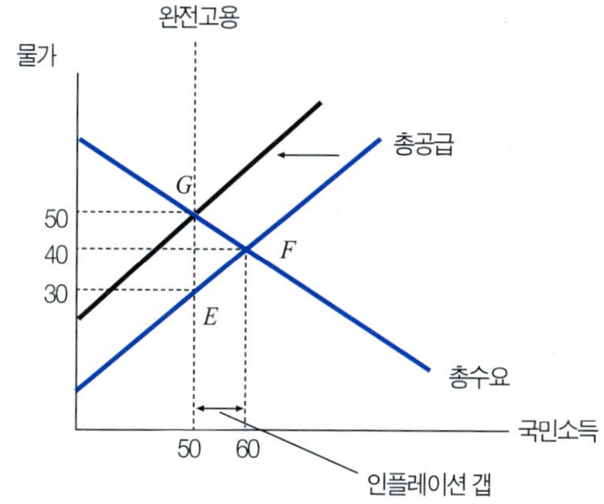

경기과열상황에서 과잉고용으로 임금이 높아지면서 생산을 줄이게 된다. 이에 따라 총공급곡선이 왼쪽으로 이동한다. 장기적으로는 장기총공급곡선과 총수요곡선이 만나는 G점까지 단기총공급곡선이 이동하며 예상물가를 실제물가에 맞춤으로써 물가만 상승하고 국민소득은 완전고용수준으로 돌아간다.

정석심화문제

22 아래 두 그래프는 케인즈모형에서 정부지출의 증가(ΔG)로 인한 효과를 나타내고 있다. 이에 관한 설명으로 옳은 것을 모두 고른 것은? (단, 그림에서 C는 소비, I는 투자, G는 정부지출이다.)

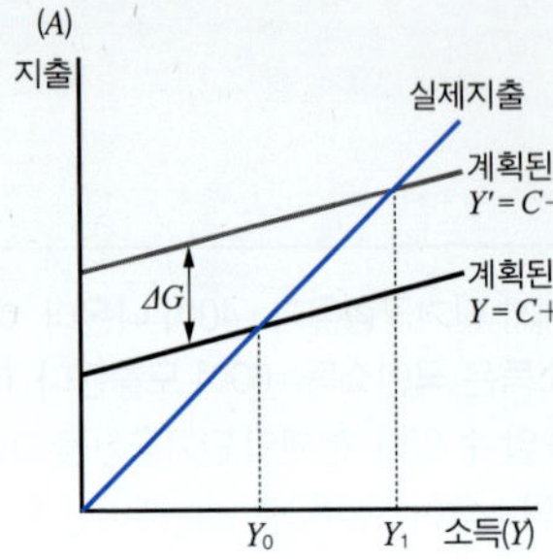

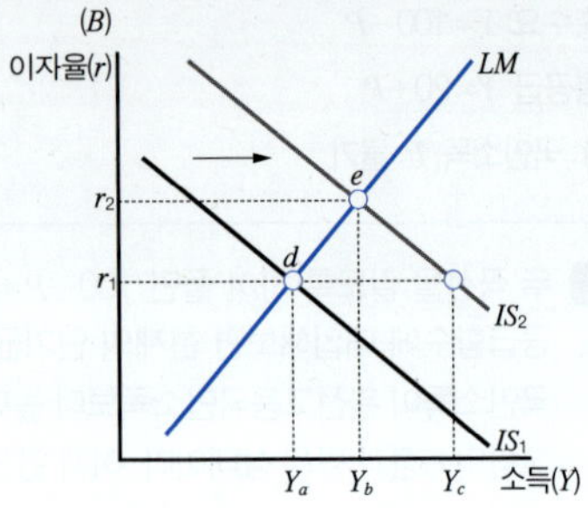

보기

ㄱ. (A)에서 $Y_0 \to Y_1$의 크기는 한계소비성향의 크기에 따라 달라진다.
ㄴ. (A)의 $Y_0 \to Y_1$의 크기는 (B)의 $Y_a \to Y_b$의 크기와 같다.
ㄷ. (B)의 새로운 균형점 e는 구축효과를 반영하고 있다.
ㄹ. (A)에서 정부지출의 증가는 재고의 예기치 않은 증가를 가져온다.

① ㄱ, ㄴ　② ㄱ, ㄷ
③ ㄴ, ㄷ　④ ㄴ, ㄹ
⑤ ㄷ, ㄹ

정석힌트 (ㄱ) 한계소비성향이 커지게 되면 소비함수의 기울기가 좀 더 가파르게 된다. 따라서 국민소득의 증가 크기는 커지게 된다. 소비성향이 커질수록 국민소득 순환과정 속에 주입이 커지게 되며, 그 결과 소득의 증가로 인한 소비의 증가 효과인 2차 효과가 더 커지기 때문이다. (이 말을 그림이나 $Y=C+I+G$에서 흐름으로 느낄 수 있어야 한다.)

(ㄴ) (A)에서 $Y_0 \to Y_1$의 크기는 케인즈의 단순모형으로 이자율이 상승하지 않은 경우에 승수효과가 최대한 일어나는 경우이다. 이를 (B)의 IS-LM모형에 적용하게 되면 국민소득은 $Y_a \to Y_c$까지 증가시키게 되는 것과 같다.

(ㄷ) (B)에서 새로운 균형점은 이자율이 상승해서 국민소득이 처음에는 Y_c까지 증가했다가 구축효과로 Y_b까지만 증가하게 된다. 따라서 균형점 e에는 구축효과가 반영되어 있다.

(ㄹ) 정부지출의 증가는 재고가 증가하는 것이 아니고 이미 남아있던 재고를 오히려 감소시킨다.

정답은 ②

23 **다음과 같은 모형을 상정할 경우에 다음 물음에 답하여라. 소비함수와 조세, 투자함수, 정부지출은 각각 다음과 같이 주어져 있다고 한다. 여기서 C_0, T_0와 I_0는 외생적으로 주어진 상수이고, b는 한계소비성향, r는 소득세율, α는 투자의 이자율에 대한 민감성을 나타낸다. 이때 다음 설명으로 타당하지 않은 것을 고르시오.**

보기

$C=C_0+bY_d$, $(0<b<1)$
$T=T_0+rY$, $(0<r<1)$
$I=I_0-\alpha r$, $(\alpha>1)$
$G=G_0$

① 소득세율이 높아지게 되면 소비함수의 기울기는 완만해진다.
② 소득세율이 높아지게 되면 승수는 작아진다.
③ 소득세율이 낮을수록 IS곡선은 완만해진다.
④ IS곡선의 기울기는 투자의 이자율민감도가 클수록 완만해진다.
⑤ 비례소득세율은 자동안정화장치 역할을 할 수 없다.

정석힌트 ① 소비함수를 나타내면 다음과 같다.

$C=C_0+bY_d=C_0+b(Y-T)=C_0+b[Y-(T_0+rY)]=(C_0-bT_0)+b(1-r)Y$

따라서 소득세율이 증가하게 되면 소비함수의 기울기는 완만해진다.

② $Y=C+I+G=C_0+b[Y-(T_0+rY)]+I_0-\alpha r+G_0=b(1-r)Y+(C_0-bT_0+I_0+G_0)-\alpha r$

이를 Y로 정리하면 $Y=\dfrac{C_0-bT_0+I_0-\alpha r+G_0}{1-b(1-r)}$

정부지출승수와 조세승수를 구하면 다음과 같다.

$\dfrac{\Delta Y}{\Delta G}=\dfrac{1}{1-b(1-r)}$, $\dfrac{\Delta Y}{\Delta T}=\dfrac{-b}{1-b(1-r)}$

따라서 소득세율이 높아지면 승수는 작아진다.

③, ④ 문제에서 주어진 식을 대입하여 IS곡선을 구하면 다음과 같게 된다.

$Y=C+I+G=C_0+b[Y-(T_0+rY)]+I_0-\alpha r+G_0$

$=b(1-r)Y+(C_0-bT_0+I_0+G_0)-\alpha r$

이 식을 정리하면

$r=\dfrac{1-b(1-r)}{\alpha}Y+\left(\dfrac{C_0-bT_0+I_0+G_0}{\alpha}\right)$

IS곡선의 기울기에 영향을 주는 요인들은 한계소비성향이 클수록, 소득세율이 낮을수록 IS곡선은 완만해지고, 투자의 이자율에 대한 민감도가 클수록 IS곡선은 완만해진다.

⑤ 소득세율이 0인 경우($r=0$)에는 정부지출승수가 $\dfrac{\Delta Y}{\Delta G}=\dfrac{1}{1-b}$인데 소득세율이 0보다 큰 경우($r>0$)라면 정부지출승수가 $\dfrac{\Delta Y}{\Delta G}=\dfrac{1}{1-b(1-r)}$가 된다. 따라서 승수가 작아진다는 것은 소득세율이 외생적인 충격으로 인한 소득에 미치는 효과를 감소시킨다는 것을 의미한다. 즉, 비례소득세는 자동안정화장치 역할을 수행한다. 정답은 ⑤

24 **화폐수요와 화폐공급이 다음과 같이 주어졌을 때, 옳은 것은?**

보기

■ 화폐수요곡선 : $\frac{M^D}{P} = aY + bR + c$

■ 화폐공급곡선 : $\frac{M^S}{P} = M_0 + dR$

(단, a, b, c, d는 상수, M^D는 화폐수요량, P는 물가, M^S는 화폐공급량, Y는 실질소득, R은 이자율, M_0는 외생적 화폐공급량)

① 거래적 동기에 의한 화폐수요가 존재할 경우, a는 음수이다.

② 투기적 동기에 의한 화폐수요가 존재할 경우, b는 0이다.

③ 화폐시장의 균형에서, 외생적 화폐공급량이 물가를 결정한다.

④ 예금화폐공급을 포함할 경우, 일반적으로 d는 양수이다.

⑤ 정답 없음

정석힌트 ① a는 화폐수요의 소득탄력성을 나타낸다. 거래적 동기에 의해 화폐수요는 소득과 양(+)의 관계에 있으므로 a는 양수이다.

② b는 화폐수요의 이자율탄력성을 나타낸다. 투기적 동기의 화폐수요는 이자율과 음(−)의 관계에 있으므로 b는 음수이다.

③ 물가는 총수요와 총공급의 균형을 통해서 결정된다.

④ 예금 화폐공급을 포함할 경우 이자율이 상승할 경우 예금률의 증가로 통화승수가 커져 화폐공급이 증가한다. 즉 화폐공급과 이자율은 양(+)의 관계에 있다.

정답은 ④

25 다음과 같이 생산물시장과 화폐시장이 주어졌을 때, $G=100$, $M^S=500$, $P=1$이고 균형재정일 경우, 균형국민소득(Y)과 균형이자율(r)은?

보기

$Y=C+I+G$ $C=100+0.8(Y-T)$

$I=80-10r$ $\frac{M^d}{P}=Y-50r$

(단, C는 소비, I는 투자, G는 정부지출, T는 조세, M^S는 명목화폐공급, M^d는 명목화폐수요, P는 물가를 나타내고, 해외부문과 총공급부문은 고려하지 않는다.)

① $Y=750$, $r=5$ ② $Y=750$, $r=15$

③ $Y=250$, $r=5$ ④ $Y=250$, $r=15$

정석힌트 IS곡선식을 구하면 $Y=C+I+G=100+0.8(Y-100)+(80-10r)+100=1{,}000-50r$
LM곡선식을 구하면 $\frac{M^d}{P}=\frac{M^S}{P}$, $Y-50r=500$, $Y=500+50r$이다. IS곡선식과 LM식을 연립하면 풀면 $Y=750$, $r=5$이다.
정답은 ①

26 다음의 폐쇄경제모형에서 생산물시장과 화폐시장을 동시에 균형시키는 물가수준은? (단, Y는 국민소득, C는 소비, I는 투자, G는 정부지출, r은 이자율, M^d는 명목화폐수요, M^S는 명목화폐공급, P는 물가수준이다.)

보기

$Y=C+I+G$

$Y=100$,

$C=20+0.5Y$, $I=30-50r$, $G=10$, $M^S=M^d$

$\frac{M^d}{P}=0.01Y-r$, $M^S=20$

① 15 ② 25 ③ 50

④ 75 ⑤ 100

정석힌트 생산물시장의 균형을 나타내는 IS식 $Y=C+I+G=(20+0.5Y)+(30-50r)+10$을 정리하면 IS식은 $Y=120+100r$이다. 화폐시장의 균형을 나타내는 LM식 $\frac{M^S}{P}=\frac{M^D}{P}=\frac{20}{P}=0.01Y-r$을 정리하면 $Y=\frac{2{,}000}{P}+100r$이다. $Y=100$으로 주어져 있으므로 IS식에 대입하면 $r=0.2$로 계산된다. $Y=100$, $r=0.2$를 LM식에 대입하면 $P=25$이다. 정답은 ②

27 ***IS-LM*모형에서 거시경제정책이 국민소득에 미치는 영향에 대한 다음 설명 중 가장 옳지 않은 것은?(단, *IS*곡선은 우하향하고, *LM*곡선은 우상향한다.)**

① 투자가 이자율에 민감하게 반응할수록 확장적 통화정책은 국민소득을 크게 증가시킨다.

② 한계소비성향이 클수록 긴축적 통화정책은 국민소득을 크게 감소시킨다.

③ 화폐수요가 소득에 민감하게 반응할수록 확장적 재정정책은 국민소득을 크게 증가시킨다.

④ 화폐수요가 이자율에 민감하게 반응할수록 긴축적 재정정책은 국민소득을 크게 감소시킨다.

⑤ 소득세율이 낮을수록 확장적 통화정책은 국민소득을 크게 증가시킨다.

정석힌트 각 학파의 주장과 그 학파의 이론모형을 연결해 풀어내는 연습을 한다.

고전학파류	통화정책 유용	투자가 이자율에 탄력적일수록 화폐수요가 소득에 탄력적일수록 화폐수요가 이자율에 비탄력적일수록
케인즈학파류	재정정책 유용	투자가 이자율에 비탄력적일수록 화폐수요가 이자율에 탄력적일수록 화폐수요가 소득에 비탄력적일수록

① 투자가 이자율에 민감한 것은 고전학파류의 주장이다.

②, ⑤ 한계소비성향이 클수록, 소득세율이 낮을수록 승수가 커진다. 승수가 크면 금융정책이건 재정정책이건 효과는 더 크게 확대된다는 점에 유의하자.

③ 화폐수요가 소득에 민감하면 고전학파류의 주장이다.

④ 화폐수요가 이자율에 민감하면 케인즈학파류의 주장이다.

정답은 ③

28 다음 모형에 기초하여 분석할 때, 물가수준-국민소득 평면에서 총수요곡선이 우하향하는 이유를 가장 적절하게 설명한 것은? (단, Y는 소득, C는 소비, I는 투자, r은 실질이자율, T는 조세, G는 정부지출, P는 물가수준, π^e는 예상물가상승률, β_i, $i=0, \cdots, 5$는 양의 계수, M^d는 명목화폐수요, M^S는 명목화폐공급이며, T_0, G_0, $\overline{M}$, π_0^e은 상수이다.)

보기

$C=\beta_0+\beta_1(Y-T)$

$I=\beta_2-\beta_3 r$

$T=T_0,\ G=G_0$

$Y=C+I+G$ (생산물시장의 균형)

$\frac{M^d}{P}=\beta_4 Y-\beta_5(r-\pi^e)$

$M^S=\overline{M}$

$M^d=M^S$(화폐시장의 균형)

$\pi^e=\pi_0^e$

① 물가수준이 하락하면 실질자산의 가치가 증가하여 소비지출이 증가한다.

② 물가수준이 하락하면 실질화폐공급의 증가로 이자율이 하락하여 투자가 증가한다.

③ 물가수준이 하락하면 해외로 자본유출이 증가하여 순수출이 증가한다.

④ 물가수준의 변화와 무관하게 구축효과로 인해 총수요가 감소한다.

⑤ 물가수준의 변화와 무관하게 피구효과로 인해 총수요가 감소한다.

정석힌트 총수요곡선이 우하향하는 이유는 다음과 같은 세 가지 경로로 설명할 수 있다.

- 자산효과 통로
- 물가구축 통로
- 순수출 통로

그런데 주어진 식에 의하면 소비가 자산에 의해 영향을 받는 것이 아니라 가처분소득만의 함수로 되어 있다. 따라서 자산효과통로가 작용하지 않는다. 또한 해외부분이 존재하지 않으므로 순수출 통로도 작용하지 않는다고 할 수 있다.

정답은 ②

29 A국의 거시경제모형이 다음과 같을 때, 총수요곡선으로 옳은 것은?

보기

민간소비: $C=2+0.5Y$
투자: $I=2-r$
정부지출: $G=3$
실질화폐수요: $\frac{M_D}{P}=4+0.5Y-r$
명목화폐공급: $M_S=3$

(단, r은 이자율, Y는 국민소득, P는 물가수준이고, $Y>3$이다.)

① $Y=1+\frac{1}{P}$　② $Y=2+\frac{2}{P}$　③ $Y=3+\frac{3}{P}$

④ $Y=4+\frac{4}{P}$　⑤ $Y=5+\frac{5}{P}$

정석힌트 총수요곡선은 IS-LM곡선으로부터 도출된다. IS-LM모형에서 균형국민소득이 총수요를 나타내므로 IS곡선과 LM곡선을 연립해서 풀어 총수요곡선을 구한다.

(IS식) $Y=C+I+G=2+0.5Y+2-r+3$, $r=-0.5Y+7$이다.

(LM식) $M^D=M^S$, $4+0.5Y-r=\frac{3}{P}$, $r=4-\frac{3}{P}+0.5Y$이다.

이를 연립해서 풀면 $Y=3+\frac{3}{P}$이다. 정답은 ③

30 총공급곡선에 대한 설명 중 가장 옳지 않은 것은?

① 고전학파의 총공급곡선은 수직선 형태를 갖는다.

② 명목임금의 상하방 신축성을 전제로 한 고전학파의 총공급곡선은 명목임금이 상승하면 좌측으로 이동한다.

③ 케인즈학파의 총공급곡선에서 명목임금의 최저수준이 증가하면 산출량은 감소하고 물가는 상승한다.

④ 노동시장이 완전경쟁적이라면 실질임금은 물가변화에 영향을 받지 않기 때문에 총공급곡선은 물가와 무관하다.

⑤ 총공급곡선은 노동시장과 생산함수로부터 도출한다.

정석힌트 총공급곡선이 우상향하는 이유는 다음과 같다.

- 화폐환상, 적응적 기대(케인즈, 케인즈학파, 통화주의학파)
  → 물가가 상승하면 물가상승에 대한 과소기대 발생(노동자 오류)
- 일반물가상승을 상대물가상승으로 오인(합리적 기대)
  → 비공개적 깜짝정책으로 일반물가상승을 인식하지 못해 생산 증대(생산자오류)

- 노동시장의 (실질)임금경직성(새케인즈학파)
  → 물가가 상승할 때 임금은 경직적이어서 실질임금 하락해 고용 증가
- 물가경직성(새케인즈학파의 메뉴비용, 관리가격) 정답은 ②

31 단기에 총공급곡선이 우상향하는 이유, 즉 물가가 상승하면 생산이 증가하는 이유로서 가능한 것을 모두 고르면?

보기

가. 물가가 상승하면 자기 상품의 상대가격이 상승하였다고 오인하여 기업들이 생산을 증가시킨다.
나. 노동자가 기업에 비해 물가상승을 과소 예측하면 노동공급이 증가한다.
다. 물가상승에도 불구하고 메뉴비용이 커서 가격을 올리지 않는 기업의 상품판매량이 증가한다.
라. 명목임금이 경직적이면 물가상승에 따라 고용이 증가한다.

① 나, 다　② 가, 나, 라　③ 가, 다, 라
④ 나, 다, 라　⑤ 가, 나, 다, 라

정석힌트 모두 정답이다.
(가) 새고전학파의 합리적 기대모형
(나) 부분적 화폐환상모형
(다), (라) 새케인즈학파의 가격·임금경직성 모형이다. 정답은 ⑤

32 단기총공급곡선이 우상향할 때 총수요관리정책은 균형생산량에 영향을 미칠 수 있다. 다음 중 총공급곡선이 단기적으로 우상향하는 이유를 설명한 이론을 모두 고른 것은?

보기

가. 임금이 경직적이면 물가 상승에 따라 실질임금이 하락하므로 기업이 노동고용을 늘려서 생산이 증가한다.
나. 개별기업이 물가상승을 자기 상품의 상대가격이 상승한 것으로 착각하여 생산을 증가시킨다.
다. 노동자가 명목임금의 상승을 실질임금이 상승한 것으로 착각하여 노동공급을 증가시키므로 생산이 증가한다.
라. 상품가격이 경직적이면 물가상승 시 상대가격이 하락하여 수요가 증가하므로 기업의 생산이 증가한다.

① 나, 다　② 가, 다, 라　③ 나, 다, 라
④ 가, 나, 다　⑤ 가, 나, 다, 라

정석힌트 (가), (라) 새케인즈학파: 임금의 경직성
(나) 새고전학파: 합리적 기대모형(불완전정보모형)
(다) 통화주의학파, 케인즈학파: 부분적 화폐환상 정답은 ⑤

33 **루카스 공급곡선에 관한 설명으로 옳지 않은 것은?**

① 기대물가와 실제물가가 같을 때의 실업률과 생산량을 각각 자연실업률과 완전고용생산량이라고 한다.

② 기대물가가 실제물가보다 높을 때의 생산량은 완전고용생산량보다 적다.

③ 유가가 상승할 경우 생산량은 완전고용생산량 이하로 떨어진다.

④ 기대물가가 고정되어 있는 경우 총공급곡선은 우상향한다.

⑤ 기대물가가 상승하면 생산량은 증가한다.

정석힌트 루카스 공급함수는 다음과 같다.

$Y=Y_N+\alpha(P-P^e)(\alpha>0)$

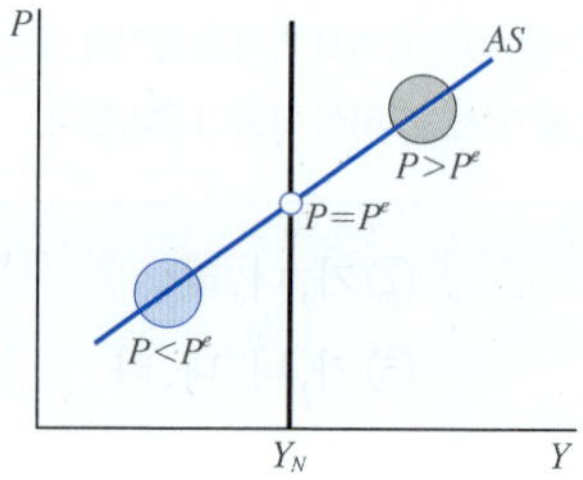

실제물가와 기대물가가 같다면 $P=P^e$이면 $Y=Y_f$

실제물가가 기대물가보다 높다면(과소기대) $P>P^e$이면 $Y>Y_f$

실제물가가 기대물가보다 낮다면(과대기대) $P<P^e$이면 $Y<Y_f$

② 과대기대 상태에서는 실제생산량이 완전고용생산량보다 적다.

③ 유가상승(불리한 생산성충격)은 자연실업률을 높인다.

④ 기대물가의 고정이란 정태적 기대를 의미한다. 물가상승 시 과소기대가 발생하여 총공급곡선이 우상향한다.

⑤ 기대물가가 상승하면 AS곡선이 상방으로 이동하게 되고 그 결과 생산량은 감소한다.

정답은 ⑤

정석 거시경제론 **제10장**

경기변동과 경기안정화정책

자본주의가 정치적 자유의 필요조건임은 역사가 보여주고 있다.
그러나 확실히 충분조건은 아니다.
- 밀턴 프리드만-

한 경제의 고용량과 소득수준을 결정하는 경제활동은 매년 변화한다. 어떤 해의 생산량과 고용량은 증가하고 다른 해에는 생산량과 고용량이 줄어들기도 한다. 그러나 대부분의 경우 경제활동수준은 증가한다. 시간이 흘러가면 사람들이 많이 태어나고, 자본이 축적되기도 하고 기술이 발전하기 때문에 경제의 생산능력도 높아지고 생활수준도 높아진다.

시간의 흐름에 따라 경제활동수준이 높아지는 것이 일반적이지만 어떤 때에는 생산한 제품이 판매되지도 않고 직업을 얻으려고 해도 직장이 없을 때도 있다. 이처럼 소득수준이 내려가고 실업이 증가하는 현상을 경기침체라고 말한다. 그 정도가 더 심하여 극심한 경기침체상태를 불황이라고 한다. 반대로 경제활동수준이 높아서 생산량과 고용량이 증가하면 경기확장이라고 하며, 그 정도가 더 좋아지면 호황이라고 한다.

이처럼 경제활동수준이 단기적으로 변동하는 이유는 무엇일까? 실업이 증가하고 소득이 하락하는 경기침체를 막을 방법은 없는 것일까? 이 장에서는 이러한 기본적인 물음에 답하려고 한다. 단기적인 경기변동을 분석하고 그 해법을 찾을 때 경제학자들 사이에 이견들이 있지만 대부분의 학자들은 우리가 이제 막 배운 총수요·총공급이론을 자주 사용한다. 총수요·총공급이론은 단기적인 경기변동을 설명할 수 있을 뿐만 아니라 어떤 정책이 유효한지도 판단할 수 있게 하는 매우 강력한 무기가 될 것이다. 이 장에서는 그러한 무기를 가지고 경제변동의 원인, 경제 안정화정책 등에 대해 살펴볼 것이다.

이 장에서 배울 것

- 경기변동이란?
- 경기변동의 원인은?
- 경제안정화정책의 효과와 방법은?
- 새고전학파의 경기변동이란?
- 새케인즈학파의 경기변동이란?

1. 경기변동

단기적인 경기변동은 어느 나라 어느 시대에서나 일어나는 보편적인 현상이다. 시간이 지남에 따라 고용과 생산량의 경제활동수준이 높아지는 때도 있고, 경제활동수준이 낮아지는 때도 있다. 이처럼 총체적인 경제활동이 변동하는 현상을 **경기변동** 혹은 **경기순환**이라고 한다.

1. 경기변동의 국면

(1) 경기변동 개념

경기변동 혹은 경기순환이라는 용어가 말해주듯이, 경기라는 단어는 전반적인 경제활동을 뜻하므로 경제활동의 변동을 의미한다. 경기순환에서 순환이라는 의미가 경제활동수준의 변동이 되풀이되는 현상을 보인다는 것이다. 따라서 **경기변동**은 경제활동의 변동이 확장국면과 수축국면으로 반복되어 나타나는 현상이다. 이야기 10-1 이야기 10-2

경기변동이 없다면 시간이 지남에 따라 자본축적과 기술발전으로 꾸준히 경제활동수준이 높아질 것이므로 〈그림 10-1〉에서의 성장추세선을 따라 경제가 움직일 것이다. 그러나 성장하는 가운데, 경기는 단기적으로 계속 변동할 수 있다.

(2) 경기변동 국면

일반적으로 경기변동의 국면을 회복, 호황, 후퇴, 불황의 네 단계로 나눈다. 보통 4국면을 모두 거치면 한 주기 혹은 한 순환이 완성되었다고 본다. 이때부터 다음 순환이 시작되는 것이다. 회복과 호황을 확장국면, 후퇴와 불황을 수축국면으로 구분하기도 한다.

〈그림 13-1〉에서 경기변동의 첫 번째 순환은 **저점**(trough) A에서 출발하여 회복기를 거쳐 호황기에 접어들어 **정점**(peak) C에 이르게 된다. 이 ABC의 국면을 **확장국면**이라고 한다. 이어 정점 C에서 D점까지의 후퇴기를 거쳐 저점 E까지의 불황기를 끝내게 된다. 점 C에서 점 E에 이르는 시기를 **수축국면**이라고 한다. 다시 말해서 저점 A에서 출발

이야기 10-1 이색적 경제지표

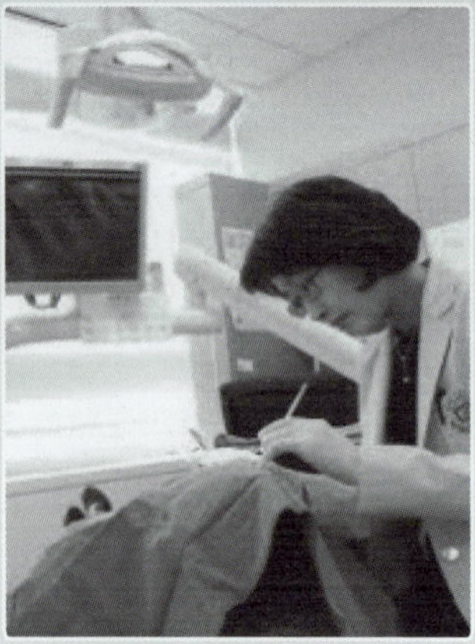

경제가 경기침체에 빠지면 많은 경제지표에 영향을 미친다. 경제학자들은 수십 가지 지표를 분석하여 경기침체가 언제 시작되고 언제 끝나는지 판단한다. 그러나 전혀 생각하지 못한 엉뚱한 지표나 육감이 경기침체를 더 잘 예측할 수도 있다.

치과의사에 따르면 사람들은 경제가 나빠지면 진료약속을 연기하고 경제가 회복되면 다시 진료일정을 잡는다고 한다. 쓰레기 수거업계에 따르면 경제가 나빠지면 쓰레기 수거량이 크게 줄고, 경제가 좋아지면 쓰레기 수거량이 크게 늘어난다고 한다. 경제가 좋으면 많은 상품을 구입해서 포장지를 버리기 때문에 수거량이 늘어난다는 것이다.

이뿐인가? 패션업계에 따르면 경제가 나빠지면 치마가 길어지고, 경제가 좋아지면 치마가 짧아진다고 한다. 또한 경제가 나빠지면 외출복보다 속옷판매가 증가한다고 한다. 각 가정에서는 돈을 절약하기 위해 외출하지 않고 집에서 더 많은 시간을 보내게 되기 때문이라고 한다. 영국 일간지 『파이낸셜 타임스』(2009. 3)에 따르면 세계 금융위기에 소매품의 판매는 4% 감소한 반면 속옷판매는 거의 하락하지 않았다고 한다.

로이터통신에 따르면 영국에서는 팝콘지수를 보면 경제상황을 알 수 있다고 한다. 세계금융위기 직후 국내총생산이 2.5% 감소하고 실업자가 200만명이나 되었을 때 오히려 팝콘판매는 급증하였다고 한다.

실제로 무슨 일이 일어나는지는 나중에 가서야 아는 경우가 많다. 이런 이유로 200명이 넘는 경제학자들이 모든 경제지표를 추적하는 미국의 중앙은행마저도 극장가의 팝콘지수, 패션업계의 속옷판매 등의 일화들에 신경을 쓴다. 제비 한 마리가 돌아 온 것을 보고 봄이 왔다고 짐작하듯이 사람들의 옷차림, 쓰레기량 등으로 경제의 좋고 나쁨을 느낄 수 있다.

그림 10-1 경기변동

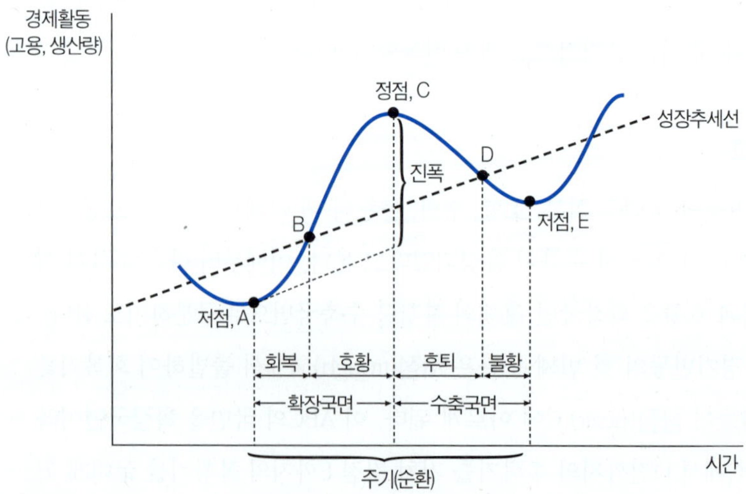

이야기 10-2 **사회징표**

경기지표를 판단할 수 있는 여러 사회적 징표가 있다. MIT대학의 폴 크루그만은 코믹광고가 많아진다는 것은 호황의 징표라고 했다. 반면에 TV 광고가 상품의 이름을 반복하는 것은 불황의 징조라고 했다. 코넬대학의 프랭크교수는 버거킹의 점원 나이로 경기를 판단할 수 있다고 주장했는데, 남자 점원의 나이가 면도할 정도이면 경기가 침체했다고 보았다. 일자리를 구하기 어렵다는 증거를 반영한 것이다. 그 밖에 재미있는 지표로는 집을 수리하기 위해서 혹은 에어컨 설치를 위해서 인부를 호출했을 때 얼마나 빨리 오는지와, 스타벅스의 커피의 농도가 얼마나 진한가 등을 들 수 있다.

하여 확장국면 ABC의 회복, 호황을 거쳐 정점 C에 도달한다. 이어 수축국면 CDE의 후퇴, 불황을 지나 저점 E에서 하나의 순환을 마무리한다. 이때 저점 E는 첫 번째 순환의 종착점인 동시에 다시 두 번째 순환의 출발점이 된다.

이와 같이 한 저점에서 다음 저점 혹은 한 정점에서 다음 정점까지를 경기변동의 한 **주기**(cycle) 혹은 **순환**이라고 한다. 모든 순환에서 경제활동수준의 증가폭과 감소폭이 같지는 않지만 그 순환의 정점에서 저점까지의 수직거리를 **진폭**(amplitude)이라고 한다. 어떤 순환기에는 진폭이 커서 경제변동의 깊이가 심할 수도 있다. 진폭과 주기를 달리하는 여러 순환들은 공통적으로 확장국면과 수축국면을 가지며, 확장국면을 회복과 호황으로, 수축국면을 후퇴와 불황으로 나누어 회복—호황—후퇴—불황의 네 단계를 **경기변동의 4국면**이라고 한다.

(3) 경기변동의 국면 특징

경제활동수준이 저점 A와 같이 오래 불황에 있다가 정부의 정책과 같은 외적 충격으로 총수요가 증가했다고 하자. 경기회복의 첫 신호탄으로 기업의 재고가 감소하기 시작한다. 기업은 재고를 보충하기 위해 생산을 증가시킨다. 이에 따라 기업의 고용이 증가하고 투자가 증가한다. 그런데 이런 국면은 언제까지나 계속 될 수 있을까?

불행히도 경기호황이 계속되지는 않는다. 경기가 정점 C에 이르면 과다한 투자수요에 의해 자금수요의 증가로 이자율이 상승하고, 고용증가로 임금과 물가가 상승하게 되어 경제의 애로가 발생한다. 이런 상태에서 기업들은 미래에 대한 기대를 낮추면서 투자를 중단하게 된다. 이제 정점 C에서 투자가 감소하면 자본재생산이 줄고 고용이 감소하며, 이것이 소비수요의 감소로 이어지면서 총수요가 감소한다. 따라서 경기는 다시 불황에 접어들면서 저점 E에 이르게 된다. 보통 불황국면에 접어든 징후는 국민소득이

2분기 연속 마이너스 성장을 기록한다는 것이다.

다행히도 불황이 무한히 지속되지는 않는다. 우선 여러 가지 복지제도가 총수요의 어느 수준까지만 하락하도록 도와준다. 일종의 경제 내 자동안정화 장치가 존재한다는 것이다. 또한 경기가 불황에 빠지면 이자율은 하락하고 임금도 낮아진다. 이자율이 매우 낮으면 기업들은 감가상각으로 마모되는 자본재라도 보전(대체)하려고 하며, 이 때가 저점 E에 이른 때이다. 이러한 보전 혹은 대체투자는 자본재생산기업들의 생산증가로 이어져 다시 두 번째 순환을 시작하는 출발점이 된다.

정석사고

경기변동은 경제활동의 변동이 확장국면과 수축국면으로 반복되어 나타나는 현상이다. 확장국면을 회복과 호황으로, 수축국면을 후퇴와 불황으로 나누어 회복–호황–후퇴–불황의 네 단계를 **경기변동의 4국면**이라고 한다.

2. 경기변동의 특징

경기변동의 원인이나 국면전환의 원인을 세밀히 분석하기 전에 이를 위한 준비작업으로 우선 경기변동과 관련한 몇 가지 특징을 살펴보기로 하자.

① 경기변동은 불규칙적이고 예측하기 어렵다.

경기순환이라는 말에서 경기변동이 반복적이라는 것은 맞지만 이것이 규칙적이고 예측가능한 형태를 가진다는 뜻은 아니다. 많은 나라에서 호황과 불황의 지속기간이 모두 다르며, 같은 나라에서도 시기에 따라 지속기간이 크게 달라진다. 한 마디로 경기변동의 각 국면들이 **비대칭성**을 보여준다.

② 대부분의 거시경제활동의 변수들이 같이 움직인다.

경제활동수준을 나타내는 대표적이고 포괄적인 지표가 실질국내총생산, 즉, 실질 GDP이다. 실질GDP는 한 나라의 총소득을 나타낸다. 실질GDP가 증가할 때에는 개인소득, 기업이윤, 소비지출, 투자지출, 생산량 등도 모두 같이 상승한다. 경기변동의 각

국면에서 많은 변수들이 같이 움직인다는 특징을 한 마디로 경기변동이 **공행성**을 보여준다고 한다. 이와 같이 대부분의 거시경제활동변수가 같이 움직이지만 그 변동폭이 같은 것은 아니다. 예를 들어 경기가 확장될 때 다른 변수들보다 투지지출이 큰 폭으로 상승한다든지 경기가 수축될 때 다른 변수들보다 투자지출이 크게 감소한다.

대부분의 거시경제변수들이 공행성을 보이지만 그 반대로 움직이는 변수들도 있고 시차를 두고 움직이는 변수들도 있다. 이때 실질GDP와 같은 방향으로 변하는 경우를 **경기순응적**(pro-cyclical)이라고 하고, 실질GDP와 반대 방향으로 변하는 것을 **경기역행적**(counter-cyclical)이라고 한다. 또한 실질GDP보다 먼저 변하는 경우 경기선행적(leading)이라고 하고, 동시에 변하면 **경기동행적**(concurrent), 나중에 변하는 경우 **경기후행적**(lagging)이라고 한다.

대부분의 거시경제활동변수들이 같이 움직이기 때문에 경기변동의 각 국면은 상당기간 지속된다. 일단 경기확장이 시작되면 상당기간 경기가 확장세를 타고, 경기수축이 시작되면 상당기간 경기가 침체되는 **지속성**을 보인다. 그러나 경기변동은 수축국면보다 확장국면이 더 긴 비대칭적 특징이 있다.

③ 생산이 감소하면 고용이 감소한다.

실질GDP가 감소하면 고용이 감소한다는 것은 놀라운 일이 아니라 오히려 보편적 진실에 가깝다. 기업들이 생산을 줄이려고 한다면 아마도 근로자를 해고하는 일부터 시작할 것이다. 따라서 실업자가 늘고 소득이 줄게 된다. 이야기 10-3

정석사고

경기변동의 특징은 다음과 같다. 첫째, 경기변동은 불규칙적이고 예측하기 어렵다. 둘째, 대부분의 거시경제활동의 변수들이 같이 움직인다. 셋째, 생산이 감소하면 고용이 감소한다.

3. 경기변동의 유형

많은 학자들이 경기변동의 반복성을 찾으려는 시도를 해왔다. 이 중에서 대표적 경기변동이론가인 **슘페터**(J. Shumpeter)는 경기변동을 주기 또는 순환의 길고 짧음에 따라

이야기 10-3 경제가 어느정도 하락해야 경기침체인가?

경제는 살아 있는 생명체와 같아 확장과 수축을 반복한다. 시장에 존재하는 수많은 상품을 포함하는 종합적인 경제지표를 활용해서 경제의 상황이 확장 국면인지 수축(침체) 국면인지를 판단하게 된다. 리세션(recession)은 경기후퇴를 말하는데 물가를 포함하지 않은 GDP의 움직임을 설명한다. 따라서 경기가 리세션에 진입해도 물가는 상승하거나 하락할 수 있다.

이웃집 사람이 직장을 잃으면 경기후퇴(economic slowdown)이고, 내가 실직을 당하면 불황(recession)이 온 것이며, 경제학자가 실직되면 공황(depression)이 닥친 것이라는 말이 있다. 우리는 흔히 불황이란 말을 많이 사용하고 있지만 경제가 어떤 상태로 침체된 것을 불황이라고 하는지 명확한 정의는 없다. 미국의 권위 있는 인간경제연구기관인 전미경제연구소(NBER: National Bureau of Economic Research)에서는 경기정점에서 경기저점까지의 수축국면을 리세션이라고 정의한다. 현재의 경제 상황은 현시점에서는 판단할 수 없고 어느 정도 시간이 지나야 알 수 있다. 보통 2분기 연속 GDP 성장률이 감소하는 경우 경기가 리세션에 진입했다고 한다. 그러나 불황의 여부를 판단하는 기준은 포괄적이다. 산업생산, 실업, 실질소득, 도소매물가 등의 월별 동향을 총체적으로 평가해 불황의 여부를 가지고 전반적인 경제활동의 절대적 수준이 하락하는 시기를 불황이라고 한다. 흔히 사용되는 경기침체는 불황과 공황을 포함한다. 불황은 경기 후퇴가 심화된 상태로, 미국에서는 2분기 연속 GDP가 전분기보다 하락할 때를 말한다. 공황은 명확한 정의는 없으나 불황보다 경기침체의 정도가 더 심하고 긴 기간을 표현할 때 사용한다. 영국의 경제주간지 『*The Economist*』는 공황을 판단하는 기준으로 실질 GDP가 10% 이상 급락하는 침체가 일어나거나 경기침체가 3년 이상 지속되는 때라고 제시했다. 이 기준에 의하면 30% 마이너스 성장을 기록한 1929년에서 1933년에 이르는 대공황 시기가 해당한다고 볼 수 있다.

단기파동, 중기파동, 장기파동으로 나누었다.

(1) 단기파동

단기파동은 주로 재고투자의 변동 때문에 발생하는 경기변동이다. 재고투자의 변동을 처음 설명한 키친의 이름을 따서 **키친순환**(kitchin cycle)이라고도 한다. 기업들의 재고가 쌓이면 기존의 생산시설을 유지하면서 생산량을 줄이게 되며, 이때 경기수축국면이 시작된다. 재고가 줄어들기 시작하면서 생산을 늘리고 고용을 늘리는 과정이 경기확장국면의 시작이다. 이처럼 재고투자의 메커니즘이 단기파동이며, 선진국의 경우 하나의 순환이 약 2.5~5년 정도이다.

(2) 중기파동

중기파동은 주로 기업의 설비투자가 변동하면서 발생하는 순환과정이다. 이 순환은 설비투자의 변동을 처음 설명한 사람의 이름을 따서 **주글러순환**(Juglar cycle)이라고 한

이야기 10-4 **장기순환의 역사**

콘트라티에프는 1920년 이전에 나폴레옹전쟁(1810년 전후), 남북전쟁과 보불전쟁(1870년 전후), 제1차세계대전(1910년대)이 각각 장기순환의 정점이었다고 한다. 슘페터는 영국에서 시작된 산업혁명(1790년 전후), 철도의 건설(1840년 전후), 자동차, 전기의 발명(1890년 전후)이 장기순환을 특징짓는 주요 내용이었다고 한다. 그러고 보면 컴퓨터와 인터넷의 등장으로 인한 신경제도 장기순환의 사례가 되지 않을까?

다. 선진국의 경우 보통 하나의 순환이 약 8~10년 정도라고 한다. 주글러는 경기변동을 화폐현상으로 보았는데, 생산설비가 지속적으로 확장되면 은행의 대출이 한계에 이르러 자금의 한계로 경기수축국면으로 접어든다고 보았다. 그러나 오늘날 외부충격에 의한 생산설비의 확장과 축소를 포괄하여 이루어지는 순환을 말하며, 보통 우리가 느끼는 경기변동을 의미한다.

(3) 장기파동

장기파동은 약 50년~60년의 주기를 가지고 세계적 규모의 파동이 발생한다고 주장한 콘트라티에프에서 유래한다. 이 때문에 장기파동을 **콘트라티에프파동**(kondratiev wave)이라고도 부른다. 그는 장기파동의 발생을 전쟁, 혁명, 사회변동과 대발명 등에서 원인을 찾았다. 슘페터가 강조한 혁명에 초점을 맞추어 보면 제1차 장기파동은 영국의 산업혁명, 제2차 장기파동은 철강과 철도산업혁명, 제3차 장기파동은 화학, 전기, 자동차혁명에서 발생했다고 한다. 장기파동은 여러 요인에 의해 복합된 형태로 발생하는 경기변동이다. 이야기 10-4

그림 10-2 **경기변동의 유형**

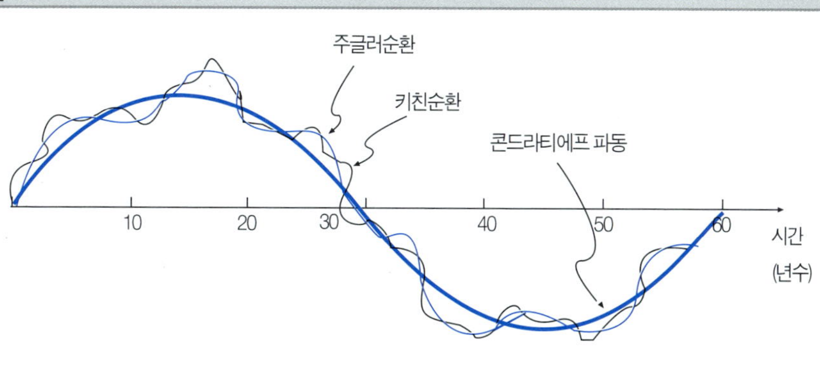

미첼(W. C. Mitchell)에 의하면 세 가지 파동이 동시에 진행되는데, 장기파동이 하강할 때 중기파동이 짧게 상승하고 길게 하강하는 경향이 있다. 반대로 장기파동이 상승할 때 중기파동이 길게 상승하고 짧게 하강하는 경향이 있다. 〈그림 10-2〉에서 이러한 양상을 확인해보기 바란다.

이상의 설명을 요약하면 〈표 10-1〉과 같다.

표 10-1

경기변동	종류	주기	발생원인
단기파동	키친순환	2.5~5년	→ 재고투자
중기파동	주글러순환	8~10년	→ 설비투자
장기파동	콘트라티에프파동	50~60년	→ 전쟁, 혁명, 기술혁신

정석사고

단기파동은 주로 재고투자의 변동 때문에 발생하는 경기변동이며, 키친순환이라고도 한다. 중기파동은 주로 기업의 설비투자가 변동하면서 발생하는 순환과정이며, 주글러순환이라고 한다. 장기파동은 약 50년~60년의 주기를 가지고 세계적 규모의 파동을 말하며, 콘트라티에프파동이라고도 부른다.

2 경기변동의 원인

지금까지 경기변동의 패턴에 대해 설명하였는데, 보다 더 중요한 핵심문제는 무엇이 경기변동을 발생시키는가 하는 것이다. 또한 무엇이 경기변동의 각 국면을 지속시키고 반전시키는가 하는 것이다.

자본주의 경제의 발전과정을 보면 경제활동이 활발하다가 침체를 겪고 다시 활발해지다가 침체를 겪는 모습이 되풀이된다. 경기변동의 원인을 규명하는 것이 19세기 후반부터 1950년대까지 경제학의 관심사였다. 그 후 1960년대부터 1970년대 초반에 이르기까지는 경제가 호황을 계속 유지했기 때문에 경기변동에 대한 중요성은 감소하였다. 그러나 1980년대 이후에 경기변동의 원인을 보는 시각이 달라지면서 경기변동의 원인은 다시 논의의 쟁점이 되었다.

경기변동이론은 매우 오랜 역사를 가지고 있기 때문에 이론도 매우 다양하다. 그렇지만 경기변동이론의 핵심은 왜 경기가 확장 또는 수축하는지의 문제와 왜 경기변동이 주기적으로 반복성을 가지고 일어나는가의 문제로 나누어볼 수 있다. 이에 대하여 크게 전통적인 견해와 현대적인 견해로 나누어 살펴보기로 한다.

1. 전통적 견해

(1) 태양흑점설

제본스(W. S. Jevons)는 태양흑점의 크기가 주기적으로 변화하는 것이 농산물 생산의 주기적인 변동을 낳는다고 했다. 당시는 농업이 주요 산업이었기 때문에 농산물의 생산 증가의 변화는 다른 산업에 미치는 영향이 클 수밖에 없었다. 이 이론은 '까마귀 날자 배 떨어진다'와 같은 논리로 보일 수 있지만 보이지 않는 연관관계를 착안한 통찰력이 엿보이는 이론이다.

(2) 은행의 신용창조

호트리(R. Hawtrey)는 은행의 여유자금으로 인해서 경기가 변동한다고 주장했다. 여유자금을 보유한 은행의 신용창조(저축자금이 여러 사람의 손을 거치면서 승수적으로 늘어나는 과정) 확대는 소비, 생산의 증가를 가져오고, 그 결과 경기가 확장한다는 것이다. 또한 경기가 확장하게 되면 자금에 대한 수요가 증가하게 되는데 점차 여유자금이 고갈되면서 신용창조는 축소되고 소비와 생산의 감소로 이어져 경기는 수축 국면으로 접어든다는 것이다.

(3) 과잉투자설

총수요 중에서 특히 투자의 불규칙한 변화가 경기변동의 원인이라고 본 것으로, 투자가 증가하면 경기가 확장했다는 점에 주목한 이론이다. 투자와 자본축적의 원인이 무엇인가에 따라서 견해가 달라지는데, 빅셀(K.Wicksell)은 투자와 저축을 일치시키는 자연이자율(돼지를 기르면 새끼를 더 얻듯이 돈을 투자하면 더 많은 수익을 얻는 것에 빗댄 표현)에 비해서 시장이자율이 낮으면 투자가 증가하여 경기가 확장한다고 보았다. 하이에크(F. Hayek)는 은행의 신용창조의 변화로 인해서, 슘페터(J. Shumpeter)는 기술혁신에 의해서 투자가 영향을 받게 되고 그 결과 자본축적이 변동한다고 주장했다.

(4) 과소소비설

과소소비설은 과잉투자설과 반대로 총수요 중에서 소비가 수요에 중요한 영향을 미친다고 주장한 견해로, 맬서스(T.R.Malthus), 마르크스(K.H.Marx), 케인즈(J.M.Keynes)는 경제가 성장할 때 주로 소비지출의 감소에 따라서 총생산보다 총수요가 작아지고 이것이 경기수축을 야기시킨다고 주장했다. 이러한 견해는 케인즈의 경기침체(불황)를 해결하는 방안에 기반이 된다.

(5) 종합

많은 이견이 있지만 대체로 은행의 신용창조, 과소소비설, 과잉투자설 등이 전통적으로 설득력을 얻고 있다. 과소소비설은 케인즈도 『고용, 이자 및 화폐의 일반이론』에서 동의한 바 있는데, 저축이 투자를 초과하여 총공급에 비해 총수요가 부족해지면 경기변동이 일어난다는 것이다. 케인즈는 일반이론에서 투자가 경기변동의 가장 중요한 요인으로 보았고, 슘페터도 혁신에 의한 투자변동을 가장 중요한 요인으로 보았다. 이러한 관점에서 과잉투자설이 상당한 설득력이 있는데, 과잉투자설은 과소소비설과 달리 은행의 과도한 신용창조 때문에 저축을 초과하는 투자가 이루어져서 실물부문(자본재와 소비재산업)의 불균형이 생기고 이에 경기변동이 일어난다는 것이다. 이 이론은 케인즈 이론이 지배하는 동안 빛을 보지 못하다가 최근의 세계경제상황을 볼 때 상당한 설득력을 지닌다.

그러나 어느 한 가지가 경기변동을 일으키는 것이 아니라 복합적으로 작용하여 발생한다고 보는 것이 정설이다. 최근에는 장기적 경기변동보다 단기적 경기변동을 미시적 최적화와 불확실성 하의 합리적 기대 등에 연관시켜서 설명하려는 노력이 꾸준히 있어왔다. 우리는 이러한 최근의 현대적 경기변동을 주로 살펴볼 것이다.

정석사고

경기변동의 원인을 크게 전통적인 견해와 현대적인 견해로 나눌 수 있다. 전통적 견해는 태양흑점설, 은행의 신용창조, 과소소비설, 과잉투자설 등이다. 이 중 과소소비설은 저축이 투자를 초과하여 총공급에 비해 총수요가 부족해지면 경기의 순환이 발생한다는 것이다. 과잉투자설은 과소소비설과 달리 은행의 과도한 신용창조 때문에 저축을 초과하는 투자가 이루어져서 실물부문(자본재와 소비재산업)의 불균형이 생기고 이에 경기순환이 일어난다는 것이다.

2. 현대적 견해

많은 쟁점이 있지만 대부분의 경제학자들이 단기 경기변동을 설명하기 위해 사용하는 모형을 소개해보기로 하자. 이 작업을 하기 전에 단기와 장기의 차이를 구분할 필요가 있다. 앞에서 계속 단기 경기변동이라는 용어를 사용해왔다. 이때 단기는 어느 정도의 시간길이를 말하는 것인가? 미시경제학에서는 기업들이 자본을 조절하기 어려운 시간길이를 말하는데 거시경제학에서는 어떤 의미일까?

(1) 단기와 장기

지금까지 배운 거시경제이론 중 고전학파모형을 다시 생각해보자. 고전학파의 이분법은 거시경제변수들이 실질변수와 명목변수로 구분된다는 점을 강조한다. 예를 들어 고전학파모형에서 통화량이 증가하면 명목임금, 명목소득과 같은 명목변수에는 즉시 영향을 미치지만 실질임금, 실질소득과 같은 실질변수에는 영향을 미치지 않는다. 이처럼 고전학파모형은 대부분의 경제학자들이 오랜 기간 두고 관찰할 때 현실의 세계에 가깝지만 통화량이 증가할 때 일시적으로 명목변수와 실질변수가 모두 영향을 받아 실제 생산량과 소득이 장기추세에서 벗어날 수 있는 단기적 현상을 설명하지는 못한다.

대부분의 경제학자들은 통화량이 증가할 때 실질변수가 영향을 받지 않는 화폐의 중립성이 장기에는 합리적 추론이지만 단기에는 그것을 믿지 않는다. 따라서 일시적으로 많은 가격들이 미리 결정된 수준에서 고정되어 있다. 가격이 신축적이지 않다면 생산량과 고용량이 가격대신 조절된다는 것을 의미한다. 다시 말해서 가격이 비신축적인 기간에는 고전학파의 이분법이 더 이상 유효하지 않다. 따라서 명목변수가 실질변수에 영향을 미칠 수 있으며, 경제는 장기추세에서 이탈할 수 있는 것이다. 결론적으로 단기는 가격이 비신축적인 기간으로서 명목변수가 실질변수에 영향을 미치는 기간이라고 생각할 수 있다.

(2) 충격유형에 따른 경기변동

이제 이러한 단기에서 어떻게 경기변동이 발생하는지 그 원인을 살펴보도록 하자. 일반적으로 경제학자들은 경기변동을 발생시키는 외부충격으로 다음 몇 가지를 제시하고 있다.

첫째는 **수요충격**으로 수요충격이 오면 기업이 장래에 대한 기대를 변화시키고 이에 따라 투자가 변동하면서 경기변동이 촉발된다는 것으로 케인즈에 의해 강조되고 있는 점이다.

둘째는 **화폐충격**으로 프리드만과 같은 통화주의자는 화폐충격이 실질 GDP의 변화를 가져와서 경기변동을 촉발시킨다고 강조한다. 새고전학파의 루카스는 일반물가에 대한 불완전정보로 경기변동이 발생할 수 있다고 본다. 이러한 경기변동이론을 **화폐적 균형 경기변동이론**이라고 한다.

셋째는 **공급충격**으로 기술의 변화나 생산성의 변화와 같은 공급측 요인이 경기변동의 중요한 원인이라고 보는 것이다. 이러한 경기변동이론을 새고전학파의 **실물적 균형 경기변동이론**이라고 한다.

이외에도 해외부문의 충격이 한 나라의 경기변동을 설명하는 중요한 원인이라는 이론에서부터 선거와 같은 정치적 변수가 경기변동을 촉발한다는 **정치적 경기변동이론**까지 다양한 견해가 존재한다. 그러나 수요충격과 공급충격, 화폐충격이 경기변동의 가장 기본적이면서 중요한 원인이라고 할 수 있다. 이에 대해 다음 절에서 별도로 상세히 살펴보도록 하자.

3 새고전학파와 새케인즈학파의 경기변동이론

전통적으로 경기변동은 불확실한 상황하에서 외부의 충격으로 인해서 발생하는 불균형적 상황이라고 보았다. 이러한 견해는 시장이 불완전해서 시장이 실패한 증거로 경기변동을 바라본다. 이러한 시각에서 정부가 적극적으로 개입해서 경기변동을 완화하고 경제의 성장을 이끌어야 한다는 점이 강조된다. 이러한 사고를 담은 케인즈의 처방은 1960년대까지는 성공적이었다. 그러나 1970년대에 접어들면서 두 차례의 석유위기 등 공급측면의 충격에 따른 스태그플레이션이 발생하면서 케인즈의 이론과 처방에 의심의 눈초리를 보내기 시작했다.

이에 따라 많은 경제학자들은 다시 경기변동이론에 관심을 가지게 되었다. 최근 케인즈의 사고에 반기를 들면서 등장한 새고전학파(루카스, 킹, 플로써, 프레스콧 등)는 시장실패를 인정하지 않고 오히려 시장경제를 신뢰하는 입장에서 경기가 변동하는 상황은 경제활동을 하는 소비자, 생산자 등 경제주체들이 합리적으로 최적선택을 하는 과정에서 발생한다고 주장한다. 예를 들어 슈퍼마켓에서 줄을 서서 기다리다가 옆줄이 갑자기 빠르게 줄면 자연스럽게 옆줄로 이동하게 되는데 이 과정에서 발생하는 자연스러운 균형상태의 변동현상을 경기변동이라는 것이다. 따라서 경기변동은 기존의 균형이 다른 균형으로 변하는 과정일 뿐이라고 주장하는데 이를 '균형경기변동이론'(equilibrium business cycle)이라고 한다.

정석사고

경기변동의 원인에 대한 현대적인 견해로 수요충격, 공급충격, 화폐충격을 들 수 있다. 케인즈의 수요충격이 오면 기업이 장래에 대한 기대를 변화시키고 이에 따라 투자가 변동하면서 경기변동이 촉발된다는 것이다. 프리드만과 같은 통화주의자는 화폐충격이 실질 GDP의 변화를 가져와서 경기변동을 촉발시키고, 새고전학파의 루카스는 일반물가에 대한 불완전정보로 경기변동이 발생할 수 있다고 본다(화폐적 균형경기변동이론). 새고전학파의 실물적 균형경기변동이론은 공급충격으로 기술의 변화나 생산성의 변화와 같은 공급측 요인이 경기변동의 중요한 원인이라고 보는 것이다.

1. 케인즈학파의 불균형 경기변동이론

(1) 수요충격

수요충격이란 물가의 변화없이 총수요를 변화시키는 경제에의 충격을 말한다. 수요충격의 예로서, 한 경제가 경기저점에 있을 때 갑자기 신용카드가 확대되어 사용되는 경우를 한번 생각해보자. 신용카드는 현금보다 상품구입에 더 편리하다. 상품구입시 당장 현금이 지출되는 것이 아니므로 사람들의 현금보유가 줄어든다. 각 개인이 보유하는 화폐량이 줄어들면 화폐공급이 일정할 경우 화폐의 유통속도가 빨라지며, 명목지출이 증가한다. 이에 따라 총수요가 증가하게 된다.

(2) 총수요 증가의 파급효과

단기적으로 총수요가 증가하면 기업들은 더 많은 생산량을 판매할 수 있어서 고용을 증가시키고 기존노동자의 노동시간을 연장하거나 기존의 공장과 시설을 더 많이 이용하게 된다. 이에 따라 경기는 회복국면을 지나 호황국면에 있게 된다.

그러나 시간이 지남에 따라 총수요의 증가는 임금과 물가를 증가시킨다. 고용이 늘고 화폐의 유통속도가 빨라지는 과정에서 실제 생산량이 자연생산량을 초과하게 된다. 이러한 현상이 오래 가지는 않는다. 물가가 상승함에 따라 수요되는 생산량이 감소하기 시작하여 점차적으로 자연생산량수준으로 접근해간다. 이에 따라 경기는 후퇴와 불황을 거쳐 다시 장기적 성장추세로 돌아서게 된다.

그림 10-3 수요충격과 경기변동

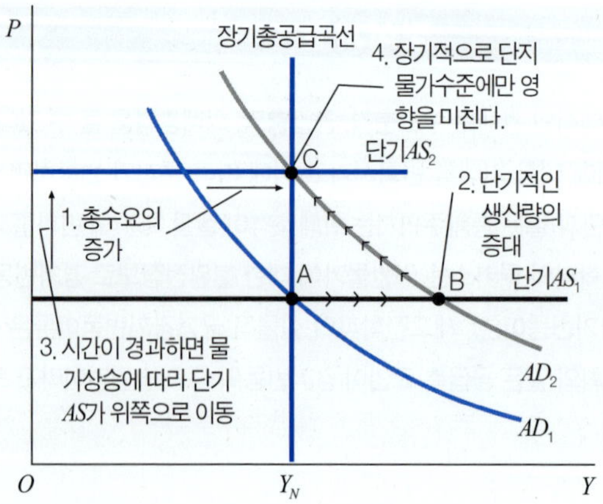

〈그림 10-3〉을 통해 이러한 일련의 경기변동을 설명해보자. 문제를 단순화해서 경제가 단기적으로는 케인즈의 수평적 총공급곡선을, 장기적으로는 고전학파의 수직적 총공급곡선을 따른다고 가정하고 살펴보자. 물론 단기적으로 우상향하는 총공급곡선을 사용하더라도 과정과 결과가 질적으로 동일하다.

경제가 장기적으로 균형상태인 A점에 있다고 하자. 이때 화폐유통속도의 증가로 총수요가 증가하면 총수요곡선이 AD_1에서 AD_2로 오른쪽으로 이동한다. 이에 따라 실제생산량은 자연생산량수준을 초과하는 B점에 있게 된다. 그러나 시간이 지남에 따라 경직적인 임금과 가격이 조정되어 물가가 상승하게 된다. 이에 따라 단기총공급곡선이 C점을 통과할 때까지 위쪽으로 이동하여 경제는 다시 자연생산량수준인 C점에 접근하게 된다.

2. 새고전학파의 경기변동이론

(1) 화폐적 균형경기변동이론

경제 내에 통화량의 증가와 같은 **화폐충격**이 실질 GDP의 변화를 가져와서 경기변동을 촉발시킨다. 앞에서 본 것처럼 새고전학파의 루카스는 일반물가에 대한 불완전정보로 경기변동이 발생할 수 있다고 본다. 이러한 경기변동이론을 **화폐적 균형경기변동이론**이라고 한다. 새고전학파의 경우 모든 시장이 항상 균형상태에 있다는 시장청산을 기초로 개인의 최적화행위의 결과로 경기변동이 발생한다는 것을 보여주기 때문에 '균형'이라는 용어가 붙는다.

여기서 조금 더 쉽게 이해하기 위해 경제학자들이 즐겨 원용하는 소설가 대니얼 디포의 작품에서 그 비유를 찾아 생각해보자.

로빈슨 크루소 시장경제

무인도의 로빈슨 크루소는 하루 동안 도토리를 생산하고 그 다음날은 소비만 하기로 했다. 또한 크루소 주식회사를 만들어 주주가 되었다. 이러한 활동을 조정하기 위하여 로빈슨은 노동시장과 도토리시장을 만들었다. 시장의 거래를 위하여 로빈슨은 틈틈이 바닷가에서 모은 조개껍질로 '원'이라는 화폐를 만들고, 도토리 1개에 1원으로 가격을 매겼다. 로빈슨이 생산한 도토리는 다른 무인도에 사는 프라이데이에게 판매한다. 프라이데이는 로빈슨와 똑같은 생활을 하지만 도토리 대신 물고기를 생산하고 로빈슨에게 판매한다.

어느 날 로빈슨는 갑자기 바닷가에 조개껍질이 늘어난 것을 보고 프라이데이의 물고기를 더 많이 구입할 수 있어서 좋아했다. 그런데 사실은 프라이데이가 살고 있는 무인도에도 조개껍질이 늘어났다. 이 사실을 모르는 로빈슨은 갑자기 프라이데이로부터 도토리주문이 늘어나서 도토리 가격을 2원으로 올려 판매를 했다. 로빈슨은 더 많은 시간을 일하는데 소비하여 도토리 생산에 힘을 쏟는다. 이에 따라 크루소경제의 노동과 생산량이 증가하게 된다. 크루소경제가 호황에 접어든 것이다.

약간의 시간이 흘러 로빈슨이 물고기를 주문하려고 할 때 프라이데이가 물고기가격을 3원으로 올렸다는 사실을 깨닫게 된다. 이제 로빈슨은 예상물가수준을 원래의 1원에서 3원으로 조정하는 동시에 자신의 도토리 가격도 3원으로 정하여 여가를 줄여가며 더 열심히 일을 할 필요성을 느끼지 못하게 되어 크루소경제는 다시 원래의 생산량수준으로 돌아가게 된다.

이상의 우화가 새고전학파의 루카스가 설명하는 **화폐적 경기변동이론**의 비유라고 할 수 있다. 이 우화는 경기변동이라는 복잡한 현상의 핵심적인 내용을 설명하려고 시도한 것이다. 현대 산업경제의 호황과 후퇴는 로빈슨 크루소 무인도에서의 경기변동과 유사한가? 물론 많은 경제학자들은 이 물음에 대한 대답에 의견의 일치를 보지 못한다. 이 우화에서 다음 논제가 논의의 핵심이다.

① 합리적 기대

'예상' 혹은 '기대'는 시간의 개념이 도입된 동태분석과 관련해서 매우 중요한 개념이다. 이 개념은 처음 **뮤스**(J. Muth)에 의해 경제학에 도입되었다. 뮤스가 생각한 **합리적 기대**는 사람들이 미래에 대한 기대를 형성할 때 현재 **이용가능한 모든 정보**를 활용하며, 이 기대형성이 사람들이 생각하는 경제모형의 구조에 의존한다는 것이다.

여기서 모든 정보를 활용한다는 것은 현재 존재하는 모든 정보를 의미하는 것이 아니라 어떤 정보들을 입수하고 처리하는 데서 얻는 한계수입과 그에 따른 한계비용이 일치할 때까지 정보를 얻고 활용한다는 것이다. 또한 기대형성이 사람들이 생각하는 경제모형의 구조에 의존한다는 것은 기대를 형성할 때 사람들이 **체계적인 오류**를 범하지 않는다는 의미이다. 사람들에게 실제치가 예상치와 다를 때 생기는 **예상오차**는 발생할 수 있어도 이 예상오차가 주기적이고 규칙적으로 발생하면 체계적인 오류를 범하는 것이다. 따라서 합리적 기대를 형성하는 사람들은 예상오류를 가질 수 있어도 이 오류를 체계적으로 되풀이하지는 않는다는 것이다. 간단히 말해서 사람들은 같은 상황에서 같은 실수를 되풀이하지 않는다는 것이다.

합리적 기대를 다음과 같은 수학적 기대치 E를 사용하여 간단한 수식으로 표현해보자.

내일의 예상물가=E(내일의 실제물가 | 오늘의 정보집합)

사람들이 예상하는 물가는 정부의 정책발표를 포함해서 이용가능한 모든 정보를 감안하여 경제모형 내에서 도출되는 물가의 수학적 기대치를 말한다. 만약 사람들이 전지전능해서 완전예상이 된다면 예상물가는 내일의 실제물가가 된다. 즉,

내일의 예상물가=내일의 실제물가

물론 합리적 기대는 사람들이 미래의 모든 실제치를 알 수 있는 완전예상을 의미하지는 않는다. 다만 사람들이 체계적인 오류를 범하지 않는다는 의미일 뿐이다. 이는 불확실성의 세계에서 사람들의 최적화원리를 설명하게 해준다.

② 가격신축성과 화폐중립성

이 모형은 가격이 신축적이어서 시장이 항상 청산된다고 가정한다. 즉, 모든 가격이 자유롭게 조절되어 수요와 공급이 균형을 이룬다. 그러나 가격에 대한 불완전 정보로 단기적으로 화폐가 비중립적일 수 있다는 것을 보여준다. 장기의 화폐중립성이 단기의 화폐비중립성과 양립할 수 있다.

많은 경제학자들은 시장청산과 합리적 기대에 의한 최적화원리가 작용하는 경제에서 예상하지 못한 통화량의 충격이 사람들의 착각에 의해 실물경제에 변동을 발생시킨다는 주장에 의문을 가지고 있다. 예상하지 못한 통화량의 변동만으로 국민소득의 순환적 변동을 설명한다는 것에 회의적이기 때문이다.

이제 총수요와 총공급을 이용하여 로빈슨 크루소 경제를 이해해보자. 사람들이 예상하지 못한 통화팽창이 있다고 가정하자. 단기적으로 총수요가 증가함에 따라 실제 일반물가수준이 P_1에서 P_2로 인상되며, 균형점이 〈그림 10-4〉의 A점에서 B점으로 이동하게 된다. 사람들이 이러한 물가상승을 예상하지 못했기 때문에 예상물가수준은 여전히 예상P_1(P_1일 때 예상한 물가수준)이다. 예상물가수준이 일반물가수준보다 낮아 기업들은

그림 10-4 화폐충격과 경기변동

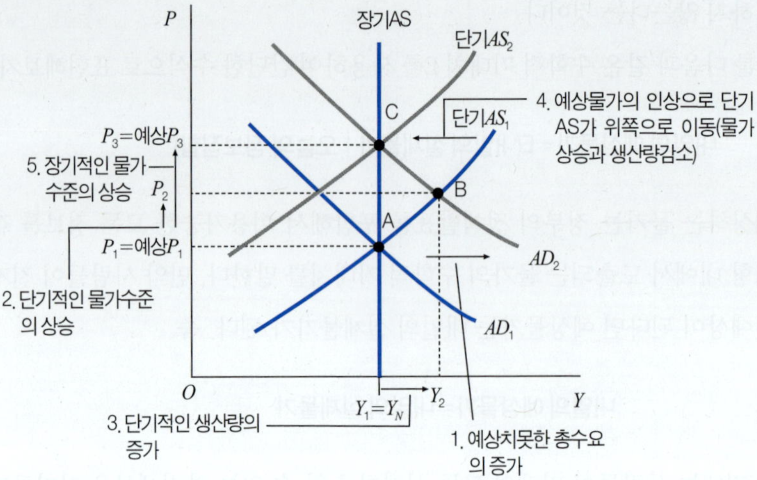

자신의 상품가격이 올라간 것으로 착각하여 자연생산량을 초과하여 생산량을 증가시킨다. 이와 같이 예상하지 못하게 총수요가 증가하면 경제는 호황국면에 접어들게 된다.

그러나 불행히도 이러한 호황이 오랫동안 지속되지는 못한다. 시간이 지남에 따라 사람들이 자신의 예상물가수준을 높이는 조정을 하므로 실제물가수준(P_3)과 예상물가수준(예상P_3)이 같아질 때까지 총공급곡선이 위쪽으로 이동한다. 이때 새로운 균형점은 B점에서 C점으로 이동하게 된다. 실제물가수준이 P_3으로 인상되면 생산량은 다시 자연생산량수준으로 감소한다.

위의 분석은 화폐의 중립성이 장기적으로 유효하지만 화폐의 비중립성과 단기적으로 양립할 수 있다는 것을 보여준다. 전반적인 물가수준의 예상(예상물가)을 사람들이 조정함으로써 화폐의 단기적 효과(A점에서 B점으로 이동)가 장기적 효과(A점에서 C점으로 이동)와 조화를 이룰 수 있는 것이다.

이 이론이 보여주는 의의는 무엇일까? 그것은 사람들이 예상하는 체계적인 통화정책은 실물경제에 영향을 미칠 수 없다는 통화정책의 무력성(정책무력성명제)을 밝힌 점이다. 통화정책이 효과를 가지기 위해서는 사람들이 예상하지 못하게 충격적인 방법으로 실행되어야 한다. 정책이 다시 사람들의 합리적 기대에 반영되면 통화정책의 효과는 사라지고 만다. 결론적으로 정부가 경제를 안정화시키기 위해 통화정책을 실행하면 오히려 경기변동을 야기해서 안정성을 파괴한다. 그러나 안정화정책이 효과가 없으니 그냥

두는 것이 최상이라는 주장에 얼마나 많은 경제학자들이 동의할지는 여전히 의문이다.

새케인즈학파는 루카스의 이론이 경기변동을 우발적인 현상으로 인식하기 때문에 경기변동이 시간을 두고 진행되는 점을 설득력있게 설명하지는 못한다고 본다. 우발적 충격은 다시 우발적이고 신속하게 조정되기 때문에 경기변동의 시간적 진행과정이 결여되어 있는 것이다. 이러한 이유로 새케인즈학파는 지속적인 경기변동을 설명하기 위해서 루카스의 주장처럼 미시적 균형조정이 아니라 거시적 총수요에 대한 총공급의 균형조정에서 찾아야 한다고 생각한다.

정석사고

화폐적 균형경기변동이론은 시장청산과 합리적 기대에 의한 최적화원리가 작용하는 경제에서 예상하지 못한 통화량의 충격이 사람들의 착각에 의해 실물경제에 변동을 발생시킨다는 것이다.

(2) 실물적 균형경기변동이론

공급충격이란 생산물의 생산비용을 변화시켜서 기업이 원하는 가격을 변화시키는 경제에의 충격을 말한다. 공급충격은 물가수준을 직접 변화시키기 때문에 가격충격이라고도 한다. 이러한 공급충격의 예를 보면 다음과 같다. 첫째, 가뭄과 홍수와 같은 날씨변동이 식량수확을 감소시켜서 식량가격이 상승할 수 있다. 둘째, 전쟁이나 국제카르텔에 의해 원유생산감소로 원유가격이 상승한다. 셋째, 공격적 노동조합에 의한 임금상승으로 그 노동조합원들이 생산한 제품의 가격이 상승한다. 넷째, 환경규제의 강화로 기업의 환경정화비용의 증가할 때 기업이 제품의 가격을 인상시킨다. 이상의 예들이 주로 경제에 불리하게 작용하는 공급충격인데 기술진보와 같이 경제에 유리하게 작용하는 공급충격도 있다.

화폐적 경기변동이론을 설명할 때 사용한 소설가 대니얼 디포의 작품, 로빈슨 크루소에서 다시 그 비유를 찾아 생각해보자. 이 우화는 실물적 경기변동이론의 핵심을 잘 보여줄 수 있다.

로빈슨 크루소 시장경제

무인도의 로빈슨 크루소는 하루 동안 생산을 하고 그 다음날은 소비만 하기로 했다. 또한 크루소 주식회사를 만들어 주주가 되었다. 이러한 활동을 조정하기 위하여 로빈슨은 노동시장과 물고기시장을 만들었다. 크루소주식회사는 그물(자본)과 자신의 노동을 사용하여 물고기를 생산한다.

로빈슨이 사는 무인도의 GDP는 잡은 물고기와 만든 그물의 수가 된다. 그는 자연의 한계 내에서 가장 유리한 여가와 소비, 생산량을 결정한다.

시간이 흘러 어느 날 물고기떼가 무인도를 통과한다고 하자. 로빈슨은 그물을 사용하여 더 많은 물고기를 잡을 수 있다. 즉, 생산성이 증가한다. 또한 여가를 줄여 더 많은 시간을 물고기 잡는 데 사용한다. 이에 따라 노동과 생산량 즉, GDP가 증가한다. 크루소경제는 호황을 경험하게 된다.

또 시간이 흘러 이번에는 폭풍우가 몰아친다고 하자. 그물로 물고기를 잡기도 어려워지고, 더 많은 시간을 여가에 할당한다. 폭풍우가 가라앉기를 기다리며 최소한의 생활을 유지한다. 이에 따라 물고기에 대한 소비와 그물에 대한 투자가 줄어들어 GDP가 감소한다. 크루소경제는 불황에 직면하게 된다.

크루소경제에서 날씨변화로 물고기떼가 몰려옴에 따라 생산성이 높아져서 노동을 더 투입하는 것처럼 생산기술이 향상되면 경제가 더 많은 생산량을 생산하고 시점간 노동대체효과에 의해 고용이 증대한다. 이처럼 실물적 균형경기변동이론은 기술향상을 경기호황, 기술퇴보를 경기후퇴 혹은 불황으로 본다.

크루소경제의 호황과 불황에 대한 이야기가 단순하기는 하지만 고용과 생산량, 소비와 투자의 변동이 외부충격에 대한 개인의 자연적이고 합리적인 대응의 결과이다. 실물적 경기변동이론은 로빈슨 크루소경제의 경기변동과 같다고 주장한다. 이 크루소경제는 복잡한 현실에서 경기변동의 핵심만 보여주려고 한 시도이다. 이 우화에서 다음 논제가 논의의 핵심이다.

① 노동시장

노동자는 보상이 크면 더 많은 시간을 노동에 투입한다. 현재와 미래라는 시간사이에서 현재의 보상이 더 크거나 이자율이 높으면 더 많은 노동을 제공한다. 이를 시점간 노동대체효과라고 한다. 보상 혹은 임금이 일시적으로 높거나 이자율이 높은 경우 여가보

그림 10-5 **공급충격과 경기변동**

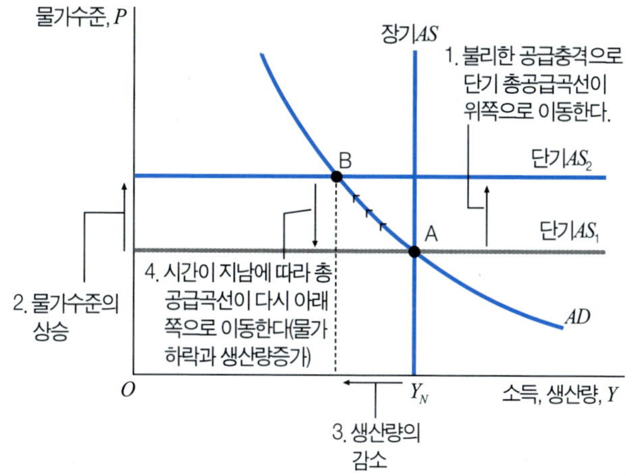

다 노동을 선택한다. 실물적 경기변동이론은 고용과 생산량이 왜 변동하는지를 시점간 노동대체효과에 의해 설명한다.

② 기술충격

크루소경제에서 날씨변화로 물고기떼가 몰려옴에 따라 생산성이 높아져서 노동을 더 투입하는 것처럼 생산기술이 향상되면 경제가 더 많은 생산량을 생산하고 시점간 노동대체효과에 의해 고용이 증대한다. 이처럼 실물적 경기변동이론은 기술향상을 경기호황, 기술퇴보를 경기후퇴 혹은 불황으로 본다.

③ 화폐의 중립성

크루소경제에서 화폐는 어떤 역할도 하지 않는다. 마찬가지로 실물적 경기변동이론은 화폐는 장기뿐만 아니라 단기적으로도 중립적이다. 생산량이 증가하면 통화공급이 증가하므로 통화공급은 내생적이다. 두 변수 사이에 상관관계가 있다고 하더라도 통화공급의 변화가 생산량의 변화를 가져오는 것은 아니다.

④ 임금과 가격의 신축성

크루소경제에 시장이 불완전하여 어떤 장애가 존재하지 않는 것처럼 임금과 가격이 신속히 조절되어 시장이 항상 청산되는 최적의 GDP수준을 달성할 수 있다. 실물적 경기변동이론은 비신축적 가격에 의한 시장의 불완전성은 경기변동을 설명하는 데 중요하지 않다고 생각한다.

이제 총수요와 총공급을 이용하여 로빈슨 크루소 경제를 이해해보자. 최근 OPEC와 같은 국제원유카르텔이 강화되어 원유가격이 오르는 공급충격이 있다고 하자. 이러한 공급충격은 직접적으로 기업의 생산비용을 높인다. 기업의 생산비용증가는 가격상승과 생산량감소로 이어진다. 즉 총공급이 감소하게 된다. 이처럼 경제의 생산량이 감소하고 동시에 물가가 상승하는 상황을 **스태그플레이션**(stagflation)이라고 한다. 이러한 스태그플레이션이 경기후퇴와 불황에 접어들게 하지만 영원히 지속되지는 않는다. 시간이 흐름에 따라 사람들이 높아진 생산비용에 맞추어 임금과 가격을 조정하게 된다. 예를 들어 높은 생산비용으로 많은 근로자들이 해고됨에 따라 임금이 하락하여 생산량이 점차적으로 증가한다. 이에 따라 물가는 하락하고 생산량은 자연생산량수준으로 접근하게 된다. 경제는 다시 회복과 호황국면으로 접어들게 된다.

〈그림 10-5〉에서 이러한 일련의 경기변동을 설명해보자. 경제가 장기적으로 균형상태인 A점에 있다고 하자. 이때 원유가격의 상승이 생산비용을 높이고 이는 가격상승으로 이어진다. 이로 인해 총공급곡선이 단기AS_1에서 단기AS_2로 위쪽으로 이동하게 된다. 총수요가 일정하다고 가정하면 실제생산량은 자연생산량수준보다 낮은 B점에 있게 된다. 그러나 시간이 지남에 따라 경직적인 임금과 가격이 조정되어 물가가 하락하고 생산량이 원래의 자연생산량수준인 A점에 다시 접근하게 된다.

정석사고

실물적 균형경기변동이론은 경제의 호황과 불황이 또는 고용과 생산량, 소비와 투자의 변동이 공급충격에 대한 개인의 자연적이고 합리적인 대응의 결과라는 것이다.

3. 새케인즈학파의 경기변동이론

대부분의 경제학자들은 실물적 균형경기변동이론에 대해 회의적이며, 고용과 생산량이 단기적으로 변동하여 자연생산량에서 벗어날 수 있다고 본다. 실물적 경기변동이론에 비판적인 경제학자들은 많은 임금과 가격이 비신축적이라고 생각한다. 이에 따라 화폐도 중립적이지 않다고 본다. 이 일군의 경제학자들은 새케인즈학파인데, 크게 두 방향으로 경기변동이론을 전개하고 있다. 새케인즈학파의 하나의 방향은 케인즈학파의 전통을 이어 경기변동의 주요 원인을 경제의 총수요측면이라고 보는 것이다. 다른 방향은 경기변동의 주요 원인을 경제의 총수요측면이나 총공급측면 모두 가능하다고 보는 것이다.

새케인즈학파는 경제에서 메뉴비용, 엇갈린 가격설정 등으로 가격이 비신축적이어서 시장이 불완전하다고 믿는다. 이에 대해 좀 더 이해해보자. 가격은 왜 비신축적인가? 새케인즈학파는 새고전학파처럼 미시경제학을 검토하여 이 물음에 답하고 있다.

(1) 메뉴비용과 총수요 외부경제

가격이 단기에 즉시 조절되지 못하는 이유는 가격조절에 비용이 따르기 때문이다. 기업이 가격표를 새로 인쇄하는 메뉴비용이 들기 때문에 가격을 간헐적으로 변경시킨다. 비록 이 비용이 적지만 한 기업에 의한 가격하락은 다른 기업에 이익을 줄 수 있다. 한 기업이 가격을 낮추면 경제전체의 평균가격이 약간이라도 낮아져서 실질화폐잔고가 증가한다. 실질화폐잔고가 증가하면 *LM*곡선이 아래쪽(오른쪽)으로 이동하여 총수요가 증대된다. 한 기업의 조그마한 가격인하가 다른 모든 기업의 제품수요를 증가시키는 수요충격, 즉 **총수요 외부경제**(aggregate demand externality)를 발생시킨다.

나비효과처럼 총수요 외부경제는 조그마한 한 기업의 가격조절이 경제전체의 수요를 변동시킨다. 그런데 기업이 결정내릴 때 이러한 총수요 외부경제를 무시하고 메뉴비용을 지불하지 않으려고 가격을 인하하지 않을 수 있다. 마치 죄수의 딜레마처럼 가격인하가 경제전체적으로 바람직한 일임에도 불구하고 기업의 입장에서 가격을 내리지 않는 것이 최적일 수 있다고 본다. 다시 말해서 모든 기업들이 가격을 인하하는 것이 바람직하지만 서로 상대기업들이 가격을 인하하지 않을 것으로 믿기 때문에 가격이 인하되지 않고 경직적으로 된다고 본다. 이러한 결과를 **조정실패**(coordination failure)라고 한다.

(2) 엇갈린 가격설정

가격이 비신축적인 이유는 기업들의 가격설정이 서로 엇갈리게 발생하기 때문이라고 한다. 예를 들어 기업의 절반은 매월 1일에 가격결정을 하고 기업의 나머지 절반은 매월

15일에 가격결정을 한다고 하자. 그런데 통화공급이 5일에 증가하면 기업의 절반은 15일에 가격을 약간은 올리겠지만 대폭 올리지는 못한다. 왜냐하면 나머지 절반의 기업은 다음달 1일이 되어 가격을 올리므로 그 전에 올리면 고객을 상당수 잃기 때문이다. 아무 기업도 먼저 대폭 올리지 못하므로 결국 다음 달 1일에 가격을 올리는 기업들도 이를 따라 가격을 잘 올리지 못한다. 똑같은 이유로 고객을 잃지 않으려고 하기 때문이다. 이 때문에 물가수준이 전반적으로 서서히 조절된다. 이러한 논리는 임금에도 그대로 적용될 수 있다. 경기가 불황이 되더라도 아무도 맨 먼저 임금을 삭감하고 싶어 하지 않는다, 따라서 시차를 두고 임금이 서서히 하락하게 된다.

가격의 비신축성은 시장의 불완전성을 말해준다. 이러한 불완전성으로 인해 정부의 안정화정책은 사회전체의 이익을 가져온다. 이와 극적인 대조로서 실물적 경기변동이론은 경기변동이 날씨변화를 포함한 기술변화에 대한 경제의 자연적이고 효율적인 반응이므로 경제안정화정책은 경제안정도 복지향상도 가져오지 못한다고 믿는다.

정석사고

실물적 균형경기변동이론에 비판적인 새케인즈학파는 많은 임금과 가격이 비신축적이고, 화폐도 중립적이지 않아서 경기변동의 주요 원인을 경제의 총수요측면으로 본다. 경제에서 메뉴비용, 엇갈린 가격설정 등에 의해 가격이 비신축적이라고 믿기 때문이다.

4 안정화정책

일반적으로 경기변동은 크게 총수요 또는 총공급의 변화로부터 발생한다. 총수요곡선을 이동시키는 외부충격을 수요충격(화폐충격포함), 총공급곡선을 이동시키는 외부충격을 공급충격이라고 하였다. 이제 수요충격이나 공급충격이 있을 때 거시경제정책, 즉 재정정책과 통화정책이 이런 충격에 어떻게 반응하는지를 평가해보도록 하자.

경제학자들이 말하는 안정화정책(stabilization policy)이란 경기변동과 같이 단기적인 경제변동을 완화시키기 위한 정책이다. 고용과 생산량이 자연생산량(완전고용국민소득)수준에서 작게 또는 크게 변동하는 것이므로 안정화정책은 생산량과 고용을 자연생산량수준에 접근시키면서 경기변동폭을 줄이려고 하는 것이다.

앞절에서 신용카드의 확대에 따른 수요충격을 보았다. 이러한 경기호황국면에서 가만히 두면 자연적으로 다시 원래의 자연생산량수준으로 돌아가는 것도 보았다. 만약 유리한 수요충격이 아니고 불리한 수요충격의 조정과정이 매우 길어서 케인즈가 말하는 것처럼 많은 고통을 준다면 어떤 정책이 유효한 것인가? 먼저 케인즈의 말을 빌려 이러한 상황을 묘사해보자.

> "장기분석은 현재 벌어지고 있는 상황을 이해하는 데 도움이 되지 않는다. 장기에는 우리 모두가 죽는다. 경제학자들의 역할이 고작 태풍이 닥치는 계절에 '태풍이 지나가고 한참 있으면 바다가 잠잠해질 것이다'라고 말하는 정도에 그친다면 그 역할은 너무 쉽고 쓸모없는 것이다."

1. 케인즈학파와 고전학파의 차이

케인즈의 완결이론에서 *IS*−*LM*모형은 물가수준이 고정되어 있는 단기에 있어서의 경제를 설명하기 위해 도출되었다. 물가수준이 조절되는 경제의 장기균형을 보기 위해 *IS*−*LM*모형을 사용하면 케인즈모형이 고전학파모형과 어떻게 다른지 명확히 알 수 있다. 〈그림 10-6〉에서 *LM*곡선은 고정된 물가수준(P_1)에서 도출되었다. 경제의 단기균형은 *IS*

그림 10-6 고전학파와 케인즈학파의 차이

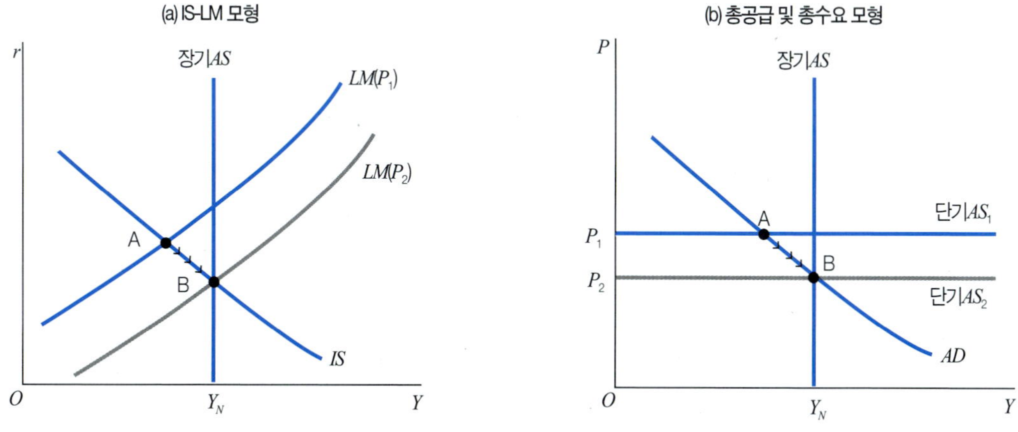

곡선과 *LM*곡선이 교차하는 A점에서 성립한다. 즉, 단기균형에서 경기가 불황에 있다.

만약 고전학파 경제학자라면 시간이 지남에 따라 경기는 다시 장기균형으로 돌아간다고 믿을 것이다. 이러한 믿음은 앞에서 경기변동의 원인에서 충분히 학습해서 결과를 추론할 수 있지만 이번에는 *IS*−*LM*모형을 감안하여 생각해보자. 실제생산량이 자연생산량에 미치지 못하는 경우 총수요부족으로 임금과 가격, 즉 물가가 하락하여 실질화폐잔고의 공급이 증가하고 *LM*곡선이 아래쪽으로 이동한다. 이에 따라 생산량이 증가하고 자연생산량수준인 B점으로 이동하여 장기균형에 도달한다.

이처럼 케인즈학파와 고전학파의 중요한 차이점은 가격의 신축성에 있다. 케인즈학파는 단기적으로 물가수준이 고정되어있어 균형이 〈그림10-6〉의 A점이 된다는 것이다. 이때 재정정책, 통화정책으로 생산량을 B점으로 증가시킬 수 있다. 한편 고전학파는 물가수준이 신축적이라고 가정하므로 국민소득이 언제나 B점으로 조절될 수 있다.

또 다른 중요한 차이점이 있는데 바로 *IS*곡선과 *LM*곡선의 기울기에 관한 쟁점이다. 케인즈학파는 투자수요가 이자율에 민감하지 않아서 *IS*곡선의 기울기가 수직선에 가깝고 화폐수요가 이자율에 민감하여 *LM*곡선이 수평선에 가깝다. 한편 고전학파의 계보를 잇는 통화주의자는 투자수요가 이자율에 민감해서 *IS*곡선의 기울기가 수평선에 가깝고 화폐수요가 이자율에 민감하지 않아서 *LM*곡선이 수직선에 가깝다.

이제 이러한 차이점을 인식하면서 안정화정책의 쟁점으로서 각 학파의 재정정책과 통화정책의 효과를 비교해보자

2. 재정정책

(1) 케인즈학파

케인즈학파는 경제를 그냥 놓아두면 〈그림10-7〉(a)의 A점에서 B점으로 이동하는 시간이 길다고 본다. 이때 정부지출의 증가와 같은 확대재정정책을 사용하면 *IS*곡선을 오른쪽으로 이동시켜 새로운 균형점 C에 도달하여 자연생산량을 회복할 수 있다고 보았다. 이 과정에서 *LM*곡선이 수평선에 가까우므로 이자율의 상승도 미미하다는 것이다. 단기에서 물가가 고정되어 있으므로 〈그림10-7〉(b)의 A점에서 정부지출의 증가는 총수요곡선을 오른쪽으로 승수효과만큼 이동시켜서 자연생산량수준을 회복할 수 있다고 본

그림 10-7 경기변동과 케인즈학파의 재정정책

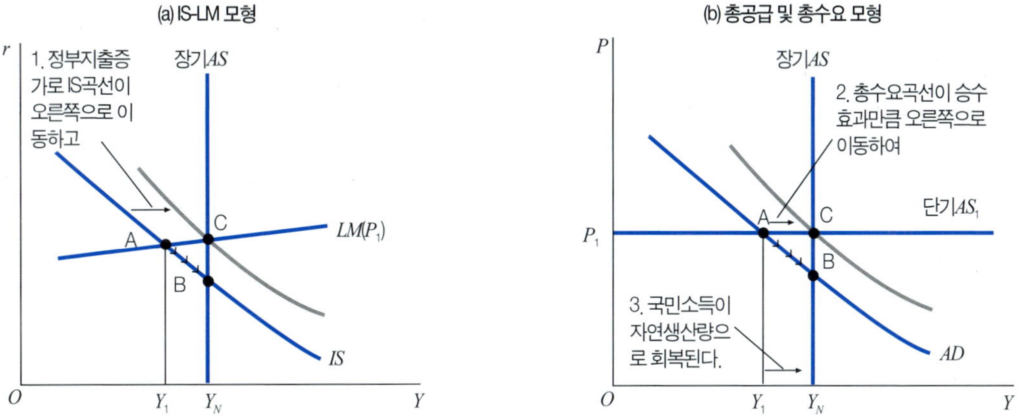

다. 만약 새케인즈학파처럼 총공급곡선이 수평선은 아니지만 약간 우상향하는 곡선이라면 조금의 물가상승과 물가상승에 따른 *LM*곡선의 상방이동으로 이자율이 조금 더 상승하는 차이는 있다. 독자 스스로 한 번 확인해보기 바란다.

화폐시장에서는 *LM*곡선이 수평선에 가까워서 이자율의 상승효과도 미미하여 구축효과도 거의 발생하지 않는다. 생산물시장에서는 총수요를 승수효과만큼 증대시켜서 국민소득도 승수배만큼 증가한다. 따라서 케인즈학파에게 재정정책은 가장 강력한 경제의 안정화정책이 된다.

정석사고

케인즈모형의 화폐시장에서는 LM곡선이 수평선에 가까워서 이자율의 상승효과도 미미하여 구축효과도 거의 발생하지 않는다. 생산물시장에서는 총수요를 승수효과만큼 증대시켜서 국민소득도 승수배만큼 증가한다. 따라서 케인즈학파에게 재정정책은 가장 강력한 경제의 안정화정책이 된다.

(2) 통화주의자

통화주의자는 화폐수요가 이자율에 대해 민감하지 않아서 정부지출이 증가할 때 이자율이 크게 오른다. 다시 말해서 *IS*곡선이 오른쪽으로 이동할 때 수직에 가까운 *LM*곡선과 교차하는 이자율수준이 매우 높게 나타난다(〈그림 10-8〉(a)). 정부지출의 증가로 소득이 증가하면 화폐수요가 이자율보다 소득에 민감하므로 화폐시장이 균형을 이루기

그림 10-8 경기변동과 통화주의자의 재정정책

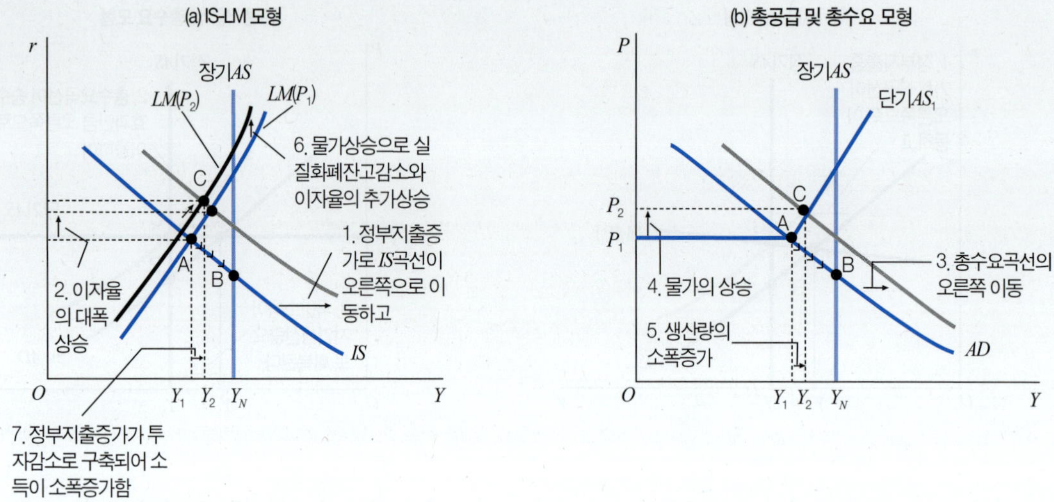

위해 이자율이 높아져야 한다는 것이다. 이자율상승이 크면 투자의 감소도 크게 되어 결국 정부지출의 증가는 투자의 감소로 거의 상쇄되고 만다.

한편 생산물시장에서는 정부지출의 증가로 총수요곡선이 오른쪽으로 이동하더라도 가격이 상당히 신축적이어서 단기총공급곡선이 수직에 가까우므로 물가만 상승하고 소득의 증가는 미미하다(〈그림 10-8〉(b)). 물가의 상승은 다시 화폐시장에서 실질화폐잔고를 낮추어 *LM*곡선이 위로 이동하여 이자율이 더욱 상승하게 된다. 이것은 투자를 더욱 감소시켜 정부지출을 거의 구축하게 된다.

통화주의자가 재정정책의 효과를 무시하는 점은 바로 이러한 구축효과 때문이며, 케인즈학파가 승수효과에 의한 재정정책을 중시한 점과 극적인 대조를 이룬다.

정석사고

통화주의자는 화폐수요가 이자율에 대해 민감하지 않아서 정부지출이 증가할 때(IS곡선이 오른쪽으로 이동) 수직에 가까운 LM곡선과 교차하는 이자율수준이 매누 높게 나타난다. 이자율상승이 크면 투자의 감소로 거의 상쇄되는 구축효과가 발생하여 재정정책의 효과가 사라진다. 한편 생산물시장에서는 총수요가 증가하더라도 단기총공급곡선이 수직에 가까워서 물가만 상승하고 소득의 증가는 미미하다.

(3) 고전학파

앞에서도 설명하였듯이 고전학파는 물가수준이 신축적이라고 가정하므로 국민소득이 언제나 자연생산량으로 조절될 수 있다. 따라서 〈그림 10-9〉(a)의 A점과 같은 상태는 균형이 아니다. 언제나 즉시 B점으로 이동하여 균형을 이룬다. 따라서 고전학파의 경우 경기변동은 관심의 대상이 아니었다. 이것이 다른 학파를 먼저 언급하고 나중에 설명하는 이유이기도 하다.

고전학파는 극단적인 견해를 가져서 화폐수요가 이자율에 대해 완전히 민감하지 않아서 〈그림10-9〉(a)에서 보듯이 *LM*곡선이 수직선의 형태를 가지며 *IS*−*LM*모형의 그림에서 장기총공급곡선과 같은 선이다. 이 때문에 정부지출이 증가할 때 *IS*곡선이 오른쪽 혹은 위쪽으로 이동하더라도 이자율만 상승하고 실질생산량에 아무런 변화를 주지 못한다. 또한 〈그림10-9〉(b)에서처럼 총수요곡선을 오른쪽으로 이동시키더라도 실질생산량은 변하지 않고 물가만 상승시킨다.

고전학파의 계보를 잇는 통화주의자와 새고전학파 중에서 자유주의철학을 가진 통화주의자는 구축효과가 크게 작용하지만 이자율의 상승과 물가상승으로 단기에 국민소득이 미약하게나마 증가할 수도 있어서 불완전한 구축효과를 주장한다. 그러나 새고전학파의 배로는 합리적인 사람이라면 당장의 정부지출의 증가로 소득이 증가해도 미래에 조세가 부과되는 경우를 대비해서 증가한 소득만큼 모두 저축하기 때문에 현재소비와 노동공급에 아무런 영향을 주지 못하므로 총수요와 총공급에도 영향이 없다. 따라서 구축효과도 발생하지 않는다. 이것이 재정정책에 대한 **배로의 중립성명제**이다.

그림 10-9 경기변동과 고전학파의 재정정책

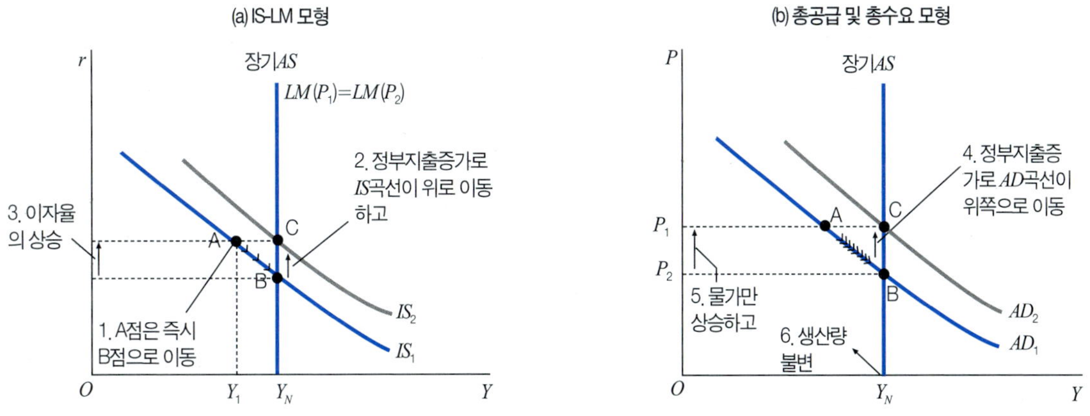

정석사고

고전학파는 LM곡선이 수직선의 형태를 가져서 정부지출이 증가할 때 이자율만 상승하고 실질생산량에 아무런 변화를 주지 못한다. 또한 생산물시장에서 총공급곡선이 수직이어서 총수요가 증가하더라도 실질생산량은 변하지 않고 물가만 상승시킨다. 새고전학파의 배로는 합리적인 사람이라면 당장의 정부지출의 증가로 소득이 증가해도 미래에 조세가 부과되는 경우를 대비해서 증가한 소득만큼 모두 저축하기 때문에 총수요와 총공급에 영향이 없다. 따라서 구축효과도 발생하지 않고 재정정책이 무력하게 된다(배로의 중립성명제).

3. 통화정책

(1) 케인즈학파

케인즈학파는 경기변동으로 경제가 단기균형점 A점에 있을 때 시간이 지나면 B점으로 이동하겠지만 당장 가만히 앉아 있다가 모두 죽을 지도 모른다고 생각했다. 그런데 케인즈학파는 화폐수요가 이자율에 매우 민감하다고 생각했다. 따라서 화폐공급량을 늘려도 사람들이 그 늘어난 화폐량을 현금으로 보유하고 채권을 사지 않는다는 것이다. 이렇게 되면 화폐공급을 늘리는 통화정책이 이자율에 아무런 영향을 미치지 못하므로 생산물시장에서도 큰 영향이 없게 된다.

이것을 〈그림 10-10〉를 통해 이해해보자. 화폐공급을 증가시키는 팽창적 통화정책을 사용하면 *LM*곡선을 오른쪽으로 이동시켜 새로운 균형점 C에 도달한다. 그런데 *LM*곡선이 수평선에 가까워서 이자율이 미미하게 하락한다. 이자율의 하락이 투자증가를 가져오지만 케인즈학파는 투자가 이자율에 거의 민감하지 않다(보통 *IS*곡선의 기울기에 반영하여 수직에 가까울수록 민감하지 않다). 따라서 투자의 증가가 약간 이루어져서 소득수준이 미세하게 증가한다.

단기에서 물가가 고정되어 있으므로 〈그림 10-10〉(b)의 B점에서 통화공급의 증가는 총수요곡선을 오른쪽으로 이동시키지만 그 이동하는 정도가 매우 미미하다. 결과적으로 화폐시장에서는 *LM*곡선이 수평선에 가까워서 이자율의 하락효과도 미미하여 투자증가에 의한 총수요의 증가도 미미하다. 따라서 케인즈학파에게 통화정책은 매우 무력한 경제의 안정화정책이 된다.

그림 10-10 경기변동과 케인즈학파의 통화정책

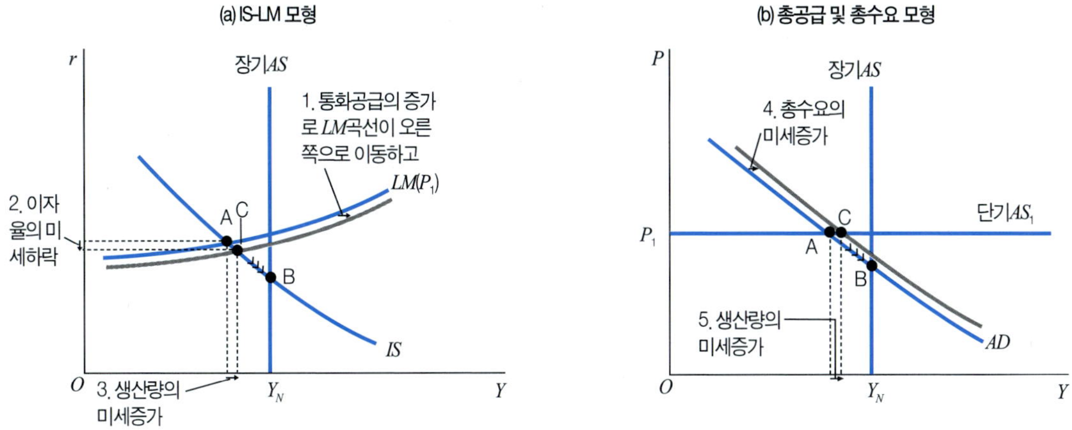

그러나 한 가지 주의할 점은 케인즈학파에게 있어서 이자율의 충분한 하락은 투자증가의 필요충분조건이 아니다. 자금의 공급자입장에서 중요한 것일지 몰라도 투자자의 입장에서는 투자의 한계효율이 중요하다. 그리고 사람들의 기대심리의 개선이야말로 이자율이 하락할 때 유동성의 제약없이 자금을 빌려 투자를 증가시키는 역할을 한다고 본다.

정석사고

케인즈학파에서 통화공급의 증가는 LM곡선이 수평선에 가까워서 이자율의 하락효과도 미미하여 투자증가에 의한 총수요의 증가도 미미하다. 따라서 케인즈학파에게 통화정책은 매우 무력한 경제의 안정화정책이 된다.

(2) 통화주의자

통화주의자는 통화량의 증가가 실물변수에 영향을 거의 미치지 않는다는 케인즈학파의 견해에 반대한다. 그 이유는 앞에서 보았듯이 화폐수요가 이자율에 대해 민감하지 않고 오히려 소득에 민감하다고 보기 때문이다. 따라서 이자율에 대해 *LM*곡선의 기울기가 수직에 가깝다는 것이다. 또한 투자가 이자율에 민감해서 *IS*곡선이 비교적 완만하다고 본다. 물론 *LM*곡선의 기울기가 더 큰 역할을 할 것으로 예상되지만 이러한 점들을 감안하여 통화정책의 효과를 살펴보자.

팽창적 통화정책을 통해 통화공급을 증가시킬 때 이자율이 크게 하락한다. 다시 말해서 *LM*곡선이 오른쪽으로 이동할 때 *IS*곡선과 교차하는 이자율수준이 비교적 많이 하락한다. 통화공급의 증가로 이자율이 하락하고 소득이 증가하면 투자의 증가가 크게 되어 결국 통화공급의 증가는 실제생산량의 증가를 가져온다.

한편 생산물시장에서는 일정한 물가수준에 대해서 총수요가 증대됨에 따라 총수요곡선이 오른쪽으로 이동하며, 가격이 상당히 신축적이어서 단기총공급곡선이 수직에 가까워서 물가가 크게 상승하면서 생산량의 증가가 미미하게 이루어진다.

〈그림 10-11〉의 (a)에서 *LM*곡선의 최종 이동한 결과만 보여주고 있지만 〈그림 10-11〉(b)의 물가의 상승이 다시 화폐시장에서 실질화폐잔고를 낮추어 *LM*곡선이 위쪽로 살짝 이동하여 약간 이자율을 상승시켜서 처음보다는 이자율하락이 덜 이루어진다. 독자들은 처음 통화공급의 증가로 $LM(P_2)$보다 조금 더 아래쪽으로 갔다가 그림의 $LM(P_2)$ 곡선에 귀결된다고 생각하며 확인해보기 바란다.

통화주의자는 통화팽창정책이 케인즈학파의 견해와 달리 총수요에 더 큰 영향을 미친다는 사실을 보여주지만 그 효과가 대단히 크다거나 안정적이라고 보지는 않는다. 다시 말해서 통화주의자는 이자율의 하락을 통한 총수요의 증가효과가 케인즈학파의 견해보다는 크지만 그 효과가 대단히 크다고 보지는 않는다.

통화주의자는 오히려 통화팽창이 명목소득을 직접 증가시켜 단기에 물가와 생산량을 동시에 증가시킨다는 사실에 더 주목한다. 또한 통화주의자는 통화량의 변화가 생산물

그림 10-11 **경기변동과 통화주의자의 통화정책**

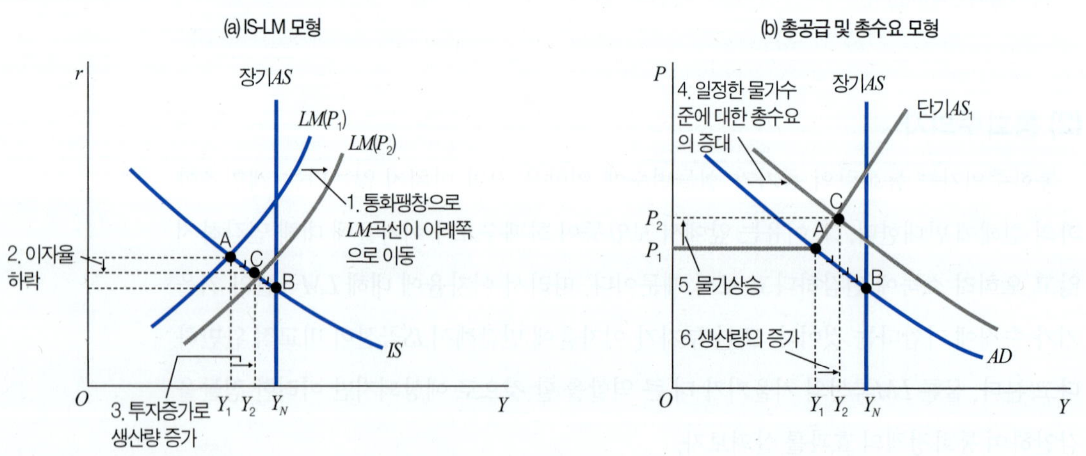

시장에 중요한 영향을 미치지만 그 효과가 언제 얼마만큼 크게 나타는지 매우 불확실하다는 점을 강조한다.

결론적으로 통화주의자는 통화정책이 단기간 내에 우리가 바라는 정도의 실질소득의 증가를 가져오지는 못하지만, 장기적으로 명목소득의 변화에 강력한 영향을 미치기 때문에 통화량을 잘못 조절하면 경제의 불확실성이 커지고 안정성을 해치게 된다고 본다. 케인즈학파가 통화정책을 무시한 점과 극적인 대조를 이루는 표현으로 통화주의자는 "**화폐만이 중요하다**"는 말로 그들의 견해를 요약하고 있다.

정석사고

통화주의자는 통화공급의 변화가 케인즈학파의 주장과 달리 이자율 변동을 통해 총수요에 영향을 미칠 수 있다고 인정하지만 그 효과는 매우 작다고 본다. 통화주의자는 오히려 통화팽창이 명목소득을 직접 증가시켜 단기에 물가와 생산량을 동시에 증가시킨다는 사실에 더 주목한다. 통화량을 잘못 조절하면 경제의 불확실성이 커지고 안정성을 해치게 된다는 점에서 통화주의자는 "**화폐만이 중요하다**"는 말로 그들의 견해를 요약하고 있다.

(3) 고전학파

고전학파는 물가수준이 신축적이라고 가정하므로 <그림 10-12>의 A점과 같은 상태는 균형이 아니며, 가격의 신축적 조절로 국민소득이 언제나 B점으로 조절될 수 있다고 본

그림 10-12 경기변동과 고전학파의 통화정책

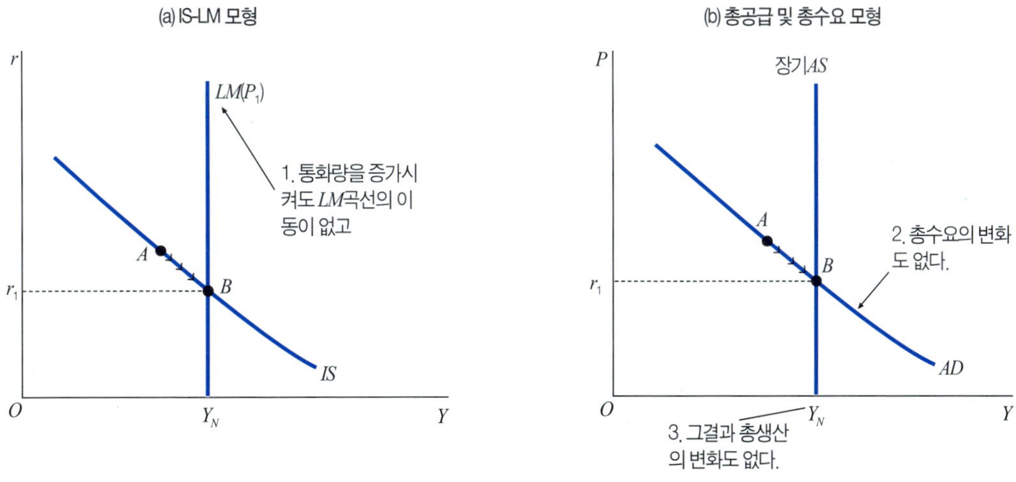

다. 고전학파는 극단적인 견해를 가져서 화폐수요가 이자율에 대해 완전히 민감하지 않아서 *LM*곡선이 수직선의 형태를 가지며 *IS-LM*모형의 그림에서 장기총공급곡선과 같은 선이다. 이 때문에 통화량이 증가할 때 *LM*곡선이 아래쪽으로 이동하더라도 그대로의 상태가 된다. 이자율과 실질생산량에 아무런 변화를 주지 못한다. 또한 일정한 물가수준에 대해 총수요곡선의 이동도 없어서 통화팽창정책은 무의미하다. 화폐는 거래의 매개수단에 불과하기 때문이다.

정석사고

고전학파는 화폐수요가 이자율에 대해 완전히 민감하지 않아서 LM곡선이 수직선의 형태를 가지며, 통화량이 증가할 때 이자율과 실질생산량에 아무런 변화를 주지 못한다. 따라서 통화팽창정책은 무의미하며, 화폐는 거래의 매개수단에 불과하다.

5 경제안정화정책의 쟁점: 효과와 방법

우리는 앞에서 각 학파별로 경기변동으로 경제가 불황이나 호황에 있을 때 재정정책과 통화정책 등의 경제안정화정책이 어떤 효과를 가지는지 살펴보았다. 케인즈학파는 유휴생산시설과 실업이 존재하는 경기불황을 가정하고 모든 가격이 비신축적이어서 총공급곡선이 수평에 가깝다고 보기때문에 재정정책과 같은 총수요관리정책이 강력한 효과를 발휘한다.

반면에 통화주의자는 경제가 항상 완전고용국민소득수준, 즉 자연생산량수준 가까이에 있으므로 총공급곡선이 수직에 가까우며 따라서 재정정책과 같은 총수요관리정책은 미미한 소득증가를 가져오지만 이보다 물가상승을 유발하기 쉽다고 본다. 이러한 학파들간의 인식의 차이는 임금 등 가격변수의 신축성에 따른 시장청산에 대한 견해의 차이에서 나오며 결국 총공급곡선의 기울기에 대한 분석의 차이에 기인한다.

1. 정책무력성명제

고전학파모형에 합리적 기대라는 명제를 도입하는 새고전학파모형은 총수요관리정책이 장기에서 뿐만 아니라 단기에서조차 아무런 효과가 없다는 정책무력성명제(policy ineffectiveness proposition)를 보여준다. 경기변동의 화폐충격에서 보았듯이 총공급곡선에 대한 루카스의 착각이론을 생각해보면 이 명제가 어떻게 성립되는지 쉽게 생각해낼 수 있다. 루카스의 착각이론은 예상하지 못한 통화팽창으로 물가가 올라갈 때 사람들이 자신의 상품가격이 예상물가수준보다 높으면 자신의 상품가격만 올라간 것으로 착각하여 실제생산량을 증가시킨다는 이론이다.

만약 사람들이 예상한 통화팽창에 일반물가수준을 정확히 예상한다면 단기적으로도 실제생산량을 늘릴 아무런 이유가 없다. 따라서 예상된 재정정책과 통화정책은 물가수준만 변화시킬 뿐 아무런 실질적인 효과(실제생산량의 변화)를 갖지 못한다. 다만 예상하지 못한 정책만 단기적으로 약간의 실질적인 효과를 가진다. 이처럼 새고전학파의 모형에서는 재정정책이든 통화정책이든 이것이 예상된 것인지 아닌지에 따라 그 효과의 유무가 결정된다.

정석사고

정책무력성 명제(policy ineffectiveness proposition)는 루카스의 착각이론에서 나온 루카스공급함수에서 사람들이 예상한 통화팽창에 일반물가수준을 정확히 예상한다면 단기적으로도 물가수준만 변화시킬 뿐 아무런 실제생산량의 변화를 가져오지 못한다.

2. 정책필요성명제

맨큐(N.G. Mankiw), 블랑샤(O.J. Blanchard), 로머(D. Romer), 피셔(S. Fisher)와 같은 새케인즈학파는 사람들이 합리적 기대를 가지고 있다고 하더라도 경제 내의 가격들이 완전 신축적이지 않아서 예상된 정책이든 예상되지 못한 정책이든 실질적인 효과를 가진다고 생각한다. 이러한 관점에서 새케인즈학파는 경제안정화정책이 유효하고 필요하다는 명제를 지지하는데, 이것을 정책필요성명제라고 한다. 새케인즈학파에게 정부정책이 부분적으로나마 정당성을 갖게 하는 가격의 비신축성에 대한 근거들을 보도록 하자.

(1) 경직적 가격모형

앞에서 총공급곡선을 논할 때 맨큐의 **경직적 가격모형**(일부 학자들은 이것을 **차림표 비용모형**, **메뉴비용모형**이라고도 한다)은 경제에 두 기업이 존재하고 한 기업은 신축적 가격설정규칙을, 다른 기업은 비신축적 가격설정규칙을 가지면 총공급곡선이 우상향하게 된다. 이때 총수요관리정책은 실질적인 효과를 가지게 된다.

(2) 엇갈린 가격설정모형

경직적 가격모형과 유사한 모형으로 새케인즈학파의 테일러(J.B. Taylor)와 피셔(S. Fisher)의 **지체가격설정모형** 혹은 **엇갈린 가격설정모형**(staggered price setting)은 독과점 기업이 많은 현실에서 사람들이 합리적 기대를 가지더라도 안정화정책으로 제품수요가 증가하면 바로 가격을 인상하지 못하고 처음 조금 올리거나 또는 올리지 않고 다른 기업이 올린 후 나중에 가격을 올리려는 심리가 작용한다. 따라서 기업들은 서로 같은 날 가격을 올리는 것보다 적게 올린다. 이처럼 기업이 가격인상을 지체시키기 때문에 가격이 비신축적이고 이에 따라 총공급곡선이 우상향한다는 것이다. 이때 모든 총수요관리정책은 유효하다.

(3) 효율임금이론

또 하나의 가격경직성을 설명하는 이론으로 **효율임금**(efficiency wage)이론이 있다. 옐렌(J. Yellen, 1984)의 효율임금이론에 의하면 임금이 단순히 수요와 공급을 조절하는 전통적 역할 뿐만 아니라 노동자의 생산성 자체를 결정하는 역할을 한다는 것이다. 즉, 임금이 높을수록 노동자의 생산성이 높아지고, 임금이 낮을수록 노동자의 생산성이 낮아진다. 기업들은 이러한 효율성을 감안하여 노동이 초과공급(실업발생)되더라도 균형임금 이하로 내리지 않는다. 임금을 삭감할 경우 기업의 부담이 감소할 것이지만 노동자의 생산성을 낮추고 기업의 이윤을 축소시킨다. 따라서 임금이 높을수록 더 열심히 근무하여 노동자의 도덕적 해이를 막을 수 있고, 또한 생산성이 높은 노동자가 이직하고 생산성이 낮은 노동자만 남는 역선택도 막을 수 있다. 이처럼 효율임금이론은 노동자에 대한 불완전 정보에 기초한다. 이러한 상황에서 실업이 존재해도 기업의 이윤을 극대화되도록 결정하는 임금이 효율임금이며, 임금의 하방경직성을 설명해준다.

(4) 신용할당

자본시장에서 자본의 가격이라고 할 수 있는 이자율이 경직적일 수 있다. 자금의 차입자와 대출자가 서로 다른 정보를 가지고 있는 정보의 비대칭성이 존재한다고 하자. 만약 이자율이 상승하면 차입자는 차입비용이 증가하므로 고수익 고위험의 투자를 하게 된다. 이는 채무불이행의 위험이 증가하여 대출자의 기대수익은 오히려 낮아진다. 즉 차입자의 도덕적 해이가 존재하는 불확실한 세계에서 이자율을 균형수준이상으로 상승시키기보다 안전한 투자를 유도하는 **신용할당**(credit rationing)을 한다.

또한 대출자는 어느 차입자가 채무불이행의 위험이 낮은지 알 수 없으므로 이자율을 올릴 경우 위험이 낮은 차입자는 위험이 높은 차입자와 같이 높은 이자비용을 지불하기를 꺼려서 자본시장을 빠져나간다. 따라서 대출자는 역선택의 문제로 이자율의 상승 대신 신용할당하게 된다는 것이다.

지금까지 우리는 여러 학파의 총수요관리정책의 효과에 대해 살펴보았다. 이제 두 갈래의 견해를 요약정리해보자. 케인즈학파를 포함한 새케인즈학파는 경제가 불안정하고 고용이 늘 충분하지 않다고 본다. 이러한 경제의 불안정성과 과소고용은 거시적 관점의 시장실패라고 할 수 있다. 이 시장실패를 교정하기 위해 정부는 장단기적으로 재량껏 경제안정화정책을 사용해야 한다는 재량정책을 지지한다. 그러나 통화주의자를 포함한 새고전학파는 경제가 불안정한 이유는 민간경제활동의 불안정성에 기인하는 것이 아니라 정부가 지나치게 개입해서 불안정하게 만들기 때문이라고 생각한다. 민간경제가 안정적이지 않다고 하더라도 정부가 재량정책을 마음대로 사용하면 경제의 불안전성이 감소하는 것이 아니라 확대된다는 것이다. 따라서 재량정책 대신 어떤 일정한 준칙에 따라 경제에 개입해야 한다고 주장한다.

정석사고

새케인즈학파의 정책필요성 명제는 합리적 기대를 기반으로 할지라도 물가, 임금 등의 가격변수들이 단기에 완전신축적으로 변하지 않는 경우 안정화정책이 유효하고 필요하다는 것이다. 가격의 비신축성에 대한 근거를 보면, 메뉴비용, 엇갈린 가격설정, 효율임금, 신용할당 등을 들 수 있다.

3. 정책의 시차

각 학파의 관점에서 또 하나의 쟁점이 안정화정책을 사용할 경우 그 효과가 언제 얼마만큼 발생하는지에 대한 인식의 차이이다. 실시된 정책의 효과가 언제 얼마만큼 나타나는가를 **정책시차**(policy time lag)문제라고 한다. 경제에 충격이 와서 안정화정책이 필요한 시기로부터 정부가 그 필요성을 인식하기까지 걸리는 시간을 **인식시차**(recognition lag)라고 한다. 이 시간을 지나 정책수단을 강구하고 국회심의, 공청회 등을 거쳐 채택하여 실행하기까지 걸리는 시간을 **실행시차**(implementation lag)라고 한다. 이러한 인식시차와 실행시차를 합하여 **내부시차**(inside lag)라고 한다. 외부충격에 대한 상황을 인식하고 정책수단을 선택하여 실행하는 정책결정자의 내부과정이라는 의미이다. 내부시차를 거쳐 정책이 실시된 후 그 효과가 나타나는 데까지 걸리는 시차를 **외부시차**(outside lag)라고 한다. 〈그림 10-13〉에 시차관계를 요약하였다.

그림 10-13 정책시차

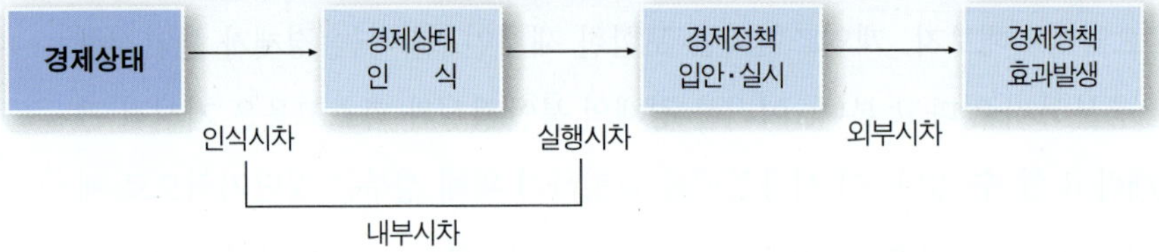

물론 정책을 실행하여 소기의 성과를 올리는 데 걸리는 총시차, 즉 내부시차와 외부시차가 길면 길수록 정책의 효과는 작아진다. 극단적인 예를 들어, 경기가 불황일 때 팽창정책을 채택했는데, 시차로 말미암아 경기가 바뀌어 호황일 때 그 정책이 실행될 수도 있다. 반대로 경기가 호황일 때 축소정책을 채택했는데, 시차가 걸려 경기가 불황일 때 축소정책이 실행되어 경기를 더욱 나쁘게 만들 수도 있다.

일반적으로 재정정책은 외부시차가 작고, 통화정책은 내부시차가 작은 것으로 알려져 있다. 재정정책은 예산을 편성하고 입법절차를 거쳐야 하므로 내부시차가 길다. 그러나 그 과정을 거친 후에는 그 실시효과가 즉각 나타나서 외부시차가 짧다. 한편 통화정책은 통화량 등의 자료를 수시로 조사하고 공개시장조작과 같은 방법으로 즉각 실행할 수 있어서 내부시차가 짧지만 정책이 여러 외부요인에 의존하는 관계로 그 효과가 언제 나타날지 알기 어렵다. 즉, 외부시차가 길다.

정석사고

경제에 충격이 와서 안정화정책이 필요한 시기로부터 정부가 그 필요성을 인식하고 실행하는 시간을 인식시차와 실행시차로 나눌 수 있고 이를 합하여 내부시차(inside lag)라고 한다. 내부시차를 거쳐 정책이 실시된 후 그 효과가 나타나는 데까지 걸리는 시차를 외부시차(outside lag)라고 한다. 정책시차는 내부시차와 외부시차의 합이다.

4. 준칙 대 재량

경제안정화정책은 미래에 대한 예측을 바탕으로 이루어진다. 경제안정화정책이 성공하기 위해서는 경제상황을 정확히 예측하는 능력이 필수불가결하다. 경제상황이 몇 달 후 혹은 1년 후 어떻게 될지 예측을 못하면 안정화정책을 통해 총수요를 수축시킬지 팽창시킬지 판단할 수 없다.

케인즈학파는 경제상황을 살피면서 그 상황에 맞게 재량으로 경제안정화정책을 실행해야 한다는 뜻에서 재량정책을 지지한다. 통화주의자는 경제불안정의 주요원인이 정부의 지나친 개입에 있으므로 일관성 있게 정책을 실행하는 준칙에 따를 것을 주장한다.

종전의 케인즈에 따르면 재량은 신축적이고, 준칙은 자신의 손을 스스로 묶는 것처럼 비신축적이라고 하였다. 그러나 현대적 의미에서 준칙(rules)은 앞으로 취하게 될 행위를 미리 명시하는 구속력 있는 계약(binding contract), 재량(discretion)은 구속력 없는 계약(non-binding contract)으로 정의한다. 재량과 준칙 중 어느 것이 더 바람직할까?

(1) 루카스비판

불행히도 우리의 현재지식으로 미래의 상황을 예측하는 것이 불가능할 때가 종종 있다. 우리의 미래는 우리가 예측하지 못한 방향으로 변화해가기도 한다. 따라서 정책의 효과가 언제 얼마만큼 나타날지 불확실한 것이다. 새고전학파의 로버트 루카스는 정책의 효과가 불확실한 중요한 이유의 하나가 사람들이 미래에 대한 기대를 어떻게 형성하는가를 감안하여 기대가 정책에 어떻게 반응하는가를 고려하지 않는다는 점을 비판한다. 다시 말해서 예전의 사람들의 행동에 기반해서 정책의 효과를 평가하는 기존 방식이 기대에 대한 정책의 충격(정책에 대해 새로운 예상을 하여 행동을 바꾸는 것)을 감안하지 않았다는 것이며, 이것을 **루카스비판**(Lucas critique)이라고 한다.

(2) k%준칙

루카스비판에 기초하여 통화주의자는 경제안정화정책의 효과가 언제 얼마만큼 나타날지 예측하기 어려우므로 즉, 정책시차가 크므로 케인즈학파의 재량정책 대신 준칙에 의한 정책이 더 바람직하다고 본다. 통화주의자는 경제상태와 상관없이 통화량을 일정비율 k%로 증가시키는 **k%준칙**을 주장한다. 또한 재정적자도 GDP의 일정비율 이내로 유지하는 준칙주의를 주장한다. 반면에 케인즈학파는 미래에 대한 예측이 불완전하더라도 재량정책을 통해 잃는 것보다 얻는 것이 더 많다고 보고 준칙주의보다 재량정책을 지지한다.

만약 정부가 전지전능한 사회의 수호신이라면 케인즈학파가 주장하는 것처럼 자유재량이 준칙보다 우수한 것으로 생각될 수 있다. 자유재량은 그 성격상 신축적이고 준칙은 비신축적이기 때문이다. 정부가 능력과 선의를 가지고 있다면 경제상황에 따라 최적정책을 사용하지 못하게 할 이유가 없기 때문이다.

(3) 정치적 경기변동

그러나 정부가 능력과 선의를 가진 집단이 아니라면 어떻게 될까? 일부 경제학자들이 우려하는 것처럼 정부가 정치가와 결탁하여 정책실현을 위해 선거에 승리하려는 것이 아니라 선거에 승리하기 위해 정책을 사용하는 경우이다. 선거가 다가올 때 물가를 낮추고 경기를 부양하여 실업을 낮추는 정책을 쓰고, 선거가 끝난 후 경기후퇴를 유발하도록 하는 것이다. 노드하우스(W.Nordhaus)는 이와 같이 선거승리를 위해 경제상황을 변동시키는 것을 **정치적 경기변동**(political business cycle)이라고 하였다. 이처럼 재량정책과 정치과정에 대한 불신으로 일부 경제학자들은 균형예산안과 같은 헌법개정을 통해 경제정책을 이용하는 기회주의를 경제에서 완전히 격리시켜야 한다고 주장한다. 이러한 이유로 이들은 경제정책의 준칙에 따를 것을 선호한다.

(4) 최적정책의 시간비일관성

정부가 능력과 선의를 가진 집단인지의 여부와 상관없이, 본질적으로 자유재량보다 준칙이 우수한 경우는 새고전학파의 키들랜드(F. Kydland)와 프레스콧(E. Prescott)이 말하는 **최적정책의 시간비일관성**(time inconsistency of optimal policy)에서 기인한다. 이 개념은 순간마다의 최적정책이 먼 안목에서 최적이 아니라는 것을 의미한다. 어떤 경우 정책이 사람들의 기대에 영향을 미치므로 미리 정책을 발표하기를 원할 수 있다. 그러나 정책실행 후 사람들이 기대에 따라 행동하지 않는 경우 정책을 취소하고 싶은 유혹이 생긴다. 시간이 지나면 이처럼 일관성을 잃을 것으로 예상하는 사람들은 정책발표를 믿지 않게 된다. 이러한 상황에서 정책을 믿게 하려면 자유재량을 제거하고 자신의 손을 스스로 묶는 준칙에 따라 행동해야 정책에 신뢰성을 줄 수 있다. 따라서 정책에 신뢰성을 주기 위한 준칙은 미리 취할 행위를 명시하고 거기에 따라 행동하는, 국민과의 **구속력 있는 계약**이라고 해석할 수 있다.

자유재량과 준칙주의 중 어느 것이 더 바람직한가? 이상의 설명에서 루카스비판이나 정치적 경기변동이나 자유재량정책의 시간비일관성으로 준칙을 더 선호하는 편견을 가지게 될 수도 있다. 그러나 확실한 결론은 거시경제정책에 관해 단순하고 명백한 선택은 없다는 것이다. 혼자 힘으로 다양한 견해를 신중히 감안하여 경제안정화를 위해 정부가 어떤 정책으로 어떤 역할을 해야 하는가를 결정해야 한다.

정석사고

재량과 준칙의 논쟁에서 루카스비판이나 k%준칙, 정치적 경기변동이나 자유재량정책의 시간비일관성으로 재량보다 준칙이 더 바람직하다고 생각할 수 있지만 거시경제정책에 관해 단순하고 명백한 선택은 없다.

정석기본문제

1 다음 경기변동의 특징에 대한 설명중 옳지 않은 것은?

① 경기변동은 실업, 투자, 이자율, 통화량 등 경제 전반적인 측면에 영향을 미치는 총체적인 현상이다.

② 경기변동은 주기와 진폭, 경기확장 및 경기수축의 기간이 일정하지 않다.

③ 경기변동은 각 국면이 상당기간 지속되는 경향이 있다.

④ 경기변동은 일부 산업부문이나 몇 개의 변수들에만 국한되지 않는다.

⑤ 경기변동은 수축국면이 더 긴 비대칭적 특징이 있다.

정석힌트 경기변동은 확장국면이 더 긴 비대칭적 특징이 있다. 정답은 ⑤

2 경기변동이론에 관한 다음 설명중 옳지 않은 것은?

① 태양흑점설은 당시 농업이 주요 산업이었기 때문에 농산물의 생산 증가의 변화는 다른 산업에 미치는 영향이 클 수밖에 없었음을 고려한 이론이다.

② 실물적 균형경기변동이론은 화폐적인 요인뿐만 아니라 생산성 충격, 노동시장의 변화, 새로운 자원이나 에너지 개발 등이 경기변동의 요인이라는 이론이다.

③ 균형경기변동이론은 경기변동이 기존의 균형이 다른 균형으로 변하는 과정이라고 본다.

④ 승수가속도원리는 독립투자의 증가가 결국 국민소득의 증가로 나타나 반복해서 투자의 증가로 연결되면서 경기변동이 이루어진다는 이론이다.

⑤ 과잉투자설은 투자의 불규칙한 변화가 경기변동의 원인이라는 이론이다.

정석힌트 실물적 균형경기변동이론은 실물적인 생산성 충격, 노동시장의 변화, 새로운 자원이나 에너지 개발 등이 경기변동의 요인이라는 이론이다. 반면에 화폐적 균형경기변동이론은 화폐적인 측면이 경기변동의 요인이라고 본다. 정답은 ②

3 다음 보기를 읽고 빈칸에 적절한 말을 넣으시오.

보기

경기변동은 반복적이지만 ( )이며, ( )이고, ( )일 뿐만 아니라 많은 거시경제변수들이 같은 방향으로 움직이는 ( )을 보인다.

정석힌트 비주기적, 지속적, 비대칭적, 공행성

4 다음 보기를 읽고 빈칸에 적절한 말을 넣으시오.

보기

경제안정화정책수단으로서 케인즈는 ( )정책을 선호하고, 통화주의자는 ( )정책을 선호한다.

정석힌트 확대재정, 확대통화(팽창통화)

5 다음 보기를 읽고 빈칸에 적절한 말을 넣으시오.

보기

경제안정화정책에 관한 이견이 존재하는 이유는 ( ), ( ), ( ), ( ) 등의 정책시차에 대한 견해가 서로 다르기 때문이다.

정석힌트 인식시차, 실행시차, 내부시차, 외부시차

6 다음 보기를 읽고 빈칸에 적절한 말을 넣으시오.

보기

합리적 기대하의 예측오차는 ( ) 오차인 반면, 다른 기대하의 예측오차는 ( ) 오차이다.

정석힌트 비체계적, 체계적

7 키친순환과 주글러순환의 차이점을 설명하시오.

정석힌트 키친순환은 기존 설비투자의 범위안에서 단지 재고의 변동으로 생기는 순환이다. 반면에 주글러순환은 새로운 설비투자의 변동에서 발생하는 것이다.

8 다음 사건들이 고전학파와 케인즈모형에서 물가, 이자율, 실질국민소득에 어떤 영향을 미치는지 $IS-LM$모형과 총수요－총공급모형을 이용하여 설명하시오.

(1) 정부지출의 감소

(2) 석유파동

정석힌트 (1) 고전학파모형에서 정부지출의 감소는 IS곡선이 왼쪽으로 이동하여 이자율이 하락한다. 총수요곡선이 왼쪽으로 이동하여 물가가 하락한다. 그러나 총공급이 변하지 않으므로 실질국민소득에는 영향이 없다. 케인즈모형에서 정부지출의 감소는 IS곡선이 왼쪽으로 이동하여 이자율이 하락한다. 단기적으로 물가가 변하지 않으며 총수요곡선이 왼쪽으로 이동하여 실질국민소득이 감소한다.

(2) 고전학파모형에서 연료가격이 상승하여 총공급곡선이 왼쪽(위쪽)으로 이동하여 물가가 상승한다. 물가가 상승하여 이자율도 상승한다. 그러나 총공급곡선이 수직이므로 실질국민소득은 불변이다. 케인즈모형에서 연료가격이 상승하여 총공급곡선이 위쪽으로 이동하여 물가가 상승한다. 물가가 상승하여 이자율이 올라가고 실질국민소득이 감소한다.

9 다음 보기에서 경기변동과 안정화정책에 대한 서술 중 옳지 않은 것은?

보기

(가) 확대재정정책은 고전학파의 총수요곡선을 오른쪽으로 이동시켜 물가가 상승한다.
(나) 통화주의자는 화폐수요가 이자율에 둔감하고 투자수요가 이자율에 민감하다고 본다.
(다) 통화주의자는 통화정책보다 재정정책이 생산에 영향을 미치는 경로가 더 복잡하다고 본다.
(라) 새고전학파는 안정화정책이 무력하다고 본다.
(마) 화폐수요가 소득에 민감할수록 통화정책보다 재정정책이 더 효과적이다.

정석힌트 (마)는 사실이 아니다. 그 반대이다.

10 새케인즈학파가 제시하는 가격이 경직성을 갖는 이유를 설명하시오.

정석힌트 메뉴비용, 지체가격설정(엇갈린 가격설정), 효율임금가설, 신용할당

11 다음 보기에서 루카스의 화폐적 경기변동이론에 대한 서술과 관련이 없는 것은?

보기

(가) 예상하지 못한 통화량의 변화가 경기변동을 일으킨다.
(나) 예상하지 못한 통화량의 증가가 생산자의 실제물가를 증가시켜 생산량이 증가한다.
(다) 불완전정보와 합리적 기대하에서 물가에 대한 오류가 경기변동의 원인이다.
(라) 합리적 기대하에서 시장이 균형이면 경기변동이 늘 발생하지는 않는다.

정석힌트 (라) 합리적 기대하에서 시장이 균형이더라도 경기변동이 발생한다. 이 때문에 화폐적 균형경기변동이론이라고 한다. 실제물가가 예상물가보다 더 크게 상승하면 생산량이 증가하고, 그 반대의 경우 감소한다.

12 다음 보기를 읽고 빈칸에 적절한 말을 넣으시오.

보기

통화정책이 효과를 나타내기까지는 상당한 기간이 경과되어야 한다. 정책의 필요성이 발생한 시점과 당국이 정책을 입안 확정하기까지의 시차를 (　　)라 하며, 그러한 정책이 시행되어 경제에 효과를 미치는 데 걸리는 시간을 (　)라 한다.

정석힌트 내부시차, 외부시차

13 다음의 문장을 읽고 그 이유를 설명하시오.

보기

> 실물적 경기변동이론에서는 물가가 경기역행적이고, 새케인즈학파의 경기변동이론에서는 실질임금이 경기역행적이다.

정석힌트 실물적 경기변동이론에서 기술혁신이 일어나면 총공급곡선이 오른쪽으로 이동하여 생산이 증가하지만 물가는 하락하므로 물가는 경기역행적이다. 반면 새케인즈학파의 경기변동이론에서 투자가 증가하여 총수요가 증가하면 총수요곡선이 오른쪽으로 이동하면 생산이 증가하고 물가가 상승한다. 따라서 물가상승으로 인해 실질임금이 하락하므로 경기역행적이다.

14 새고전학파의 경기변동이론을 새케인즈학파의 입장에서 비판하시오.

정석힌트 화폐적 경기변동이론에서 합리적 기대에 외생적 충격이 있을 때 예상의 수정에 의해 자연스레 해결된다. 현실의 실업문제 등을 볼 때 예상의 실패가 경기변동의 원인이라고 보기 어렵다. 또한 실물적 경기변동이론에서 여가의 시점간 대체효과가 경기변동을 야기할 만큼 클 것인가에 의문이 생긴다. 가격이 경직적인 시장구조하에서 정부의 적절한 대처방안이 필요한 것이다.

정석심화문제

15 **경기변동이론에 관한 설명으로 옳지 않은 것은?**

① 케인즈는 경기변동의 요인으로 투자의 변동을 들었고, 슘페터는 혁신의 수행을 들었다.

② 루카스 등이 주장하는 화폐적 균형경기변동이론의 함의는 예측 가능한 금융정책은 실물경제에 영향을 미칠 수 없다는 것이다.

③ 프레스콧 등이 주장하는 실물적 균형경기변동이론에서는 기술 변화와 재정지출의 변화 등을 경기변동의 주된 요인으로 보고 있다.

④ 새케인즈학파의 경기변동이론은 완전경쟁적 시장구조와 신축적 가격을 가정하여 경기변동을 설명한다.

⑤ 화폐적 균형경기변동이론에서는 개별경제주체의 상대가격구조에 대한 잘못된 인식이 경기변동의 주원인이라고 본다.

정석힌트 ④ 새케인즈학파의 불균형경기변동이론은 시장실패를 전제로 가격과 임금이 경직적이라는 데서 출발한다. 새고전학파의 균형경기변동이론이 완전경쟁적 시장구조와 신축적 가격을 가정하고 있다.

정답은 ④

16 **실물적 경기변동이론에 대한 설명으로 옳은 것만을 모두 고른 것은?**

보기

ㄱ. 메뉴비용(menu cost)은 경기변동의 주요 요인이다.
ㄴ. 비자발적 실업이 존재하지 않아도 경기가 변동한다.
ㄷ. 경기변동이 발생하는 과정에서 가격은 비신축적이다.
ㄹ. 정책결정자들은 경기침체를 완화시키는 재정정책을 자제해야 한다.

① ㄱ, ㄷ

② ㄴ, ㄷ

③ ㄴ, ㄹ

④ ㄷ, ㄹ

정석힌트 (ㄱ) 메뉴비용으로 인한 가격의 경직성을 경기변동의 원인으로 보는 시각은 새케인즈학파의 주장이다.
(ㄴ) 실물적 경기변동이론에서는 비자발적 실업이 발생하지 않는다.
(ㄷ) 실물적 경기변동이론에서는 가격체계의 신축성을 가정한다.
(ㄹ) 경기변동의 진폭을 완화시키는 정부의 인위적인 정책은 불필요하다.

정답은 ③

17 총공급곡선은 경제주체들의 물가에 대한 기대에 따라 변동하며, $Y=Y_N+\alpha(P-P^e)$의 함수 형태로 표현된다. 여기서 Y는 GDP, Y_N는 잠재GDP, P는 물가, P^e는 예상물가를 나타내며 $\alpha>0$이다. 기대형성에 따라 장·단기균형이 어떻게 결정되는가에 대한 다음 설명 중 옳지 않은 것은? (단, 최초의 균형은 A점이며 이때의 예상물가는 P_0이다. 적응적 기대(adaptive expectation)하에서 예상물가는 직전기의 물가와 같다. $LRAS$, $SRAS$ 및 AD는 각각 장기총공급곡선, 단기총공급곡선 및 총수요곡선이다.)

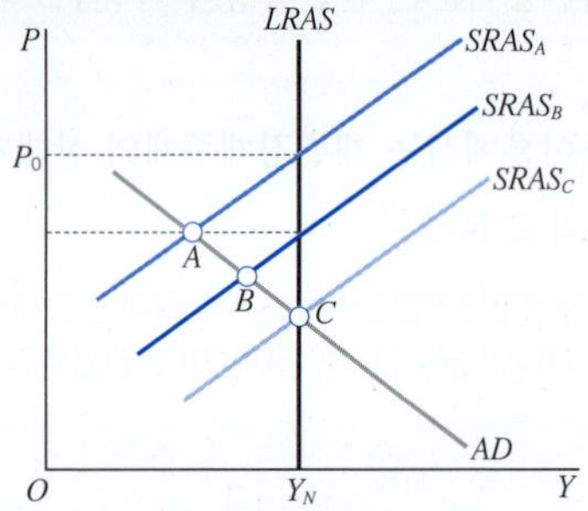

① 적응적 기대하에서 한 기간이 지난 뒤 단기균형은 B점이다.

② 합리적 기대하에서 한 기간이 지난 뒤 단기 총공급곡선은 $SRAS_C$이다.

③ 적응적 기대하에서의 장기균형은 C점이다.

④ 합리적 기대하에서의 장기균형은 C점이다.

⑤ 적응적 기대하에서 장기균형까지 조정되는 동안 예상물가는 실제물가보다 낮다.

정석힌트 루카스 공급함수 $Y=Y_N+\alpha(P-P^e)$에서 실제물가가 예상물가보다 높으면 실제GDP는 잠재GDP보다 크고, 실제물가가 예상물가보다 낮으면 실제GDP는 잠재GDP보다 작다. 주어진 최초의 균형점 A에서는 실제물가가 예상물가보다 낮은 상태로 물가에 대한 과대기대상태이다. 적응적 기대방식을 따른다면 한 기간이 지난 뒤 예상물가는 조정되어 단기총공급곡선이 $SRAS_B$로 이동하게 된다. 그런데 한 기간이 지난 뒤에도 여전히 예상물가수준이 실제물가수준보다 높아 과대기대상태이므로 예상물가는 하락해 단기총공급곡선이 $SRAS_C$로 이동하게 되고 장기적으로 예상물가수준은 실제물가수준과 일치하게 되어 잠재GDP와 실제GDP가 일치하는 점 C에서 균형이 이루어진다. 이에 반해 합리적 기대방식에 의하면 가격변수가 신축적이고 예상오차에 대해 즉각 조정이 가능하므로 최초균형점 A에서 한 기간 뒤 바로 장기균형점 C로 이동한다.

정답은 ⑤

18 어떤 경제가 장기균형상태(a)에 있다. 중앙은행이 통화량을 감축하는 정책을 시행할 때, IS-LM과 총수요(AD)-총공급(AS)곡선의 이동으로 인한 균형점의 변화를 나타낸 것으로 옳은 것은? (단, r은 이자율, Y는 총생산량, Y_N는 장기균형 총생산량, P는 물가, $LRAS$는 장기총공급곡선, $SRAS$는 단기총공급곡선을 나타낸다.)

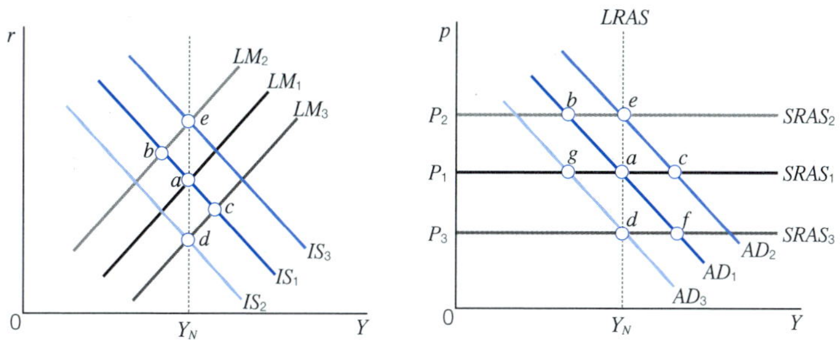

	IS-LM	AD-AS
①	$a - b - a$	$a - b - e$
②	$a - b - e$	$a - b - e$
③	$a - b - e$	$a - c - e$
④	$a - b - a$	$a - g - d$
⑤	$a - c - a$	$a - b - e$

정석힌트 통화 정책이 IS-LM 균형을 통해 AD-AS 균형에 미치는 영향에 대한 문제이다. 통화량감축은 LM곡선을 $LM_1 \rightarrow LM_2$로 이동시킨다. 이때 IS는 영향을 받지 않는다. 따라서 새로운 균형점 b에서 생산물시장과 화폐시장의 균형이 달성되게 되고, 생산량수준은 잠재생산량보다 낮아진다. 이는 총수요곡선 상에서 AD_1－AD_3의 이동을 말한다. 따라서 총수요－총공급모형에서는 g가 일시적인 균형상태가 된다. 이것이 의미하는 바는 잠재생산량보다 낮은 수준이므로 경제가 침체국면에 있다는 것이다. 이에 물가수준은 하락하게 되는데, 경제가 다시 잠재생산량수준을 회복하게 되는 수준인 P_1에서 P_3로 떨어지게 된다. 물가 하락은 새로운 화폐시장의 균형을 유도하므로, 다시 LM곡선을 이동시키게 되는데 이때 이동방향은 우측으로 이동하게 된다($LM_2 \rightarrow LM_1$). 즉, IS-LM 모형에서 균형점은 $a \rightarrow b \rightarrow a$로 다시 돌아오게 되고, AD－AS 모형 상에서는 균형점이 $a \rightarrow g \rightarrow d$로 이동하게 된다.

정답은 ④

19 총수요와 총공급이 다음과 같은 경제의 현재 균형점은 A이다. 이 경제에서 기대 물가가 일시적으로 상승할 경우 단기 및 장기균형점으로 옳은 것은?

보기

- 총수요: $P=a-by$
- 총공급: $P=P^e+d(Y-Y^n)$

(단, P, Y, P^e, Y^n는 물가, 생산량, 기대 물가, 자연생산량을 나타내며, a, b, c는 양(+)의 상수이다.)

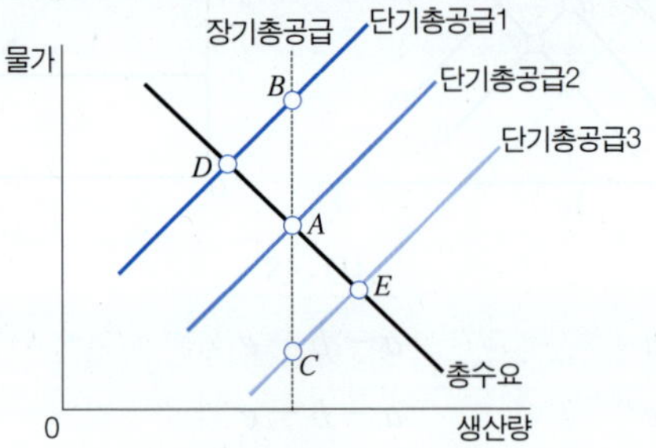

	단기균형점	장기균형점
①	E	C
②	E	A
③	D	B
④	D	A
⑤	B	A

정석힌트 적응적 기대가 고려된 단기총공급함수와 장기총공급곡선에 대한 내용이다. A점에서 기대물가상승률만 높아지면 단기총공급곡선이 상방으로 이동하게 되고 단기총공급1이 된다. 따라서 단기에 균형은 D이다.

그러나 D점에서는 균형국민소득이 완전고용생산량보다 작은 침체 상태이므로 점차 기대물가 수준은 하락하게 된다. 따라서 단기AS곡선은 하방으로 이동하게 되므로 생산량은 완전고용생산량 수준에 도달하게 된다. 이때 단기총공급2가 된다. 결국 장기적으로 과대기대오차가 수정되면서 기대물가는 하락하고, 단기총공급곡선은 완전고용생산량 수준으로 다시 되돌아간다. 이때 단기에 균형은 A에서 발생한다.

정답은 ④

20 **정부가 재정지출을 ΔG만큼 늘리는 동시에 조세를 ΔG만큼 증가시키고, 화폐공급량을 ΔG만큼 줄인 경우 (ㄱ) IS곡선의 이동과 (ㄴ) LM곡선의 이동에 대한 설명 중 옳은 것은? (단, 한계소비성향은 0.75다.)**

	(ㄱ)	(ㄴ)
①	이동하지 않음	좌측이동
②	우측이동	우측이동
③	우측이동	좌측이동
④	좌측이동	좌측이동
⑤	좌측이동	우측이동

정석힌트 IS곡선의 측면을 먼저 보면, 재정지출증가분과 조세의 증가분이 같다. 하지만, 재정지출의 증가분이 생산물시장의 균형에 미치는 (+)영향이 조세의 증가가 생산물시장의 균형에 미치는 (−)영향보다 더 크다. 조세의 증가는 소비함수에서 한계소비성향의 비율만큼만 영향을 미치기 때문이다. 따라서 IS곡선은 오른쪽으로 이동한다.

LM곡선은 화폐공급량이 증가하므로, 같은 국민소득이라면 더 낮은 수준의 이자율에서 화폐시장의 균형이 형성된다. 따라서 왼쪽으로 이동한다는 것을 알 수 있다.

정답은 ③

21 **투자수요함수가 $I=\bar{I}-dr$, 실질화폐수요함수 $M/P=kY-hr$일 때 금융정책이 총수요에 미치는 영향으로 옳은 것은?**

① d가 작을수록, h가 작을수록 금융정책이 상대적으로 강력해진다.

② d가 클수록, h가 작을수록 금융정책이 상대적으로 강력해진다.

③ d가 작을수록, h가 클수록 금융정책이 상대적으로 강력해진다.

④ d가 클수록, h가 클수록 금융정책이 상대적으로 강력해진다.

⑤ d와 h는 영향을 미치지 못한다.

정석힌트 금융정책의 효과는 IS의 기울기가 완만할수록, LM의 기울기가 가파를수록 상대적으로 강력해진다. 투자수요함수는 IS의 기울기를 결정하고, 실질화폐수요함수는 LM의 기울기를 결정한다. IS곡선과 LM곡선은 모두 이자율(r)을 세로축으로 하기 때문에, r의 계수의 역수가 각 곡선의 기울기가 된다. 따라서 IS곡선의 기울기는 d가 클수록 완만해지고, LM곡선의 기울기는 h가 작을수록 완만해진다.

정답은 ②

22 *IS-LM* 모형에서 구축효과에 대한 설명이다. (가), (나), (다)를 바르게 짝지은 것은? (단, *IS*곡선은 우하향하고, *LM*곡선은 우상향한다고 가정한다.)

보기

- 화폐수요의 소득탄력성이 (가) 구축효과가 커진다.
- 화폐수요의 이자율탄력성이 (나) 구축효과가 커진다.
- 투자의 이자율탄력성이 (다) 구축효과가 커진다.

	(가)	(나)	(다)
①	클수록	작을수록	클수록
②	클수록	작을수록	작을수록
③	작을수록	작을수록	클수록
④	작을수록	클수록	작을수록
⑤	작을수록	클수록	클수록

정석힌트 구축효과가 커진다는 것을 고전학파의 주장이 설득력이 있고 케인즈의 상황이 아니라고 볼 수 있다. 따라서 고전학파에 가까운지, 케인즈학파에 가까운지를 파악하면 된다.

(가) 화폐수요의 소득탄력성이 클수록 거래적 동기의 화폐수요가 크다는 것을 의미하므로 고전학파에 가깝다고 할 수 있다. 고전학파에 가까울수록 구축효과는 커진다.

(나) 화폐수요의 이자율탄력성은 케인즈학파가 강조하는 것이므로 화폐수요의 이자율탄력성이 작을수록 고전학파에 가깝게 되어 구축효과가 커진다.

(다) 고전학파는 투자의 이자율탄력성이 크다고 보았고, 케인즈학파는 기업가의 야성적 충동을 강조하여 투자의 이자율탄력성이 작다고 보았다. 따라서 투자의 이자율탄력성이 클수록 고전학파에 가깝고 구축효과는 커지게 된다.

정답은 ①

23 다음 그림은 폐쇄경제의 *IS-LM*곡선을 나타낸다. 중앙은행은 다음 두 가지 방식 중 하나로 통화정책을 실시한다. 다음 설명 중 옳지 않은 것은?

보기

- 방식 (가): 이자율이 현재 균형수준에서 일정하게 유지되도록 통화량을 조절하는 방식
- 방식 (나): 통화량을 현재 균형수준에서 일정하게 유지하고 이자율이 변동할 수 있도록 허용하는 방식

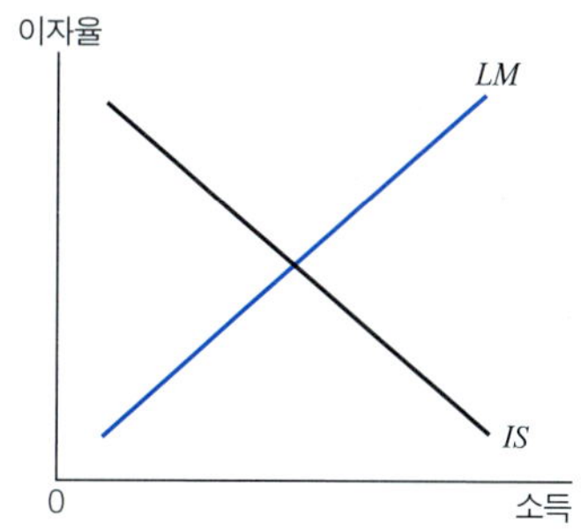

① 방식 (가)를 실시할 경우, 화폐수요가 외생적으로 증가하면 통화량이 감소한다.

② 방식 (가)를 실시할 경우, 화폐수요가 외생적으로 증가하더라도 소득이 변화하지 않는다.

③ 방식 (가)를 실시할 경우, 재정지출이 증가하면 통화량이 증가한다.

④ 방식 (나)를 실시할 경우, 재정지출이 증가하면 소득이 증가한다.

⑤ 방식 (나)를 실시할 경우, 재정지출이 증가하면 구축효과가 나타난다.

정석힌트 방식 (가)는 케인즈 학파의 이자율을 중간목표로 사용하는 이자율 중간목표정책이다. 방식 (나)는 고전학파의 통화량 중간목표정책이다.

①, ② 화폐수요가 늘면 화폐시장 초과수요로 이자율이 높아지며 이는 *LM*곡선이 좌측으로 이동하는 모습으로 나타난다(*LM*곡선 자체의 좌측이동). 이때 이자율이 높아지면 투자가 감소하며, 그 과정에서 소비 또한 가처분소득의 함수이므로 줄어든다. 최종적으로 소득은 줄어들게 된다. 따라서 이자율을 낮추기 위해 화폐공급을 늘려야 한다. 화폐공급을 증가시키면 *LM*곡선은 우측으로 이동한다. 그 과정에서 투자 및 소비가 원래 수준을 회복하여 소득은 원래 수준으로 증가해서 되돌아간다. 따라서 ①은 틀리고 ②는 맞다.

③ 확대재정정책으로 *IS*곡선이 우측으로 이동하면, 총수요로서 소득이 증가하며 화폐시장에서 동시에 거래적 화폐수요가 늘어나므로 그 과정에서 이자율이 높아진다. 이자율을 낮추기 위해 화폐시장에서의 공급인 통화량을 늘려야만 한다.

④, ⑤ 확대재정정책으로 *IS*곡선이 우측이동하고, 그 결과 소득은 증가하고, 이자율은 상승한다. 이와 같이 이자율이 높아져도 (나) 정책을 사용하게 되면 통화량이 불변이라면 중앙은행은 개입하지 않는다. 높아진 이자율에 대응해 구축효과(crowding-out effect)가 발생하여 투자가 감소한다. 그 결과 가처분소득이 감소해 소비 또한 감소하게 된다. 따라서 소비와 투자가 구축된다.

정답은 ①

정석 거시경제론 **제11장**

실업과 인플레이션: 필립스곡선

일하려는 의지는 있으나 일자리를 구할 수 없는 사람이 존재한다는
사실은 이 세상에서 일어나는 운명의 불평등한 현상 중 가장 슬픈 상황이다.
- 토머스 칼라일 -

여태까지 우리는 국민소득의 결정이론과 경기변동이론과 경제안정화정책들에 대해서 학습하였다. 이러한 중요한 주제들을 공부하면서 고전학파와 케인즈학파의 세계관과 가치관이 얼마나 다른지도 보았다. 새고전학파와 새케인즈학파 사이에 놓인 가장 큰 시각차이는 바로 시장경제가 완전한가 아니면 불완전한가에 의존한다. 새고전학파의 시각에서는 모든 가격이 신축적으로 조정되므로 시장경제가 제대로 작동한다고 본 반면에 새케인즈학파는 모든 가격이 신축적이지는 않으며 시장이 불완전하여 시장실패가 발생한다고 본다. 이에 따라 새고전학파는 정부의 개입이 바람직하지 않다는 결론을, 새케인즈학파는 정부개입이 필요하며 때때로 바람직하다고 결론을 내린다.

우리는 불확실하기는 하지만 완전한 세계에 살고 있는 것인가? 아니면 불확실하고 불완전한 세계에 살고 있는가? 비록 완전하지는 않지만 충분한 자기조절기능을 가지고 항상 극복가능하다고 보는가? 아니면 인간은 너무 나약하고 시장도 나약해서 때때로 자기조절능력을 상실한다고 보는 것인가? 결국 학파간의 세계관의 차이는 바로 이러한 물음에 대한 대답들이다. 현재까지 구태여 주류라고 한다면 새케인즈학파에 가깝다. 왜냐하면 현실에 완전한 것은 없기 때문에 이러한 시각에 서있는 입장이 주류에 가까운 것이다.

거시경제이론을 시작하면서 지적하였듯이 거시경제학의 궁극적 목적은 어떠한 세계관을 가지더라도 실업문제와 인플레이션문제를 해결해서 보다 나은 삶을 살게 하는 것이다. 이것은 경제학자들의 의무인 동시에 정부가 존재하는 이유이기도 하다. 이제 마지막 남은 거시경제학의 궁극적 목적을 향해 항해를 시작하려고 한다. 먼저 우리의 삶을 황폐화시키는 실업문제를 꿰뚫어 보고 그 해결책도 살펴볼 것이다. 이어서 우리가 노력해서 모은 재산을 하루아침에 날릴지도 모르는 인플레이션문제의 정석을 직시하면서 그 대답을 찾고자 한다. 1970년대 발생한 스태그플레이션은 기존의 거시경제학이 사망하고 있다는 것을 드러냈다. 어쩌면 오늘날의 거시경제학의 얕은 지식과 느린 진보가 현실을 따라가기에 너무 벅찬 것은 아닐지 모르겠다. 그럼에도 불구하고 현실을 직시하면서 올바른 해결방안을 사고할 수 있어야 한다. 이 장은 이러한 정석사고의 길을 보여주려고 한다.

이 장에서 배울 것

- 실업의 정의와 실업의 종류는?
- 고전학파와 케인즈학파의 실업이론은?
- 새고전학파의 실업이론은?
- 인플레이션의 원인과 대책은?
- 필립스곡선이란?

1 실업의 정의와 측정

1. 실업의 정의

경제학에서 '실업자'라는 말은 단순히 직업이 없는 사람을 의미하는 것이 아니라, 일할 의사가 있는데도 직장을 얻지 못한 사람을 뜻한다. 실업을 엄밀하게 구분해보면, 보다 나은 직장을 얻기 위해서 계속 탐색하고 있는 경우와 같이 취업할 능력은 있지만 현재의 임금과 근로조건 아래에서 취업할 의사가 없어 자발적으로 취업하고 있지 않은 상태를 **자발적 실업**(voluntary unemployment)이라고 하고, 취업할 능력과 의사가 있으나 취업을 못하고 있는 상태를 **비자발적인 실업**(involuntary unemployment)이라고 한다. 고전학파의 세계에서 허용되는 실업은 자발적 실업을 의미한다. 그러나 일반적으로 우리의 관심이 되는 실업이란 비자발적인 실업을 의미한다.

2. 실업의 측정

(1) 노동가능인구와 경제활동인구

한 나라 안의 사람들은 나이가 너무 어려 일할 능력이 없는 사람과 충분히 일할 수 있는 나이에 도달한 사람으로 구분할 수 있다. 우리나라에서는 15세 이상이 되면 일할 능력을 갖춘다고 보고 이들을 **노동가능인구** 또는 **생산가능인구**로 분류하고 있다. 노동가능인구는 일하려는 의사를 갖는 경제활동인구와 일할 의사가 없는 비경제활동인구로 다시 세분할 수 있다. 이때 **경제활동인구**란 노동가능인구 중에서 일할 의사와 능력이 있는 사람을 말한다.

경제학에서 말하는 실업자란 경제활동인구 중 일자리를 찾지 못한 사람이다. 따라서 어떤 사람이 단지 일을 하지 않고 있다 해서 실업자로 분류하는 것은 아니며, 일례로 서울의 고층빌딩을 재산으로 물려받은 사람은 일할 의사가 없기 때문에 실업자에 포함되지 않는다. 나이가 15세를 넘고 분명히 일하려는 의사가 있는데도 일자리를 얻지 못한 사람만이 실업자로 분류된다.

취업자는 수입을 목적으로 주당 1시간 이상 일을 하는 사람을 말한다. 주부나 학생들은 원래 경제활동인구에 포함되지 않지만, 파출부와 같이 가사를 돌보며 부수입을 올리거나, 학생임에도 불구하고 우유배달을 하면 경제활동인구로 간주되어 취업자로 분류된다. 그리고 직접적인 수입이 없더라도 가구주의 사업을 도와주면서 주당 18시간 이상의 일을 하는 가족종사자는 취업자에 포함시킨다.

따라서 노동가능인구(P), 경제활동인구(L), 비경제활동인구(N), 취업자(E), 그리고 실업자(U) 사이에 다음과 같은 관계가 성립한다.

$$\text{노동가능인구(P)} = \text{경제활동인구(L)} + \text{비경제활동인구(N)}$$
$$= [\text{취업자(E)} + \text{실업자(U)}] + \text{비경제활동인구(N)}$$

(2) 실업률

실업은 사람들이 일할 의사와 능력이 있음에도 불구하고 취업의 기회가 주어지지 않는 상태이다. 따라서 **실업률**(unemployment rate)이란 실업자의 수를 경제활동인구로 나눈 비율을 말한다. 그러므로 다음과 같은 식으로 측정이 가능하다.

$$\text{실업률} = \frac{\text{실업자(U)}}{\text{경제활동인구(L)}}$$

주의 깊게 살펴볼 것은 분모가 15세 이상의 인구, 즉 노동가능인구(P)가 아니고 취업할 의사와 능력이 있는 경제활동인구(L)라는 사실이다. 다시 말해 일하려는 의사와 능력이 없는 학생이나 주부는 실업률을 계산하는 과정에서 원천적으로 빠지게 된다. 이것은 국제노동기구의 기준을 따른 것이지만 또 다른 문제도 있다.

우리나라의 예를 통해 문제점을 알아보자. 정부는 매달 3만 2,000가구를 대상으로 매월 15일 현재 일주일 동안 만15세 이상인 자에게 실시한 표본조사의 결과에 기초해 실업률을 측정하고 있다.

"조사대상 기간 동안 한 주일에 수입을 얻기 위해 1시간 넘게 일한 적이 있습니까?"
"지난 한 주일 동안 일자리를 찾아본 적이 있습니까?"

라는 질문을 통해서 실업에 대한 자료를 수집하고 있기 때문에 실업통계를 작성할 때 상당한 정도의 자의성이 끼어들 수 있다는 문제가 있다. 예를 들어 1주일에 1시간만 일하면 편의점에서 알바를 하는 사람도 취업자로 잡힌다. 또한 일자리를 찾으려고 노력해오다가 잠시 포기하고 있는 사람들을 실망실업자(discouraged worker)라고 하는데, 이들은 실질적으로 실업의 상태에 있는데도 실업통계에서는 제외하여 처리되고 있는 점도 문제로 지적되고 있다. 다음 〈그림 11-1〉은 실업통계조사의 방법을 보여주고 있으며, 이것을 통해 앞에서 지적된 문제점을 독자 스스로 확인해보기 바란다. 이야기 11-1

그림 11-1 실업통계의 과정

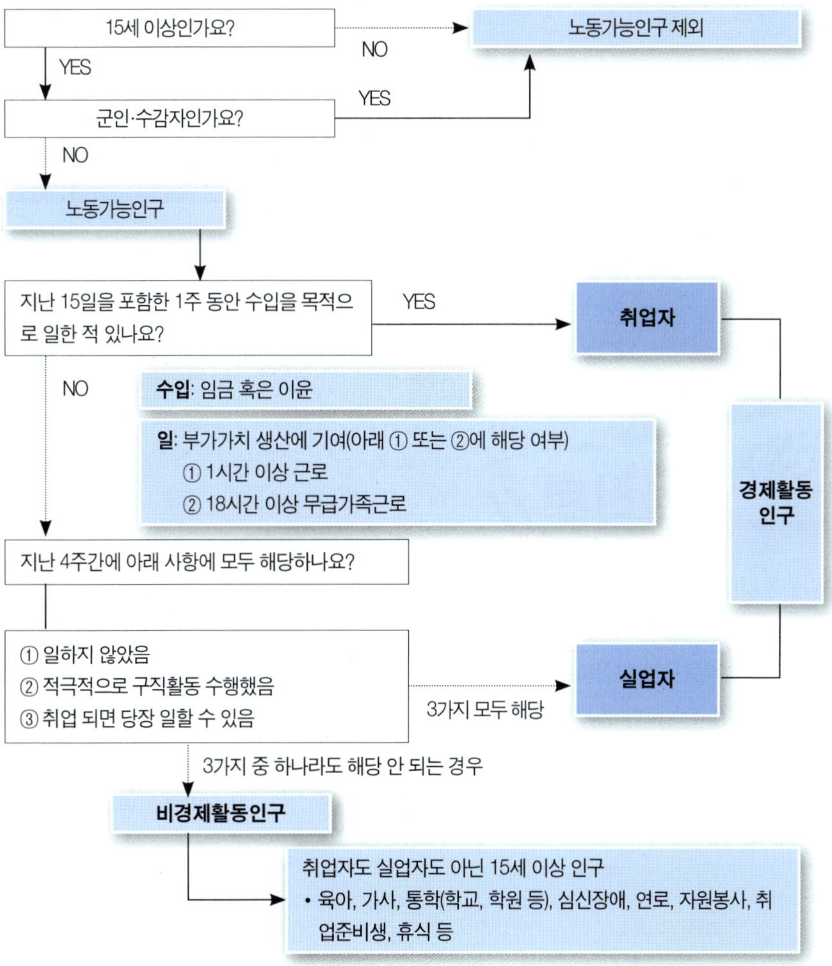

정석사고

실업: 일할 의사와 능력을 가진 사람(경제활동인구)이 일자리를 갖지 못한 상태

실업률: 경제활동인구에서 실업자 수가 차지하는 비율

경제활동인구: 15세 이상의 인구(생산가능인구) 중에서 일할의사와 능력이 있는 사람

경제활동인구 = 취업자 + 실업자

$$\text{실업률} = \frac{\text{실업자수}}{\text{경제활동인구}} = \frac{\text{실업자수}}{\text{실업자수} + \text{취업자수}}$$

이야기 11-1 우리나라의 실업통계

우리나라의 실업률의 추이를 보면 1970년대 초에 4%을 넘던 실업률이 1990년대 초반에는 2~3%대에서 안정화된 양상을 보인다. 이러한 실업률은 선진국에 비해 매우 낮은 수준을 보여주는 것이다. 사실 우리나라 실업통계는 국제노동기구(ILO)의 권고에 따라 작성되는데, 실제의 고용상태를 제대로 전달하지 못한다는 비판이 있다. 국제노동기구의 권고는 설문조사에서 다음 세 가지 질문을 통과하여 실업자를 파악한다. 지난 주에 1시간 이상 일하지 않았고, 지난 4주동안 적극적인 구직활동을 하지 않았고, 지난 주에 일자리를 제안받았다면 수락했을 것이라는 질문에 모두 그렇다고 응답한 경우 실업자로 분류된다.

이 질문에 따르면 실업자로 분류되는 것 자체가 어렵게 되어 있다. 예를 들어 지난 주에 1시간 이상 일했다면 실업자로 분류되지 않는다. 또한 지난 4주 동안 열심히 일자리를 구해보았지만 뜨내기일로 푼돈을 받게 되어도 실업자로 분류되지 않는다. 이 때문에 체감실업률과 상당히 큰 차이가 발생한다.

세계 금융위기로 어려웠던 2011년 실업통계를 보면 3%수준으로 매우 낮다. 일자리를 원하지만 구직활동을 지난 4주 동안 하지 않았다면 실업자가 아닌 비경제활동인구로 분류된 사람을 잠재적 실업자로 보아서 실업통계에 포함시킨다면 이 보다 훨씬 높은 수준이었을 것이다.

2 실업의 형태

1. 자발적 실업

고전학파의 세계에서 임금과 가격이 신축적으로 조정된다면 완전고용은 항상 달성된다. 그러나 우리의 시장경제의 구조가 완벽하지는 못한데, 근본적으로 항상 미래의 불확실성은 존재하기 때문이다. 예를 들어 미래의 전망이 어두워 기업이 투자를 줄이면 신규노동자를 덜 뽑을 것이므로 실업이 발생할 수 있다. 우리의 불완전한 지식으로 미래를 정확히 내다볼 수 없기 때문에 실업은 발생할 수 있으며, 어쩌면 이것이 실업의 본질일 수 있다.

노동자가 직장을 구할 때 임금이 너무 낮거나 근무조건과 근무환경이 좋지 않아서 실업을 선택할 수 있다. 일할 능력은 있지만 현재의 임금수준에서 일할 의사가 없는 실업상태를 자발적 실업(voluntary unemployment)이라고 한다. 사람들은 왜 자발적으로 실업을 택하는가? 낮은 임금을 감수하더라도 일할 수 있는데도 말이다. 그 이유로 첫째는 더 높은 임금을 지불하는 다른 직장이 있을지도 모른다는 기대이다. 둘째는 다른 직장, 다른 사람들은 여전히 예전의 임금을 받는데, 자신의 임금만 낮은 것은 참기 어렵기 때문이다.

(1) 마찰적 실업

어떤 노동자가 더 좋은 직장을 찾기 위해서 잠시 직장을 그만둔 경우나 졸업한 지 얼마 되지 않는 사람이 마음에 맞는 일자리를 찾기 위해서 여러 직장을 옮겨 다니는 과정에서 발생하는 실업을 마찰적 실업(frictional unemployment)이라고 한다. 마찰적 실업은 현재의 임금수준에서 만족하지 못하여 직업을 바꾸는 과정에서 일시적으로 생기는 실업으로 대부분 더 나은 일자리를 찾는 과정에서 발생하므로 탐색적 실업(search unemployment)이라고도 한다. 마찰적 실업은 실업의 한 형태이기는 하지만 사회적으로 인적자원의 낭비 혹은 비효율성이라고 보기 힘들다. 불확실성과 불완전한 정보의 세계에서 수요와 공급의 변화에 대처하는 하나의 조절방식이라는 면에서 마찰적 실업은 불가피하기 때문이다.

(2) 자연실업률

마찰적 실업은 완전히 없애기도 힘들 뿐만 아니라 그렇게 하는 것이 바람직하지도 않다. 개인의 선택에 의한 것이라는 자발적 실업의 성격을 지니고 있기 때문에, 고전학파의 세계에서처럼 임금이 신축적으로 움직이는 경제에서도 마찰적 실업은 존재하게 된다. 그러므로 완전고용은 실업자가 하나도 없는 상태를 의미하는 것이 아니고, 어느 정도의 자발적인 요인에 의한 마찰적 실업은 존재하는 상태이다. 결론적으로 마찰적 실업만 존재하는 상태를 **완전고용**이라고 하며, 이때의 실업률을 **자연실업률**(natural rate of unemployment)이라고 한다. 고전학파의 세계에서 경제가 자연실업률의 상태에 있을 때 **완전고용국민소득** 혹은 **자연생산량**이 이루어진다.

정석사고

자발적 실업은 일할 능력이 있으나 "현재의 임금수준에서"일할 의사를 가지고 있지 않은 상태를 이른다. 자발적 실업의 대표적 예로서 마찰적 실업은 직업을 바꾸는 과정에서 일시적으로 생기는 실업이며, 더 나은 일자리를 찾는 과정에서 발생하므로 탐색적 실업이라고도 한다. 마찰적 실업만 존재하는 상태를 **완전고용**이라고 하며, 이때의 실업률을 **자연실업률**이라고 한다.

2. 비자발적 실업

자발적 실업의 한 형태인 마찰적 실업은 어느 경제에서나 완전고용상태에서조차 발생하는 것으로 정책에 심각한 고려대상이 되지 않는다. 그러나 자신의 의사와 관계없이 일자리를 얻지 못하는 비자발적 실업은 정책에서 감안해야 하는 실업의 형태이다. 이에 대해 간단히 살펴보자.

(1) 경기적 실업

경기변동 때문에 발생하는 실업을 **경기적 실업**(cyclical unemployment)이라고 한다. 가장 전형적인 실업으로 총수요가 부족한 불황에 발생하는 실업이다. 앞장에서 설명했던 실업은 경기적 실업에 해당한다. 일반적으로 정부의 경제안정화정책은 경기적 실업을 줄이는 데 주요 관심을 둔다.

마찰적 실업의 경우 노동자 자신이 생산한 제품의 수요가 일시적으로 그리고 부분적으로 감소해서 생산감축과정에서 해고될 수 있다. 해고된 노동자는 취업정보를 수집한 후 이제까지 받던 임금을 받거나 더 받을 수 있는 다른 직장을 찾을 수 있다. 그러나 경기적 실업은 경제전반적으로 총수요가 감소해서 장기적인 대량실업의 형태로 발생한다.

경제전반의 총수요가 감소하는 경우 경기적 실업의 심각성과 누적성을 살펴보자. 총수요가 감소하면 기업의 재고는 쌓이고 처음에는 기존 생산수준을 유지하다가 오랜 시간 지속되면 결국 생산을 감축한다. 기업은 생산감축에 따라 일부 노동자를 해고하게 된다. 처음에는 이제까지 받던 임금을 받거나 더 받을 수 있는 다른 직장을 찾을 수 있다고 기대한다. 그러나 노동자들이 다른 직장에서도 역시 취업의 길이 막혀 있다는 사실을 많은 취업정보를 수집해본 후에야 깨닫게 된다. 총수요의 감소가 긴 시간 지속되면 노동자의 실업도 길어진다.

그런데 경기적 실업의 심각성은 여기에 그치지 않는다. 해고된 노동자들은 소비를 줄일 것이고 이것이 사양산업이든 성장산업이든 상관없이 모든 산업의 제품수요를 줄인다. 따라서 모든 산업에서 실업이 발생하고 실업은 다시 수요를 줄이는 누적적 과정이 진행된다. 이것이 경기적 실업의 본질이다.

(2) 구조적 실업

경제발전과 소득증대에 따른 수요구조의 변화나 기술혁신과 산업구조의 고도화에 따른 공급구조의 변화로 인해서 어떤 산업에서 노동 수요가 줄어들거나 어떤 산업이 쇠퇴하여 생기는 실업이 **구조적 실업**(structural unemployment)이다. 구조적 실업은 전체 노동수요가 부족한 것이 아니라 어떤 특정 노동에 대한 수요가 부족하여 발생하는 실업이다. 학자에 따라서는 구조적 실업에서 기술혁신에 따라 발생하는 실업을 별도로 **기술적 실업**(노동절약적 신기술을 사용하는 기계의 사용으로 발생하는 실업)으로 구분하기도 한다. 여기서는 기술적 실업을 구조적 실업에 포함해서 설명할 것이다.

예를 들어 경제가 발전하여 소득이 증가하고 경제전반의 총수요가 충분한 상태에서 어떤 재화에 대한 수요가 증가하는 반면 어떤 재화에 대한 수요는 감소한다고 하자. 수요가 감소한 쇠퇴산업에서 일하는 노동자에 대한 수요는 감소할 것이며, 이 산업에서 실업이 발생하게 된다.

만약 노동자들이 실업이 발생하는 쇠퇴산업에서 노동이 부족한 성장산업으로 쉽게 이동할 수 있다면 구조적 실업은 사회적으로 심각한 문제가 되지 않는다. 그러나 일반적으로 노동자는 쉽게 이동할 수 없다. 대부분의 경우 한 산업에서 방출된 노동은 그대로 여타 산업으로 흡수되는 게 아니라 대량해고와 기업도산에 의해 실업과 유휴설비라는 형태로 생산과정에서 벗어나 사회부담을 크게 할 수 있다.

〈그림 11-2〉는 수직축과 수평축에 각각 쇠퇴산업과 다른 산업들의 최대생산량을 나타내는 생산가능곡선(AB)을 그린 것이다. E점은 산업구조변화가 있기 전의 생산점을, 직선 P^0의 기울기는 각 산업이 생산하는 재화의 상대가격을 나타낸다. 하나의 예로서 기술진보가 이루어지거나 해외에서 값싼 상품이 대량으로 수입되어서 쇠퇴산업의 상품가격이 P^1로 하락하면 노동이 쇠퇴산업에서 다른 산업으로 이동해야 하는 구조조정에 내몰리게 된다. 구조조정이 신속하고 순조로우면 생산점은 생산가능곡선을 따라 E점에서 D점으로 이동할 수 있다. 그러나 현실적으로 산업구조변화과정에서 생산을 축소한 쇠퇴산업에서 방출된 노동은 타 산업으로 흡수되지 못하고 C점에서 유휴설비와 실업의 형태로 장기간 머물게 된다.

이와 같이 구조적 실업은 원인이 산업구조의 변화나 제도적 요인에 있기 때문에 경기와 무관하다. 경기적 실업은 총수요가 증가하면서 경기가 회복되면 해소될 수 있지만, 구조적 실업은 총수요가 증가해도, 경기가 호황이더라도 쇠퇴산업이 없어질 수 없고 기

그림 11-2 산업구조조정과 구조적 실업

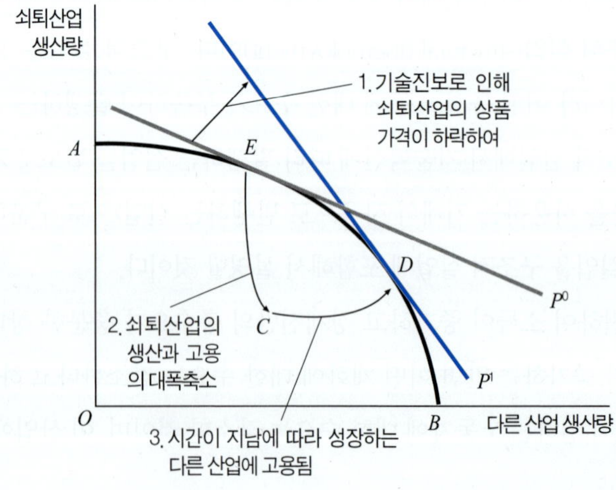

이야기 11-2 고용없는 성장

최근에는 경제성장을 이루었으나 고용은 별로 늘지 않는 경우를 볼 수 있다. 이를 '고용 없는 성장(joblessgrowth)'이라고 한다. 이러한 현상이 나타난 이유에 대해서 기업들이 비용절감을 위해 생산시설을 해외로 이전하기 때문이라는 주장과, 정보통신기술을 중심으로 생산에 투입되는 인력이 오히려 감소하기 때문이라는 주장이 있다. 이를 측정하기 위해서 경제성장에 따른 취업자 증가율을 의미하는 고용탄력성을 사용하는데, 1997년까지 고용탄력성이 0.33을 유지했으나, 2001년에는 0.16으로 하락하였다. 즉 고용 없는 성장으로 진입했음을 의미한다. 고용 없는 성장의 원인은 다양하지만 산업구조나 생산방식의 변화가 가장 큰 원인이라고 할 수 있다.

술진보에 따라 어쩔 수 없이 발생하므로 오히려 장기적으로 지속되기 쉽고 해결되기 어렵다. 지속적인 노동자들의 직업교육이나 재훈련을 통해서 구조적 실업이 어느 정도는 해소될 수 있다. 이야기 11-2

정석사고

비자발적 실업은 일할 능력이 있고 "현재의 임금수준에서"일할 의사가 있지만 일자리를 얻지 못하는 상태를 말한다. 비자발적 실업의 대표적 예로서 경기적 실업은 경기침체 때문에 발생하는 실업이고, 구조적 실업은 기술혁신과 산업구조의 고도화 등에 따라 어떤 산업이 쇠퇴하여 발생하는 실업이다.

3 실업이론

1. 고전학파와 케인즈학파의 실업이론

(1) 고전학파 실업이론

고전학파는 언제나 노동수요와 노동공급이 일치하는 균형에서 실질임금과 노동량이 결정된다고 보았다. 그리고 기업의 노동수요도 노동자의 노동공급도 실질임금의 함수라고 가정한다. 비록 물가가 변동하더라도 명목임금이 변동하여 실질임금에 변화가 없도록 신축적으로 조정되기 때문에 항상 완전고용의 균형상태가 된다. 따라서 경기적 실업과 같은 비자발적 실업이 발생할 여지가 없다. 〈그림 11-3〉에서 보면 노동시장의 균형상태가 항상 완전고용상태의 E점에 이루어진다.

(2) 케인즈학파 실업이론

케인즈학파는 기업의 노동수요는 실질임금의 함수이지만 노동자의 노동공급은 명목임금의 함수라고 가정한다. 따라서 물가가 상승할 때 실질임금이 하락하므로 기업의 노동수요는 증가해도 노동자의 명목임금이 신축적으로 조정되지 못하므로 노동자의 노동공급은 변하지 않는다고 보았다. 반대로 물가가 하락하면 실질임금이 상승하므로 기업의 노동수요는 감소하지만 노동자의 노동공급은 변하지 않는다. 따라서 노동의 초과공급으로 비자발적 실업이 발생하게 된다.

예를 들어 경기불황으로 물가가 하락하고 실질임금이 상승하여 노동시장이 현재 〈그림 11-3〉의 A점에 있다고 하자. 이때 기업은 높아진 실질임금에 맞추어 노동수요를 줄이므로 노동의 초과공급이 존재하게 된다. 케인즈학파는 노동자의 명목임금이 경직적이어서 시간이 지나도 실질임금이 조정되지 않아 비자발적 실업이 해소되지 않는다고 보았다. 그러나 고전학파는 노동자간 경쟁을 통해 명목임금을 낮추게 되어 다시 균형 E점으로 즉시 돌아간다는 것이다. 다시 말해서 고전학파의 세계에서는 물가가 변동하면 거기에 맞추어 명목임금도 조정되어 실질임금이 원래의 수준으로 회복되면서 균형노동

그림 11-3 노동시장과 비자발적 실업

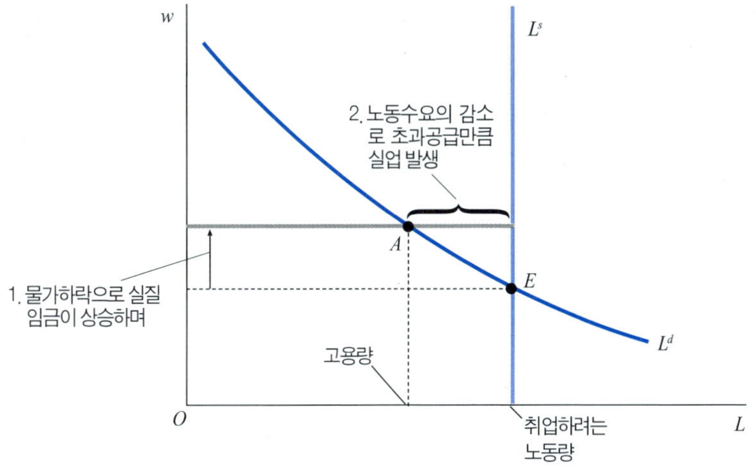

량이 변하지 않는다.

결론적으로 케인즈학파의 경우 명목임금이 경직적이어서 물가가 변해도 실질임금을 조정하지 않는다. 이에 따라 노동의 초과공급이 존재하여 비자발적 실업이 존재하게 된다. 그러나 고전학파의 세계에서는 물가가 변동하면 명목임금이 즉시 변동하여 실질임금이 신축적으로 조절된다. 실질임금이 원래의 수준으로 회복되면 다시 균형으로 돌아가게 된다.

(3) 실업의 처방

노동시장의 시각차이 때문에 실업에 대한 처방도 완전히 달라진다. 케인즈학파는 임금경직성과 일자리 제한으로 인한 실업은 경기적 실업으로서 경제안정화정책을 통해 총수요를 증가시켜야 한다고 생각한다. 총수요가 증가하면 물가가 상승하고 실질임금이 하락한다. 이에 따라 기업의 노동수요가 증가하고 구조적 실업이 감소한다. 그러나 고전학파는 모든 실업을 정도의 차이는 있어도 자발적인 실업으로 바라본다. 임금이 경직적이지 않고 신축적이기 때문에 경제안정화정책이 아무런 효과도 없을 뿐만 아니라 물가만 상승시킨다고 생각한다.

정석사고

케인즈학파는 임금경직성과 일자리 제한 때문에 구조적 실업이 발생하고 경제안정화정책을 통해 총수요를 증가시켜야 한다고 생각한다. 그러나 고전학파는 임금이 신축적이기 때문에 모든 실업을 자발적인 실업으로 보고 경제안정화정책이 아무런 효과도 없을 뿐만 아니라 물가만 상승시킨다고 생각한다

2. 새고전학파의 실업이론

통화주의자와 새고전학파는 모든 실업을 자발적 실업으로 본다. 직업을 탐색하는 과정에서 일시적으로 일을 포기한 것도 자발적 실업이지만, 일할 의사와 능력이 있음에도 실업상태인 구조적 실업도 자발적 실업에 포함시킨다. 이때 일할 의사와 능력이 있는데 실업인 이유는 자기 적성에 맞지 않거나 조건과 임금이 낮다고 생각하여 일자리를 탐색하기 때문이라고 생각한다.

(1) 통화주의자의 자연실업률

① 자연실업의 개념

자연실업(natural unemployment)이란 노동자들이 마음에 드는 일자리를 얻기 위해 옮겨 다니는 과정에서 발생하는 실업이다. 사람들이 일자리를 얻고 잃는 과정이 반복되는 동태적(dynamic) 과정에서 발생하는 실업으로, 앞에서 언급한 마찰적 실업이 대표적인 예이다. 새로 직업을 얻거나 바꾸는 과정에서 일시적으로 생기는 실업이기도 하다. 학교를 졸업하여 새로 노동시장에 들어오는 신규노동자, 출산 후에 재취업을 희망하는 여성 등 재편입하는 노동자, 그리고 전직 노동자들이 아직 취업하지 못한 경우가 여기에 속한다.

② 식당 줄의 사례

자연실업률은 식당 앞에 줄 서 있는 사람들에 비유할 수 있다. 줄의 길이는 실업자의 수를 의미한다. 새롭게 줄 서는 사람이 늘면 줄은 길어지고, 배식을 받는 속도가 빨라지

면 줄은 짧아지게 된다. 이때 줄은 계속 존재하지만 줄을 서서 기다리는 사람의 수는 별로 달라지지 않는 것을 알 수 있다. 자연실업률이란 이처럼 줄에서 빠져나가는 사람(취업자)과 새롭게 줄 서는 사람(실업자)의 수가 동일해져 줄의 길이가 일정하게 유지되는 상태를 말한다. 프리드만에 따르면 **자연실업률**이란 '기업의 구인자수=노동자의 구직자수'가 일치하는 **완전고용수준에서의 실업률**이라고 정의한다. 줄이 아예 없어지지 않는 것처럼 자연실업률이 0%가 될 수는 없다.

③ 자연실업률에 미치는 영향

자연실업률은 마찰적 실업만 존재하는 상태에서의 실업률을 뜻하므로, 마찰적 실업의 증감에 따라 자연실업률도 함께 높아지거나 낮아진다. 마찰적 실업은 여러 가지 제도적 요인에 의해 영향을 받는데, 그 대표적인 것이 바로 **실업보험**(unemployment insurance)제도이다. 지난 20여 년 동안 유럽 여러 나라의 자연실업률이 크게 상승한 데 대해 실업보험제도의 확충이 주요한 원인으로 지적되고 있다. 따라서 자연실업률은 직업소개기관이 잘 발달되어 있지 못해서 상대적으로 노동시장의 흐름이 경직적이거나 실업보험제도가 미비하면 낮아진다. 결국 자연실업률이 낮다는 사실은 근로자들이 처해 있는 제도 여건이 그만큼 나쁘다는 뜻으로 해석 가능하기 때문에, 자연실업률이 낮다는 사실이 바람직한 것은 아니다.

④ 자연실업률 크기 측정

자연실업률은 국가마다 차이가 난다. 보통 선진국은 자연실업률이 4~5% 수준이며 우리나라는 3% 수준이다. 실증분석에 의하면, 일본의 자연실업률은 미국의 자연실업률의 1/3 정도이다. 이러한 차이는 취업의 흐름과 관계가 있는데, 24세 근로자의 경우 미국에서는 평균 4곳 이상의 직장을 경험하는 반면에 일본은 2곳뿐이다. 또한 자연실업률은 한 나라 안에서도 연령별, 성별, 교육수준별로 상당한 차이가 있다. 일반적으로 청소년의 자연실업률이 중·장년층에 비해 상대적으로 더 높고, 여성 근로자의 자연실업률은 남성의 경우보다 높다.

⑤ 자연실업률과 정부 정책

통화주의자가 경제안정화정책에 반대하는 중요한 이유 중의 하나가 자연실업률이론

이야기 11-3 자연실업률의 정확도

자연실업률의 값은 추정치에 불과하며 정확한 것은 아니다. 시간이 흐름에 따라 자연실업률이 변화하므로 이를 추정하는 것은 움직이는 타깃을 맞추는 것과도 같다. 그러나 경제학자들은 최신 통계기법을 이용하여 최선의 자연실업률 추정치를 구할 수 있다고 믿는다. 더글라스 스테이저(Staiger), 제임스 스톡(Stock), 마크 왓슨(Watson)은 1990년 자연실업률을 하한값 5.1%에서 상한값 7.7%까지의 95% 신뢰구간으로 6.2%라고 추정하였다. 여기서 95% 신뢰구간이란 참값이 이 신뢰구간에 포함된다고 95% 신뢰할 수 있다는 의미이다. 따라서 자연실업률 추정값은 정확하다는 것이 아니라는 의미이다. 정책을 사용하여 실업을 자연실업률에 근접시키려고 할 때 자연실업률이 얼마인지 정확히 알 수 없다면 정책의 목표와 효과는 제한적일 수밖에 없다.

에 기반을 두고 있다고 하였다. **자연실업률이론**이란 정부가 경제안정화정책을 사용하든 사용하지 않든 결국 자연실업률수준은 바뀌지 않는다는 것이다. 자연실업률은 노동시장의 흐름과 실업보험제도와 같은 요인에 의해 결정되기 때문이다. 따라서 실업감소를 위한 경제안정화정책은 무의미하다. 이야기 11-3

이상의 자연실업률이론이 실업률을 실직과 구직에 연계하는 데에 유용하기는 하지만 왜 실업이 발생하는지에 대한 핵심적인 문제에 해답을 제시하지는 못한다. 이제 새고전학파와 새케인즈학파의 논리를 살펴보도록 하자.

정석사고

자연실업률은 '기업의 구인자수=노동자의 구직자수'가 일치하는 완전고용수준에서의 실업률이다. 자연실업률이론이란 정부의 경제안정화정책의 실행여부와 관계없이 자연실업률수준은 바뀌지 않는다는 것이다.

(2) 새고전학파의 직업탐색이론

새고전학파는 자발적인 구직활동과정에서 마찰적 실업이 발생하며, 그 원인은 노동자와 일자리 간에 불일치가 있거나 정보가 부족하여 일자리를 얻는 데 시간이 걸리기 때문이라고 주장한다. 불완전한 정보하의 노동시장에서 노동자는 근무조건이 더 좋은 직장을 탐색하고 기업은 더 우수한 노동자를 탐색하는 과정에서 자발적이고 일시적인 탐색적 실업이 발생한다는 이론이다.

① 노동자의 기업탐색

탐색적 실업자가 직업탐색을 할 경우 그에 따른 한계편익(*MB*)과 한계비용(*MC*)이 발생하는데 이 양자를 고려하여 직업탐색여부 및 시간을 결정한다. 노동자의 탐색의 한계비용은 직업탐색에 소요되는 시간과 돈 그리고 실업을 선택하는데 따라 포기한 소득인 기회비용으로 측정한다. 따라서 탐색기간이 길어질수록 한계비용은 증가한다. 한편 노동자의 직업탐색에 따른 한계편익(*MB*)은 보다 좋은 직장이 생길 가능성(더 높은 임금을 받을 가능성)과 실업상태에서 받는 실업수당이며, 직업탐색기간이 길어질수록 감소한다.

이처럼 노동자가 직업탐색의 한계수입과 한계비용이 같아지는 수준에서 결정하는 임금수준을 **유보임금**(reservation wage : 최소수용임금)이라고 한다. 물론 유보임금은 노동자 자신이 가지고 있는 경력, 기술, 교육수준에 비추어 받아야겠다고 생각하는 최저의 임금수준이다. 자신의 경력과 기술, 교육수준이 높다면 탐색기간이 길어질수록 소득의 상실분도 더 커져서 직업탐색의 한계비용이 더 높다. 그런데 유보임금은 시간이 지남에 따라 점점 감소한다. 왜냐하면 탐색기간이 장기화될수록 탐색의 한계비용은 커지고 좋은 직장을 얻을 가능성은 그만큼 감소하여 한계수입은 감소하므로 유보임금수준이 하향 조정되기 때문이다.

② 기업의 노동자 탐색

생산자는 기업 내부에 결원이 발생하는 경우 그 직위에 적합한 노동생산성을 결정하고 그에 적합한 노동자를 탐색하는 과정에서 실업이 발생한다. 기업은 결원된 작업을 수행하기 위해 기업이 타당하다고 생각하는 노동자의 최소생산성 수준, 즉 수요노동생산성을 결정하는 동시에 노동자에게 제공하고자 하는 임금수준을 결정한다. 물론 기업은 이 두 가지가 같게 되는 정도로 노동자를 고용하고자 한다. 노동자 탐색이 길어질수록 결원에 따른 기업의 비용이 증가하므로 기업이 제공하고자 하는 임금수준, 즉 **제시임금**수준은 증가한다.

③ 균형탐색기간 및 균형실업률

균형임금과 균형탐색기간은 노동자의 유보임금수준과 기업의 제시임금수준이 같아지는 점에서 결정된다. 노동자의 유보임금수준은 탐색기간의 감소함수이므로 우하향하고 기업의 제시임금수준은 탐색기간의 증가함수이므로 우상향한다. 균형실업수준의 결정은 균형탐색기간하에서 결정된다. 탐색기간이 길어지면 실업이 증가하고 짧아지면 감소한다.

④ 탐색적 실업의 변화

탐색적 실업이 변화하는 몇 가지 요인을 살펴보면 다음과 같다. 만약 예상치 못한 인플레이션이 발생하면 기업은 경기가 좋아졌다고 보고 제시임금수준을 높이게 된다. 노동자가 이러한 제시를 거절하면 상실하는 소득이 높아져서 자신의 탐색한계비용이 높아지므로 탐색기간을 단축시키게 된다. 이에 따라 실업률이 감소하게 된다.(〈그림 11-4〉)

만약 실업보험을 확대하면 노동자의 탐색한계편익이 높아져서 자신의 유보임금수준을 높이게 된다(〈그림 11-4〉에서 탐색의 한계편익곡선의 위쪽이동). 이에 따라 노동자의 탐색기간이 길어지고 실업률이 증대된다. 반대로 직장내 결원규모가 커지면 기업의 제시임금수준이 높아져서 거절에 따른 노동자의 한계비용이 높아진다(〈그림 11-4〉에서 탐색의 한계비용곡선의 위쪽이동). 이에 따라 노동자의 직업탐색기간이 축소되고 실업률이 감소한다.

그림 11-4 합리적 탐색의 변화

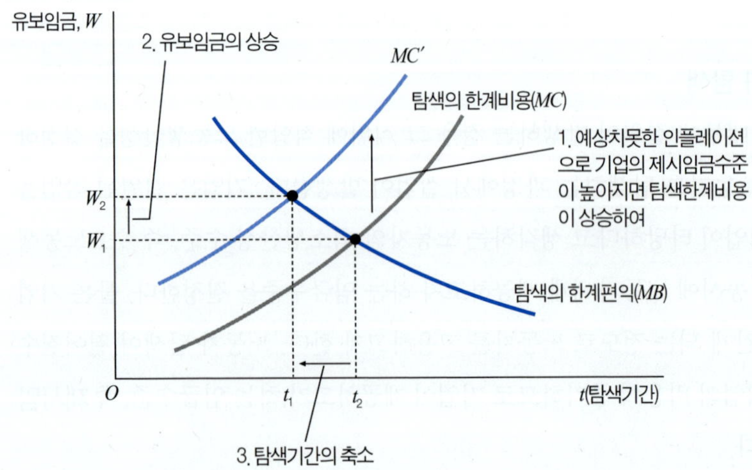

만약 노동자의 예상물가가 높아지면 노동자는 유보임금수준을 높이게 되고 이에 따라 직업탐색기간이 길어지고 실업률이 증대된다(〈그림 11-4〉에서 탐색의 한계편익곡선의 위쪽이동). 또 최저임금이 상승하면 노동자의 유보임금수준이 상승하고 기업의 제시임금수준도 상승하므로 두 곡선의 상대적 이동의 크기에 따라 실업률 수준이 결정된다(〈그림 11-4〉에서 탐색의 한계편익곡선과 한계비용곡선의 동시적 위쪽이동). 마지막으로 직업정보망이 확대되면 노동자의 유보임금수준이 낮아지고 노동자의 한계편익이 감소하므로 직업탐색기간이 감소하여 실업률이 감소한다(〈그림 11-4〉에서 탐색의 한계편익곡선의 아래쪽 혹은 왼쪽이동).

⑤ 탐색적 실업이론의 경제정책적 의미

탐색적 실업이론에서 탐색적 실업과 같은 마찰적 실업은 자원의 낭비가 아니라 자원이 효율적으로 배분되는 과정이다. 따라서 균형실업률 이하로 낮추려는 정책은 바람직하지 않다. 실업의 발생원인을 불완전한 정보, 노동의 이동성 제약 등 노동시장적 요인과 사회보장제도, 최저임금제, 노동조합 등 제도적 요인이라고 주장한다. 따라서 정부는 노동시장균형을 위해 충분한 정보를 제공하여 노동시장의 정보흐름을 원활하게 하고 제도적 요인을 완화하여 노동시장의 유연성을 높일 것을 주장한다.

이 이론에 따르면 케인즈학파의 자유재량정책은 아무런 효과가 없다. 만약 확대재정·통화정책을 사용하면 일시적으로 생산이 증대되어 노동수요가 증가하고 기업의 제시임금수준이 상승하지만 다른 한편으로 명목임금과 물가가 상승하여 노동자의 유보임금수준도 상승한다. 만약 노동자나 기업이 모두 합리적 예측을 한다면 두 곡선의 이동폭이 동일하므로 균형임금수준만 상승하고 실업률은 변화가 없다.

정석사고

탐색적 실업이론은 일자리에 관한 완전한 정보를 가지고 있지 못해서 일자리를 탐색하게 되고, 실업자와 기업이 합리적인 방법으로 탐색을 한다고 가정하는 "최적 실업"에 관한 이론이다. 균형임금과 균형탐색기간은 노동자의 유보임금수준과 기업의 제시임금수준이 같아지는 점에서 결정된다. 탐색적 실업이론에서 탐색적 실업과 같은 마찰적 실업은 자원의 낭비가 아니라 자원이 효율적으로 배분되는 과정이다. 따라서 균형실업률이하로 낮추려는 정책은 바람직하지 않다.

3. 새케인즈학파의 실업이론

앞에서 새고전학파가 실업의 존재이유를 노동자와 직업을 적절히 연결시키는 데 시간이 걸리기 때문이라고 하였다. 그러나 케인즈학파와 마찬가지로 새케인즈학파는 실업의 존재이유를 노동의 수요와 공급이 일치되도록 임금이 조절되지 않는 임금경직성에서 찾고 있다. 새케인즈학파는 왜 실질임금이 경직적인가에 대한 여러 가지 이유를 설득력있게 제시하려고 한다.

임금이 경직적이어서 기업이 일자리를 제한함으로써 발생하는 실업을 **구조적 실업**(structural unemployment)이라고 한다. 이러한 실업은 새고전학파가 바라보는 시각에서 노동자들이 개인의 능력과 적성에 맞는 일자리를 탐색하는 과정에서 발생하지만 새케인즈학파의 시각에서 일자리를 구하려는 노동자수가 근본적으로 기업이 제공하는 일자리수보다 많기 때문에 발생한다고 생각한다.

실질임금이 균형수준보다 높으면 노동의 초과공급이 존재하게 되는데, 일반적으로 생각하면 기업이 제시임금수준을 낮출 것으로 예상한다. 그런데 노동자가 초과공급 되는 상태에서도 기업이 임금을 낮출 수 없어서 '비자발적'인 구조적 실업이 발생한다. 여기서 우리는 왜 기업이 임금을 낮출 수 없는가에 대한 새케인즈학파의 해답을 살펴보자. 새케인즈학파는 크게 세 가지를 해답으로 제시하는데, 최저임금제와 실업보험, 노동조합의 독점력(내부자－외부자이론과 이력현상), 효율임금이론이 그것이다.

(1) 최저임금제

정부가 임금이 균형임금보다 낮아지는 것을 금지하여 임금 경직성이 발생한다. 최저임금제는 기업이 노동자에게 지급하는 임금의 하한선을 정하는 것이다. 따라서 최저임금은 기업이 수요하는 노동량을 감소시킨다.

(2) 실업보험

실업보험이 존재하면 노동자들이 낮은 임금의 일자리를 거절하고 오히려 실업을 선택할 수 있다. 이 때문에 노동자의 유보임금수준이 높아지고 기업의 제시임금수준이 낮아지기 어렵다. 따라서 임금이 하방 경직적일 수 있다.

(3) 노동조합: 내부자-외부자이론

노동조합의 독점권 때문에 임금경직성이 생길 수 있다. 노동조합에 가입한 노동자의 임금은 수요와 공급이 아니라 노동조합과 기업 사이의 교섭에 의해 결정된다. 그런데 이렇게 결정된 임금은 노동조합이 없는 기업의 임금에도 영향을 미친다. 그 이유는 그 기업의 노동자들이 노동조합을 결성하겠다고 위협하면 임금을 균형수준이상으로 상승시키게 되기 때문이다.

이미 취업해서 일하고 있는 노동자, 즉 **내부자**(insider)는 임금을 높게 유지하려고 하는 반면 실업자, 즉 **외부자**(outsider)는 낮은 임금에서도 취업하고 싶어 한다. 그러나 기업은 생산성이 높은 내부자를 외부자로 대체할 경우 따르는 이직비용(turnover cost, 전환비용) 때문에 내부자가 제시하는 임금수준을 받아들여 임금이 균형수준보다 높아지게 된다. 결국 외부자까지도 높은 임금에 수반되는 비용을 분담하고 있는 셈이다.

(4) 실업의 이력현상(히스테리시스 현상)

경기후퇴에 접어들어 내부자이던 일부가 외부자가 된다. 외부자는 실업상태에서 자신이 가진 기술을 잃어버려 경기후퇴가 끝나도 일자리를 얻을 능력을 잃게 된다. 또 실업기간이 길어질수록 일자리를 얻는 희망을 접을 수도 있다. 한편 내부자는 높은 고용보다 높은 실질임금에 더 관심이 있다. 경기가 회복되어도 내부자는 고용증가보다 내부자의 이익을 위해 임금결정과정에서 협상력을 발휘하여 영원히 실질임금이 균형수준 이상으로 상승하게 되고 실업규모를 증가시킨다.

따라서 경기후퇴는 새고전학파의 용어를 빌려 표현하면 외부자의 직업탐색과정을 없애고 마찰적 실업규모를 크게 증가시킨다. 경기가 회복되어도 내부자에 의해 외부자는 취업하기 어렵게 되고 실업률은 감소하지 않고 더 증가하게 된다. 이로 인해 자연실업률 자체가 높아져서 경제에 영원히 흔적을 남길 수 있다. 이것을 내부자－외부자에 의한 실업의 **이력현상**(hysteresis phenomenon)이라고 한다. 이 스토리가 얼마나 설득력있게 생각되는지 모르겠지만 여전히 논쟁이 되고 있는 이론이다(일부 경제학자는 유럽의 지속적이고 높은 실업을 설명하는 데 도움이 된다고 믿는다).

(5) 효율임금이론

앞장에서 가격경직성을 설명할 때 이미 보았기 때문에 좀 더 자세히 정리해보자. 전통적인 경제이론은 임금의 크기는 근로자의 생산성이 높고 낮음에 따라 결정된다고 본다. 그러나 높은 임금을 주면 생산성이 높아질 수 있다는 반대의 임금역할을 제시한 것이 **효율임금이론**(efficiency wage theory)이다. 이 이론은 근로자의 생산성이 임금수준에 의해 영향을 받는다는 사실에 입각해 임금이 쉽게 하락하지 않는 현상을 일부 설명할 수 있다.

임금이 생산성에 영향을 준다고 볼 수 있는 이유는 다음과 같다. 첫째, 기업의 입장에서 보면 높은 임금은 근로자들의 태만과 같은 도덕적 해이(moral hazard)를 막는 기능을 함으로써 생산성을 높인다. 둘째, 기업이 임금을 낮추면 가장 능력 있는 근로자와 오랫동안 일한 경험근로자들부터 먼저 회사를 그만둘 가능성이 크기 때문에 높은 임금은 이러한 역선택(adverse selection)의 문제를 막을 수 있다. 셋째, 선진국에 적합한 것으로 높은 임금은 계속 일하려는 동기를 부여하므로 노동자의 이직률을 낮춘다. 넷째, 후진국에 적합한 것으로 높은 임금은 노동자의 영양상태를 높여 생산성을 높인다.

이와 같이 임금이 생산성에 영향을 미치는 여러 원인들이 있지만 기본적으로 효율임금이론은 노동자에 대한 불완전 정보 때문에 실업이 존재해도 임금이 균형수준보다 높게 된다는 것으로서 임금의 경직성을 설명해주고 있다.

이상에서 새케인즈학파가 보여주려고 하는 것은 현실에서 임금의 경직성과 실업의 이력현상이 존재하며 이로 인해 비자발적 실업이 지속적으로 장기간 발생한다는 것이다. 이를 해소하기 위해 경제안정화정책을 강력히 시행하여야 한다는 결론을 이끌어낸다. 〈표 11-1〉은 모든 학파의 실업이론을 비교하여 요약하고 있다.

표 11-1 학파별 실업발생 원인과 대책

학파	발생원인	대책방안
고전학파	임금의 신축성 자발적 실업	자발적 실업 감축정책은 무의미
케인즈학파 새케인즈학파	임금의 경직성과 총수요부족: 최저임금제, 실업보험, 노동조합, 효율임금	확대재정 · 통화정책
통화주의자 새고전학파	탐색적 실업 기간 감축을 위한 안정화정책의 무력성: 탐색기간을 줄이는 정보제공확대	

정석사고

새케인즈학파는 노동의 수요와 공급이 일치되도록 임금이 조절되지 않는 임금경직성때문에 실업이 발생한다고 생각한다. 새케인즈학파는 기업이 임금을 낮출 수 없는 이유를 최저임금제와 실업보험, 노동조합의 독점력(내부자-외부자이론과 이력현상), 효율임금이론에서 찾는다.

4 인플레이션과 사회적 비용

1. 인플레이션의 개념과 화폐구매력

(1) 인플레이션 개념

인플레이션(inflation)이란 일반물가수준의 지속적 상승을 말한다. 인플레이션이 일어난다는 것은 화폐의 상품구매력이 떨어진다는 것을 의미한다. 소비자물가가 10% 상승하게 되면 평균적으로 말해 가격이 1,000원인 상품을 1,100원 주어야 구입할 수 있다는 것을 의미한다.

그러나 물가는 여러 상품의 가격들로 이루어져 있기 때문에 일반물가가 상승할 때 어떤 상품의 가격은 하락할 수도 있다. 예를 들어 기술진보가 빠르게 이루어지는 산업에서 생산비용이 감소하여 노트북이나 스마트폰들의 가격이 하락할 수 있기 때문이다.

인플레이션이 문제가 되는 것은 이로 인해 화폐의 구매력이 떨어져서 우리가 화폐로 받은 소득의 구매력이 감소하기 때문이라고 생각하는 사람이 많이 있다. 사실 대부분의 사람들은 인플레이션의 고통이 무엇인지를 묻는다면 화폐의 구매력이 약화되어 자신을 빈곤하게 만드는 것이라고 대답한다. 그렇지만 상품들의 가격이 전반적으로 상승하는 과정에서 노동이라는 상품의 가격을 뜻하는 임금(wage) 역시 함께 오르는 것이 보통이다. 이때 인플레이션으로 인해 우리의 생활에 무슨 변화가 생기는가? 모든 숫자가 더 커졌다는 것 이외에 변한 것은 없다. 우리의 경제적 후생은 전반적인 물가수준에 의존하지 않음을 알 수 있다.

(2) 인플레이션과 화폐구매력

화폐의 구매력이란 화폐로 구매할 수 있는 재화와 서비스의 양을 의미한다. 화폐 1단위로 구매할 수 있는 재화와 서비스의 양은 물가수준에 반비례한다. 예를 들어 물가수준이 2배가 되면 화폐의 구매력은 1/2로 하락한다. 즉,

$$\text{화폐의 구매력} = \frac{1}{\text{물가}}$$

우리가 화폐로 받는 소득이 1원이고, 물가수준(정확히는 물가지수)이 1이라고 하자. 이 경우 화폐의 구매력은 1이 되므로 우리가 받는 명목소득 1원은 화폐의 구매력, 즉 실질소득과 같다. 만약 물가수준이 1/2이 되면 우리가 받는 명목소득 1원은 물가수준 1/2로 나누어 화폐의 구매력, 즉 실질소득이 2로 된다.

이것을 변화율 즉, %로 표시하면 명목소득의 변화율과 물가의 변화율, 실질소득의 변화율사이에는 다음과 같은 관계가 있다.

실질소득의 변화율(%)=명목소득의 변화율(%)−물가수준의 변화율(%)

예를 들어, 특정기간에 물가가 10% 상승하고 명목소득이 10% 증가하면 실질소득의 변화율은 0이 되므로 실질소득에 아무런 변화가 없다.

하나 재미있는 것은 물가수준의 변화율 즉, 인플레이션율이 매년 1%일 때와 매년 2%일 때의 두 경우 상품가격이 언제 2배가 될까? 여기에 적용되는 하나의 법칙이 있는데, **70의 법칙**이라는 것이다(〈이야기12-3〉 참조). 이 법칙에 따르면 70을 인플레이션율로 나누면 연수가 나온다. 즉, 인플레이션율이 매년 1%일 때 70/1=70년이 되면 상품가격이 2배 된다. 인플레이션율이 매년 2%일 때 70/2=35년이 되면 상품가격이 2배된다. 1%의 차이가 엄청난 결과의 차이를 가져온다. 따라서 조그만 인플레이션율의 차이에도 우리가 관심을 가지지 않을 수 없다. 이야기 11-4

2. 예상된 인플레이션의 경우

완벽하게 예상된 인플레이션의 경우에 발생하는 사회적 비용은 지극히 미미하다. 일반적으로 예상되는 충격에 대해서는 사람뿐만 아니라 경제도 미리 어느 정도 대비를 할 수 있기 때문이다.

완벽하게 예상된 인플레이션의 경우, 앞으로 물가가 오를 것을 예상하는 노동자들은 실질임금의 하락을 막기 위해 임금인상을 요구하고 기업도 이를 수용하게 된다. 가격을 똑같은 비율로 올려 전가할 수 있기 때문이다. 따라서 예상된 인플레이션은 기업이나 노동자 어느 누구에게도 별다른 비용을 초래하지 않는다. 채권자와 채무자의 관계에서도 마찬가지이다.

물가상승이 발생시키는 소득재분배효과에서 가장 중요한 채권자와 채무자의 관계를

이야기 11-4 적정 인플레이션율

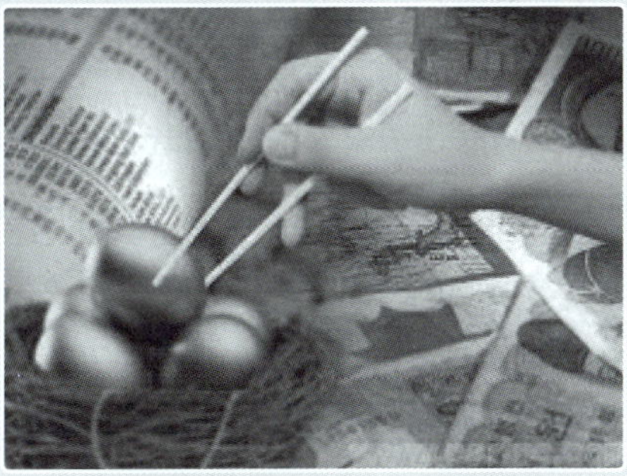

인플레이션은 재산을 잠식하고 경제에 불안정을 초래하는 도깨비로 인식되어 왔다. 그러나 최근에는 적절한 인플레이션율은 바람직하다는 주장이 제기된다. 그 이유를 보면 낮은 인플레이션율과 그에 수반되는 낮은 이자율은 경제에 충격이 올 때 중앙은행이 이자율을 거의 0%로 낮추고 나면 더 인하할 부양책을 사용할 수 없다는 것이다. 이것을 경제학자는 '0% 금리하한'이라고 부른다. 이러한 하한을 피하기 위해 처음부터 인플레이션율이 약간 더 높았더라면 중앙은행이 이자율을 더 인하하여 경제를 회복시킬 여력이 생긴다는 것이다.

유럽이나 미국 중앙은행은 적정 인플레이션율을 소비자물가지수가 2% 이내로 상승하는 것으로 설정한다. 오스트레일리아, 스웨덴, 영국, 캐나다 등의 중앙은행은 1.5%~2.5% 사이의 인플레이션율을 적정하다고 보고 있다. 경제학자들은 2% 인플레이션율을 '곰 세 마리'접근법을 통해 도출하였다. 이 접근법은 영국의 전래동화 '골디락스와 곰 세 마리'에서 유래한 것인데, 주인공 소녀 골디락스는 세 그릇의 수프를 맛보았는데 큰 그릇은 너무 뜨거웠고, 중간 그릇은 너무 차가웠으며, 작은 그릇은 적당하였다. 그 소녀는 그 작은 그릇을 다 마셔버렸다고 한다. 바로 2% 인플레이션율은 오랫동안 경제에 너무 덥지도, 너무 춥지도 않은 것으로 여겨져 왔던 것이다.

최근 IMF 수석 이코노미스트 올리비에 블랭샤르는 한 논문에서 적정 인플레이션율이 4%가 되어야 한다고 주장한다. 인플레이션율이 낮으면 0% 금리하한에 잡히기 쉽고 경기침체기에도 실질임금이 떨어지지 않아 고용이 늘 수가 없다는 것이다. 그러나 오랫동안 인기가 있었던 2% 인플레이션율 목표치가 이상적이지 않을 수도 있지만 상당기간 모든 사람이 거기에 묶여 있을 것이다.

좀 더 잘 이해해보자. 채무자는 돈을 빌리면 채권자에게 이자를 쳐서 갚아야 한다. 현재와 미래를 연결하는 유일하면서 가장 중요한 가격이 이자율이다. 인플레이션과 이자율의 관계를 한번 보자. 채무자인 당신이 채권자인 나에게 10만원을 빌렸다고 하자. 은행의 이자율이 10%여서 내년에 갚을 때 원금 10만원에 이자 10%를 붙여서 갚는다고 하자. 인플레이션이 없다면 당신은 은행에 그 돈을 넣어두었다가 나에게 11만원을 갚을 것이고 변한 것은 아무것도 없다.

그런데 내년 인플레이션율이 10%로 예상된다고 하자. 당신은 은행에 그 돈을 넣어두었다가 나에게 11만원을 갚으면 모든 일이 끝난다. 그러나 나는 11만원을 받지만 인플레이션 때문에 작년의 10만원의 구매력과 같다. 이 때문에 나는 이자를 잃어버린 것과 같다. 따라서 이것을 예상하는 나는 이자율 10%에 인플레이션율 10%를 더해서 갚기를 원한다. 즉 12만원을 돌려받는 것이다. 그러면 인플레이션과 상관없이 아무도 부유해지거나 가난해지지 않는다.

(1) 피셔가설

인플레이션이 없을 때의 이자율 즉, 실질이자율에 인플레이션율을 더해야 아무도 가난해지지 않는다. 이 관계는 명목이자율(nominal interest)이 실질이자율(real interest rate)에 예상된 인플레이션율을 더한 값과 같다는 **피셔 방정식**(Fisher equation) 혹은 **피셔가설**로 요약된다. 즉,

명목이자율=실질이자율+예상된 인플레이션율

명목이자율이란 채무자의 대부자금 혹은 은행예금에 붙는 화폐단위로 측정한 이자율을 말한다. 채무자에게 100만원을 대부하고 1년 뒤에 110만원을 되돌려 받는다고 하면 이때 10%가 명목이자율이다. 한편 실질이자율은 실물재화의 단위 혹은 구매력으로 측정한 이자율을 말한다. 컴퓨터를 100대 빌려주었는데 1년 후에 110대를 되돌려 받는다고 하면 이때 10%는 실질이자율이 된다.

만일 인플레이션이 없다면 명목이자율과 실질이자율이 동일하여 채무자에게 오늘 100만원을 빌려주고 내일 110만원을 돌려받는 것과 컴퓨터 1대당 1만원할 때 100대를 빌려주고 내일 110대를 돌려받는 것은 동일하다. 그런데 만약 10% 인플레이션이 발생하면 어떻게 될까? 오늘 채무자에게 100만원 빌려주고 내일 120만원을 돌려받으면 인플

레이션이 없는 경우와 동일한 거래가 된다. 그러나 컴퓨터를 100대 빌려주는 경우 여전히 내일 110대를 돌려받아야 한다. 왜냐하면 인플레이션으로 컴퓨터 1대 가격이 1만 1천원으로 오르기 때문이다. 따라서 오늘 100만원을 빌려주고 내일 120만원을 돌려받는 경우 현금 100만원의 20%는 명목이자율이고, 컴퓨터 100대를 빌려주고 110대를 돌려받는 경우 컴퓨터 100대의 10%는 실질이자율이므로 그 차이가 인플레이션율이 된다.

이와 같이 채무자와 채권자뿐만 아니라 노동자와 기업 등 경제의 모든 부분에서 예상된 인플레이션에 대한 조정이 행해지고 있다면, 인플레이션은 경제에 아무런 실질적 변화를 가져다주지 않게 된다. 명목임금이나 명목이자율 같은 명목변수(nominal variables)에만 영향을 줄 뿐, 고용량, 실질소득, 실질이자율 등의 실물변수(real variables)에 아무 영향을 미치지 않게 된다면 예상된 인플레이션의 사회적 비용은 별로 크지 않다.

정석사고

명목이자율이 실질이자율에 예상된 인플레이션율을 더한 값과 같다는 것이 피셔 방정식 혹은 피셔 가설이다. 이 가설에 따르면 경제의 모든 부분에서 예상된 인플레이션에 대한 조정이 행해지면, 예상된 인플레이션은 경제에 아무런 실질적 변화를 가져오지 않는다.

(2) 메뉴비용과 구두창비용

완벽하게 예상된 인플레이션의 경우라 하더라도 여러 특성 때문에 어떤 사람에게는 비용을 초래할 수 있다. 예를 들어 매달 물가수준이 1%씩 지속적으로 증가하여 연간 12%의 인플레이션이 예상된다고 하자. 이 경우 예상된 인플레이션이지만 다음과 같은 사회적 비용이 초래될 수 있다. 비록 사소하지만 예상된 인플레이션이 초래하는 사회적 비용으로 '메뉴비용'과 '구두창비용', 복잡한 의사결정비용을 들 수 있다.

① 메뉴비용

음식점은 물가가 변함에 따라서 메뉴표의 음식가격을 자주 바꾸어주어야 하는데 이러한 과정도 비용이 들고 귀찮은 일이기 때문에 꺼리는 경향이 있다. 인플레이션율이 높을수록 음식점은 더 자주 메뉴표를 인쇄하여 바꾸어야 한다. 이처럼 메뉴표를 갈아야 하는 비용을 은유적으로 메뉴비용(menu cost)이라고 한다.

② 구두창비용

물가가 뛸 것이라고 예상하는 사람들은 가능한 한 현금 보유를 줄이고 은행에 예금해 두기 때문에 은행에 더욱 자주 찾아가야 한다. 이 과정에서 교통비와 보이지 않는 시간과 같은 거래비용이 발생하게 되는데 구두창이 닳아서 교체해야 하는 비용이 증가한다는 의미에서 **구두창비용**(shoe leather cost)이라고 한다.

③ 복잡한 의사결정비용

물가수준이 변화하는 세계에 살아간다는 것은 우리의 의사결정에 복잡성을 더해서 여러 불편을 준다. 예를 들어 물가수준이 지속적으로 변할 때 우리의 소득 중 얼마를 소비하고, 은퇴 후를 위해 얼마를 저축할지 결정하는 문제가 복잡해진다. 은퇴 후 생활수준을 결정할 총금액의 가치가 물가수준에 의존하기 때문이다. 오늘의 물가수준과 20~30년 후의 물가수준을 예상해가며 의사결정을 해야 하기 때문에 그만큼 노력과 시간이 더 들어간다.

정석사고

완벽하게 예상된 인플레이션의 경우라 하더라도 여러 특성 때문에 어떤 사람에게는 비용을 초래할 수 있다. 비록 사소하지만 예상된 인플레이션이 초래하는 사회적 비용으로 '메뉴비용'과 '구두창비용', '의사결정비용'의 상승을 들 수 있다.

3. 예상치 못한 인플레이션의 경우

앞에서 살펴본 것처럼 예상된 인플레이션의 경우 사회적 비용이 초래되더라도 사소해 보인다. 그런데 예상치 못한 인플레이션은 여러 경로를 통해 매우 큰 사회적 비용을 발생시킨다. 이제 이러한 점을 살펴보도록 하자.

(1) 소득재분배 효과

예상치 못한 인플레이션은 생산과정을 통하지 않고 여러 사람들 사이에서 뜻하지 않게 소득이 재분배되는 결과를 빚어 문제를 일으킬 수 있다. 채권자와 채무자 사이에서 인플레이션이 발생하면 채무자가 유리해지고 채권자가 불리해질 수 있다. 극단적인 예로 30년 전 10만원이라면 매우 큰돈이었는데, 그 돈을 지금 갚는다고 하면 갚아야 할 부담은 매우 작아지는 것을 쉽게 알 수 있다. 또한 고정된 명목임금을 받고 있는 노동자와 고정된 연금을 받아 생활하는 사람의 경우도 인플레이션이 예상치 못하게 높게 발생하면, 화폐의 구매력 하락으로 인해 상대적으로 손해를 보게 된다.

(2) 장기계약의 불확실성

예상하지 못한 인플레이션과 같은 불확실성은 채권자와 채무자 사이에 장기계약(long-term contract)이 체결되기 어렵게 만든다. 왜냐하면 장기계약의 불확실성이 증가하기 때문이다. 불확실성이 높다는 것은 위험(리스크)이 높아져 미래에 대한 예측이 보다 어렵다는 것을 의미하기 때문에 금융기관이나 기업 모두 단기계약을 선호해 단기대출만 이루어진다.

(3) 투기의 성행과 경상수지 적자

예상치 못한 인플레이션이 더 빠른 속도로 진행될수록 각 상품 사이의 가격상승률 격차가 더욱 커지는 경향이 있고, 그 결과 부동산, 골동품, 금 등에 대한 투기가 성행하는 경우를 경험적으로 많이 볼 수 있다. 이러한 투기적인 형태는 공장이나 기계설비를 구입하는 경우에 비해서 비생산적인 것이다. 따라서 생산적인 투자에서 비생산적인 투기로 자원이 이동하게 되면 경제의 생산능력은 줄어들고, 자원배분은 비효율적으로 이루어지게 된다. 또한 인플레이션이 발생하면 외국 상품에 비해 국내 상품이 상대적으로 더 비싸지기 때문에 수출의 감소와 수입의 증가를 유발하여 단기적인 경상수지 적자가 발생할 수 있다.

(4) 인플레이션 조세

정부가 재원조달을 위해 돈을 더 찍어낸다 해서 실제로 재정수입이 증가한다는 보장이 없고 실질가치로 평가한 재정수입은 오히려 감소할 수 있다. 그러나 화폐를 더 찍어내 인플레이션이 발생하면 민간이 보유하고 있는 명목자산의 실질가치가 떨어지기 때문에 정부는 그만큼 더 많은 재화와 서비스를 구입해 각종 사업에 사용할 수 있다. 따

이야기 11-5 인플레이션과 물가연동제

인플레이션 중 예상치 못했던 부분을 사후적으로 보상함으로써 비용의 발생을 막을 수 있을 것이다. 가격이나 세율 등을 인플레이션에 따라 자동적으로 조정함으로써 실질가치의 변화를 막으려는 정책이 물가연동제(indexing)이다. 물가연동제는 장기계약을 맺기 힘들다는 문제를 어느 정도 해소시킬 수 있지만 실질임금을 동일한 수준으로 고정시킨다는 장점이 오히려 경제 전체의 신축성을 저하시키는 원인이 될 수 있고, 어느 물가지수에 기초하여 물가연동을 실시해야 하는가라는 구체적인 문제를 가진다. 대 도시에 사는 사람과 중소도시에 사는 사람, 농어촌 지역에 사는 사람의 소비패턴에 차이가 있기 때문에 물가상승에 각기 다른 영향을 받고 있을 가능성이 높다, 또한 역으로 이 제도 자체가 인플레이션을 촉발하는 원인이 될 수 있다. 사람들은 사후적으로 임금을 물가의 상승분에 맞추어 올려주다 보면 앞으로 계속 인플레이션이 발생할 것이라는 우려와 함께 불안감을 가질 수 있는데, 그러한 불안한 기대는 스스로 실현되는 예측(Self-Fulfilling Prophecy)으로 이어져 실제 인플레이션을 야기할 위험성을 안고 있다.

라서 정부가 화폐공급량을 늘리면 세금을 더 거둔 것이나 마찬가지의 효과를 올릴 수 있다는 뜻에서 이러한 화폐증발에 의한 화폐가치의 하락을 '**인플레이션 조세**(inflation tax)'라고 한다.

경험적으로 볼 때 정부는 재원의 획득방안으로 세금을 이용하면 민간의 저항에 부딪히게 되기 때문에 인플레이션을 이용하는 경우가 많았다. 우리나라의 경우 1960년대 이후 고도의 경제성장은 높은 인플레이션을 기반으로 이루어졌는데 정부 주도의 개발에 필요한 재원의 조달은 인플레이션 조세의 형태로도 이루어졌다. 이야기 11-5

정석사고

예상치 못한 인플레이션은 여러 경로를 통해 매우 큰 사회적 비용을 발생시킨다. 채권자로부터 채무자에게 소득이 재분배되는 결과를 빚는다. 채권자와 채무자 사이에 장기계약이 체결되기 어렵게 만든다. 투기와 수입증가를 초래한다. 인플레이션조세가 발생한다.

5 인플레이션의 원인과 대책: 단기적 관점

이제 인플레이션이 예상되지 않았을 때 심각한 사회적 비용이 초래된다는 것을 알았다. 그렇다면 이러한 인플레이션은 어떤 원인에 의해 발생하는 것일까? 총수요·총공급 모형은 인플레이션이 발생하는 원인을 설명하는 데 매우 적합한 분석틀이 될 수 있다. 총수요가 증가하거나 총공급이 감소하는 것이 물가상승의 원인이 될 수 있는데, 수요 측면의 원인에 의해서 인플레이션이 발생하는 경우를 수요견인 인플레이션(demand pull inflation)이라 하고, 생산비용이 반영된 공급 측면의 원인에 의해서 인플레이션이 발생하는 경우를 비용인상 인플레이션(cost-push inflation)이라고 한다. 그리고 두 가지 원인이 혼재되어 발생하는 경우를 혼합형 인플레이션(mixed inflation)이라고 한다. 이야기 11-6

1. 수요견인 인플레이션

총수요의 증가로부터 발생하는 물가상승을 수요견인 인플레이션이라고 한다. 단기적으로 총수요가 증가해서 물가가 상승하는 현상의 원인들을 살펴보자.

(1) 과도한 통화증가

통화공급이 증가하면 총수요곡선(AD)이 오른쪽으로 이동하여 물가는 상승하게 된다.(〈그림 11-5〉 참조). 프리드만(M. Friedman)은 "인플레이션은 언제나 어디서나 화폐적인 현상이다"라고 지적하며 급격한 통화증가는 급격한 인플레이션을 야기한다고 했다. 각국의 역사적 경험에 비추어 볼 때 장기에 통화가 인플레이션과 밀접한 양(+)의 상관관계를 지니고 있기 때문에, 안정적인 통화공급이 인플레이션을 방지할 수 있는 적절한 정책이라 할 수 있다.

(2) 확대재정정책

단기의 경기침체를 부양하기 위한 재정정책에는 정부의 지출을 늘리는 방법과 세금

이야기 11-6 디플레이션과 인플레이션

인플레이션은 물가의 움직임을 설명하는 용어로 물가수준이 지속적으로 상승하는 현상이다. 물가의 지속적인 상승이란 물가변동률이 양(+)의 값을 가지면서 큰 폭으로 상승하는 경우를 말한다. 반면에 디플레이션은 물가가 지속적으로 하락하는 상황으로, 물가가 하락하기 위해서는 물가변동률이 음(−)의 값을 가져야 하므로 음의 인플레이션이라고도 한다. 한편 디스인플레이션(disinflation)은 물가변동률이 하락한다는 점에서 디플레이션과 유사하지만, 변동률은 여전히 양(+)의 값을 유지하고 있다는 점에서 디플레이션과 차이가 있다.

을 줄이는 방법이 있다. 그러나 정부가 지출을 확대하거나 세율을 인하하는 확대재정정책은 총수요곡선을 오른쪽으로 이동시켜 수요견인 인플레이션을 일으킨다(〈그림 11-5〉 참조). 따라서 단기의 인플레이션을 어느 정도 감수하면서 국민소득의 증대를 위해 사용되는 정책이기도 하다.

(3) 수요충격

수요충격(demand shock)이란 소비나 투자 혹은 정책의 변동으로 총수요가 예기치 않게 변동하는 것이다. 예를 들면 갑작스럽게 과소비현상이 발생하거나, 기업가의 동물적인 본능(animal spirit)으로 반도체와 같은 첨단산업에 대규모로 투자할 것을 결정하는 경우, 혹은 중앙은행이 통화공급을 10%만 증가시킨다고 공표를 하고 실제로는 20%로 갑

그림 11-5 통화공급의 증가와 수요견인 인플레이션

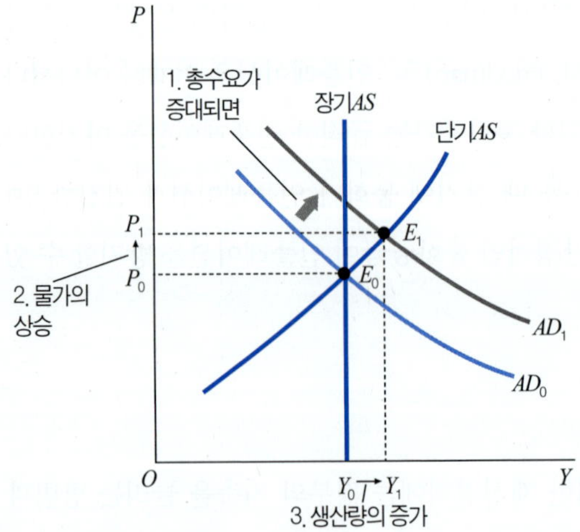

작스럽게 증가시켜서 사람들이 앞으로 물가가 상승할 것이라는 기대심리를 형성해 가수요가 증가하는 경우 등을 말한다. 총수요를 증가시키는 방향으로 수요충격이 일어나면 총수요곡선이 오른쪽으로 이동하게 되고 예상치 못한 인플레이션이 발생한다.

정석사고

수요 측면의 원인에 의해서 인플레이션이 발생하는 경우를 **수요견인 인플레이션**(demand pull inflation)이라 한다. 수요견인 인플레이션은 과도한 통화공급 증가, 확대재정정책, 수요충격에 의해 발생한다.

2. 비용인상 인플레이션

총공급곡선은 모든 기업들의 한계비용곡선과 밀접한 관계를 지니고 있기 때문에 생산요소의 비용이 변하게 되면 곡선 자체가 이동하게 된다. 날씨나 전쟁 등으로 원자재의 가격폭등과 같은 불리한 공급충격이 발생하면 기업의 생산비용이 증가하게 된다. 기업의 생산비용이 증가하면 기업들이 공급가격을 높이게 되어 단기총공급곡선(단기*AS*)이 위쪽 혹은 왼쪽으로 이동하게 된다. 이로 인한 물가상승을 **비용인상 인플레이션**(cost push inflation)이라고 한다.

그림 11-6 오일쇼크와 비용인상 인플레이션

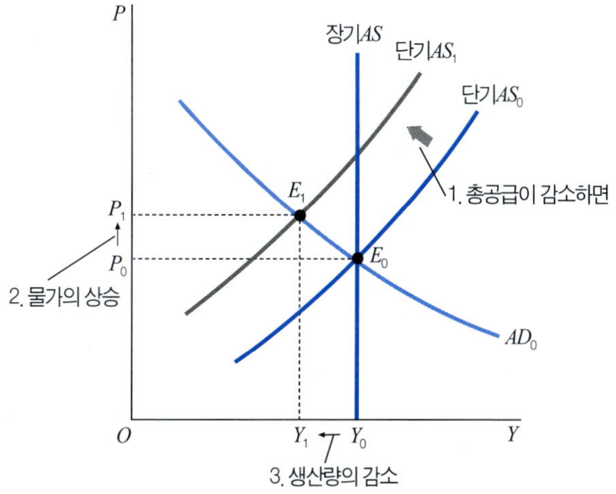

총공급곡선의 왼쪽 이동은 매우 심각한 결과를 초래한다. 〈그림 11-6〉에서 총공급곡선이 단기AS_0에서 단기AS_1로 이동하면 경제상황은 E_0에서 E_1으로 이동한다. 물가수준이 상승하고 실질생산량이 감소하게 된다. 이처럼 예상치 못한 비용인상 인플레이션은 심각한 경기침체(불황)를 발생시킨다.

불리한 공급충격의 예로서 1973년과 1979년 두 차례에 걸친 오일쇼크는 원유 가격을 급격하게 오르게 하여 전 세계가 높은 인플레이션을 경험하게 되었다. 이러한 예상치 못한 공급충격과 자동차, 철강 등의 기간산업에서의 노동조합의 임금인상요구는 제품 가격의 인상으로 이어져 공급 측면의 인플레이션을 야기한다.

정석사고

생산비용이 반영된 공급 측면의 원인에 의해서 인플레이션이 발생하는 경우를 비용인상 인플레이션(cost push inflation)이라고 한다. 이것은 생산비용을 증가시키는 공급충격에 의해 발생한다.

3. 혼합형 인플레이션

일반적으로 인플레이션은 수요측면과 공급측면이 같이 작용하는 경우가 많다. 자원파동으로 인한 비용인상과 노동조합의 과도한 임금인상의 요구는 비용측면에 부담을 주어 비용인상 인플레이션을 야기한다. 앞서 살펴본 바와 같이 비용인상 인플레이션은 생산량의 감소, 실업률의 증가와 더불어 물가도 상승하는 스태그플레이션(stagflation)을 야기하게 된다.

이때 정부가 실업의 증가를 억제하기 위해서 확대재정정책을 실시하면, 그 결과 총수요를 오른쪽으로 이동시키게 되어 물가는 더욱 상승하게 된다. 문제는 여기서 그치는 것이 아니라 물가의 인상은 다시 임금의 상승으로 이어져 또다시 물가가 인상되는 악순환이 발생하게 된다는 데 있다. 이렇게 인플레이션이 혼합적으로 발생하여 임금인상이 물가상승으로 이어지고 다시 더 높은 임금인상과 물가상승으로 연결되는 과정을 임금·물가 악순환(wage-price spiral)이라고 한다. 이야기 11-7

이야기 11-7 애그플레이션

영국의 경제주간지 『*The Economist*』는 "지난 30년간 지속된 '값싼 농산물 시대'는 종말을 고했다"며 전 세계적으로 애그플레이션(agflation)이 발생할 위험이 있다고 경고했다. 애그플레이션이란 농업(agriculture)과 인플레이션(inflation)을 합친 신조어로 농산물 가격 상승이 주도하는 물가상승을 말한다. 2007년 12월 말 가격은 1톤당 4,000달러를 넘어서 사상 최고가 기록을 연일 갈아치웠고, 쌀값은 20년 만에 최고치에 근접했다. 옥수수 역시 2년 사이 두 배나 값이 오르면서 사상 최고가 경신을 눈앞에 두었다. 영국의 경제주간지 『*The Economist*』가 발표하는 세계식품가격지수는 2007년 12월 1년 사이 3분의 1이나 상승해 1845년 이 지수가 처음 도입된 이후 최고치를 기록했다.

최근 곡물가격의 상승을 촉발시킨 원인은 두 가지로 볼 수 있다. 첫 번째는 중국과 인도의 소득증가이다. 식용곡물의 소비량은 대체로 인구 증가에 비례하는데 지난 수십년 간 별다른 변화가 없다가 중국과 인도의 경제붐이 계속되면서 육류 소비가 급증하기 시작했다. 평균적인 중국인의 연간 육류소비량은 1985년 연간 20kg에서 최근에는 연간 50kg으로 늘었다. 같은 열량(calorie)을 내는 데 육류는 빵이나 쌀에 비해 훨씬 많은 곡물이 필요하다. 1kg을 생산하는 데 돼지고기는 3kg, 쇠고기는 8kg의 곡물이 들어간다. 육류 소비는 곡물의 3~8배와 동등한 수준이다. 두 번째는 미국의 바이오 에너지 정책이다. 미국 정부의 에탄올 지원에 힘입어 식용 및 사료용 옥수수가 대거 연료용으로 전환되었는데, 여기에 쌀이나 밀 등 다른 작물의 경작지마저 옥수수 밭으로 바뀌고 있다. 여타 곡물까지 연쇄적인 품귀현상이 빚어진 이유다. 결국 미국의 바이오 에너지 정책이 애그플레이션의 직접적인 진원지인 셈이다. 이렇게 만든 에탄올은 비효율의 극치다. 레저용차량(SUV) 연료통을 에탄올로 가득 채우는 데 필요한 곡물은 성인 남자가 1년간 먹고도 남는 양이기 때문이다. 애그플레이션으로 인해 우리 식탁의 밀가루와 식용유 값이 급등하고 우유와 치즈 값이 오르게 된다.

정석사고

수요와 공급측면의 두 가지 원인이 혼재되어 발생하는 경우를 혼합형 인플레이션(mixed inflation)이라고 한다.

4. 인플레이션의 대책

(1) 수요견인 인플레이션의 경우

인플레이션이 수요측면에서 통화량의 과도한 공급이나 정부의 확대재정정책으로 인해서 야기된 경우라면, 반대로 인플레이션을 억제하기 위해서 과도한 통화량의 공급을

그림 11-7 수요견인 인플레이션의 억제

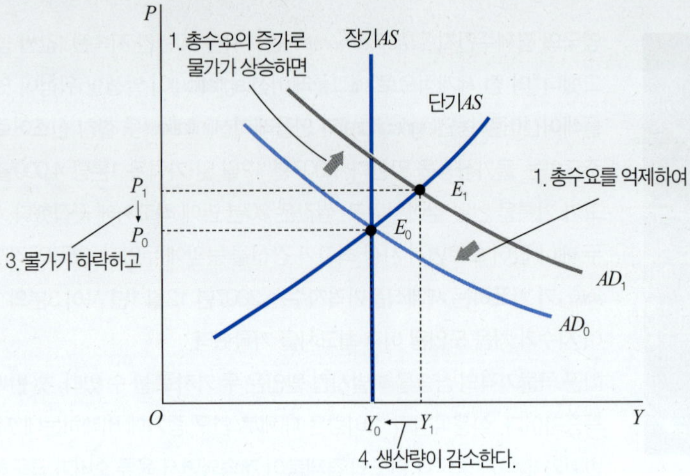

억제하고 정부의 재정확대를 줄이는 방안을 쉽게 제시할 수 있다. 이러한 방안들은 〈그림 11-7〉에서 총수요곡선을 왼쪽으로 이동시키는 것이다.

프리드만(M. Friedman)은 안정적인 통화공급이 인플레이션을 방지할 수 있는 가장 좋은 수단이라고 강조하면서 '**k% 준칙**(k% rule)'을 주장했다. 이 준칙은 통화정책을 수시로 변경하면 실효성을 거두지 못하고 인플레이션만 야기하므로, 통화공급량을 매년 k% 증가시키는 준칙에 따라 공급하면 정책의 실효성과 신뢰를 얻어 인플레이션을 억제할 수 있다는 것이다(재량 vs 준칙). 각국의 역사적 경험을 통해서 볼 때 통화의 과도한 증가가 인플레이션의 주된 원인이라는 점은 안정적인 통화공급이 얼마나 중요한지를 알려준다.

(2) 비용인상 인플레이션과 물가관리정책

비용인상으로 인플레이션이 발생하는 경우에는 〈그림 11-8〉처럼 총공급곡선을 다시 원래의 위치로 이동시키면 해결될 수 있다. 그러나 총공급곡선을 오른쪽으로 이동시키려면 경제내의 자원량을 늘리거나 생산성을 증가시켜야 하는데 단기적인 경제안정화정책으로는 이루기 어렵다. 만약 총수요를 억제하는 경제안정화정책을 사용하면 총수요곡선이 왼쪽으로 이동하여 물가는 낮출 수 있지만 생산량이 더욱 감소한다. 결국 경기침체가 더욱 심화된다는 사실이다.

〈그림 11-9〉에서 보는 것처럼 비용인상 인플레이션 상태(E_1)에서 총수요억제정책으

로 총수요곡선을 왼쪽으로 이동시키면, 인플레이션은 억제되지만 국민소득이 대폭 감소하게 된다. 따라서 이 경우 총수요억제가 바람직하다고 보기 어렵다. 장기적으로는 생산성의 향상을 통해 총공급을 증가시키는 것이다.

이 때문에 케인즈학파는 정부가 직접 기업의 비용인상의 원인을 제거하는 방법으로 임금과 가격을 통제하는 것에 주목한다. 케인즈학파의 생각처럼 정부가 임금과 물가의

그림 11-8 비용인상 인플레이션의 억제

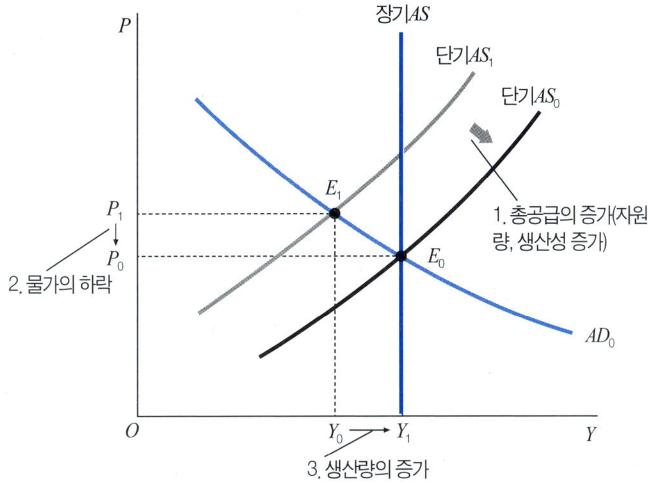

그림 11-9 비용인상 인플레이션과 총수요억제 정책

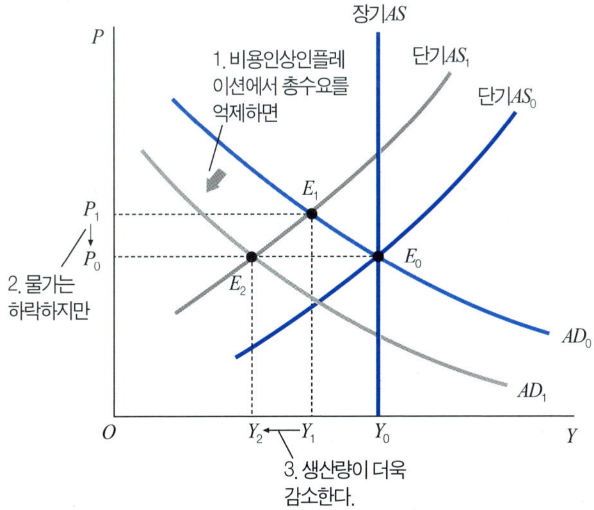

상승을 직접 규제하여 물가상승을 억제할 수 있는데, 이러한 정책을 **물가관리정책** 혹은 **소득정책**(income policy)이라고 한다. 임금협상과정에 정부가 개입하여 매년 임금상승률의 상한을 설정하는 임금가이드라인(wage guideline)이나 임금과 서비스 가격의 인상을 억제하거나 동결시키는 임금—물가통제(wage-price control)가 대표적인 예이다.

물가관리정책이 성공을 거두기 위해서는 민간부분에 대해서 정부가 어느 정도 행동의 통제력을 보유하고 있어야 한다. 그러나 예상하지 못한 민간부분의 행동으로 이어질 수 있다. 예를 들어 택시 요금의 인상을 억제하면 합승이 만연한다든지, 예식장사용료를 통제하면 드레스나 미용실, 사진 촬영을 끼워서 파는 경우가 대표적이다. 결국 정부의 시장에 대한 통제는 일시적인 효과를 거둘 수 있지만 장기적으로는 예상하지 못한 방향으로 흐를 수 있어 부작용을 초래할 수 있다는 점을 명심해야 한다.

정석사고

수요견인 인플레이션이 통화량의 과도한 공급이나 정부의 확대재정정책으로 인해서 야기된 경우 과도한 통화량의 공급을 억제하고 정부의 재정확대를 줄여서 억제할 수 있다. 비용인상 인플레이션의 경우 총수요를 억제하는 경제안정화정책을 사용하면 경기침체가 더욱 심화된다. 이에 케인즈학파는 정부가 임금과 물가의 상승을 직접 규제하여 물가상승을 억제하는 물가관리정책 혹은 소득정책을 제시한다.

6 인플레이션의 원인과 대책: 장기적 관점

앞에서 단기적인 관점에서 그 정도가 약한 인플레이션에 대하여 설명하였다. 그러나 때때로 인플레이션이 장기적으로 지속되는 경우도 있다. 또한 장기적이고 지속적이면서 그 상승속도 또한 매우 빠른 초인플레이션이 발생할 수도 있다. 이러한 경우 앞에서 본 여러 이론들이 충분히 설득력 있게 설명하지 못한다. 장기인플레이션과 초인플레이션과 같은 현상에 관한 몇 가지 이론을 살펴보자.

1. 장기인플레이션

단기적으로는 총수요와 총공급이 장기균형을 벗어나서 경기변동이 발생할 때 인플레이션이 발생한다. 그러나 장기적으로 볼 때 물가와 긴밀한 관련을 맺고 있는 것은 화폐공급의 증가율이다. 거래규모가 커지면 통화량이 늘어나야 거래가 원활히 이루어질 수 있다. 그런데 거래규모에 비해 통화량이 빠르게 늘어나면 물가가 장기간 상승할 수 있다.

이것을 잘 설명해주는 이론이 화폐수요를 설명할 때 살펴본 화폐수량설이다. 화폐수량설은 화폐의 소득유통속도와 실질산출량이 안정적일 때 일반물가수준이 통화량의 크기에 비례하여 변한다는 기본적인 명제에서 출발한다. 앞에서 설명한 것처럼 미국의 경제학자 **피셔**(I. Fisher)는 다음과 같은 **교환방정식** 혹은 **화폐수량방정식**을 제시하였다.

$$MV=PY$$

(V: 유통속도)

화폐의 유통속도는 일정기간 화폐가 최종생산물의 거래를 매듭짓기 위해서 평균적으로 몇 번씩 사용되었는가 하는 회전수를 의미한다. 왼쪽 부분은 화폐의 공급을 의미하는데, 통화량을 1,000원 발행했을 때 1번 유통되어 거래되는 경우는 100원이 10번 거래되는 경우와 같은 규모를 지니게 된다.

장기에는 실질국민소득(생산량)이 매우 안정된 비율로 커나가고 있을 뿐 아니라 화폐의 유통속도도 상당히 안정적이다. 화폐유통속도는 결국 사람들의 소비 습관을 의미하는데 화폐사용의 습관은 쉽게 잘 변하지 않는다. 따라서 화폐의 유통속도와 실질생산량이 안정적이라면 물가수준은 통화량의 움직임과 밀접하게 관련 맺고 있음을 알 수 있다. 즉 장기에 물가상승률은 화폐공급의 증가율과 비례한다.

프리드만은 화폐수량설을 더욱 발전시켜서 **신화폐수량설**을 주장한다. 이 이론은 통화량의 변화가 물가와 실질소득의 곱인 명목소득에 영향을 준다는 것이다. 이와 같이 통화량의 변화가 명목국민소득을 결정한다는 피셔의 화폐수량설의 추론과 동일한 결과를 보여준다. 다만 화폐의 유통속도와 실질생산량이 일정하다는 화폐수량설의 주장과 달리 그것들의 변화가능성을 인정하기 때문에 통화량의 변화에 정확히 비례해서 물가가 변화하지는 않는다.

2. 초인플레이션

초인플레이션(hyperinflation)이란 극심한 인플레이션을 말한다. 구체적으로 하루 1%를 넘어 매달 인플레이션율이 50%를 초과하는 현상을 말한다. 연간 복리로 환산해보면 1년 후 물가가 100배 이상 증가하고 3년 후 200만배 이상 증가하게 된다.

초인플레이션의 사회적 비용이 매우 크다는 데에는 경제학자들 사이에 이견이 없다. 예상된 초인플레이션이라고 하더라도 메뉴비용과 구두창비용이 말할 수 없이 커진다. 음식점은 매 시간마다 식탁위에 새로운 메뉴표를 인쇄하여 붙여야 한다. 또한 손님은 음식을 천천히 들면서 화폐가치가 떨어지기를 기다린다. 사람들은 화폐보유 규모를 줄이기 위해 시간마다 구두창이 닳도록 은행을 찾아다녀야 한다. 정부가 납세고지를 하고 받을 때에는 이미 화폐가치가 줄어 조세수입이 급감한다. 궁극적으로 화폐는 교환의 매개수단과 가치저장의 수단이라는 기능을 잃어버려 차라리 담배나 술, 식료품과 같은 물품이 화폐를 대체하게 된다.

초인플레이션의 원인은 무엇일까? 가장 명백한 대답은 과도한 통화공급의 증가에서 발생한다. 이것을 멈추게 하는 것도 의외로 간단하다. 통화공급의 증가율을 낮추는 것이다. 그러나 왜 중앙은행이 그렇게 과도하게 화폐를 발행하고 있는 것인가 하는 의문이 남는다. 대개는 정부가 조세수입으로 지출을 감당하지 못해 시작된다. 정부가 재원을 조달할 길이 막히고 재정적자를 해결하는 유일하고 손쉬운 방법이 화폐를 찍어내는 것이다.

일단 초인플레이션이 시작되면 사람들은 화폐가치가 떨어지기를 기다리며 조세납부를 연기하려고 하고 정부의 조세수입은 점점 감소하여 이러한 과정이 자기강화적으로 화폐를 더욱 발행하게 한다. 최종적으로는 초인플레이션은 재정개혁을 통해 종식된다.

제1차세계대전 후 독일(바이마르공화국 시절)은 가장 극적인 초인플레이션을 경험하였다. 전쟁이 끝난 후 연합국가들은 독일에게 배상금의 지급을 요구하였고, 재정적자에 직면한 독일은 대규모로 화폐를 발행해서 적자를 충당하면서 초인플레이션이 시작되었다. 1922년 1월에 시작된 초인플레이션은 1923년 12월 재정개혁(공무원의 1/3감축, 배상금지급중단, 재정지출중단 등)을 통해 극적으로 안정되었다.

이와 같은 초인플레이션은 상상하기 어려울 정도로 급격한 통화 증발을 수반하면서 사람들의 인플레이션에 대한 기대심리를 끌어올려 발생하는 것이다. 인플레이션이 진

이야기 11-8 빵 한조각에 800억마르크

1923년 10월 말, 뉴욕타임즈에 다음과 같은 기사가 실렸다.

베를린의 어느 작은 식당에서 한 외국인이 1달러짜리 지폐를 흔들어 보이면서 식단표에 있는 음식들을 1달러만큼 달라고 했다. 식단표의 음식이 모두 나왔고 그는 너무 배가 불러 더 이상 먹을 수 없을 지경이 되자 자리에서 일어났다. 그런데 그때 웨이터가 수프 한 접시와 정식요리를 더 가져와서는 공손히 말했다. "방금 달러 값이 이 음식 값만큼 또 올랐습니다."

그해 11월에는 빵 1파운드를 800억마르크에 겨우 살 수 있었고, 고기 1파운드를 구하려면 9,000억마르크를 내야 했다. 또 맥주 한 잔에는 2,080억 마르크를 내야했다. 이런 상황에서 돈을 자기 손에 쥐고 있는 사람은 아무도 없었고 또 그럴 수도 없었다. 아무도 은행에 예금하지 않았다. 수표를 지불하기도 어려웠다. 왜냐하면 수표를 받아 현금으로 바꾸는 사이에 화폐의 구매력이 떨어질 것이기 때문이었다. 따라서 은행과 정부는 모든 대금을 현금으로 지불해야 했다. 12월에는 임금과 봉급을 일당으로 지불해야 했다. 누구라 할 것 없이 모든 사람들은 빨래바구니와 손수레 또는 유모차에 돈을 가득 담아 가지고 이 돈을 쓰기 위해 재빨리 가게로 달려갔다. 하루에 물가가 거의 두 배씩 뛰어 올랐다. 인쇄기가 빠른 속도로 돌아갔다. 새로 찍은 화폐는 차로 수송되었다. 얼마 안 되는 가장 가난한 노동자조차 1조마르크를 소유하게 되었다. 그러나 그는 그 돈으로 아무것도 살 수 없었다.

그림 11-10 독일의 초인플레이션

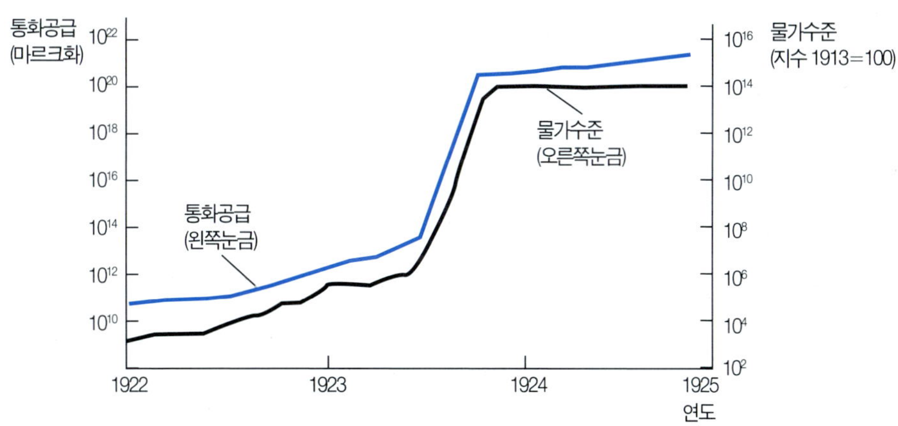

자료 : Thomas Sargent, "The End of Four Big Inflation", 1983

행되면 실질화폐잔고가 감소하는데, 인플레이션이 종식되어 감에 따라 실질화폐잔고의 증가가 서서히 늘어나는 과정을 밟는다. 그 과정이 점진적인 이유는 기대인플레이션이 실제인플레이션보다 더 서서히 떨어지기 때문이다. 기대인플레이션이 빠르게 하락할

이야기 11-9 초인플레이션의 역사

초인플레이션은 전쟁 중에 주로 발생했다. 제1차세계대전 때는 독일, 러시아, 오스트리아, 폴란드, 헝가리 등에서, 제2차세계대전 때는 그리스와 헝가리에서 초인플레이션이 발생한 적이 있다. 초인플레이션의 역사는 과거 3세기 로마시대부터 시작된다. 당시 로마 정부는 전쟁과 공공사업을 위해서 필요한 막대한 재정을 조세수입으로 충당할 수 없게 되자 돈을 엄청나게 찍어 재원을 조달했다. 218년부터 268년 사이에 주화에 함유된 은의 양이 5,000분의 1로 떨어졌다는 점이 당시의 상황을 잘 말해준다. 프랑스에서는 1789년 대혁명기에 의회에서 4억리브르의 지폐를 발행했는데 점차 1794년에는 70억리브르로 증가했고, 결국 400억리브르에 이르자 도저히 화폐가치 하락을 감당할 수 없어 새로운 화폐인 만다(mandar)를 발행했다. 그러나 이것도 2년 만에 가치가 97%나 하락하고 만다. 미국은 남북전쟁기간 중에 전쟁비용을 마련하기 위해서 돈을 찍어냈다. 너무 많은 돈을 찍다보니 종이나 인쇄공을 구하기도 어려워 나중에는 정부가 위조지폐에 유효(valid)라는 도장을 찍어서 사용을 허가하기도 했다고 한다. 최근에는 2000년대에 짐바브웨에서 일어났던 초인플레이션이 가장 유명하다. 2008년 연간 물가상승률은 89.7×1,021%에 이르러서 오후에 맥주 한 병의 가격이 1,000억짐바브웨달러였는데, 1시간 후에는 1,500억짐바브웨달러로 상승하기도 했다. 짐바브웨 정부는 이를 타개하고자 화폐개혁을 단행했는데, 화폐단위에서 제거한 0의 숫자가 무려 25개나 되었다고 한다.

수록 인플레이션은 극적으로 종식될 수 있다.

〈그림 11-10〉은 1922년 1월부터 독일에서 일어난 초인플레이션의 진행과정을 보여준다. 1920년 말과 비교할 때 물가가 무려 3조%나 상승했는데 결국 1923년말의 재정개혁을 통해 통화량이 안정을 되찾고 나서야 이 전대미문의 초인플레이션은 서서히 자취를 감추기 시작하였다. 이야기 11-8

과거에 경험한 초인플레이션 현상을 통해서 프리드만(M.Friedman)은 장기 인플레이션과 초인플레이션의 원인이 통화증발에 있다고 결론을 내리면서 **"인플레이션은 언제나 어디서나 화폐적인 현상이다(Inflation is always and every where a monetary phenomenon)"**라고 하였다. 그렇지만 초인플레이션을 끝내는 것은 재정적 현상이다. 이야기 11-9

정석사고

거래규모에 비해 통화량이 빠르게 늘어나면 물가가 장기간 상승하는 장기인플레이션이 발생한다. 이는 통화량의 변화가 명목국민소득을 결정한다는 피셔의 화폐수량설의 추론과 일치한다. 초인플레이션은 재정 적자문제를 해결하기 위한 과도한 통화공급의 증가에서 발생한다.

7 필립스곡선: 실업과 인플레이션의 관계

우리는 지금까지 실업이론들과 그 대책, 인플레이션이론과 그 대책들을 살펴보았다. 그런데, 정부나 중앙은행의 두 가지 목표(두 마리 토끼로 비유되기도 함)는 낮은 실업률과 낮은 인플레이션이다. 그런데 이러한 두 가지 목표에 대해 매우 흥미로운 문제를 제기할 수 있다.

첫째, 낮은 실업률과 낮은 인플레이션은 동시에 달성 가능한 목표인가?

둘째, 높은 실업률과 높은 인플레이션이 동시에 나타나는 경우를 어떻게 설명하고 그 처방은 가능한가?

앞에서 살펴본 총수요–총공급모형을 사용해서 이러한 질문에 결론을 제시할 수 있다. 그것은 다음과 같다.

첫째, 단기적으로 볼 때 실업률과 인플레이션율 사이에는 상충관계가 존재한다.

둘째, 불리한 총공급충격은 높은 실업률과 높은 인플레이션율을 야기할 수 있다.

예를 들어 정부가 안정화정책을 사용하여 총수요를 확대시키려 한다고 가정하자. 이 때 경제는 총수요곡선이 우상향하는 단기총공급곡선을 따라 오른쪽으로 이동하면서 물가수준을 상승시키고 생산량을 증가시켜 실업률을 낮춘다. 〈그림 11-11〉을 통해 보면,

그림 11-11 높은 인플레이션과 낮은 실업률

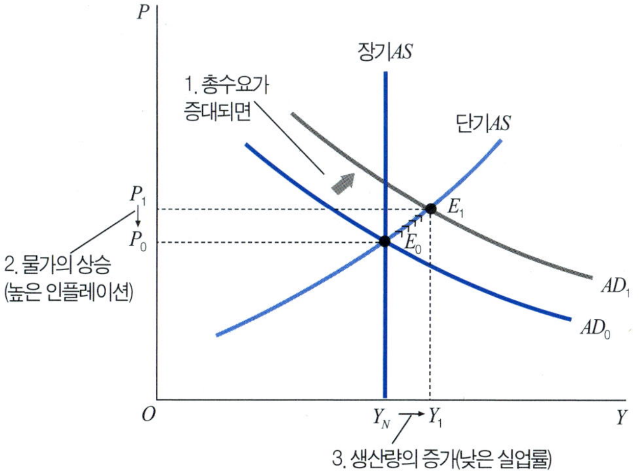

E_0점에서 E_1점으로 이동하면 물가가 상승함과 동시에 생산량이 증가한다. 다시 말해서 물가가 올라서 생기는 높은 인플레이션은 생산량이 증가함에 따라 기업이 더 많은 노동자를 고용해서 생기는 낮은 실업률을 동반하게 된다.

1. 필립스곡선

이와 같은 실업률과 인플레이션율의 상충관계를 나타낸 곡선을 **필립스곡선**(phillips curve)이라고 하며, 이것을 처음 제시한 영국의 경제학자 필립스의 이름을 따서 명명한 곡선이다. 필립스 곡선은 필립스(A.W. Phillips)와 립시(R.G. Lipsey)가 실업과 인플레이션이 안정적인 역의 관계가 존재한다는 경험적인 사실을 밝혀내면서 처음 등장하였다. 이후에 프리드만(M. Friedman)과 펠프스(E.S. Phelps)는 단기와 장기로 필립스곡선을 구별한 자연실업률 가설을 제시하게 된다. 가장 최근에는 이 가설에 합리적 기대를 접목시켜 실업과 인플레이션의 안정적인 역의 관계가 존재하지 않는다는 이론으로 진화되어 왔다.

필립스곡선에 따르면, 경제안정화정책을 통한 총수요의 조절은 물가안정과 완전고용이라는 양립하기 어려운 목표 가운데 선택을 해야 하며, 이것은 필립스곡선상의 한 점을 택하는 것과 같다. 이제 필립스곡선의 이론적 배경과 그 형태를 살펴보도록 하자.

(1) 고전적 필립스곡선

1950년대 말 영국의 경제학자 필립스(A.W. Phillips)는 영국의 1861~1957년의 자료를 이용하여 명목임금상승률과 실업률사이에 안정적인 역의 관계가 존재한다는 것을 경험적으로 밝혀냈다. 이 경험적 사실을 **고전적 필립스곡선**(phillips curve)이라고 하는데, 실업률이 낮은 수준에 있을 때는 임금상승률이 커지고, 실업률이 높아지면서 임금상승률은 점점 작아진다는 것이다. 고전적인 (최초의) 필립스곡선은 어떤 양수 β를 사용하여 다음과 같이 나타낸다.

$$\frac{\Delta W}{W}=\pi-\beta(u-u_N)$$

(단, $\frac{\Delta W}{W}$는 명목임금 상승률, π는 인플레이션율, u는 실제실업률, u_N은 자연실업률)

이 식에서 필립스는 조사기간 동안 명목임금상승률과 실제실업률 사이에 매우 안정적으로 역의 관계를 가지는 필립스곡선이 존재한다는 것을 발견하였다.

이러한 경험적인 사실에서 출발한 필립스 곡선은 립시(R.G. Lipsey)에 의해서 수정되면서 일반적으로 물가상승률과 실업률의 관계를 나타내는 것으로 이용된다. 이러한 필립스곡선은 잘 알려진 것처럼 다음과 같다.

$$\pi=-\beta(u-u_N)$$

이 식에서 실제실업률과 자연실업률의 차이는 노동의 초과공급을 나타낸다. 노동시장에서 초과공급이 있으면, 즉 실업이 증가하면 물가상승률은 하락하고, 노동의 초과공급이 줄어들면, 즉 실업이 감소하면 물가상승률은 증가한다. 이러한 필립스곡선의 일반적인 형태는 〈그림 11-12〉와 같다.

그림 11-12 고전적 필립스곡선

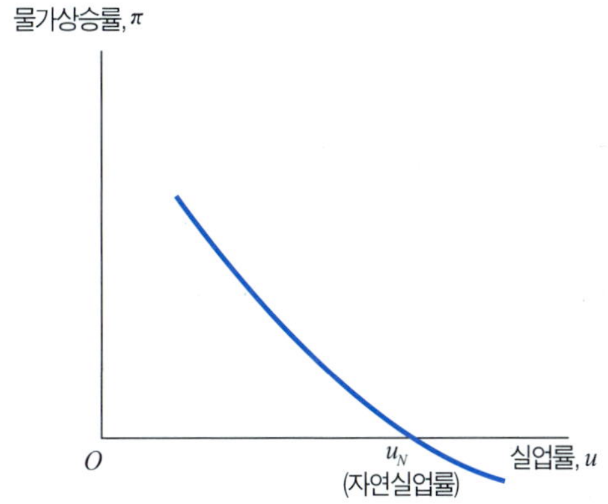

(2) 경제적 의미

이처럼 우하향하는 필립스곡선의 의미는 실업률 감소라는 고용안정과 인플레이션 억제라는 물가안정이 동시에 달성되기 어렵다는 점을 명시적으로 보여준다. 전통적인 인플레이션 이론은 수요견인 인플레이션의 경우 총수요를 줄이는 긴축정책을 통해 해결할 수 있다고 설명한다. 그러나 필립스곡선에 의하면 이러한 정책이 물가상승률을 낮추는 데에는 성공할 수 있을지 몰라도 실업률의 상승이라는 비싼 대가를 치러야 한다는 것을 보여준다. 그러므로 우리는 자신의 가치관에 따라 필립스곡선의 적절한 한 점을 선택할 수밖에 없다.

정석사고

명목임금상승률과 실업률사이에 안정적인 역의 관계가 존재한다는 사실을 고전적 필립스곡선(phillips curve)이라고 한다. 이 곡선에 의하면 물가상승률을 낮추려고 하면 실업률의 상승이라는 비싼 대가를 치러야 한다.

2. 스태그플레이션과 새 필립스곡선

1960년대에는 경제가 필립스곡선을 따라 잘 움직이는 듯이 보였으며, 케인즈학파의 일부 경제학자는 정교한 총수요관리정책으로 경제를 미세조정(fine tuning)하면 약간의 인플레이션을 허용하면서 완전고용을 달성할 수 있을 것으로 믿었다. 그러나 1970년대에 들어서면서 경제상황은 많이 바뀌었다. 인플레이션율이 증가하는 동시에 실업률도 증가하는 새로운 양상, 즉 **스태그플레이션**(stagflation)현상이 나타났다. 이것은 필립스곡선과 달리 인플레이션율과 실업률이 양(+)의 관계를 가진다는 것을 의미한다.

1970년대의 스태그플레이션 현상은 케인즈학파가 필립스곡선을 따라 제시하는 총수요관리정책의 효과에 심각한 의문을 제기하게 되었다. 수요견인 인플레이션의 경우 케인즈학파의 재량적 총수요관리정책은 경제를 미세조정하면 높은 인플레이션율은 낮은 실업률을 동반한다. 따라서 케인즈학파의 총수요이론과 총수요관리정책은 높은 인플레이션율이 높은 실업률을 동반하는 스태그플레이션을 설명할 수 없게 되었다.

이처럼 스태그플레이션 현상은 케인즈학파가 믿는 안정적 필립스곡선에 대해 의문을 불러일으키면서 많은 경제학자들이 그 해답을 찾으려고 노력하였다. 그 결과 필립스곡선이 안정적으로 고정된 것이 아니라 필립스곡선이 이동할 수 있다는 것을 이해하게 되었다.

(1) 케인즈학파의 비용인상인플레이션

케인즈학파는 필립스곡선이 총수요변동에 의해 발생하는 인플레이션과 실업 사이의 관계를 설명하는 것이지 비용인상 인플레이션의 경우까지 설명하는 것은 아니라고 주장한다. 1970년대에는 석유수출기구의 원유가격인상과 세계적 식량부족이 원인이 되어 총공급곡선이 왼쪽으로 이동하여 생산량의 감소로 실업이 증가하고 물가의 상승으로 인플레이션이 높아진다는 것이다. 필립스곡선은 우상향하는 총공급곡선이 고정적으로 주어져 있다는 가정하에서 그려진 관계인데, 총공급곡선이 이동하면 필립스곡선이 이동한다는 설명이다.

이것을 〈그림 11-13〉을 통해 살펴보자. 왼쪽 그림은 비용인상인플레이션에 본 것으로서 불리한 공급충격으로 총공급곡선이 왼쪽으로 이동하게 되면 물가가 상승하고 생산량이 감소하여 실업이 증가한다. 즉 물가와 실업이 같이 증가하게 되는데, 이것은 오른쪽 그림처럼 필립스곡선이 위쪽으로 이동하여 발생하는 현상이라는 것이다.

케인즈학파의 일부 경제학자는 이러한 관점에서 비용절감과 생산성향상 등을 통해 총공급곡선을 원래대로 이동시키는 한편 필립스곡선을 따라 안정화정책 혹은 총수요관리정책을 통해 물가안정과 완전고용을 조화시킬 수 있다고 주장한다. 그러나 1980년대에 접어들면서 원유가격이 하락하고 원자재 및 식량가격이 안정세를 보였지만 경제는 최초의 필립스곡선으로 돌아가지 않았다. 케인즈학파에게는 굴욕적일 수밖에 없는 상황이 이어졌다.

이에 통화주의자와 새고전학파는 총공급에서 예상(혹은 기대)의 중요성을 강조하면서 재량적 안정화정책에 의해 발생하는 수요견인 인플레이션에 공급충격에 의한 비용인상 인플레이션을 복합시킨 혼합형 인플레이션 현상으로 스태그플레이션을 설명해주고 있다. 이때 발견한 이론이 예상(기대)을 도입한 필립스곡선과 자연실업률가설이다. 이제 이에 대해 세밀히 살펴보자.

그림 11-13 **공급충격과 필립스곡선의 이동**

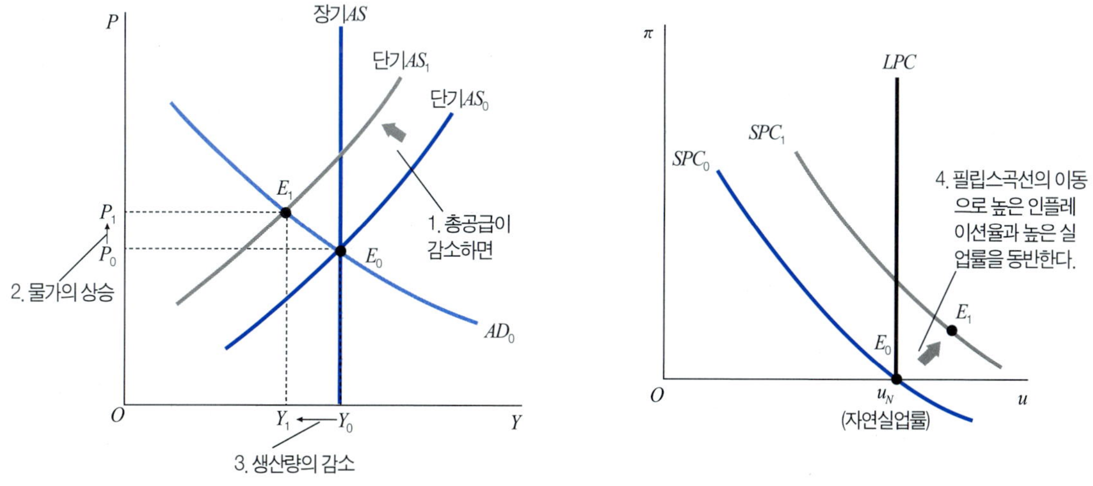

정석사고

1970년대 높은 인플레이션과 높은 실업률이 공존하는 스태그플레이션현상이 발생하면서 케인즈학파는 스태그플레이션이 안정적인 필립스곡선을 잠시 벗어나는 것이라고 생각했다. 그러나 1980년대 석유가격과 국제원자재가격이 안정세를 보였으나 최초의 필립스곡선으로 돌아가지 않았다.

(2) 기대부가 필립스곡선과 자연실업률가설

앞에서 살펴본 필립스곡선은 단기총공급곡선을 따라 총수요곡선이 이동하면서 생기는 관계이므로 단기필립스곡선이라고 한다. 따라서 단기필립스곡선은 단기총공급곡선의 형태를 반영한다. 그런데 단기필립스곡선은 장기적으로도 안정적인 음(−)의 관계가 유지될 수 있을까? 프리드만(M. Friedman)과 펠프스(E. Phelps)는 이러한 의문을 제기하면서 총공급의 변화에 기대의 역할을 강조하면서 기대부가 필립스곡선과 자연실업률가설을 제시하였다.

예를 들어, 정부지출이나 통화량이 변해 경제상황이 변하게 되면 사람들도 시간이 지나면서 미래의 인플레이션이 변할 것으로 기대하게 되고 이러한 기대의 변화가 필립스곡선에 어떤 영향을 미칠 수도 있을 것이라고 생각했다. 1970년대 이후에 미래의 물가상승률에 대한 사람들의 기대가 변하게 되면 필립스 곡선이 이동한다는 점을 반영하여 다음과 같은 **기대부가 필립스곡선**(expectation-augmented philips curve)을 제시했다.

$$\pi = -\beta(u-u_N)+\pi^e+\nu$$

(π^e는 기대인플레이션율, ν는 공급충격)

고전적 필립스 곡선의 형태에 기대인플레이션율을 접목한 것으로 왼쪽의 실제인플레이션율에서 기대인플레이션율을 빼면 예상치 못한 인플레이션율이 된다. 따라서 기대부가 필립스 곡선은 예상치 못한 인플레이션율과 실업률 간에 역의 관계가 있다는 것이다. 결론적으로 기대부가 필립스곡선은 다음 세 가지 요소인, 기대인플레이션, 자연실업률을 벗어난 실업(경기적 실업), 공급충격에 의존한다.

한편, 기대인플레이션율이 상승하게 되면 총공급곡선이 위쪽으로 이동하여 필립스곡선은 위쪽으로 이동하게 되고, 기대인플레이션율이 하락하면 총공급곡선이 아래쪽으로 이동하여 필립스곡선은 아래쪽으로 이동하게 된다. 따라서 기대인플레이션율이 고정

그림 11-14 **수요충격과 필립스곡선의 이동**

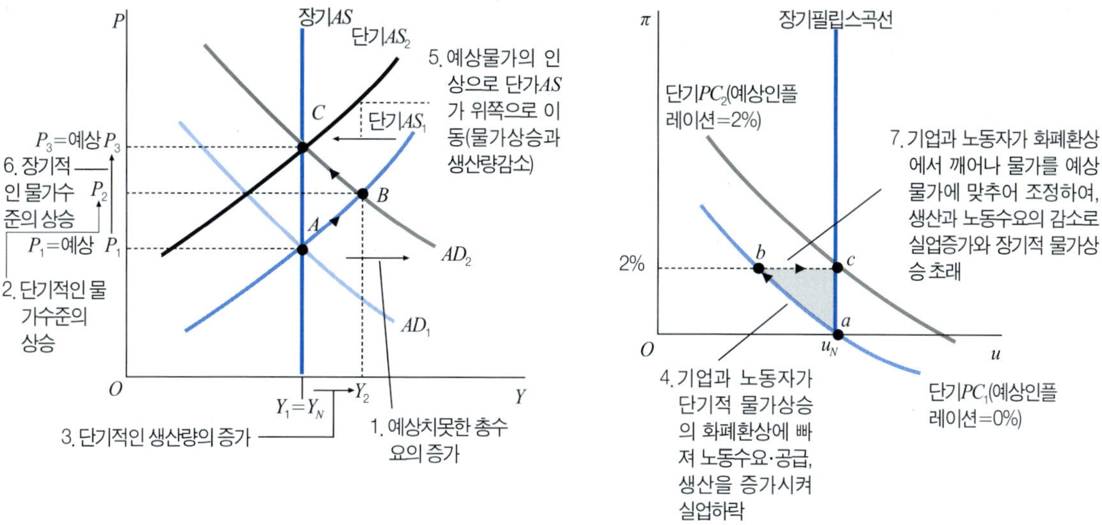

되어 있는 단기에는 우하향하는 필립스 곡선에 직면하게 되지만, 사람들이 점차 인플레이션으로 인한 물가 상승을 예측하게 되면 필립스 곡선도 점차 위쪽으로 이동하게 되어 장기에는 필립스곡선이 수직의 형태가 된다. 이러한 장기필립스곡선에 대해 살펴보자.

〈그림 11-14〉에서 현재의 경제 상황이 자연실업률 상태(u_N)와 이에 상응하는 완전고용산출량 수준(Y_N)에 있고, 물가수준이 P_1인 A점과 예상인플레이션이 0%인 a점에 있다고 하자. 단기에는 물가에 대해 고정된 기대(예상인플레이션=0%)를 하고 있어 실업률과 인플레이션율 간에는 음(−)의 관계가 유지된다.

이때 정부가 실업률을 자연실업률수준 이하로 낮추기 위해서 정부지출이나 통화량을 증가시키게 되면 총수요가 증가하고 물가가 2% 상승한다고 하자. 그러나 사람들은 이러한 정보를 제대로 반영하지 못하는 고정된 기대를 한다면 총수요증가로 인한 효과는 단기AS_1곡선을 따라서 A점에서 B점으로 이동한다. 그 결과 오른쪽그림의 실업률은 a점에서 b점으로 이동하여 자연실업률 이하로 하락하게 되고, 실제물가는 단기적으로 P_2로 상승하게 된다.

이 과정을 구체적으로 설명하면, 미래의 물가에 대한 예상이 고정되어 있는 경우 총수요가 증가하면 기업의 생산과 노동수요가 증가하고 물가와 명목임금도 어느 정도 상승하며, 기업은 자신의 상품가격의 상승이 인플레이션에 따른 것인지 알지 못하여 생산과 노동수요를 증가시키고, 노동자들도 명목임금의 상승이 인플레이션에 따른 것인지 알지 못하여 노동공급을 증가시키는 **화폐환상**(money illusion)에 빠지게 된다. 이에 따라 단기적으로 실업률이 낮아지고 명목임금이 상승하여 물가도 P_2로 상승하게 된다.

그러나 시간이 지나면서 사람들은 총수요의 증가로 인해 실제물가가 2% 상승했다는 것을 깨닫게 된다고 하자. 따라서 노동자는 이를 자신의 예상인플레이션율=2%)에 정확히 반영해 실질임금이 예전과 동일하게 되도록 명목임금을 올리게 된다. 기업은 전반적인 물가의 상승을 생산비에 반영하여 생산비가 증가함에 따라 노동수요를 줄이고 생산을 감축하게 된다. 그 결과 총공급곡선은 단기AS_1에서 단기AS_2로 상향이동하게 되고 물가는 장기적으로 P_3로 상승하게 된다. 즉, 〈그림 11-14(a)〉의 B점에서 C점으로 이동하게 된다.

이를 오른쪽 그림의 필립스 곡선에 적용하면 단기필립스곡선이 단기PC_1에서 단기PC_2로 상향이동 하는 것으로 나타난다. 그 결과 기업과 노동자들은 더 이상 화폐환상에 빠지지 않고 실질임금이 총수요 증가 이전과 동일한 수준에서 결정되며, 기업의 노동수요와 생산이 원래의 수준으로 감소하여 경제가 자연생산량(왼쪽 그림의 C점)과 자연실업률(오른쪽 그림의 c점)로 되돌아가게 된다. 결국 물가만 올라가고 실업률은 낮아지지 않는다.

따라서 장기필립스곡선은 오른쪽 그림의 a점과 c점을 잇는 수직선의 형태를 가진다. 즉, 장기필립스곡선은 화폐가 장기적으로 중립적이라는 것을 의미한다. 또한 이것은 프리드만의 자연실업률가설의 핵심내용이다. **자연실업률가설**은 장기필립스곡선이 수직이기 때문에 어떠한 정책도 장기에 실업률을 낮출 수 없다는 것이다. 이 가설은 총수요의 증대가 물가만 가속적으로 상승시킨다고 하여 **가속적 인플레이션가설**이라고도 한다.

정석사고

프리드만(M. Friedman)과 펠프스(E. Phelps)는 총공급의 변화에 기대의 역할을 강조하는 기대부가필립스곡선과 자연실업률가설을 제시하였다. **기대부가필립스곡선**은 예상치 못한 인플레이션율과 실업률 간에 음(−)의 상관관계가 있다는 것이다. **자연실업률가설**은 장기필립스곡선이 수직이기 때문에 어떠한 정책도 장기에 실업률을 낮출 수 없다는 것이다. 이 가설은 총수요의 증대가 물가만 가속적으로 상승시킨다고 하여 **가속적 인플레이션가설**이라고도 한다.

이야기 11-10 기대와 경제학

사람들은 경제활동을 할 때 자신이 보유하고 있는 경제정보를 활용해서 미래를 예측하게 된다. 기대경제학이란 사람들의 미래에 대한 예측과 기대심리가 현재와 미래의 경제활동뿐만 아니라 정부의 경제정책 효과에 어떤 영향을 미치는가를 고려한다. 미래에 대한 예측을 어떻게 하는가에 따라서 정태적(고정된) 기대, 적응적 기대, 합리적 기대로 크게 나눌 수 있다.

정태적(고정된) 기대란 사람들이 현재의 상황이 미래에도 계속 유지될 것으로 생각하는 것을 말한다. 현재($t-1$)로부터 미래(t)의 물가를 예측할 때(${}_{t-1}P^e_t$), 고정된 기대하에서 미래물가 예측은 현재물가수준(P_{t-1})이 된다. 적응적 기대는 사람들이 과거와 현재의 정보를 이용하지만, 미래 예측이 빗나갈 때 이를 반영하여 적응하는 과정에서 체계적인 오류를 범하게 된다. 합리적 기대란 사람들이 이용 가능한 포괄적인 모든 정보를 활용하여 합리적으로 최선의 미래 예측을 한다. 미래의 경제상황 변화까지 신속하게 예측에 반영하므로 미래 예측은 평균적으로 정확하게 된다. 정태적 기대와 적응적 기대, 합리적 기대를 다음과 같이 식으로 표현할 수 있다.

정태적 기대: ${}_{t-1}P^e_t = P_{t-1}$

적응적 기대: ${}_{t-1}P^e_t = \alpha P_{t-1} + \beta P_{t-2} + \gamma P_{t-3} \cdots$ $(0<\alpha<1, \alpha<\beta<\gamma\cdots)$

합리적 기대: ${}_{t-1}P^e_t = E(P_t|I_{t-1} = P_t + \varepsilon_t$ (ε_t는 예측상 오차로 평균은 0임)

(3) 합리적 기대하의 필립스곡선

합리적 기대(rational expectation)란 사람들이 이용 가능한 모든(all available) 정보를 통해서 미래를 합리적으로 예상하려고 시도한다는 가설이다. 만일 정부가 총수요를 증가시켜 실업률을 자연실업률 수준 이하로 낮추려는 시도를 하게 되면, 합리적으로 기대하는 사람들은 미래의 물가가 상승할 것으로 신속하게 예상할 수 있고, 이를 기대인플레이션율에 즉시 반영하게 된다. 따라서 경제의 불확실성이 존재하지 않는다면 실업이 자연실업률 상태에 머무르게 되고, 단기와 장기에 상관없이 필립스곡선은 수직이 된다. 이야기 11-10

이상에서 살펴본 자연실업률가설은 1970년대의 스태그플레이션 현상을 단기필립스곡선의 이동으로 설명해주고 있으며, 단기필립스곡선의 이동은 예상(기대)인플레이션의 변화와 조정으로 설명해주고 있다. 또한 자유재량정책들이 단기에는 유효하다고 하더라도 장기적으로 아무런 효과가 없다는 점을 보여주고 있다. 자연실업률가설은 케인즈학파도 받아들이고 있지만 경제의 자기조절기능에는 시간이 걸리며 여전히 단기의 안정화정책이 필요하다는 입장을 유지하고 있다.

정석사고

합리적 기대하의 필립스곡선은 경제의 불확실성이 존재하지 않는다면 실업이 자연실업률 상태에 머무르게 되고, 단기와 장기에 상관없이 필립스곡선은 수직이 된다.

(4) 인플레이션억제정책과 희생률(sacrifice ratio)

만약 인플레이션이 통화량이 증가하여 발생했다면 통화량을 조정함으로써 인플레이션을 억제하는 것이 **인플레이션억제** 혹은 **반인플레이션정책**(disinflation)이다. 인플레이션에는 비용이 따르므로 인플레이션억제정책은 좋은 것이 아닌가? 그러나 문제가 간단하지 않다. 〈그림 11-15〉의 단기필립스곡선에서 보듯이 정부가 인플레이션을 억제하면 실업이 증가할 것을 두려워하기 때문에 쉽게 인플레이션을 억제하지 못한다.

예를 들어 〈그림 11-15〉의 A점처럼 실업이 자연율수준 5%에 있고, 인플레이션이 3%에 있다고 하자. 정부가 인플레이션을 3%에서 2%로 낮추면 실업과 생산량에는 어떤 변

그림 11-15 인플레이션억제정책의 효과

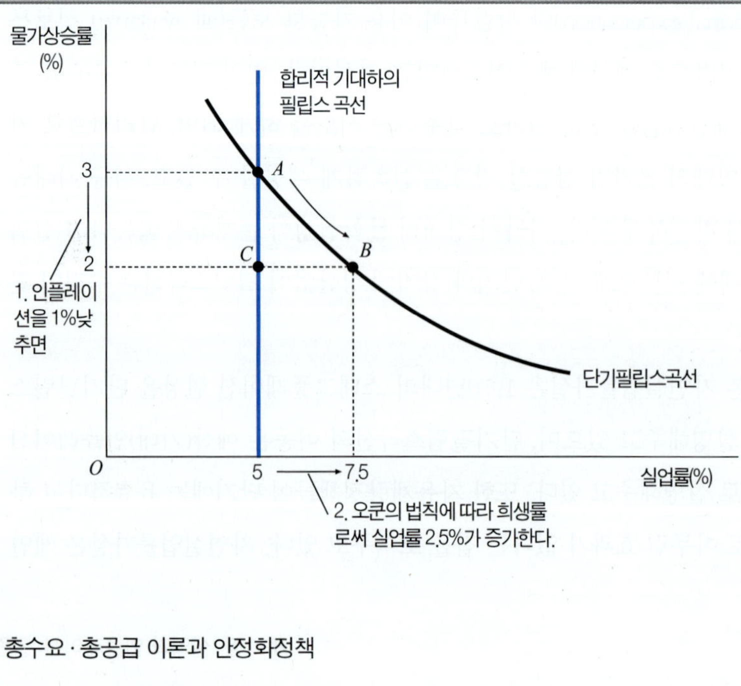

화가 일어날까? 단기필립스곡선에 따르면 인플레이션을 낮추면 상당기간 실업이 상승하고 생산량이 낮아지는 경험을 해야 한다. 많은 연구들이 필립스곡선을 계량적으로 분석한 결과를 보면 희생률(sacrifice ratio)이라는 수치로 실업의 변화를 나타낸다. 희생률이란 인플레이션을 1% 낮추기 위해 포기해야 하는 연간 실질 GDP의 백분율이다. 희생률에 대한 일반적인 측정치는 5인데, 인플레이션을 1% 낮추기 위해 연간 실질 GDP를 5% 희생해야 한다는 것을 의미한다.

오쿤의 법칙(Okun's law)에 따르면 실업률 1%의 변화는 GDP 2%의 변화에 해당된다. 따라서 인플레이션을 1% 낮추기 위해 감수해야 할 실업률은 약 2.5%(=5%/2%) 증가하게 된다. 〈그림 11-15〉의 B점이 이러한 오쿤의 법칙에 따라 희생률을 실업률로 나타낸 것이다. 이것을 이용하여 인플레이션을 낮추기 위해 얼마만큼, 얼마나 오랜 기간 높은 실업을 감수해야 하는지를 알 수 있다.

인플레이션을 1% 낮추기 위해서 연간 GDP 5%의 감소를 감수해야 하는데, 이것은 실업률 2.5%의 증가라는 희생을 요구한다. 이러한 희생을 감수하면서 1년 만에 인플레이션을 1%만큼 낮추든지 아니면 2년에 걸쳐 연간 GDP 2.5%의 감소를 감수할 수도 있다. 또는 더욱 완만하게 인플레이션을 1% 낮추기 위해 5년동안 매년 1%씩 GDP를 낮추는 방법도 있다.

그런데 인플레이션억제정책을 합리적 기대가설에 적용해보면 사람들이 합리적으로 기대를 형성하면 점진적이지 않고 급진적으로 인플레이션을 낮추는 것이 좋다. 그 이유는 급진적으로 인플레이션을 낮추는 즉시 사람들의 기대에 반영되므로 물가가 하락하고 실업률에 변화가 없다. 〈그림 11-15〉에서 보면 A점에서 C점으로 즉시 이동한다는 것이며, 이때의 희생률은 0이다. 이처럼 급진적인 인플레이션억제정책을 급랭정책(cold turkey)이라고 한다. 그러나 현실에서 이러한 급랭정책이 잘 작동되리라고 믿는 사람은 드물다. 이러한 정책이 잘 작동하려면 사람들이 정책의 변화를 신뢰해야 하기 때문이다. 어쨌든 정책의 변화에 대한 신뢰의 정도에 따라 희생률이 달라질 것이라는 데에는 많은 경제학자들이 공감한다. 이야기 11-11

이야기 11-11 경제고통지수

경제고통지수(misery index)는 국민이 느끼는 경제적 고통의 정도를 측정하기 위해 미국의 경제학자인 아서 오쿤(A. Okun)이 고안한 지표이다. 실업률과 소비자물가 상승률을 더해 산출한다. 물가가 오르거나 실업률이 높아지면 이 지수가 상승해 국민이 피부로 느끼는 삶의 고통이 커졌음을 나타낸다. 대통령의 재선과 집권당의 재신임을 묻는 선거에 있어서 국민들의 입장에서 경제정책의 성과를 파악하는 방법으로 경제고통지수가 많이 활용되고 있다.

정석사고

인플레이션이 통화량이 증가하여 발생했다면 통화량을 조정함으로써 인플레이션을 억제하는 것이 **인플레이션억제** 혹은 **반인플레이션정책**(disinflation)이다. **희생률**이란 인플레이션을 1% 낮추기 위해 포기해야 하는 연간 실질 GDP의 백분율이다. **오쿤의 법칙**(Okun's law)에 따르면 실업률 1%의 변화는 GDP 2%의 변화에 해당된다. 따라서 인플레이션을 1% 낮추기 위해 감수해야 할 실업률은 약 2.5%(=5%/2%) 증가하게 된다. 사람들이 합리적으로 기대를 형성하면 급진적으로 인플레이션이 낮추는 것이 좋은데, 이처럼 급진적인 인플레이션억제정책을 **급랭정책**(cold turkey)이라고 한다.

부록 : 기대부가 필립스곡선의 도출

기대부가 필립스곡선은 앞에서 본 루카스의 불완전정보모형을 통해 도출한 우상향의 총공급곡선으로부터 쉽게 도출할 수 있다. 루카스의 공급곡선은 다음과 같다.

$$\text{생산량}=\text{자연생산량}-\gamma(\text{일반물가}-\text{예상물가})$$

이 식을 일반물가에 관하여 정리하면 다음 식을 얻는다.

$$\text{일반물가}=\text{예상물가}-\frac{1}{\gamma}(\text{생산량}-\text{자연생산량})$$

기대부가 필립스곡선을 도출하는 데, 다음 3단계로 나누어 살펴보자. 1단계로 오른쪽에 공급충격을 더한다. 즉

$$\text{일반물가}=\text{예상물가}-\frac{1}{\gamma}(\text{생산량}-\text{자연생산량})+\text{공급충격}$$

2단계로 물가를 인플레이션율(물가상승률)로 바꾸기 위해 양변에 전기의 물가를 뺀다. 즉

$$\text{일반물가}-\text{전기일반물가}=\text{예상물가}-\text{전기일반물가}+\frac{1}{\gamma}(\text{생산량}-\text{자연생산량})+\text{공급충격}$$

따라서

$$\text{인플레이션율}=\text{기대인플레이션율}+\frac{1}{\gamma}(\text{생산량}-\text{자연생산량})+\text{공급충격}$$

3단계로 생산량을 실업으로 바꾸기 위해 오쿤의 법칙을 사용해보자. 이 법칙에 따르면 생산량이 자연율수준에서 벗어나는 것은 실업이 자연율수준에서 벗어나는 것과 역의 관계에 있다. 다시 말해서 생산량이 자연율수준보다 낮으면 실업은 자연율수준보다 높게 된다. 즉

$$\frac{1}{\gamma}(\text{생산량}-\text{자연생산량})=-\beta(\text{실업률}-\text{자연실업률})$$

이 식을 2단계에서 도출한 식에 대입하면 기대부가 필립스곡선이 도출된다. 즉,

$$\text{인플레이션율}=\text{기대인플레이션율}-\beta(\text{실업률}-\text{자연실업률})+\text{공급충격}$$

이러한 3단계 도출과정을 통해 우리는 무엇을 배울 수 있을까? 기대부가 필립스곡선이 총공급곡선과 경제적으로 같은 의미를 가진다는 사실이다. 두 곡선이 똑같은 정보를 담고 있기 때문에 동전의 양면과 같다고 하겠다. 실제 생산량과 물가의 관계를 검토할 때에는 총공급곡선을, 실업과 인플레이션의 관계를 살펴볼 때에는 기대부가 필립스곡선이 더 편리하게 사용될 수 있다.

정석기본문제

1 다음 중 취업자에 해당하지 않는 사람은?

① 일시휴직자　② 18시간 이상 일한 무급 가족종사자
③ 파출부　④ 육아도우미　⑤ 전업주부

정석힌트 전업주부는 일할 의사가 없으므로 비경제활동인구에 해당되어 취업자가 아니다. 정답은 ⑤

2 실업에 대한 설명으로 옳지 않은 것은?

① 일자리를 찾으려고 노력해오다가 결국 포기한 사람들인 실망실업자는 실질적으로 실업의 상태에 있는데도 통계에서는 제외하여 처리되고 있다.
② 마음에 맞는 일자리를 찾기 위해서 여러 직장을 옮겨 다니는 과정에서 발생하는 실업은 구조적 실업이다.
③ 경기적 실업은 경기변동 때문에 발생하는 실업을 말한다.
④ 경제에 마찰적 실업만이 존재하고 있다면 완전고용이 이루어진 상태이다.
⑤ 구조적 실업은 경기와 무관하다.

정석힌트 마찰적 실업 : 더 좋은 직장을 찾기 위해서 잠시 직장을 그만둔 경우나 졸업한 지 얼마 되지 않는 사람이 마음에 맞는 일자리를 찾기 위해서 여러 직장을 옮겨 다니는 과정에서 발생하는 실업(개인의 선택에 의한 것). 정답은 ②

3 자연실업률에 관한 다음 설명 중 옳지 않은 것은?

① 자연실업률은 마찰적 실업만 존재하는 상태에서의 실업률을 의미한다.
② 청소년의 자연실업률이 중·장년층에 비해 상대적으로 더 높다.
③ 자연실업률의 국가 간 차이는 없다.
④ 여성 근로자의 자연실업률은 남성의 경우보다 높다.
⑤ 자연실업률이 낮다는 사실은 근로자들이 처해 있는 제도 여건이 그만큼 나쁘다는 뜻으로 해석할 수도 있다.

정석힌트 일본의 자연실업률은 미국의 자연실업율의 1/3 정도 수준으로 일반적으로 자연실업률은 국가간 차이가 존재하는데 그 차이는 취업의 흐름과 관계가 있다. 정답은 ③

4 다음 중 수요견인 인플레이션을 유발하는 요소로 볼 수 없는 것은?

① 과도한 통화공급 증가

② 세율 인상

③ 과소비 풍조 확산

④ 물가상승 예상을 통한 가수요 증대

⑤ 정부지출 확대

정석힌트 정부가 지출을 확대하거나 세율을 인하하는 재정확대정책은 총수요곡선을 오른쪽으로 이동시켜 수요견인 인플레이션을 일으킨다. 정답은 ②

5 다음 중 인플레이션을 억제하기 위한 정부정책에 관한 설명 중 타당하지 않은 것은?

① 수요견인 인플레이션의 경우, 과도한 통화공급을 억제한다.

② 프리드만의 k% 준칙은 총수요억제정책의 하나이다.

③ 비용인상 인플레이션의 경우, 총수요억제정책으로 총수요곡선을 왼쪽으로 이동시키면, 국민소득의 감소없이 인플레이션을 억제시킬 수 있다.

④ 비용인상 인플레이션의 경우, 물가관리정책을 실시한다.

⑤ 임금가이드라인을 제시하여 임금 상승을 자제시킨다.

정석힌트 비용인상 인플레이션의 경우, 총수요억제정책으로 총수요곡선을 왼쪽으로 이동시키면, 인플레이션은 억제되지만 국민소득이 대폭 감소하는 부작용이 발생한다. 정답은 ③

6 필립스곡선에 관한 다음 설명 중 옳지 않은 것은?

① 전통적인 우하향하는 필립스 곡선은 고용안정과 물가안정이 동시에 달성되기 어렵다는 점을 명시적으로 보여준다.

② 기대부가 필립스곡선에서 기대가 단기에 고정되어 있는 경우 우하향하는 필립스곡선이 도출된다.

③ 기대부가 필립스곡선에서 장기에는 물가상승 예측을 통해 필립스곡선이 상방으로 이동하게 되어 수직의 필립스곡선이 도출된다.

④ 합리적 기대하의 필립스곡선에서는 단기와 장기에 상관없이 필립스곡선이 수직이다.

⑤ 합리적 기대하에서도 실업과 인플레이션의 안정적인 역의 관계가 존재한다.

정석힌트 전통적 필립스곡선에서 최근에는 합리적 기대를 접목시켜 실업과 인플레이션의 안정적인 역의 관계가 존재하지 않는다는 이론으로 진화하였다. 정답은 ⑤

7 다음 보기를 읽고 빈칸에 적절한 말을 넣으시오.

보기

실업에는 (　　)과 같은 자발적 실업과 (　　) 및 (　　)과 같은 비자발적 실업이 있다.

정석힌트 탐색적 실업 혹은 마찰적 실업, 경기적 실업, 구조적 실업

8 다음 보기를 읽고 빈칸에 적절한 말을 넣으시오.

보기

자연실업률은 (　　)하의 실업률을 의미한다.

정석힌트 잠재GDP

9 다음 보기를 읽고 빈칸에 적절한 말을 넣으시오.

보기

(　　)인플레이션과 (　　)인플레이션이 복합된 인플레이션을 (　)인플레이션이라고 한다.

정석힌트 수요견인, 비용인상, 혼합형

10 자연실업률에서는 자발적 실업을 실업으로 보지 않는 이유를 설명하시오.

정석힌트 자발적 실업은 노동자가 스스로의 의사에 따라 보다 나은 직장을 탐색하려고 하거나 새로운 직장을 얻고자 일시적으로 선택한 실업이다. 이러한 실업은 정보의 불완전성이 존재하는 한 피할 수 없는 것이며 경제의 비효율성을 가져오지 않는다고 보기 때문에 자연실업률에서 실업으로 보지 않는다.

11 케인즈의 관점에서 실업이 발생하는 원인을 설명하시오.

정석힌트 경기변동에 따르는 경기적 실업이 케인즈의 주요 관심이었고 총수요가 감소하는 경기침체기에 실업이 나타나고 이는 다시 총수요를 감소시키는 누적적 침체과정이 심각한 경제문제가 된다.

12 예상된 인플레이션은 경제성장에 해롭다고 하는데 그 이유를 설명하시오.

정석힌트 예상된 인플레이션에서는 인플레이션조세를 회피하고 이득을 보기 위해 부동산, 귀금속 등을 구입하기 때문에 자원을 비생산적인 부문으로 흘러가게 해서 경제의 생산능력을 감축시키고 자원을 비효율적으로 배분시킨다.

13 다음 보기에서 실업과 인플레이션에 대한 서술 중 옳지 않은 것은?

보기

(가) 자연실업률이론에서 사람들이 인플레이션을 예상하면 생산이 전혀 증가하지 않고 인플레이션만 일어난다.
(나) 최저임금제가 도입되면 숙련노동자의 실업률을 높여서 자연실업률을 높인다.
(다) 사회보장제도가 확충되면 탐색의 한계비용이 낮아져서 탐색적 실업이 늘어난다.
(라) 인플레이션조세는 세원이 통화량이고 세율은 인플레이션율이다.
(마) 예상하지 못한 인플레이션이 일어나면 실업률에 영향이 있다는 것이 자연실업률이론이다.
(바) 장기에 인플레이션을 일으키는 가장 중요한 요인은 과다한 통화공급이다.

정석힌트 (가)는 사실이 아니다. 완전하게 예상해야 한다.
(나)는 사실이 아니다. 비숙련 노동자의 실업률을 높인다.

14 다음 보기를 읽고 빈칸에 적절한 말을 넣으시오.

보기

프리드만의 k%준칙이란 경제가 매년 2~3% 성장할 것으로 예상되면 (　　)가 일정할 때 통화공급의 연증가율도 2~3%로 고정하면 인플레이션이 (　　)%가 된다는 것이다.

정석힌트 화폐의 유통속도, 0.

15 **다음 보기에서 통화주의학파의 자연실업률가설에 대한 서술 중 옳지 않은 것은?**

보기

(가) 장기필립스곡선은 자연실업률에서 수직이다.
(나) 단기필립스곡선은 기대인플레이션의 변화로 이동한다.
(다) 확장적 통화정책은 자연실업률을 낮춘다.
(라) 실제인플레이션율=기대인플레이션율에서 자연실업률이 결정된다.
(마) 정부의 총수요정책은 단기적으로 자연실업률을 낮출 수 있다.

정석힌트 (다)와 (마)는 사실이 아니다.

16 **미국 경제학자 오쿤은 역사적 경험에서 다음 오쿤의 법칙을 도출하였다.**

보기

실질*GDP*성장률=자연성장률−0.02×실제실업률변화분

희생률이 5라고 할 때 인플레이션을 1% 낮추기 위해 감수해야 할 실업률은 얼마입니까?

정석힌트 희생률이란 인플레이션을 1% 낮추기 위해 포기해야 하는 연간 실질 *GDP*의 백분율이다. 따라서 인플레이션을 1% 낮추기 위해 연간 실질 *GDP*를 5% 희생해야 한다는 것을 의미한다. 오쿤의 법칙에 따르면 실업률 1%의 변화는 *GDP* 2%의 변화에 해당된다. 따라서 인플레이션을 1% 낮추기 위해 감수해야 할 실업률은 약 2.5%(=5%/2%) 증가하게 된다.

17 **스태그플레이션상태에서 정부가 인플레이션율을 낮추기 위해 긴축통화정책을 발표하였다. 국민들이 정부발표를 반신반의하는 경우와 국민들이 기대인플레이션을 실제인플레이션에 신속히 조정하는 경우를 비교하면서 경제에 미치는 영향을 설명하시오.**

정석힌트 국민들이 정부발표를 믿지 못하면 기대인플레이션을 하향조정하는 데 시간이 오래 걸리므로 경기가 더욱 침체될 수 있다. 국민들이 정부발표를 믿고 신속히 조정한다면 물가가 즉시 하락하고 자연생산량이 유지될 수 있다.

18 엘사의 겨울왕국의 필립스곡선이 다음 보기와 같을 때 다음 글을 읽고 그 이유를 설명하시오.

보기

인플레이션율=5−실업률+기대인플레이션율

(1) 겨울왕국의 자연실업률을 설명하시오.

(2) 겨울왕국의 국민들이 인플레이션을 예상하지 못할 때 실업률을 3%로 낮추기 위해서 얼마의 인플레이션을 감수해야 할까요?

(3) 겨울왕국의 국민들이 2%의 인플레이션을 예상할 때 실업률을 3%로 낮추기 위해서 얼마의 인플레이션을 감수해야 할까요?

(4) 겨울왕국의 장기필립스곡선을 나타내시오.

정석힌트 (1) 인플레이션율=기대인플레이션율=0일 때, 자연실업률=5%.
(2) 기대인플레이션율=0일 때, 인플레이션율=5−3=2%.
(3) 기대인플레이션율=2%일 때, 인플레이션율=5−3+2=4%.
(4) 장기에서는 '인플레이션율=기대인플레이션율'이므로 장기필림스곡선은 실업률=5%에서 수직선이 된다.

19 다음 보기와 같은 경제상황에서 인플레이션율을 4%에서 2%로 낮추려면 연간 GDP는 얼마나 감소합니까?

보기

(가) 실업률=8.5%
(나) 인플레이션율=4%
(다) 희생률=3
(라) *GDP*=1,000조
(마) 예상인플레이션율=3%

정석힌트 희생률은 '실질*GDP*감소율÷인플레이션율하락율'이므로 인플레이션율 2%낮추면, 실질*GDP*는 6%감소해야 한다.

정석심화문제

20 일부 사람들이 실업급여를 계속 받기 위해 채용될 가능성이 매우 낮은 곳에서만 일자리를 탐색하며 실업상태를 유지하고 있다. 다음 중 이러한 사람들이 실업자가 아니라 일할 의사가 없다는 이유로 비경제활동인구로 분류될 때 나타나는 현상으로 옳은 것은?

① 실업률과 경제활동참가율 모두 높아진다.
② 실업률과 경제활동참가율 모두 낮아진다.
③ 실업률은 낮아지는 반면, 경제활동참가율은 높아진다.
④ 실업률은 높아지는 반면, 경제활동참가율은 낮아진다.
⑤ 실업률은 낮아지는 반면, 경제활동참가율은 변하지 않는다.

정석힌트 마치 실망노동자가 발생하면 경제활동참가율과 실업률이 낮게 평가되는 것처럼, 실업자와 경제활동인구가 같은 숫자만큼 줄어들기 때문에 실업률은 실제보다 낮게 잡힌다.
정답은 ⑤

21 실업과 관련된 설명 중 옳은 것을 모두 고르면?

보기

㉮ 새로운 직장에 곧 취업하게 될 사람은 실업자가 아니다.
㉯ 1주일에 한 시간씩 일하고 그 대가를 받는 사람은 실업자가 아니다.
㉰ 직장을 구하다 구직활동을 포기한 사람이 많아지면 실업률은 높아진다.
㉱ 자연실업률은 경기적 실업이 0인 상태를 말한다.
㉲ 아르바이트를 그만두고 학업에 전념하는 대학생이 많아지면 실업률은 낮아진다.

① ㉮, ㉲
② ㉯, ㉱
③ ㉯, ㉰, ㉱
④ ㉮, ㉯, ㉰, ㉲
⑤ ㉮, ㉯, ㉰, ㉱, ㉲

정석힌트 ㉮ 취업대기자는 아직 취업하고 있는 것이 아니므로 취업자가 아니라 실업자로 분류된다.
㉯ 일주일 내 1시간 이상 유급노동, 18시간 이상 무급가족노동은 취업자로 분류된다.
㉱ 경기적 실업은 실제실업률을 결정한다.
㉲ 아르바이트를 그만두면 취업자(경제활동인구)가 줄어들어 실망노동자와 반대로 취업률이 낮아진다. 즉 실업률이 높아진다.
정답은 ②

22 한국의 고용통계가 다음 표와 같이 주어졌다고 가정하자. 2000년과 2010년의 노동시장지표를 비교한 다음 설명 중 옳지 않은 것은?

연도	2000년	GDP디플레이터
생산가능인구	1,000만 명	1,200만 명
경제활동인구	800만 명	1,000만 명
취업자	600만 명	750만 명

① 실업자의 수가 증가했다.

② 실업률은 변하지 않았다.

③ 경제활동참가율은 증가했다.

④ 비경제활동인구는 변하지 않았다.

⑤ 고용률은 변하지 않았다.

정석힌트 ① 실업자는 경제활동인구에서 취업자의 수를 빼서 구할 수 있다.
"실업자=경제활동인구−취업자" 이 식에 대입해서 2000년에는 200만 명이 되고, 2010년에는 250만 명이라는 것을 알 수 있다.

② 실업률은 경제활동인구에서 실업자의 비율로 구할 수 있다. 즉 다음과 같이 구할 수 있다.

$$실업률=\frac{실업자}{경제활동인구}$$

주어진 식에 대입하면 2000년에는 0.25가 되고, 2010년에도 역시 0.25가 되어 실업률은 변하지 않았다.

③ 경제활동참가율은 생산가능인구에서 경제활동인구의 비율로 구할 수 있다.

$$경제활동참가율=\frac{경제활동인구}{생산가능인구}$$

주어진 식에 대입하면 2000년에는 경제활동인구가 0.8이 되고, 2010년에는 0.83이 된다. 따라서 경제활동참가율은 증가했다.

④ 비경제활동인구는 생산가능인구에서 경제활동인구를 뺀 값이다. 주어진 정보를 이용해서 구하면 2000년에는 200만 명이 되고, 2010년에도 역시 200만 명이 되어 비경제활동인구는 변하지 않았다.

⑤ 고용률은 생산가능인구에서 취업자의 수로 계산한다. 2000년에는 0.6이 되고, 2010년에는 0.625가 된다. 따라서 고용률의 경우에는 62.5%가 증가하였다.

정답은 ⑤

23 **실업에 관한 설명으로 옳지 않은 것은?**

① 균형임금을 초과한 법정 최저임금의 인상은 비자발적 실업을 증가시킨다.

② 실업급여 인상과 기간 연장은 자발적 실업 기간을 증가시킨다.

③ 정부의 확장적 재정정책은 경기적 실업을 감소시킨다.

④ 인공지능로봇의 도입은 경기적 실업을 증가시킨다.

⑤ 구직자와 구인자의 연결을 촉진하는 정책은 마찰적 실업을 감소시킨다.

정석힌트 ① 비자발적 실업은 노동시장에서 초과공급을 의미한다. 인상된 최저임금수준에서 비자발적인 실업이 발생한다.

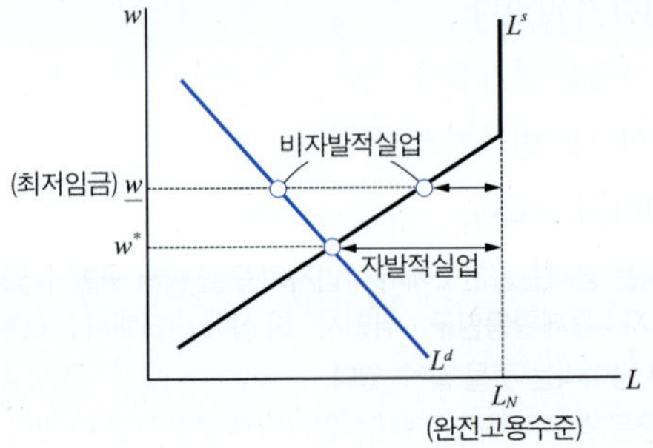

② 그러나 실업급여 인상과 기간 연장은 마찰적 실업으로 실업의 고통을 줄이기 때문에 마찰적 실업을 늘리는 부작용을 낳는다. 이에 대한 효과로 자발적 실업 기간을 증가시킨다.

③ 경기적 실업이란 경기변동 과정에서 경기침체기에 총수요 부족으로 인해 기업의 생산이 위축될 때 발생하는 실업을 말한다. 정부의 확장적 재정정책은 노동수요를 증가시키기 때문에 경기적 실업을 감소시킨다.

④ 구조적 실업이란 경제가 가지고 있는 산업구조적인 특성으로 인해 경기변동과 관계없이 늘 존재하는 실업이다. 인공지능로봇의 도입은 산업구조상 더 이상 많은 노동력을 요구하지 않기 때문에 노동수요의 감소를 초래한다. 이러한 산업구조의 변화로 인해 발생하는 실업은 구조적 실업(structural unemployment)을 증가시킨다.

⑤ 마찰적 실업이란 노동시장이 구직자와 일자리를 신속하게 연결시켜 주지 못할 때 발생하는 실업이다. 따라서 정부가 구직자와 구인자의 연결을 촉진하는 정책을 실시하면 마찰적 실업을 감소시킬 수 있다.

정답은 ④

24 물가지수에 관한 설명으로 옳지 않은 것은?

① 소비자물가지수는 소비재를 기준으로 측정하고, 생산자 물가지수는 원자재 혹은 자본재 등을 기준으로 측정하기 때문에 두 물가지수는 일치하지 않을 수 있다.

② 소비자물가지수는 상품가격 변화에 대한 소비자의 반응을 고려하지 않는다.

③ *GDP*디플레이터는 국내에서 생산된 상품만을 조사대상으로 하기 때문에 수입상품의 가격동향을 반영하지 못한다.

④ 물가수준 그 자체가 높다는 것과 물가상승률이 높다는 것은 다른 의미를 가진다.

⑤ 물가지수를 구할 때 모든 상품의 가중치를 동일하게 반영한다.

정석힌트 ① 소비자물가지수와 생산자물가지수는 계산하는 대상의 바스켓인 상품묶음이 다르기 때문에 물가지수의 값도 다른 것이 일반적이다.

② 소비자물가지수의 경우에는 상품가격변화에 대한 소비자의 반응을 고려하지 않아서 대체편의를 발생시킨다. 그 이유는 라스파이레스 가격지수방식을 사용하기 때문에 기준연도의 상품묶음을 기준으로 계산하기 때문이다.

③ *GDP*디플레이터에는 *GDP*에 수입물품이 포함되지 않기 때문에 마찬가지로 수입상품의 가격동향을 반영하지 않게 된다.

④ 물가상승률은 $\pi = \frac{\Delta P}{P}$로 구해서 단순한 물가지수인 P와는 다른 개념이다.

⑤ 물가지수를 계산할 경우에는 상품의 가중치를 다르게 반영한다. 그래야 소비자물가지수나 생산자물가지수 모두 소비자와 생산자의 체감적인 물가수준과 괴리가 작아지게 된다.

정답은 ⑤

25 폐쇄경제인 A국가는 아래의 표와 같은 가격과 수량의 조합을 갖는다. 2007년을 기준으로 할 때 2008년의 GDP디플레이터, CPI, 라스파이레스(Laspeyres)물가지수는?

	2007년		2008년	
	가격	생산량/소비량	가격	생산량/소비량
쌀	20원	80단위	40원	60단위
소고기	40원	60단위	24원	70단위

	GDP디플레이터	CPI	라스파이레스(Laspeyres) 물가지수
①	116	102	102
②	116	102	116
③	102	116	116
④	102	116	102

정석힌트 2008년 명목$GDP=(40\times60)+(24\times70)=4,080$, 2009년의 실질$GDP=(20\times60)+(40\times70)$ $=4,000$이므로 GDP디플레이터$=\dfrac{\text{명목}GDP}{\text{실질}GDP}\times 100=\dfrac{4,080}{4,000}\times 100=102$로 계산된다.

2008년 소비자물가지수(CPI)$=\dfrac{(40\times80)+(24\times60)}{(20\times80)+(40\times60)}\times 100=116$이다.

소비자물가지수가 라스파이레스 물가지수이므로 라스파이레스 물가지수도 116이다. 정답은 ③

26 다음과 같은 가계의 소비지출 구성으로 소비자물가지수를 만들었다고 하자.

식료품비	30%
교통비	10%
주거비	20%
교육, 의료	30%
의류, 기타	10%
계	100%

전년도에 비해 식료품비가 10%, 주거비가 20% 상승하였고 나머지 품목에는 변화가 없다면 소비자물가지수의 상승률은?

① 3% ② 5% ③ 7%
④ 9% ⑤ 12.5%

정석힌트 소비자물가지수는 기준시점의 지출비중을 가중치로 한 가중평균물가지수다.
전년도에 비해 식료품비 10%, 주거비 20%만 상승했으므로 소비자물가지수의 상승률은 7% $(10\times0.3+20\times0.2)$ 상승한다. 정답은 ③

27 다음은 인플레이션의 발생배경과 그 영향에 대한 설명이다. 이 중 틀린 것은?

① 예상된 인플레이션의 경우 메뉴비용(menu cost)이 발생할 수 있다.

② 예상된 인플레이션의 경우 은행에 가서 현금을 인출하는 횟수가 빈번해지는 구두가죽비용 (shoe leather cost)이 발생하지 않는다.

③ 예상 못 한 인플레이션의 경우 채권자와 채무자 사이에 '소득재분배' 효과가 발생한다.

④ 생산비 상승으로 인한 비용 인플레이션의 경우 '스태그플레이션(stagflation)'이 발생할 수 있다.

⑤ 예상 못 한 인플레이션은 경제의 불확실성을 증대시킨다.

정석힌트 인플레이션의 효과를 정리하면 다음과 같다.

- 예측 여부와 관계없이 메뉴비용, 구두창비용이 발생한다.
- 금융자산의 실질가치 하락(피구 효과 등)으로 손실이 발생한다.
- 정부가 (누진)세율을 조정하지 않으면 인플레이션세가 발생한다.
- 정부가 공채를 화폐발행으로 갚으면 구매력이 정부로 이전되는 인플레이션세가 발생한다.
- 장기임금계약을 하는 경우에는 기업에게 실질임금이 하락한다(새케인즈학파).
- 예상치 못한 인플레이션이 발생하면 실제실업률이 자연실업률보다 낮아진다(새고전학파).
- 인플레이션이 완전하게 예측되면 경제는 자연실업률상태에 머문다(새고전학파).
- 사전적으로 명목이자율이 상승하고(피셔 가설), 사후적으로는 예기치 못한 인플레이션으로 실질이자율이 하락한다.
- 인플레이션율이 높을수록 불확실성이 커져 가산금리가 붙어 장기자금거래가 위축되고, 투자가 줄어든다.

② '구두가죽비용(shoeleather cost)'은 인플레이션으로 인해 화폐 보유를 줄이고 실물 등 가치가 안정적인 자산을 보유하려는 과정에서 발생하는 기회비용이다.

③ 예상 못 한 인플레이션은 사후적 실질이자율을 하락시켜 채권자에게서 채무자로 구매력이 이동하는 '소득재분배' 효과가 발생한다.

정답은 ②

28 다음은 인플레이션의 사회적 비용에 대한 설명이다. 맞는 것을 모두 고르시오.

보기

ㄱ. 인플레이션으로 명목이자율은 상승하고 사람들은 화폐보유량을 줄이고자 구두가죽비용(shoeleather cost)을 지불한다.

ㄴ. 인플레이션이 발생하는 경우 세법은 실질임금의 상승이나 하락에 관계없이 더 높은 세율을 적용받게 한다.

ㄷ. 실제 인플레이션이 계약을 체결한 시점에서 기대한 인플레이션보다 높게 나타난다면 대여자는 손해를 보고 차입자는 이득을 얻게 된다.

ㄹ. 기대하지 못한 인플레이션의 효과는 불확실성 때문에 거래 자체가 미뤄지거나 위축될 가능성이 높아져 사회후생이 감소하게 된다.

ㅁ. 초인플레이션이 일어나게 된다면 거래의 위축을 넘어서 화폐의 가치저장수단이나 교환의 매개수단 및 회계의 단위 같은 기능이 소멸된다.

① ㄱ, ㄴ ② ㄱ, ㄴ, ㄷ ③ ㄱ, ㄷ, ㄹ
④ ㄴ, ㄷ, ㄹ, ㅁ ⑤ ㄱ, ㄴ, ㄷ, ㄹ, ㅁ

정석힌트 인플레이션이 기대되는 경우에 물가가 그만큼 상승할 것이라고 이미 알려져 있기 때문에 명목이자율은 상승하게 된다. 물가상승률이 기대되었으므로 노동자와 사용자 사이에 노동계약에서도 그만큼 명목임금은 상승한다. 즉, 기대된 인플레이션은 한 경제의 모든 거래와 계약에 반영돼 실질이자율이나 실질임금 등을 변화시키지 않으므로 완전고용수준의 균형에 영향을 미치지 못한다. 이때 화폐가 가지는 특수한 역할과 사회제도로 인해서 명목이자율이나 명목임금 상승은 다른 면에서 사회적인 비용을 수반한다.

(ㄱ) 명목이자율 상승은 화폐보유의 기회비용 증가를 의미하기에 사람들은 화폐보유량을 줄이려고 할 것이다. 그런데 화폐보유량을 줄였으나 현금을 사용하는 횟수와 거래량에 변함이 없다면 더 자주 은행에 방문해 현금을 인출해야 한다. 즉 화폐보유량을 줄이면 비용이 발생한다. 은행에 더 자주 방문하려면 그만큼 시간을 할애해야 하므로 여가가 줄어들고 은행이 멀리 떨어져 있다면 그만큼 교통비를 더 지출해야 한다. 이렇게 은행에 자주 방문하여 구두가 그만큼 빨리 해진다는 것을 은유적으로 표현한 것이 구두가죽비용이다.

(ㄴ) 인플레이션의 비용은 세법 때문에 나타나기도 한다. 대부분 세법은 인플레이션 효과를 반영하지 않고 있다. 노동자의 임금상승률이 연간 10%, 물가상승률이 10%인 경우에는 이 노동자의 실질임금은 변함이 없게 된다. 따라서 노동자가 부담해야 하는 실질 세금의 크기에도 변함이 없어야 한다. 그러나 세법에서는 명목소득에 따라서 세율이 다르게 정의돼 있다. 임금이 상승하면 실질임금의 상승이나 하락에 관계없이 더 높은 세율을 적용받는 것이다. 우리나라 소득세법에서도 소득수준별로 낮은 세율에서 높은 세율까지 점진적으로 소득세율이 증가하도록 누진적으로 설계되어 있다.

(ㄷ) 예를 들어 2010년 1월 1일에 갑이 을에게 같은 해 12월 31일에 갚는 조건으로 100만 원을 빌리고 확정이자율을 7%로 정했다고 한다. 이때 2010년 1월 1일에 기대된 2010년 인플레이션이 3%였다고 가정해 보자. 만일 2010년에 실제로 발생한 인플레이션이 3%였다면 갑이 실제

로 부담한 실질이자율은 7%에서 3%를 차감한 4%가 된다. 즉, 위의 거래에서 을의 실질수익률은 4%가 되는 것이다. 그러나 2010년에 실현된 인플레이션이 10%라면 갑이 부담한 실질이자율은 7%에서 10%를 차감한 −3%가 된다. 이와 같이 실질이자율이 마이너스가 되면 대여자가 차입자에게 이자를 지급하는 것과 같은 효과가 발생한다. 즉, 2010년 1월 1일 대여자인 을은 위의 계약을 통해서 4%의 실질수익을 기대했으나 실제로 나타난 수익은 −3%이므로, 계약을 맺을 당시에 기대를 기준으로 하면 7%의 실질이자를 오히려 차입자인 갑에게 지급한 셈이 된다. 이렇게 계약을 맺은 이후부터 계약완료시점까지 사후적으로 발생한 실제 인플레이션이 계약을 맺은 시점에서의 기대인플레이션보다 높으면 대여자에게서 차입자에게로 뜻하지 않게 소득을 이전하는 효과가 나타나는 것이다.

(ㄹ) 인플레이션에 수반된 불확실성에 따라서 거래 자체가 미뤄지거나 위축될 가능성이 높아지므로, 궁극적으로는 사회후생이 감소한다. 이는 곧 금융정책이 예측되고 안정적인 방식으로 집행될 필요성이 있다는 것을 의미한다. 이러한 금융당국의 노력을 '앵커링(anchoring)'이라고 칭한다.

(ㅁ) 초인플레이션이 일어날 때 가장 큰 사회적 비용은 거래의 위축을 넘어서 한 경제의 거래질서가 파괴된다. 음식이나 생활용품을 구입하기 위해서 그보다 부피가 더 큰 화폐를 가지고 다녀야 한다면 거래를 간편하게 하고 촉진하는 화폐의 기능을 다하고 있다고 말할 수 없다. 이를 해결하기 위해서는 중앙은행이 높은 단위의 화폐를 발행할 수 있으나 초인플레이션의 경우에는 궁극적으로 폭발적인 물가상승을 감당할 수 없게 된다. 결국 초인플레이션의 사회적 비용을 감당할 수 없게 되고, 가치의 저장수단이나 교환의 매개수단 및 회계의 단위 같은 화폐의 기능이 소멸한다. 따라서 화폐가 더 이상 사용되지 못하고 물물교환으로 회귀해 담배와 같은 재화나 가치가 안정적인 외환 같은 비공식적인 화폐가 공식적인 화폐를 대체하게 된다. 물물교환의 불편함이나 외국화폐를 이용하는 경우 혼란을 생각하면 초인플레이션의 사회적 해악이 매우 크다는 것을 알 수 있을 것이다.

정답은 ⑤

29 아래 그림에서 어떤 경제가 점 B에 있다고 하자. 다음 설명 중 옳은 것은?

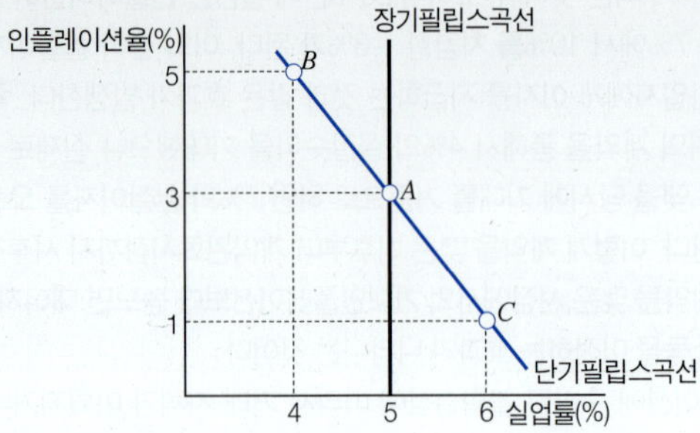

① 기대인플레이션율과 실제인플레이션율이 같다.

② 이 경제에서는 잠재실질GDP가 달성되고 있다.

③ 기대인플레이션율은 3%이다.

④ 자연실업률은 4%이다.

⑤ 기대인플레이션율의 하락은 B에서 A로의 이동을 가져온다.

정석힌트 단기필립스곡선은 인플레이션율 3%에서 자연실업률 5%에 대응(물가기대오차가 없는 상황)하고 있다. 즉, 단기필립스곡선에서 기대물가상승률은 3%이다. 기대인플레이션율은 3%이나 현재는 B점에 있으므로 실제인플레이션율은 5%이다. 즉 현재 실제인플레이션율이 기대인플레이션율보다 높은 상태이다. 따라서 인플레이션율에 대한 과소기대로 실제실업률이 자연실업률보다 낮아진 상태이다.

기대인플레이션율이 하락하면 필립스곡선 상에서 이동하는 것이 아니라 단기필립스곡선 자체가 하방으로 이동한다. 장기필립스곡선은 자연실업률수준에서 수직이므로 현재 자연실업률은 5%이다. 현재 실업률이 4%로 실제실업률이 자연실업률보다 낮으므로 실제GDP가 잠재GDP보다 큰 상태이다.

정답은 ③

30 다음 필립스곡선(Phillips curve)에 대한 설명 중 옳은 것은?

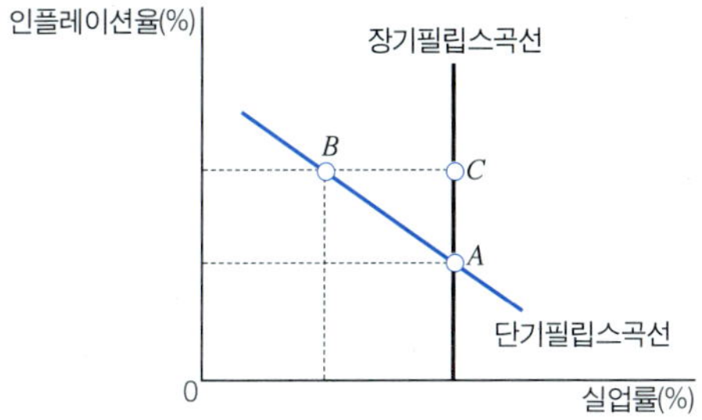

① 경제가 B에 있는 경우, 기대인플레이션율은 실제인플레이션율과 같다.

② 경제가 A에 있는 경우, 적응적 기대하에서 확장적 통화정책은 단기적으로 경제를 A에서 B로 이동시킨다.

③ 경제가 A에 있는 경우, 합리적 기대하에서 예상치 못한 확장적 통화정책은 단기적으로 경제를 A에서 C로 이동시킨다.

④ 기대인플레이션율의 상승은 단기필립스곡선을 왼쪽으로 이동시킨다.

⑤ 1970년대 스태그플레이션은 단기필립스곡선 상의 움직임으로 나타낼 수 있다.

정석힌트 단기필립스곡선은 우하향하는 형태이고, 장기필립스곡선은 자연실업률 상태에서 수직이다. 장기필립스곡선 상의 모든 점에서 실제인플레이션과 기대인플레이션율이 일치한다.

① 경제가 B와 같이 장기필립스곡선의 좌측에 있는 경우는 실업률이 자연실업률보다 낮은 상태이고, 실제인플레이션율은 기대인플레이션율보다 높다.

② 경제가 A에 있을 때 적응적 기대하에서 확장적 통화정책을 실시하면 물가에 대한 과소기대 오차가 발생해 단기적으로 A에서 B로 이동한다. 하지만 시간이 지남에 따라 기대오차가 사라져 장기필립스곡선 상의 C점으로 이동한다.

③ 경제가 A에 있을 때 합리적 기대하에서 예상치 못한 통화정책을 실시하면 물가인식에 대한 오류로 기대인플레이션율은 실제인플레이션율보다 낮은 상태가 되고 일시적으로 점 B로 이동한다. 그러나 예상된 정책은 장·단기 모두 물가에 대한 정확한 예상이 가능해 수직인 필립스곡선 상의 A에서 C로 즉시 이동한다.

④ 기대인플레이션율의 상승은 단기필립스곡선을 우측으로 이동시킨다.

⑤ 스태그플레이션은 단기필립스곡선의 우측 상방이동으로 설명된다.

정답은 ②

31 **다음 그림은 필립스곡선을 나타낸다. 현재 균형점이 A인 경우, (가)와 (나)로 인한 새로운 단기균형점은?**

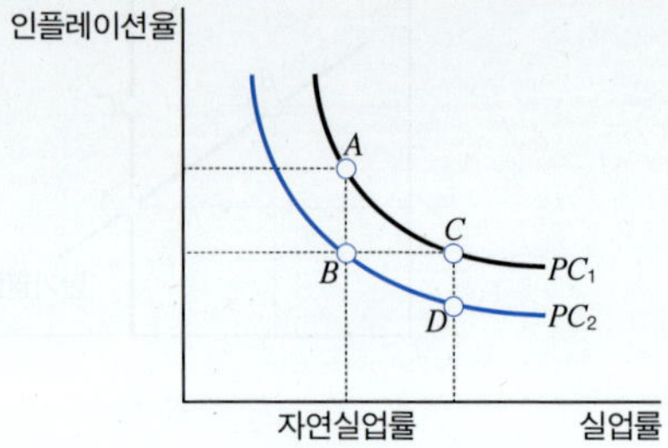

보기

(가) 경제주체들의 기대형성이 적응적 기대를 따르고 예상하지 못한 화폐공급의 감소가 일어났다.

(나) 경제주체들의 기대형성이 합리적 기대를 따르고 화폐공급의 감소가 일어났다. (단, 경제주체들은 정부를 신뢰하며, 정부정책을 미리 알 수 있다.)

	(가)	(나)
①	B	C
②	B	D
③	C	B
④	C	D

정석힌트 필립스곡선은 실업률과 인플레이션율의 관계를 나타낸 것이다. 초기의 필립스곡선을 수정하여 프리드먼-펠프스는 기대를 추가하여 다음과 같은 필립스곡선을 나타냈다.

$$\pi = -\beta(u - u_N) + \pi^e$$

여기서 실제물가상승률과 기대물가상승률이 일치하는 $\pi = \pi^e$에서의 실업률이 바로 자연실업률 $u = u_N$이 된다. 문제에서는 기대를 어떤 방식으로 형성하는가에 따라서 필립스곡선 상의 이동인지 곡선 자체가 이동하는지를 문제로 낸 것이다. 필립스곡선은 총공급(AS)곡선과 연관해서 이해를 하면 굉장히 쉽고 연결고리도 찾기 쉽다.

(가) 경제주체의 기대형성이 적응적 기대인 경우에는 예상치 못한 화폐공급의 감소는 기대물가상승률에는 아무런 영향을 미치지 못하게 되므로 곡선 상의 이동이 된다. 화폐공급의 감소는 총수요의 감소로 경기침체를 가져와 국민소득은 감소하고, 물가수준도 하락한다. 이 과정은 AS곡선에 적용하면 곡선 상에서 이동하는 것이다. AS곡선과 동일한 것이 바로 필립스곡선이다. 따라서 AS곡선 상에서 이동은 필립스곡선 상에서 이동하는 것이다. 현재 A의 상태에 있는데, 화폐공급의 감소로 경기침체와 더불어 물가가 하락하면 실업률의 증가로 물가상승률의 하락

이 동시에 발생한 것으로 볼 수 있다. 즉, A에서 C로 이동한다.

(나) 경제주체들이 합리적 기대를 통해서 행동한다면 화폐공급의 감소로 인한 물가하락은 이용가능한 정보를 모두 활용하는 합리적 기대주체들에게는 바로 기대에 반영되어 예상물가상승률은 하락하게 된다. 따라서 필립스곡선은 하방(좌측)으로 이동하게 된다. 결국 AS곡선이 우측이동하게 된다고 볼 수 있다. 필립스곡선의 하방이동의 크기는 물가가 하락한 만큼 정확하게 일치하게 되므로 원래의 A점에서 자연실업률수준이 계속 유지되기 때문에 B로 이동하게 된다. 이러한 상황이 성립하기 위한 전제조건으로는 경제주체들이 정부를 신뢰하고 있으며, 정부의 정책에 대해서 모두 아는 경우이다.

정답은 ③

32 **다음 그림은 장단기 총공급곡선과 장단기 필립스곡선을 나타낸 것이다. 현재 경제가 'C'점과 '3'점에서 균형을 이루고 있다고 하자. 예상하지 못한 화폐공급의 감소로 총수요곡선이 이동하였을 때, 새로운 단기균형점으로 적절한 것은?**

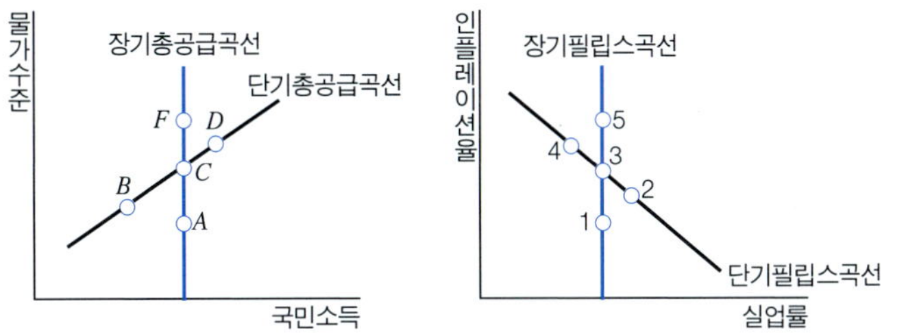

① B와 1

② B와 2

③ D와 2

④ D와 4

정석힌트 예상치 못한 화폐공급이 감소하게 되면 AD곡선이 좌측으로 이동하게 되고, AS곡선은 그대로 변함이 없게 된다. 따라서 AS곡선 상에서 이동하게 되므로 C점에서 B로 이동하게 된다.

필립스곡선도 마찬가지로 단기필립스곡선을 따라서 3에서 2로 이동하게 된다.

AS곡선과 필립스곡선은 모두 이동하는 것이 아니고 곡선 상에서 이동하는 것이라는 점에 잘 유념해야 한다.

정답은 ②

33 어떤 경제의 총공급곡선으로부터 도출한 필립스곡선(Phillips curve)은 $\pi=\pi^e-a(u-\bar{u})$이며 장단기필립스곡선을 그래프로 나타내면 아래와 같다. 현재실업률이 3% 물가상승률이 3%이다. 이 경우 정부가 재정지출을 축소할 때 나타날 수 있는 단기실업률과 단기물가상승률은? (단, u는 실업률, π는 물가상승률, π^e는 기대물가상승률, $\bar{u}$는 자연실업률, a는 유한한 양의 상수이다.)

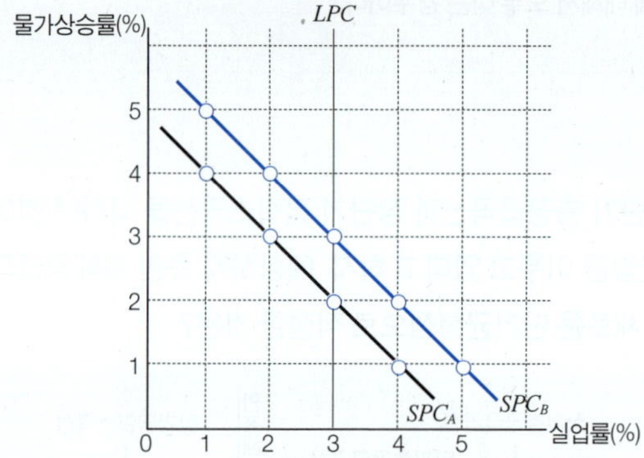

* 단, LPC는 장기필립스곡선, SPC_A와 SPC_B는 단기필립스곡선이다.

	단기실업률	단기물가상승률
①	2%	3%
②	2%	4%
③	3%	2%
④	4%	1%
⑤	5%	1%

정석힌트 현재실업률이 3%이고 물가상승률이 3%이므로 단기필립스곡선 SPC_B의 상태에 있다. 정부가 총수요관리정책을 실시하게 되면 SPC_B의 단기필립스곡선을 따라서 이동하게 된다. 문제에서는 정부가 긴축재정지출을 사용한다고 했으므로 SPC_B을 따라서 실업률은 증가하게 되고, 물가는 하락하게 된다. 정답으로 선택할 수 있는 경우는 실업률 4%와 물가상승률 2% 또는 실업률 5%와 물가상승률 1%뿐이다.
정답은 ⑤

6

동태적 경제이론

정석 거시경제론 **제12장**

경제성장이론

성장에 관한 문제는 새로운 것이 아무것도 없다. 이는 경제학에서 언제나 중요한 위치를 점하고 있는 오래된 문제, 즉 현재 대 미래에 대한 문제를 새롭게 재조명한 것이다.

- 제임스 토빈 -

미국이나 독일과 같은 선진국은 인도나 나이지리아와 같은 후진국과 비교했을 때 평균소득이 10배 이상 높다. 이러한 소득격차는 삶의 질이라고 할 수 있는 생활수준의 차이로 나타난다. 생활수준이 높다는 말은 더 좋은 음식을 먹어 영양상태도 좋고, TV를 비롯한 자동차, 휴대폰 등 다양한 상품과 품질도 좋은 상품을 소비한다는 의미이기도 하다.

세계경제사를 살펴보면 대부분의 시기에 경제성장은 별로 없었고, 대규모의 부는 정복과 착취를 통해 축적되었다. 피라미드, 만리장성, 그리고 콜로세움과 같이 부를 상징하는 건축물들은 수백만 명의 노예들을 동원한 결과이다. 위대한 예술품은 재능 있는 개인들 몇몇이 생산한 것이고, 근로시간당 생산량은 수천년간 거의 변함이 없었다. 또한 한 사회의 지배계급을 제외하고는 극심한 빈곤에 허덕였다. 그러나 이러한 상황은 18세기를 전후하여 급격하게 변했다. 1700년대 후반과 1800년대 초반의 산업혁명을 통해 경제성장은 가속화되었고 이후 20세기에 들어와 역사적으로 전례 없이 경제가 성장하였다. 연평균 500달러 수준으로 변화가 없었던 1인당 국민소득은 산업혁명을 전후로 급격하게 상승하기 시작했다. 또한 산업혁명의 혜택을 누린 국가와 그렇지 못한 국가 간의 소득격차는 크게 벌어지기 시작했다.

경제성장은 국민소득 증가의 장기적 추세변화를 뜻하는데, 이 추세에서 단기적으로 일탈하여 국민소득이 증감하는 것을 경기변동이라고 하였다. 이 장에서는 국민소득이 왜 장기적으로 증가하는 추세를 따르는지, 더 나아가 어떤 유형의 경제성장이 바람직한 것인지, 인류는 끊임없이 경제성장을 할 수 있는 것이지, 이러한 물음에 답을 찾아보려고 한다.

이 장에서 배울 것

- 경제성장의 요인은?
- 경제성장의 특징은?
- 해로드-도마의 경제성장이론은?
- 신고전학파 솔로우의 경제성장이론은?
- 내생적 성장이론은?

1 경제성장과 그 요인

1. 경제성장 개념과 의의

시간이 흘러감에 따라 일인당 국민소득이 지속적으로 증가하는 현상을 **경제성장**(economic growth)이라고 한다. 우리가 부모님의 시절보다 생활수준이 높아져서 더 잘 먹고 잘사는 이유가 바로 이러한 경제성장 때문이다. 많은 경제학자들은 경제성장을 측정하기 위해 경제 내 모든 사람들의 소득을 측정한 국내총생산을 이용한다. 오늘날 우리의 국내총생산은 20년 전과 비교하여보면 2배 이상 증가하였다. 그렇다면 국민소득 혹은 국내총생산이 왜 증가하는지 그리고 일부 경제는 다른 경제에 비해 왜 더 급속히 성장하고 있는지에 대해 답을 찾아보자. 이야기 12-1

이야기 12-1 세계경제사 기적의 계보

산업혁명 이후 서유럽 국가들은 기술혁신, 생산성, 1인당 국민소득이 크게 증가하였다. 다음 표는 1인당 국민소득이 1,800달러를 넘어선 연도와 2011년 현재 1인당 국민소득을 보여준다. 1820년 세계에서 가장 부유한 국가는 네덜란드였고, 영국과 미국이 부자나라에 합류하였다. 서유럽 국가들을 제외하고는 일본이 처음으로 1921년 1,800달러를 넘어서게 되었다. 이후 한국은 인구 5,000만밖에 안 되지만 1969년이 되었을 때 선진국에 진입한 시기를 불과 42년 만인 일본의 절반의 시간으로 줄였다. 한국은 경제 역사상 유래를 찾아보기 힘든 기적을 이룩한 국가이다.

〈기적을 이룬 국가 계보〉

국가	$1,800을 처음 넘어선 연도	2011년 1인당 국민소득	배수(기간)
네덜란드	1820년($1,838)	42,330	23배(190년)
영국	1834년($1,828)	35,974	20배(178년)
미국	1850년($1,806)	48,147	27배(160년)
일본	1921년($1,860)	34,362	19배(90년)
한국	1969년($1,839)	31,753	17배(42년)
중국	1988년($1,816)	8,394	4.6배(23년)

정석사고

경제성장(economic growth)은 시간이 흘러감에 따라 일인당 국민소득이 지속적으로 증가하는 현상이다.

2. 경제성장의 요인

(1) 생산요소 투입의 증대

많은 경제학자들이 경제성장을 국내총생산의 증가로 측정한다고 하였다. 그러면 총생산의 증가는 어디에서 원인을 찾을 수 있는가? 답은 의외로 간단하다. 생산에 투입되는 생산요소의 양이 증가하면 총생산이 증가한다. 따라서 노동, 자본, 자원과 같은 생산요소가 양적으로 증대하면 총생산이 증가하고 경제가 성장한다.

생산요소가 증대하여 경제가 성장할 때 지배하는 두 가지 법칙이 있다. 하나는 규모의 경제(economies of scale)이고 다른 하나는 수확체감의 법칙(the law of diminishing returns)이다. 규모의 경제는 모든 생산요소들이 같은 비율로 증가할 때 생산량이 증대하는 정도를 지배하는 법칙이다. 수확체감의 법칙은 어떤 생산요소가 증가하는 반면 다른 요소들이 고정되어 있을 때 생산량이 증대하는 정도를 지배하는 법칙이다. 이러한 두 가지 법칙이 지배하는 생산관계에서 경제성장의 정도를 설명할 수 있다.

보통 토지와 같은 자연자원은 그 양이 자연적으로 주어져 있으므로 공급이 고정된 경우가 많다. 이 때문에 경제성장의 요인을 볼 때 주로 자본과 노동을 대상으로 삼는다. 자본과 노동이 얼마만큼 경제성장에 기여할까? 이것은 자본과 노동이 단위당 얼마만큼 생산을 할 수 있는가라는 자본과 노동의 평균생산성과 한계생산성에 의해 결정된다. 자본이 풍부한 경제에서는 노동 1단위에 자본이 여러 단위 결합되어야 하므로 수확체감의 법칙에 따라 상대적으로 자본의 한계생산성이 노동의 한계생산성보다 낮다. 이것은 노동의 증가가 경제성장의 중요한 요인이 된다는 것을 의미한다. 반대로 노동이 풍부한 경제에서는 같은 논리로 상대적으로 희소한 자본의 증가가 경제성장의 중요한 요인이 된다. 그러므로 경제의 요소부존도가 경제성장의 요인이 된다. 이것은 일찍이 고전학파가 성장의 원동력으로 제시한 것이다.

(2) 기술진보

생산요소의 증가없이 기술진보를 통해 경제성장을 가져올 수 있다. **기술진보**는 생산요소를 보다 효율적으로 사용한다는 의미이다. 새로운 기술로써 훨씬 적은 노동과 자본, 에너지와 자원을 사용하여 상품을 생산하기 때문에 생산성의 증대를 통해 경제성장을 가져온다. 이때 기술은 생산기술뿐만 아니라 마케팅, 경영조직, 경영기법, 원료, 시장 등의 새로운 발견이나 혁신을 포함하는 기술과 지식의 진보를 의미한다. 기술진보는 자본축적과도 밀접한 관련이 있는데, 기술진보가 새로운 자본설비나 기계에 체화되어 풍부한 자본이 기술진보의 원천이 되기 때문이다. 이것이 자본축적을 중요시하는 이유이다.

3. 경제성장회계

경제성장의 결정요인은 생산요소공급의 증가와 기술진보이다. 생산요소의 공급이 증가하면 현재 그 경제에 주어진 생산함수를 따라 생산이 증가하는 것이다. 반면에 기술진보는 생산함수 자체를 상향이동시켜서 생산이 증가하는 것이다. 이것을 경제성장회계라는 분석방법에 따라 설명해보자.

경제성장회계(economic growth accounting)법이란 경제성장의 원천을 노동과 자본의 증가라는 요소투입의 증가와 기술진보와 같은 생산성의 증가로 나누어 각 요인이 경제성장에 얼마나 기여하는가를 측정하는 방법이다. 이를 이해하기 위해 노동과 자본 및 생산량의 관계를 총생산함수로 나타내면 다음과 같다.

$$Y = Af(L, K)$$

이 식에서 A는 기술진보 혹은 기술진보율(총생산성증가율)을, f는 생산함수를 나타낸다. 이 총생산함수를 그림으로 나타내면 〈그림 12-1〉과 같다.

〈그림 12-1〉에서 국민소득 혹은 총생산이 Y_0에서 Y_3로 높아진 것을 볼 수 있는데 이를 3단계로 나눌 수 있다. a에서 b점으로 이동하는 단계는 기술수준과 자본 모두 고정된 상태에서 노동을 증가시키는 경우 수확체감의 법칙에 따라 생산이 증가하고, b에서 c로 이동하는 단계는 자본을 K_0에서 K_1로 증가시킨 경우 규모의 경제에 따라 생산이 증가한

그림 12-1 경제성장의 요인분해

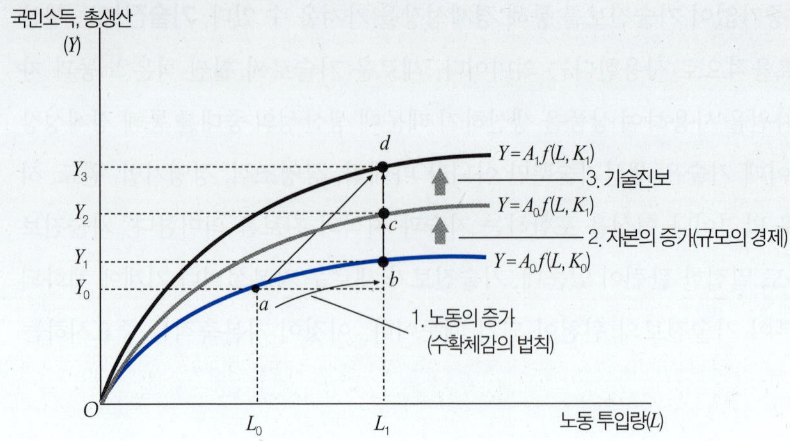

다. 수평축이 노동으로 표현되어 있으므로 자본의 증가는 주어진 노동에 대해서 더 높은 국민소득으로 연결되어 곡선 자체가 위로 이동한다. c에서 d로 국민소득이 증가하는 단계는 주어진 노동 L_1과 자본 K_1에 대해서 기술진보로 인해 경제가 성장하는 것을 보여준다.

따라서 경제성장이 이루어지는 경우 경제성장회계는 다음과 같은 식을 의미한다.

$$\frac{\Delta Y}{Y}=\frac{\Delta A}{A}+\frac{\Delta L}{L}+\frac{\Delta K}{K}$$

기술진보가 없이 노동과 자본의 투입량이 증가한 경우를 양적(qunatitative)성장 혹은 외연적 성장이라고 하며, 기술진보를 통한 성장을 질적(qualitative) 성장 혹은 내연적 성장이라고 한다. 그리고 내연적 경제성장을 유발하는 기술진보에도 똑같은 산출량을 적은 노동으로 생산하는 **노동절약적 기술진보**, 똑같은 산출량을 적은 자본으로 생산하는 **자본절약적 기술진보**, 노동과 자본을 모두 적게 사용하여 생산하는 **기술중립적 기술진보**가 있다.

대부분의 경제에서 초기의 경제성장은 외연적 성장이지만 생산요소의 공급에 한계가 있으므로 계속 성장하기 위해서는 내연적 성장으로 전환되는 것이 일반적 현상이다. 경제성장의 원인을 정리해보면 노동, 자본, 자원, 기술을 **경제성장의 4대요인**이라고 부르며, 자원은 고정된 것이므로 노동, 자본, 기술이 모든 경제의 주요 연구대상이다. 이야기 12-2

정석사고

경제성장의 결정요인은 생산요소공급의 증가와 기술진보이다. 경제성장회계법은 경제성장의 원천을 노동과 자본의 증가라는 요소투입의 증가와 기술진보와 같은 생산성의 증가로 나누어 각 요인이 경제성장에 얼마나 기여하는가를 측정하는 방법이다. 경제성장이 이루어지는 경우 경제성장회계는 '경제성장률=노동증가율+자본증가율+기술진보율'을 의미한다. 이에 비추어볼 때 경제성장의 4대요인은 노동, 자본, 자원, 기술이다.

이야기 12-2 인구와 경제성장

인구의 증가가 사회에 미치는 영향에 대해서는 많은 논란이 있다. 그중에는 인구가 증가하게 되면 직접적으로 노동인구가 증가하여, 상품과 서비스를 생산하고 공급할 생산요소가 많아진다는 주장도 있었다.

맬서스는 그의 저서 「인구론」에서 인구의 지속적인 증가는 사회에 부담을 주기 때문에 인류는 빈곤에서 영원히 빠져나오지 못할 것이라고 주장했다. 그러나 이러한 예측은 빗나갔고, 오히려 인구성장이 경제적 번영과 기술진보로 연결되었다고 주장하는 학자들도 있다. 크래머(M. Kremer) 는 1993년 「인구성장과 기술변화: B.C. 100~1990」이란 논문에서 오랜 인류 역사를 통해서 살펴본 결과 세계인구가 증가함에 따라서 세계경제성장률도 높아졌다고 주장했다. 사람이 많을수록 기술진보가 더욱 활발해진다는 것이다. 그의 연구에 의하면, 1500년경 콜럼버스가 탐험하던 당시 가장 문명국은 유라시아와 아프리카 지역이었고, 다음은 아메리카의 아즈텍과 마야문명이었다. 그러나 오스트레일리아의 테즈메니아 원주민들은 인구도 적었고 가장 고립되어 있었는데, 불, 돌, 뼈 등의 도구도 사용하지 못하는 수준이었다고 한다.

2 경제성장의 특징

영국의 경제학자 칼도(N. Kaldor)는 경제성장모형이 설명하려고 하는 여섯 가지 **정형화된 사실**(stylized facts) 혹은 성장의 **경험적 규칙성**(empirical regularities)을 제시하였다. 이 사실들은 선진공업국에서 주로 발견되는 공통된 규칙성을 말하는데, 경제성장의 정형화된 사실은 다음과 같다.

① 1인당 실질소득이 장기적으로 대략 일정한 비율로 증대된다.

이것은 노동이 일정 비율로 증가할 때 총생산량도 일정 비율로 증가한다는 사실이다. 따라서 총생산량을 노동자수로 나눈 1인당 생산량이 일정 비율로 증대된다는 것을 의미한다.

② 1인당 실물자본(자본스톡)이 대략 일정한 비율로 증가한다.

이것은 노동증가율보다 자본증가율이 더 커서 1인당 실물자본의 양이 증가하지만 대략 일정비율로 증가한다는 사실이다. 따라서 자본을 노동으로 나눈 자본－노동비율 혹은 노동의 자본장비율이 일정 비율로 증가하는 자본의 심화현상이 발생한다는 것을 의미한다.

③ 경제 전체의 실물자본(자본스톡)을 총생산량으로 나눈 비율이 대체로 일정하다.

총생산량을 실질국내총생산으로 보면 실물자본량을 총생산량으로 나눈 비율은 총생산함수의 자본계수와도 같아지는데 다음과 같다.

자본계수＝자본량 / 실질국내총생산

자본계수는 실질국내총생산을 1단위 생산하는데 필요한 자본량을 의미하는데, 이 자본계수가 장기적으로 대체로 일정하다는 것을 의미한다. 또한 이것은 총생산증가율 혹은 실질국민소득증가율이 자본증가율과 거의 같다는 것을 의미하기도 한다.

④ 노동과 자본의 상대적 분배율이 대체로 일정하다.

국민소득은 노동소득(임금)과 자본소득(이윤)으로 나눌 수 있으며, 노동소득을 자본소득으로 나눈 비율을 노동과 자본의 상대적 분배율이라고 한다. 이 상대적 분배율이 장기적으로 대체로 일정하다는 사실이다. 이것은 자본소득의 분배율 즉 이윤율이 상대적으로 일정하다는 것을 의미한다. 따라서 자본주의경제를 비관적으로 전망한 많은 경제학자들은 장기적으로 이윤율이 저하될 것으로 보았지만 이윤율이 하락하지 않는다는 사실을 보여준다. 반대로 실질임금이 하락하지 않고 자본－노동비율의 증가와 함께 상승해왔다는 것을 의미하기도 한다.

⑤ 실질이자율 혹은 자본수익률은 대체로 일정하다.

피셔가설에 의하면 실질이자율은 명목이자율에서 예상인플레이션율을 뺀 것이다. 고전학파나 새고전학파에서처럼 장기적으로 사람들은 예상인플레이션율을 실제인플레이션율에 일치시키게 된다. 따라서 장기적으로 물가가 변동해도 실질이자율에는 영향이 없으므로 아무런 추세를 보이지 않는다는 것을 의미하게 된다. 실질이자율은 자본사용에 대한 대가이므로 자본수익률이라고 볼 수 있다. 이 사실은 자본수익률이 대체로 일정하다는 것을 의미한다.

⑥ 1인당 실질소득증가율 혹은 생산성증가율은 나라마다 현저한 차이를 보인다.

여러 나라들의 경제성장 요인분석에서 개발도상국들은 경제성장에 기술진보의 기여도가 낮은 반면 선진국들은 기술진보 혹은 생산성증가가 경제성장의 1/3 이상을 설명하고 있다. 이에 따라 1인당 실질소득증가율이 크게 달라질 수 있다. 또한 전통적인 성장요인 자본, 노동, 기술진보 이외에 한 나라의 인적자본에 대한 투자(평균교육수준)는 그 나라의 1인당 실질소득과 강한 비례관계를 가진다. 따라서 이러한 요인들에 의해서도 1인당 실질소득의 증가율이 달라지므로 나라마다 현저한 차이를 보일 수 있다. 이야기 12-3

정석사고

칼도(N. Kaldor)는 경제성장모형이 설명하려고 하는 여섯 가지 정형화된 사실(stylized facts) 혹은 성장의 경험적 규칙성(empirical regularities)을 제시하였다. 경제성장의 정형화된 사실은 1인당 실질소득의 일정비율 증가, 1인당 실물자본의 일정비율 증가, 경제전체의 실물자본-생산량비율의 일정, 노동과 자본의 상대적 분배율 일정, 실질이자율(자본수익률)의 일정, 1인당 실질소득증가율의 국가 간 현격한 차이 등이다.

이야기 12-3 70의 법칙

현재의 경제성장률을 가지고 미래를 예측할 수 있는 공식이 있다. 현재 한 나라의 경제성장률을 알고 있을 때 그 나라 경제수준이 2배가 되는 기간을 추정하는 간단한 방법이 있는데 이를 '70의 법칙(rule of 70)'이라고 한다. 한국의 경제성장률이 연평균 4%라면 지금의 경제수준보다 2배가 되는 기간은 70을 4로 나누어 17년 정도 걸린다고 예측할 수 있다. 만약 한국의 경제성장률이 연평균 1%라면 경제수준이 2배되는 데 70년이 걸린다. 따라서 약간의 경제성장률 차이가 시간이 흐름에 따라 매우 큰 생활수준의 차이를 가져온다.

3 솔로우의 경제성장이론

1. 솔로우모형의 가정

① 저축행위

소득의 일정한 비율로 저축하며 저축은 항상 투자와 같다.

② 노동과 자본이 대체가능한 생산함수

두 생산요소가 대체가능하면 일반적으로 한계기술대체율이 체감하는 우하향하는 등량곡선의 생산기술을 의미한다.

③ 규모에 대한 수확불변

노동 1단위당 국민소득(생산량)이 자본－노동비율(노동의 자본장비율)에만 의존하게 된다. 이것을 이해하려면 생산함수를 적은 후 모든 생산요소의 양을 일정규모(＝1/노동)로 낮추면 생산량 혹은 국민소득도 그 만큼 낮아진다는 것을 확인한다. 그래야 가정에 의해 규모의 변화에 수확 즉 생산량의 변화가 불변이기 때문이다. 즉,

$$Y=f(K, L)$$

$$\frac{Y}{L}=f(\frac{K}{L}, \frac{L}{L})$$

다시 말해서, 생산함수는 다음과 같이 단순화된다.

$$y=f(k), (\text{단 } y=\frac{K}{L},\ k=\frac{K}{L})$$

이 식은 1인당 자본이 증가하면 생산량이 증가하지만 그 증가의 정도는 체감하는 함수관계 혹은 곡선을 나타낸다.

2. 균제성장조건

이상의 가정에서 저축성향에 국민소득 혹은 생산량을 곱한 부분이 저축이며 투자와 같다. 따라서 투자는 다음과 같다.

$$I = \Delta K = sY$$

자본성장률을 나타내기 위해 양변을 자본량으로 나누어 보면 다음과 같다.

$$\frac{I}{K} = \frac{\Delta K}{K} = s\frac{Y}{K}$$

이 식에서 마지막 항의 분자와 분모에 같은 수를 나누어도 값이 변하지 않으므로 노동자수로 나누어 '1인당'의 표현으로 고쳐보자.

$$\frac{\Delta k}{k} = s\frac{y}{k}$$

1인당으로 바꾼 이유는 앞의 가정에서 생산함수가 1인당 자본량의 함수이기 때문이다. 이를 1인당 자본의 성장조건식이라고 한다.

이 식을 〈그림 12-2〉를 통해 이해해보자. 이 식에서 오른쪽의 분자는 일정한 저축성향이 곱해진 생산함수이므로 체감적으로 증가하는 곡선으로 그려져 있으며, 분모는 규모에 대한 수확이 불변이므로 1인당 자본량이 증가하면 1인당 생산량이 비례적으로 증가하는 45° 직선으로 그려져 있다.

자본과 노동이 완전히 이용되기 위해서는 자본성장률이 노동성장률과 같아야 하므로 다음과 같은 균형상태의 조건식을 얻을 수 있다.

$$\frac{\Delta K}{K} = \frac{sY}{K} = \frac{\Delta L}{L} = n$$

이 균형상태가 시간이 흘러도 변하지 않는다는 의미에서 **균제상태** 혹은 **정상상태**(steady state)라고 하며 그 균제상태는 〈그림 12-2〉(b)에 나타나 있다. 자본성장률은 체감하는 우하향하는 곡선으로 그려져 있다. 그 이유는 자본이 축적되어 1인당 자본이 증가하면 〈그림 12-2〉(a)에서 알 수 있듯이 1인당 생산량의 증가정도가 계속 감소하기 때문이다. 한편 노동성장률은 외생적으로 주어진 것이므로 일정한 수치를 갖는 수평선으로 나타내었다.

그런데 마지막 균제상태식에서 '$\frac{y}{k}$'은 자본계수($\frac{k}{y}$)의 역수이므로 균제상태의 조건식은 다음과 같이 간단하게 표현된다.

$$\frac{\Delta K}{K}=\frac{\Delta L}{L}=n$$

만약 노동성장률보다 자본성장률이 더 크다면(〈그림 12-2〉(a)와 (b)에서는 k^*보다 작은 상태) 시간의 경과에 따라 자본이 축적되면서 자본의 상대가격이 낮아지고 자본을 많이 사용하는 생산방법을 사용하게 되어 자본계수가 커진다. 자본계수가 커지면 자본성장률이 낮아져서 노동성장률과 같은 수준으로 이동하게 되어 균제상태를 유지한다.

반대로 노동성장률보다 자본성장률이 더 작다면(〈그림 12-2〉(a)와 (b)에서는 k^*보다 큰 상태) 시간의 경과에 따라 자본이 축적되기는 하지만 노동의 증가가 빨라서 노동의 상대가격이 낮아지고 노동을 많이 사용하는 생산방법을 사용하게 되어 자본계수가 작

그림 12-2 신고전학파 슬로우모형의 경제성장과 균형

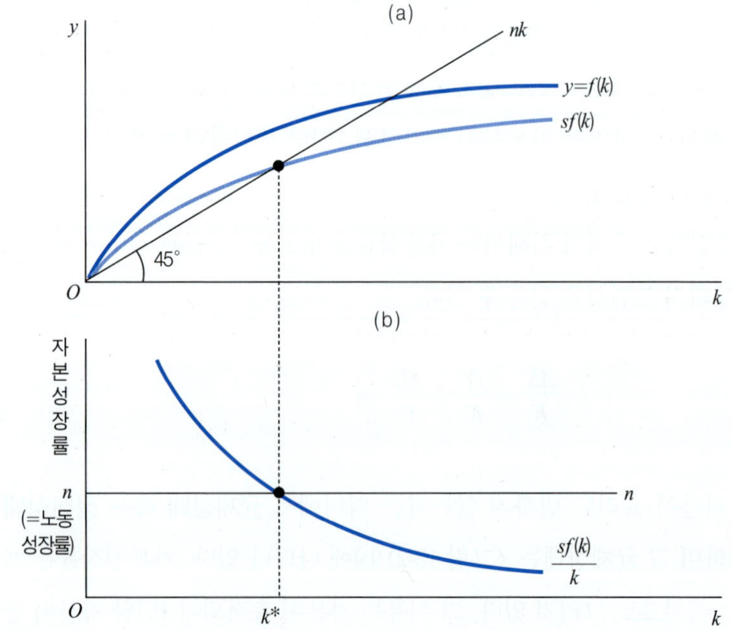

아진다. 자본계수가 작아지면 자본성장률이 높아져서 노동성장률과 같은 수준으로 다시 이동하게 되어 균제상태를 유지한다.

균제상태에서 1인당 생산량과 1인당 자본량의 성장률이 노동성장률과 같으므로 완전고용성장이 이루어진다는 것을 의미한다. 결론적으로 자본성장률이 노동성장률과 같으면 자본과 노동이 완전히 이용되면서 균형성장을 할 수 있다는 것이다. 이러한 균형성장의 과정을 **균제성장경로**라고 하며, 일단 균제상태에 도달하면 이 성장경로를 따라 성장이 이루어진다는 의미이다.

3. 솔로우성장모형 한계

이 솔로우이론이 아무 문제가 없는 이론은 아니다. 첫째는 자본과 노동이 쉽게 대체될 수 있다는 것이지만 현실에서 기계나 설비가 설치되고 나면 그 가격이 바뀌어도 노동으로 대체하기가 쉽지 않다. 둘째, 화폐와 물가의 역할이 무시되고 있고, 자본시장에서 나타나는 심리적 요인, 즉 기대나 예상 등이 무시되고 있다는 점이다. 셋째, 경제성장의 정형화된 사실들을 잘 설명하지 못하고 있다. 이 점에 대해서는 뒤에서 '정형화된 사실의 설명력'에서 계속 살펴볼 것이다.

정석사고

솔로우의 성장모형은 고전학파와 같은 자율적인 시장의 조정을 통한 완전고용을 가정하고 있다. 또한 노동과 자본이 대체가능한 생산함수를 가정한다. 이러한 가정하에서 해로드–도마이론의 자연성장률처럼 자본과 노동이 완전히 이용되기 위해서는 자본성장률이 노동성장률과 같아야 한다는 **균제상태의 조건식**을 얻을 수 있다. 자본과 노동이 완전히 이용되면서 균형성장을 하는 과정을 **균제성장경로**라고 한다.

4. 정형화된 사실의 설명력

(1) 노동과 자본의 상대적 분배율

솔로우이론에서 규모에 대한 수확불변의 생산기술을 가정하므로 오일러법칙에 의해 노동과 자본의 상대적 분배율이 일정하게 된다. 이것은 네 번째의 정형화된 사실을 말해준다. 그리고 실질이자율은 자본의 한계생산성과 같은데, 균제상태에서 솔로우의 생산함수의 기울기는 일정하게 된다. 즉 다섯 번째 정형화된 사실로서 실질이자율이 균제상태에서 일정하다는 사실을 보여준다.

(2) 경제성장의 지속성

솔로우이론은 균제상태에서 자본성장률과 노동성장률과 같으며 1인당 자본량이 변하지 않는다. 1인당 자본량이 변하지 않으면 1인당 생산량도 변하지 않는다. 이에 따라 경제성장률이 0이 된다. 이와 같이 균제상태에서 경제성장률이 0이 된다는 결론은 경제성장의 정형화된 사실들인 1인당 실질소득과 1인당 자본량의 지속적 증가를 설명하지 못한다. 왜 이러한 결과가 나온 것일까?

솔로우이론에서는 1인당 생산함수가 한계수확체감의 성질을 갖는다. 한계수확체감의 법칙이 작용하면 1인당 자본량이 증가함에 따라 1인당 생산량이 증가하지만 그 증가의 정도와 속도가 계속 감소한다. 균제상태에 이르면 1인당 자본량과 소득(혹은 생산량)의 성장률이 결국 0이 되어 버린다. 따라서 솔로우이론에서 한계수확체감의 법칙이 작용하는 한 지속적인 기술진보가 이루어지지 않으면 1인당 자본량과 1인당 소득이 지속적으로 증가하는 현상을 설명할 수 없다.

(3) 수렴가설

솔로우이론이 시사하는 한 가지는 부유한 국가는 1인당 소득의 성장률이 낮고, 가난한 국가는 1인당 소득의 성장률이 높다. 따라서 가난한 국가의 소득수준이 장기적으로 부유한 국가의 소득수준으로 **수렴**(convergence)하게 된다는 점이다. 이 시사점도 한계수확이 체감하는 생산함수에서 기인한다. 자본이 많이 축적된 부유한 국가에서는 자본의 한계생산성이 낮아서 자본을 축적할 유인이 작아지게 된다. 반면에 자본이 많이 축적되지 않은 가난한 국가에서는 자본의 한계생산성이 높아서 자본을 축적할 유인이 커

이야기 12-4 동아시아 호랑이들의 경제성장

최근 자본주의 역사에서 가장 기록적인 경제성장을 한 국가들은 동아시아의 호랑이들인 홍콩, 싱가포르, 대만, 한국이다. 이들 국가들은 1966년부터 1990년 사이 1인당 실질소득이 매년 7% 이상 성장하였다. 동 기간 미국이 매년 2% 성장한 것에 비하면 매우 괄목할 만한 성장이다. 한 세대 만에 1인당 실질소득이 5배나 증가하여 가장 가난한 국가에서 부유한 국가가 되었다. 일부 전문가들은 기술이 외부적 요인으로 인해 일정한 비율로 성장한다고 보는 솔로우 성장모형으로 이들의 성공을 설명하기 어렵다고 본다. 그러나 최근의 한 연구(Alwyn Young의 연구)는 노동인구 참여의 증가, 자본량의 증가, 인적자본의 축적(교육수준의 향상)으로 설명될 수 있다고 한다.

지게 된다. 따라서 가난한 나라에서 자본축적이 빠르게 이루어져 부유한 국가를 따라잡을 수 있게 된다. 이러한 솔로우이론은 특히 가난한 나라들의 1인당 소득이 시간이 지나면서 그 격차가 커진다는 정형화된 사실을 잘 설명하지 못한다. 이처럼 솔로우이론은 많은 한계를 지니고 있다. 이야기 12-4

정석사고

솔로우이론은 대체로 성장의 정형화된 사실들을 잘 설명하고 있지만 다음 두 가지를 잘 설명하지 못한다. 솔로우모형의 균제상태에서 경제성장률이 0이 된다는 결론은 경제성장의 정형화된 사실들인 1인당 실질소득과 1인당 자본량의 지속적 증가를 설명하지 못한다. 가난한 나라들의 1인당 소득이 시간이 지나면서 그 격차가 커진다는 정형화된 사실을 잘 설명하지 못한다.

5. 솔로우모형과 기술진보

앞에서도 설명하였듯이 솔로우이론에서는 1인당 생산함수가 한계수확체감의 성질을 갖기 때문에 균제상태에 이르면 1인당 자본량과 소득(혹은 생산량)의 성장률이 결국 0이 된다. 따라서 지속적인 기술진보가 이루어지지 않으면 1인당 자본량과 1인당 소득이 지속적으로 증가하는 현상을 설명할 수 없다.

그렇다면 기술진보가 어떻게 솔로우모형의 수확체감의 법칙을 극복할 수 있는가? 기술진보는 솔로우모형에서 1인당 생산함수를 이동시키는 계수라고 볼 수 있는데, $y=Af(k)$에서 A값의 증가를 의미한다. 따라서 1인당 생산함수를 위쪽으로 이동시키게 된다. 그러나 기술진보로 1인당 생산함수가 위쪽으로 이동하더라도 한계수확이 체감하는 한 수준만 달라질 뿐 다시 경제성장률이 0이 된다. 따라서 한 번의 기술진보가 아니라 지속적으로 매년 일정률(기술진보율)로 기술수준이 상승해야 지속적인 경제성장이 가능하다.

경제가 지속적으로 매년 일정률(기술진보율)로 기술수준이 상승하여 노동생산성이 증가하면 실제노동의 단위는 의미가 퇴색되는데 이 때문에 실제노동 1단위가 기술진보율만큼 증가한 **유효노동단위**로 측정되어야 한다. 따라서 자연성장률에 대응하는 것으로서 자본성장률이 노동성장률에 기술진보율을 더한 유효노동성장률과 같아야 한다.

자본성장률＝노동성장률＋기술진보율

이 균제상태조건은 1인당 자본과 1인당 소득(혹은 생산량)이 외생적으로 주어진 기술진보율만큼 성장한다는 것을 말해준다.

솔로우모형의 균제성장경로에서 1인당 자본과 1인당 소득이 증가하려면 지속적인 기술진보가 있어야 한다. 이때 1인당 자본과 소득의 성장률은 외생적으로 주어진 기술진보율에만 의존한다. 또한 솔로우모형은 가난한 나라와 부유한 나라 모두 장기적으로 동일한 소득수준으로 수렴한다고 추론한다. 그러나 지속적으로 확대되고 있는 국가별 소득격차를 설명하지 못하고 있다. 종합해보면 솔로우모형에서 국가간 1인당 소득성장률의 격차를 설명하려면 외생적으로 주어진 지속적 기술진보율의 격차를 가정해야 하지만 그 근거를 제시하지 못하고 있다.

이에 따라 지속적으로 발생하는 국가간 성장률의 격차를 기술을 포함한 모형내의 내생변수들의 상호작용에 의해 설명하려는 이론들이 등장하였다. 이러한 성장이론을 **내생적 성장이론** 혹은 **신성장이론**이라고 하며, 1980년대 로머(P. Romer)와 루카스(R. Lucas) 등에 의해 제시되었다.

정석사고

솔로우모형에서 1인당 실질소득과 1인당 자본량의 지속적 증가를 설명하기 위해서는 지속적인 기술진보가 필요하다. 자연성장률에 대응하는 것으로서 자본성장률이 노동성장률에 기술진보율을 더한 유효노동성장률과 같아야 한다. 이 균제상태조건은 1인당 자본과 1인당 실질소득이 외생적으로 주어진 기술진보율만큼 성장한다는 것이다.

4 내생적 성장이론

내생적 성장이론에서 솔로우모형의 한계를 극복하는 방식은 크게 두 가지로 나누어 볼 수 있다. 하나는 솔로우모형의 수확체감의 법칙을 극복하는 방법으로 기술진보를 인정하면서 기술진보가 내생적으로 이루어지도록 하는 것이다. 다른 하나는 수확체감의 법칙을 극복하는 방법으로 자본의 개념을 넓혀 실물자본 이외에 지식을 포함하는 인적자본을 포함시키는 것이다. 인적자본과 실물자본의 축적이 동시에 이루어져서 자본의 한계생산성이 체감하지 않는다. 이밖에도 실물자본이 축적되면 외부효과가 발생한다고 보는 이론을 제시하기도 한다. 이에 대해 하나하나 살펴보자.

1. 기본모형: AK모형

솔로우모형에서 균제상태의 경제성장률이 0이 되는데, 그 이유가 수확체감의 법칙이 작용하는 생산함수 때문이다. 이러한 수확체감의 가정을 완화시키기 위해 다음과 같은 생산함수를 가정한다.

$$Y=AK$$

이러한 생산함수는 한계수확이 체감하지 않는 오목한 형태가 아니라 직선형태(한계수확불변)를 가지게 된다.

이러한 생산함수가 경제성장에 어떤 의미를 가지는가? 솔로우모형에서처럼 소득(생산량)의 일정부분(저축성향)만큼 저축되고 항상 투자와 일치한다고 가정해보자.

$$I=sY$$

이것을 생산함수와 결합해서 자본량으로 나누어보자. 즉,

$$\frac{I}{K}=\frac{sAK}{K}=sA$$

외생적 기술진보의 가정 없이 왼쪽의 자본성장률 혹은 소득증가율은 'sA'가 양(+)인 한 지속적으로 증가한다. 솔로우모형과 달리 이 모형에서는 저축과 투자가 지속적인 성장을 이루어낸다.

그러나 자본에 대한 수확체감을 가정하지 않는 것은 옳은 것인가? 이것은 생산함수에서 자본량을 어떻게 해석하는가에 달려있다. 전통적인 견해에서 자본을 공장 및 설비규모만 포함하면 수확체감을 가정하는 것이 합리적이지만 내생적 성장의 견해에서 지식도 자본의 한 형태라고 보면 자본에 대한 수확불변을 가정하는 것이 합리적이다.

정석사고

내생적 성장이론에서 솔로우모형의 한계를 극복하는 방식은 크게 두 가지로 나누어 볼 수 있다. 하나는 솔로우모형의 수확체감의 법칙을 극복하는 방법으로 기술진보를 인정하면서 기술진보가 내생적으로 이루어지도록 하는 것이다. 다른 하나는 수확체감의 법칙을 극복하는 방법으로 자본의 개념을 넓혀 실물자본 이외에 지식을 포함하는 인적자본을 포함시키는 것이다. AK모형은 내생적 성장의 견해에서 지식도 자본의 한 형태라고 보면 자본에 대한 수확불변을 가정하는 것이 합리적이라는 것이다.

2. 연구개발부문모형

기술진보를 결정하는 요소를 보다 잘 설명하기 위해 로머(P. Romer)는 새로운 연구개발부문을 생산부문의 하나로 포함하는 모형을 제시하였다. 경제의 기술수준은 외생적으로 주어지는 것이 아니라 연구개발부문에 투입된 노동과 자본에 의해 기술수준이 내생적으로 결정된다.

예를 들어 경제가 제조업부문과 연구중심대학의 2부문으로 구성된다. 제조업부문은 자본과 노동으로 상품을 생산하고, 연구중심대학은 자본과 노동을 사용하여 '지식'이라는 생산요소를 생산한다. 이때 지식은 공유가 가능해서 비경합적이며, 특허권 등에 의해 어느 정도의 배제는 가능하다. 어느 정도의 배제가능성이 지대추구를 위한 지식축적을 빠르게 만든다.

기술진보를 정의하면 같은 자본량과 노동량으로 더 많은 생산량을 생산하게 하는 지식의 축적이다. 자본과 노동을 투입한 연구개발부문인 연구중심대학에서 축적된 지식은 빠르게 공중전파될 수 있다. 연구개발부문의 지속적 투자가 이루어지면 지식의 축적을 통해 이루어지는 기술진보가 제조업부문의 노동생산성을 높여서 유효노동량이 증가한다. 따라서 자본량과 유효노동량을 2배 증가시키면 상품의 생산량도 2배 증가한다. 즉, 제조업에 대한 생산함수가 수확불변이라고 하는 것이다.

이 연구개발부문모형은 AK모형과 매우 유사한데, 지식을 포함하는 경제는 자본에 대해 수확불변을 보여주기 때문이다. 자본과 지식을 2배로 증가시키면 경제의 두 부문 모두 생산량이 2배로 증가한다. 따라서 1인당 생산함수가 지속적으로 위쪽으로 이동하여 1인당 자본과 소득이 내생적으로 증가하게 된다.

이 모형의 문제는 지식이 빠르게 전파될 수 있다면 가난한 나라들도 기술을 도입하는데 문제가 없으므로 가난한 나라와 부유한 나라 사이에 존재하는 성장률의 격차를 설명하기 어렵다. 이러한 이유로 축적된 자본의 중요성을 강조하는 성장이론들이 제시되었다.

정석사고

로머(P. Romer)의 연구개발부문 모형은 새로운 연구개발부문을 생산부문의 하나로 포함하며, 연구개발부문에 투입된 노동과 자본에 의해 기술수준이 내생적으로 결정된다. 연구개발부문모형은 AK모형과 매우 유사한데, 지식을 포함하는 경제는 자본에 대해 수확불변을 보여주기 때문이다. 자본과 지식을 2배로 증가시키면 경제의 두 부문 모두 생산량이 2배로 증가한다.

3. 루카스의 인적자본모형

루카스(R. Lucas)는 인적자본을 도입하여 자본의 한계수확이 체감하지 않는다는 것을 보여준다. 인적자본(human capital)은 실물자본과 구별하여 슐츠, 베커 등에 의해 만들어진 개념으로 교육과 훈련 등을 통해 지식과 기술이 인간에 체화된 자본을 의미한다. 인적자본은 연구개발부문모형의 지식과 달리 경합적이고 배제가능하다.

루카스는 AK모형에서 실물자본에 인적자본을 추가 포함시키는 인적자본모형을 제시하였다. 노동자들은 매기 주어진 시간에서 일정비율만큼 노동하고 나머지 비율만큼 교육 또는 기술습득에 할애하여 인적자본을 축적한다. 노동자들의 노동량은 축적한 인적자본량에 의해 영향을 받아 인적자본이 늘어날수록 효율성단위로 표시하는 유효노동량이 증가한다. 따라서 실물자본과 인적자본을 2배로 증가시키면 실물자본과 유효노동량이 2배 되므로 생산량이 2배로 늘어나서 자본의 한계수확이 불변이다. 자본의 한계수확이 불변이므로 균제상태에서 인적자본이 일정비율(=교육의 효율성×교육투입시간)로 지속적으로 성장하고, 소득의 성장률도 지속적으로 그 비율로 성장한다.

정석사고

인적자본(human capital)은 교육과 훈련 등을 통해 지식과 기술이 인간에 체화된 자본을 의미한다. 루카스는 AK모형에서 실물자본에 인적자본을 추가 포함시키는 인적자본모형을 제시하였다. 실물자본과 인적자본을 2배로 증가시키면 실물자본과 유효노동량이 2배 되므로 생산량이 2배로 늘어나서 자본의 한계수확이 불변이다. 균제상태에서 인적자본이 지속적으로 증가하면 소득의 성장률도 지속적으로 성장한다.

4. 내생적 성장이론의 마무리

이상의 설명에 비추어볼 때, 로머나 루카스의 모형은 자본의 한계생산성이 체감하지 않으므로 자본이 축적됨에 따라 부유한 국가의 자본의 한계생산성이 가난한 나라의 그것보다 낮을 이유가 없는 것이다. 따라서 부유한 국가에서도 가난한 국가보다 자본축적의 유인이 약하다고 볼 수 없다. 결국 부유한 국가와 가난한 국가의 1인당 자본량과 소득이 서로 다른 수준에 수렴할 수 있다. 오히려 부유한 국가가 더 많은 인적자본을 창출하여 가난한 국가와 성장률격차가 지속적으로 더 벌어질 수 있다.

마무리를 하자면 신고전학파의 성장이론이 수확체감적 생산함수 때문에 자본축적이 지속적인 경제성장을 가져오지 못한다. 이에 반해 내생적 성장이론은 자본에 실물자본뿐만 아니라 인적자본을 포함하면 수확체감이 아니라 수확불변의 생산함수를 가져서 자본축적이 수익률을 감소시키지도 않으며 지속적인 성장을 가져온다. 이로부터 내생적 성장이론은 정부의 정책, 교육제도 등의 사회하부구조가 자본축적에 영향을 미치고 지속적인 성장을 가능하게 한다.

정석사고

내생적 성장이론은 자본에 실물자본뿐만 아니라 인적자본을 포함하면 수확불변의 생산함수를 가져서 자본축적이 수익률을 감소시키지 않으면서 지속적인 성장을 가져온다. 이로부터 내생적 성장이론은 정부의 정책, 교육제도 등의 사회하부구조가 경제성장의 원천이라는 것을 보여준다.

정석기본문제

1 다음 그림의 생산함수에 관한 설명 중 옳지 않은 것은?

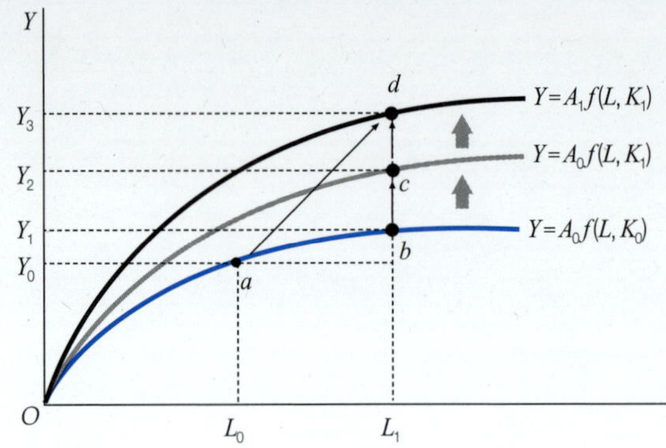

① a점 → b점 : 노동 증가

② b점 → c점 : 자본 증가

③ c점 → d점 : 기술 진보

④ a점보다 b점에서의 생산량이 더 많다.

⑤ b, c, d점은 생산량이 모두 동일하다.

정석힌트 생산량은 b점 < c점 < d점 순으로 높다. 정답은 ⑤

2 다음 보기를 읽고 빈칸에 적절한 말을 넣으시오.

보기

경제성장의 4대요인은 (　　　), (　　　), (　　　), (　　　)이다.

정석힌트 노동, 자본, 자원, 기술

3 다음 중 내생적 성장이론에 관한 설명으로 옳지 않은 것은?

① 기술진보가 생산성 변화의 원천이다.

② 기술진보율은 비경제적인 동기와 유인에 주로 영향을 많이 받지만, 시장의 내생적 시스템 내에서 결정된다.

③ 지식자본은 경제 전체적인 측면에서는 비경합성과 비배제성의 외부성이 존재하기 때문에 수확체증법칙이 적용된다.

④ 정부는 특허권과 저작권을 통해 신제품 개발과 혁신을 위한 지적 재산권을 보호해 주어야 한다.

⑤ 지식자본은 한 기업의 측면에서 보면 물적자본과 마찬가지로 수확체감의 법칙이 적용된다.

정석힌트 내생적 성장이론에서 기술진보율은 경제적인 동기와 유인에 영향을 많이 받으며, 시장의 외부에서 외생적으로 결정되기보다는 내생적으로 시스템 내에서 결정된다고 본다. 정답은 ②

4 한 나라의 신규노동증가율이 연간 5%, 자본계수가 2라고 한다. 신고전학파 경제성장모형에서 다음을 설명하시오.

(1) 노동의 완전고용성장률은?

(2) 자본설비의 완전가동을 위해 필요한 투자율과 저축률은?

(3) 국민저축률=10%일 때 균형성장을 이루기 위해 필요한 해외저축률은?

정석힌트 (1) 5%

(2) 저축률=노동증가율×자본계수=0.05×2=0.1. 즉 필요저축률 및 투자율은 10%이다.

(3) 10%−10%=0

5 오늘날 한국의 1인당 소득은 50년 전의 수십 배에 달한다. 다른 나라의 경제도 지난 50년 동안 급속히 성장하였다. 우리의 종조부모 세대와 비교해서 우리의 생활수준이 너무나 다르게 높아졌다. 이러한 차이를 솔로우모형과 내생적 성장이론에 입각해서 각각 설명하시오.

정석힌트 솔로우모형에서 보면 높은 저축률과 생산기술의 향상에 그 차이의 원인을 찾을 수 있다. 내생적 성장이론에서는 높은 저축률에 의한 자본축적의 증가와 교육수준의 향상, 연구개발투자의 증가로 기술진보가 이루어지고 이로 인해 생산성이 향상되어 경제가 성장한 결과이다.

6 성장회계방정식을 설명하시오.

정석힌트 성장회계방정식은 총생산함수를 분해했을 때 노동 혹은 인적자본, 자본형성, 기술로 경제성장이 설명된다는 것으로서 다음 식을 말한다.

'경제성장률=노동증가율+자본증가율+기술진보율'

기술은 총요소생산성 혹은 솔로우의 잔여항이라고도 한다. 예를 들어 노동과 자본이 불변이고 기술이 1% 향상되면 총생산이 1% 증가한다는 것을 의미한다.

7 다음 보기에서 경제성장에 대한 서술 중 옳지 않는 것은?

보기

(가) 신고전학파 생산함수는 1차동차의 생산함수를 의미한다.
(나) 저축률이 높을수록 적정성장률이 높아진다.
(다) 자본－노동비율이 증가한다는 것은 자본증가율이 노동증가율보다 높다는 것을 의미한다.
(라) 솔로우모형에서 1인당 자본이 증가하면 1인당 소득이 체감적인 비율로 증가한다.
(마) 1인당 소득증가율=기술진보율일 때 균형성장이, 1인당 자본증가율=기술진보율일 때 완전고용성장이 이루어진다.
(바) 자연성장률=적정성장률일 때 자본과 노동의 완전고용이 달성된다.

정석힌트 (마)는 사실이 아니다. 1인당 소득증가율=기술진보율일 때 완전고용성장이, 1인당 자본증가율=기술진보율일 때 균형성장이 이루어진다.

8 다음 보기를 읽고 빈칸에 적절한 말을 넣으시오.

보기

해로드－도마의 경제성장모형에서 노동이 완전고용 되기 위해서는 경제성장률이 ( )과 같아야 하는데 이러한 성장률을 ( )이라 부른다.

정석힌트 인구증가율, 자연성장률

9 다음 보기를 읽고 빈칸에 적절한 말을 넣으시오.

보기

솔로우의 경제성장모형에서 1인당소득이 증가하기 위해서는 (　　　　)가 일어나야 하며 이는 (　　), (　　), (　　)의 세 가지 방법으로 가능하다.

정석힌트 자본의 심화, 국민저축률증가, 인구증가율억제, 생산기술향상

10 다음 보기를 읽고 빈칸에 적절한 말을 넣으시오.

보기

노동계수와 자본계수가 일정하고 노동과 자본이 (　　　　　　)되어 있다면 경제성장률 = (　　　　　　) =(　　　　)이 성립한다.

정석힌트 완전고용, 자본증가율, 인구증가율

11 솔로우 경제성장모형에서 감가상각이 없고, 생산함수의 형태를 바꾸어 $Y=AK$라고 가정한다(단, Y는 총생산량, K는 자본스톡, A는 생산성수준). 이에 대한 서술 중 옳지 않는 것은?

보기

(가) 자본의 수확체감의 법칙이 작용한다.
(나) 자본스톡의 증가율은 저축률에 A를 곱한 것과 같다.
(다) 자본스톡의 증가율이 인구증가율보다 크면 소득이 영구히 증가한다.
(라) 균제상태 혹은 정상상태에서 생산성은 인구증가율에 비례하고 저축률에 반비례한다.

정석힌트 (가) 자본과 생산량이 비례하므로 수확체감의 법칙이 성립하지 않는다.

(나) 감가상각이 없을 때 자본스톡의 증가율$=\frac{\Delta K}{K}=\frac{I}{K}=\frac{S}{K}=\frac{sY}{K}=\frac{sAK}{K}=sA$

(다) 감가상각이 없을 때 생산량의 증가율$=\frac{\Delta Y}{Y}=\frac{\Delta A}{A}=\frac{\Delta K}{K}=0+sA=sA$

따라서 1인당 경제성장률은 $\frac{\Delta Y}{Y}-\frac{\Delta L}{L}$이므로 $sA-n>0$이면 소득이 영구히 증가한다. 즉 자본스톡의 증가율이 인구증가율보다 크면 소득이 영구히 증가한다.

(라) 균제상태에서 ΔY이므로 $SA=n$이다. 따라서 A는 인구증가율 n에 비례하고 저축률 s에 반비례한다. 따라서 정답은 (가)이다

12 다음 보기를 읽고 물음에 답하시오

보기

생산함수: 총생산=(자본)$^{0.3}$×(노동)$^{0.7}$

(1) 1인당 생산함수는?

(2) 인구증가와 기술진보가 없다고 할 때 안정상태의 노동자 1인당 자본량, 1인당 생산량, 1인당 소비량을 저축률과 감가상각률의 함수로 표시하시오.

(3) 연간 감가상각률이 10%, 저축률이 10%일 때 안정상태의 1인당 생산량을 구하시오.

정석힌트 (1) 1인당 총생산=(자본/노동)$^{0.3}$

(2) 1인당 총생산을 y, 자본/노동을 '1인당 자본'이라고 하고 k라고 하자. 감가상각률을 d라고 하면 1인당 생산함수는 다음과 같다. $y=sf(k)-dk$. 안정상태에서는 $0=sf(k)-dk$. 즉 $\frac{k}{f(k)}=\frac{s}{d}$. 이것은 $\frac{k}{k^{0.3}}=\frac{s}{d}$ 즉 $k^{0.7}=\frac{s}{d}$ 따라서 1인당 자본량은 $k=(\frac{s}{d})^{\frac{1}{0.7}}$이다. 이것을 1인당 생산함수에 대입하면 1인당 생산량은 $y=(\frac{s}{d})^{\frac{0.3}{0.7}}$이 된다. 1인당 소비량은 투자되지 않은 생산량이므로 $(\frac{s}{d})^{\frac{0.3}{0.7}}-d(\frac{s}{d})^{\frac{1}{0.7}}$

(3) (2)에서 구한 1인당 생산량에 넣으면 0.9가 나온다.

13 다음 보기는 신고전파 성장모형으로 경제가 안정상태에 있다고 한다. 물음에 답하시오.

보기

(가) 생산함수: 총생산=(자본)$^{0.3}$×(노동)$^{0.7}$

(나) 자본의 감가상각률 = 3%

(다) 인구증가율 = 3%

(라) 자본계수 =3

(1) 초기안정상태의 저축률은?

정석힌트 (1) 1인당 총생산을 y, 자본/노동을 '1인당 자본'이라고 하고 k라고 하자. 저축률을 s, 감가상각률을 d라고 하면 1인당 생산함수는 다음과 같다.

$y=sf(k)-(n+d)k$.

안정상태에서는 $0=sf(k)-(n+d)k$. 즉

$$s=\frac{(n+d)k}{f(k)}=\frac{(n+d)\frac{K}{L}}{\frac{Y}{L}}=\frac{(n+d)}{\text{자본계수}}$$

이것은 $s=(3\%+3\%)/3=2\%$를 의미한다.

정석심화문제

14 A국의 총생산함수가 $Y = K^{\frac{1}{2}}L^{\frac{1}{2}}$이다. 이에 관한 설명으로 옳은 것을 모두 고른 것은? (단, Y는 국민소득, K는 자본량, L은 노동량으로 인구와 같다.)

보기

ㄱ. 총생산함수는 규모에 따른 수익불변의 성질을 가진다.
ㄴ. 1인당 자본량이 증가하면 1인당 국민소득은 증가한다.
ㄷ. 자본량이 일정할 때, 인구가 증가하면 1인당 국민소득은 감소한다.

① ㄱ　② ㄴ
③ ㄱ, ㄷ　④ ㄴ, ㄷ
⑤ ㄱ, ㄴ, ㄷ

정석힌트 (ㄱ) 1차 동차생산함수이므로 규모에 대한 수익불변이다.
(ㄴ) 1인당 자본량을 구하기 위해 1인당 생산함수를 구한다. 양변을 L로 나누어주면 $\frac{Y}{L} = \sqrt{\frac{K}{L}}$, $y = \sqrt{k}$가 된다. 1인당 자본량이 증가하면 1인당 국민소득이 증가한다.
(ㄷ) 자본량이 일정할 때 인구가 증가하면 1인당 자본량이 감소하므로 1인당 국민소득은 감소한다.
정답은 ⑤

15 한 국가의 총생산함수가 다음과 같은 Cobb-Douglas 생산함수 형태로 주어져 있다. 이 국가의 연간 평균 노동성장률은 5%이며, 자본성장률은 7.5%이고, 규모계수는 연간 평균 2%씩 성장한다. 이 국가의 연간 경제성장률은?

보기

$$Y = AL^aK^b$$

(단, 여기서 Y=산출량, A=규모계수, L=노동투입량, K=자본투입량, a=0.6, b=0.4이다.)

① 6%　② 8%
③ 12.5%　④ 14.5%

정석힌트 성장회계식을 변화율관계로 정리하면 다음과 같다.

$$\frac{\Delta Y}{Y} = \frac{\Delta A}{A} + 0.6\frac{\Delta L}{L} + 0.4\frac{\Delta K}{K}$$

문제에서 주어진 정보에 의하면 $\frac{\Delta A}{A} = 2\%$, $\frac{\Delta L}{L} = 5\%$, $\frac{\Delta K}{K} = 7.5\%$, 이므로 이를 식에 대입하면 다음과 같이 구할 수 있다. $\frac{\Delta Y}{Y} = 2 + 0.6 \times 5 + 0.4 \times 7.5 = 8$　정답은 ②

16 B국의 생산함수는 $Y=AK^{1/3}L^{2/3}$이다. 성장회계에 따른 2013년 총요소생산성의 전년 대비 증가율은?(단, Y는 총생산, A는 총요소생산성, K는 자본량, L은 노동량이다.)

	Y	K	L
2012년	20,000	30,000	30,000
2013년	22,000	32,700	31,800

① 2%　② 3%　③ 5%　④ 8%　⑤ 10%

정석힌트 생산함수를 변화율 형태로 변형하면 다음과 같다.

$$\frac{\Delta Y}{Y}=\frac{\Delta A}{A}+\frac{2}{3}\frac{\Delta L}{L}+\frac{1}{3}\frac{\Delta K}{K}$$

이 식에 $\frac{\Delta Y}{Y}=\frac{2,000}{20,000}=0.1=10\%$, $\frac{\Delta L}{L}=\frac{1,800}{30,000}=0.06=6\%$, $\frac{\Delta K}{K}=\frac{2,700}{30,000}=0.09=9\%$을 대입하면 $10\%=\left(\frac{\Delta A}{A}\right)+\left(\frac{1}{3}\times 9\%\right)+\left(\frac{2}{3}\times 6\%\right)$이므로 $\frac{\Delta A}{A}=3\%$가 된다. 정답은 ②

17 솔로우(R. Solow) 성장모형에 대한 설명으로 옳지 않은 것은?

① 생산함수는 자본의 한계생산이 체감하는 특징을 갖는다.
② 균제상태에서 지속적 기술진보가 1인당 자본량의 지속적 증가를 가져온다.
③ 자본 감가상각률의 증가는 균제상태에서 1인당 자본량의 증가율에 영향을 미치지 못한다.
④ 생산함수는 자본과 노동에 대해 규모수익불변의 특징을 갖는다.
⑤ 균제상태에서 저축률이 내생적으로 결정된다.

정석힌트 솔로우 모형은 기술진보율, 인구증가율, 저축률이 외생적으로 정해진다고 가정한다. 이 모형은 1차 동차(③의 근거)의 콥-더글라스 생산함수를 이용하여 만들어졌다.

$Y=AL^{\alpha}K^{1-\alpha}$($\alpha<1$로서 한계생산성이 체감한다.) 이를 집약형 생산함수로 전환하면 다음과 같다.

$$\frac{Y}{L}=AL^{\alpha-1}K^{1-\alpha}=A\left(\frac{K}{L}\right)^{1-\alpha}$$

$y=Ak^{1-\alpha}$ 이를 변화율로 나타내면 $\frac{Y}{L}$변화율 $=A$변화율 $+(1-\alpha)\left(\frac{K}{L}\right)$변화율

→ y변화율 $=A$변화율 $+(1-\alpha)\times k$변화율

균제상태(1인당 변화율이 0인 상태), 즉 $s\times y=(n+$감가상각률$)\times k$으로 안정적으로 수렴한다.(단, n은 인구증가율이다.)

③ 감가상각률이 높아지면 1인당 자본량은 낮아지면서 조정되지만, 결국 균제상태가 되면 1인당 자본량변화율은 정의상 0이 된다.

⑤ 솔로우 모형에서 저축률은 외생적으로 결정되고 주어진다고 본다. 따라서 이를 외생적 성장모형이라고 한다. 정답은 ⑤

18 솔로우(R.M. Solow)의 경제모형에서는 저축률, 감가상각률, 인구증가율, 기술진보가 중요한 역할을 한다. 솔로우 모형에 대한 설명으로 〈보기〉에서 옳은 것을 모두 고른 것은?

보기

㉠ 인구증가율이 상승하면 장기적으로 1인당 소득증가율이 감소한다.
㉡ 저축률이 상승하면 단기적으로 1인당 소득과 경제성장률이 모두 높아진다.
㉢ 장기 1인당 소득은 감가상각률에 영향을 받지 않는다.
㉣ 장기 1인당 소득은 인구증가율에 영향을 받지 않는다.
㉤ 장기 1인당 소득증가율은 저축률에 영향을 받지 않는다.

① ㉠, ㉡　　② ㉠, ㉣
③ ㉡, ㉢　　④ ㉡, ㉤
⑤ ㉢, ㉤

정석힌트 ㉠ 인구증가율이 상승하면 새로운 정상상태로 이동하는 과정에서 1인당 소득이 감소하므로 단기적으로 1인당 소득의 증가율은 음수가 된다. 그러나 새로운 정상상태에 도달하면 1인당 소득은 불변이므로 1인당 소득의 증가율은 장기에는 항상 0이다.

㉡, ㉤ 저축률이 상승하면 저축곡선이 상방으로 이동하여 새로운 정상상태로 이동하는 과정에서 단기적으로 1인당 소득과 경제성장률이 모두 높아진다. 하지만 새로운 정상상태에 도달하면 경제성장률은 다시 감소해 이전의 수준으로 회복되어 장기적으로 경제성장률은 일정하게 된다.

㉢ 감가상각률이 클수록 1인당 소득은 감소한다. 하지만 1인당 소득의 증가율은 장기적으로 일정하다.

㉣ 인구증가율이 높을수록 1인당 소득은 감소한다. 하지만 1인당 소득의 증가율은 장기적으로 일정하다.

<table>
<tr><th></th><th>저축률 증가(s⇧)</th><th>인구증가율 감소(n⇩)</th><th>기술진보(x⇧)</th></tr>
<tr><td></td><td>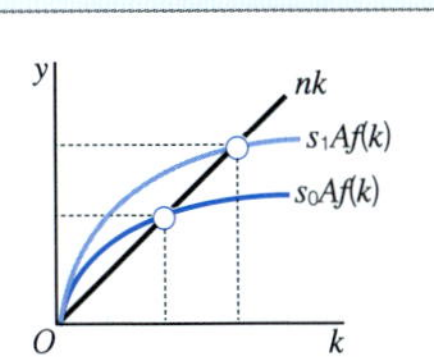
</td><td>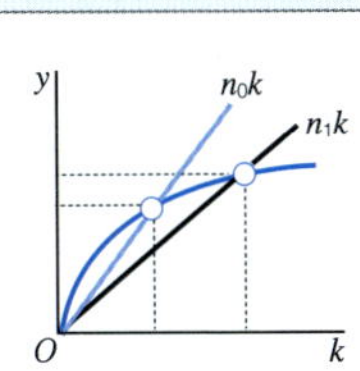
</td><td>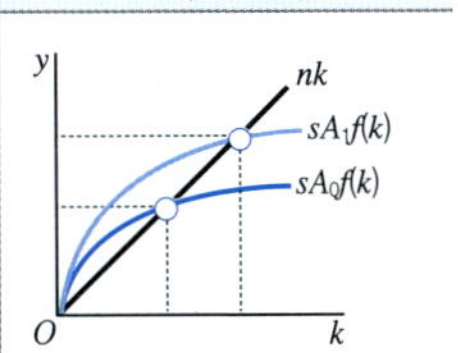
</td></tr>
<tr><td>단기</td><td>k⇧, y⇧</td><td>k⇧, y⇧</td><td>k⇧, y⇧</td></tr>
<tr><td>장기</td><td>$\frac{\Delta y}{y}=0$, $\frac{\Delta Y}{Y}=\frac{\Delta K}{K}=\frac{\Delta L}{L}=n$</td><td>$\frac{\Delta y}{y}=0$, $\frac{\Delta Y}{Y}=\frac{\Delta K}{K}=\frac{\Delta L}{L}=n$</td><td>$\frac{\Delta y}{y}=0$, $\frac{\Delta Y}{Y}=\frac{\Delta K}{K}=\frac{\Delta L}{L}=n$</td></tr>
</table>

정답은 ④

19 정상상태(steady state)에 있던 경제에 지진이 발생하였다. 솔로우(Solow) 모형을 이용하여 지진이 경제성장에 미치는 영향을 설명한 것 중 옳지 않은 것은?(단, 지진으로 생산시설이 파괴되었지만 인명피해는 발생하지 않았으며, 지진 전후 생산함수, 저축률, 감각상각률 및 인구증가율의 변화는 없다.)

① 1인당 소득이 이전보다 감소한다.
② 1인당 소득증가율은 이전보다 높다.
③ 1인당 투자량은 이전보다 크다.
④ 실질이자율은 이전보다 높다.
⑤ 정상상태로 복귀하면 1인당 소득수준은 이전과 동일하다.

정석힌트 전후 일본이나 독일의 빠른 회복을 설명하기 위해 사용되는 내용을 지진이라는 상황으로 바꾸어 물어본 질문이다. 솔로우 모형에서 지진으로 자본이 줄면 1인당 자본(k)이 감소한다. 1인당 자본량이 감소하면 1인당 소득도 감소하여 다시 초기 정상상태로 복귀된다. 이 과정을 살펴보면 다음과 같다. 1인당 자본량이 감소하면 자본의 한계생산성이 커지므로 실질이자율은 상승한다. 1인당 자본량이 k_1일 때 1인당 실제투자액($sf(k)$)이 1인당 필요투자액(nk)보다 크므로 1인당 자본량이 증가하여 장기적으로 최초의 균제상태로 복귀하게 되어 1인당 자본량과 1인당 소득은 불변이다. 최초의 정상상태인 a점에서는 1인당 소득은 일정한데 b점에서는 1인당 소득이 증가하므로 1인당 소득증가율은 높아진다.

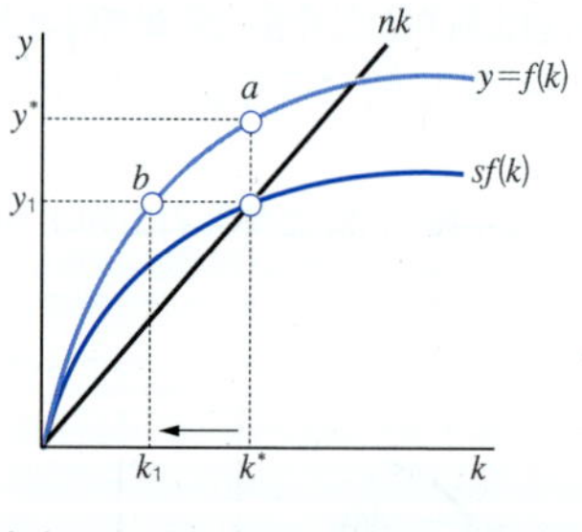

① 지진으로 생산시설이 파괴되었으나 인명피해는 없었기 때문에 지진으로 인한 충격은 1인당 자본량을 감소시키게 된다. 그 결과 1인당 소득도 감소하게 된다.
② 정상상태에서 지진으로 인해서 1인당 자본량이 감소한 상태로 이탈한 경우 다시 정상상태로 이행하는 과정에서 1인당 소득증가율은 이전보다 높아지게 된다.
③ 1인당 자본량의 감소는 1인당 투자량의 감소를 가져온다.
④ 1인당 투자량의 감소는 실질이자율이 이전보다 높아졌다는 것과 연관지을 수 있다.
⑤ 정상상태로 복귀하게 되면 저축률, 기술진보율, 인구증가율이 이전과 같이 동일한 상태이므로 1인당 자본과 1인당 소득은 이전과 같아지게 된다.

정답은 ③

20 다음 중 내생적 성장이론에 대한 설명으로 옳은 것은?

① 로머(P. Romer)의 *R&D* 모형에 따르면 연구인력 증가만으로도 장기 경제성장률을 높일 수 있다.

② 가난한 나라와 부유한 나라의 1인당 소득수준이 장기적으로 수렴한다고 예측한다.

③ *AK* 모형에 따르면 저축률의 상승은 장기 경제성장률을 높일 수 없다.

④ 로머의 *R&D* 모형에 따르면 지식이 경합성을 가지므로 지식자본의 축적을 통해 지속적인 성장이 가능하다.

⑤ 루카스(R. Lucas)의 인적자본모형에 따르면 교육 또는 기술습득의 효율성이 장기 경제성장률에는 영향을 미치지 못한다.

정석힌트 내생적 성장모형들의 특징을 정리하면 다음과 같다.

내생적 성장모형 : 1인당 *GDP*의 격차가 지속적으로 수렴하지 않는다.

모형	기본설명	기본설명
AK 모형	$Y=AK$, 자본의 한계생산이 체감하지 않고 일정	저축률의 증가는 경제성장에 기여
R&D 모형	자본축적의 양(+)의 외부효과	기술수준의 최적을 위해 *R&D* 투자
인적자본모형	인적자본(human capital)이 생산성에 기여	인적자본 축적
학습효과모형	자본축적을 통한 학습효과	교육과 직업훈련

② 내생적 성장모형은 솔로우 모형에서 제기한 국가 간의 수렴성이 현실에서 성립하지 않는 것을 설명하기 위해서 등장한 모형이다. 결국 현실에서 따라잡기 현상인 수렴가설이 성립하지 않는 이유를 밝히기 위해서 등장한 모형이다.

③ *AK* 모형은 저축률이 장기 성장률을 높였던 한국과 일본 등을 설명하려는 것으로, 정부의 적극적인 저축률의 증가가 장기적으로 경제성장률을 높일 수 있게 된다.

①, ④ 로머의 최종생산물 *R&D* 모형은 지식의 파급효과에 의한 외부효과로 규모의 경제를 통한 성장을 설명한다. 따라서 *R&D* 인력의 증가만으로도 성장이 나타난다.

⑤ 인적자본이론은 교육과 인재의 활용을 통해 경제성장을 설명하려는 것이다.

정답은 ①

21 솔로우(Solow) 경제성장모형에서 생산함수가 다음과 같이 바뀌었을 때 경제의 성장에 대한 다음 설명 중 적절한 것을 모두 고르면? (단, Y는 생산량, A는 생산성수준, K는 자본을 나타낸다.)

보기

$Y = AK$

보기

ㄱ. 자본에 대한 수확체감이 성립하지 않는다.
ㄴ. 총자본스톡증가율은 $sA-\delta$이다. (s는 저축률, δ는 감가상각률)
ㄷ. 총자본스톡증가율이 인구증가율보다 크면 1인당 소득은 영구히 증가한다.

① ㄱ　　② ㄴ
③ ㄱ, ㄷ　　④ ㄴ, ㄷ
⑤ ㄱ, ㄴ, ㄷ

정석힌트 (ㄱ) $Y = AK,\ AP_K = \dfrac{Y}{K} = A,\ MP_K = \dfrac{\Delta Y}{\Delta K} = A$로 일정하다.

(ㄴ) $\dfrac{\Delta K}{K} = \dfrac{\Delta Y}{Y} = s \times A$가 된다. 만약 감가상각률이 δ의 비율로 존재한다면 그 비율만큼 자본량 증가율은 감소할 것이므로 순자본증가율은 $(sA-\delta)$가 된다.

(ㄷ) 자본의 한계생산성이 체감하지 않기 때문에 총자본스톡 증가율>인구증가율보다 크면 1인당 소득은 지속적으로 증가한다.

정답은 ⑤

정석 거시경제론 **제13장**

경제발전이론

노력해서 자신의 이익을 달성하고 싶다면 우선 타인을 위해야 한다.
자신의 이익만 추구하면 자신의 이익은 달성되지 않는다.
- 티베트 불교 사캬(Sakya)학파의 격언-

앞장에서는 생산요소의 투입을 늘리고 효율성을 증가시킨 결과 시간이 흘러 일인당 국민소득이 지속적으로 증가하는 경제성장에 대하여 살펴보았다. 그런데 경제발전은 경제성장에 더하여 구조의 질적 변화를 수반하는 경우를 말한다. 구조변화에는 생산구조의 변화, 생산요소의 배분의 변화, 생산환경 및 제도의 변화, 무역구조의 변화, 산업구조의 변화 등 모든 것이 포함된다.

경제성장은 경제외적 요인들이 주어진 상태에서 몇 가지 경제적 요인만 가지고 국민소득 증가의 장기적 추세변화를 설명한다. 이때 경제외적 요인은 기술향상, 근로자의 질적 향상, 경영자의 능력향상, 사회전체의 능력향상, 제도 등을 포괄한다. 경제발전은 경제성장에서 주어진 것으로 간주한 여러 가지 경제외적 요인까지 변화하는 경우 어떻게 경제가 발전하는지를 살펴본다. 개발도상국은 일반적으로 생활수준이 아직 나아지고 있는 상태에 있으며, 공업화가 완성되지 못하였으며, 생산성이 상대적으로 낮고, 교육수준이 낮고, 실업률이 높은 상태에 있다. 개발도상국이 이런 상태에서 벗어나 도약을 하기 위해서는 어떤 전략을 사용해야 할까?

이 장에서는 경제성장과 경제발전의 차이가 무엇인지, 경제발전 과정에서 어떤 구조전환이 일어나는지 살펴본다. 또한 투자재원이 부족한 개발도상국은 어떤 발전전략을 사용해야 하는지, 불균형발전모형에서 발생하는 경제의 이중구조는 어떻게 해소할 수 있는지 등에 대해서도 살펴볼 것이다.

이 장에서 배울 것

- 경제발전의 정의와 구조전환과정의 특징은?
- 균형발전모형이란?
- 불균형발전모형이란?
- 경제의 이중구조와 전환점은?
- 외자도입의 효과는?
- 수렴가설과 수렴속도의 결정요인은?

1 경제발전과 경제구조전환

1. 경제성장과 경제발전

경제성장은 시간이 흘러감에 따라 일인당 국민소득이 지속적으로 증가하는 현상이다. 이에 반해 경제발전은 경제성장에 더하여 구조의 질적 변화를 수반하는 경우를 말한다. 사람에 비유하자면 경제성장은 사람의 키가 크거나 체중이 늘어나는 것이며, 경제발전은 사람의 신장과 체중이 증가하는 것뿐만 아니라 질병에 대한 저항력이 증가하고, 환경변화에 대응하는 능력이 향상되고, 의식구조가 변화하는 것을 포함하는 과정을 의미한다.

경제발전도 경제성장처럼 1인당 국민소득의 증가로 측정할 수 있지만 질적변화를 반영하는 1인당 자본량, 교육수준 등과 같은 지표를 추가하여 측정한다. 미국의 경제학자 로스토우(W.W. Rostow)는 모든 나라의 경제발전과정이 전통사회, 도약준비, 도약, 성숙, 대중적 고도소비라는 다섯 단계를 거친다고 한다. 독일의 경제학자 호프만(D. Hoffmann)은 공업화에 초점을 맞추어 소비재산업에서 생산재산업의 비중이 커지는 단계로 이행한다고 주장한다. 미국의 경제학자 클라크(C. Clark)는 산업구조에 초점을 맞추어 경제가 발전하면서 산업구조가 1차산업에서 2차산업으로, 2차산업에서 3차산업으로 이행해나간다고 주장한다.

홀리스 체너리(H. Chenery) 하버드대 교수는 경제발전은 끊임없는 경제구조전환의 과정이라고 말한다. 개발도상국의 소득이 증가하기 위해서는 도·농간의 구조, 대기업과 중소기업의 구조, 산업구조, 통신구조, 직업구조, 고용구조 등 수많은 구조의 변화가 수반되어야 한다. 그러므로 개발도상국의 경제성장은 경제발전과 구분하기 어렵다. 드와이트 퍼킨스(D.H. Perkins) 하버드대 교수 등이 쓴 경제발전론의 대표적 교과서인 『발전의 경제학』은 그의 분석틀을 중시하고 있다

경제구조변화의 전환점이 되는 소득수준이 있는데, 세계은행은 『세계개발보고서』(2010)에서 1인당 소득 $975이하를 개발도상국, $11,906 이상을 선진국, 그리고 그 사이를 중진국으로 분류한다. 그리고 중진국은 다시 1인당 소득 $3,855이하를 저소득 중진국, 그리고 그 이상을 고소득 중진국으로 구분한다.

정석사고

경제성장은 시간이 흘러감에 따라 일인당 국민소득이 지속적으로 증가하는 현상이다. 이에 반해 경제발전은 경제성장에 더하여 구조의 질적 변화를 수반하는 경우를 말한다.

2. 경제구조 전환과정

경제구조 전환과정에 대해서는 두 가지 대표적 학설이 있다. 하나는 쿠즈네츠이론이고, 다른 하나는 채너리이론이다.

(1) 쿠즈네츠이론

① 산업구조의 고도화: 쿠즈네츠는 산업을 크게 농업(agriculture), 공업(industry) 및 서비스업(services)의 3부문으로 나누는데 클라크의 제 1, 2 및 3차 산업에 각각 해당한다. 경제성장과 더불어 농업부문의 상대적 중요성은 감소하고 반대로 비농업부문의 상대적 중요성은 증가한다. 그 중 비농업부문이 증가하지만 공업부문보다 서비스부문의 상대적 중요성이 커진다. 그런데 지식사회에서는 공업의 비중은 산업사회의 농업과 같이 계속 감소하고 있다.

② 생산규모의 대규모화: 경제성장과 더불어 소규모의 개인기업이나 가족기업의 비중은 감소하고 대기업의 비중이 커진다.

③ 도·농간 격차확대: 도시가 농촌보다 성장이 빨라지므로 인구와 노동력은 농촌을 떠나 도시로 이동한다. 이에 따라 직업구조, 고용형태 및 국토의 공간구조가 변화한다.

(2) 체너리 이론

체너리는 경제발전이란 자원배분, 축적 및 인구와 분배의 3대 차원에서 구조변화가 이루어지는 것이라고 했다. 자원배분과정은 생산구조, 국내수요구조, 무역구조의 변화를 발생시키고, 자원축적과정은 물적자본, 인적자본, 사회간접자본의 축적에 변화를 발생시키고, 인구 및 분배과정은 고용배분, 도시화율, 인구변화, 소득분배율에 변화를 발생시킨다. 경제발전은 이와 같은 3대 구조전환과 10대 기본구조의 전환이 잘 이루어지는 것이다.

정석사고

쿠즈네츠이론은 산업구조의 고도화, 생산규모의 대규모화, 도농간 격차확대가 경제발전의 구조전환과정에서 발생한다고 본다. 한편 체너리이론은 경제발전이란 자원배분, 축적 및 인구와 분배의 3대 차원에서 구조변화가 이루어진다고 본다.

3. 경제구조 전환의 특징

경제구조 전환의 특징은 다음의 네 가지로 요약할 수 있다.

첫째, 경제구조 전환은 일시적 현상이 아니라 연속적 변화의 과정이다.

개발도상국의 경제구조는 하루 만에 선진국 상태로 전환되는 것이 아니다. 한 두 해가 아니라 매년 조금씩 증가하여 오랜 세월을 거친 다음 비로소 선진국 수준에 도달할 수 있다.

둘째, 경제구조 전환은 다원적이며 상호 긴밀한 연계관계 하에서 이루어진다.

셋째, 각종 구조의 전환은 그 속도와 패턴을 달리한다. 어떤 구조전환은 개발 초기, 또 어떤 구조전환은 개발 중기나 후기에 그 전환이 빠르게 또는 느리게 된다.

넷째, 구조전환의 전체과정은 일반적으로 S자형 곡선형태로 진행되는 경향이 있다. 〈그림 13-1〉에서 보듯이 일반적으로 개발초기 구도전환이 빠르고 시간이 지남에 따라 구조

그림 13-1 구조전환의 과정

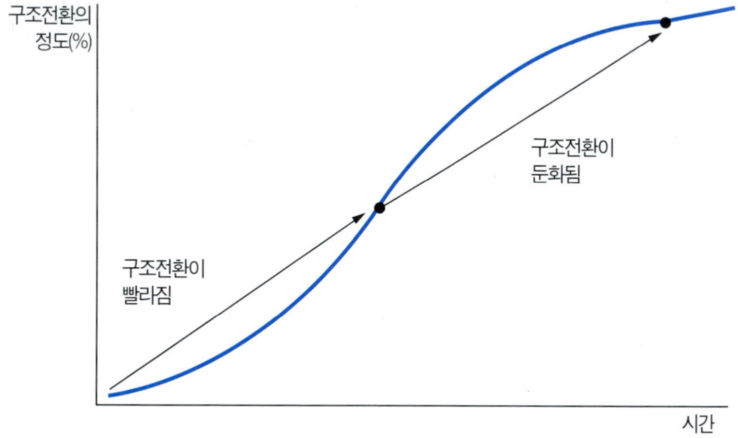

전환이 느려진다. 따라서 S자형의 곡선형태를 가지게 된다.

구조전환은 각 나라에 따라 공통된 점도 있지만 차별화된 점들도 있다. 공통점을 찾아보면 엥겔의 법칙에서처럼 경제성장에 따라 소득이 증가하면 소비자들의 식료품지출의 비중이 감소한다. 소득이 증가함에 따라 산업간의 거래도 증가하므로 자본재와 같은 중간재의 수요가 증가한다. 또한 소득수준이 증가함에 따라 도로, 항만, 전력, 통신 등 사회간접자본, 기계와 장비와 같은 실물자본, 교육과 같은 인적자본을 축적하게 된다.

차이점을 찾아보면 나라에 따라 사회발전 목표가 다를 수 있는데, 내수시장의 확대 또는 수출확대를 목표로 채택할 수 있다. 이에 따라 내수산업이 발전하거나 수출산업이 우선 발전할 수 있다. 나라마다 자원의 부존도가 다르고, 시장규모가 다르므로 산업구조의 전환이 다르게 이루어진다. 또한 역사, 문화, 지정학적 특성에 따라 나라마다 구조전환이 다르게 이루어진다.

정석사고

경제구조전환은 일시적 현상이 아니라 연속적 변화의 과정이다. 그 과정은 다원적이며 상호 긴밀한 연계관계 하에서 이루어진다. 또한 개발단계에 따라 속도와 패턴을 달리하며, 일반적으로 S자형 곡선형태로 진행되는 경향이 있다.

2 경제발전모형

자본축적이 잘 이루어지지 않은 경제발전 초기단계에서는 정부가 주도적으로 자금을 마련하여 경제개발계획을 세워 자원배분과 자본축적을 유도하는 정부주도형 시장경제가 바람직하다. 그리고 개발도상국은 다른 산업에 파급효과가 크고 외부경제를 가져오는 산업에 집중 지원하는 **산업정책**을 시행할 수 있다.

정석사고

산업정책이란 다른 산업에 파급효과가 크고 외부경제를 가져오는 산업에 집중 지원하는 정책을 말한다.

정부주도로 강력한 산업정책이 수행된 동아시아 경제의 성공적인 부상이 산업정책에 대한 관심을 일깨웠다. 산업정책을 옹호하는 가장 중요한 주장 중 하나는 제조업의 중요성이다. 국가가 경제전반에 효율적일 것으로 인식한 결과를 어떤 특정한 제조업부문 혹은 산업으로 하여금 달성하도록 하는 것을 목표로 하는 정책이기 때문이다.[1] 반대로 산업정책에 반대하는 주장은 경제가 고도화 되면 경제활동이 서비스부문으로 이동하는 경향이 생기기 때문에 산업정책이 오히려 이러한 시장의 자연선택 과정을 방해하여 경제의 장기적 생존능력을 해친다는 것이다.

산업정책의 논리는 크게 정태적 차원과 동태적 차원에서 논의될 수 있다. 정태적 차원에서는 시장실패와 관련된 것인데, 시장이 자기조절기능을 상실한 경우 시장조절장치로서 산업정책이 필요하다. 동태적 차원에서는 내생적 기술변동에 관련된 것인데, 기술혁신에 의한 경제변동이 생물학적 진화와 유사하지만 경제적 진화는 인간이 가진 학습능력과 지식에 의해 선택메커니즘 자체까지 변동하기 때문에 경제변동조절 장치로서 산업정책이 필요하다는 것이다.

이러한 산업정책에 따라 경제발전모형은 균형발전모형과 불균형발전모형으로 구분된다. 먼저 넉시의 균형발전모형을 살펴보고 허쉬만의 불균형발전모형을 알아보도록 하자.

1. 균형발전

미국의 경제학자 넉시(R. Nurkse)는 개발도상국에게 흔히 시장규모가 작기 때문에 이를 해결하기 위해 모든 산업을 동시적으로 그리고 균형적으로 개발해야 한다고 주장한다. 대부분의 개발도상국은 가난하다는 이유로 빈곤의 악순환 혹은 함정에 빠져 있다. 사람들이 가난하기 때문에 교육을 받기 어렵고 교육을 받지 못하기 때문에 기술이 없고 기술이 없으므로 생산성아 낮아 적은 소득을 버는 악순환에 빠진다. 이것을 수요와 공급측면으로 나누어 살펴보자.

정석사고

수요: 낮은 소득 → 작은 시장 → 소비재와 자본재의 수요부족 → 저생산 → 낮은 소득
공급: 낮은 소득 → 낮은 저축 → 자금부족 → 자본축적 부족 → 저생산 → 낮은 소득

개발도상국의 가장 큰 문제는 수요측면에서 시장이 작다는 것이며, 이를 해결하기 위해서는 시장확대가 필요하다. 시장확대를 위한 전략에는 수출시장을 확대하는 방법, 내수시장을 확대하는 방법 등이 있을 수 있다. 넉시에 따르면, 바로 수출시장을 개척하기 어려울 때에는 내수시장을 우선 확대하는 전략을 취할 수 있다. 그 방법은 수요측면에서 모든 산업에 고르게 투자재원이 흘러가도록 하여 각 산업끼리 서로 수요를 일으키도록 한다는 것이다. 이러한 산업간 상호수요는 각기 다른 산업에 외부경제를 발생시켜 전체시장규모를 확대한다. 공급측면에서 낮은 임금과 풍부한 노동력을 활용하여 생산성을 높이고 경제규모 자체를 크게 하는 것이다.

결론적으로 넉시의 균형발전모형은 경제의 수요측면을 중시하면서 수출시장의 확대보다 우선 내수시장의 확대전략이 필요하다고 본다. 내수시장의 확대는 모든 산업에 골고루 투자가 되어 상호수요에 의해 이루어진다. 이러한 시장수요능력에 맞추어 노동력을 활용한 공급능력을 균형적으로 확대하는 것이다.

2. 불균형발전

미국의 경제학자 허쉬만(A. Hirschman)은 개발도상국에게 흔히 투자자금이 부족하기 때문에 이를 해결하기 위해 선도산업에 집중적으로 투자하여 그 효과가 다른 산업에 전파되도록 해야 한다고 주장한다. 다시 말해서, 부족한 자원을 가장 효과적인 산업에 집중적으로 투자하면 다른 산업에 파급되어 전체 경제가 발전하게 된다는 것이다.

허쉬만의 불균형발전모형에서 핵심이 되는 것은 산업연관효과이다. 산업연관효과는 전방연관효과와 후방연관효과로 구분된다. 전방연관효과(forward linkage effect)는 선

도산업에 대한 일차적 투자가 그 산업의 제품을 구매하여 생산에 사용하는 다른 산업의 성장과 투자를 이차적으로 유발하는 효과를 말한다. 후방연관효과(backward linkage effect)는 선도산업에 대한 일차적 투자가 그 산업에 투입물(원료)을 공급하는 다른 산업의 성장과 투자를 이차적으로 유발하는 효과를 말한다.

정석사고

전방연관효과(forward linkage effect): 선도산업 → 소비재산업
후방연관효과(backward linkage effect): 선도산업 → 원료공급산업

예를 들어 반도체산업을 선도산업으로 투자하면 반도체공급이 늘고 가격이 내리면 반도체를 투입물로 쓰는 컴퓨터나 정보기술산업의 생산과 투자를 늘리고 수익을 높인다. 반도체산업의 투자가 정보기술산업의 성장과 투자를 유발하는 효과를 전방연관효과라고 한다. 반대로 반도체산업에 투자하면 그 원료인 실리콘산업의 성장과 투자를 유발하는 효과를 후방연관효과라고 한다.

전방연관효과는 산출량에 대한 투입량의 비율로 측정하고 후방연관효과는 총수요에 대한 중간재수요의 비율로 측정한다. 허쉬만은 두 연관효과 중 산업간 상호보완성이 큰 후방연관효과가 큰 산업을 선도산업으로 채택하여 집중 투자해야 한다고 본다. 이러한 선도산업의 투자는 연관효과뿐만 아니라 생산능력창출효과와 소득창출효과를 발생시킨다. 생산능력창출효과는 선도산업에의 투자가 자본량을 증가시켜서 공급능력을 확대시키는 것이다. 또한 소득창출효과는 투자가 증가하면 총수요가 증가하므로 국민소득이 증가하는 것이다.

결론적으로 허쉬만의 불균형발전모형은 경제의 생산요소공급이 제한적이라는 가정하에서 선도산업의 육성을 통해 내수시장의 확대보다 우선 수출시장의 확대전략이 필요하다고 본다. 수출시장의 확대는 선도산업에 집중적으로 투자가 되어 상호보완적 연관효과에 의해 이루어진다.

균형발전과 불균형발전의 선택은 나라마다 사정이 다르기 때문에 어느 전략이 더 합리적이라고 판단하기 어렵다. 수출시장확보가 쉬운 경제, 자원이 부족한 경제, 시장기능이 약한 경제 등에서는 균형발전보다 불균형발전모형이 더 합리적인 것으로 생각할

수 있다. 그러나 불균형발전을 지속적으로 유지하면 경제의 이중구조문제가 발생할 수 있다. 이에 대해 살펴보자.

정석사고

불균형발전모형에서 선도산업의 투자는 산업연관효과뿐만 아니라 생산능력창출효과와 소득창출효과를 발생시킨다.

3 경제의 이중구조와 전환점

개발도상국에는 일반적으로 많은 잠재실업이 존재한다. **잠재실업**(disguised unemployment, 위장실업)이란 노동의 한계생산성이 0 또는 그에 가까운 사람들이 실제 실업상태이지만 표면적으로는 실업자로 노출되지 않은 상태를 말한다. 흔히 개발도상국의 전근대적 산업의 농업은 가족들이 공동으로 경영되기 때문에 가족 중 일부가 실업상태이더라도 실업으로 나타나지 않는다.

루이스(A. Lewis)에 따르면, 한 사회 안에서 이질적인 요소에 따라 경제에 서로 계층화된 두 부문이 생기는 것을 경제의 **이중구조**(dualism)라고 한다. 보통 불균형발전에 의해 경제에 두 부문이 공존하게 되는데, 공업과 같은 근대적 산업과 농업과 같은 전근대적 산업이 그것이다. 전근대적 산업에는 방대한 잠재실업이 존재하게 되는데, 공업과 같은 근대적 산업의 임금이 전근대적 산업의 평균임금보다 조금이라도 높으면 잠재실업자들은 근대적 산업으로 이동하게 된다. 루이스는 이러한 이동이 어떻게 자본축적을 촉진하며, 이중구조를 해소하는가를 보여준다.

루이스는 전근대적 산업에 존재하는 잠재실업이 무한하다고 가정하기 때문에 **무한노동공급모형**이라고 할 수 있다. 이 가정 때문에 근대적 산업의 실질임금이 오르지 않아도 잠재실업자가 계속 근대적 산업으로 유입될 수 있다. 노동공급이 무한하면 근대적 산업의 실질임금이 낮은 수준을 유지할 수 있으며 이로 인해 노동소득보다 자본소득이 더 빠르게 증가하게 된다. 따라서 잠재실업이 빠르게 자본축적을 촉진하게 된다. 근대적 산업에 축적된 자본은 고용을 늘려 더욱 빠르게 근대적 산업의 발전을 촉진하게 된다.

하나의 예를 들어보자. 현재 생산활동을 통해 자본소득과 이윤이 발생하면 이것이 재투자된다고 하자. 공업과 같은 근대적 산업의 자본량이 증가하고 이에 따라 노동의 한계생산성이 증가하고 산업의 노동수요가 증가하게 된다. 노동공급은 전근대적 산업의 잠재실업 때문에 무한히 이루어진다. 근대적 산업은 실질임금을 낮은 수준에 유지하면서 계속 노동을 수요할 수 있다. 실질임금이 낮으므로 임금소득보다 자본소득이 빠르게 증가한다. 이처럼 자본축적은 빠르게 이루어지지만 소득분배구조는 악화된다.

전근대적 산업에서 빠져 나오는 잠재실업자가 근대적 산업에 무한히 노동을 공급하는 한 이중구조는 해소되지 않는다. 그러나 이러한 노동공급이 무한하지 않는 어떤 시점에서는 근대적 산업의 실질임금이 올라가게 된다. 실질임금이 상승하기 시작하여 노동의 한계생산성과 같아질 때 이중구조는 해소된다. 이중구조가 해소되는 시점을 이중구조해소의 **전환점**이라고 하는데, 경제가 이중구조해소의 전환점을 넘어 확대되면 경제는 신고전파의 성장이론으로 설명된다.

정석사고

루이스(A. Lewis)에 따르면, 한 사회 안에서 이질적인 요소에 따라 경제에 서로 계층화 된 두 부문이 생기는 것을 경제의 **이중구조**(dualism)라고 한다. 이중구조가 해소되는 시점을 이중구조해소의 **전환점**이라고 한다.

개발도상국은 처음 개발단계에서 근대적 산업의 투자재원을 어떻게 조달할 수 있는가? 루이스는 인플레이션조세에 의한 강제저축을 제시한다. 정부가 화폐를 발행해서 물가가 올라가면 화폐 및 금융자산의 보유자는 자산가치의 상당부분을 잃게 된다. 반면에 정부는 화폐발행으로 투자재원을 마련하는 동시에 정부부채의 가치가 하락하여 부채를 감소시킬 수 있다.

또 다른 투자재원의 조달방법은 외자를 도입해서 개발전략을 추진하는 것이다. **외자**(foreign capital)는 다른 나라 사람이 가지고 있는 자본을 말하며 그 유형은 외국인투자,

기술도입, 차입으로 나눌 수 있다. 외국인투자는 다시 직접투자와 간접투자로 나뉜다. 직접투자는 외국인이 주식을 매입하여 회사의 경영에 직접 참가하는 형태이다. 간접투자는 외국인이 경영에 참여하지는 않고 주식과 채권을 구매해서 배당과 이자수입을 얻는 형태이다. 차입은 차관, 금융기관차입, 기타 민간차입이 있다. 차관은 정부(공공차관)나 민간기업(상업차관)이 외국의 금융기관이나 정부로부터 자금을 빌리는 것이다. 금융기관차입은 금융기관이 외국의 금융기관이나 정부로부터 자금을 빌리는 것이다. 기타 민간차입은 무역거래과정에서 발생하는 신용공여인데, 이는 외상으로 수입을 하는 경우 외국은행에서 신용대출을 받는 것을 말한다.

외자도입의 긍정적인 효과는 소득·고용효과, 개발효과, 국제수지효과를 들 수 있다. 외자가 국민소득순환의 주입으로 투자를 늘려 소득과 고용을 증가시킨다. 외자가 사회간접자본에 투자되거나 기술과 함께 들어오면 외부경제를 발생시키고 기술의 향상으로 경제개발을 촉진하는 효과를 발생시킨다. 외자는 직접적으로 자본수지를 개선시키고, 외자가 투자되어 국내생산이 늘면 수출이 늘고 수입대체가 일어나 경상수지가 개선된다.

외자도입의 부정적인 효과는 경제의 대외의존효과, 원리금상환부담효과, 국민저축위축효과를 들 수 있다. 외자도입은 외자수출국이 직간접으로 외자도입국에 대해 간섭하므로 외자도입국이 대외의존도를 높인다. 외자도입국은 원리금을 상환해야 하는 부담을 가진다. 외자가 정부저축과 민간저축으로 구성되는 국민저축을 일부 대체하므로 단기에 국민저축을 감소시킨다.

외자도입은 긍정적인 효과와 부정적인 효과를 모두 가지므로 개발도상국의 경제발전에 유리하다거나 불리하다고 단정할 수는 없다. 다만 각 나라의 경제구조와 특성에 따라 외자도입이 자본축적을 촉진하여 성장의 엔진으로 될 수 있다.

정석사고

외자도입의 긍정적인 효과는 소득·고용효과, 개발효과, 국제수지효과를 들 수 있다. 외자도입의 부정적인 효과는 경제의 대외의존효과, 원리금상환부담효과, 국민저축위축효과를 들 수 있다

4. 경제발전의 조건

1. 수렴가설

가난한 나라들은 부유한 나라들을 추격해서 삶의 수준을 높일 수 있을까? 이에 대한 답으로 수렴가설이라는 것이 있다. **수렴가설**(convergence hypothesis)이란 부유한 나라보다는 가난한 나라의 생산성 증가율이 높기 때문에 가난한 나라는 부유한 나라와의 격차를 좁혀 추격하게 된다는 것이다. 〈그림 13-2〉에서 보듯이 시간이 지남에 따라 가난한 나라의 생산성 증가율은 부유한 나라의 생산성 증가율보다 높은 경향이 있다는 전제하에서 주장된다. 학급에서 5등 하는 학생의 성적이 향상될 가능성보다 30등 하는 학생의 성적이 향상될 가능성이 더 크다는 점을 생각해보면 이해할 수 있다.

(1) 수렴가설의 근거

이러한 수렴현상이 발생하는 이유를 구체적으로 살펴보면 다음과 같다.

첫째, 가난한 나라에서는 낮은 교육수준이 매우 빠르게 높아질 수 있다. 장기적으로 수렴현상을 기대하는 이유는 생산성이 낮은 나라는 과학지식과 경영 노하우가 전 세계로 퍼져나가면서 쉽게 학습할 수 있기 때문이다.

그림 13-2 수렴가설

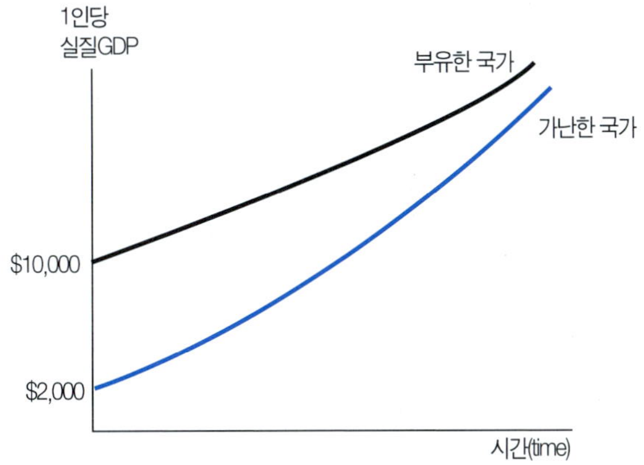

둘째, 새로운 첨단기술을 개발하는 혁신보다 모방이나 채택을 통해서 기술이 앞선 선진국의 기술을 채택하는 것만으로 생산성을 높일 수 있다. 창조보다 모방의 경우에 따라잡는 것이 보다 쉽다.

셋째, 인터넷과 같은 커뮤니케이션 수단이 기술과 정보의 확산을 보다 빠르게 하고 있다. 최근에 인간 유전자 및 줄기세포 연구성과나 경제학 관련 최신 논문도 실시간으로 전 세계 연구자들에게 빠르게 전달되고 있다.

(2) 수렴가설의 현실

지난 수십 년 동안 한국의 경제성장 속도는 미국에 비해서 급격하게 증가하였다. 1960년부터 1990년까지 30년 동안 미국과 한국의 GDP 대비 투자율은 비슷했다. 그러나 미국은 연평균 1인당 GDP 성장률이 2%였지만 한국은 6% 이상을 달성하였다. 이러한 차이도 추격현상으로 설명할 수 있다. 1960년 한국의 1인당 GDP는 미국의 1/10 수준이었는데 과거에 투자가 없었고 전쟁 이후였기 때문에 초기 출발 시점의 자본축적은 작았다. 그 결과 미국에 비해서 상대적으로 높은 성장률을 달성할 수 있게 된 것이다. 이러한 현상은 공업화를 이룩한 산업국가들에 한정해서 보면 쉽게 관찰될 수 있다.

〈그림 13-3〉은 수렴가설에 따른 가난한 나라들의 추격현상이 이루어지는 경우와 그렇지 않은 경우를 보여준다. 〈그림 13-3 (a)〉에서 국가별 위치가 우하향하는 직선에 가까울수록 추격현상이 존재한다. 공업화한 산업국가 내에서 1960년대 1인당 실질GDP가

그림 13-3 수렴가설의 현실

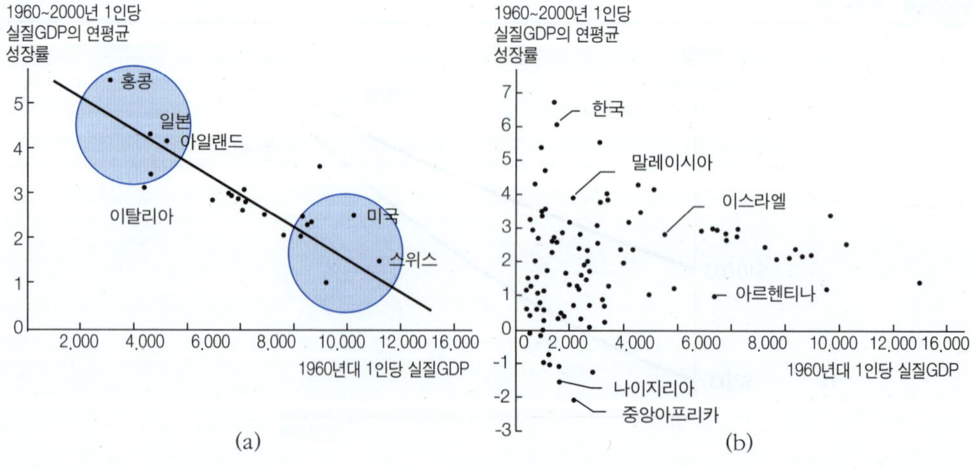

낮은 나라들은 1960~2000년 동안 연평균 성장률이 상대적으로 높았다는 것을 알 수 있다. 그러나 〈그림 13-3 (b)〉에서 보듯이 나이지리아, 중앙아프리카와 같은 후진국을 포함한 모든 국가를 대상으로 할 때에는 추격현상이 뚜렷하지 않다는 것을 알 수 있다. 따라서 경제가 발전하여 선진국을 추격할 수 있는지의 여부는 각 나라마다 다르게 나타난다고 할 수 있다.

정석사고

수렴가설(convergence hypothesis)이란 부유한 나라보다는 가난한 나라의 생산성 증가율이 높기 때문에 가난한 나라는 부유한 나라와의 격차를 좁혀 추격하게 된다는 것이다.

2. 수렴속도의 결정요인

후진국의 경제가 발전하여 선진국의 삶의 수준으로 근접한다고 믿더라도 시간이 많이 걸릴 수도 있다. 경제발전의 속도를 결정하는 요인을 무인도에 표류한 로빈슨 크루소의 상황에 빗대어 생각해보자. 단순화를 위해 로빈슨 크루소가 생활수준을 향상시키는 방법은 맛있는 물고기를 많이 잡는 것과 관련이 있다고 하자. 어떻게 물고기를 많이 잡는가의 문제는 생산성과 관련된 문제이다. 생산성을 높이는 문제는 근력을 키우는 방법, 낚싯대의 수를 늘리는 방법, 물고기를 잡는 기술을 익히는 방법, 물고기가 어디에 많이 있는가를 아는 지식과 물고기가 많이 몰리는 자연환경 등이 영향을 미친다고 할 수 있다. 〈그림 13-4〉는 이러한 요인들을 정리하여 요약하고 있다.

그림 13-4 로빈슨 크루소의 삶의 수준의 결정요인

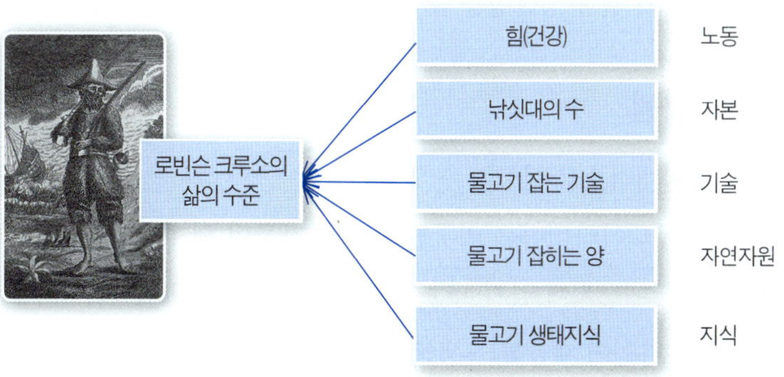

(1) 물적자본의 축적

목수가 가구를 만들 때 톱, 선반기계 등의 연장을 사용하면 더 신속하고 정교하게 작업을 할 수 있다. 이와 같이 생산에 투입되는 장비와 건물을 '물적자본(physical capital)' 혹은 '실물자본'이라고 한다. 자본은 과거의 최종산출물로서 그리고 다른 자본을 만드는 투입물로서의 역할을 하기 때문에 이중적인 역할을 한다고 할 수 있다. 예를 들어 타이어는 그 자체로 최종생산물(output)이 될 수도 있지만 자동차를 만드는 데 투입되면 생산요소(input)가 된다.

로빈슨 크루소가 물적자본을 축적하려면 물고기를 잡아서 다 먹지 않고 인디언들에게 팔아서 낚싯대를 더 만들어야 한다. 다시 말해서 저축을 많이 하여야 한다. 자본축적이 경제발전의 기초조건이므로 후진국은 자본축적을 위해 저축과 투자를 늘려야 한다.

(2) 인적자본의 축적

우리는 평생 동안 교육을 받게 된다. 이러한 교육과 훈련, 경험의 축적을 통한 지식과 기술의 체득은 눈에 보이지 않지만 노동자들의 생산성을 높여주는 역할을 한다. 선반기계나 장비와 함께 생산성을 높이는 역할을 하지만 인간에 체화된다는 의미에서 '인적자본(human capital)'이라고 한다. 선진국의 경우 자산 중 인적자본이 차지하는 비중이 다른 자본에 비해 매우 높다.

인적자본은 노동자의 재능, 교육, 훈련, 기술을 포함하는 개념으로, 많은 인적자본을 가진 노동자는 생산성이 높아져서 노동의 질이 높아진다. 예를 들어 워드프로세스 프로그램을 사용할 줄 아는 사람은 모르는 사람보다 더 쉽게 문서를 만들 수 있다. 또한 컴퓨터 장비에 익숙한 자동차 정비사는 그렇지 않은 정비사보다 더 전문적이라고 할 수 있는 엔진문제까지 해결할 수 있다. 이와 같이 인적자본은 교육과 훈련을 통해 지식을 습득하고 노동의 질과 생산성을 높이는 역할을 한다. 이야기 13-1

(3) 자연자원

미국이 경제적으로 성공할 수 있었던 이유 중의 하나는 농사짓기 좋은 토양이 많기 때문이고, 사우디아라비아를 비롯한 중동 국가들이 세계적으로 부를 획득한 이유는 원유가 풍부하게 매장되어 있기 때문이다. 이와 같이 경제발전의 여러 요인들 중에 토지, 산림, 강물 등 자연이 제공하는 생산요소를 '자연자원(natural resources)'이라고 한다. 자연

이야기 13-1 IQ(지능지수)가 경제발전의 가능성을 높일까?

심리학자 린(R. Lynn)과 정치학자 반하넨(T, Vanhanen)은 2002년 경제발전과 국민의 지적 능력은 상관관계가 있다는 연구 결과를 발표했다. 각국의 지적 능력은 성인 국민의 평균지능지수(IQ)로 측정했고, 경제발전 정도는 1인당 국민소득을 기준으로 측정했다.

1998년 185개국의 해당자료를 통한 분석에서 평균 IQ는 59에서 107까지 다양하게 분포되어 있었고, IQ가 높은 국가일수록 1인당 국민소득도 높았다. 평균 IQ가 101을 넘어서는 국가는 홍콩(107), 한국(106), 일본(105), 북한(104), 대만(104), 싱가포르(103), 오스트리아(102), 독일(102), 이탈리아(102), 네덜란드(102), 룩셈부르크(101), 스웨덴(101), 스위스(101)로 북한을 제외하고는 선진국에 속한 국가였다. 그에 반해서 평균 IQ가 65 이하인 국가들은 콩고(65), 감비아(65), 리베리아(65), 세네갈(65), 에디오피아(63), 적도기니(59), 상투메프린시페(59)로 모두 아프리카에 위치한 세계 최빈국들이었다.

〈평균 지능지수와 1인당 국민소득의 관계〉

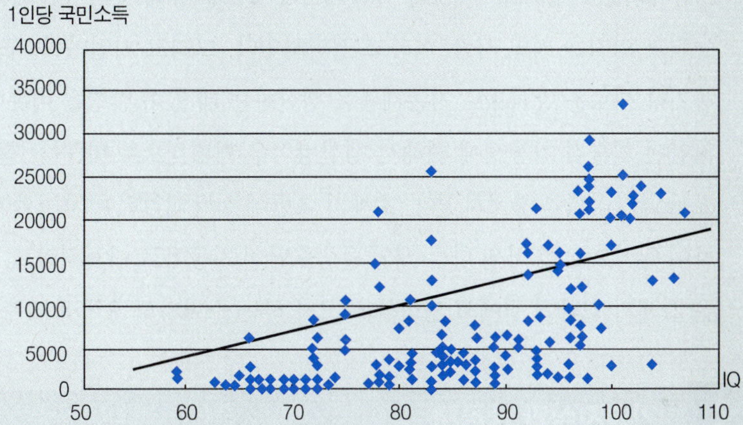

자원은 산림과 같이 재생이 가능한 재생가능자원과, 석유와 같이 한 번 사용하면 재생이 되지 않는 재생불가능자원으로 나눌 수 있다. 보통 후진국은 자연자원이 부족하지만 재생가능자원은 식수 등의 노력을 통해 증식시킬 수 있다. 이것이 경제발전의 속도를 빠르게 할 수 있다.

(4) 기술혁신

초기에 영농기술이 발전하기 전에는 노동의 투입량을 늘려 식량을 많이 생산하였다. 그러나 농업 기술과 지식의 축적으로 인해서 과거보다 적은 노동을 투입해도 많은 양의 생산이 가능해졌다. 기술혁신은 단순히 투입물(input)을 산출물(output)로 전환하는 방법만을 말하지는 않는다. 기술혁신은 생산, 시장개척, 원료입수, 기업경영 등 모든 측면에서 기존의 방식보다 더 효율적인 새로운 방식을 개발하는 것이다.

오스트리아의 유명한 경제학자인 슘페터(Schumpeter)는 기술혁신을 경제발전의 근본 요인이라고 하였다. 기술혁신은 파급과 확산이 가능한 공동의 기술혁신이 있고, 어느 한 발명가에게만 국한되는 기술혁신이 있다. 전자의 예에는 헨리 포드가 제조공정의 혁신을 위해 개발한 '포드 시스템'처럼 다른 기업들도 따라하게 된 것이 있고, 후자의 예에는 코카콜라의 제조비법과 같은 것이 있다. 최근에는 여러 기술들이 융합되어 새로운 기술이 탄생하므로 개인보다 기업에 의한 공동의 기술혁신이 일반적이다. 따라서 기업의 기업가정신이 더욱 중요하게 된다. 기업가정신은 기술혁신을 하려는 의지를 말한다. 이야기 13-2

슘페터는 기업가를 "새로운 아이디어나 발명을 통해 창의적인 제품을 출시할 수 있는 능력과 의지를 지닌 사람"이라고 정의하였다. 그리고 기업가의 기능은 신제품을 생산하거나 새로운 방식으로 기존제품을 생산하는 데 있어 발명을 비롯한 이전에 시도되지 않았던 기술적 가능성에 의해서 생산방식을 혁명적으로 바꾸는 '**창조적 파괴**(creative destruction)'임을 강조하였다. 20세기 초반에 사용되었던 마차는 소비자의 요구에 부응하여 질적으로 한 차원 다른 개인 운송수단인 자동차로 대체되었고, VHS 테이프와 VCR은 21세기 초반에 집에서 영화를 보고자 하는 소비자의 요구에 맞추어 DVD와 DVD 플

이야기 13-2 기술지식과 공공재

기술을 하나의 상품으로 간주하는 경우 기술은 다른 상품과 다른 특성이 있다. 사과의 경우는 내가 한입 먹으면 다른 사람이 먹을 수 있는 양은 줄어든다. 그러나 기술의 경우는 한 사람이 기술을 추가적으로 사용한다고 해도 다른 사람이 사용하는 기술의 양은 전혀 줄어들지 않는다. 예를 들어 어느 한 대학교가 다른 대학교의 서류관리 방법을 사용한다고 해서 다른 대학의 서류관리 방법의 질은 떨어지지 않는다. 이러한 특성을 서로 경쟁하지 않는다고 해서 '비경합성(nonrivalry)'이라고 한다.

또한 기술은 기술의 발명자나 소유자는 다른 사람들로 하여금 자신들이 만든 기술을 사용하는 것을 막기가 어렵다. 애플(Apple)의 운영체제를 마이크로소프트(Microsoft)가 윈도우 운영체제로 비슷하게 모방한 것이지만 법원은 두 운영체제가 그렇게 유사한 것은 아니라고 판결내린 적이 있다. 이러한 특성을 배제하기 어렵다는 측면에서 '비배제성(nonexcludability)'라고 한다. 이러한 비배제성에 대해서 대부분 국가는 지적재산권법(intellectual property laws)이나 특허법, 상표권과 저작권을 통해서 발명자들에게 어느 정도 보상을 해주는 시스템을 가지고 있다.

레이어로 대체되었다.

1975년 스티브 잡스(Steve Jobs)와 스티브 워즈니악(Steve Wozniak)은 비디오게임 회사인 아타리(Atari)에게 컴퓨터 게임을 고안해주는 스무 살짜리 젊은 청년들이었다. 그들은 부모의 차고에서 전 재산이었던 폭스바겐 중고자동차와 HP의 전자계산기를 판 1,300달러를 가지고 새로운 회사를 설립했고, 단지 좋아하는 과일의 이름을 따 '애플(Apple)'이라고 명명한 최초의 개인용 컴퓨터를 발명했다. 인류의 평균 노동생산성은 PC의 개발로 인해서 이전의 몇 배 이상 증가하였다. 이와 같이 기업가는 새로운 생산물, 서비스, 기술공정, 생산방법을 개발하여 경제발전의 중추적 역할을 한다.

미국의 경우를 보면, 19세기 후반과 20세기 초반에 헨리 포드(H. Ford)와 알프레드 슬로안(A. Sloan)은 자동차, 앤드류 카네기(A. Carnegie)는 철강, 존 록펠러(J. Rockefeller)는 석유, 모건(P. Morgan)은 금융과 같은 산업분야에서 미국 경제발전의 중심 역할을 수행하였다. 최근에는 빌 게이츠(B. Gates)와 구글(Google)의 공동 창업자인 래리 페이지(L. Page)와 세르게이 브린(S. Brin)이 사회적인 도전정신을 일깨워주고, 기업가의 에너지를 경제에서 생산적인 방향으로 연결해주는 역할을 하고 있다. 이야기 13-3

이야기 13-3 신경제와 생산성향상

오늘날 PC 한 대는 1960년대에 달 착륙을 위한 아폴로 계획에 사용된 나사의 모든 메인 컴퓨터들을 합한 것보다 더 빠른 계산 능력을 가지고 있다. 더 빨라진 데이터와 정보의 전송은 산업 구조뿐만 아니라 기업 전반에 걸쳐 큰 영향을 미치고 있다. 1990년대 인터넷의 등장은 소비자의 판매방식 뿐만 아니라 기업 간 거래방식도 바꾸고 있고 휴대폰과 노트북, 무선 인터넷으로 인해 집에서도 업무를 볼 수 있게 되었다. 이처럼 정보통신 기술의 향상은 노동생산성을 크게 향상시켰다. 1995년에서 2004년에 걸친 미국을 중심으로 한 생산성의 향상은 정보통신을 기반으로 한 '신경제(New Economy)'의 등장을 의미한다고 많은 경제학자들은 주장했다. 컴퓨터와 반도체, 휴대폰, 소프트웨어 등의 정보통신산업은 실질 GDP의 증가율에 1/3정도 기여한 것으로 보인다. 특히 컴퓨터의 사용, 정보·통신기술은 가격의 하락과 함께 더욱 일반화될 것으로 기대한다. 최근에는 좋은 노트북도 100만 원 이하면 충분히 구입할 수 있는 것처럼 지속적인 정보통신 발달은 더욱 높은 생산성 향상으로 이어질 것으로 보고 있다. 반면 2000년대 들어서면서 기업의 내부 정보처리에 기여한 인터넷, 윈도우 95, 컴퓨터 제어를 활용한 재고관리 등의 정보통신 혁신보다는 휴대폰과 같은 소비성 제품으로 수요가 이동하고 있기 때문에 생산성 향상은 한계에 부딪힐 것이라고 비관적인 견해를 가진 사람들도 있다.

정석사고

경제발전의 속도를 결정하는 요인은 물적자본의 축적, 인적자본의 축적, 자연자원의 증가, 기술혁신 등이다

5 개발도상국의 현실과 정부의 역할

1. 개발도상국의 현실

경제가 발전하는 데에는 저축을 통한 자본축적의 증가, 교육을 통한 지식축적의 증가, 기업가정신의 기술혁신, 안정된 정치경제적 시스템 등의 전제조건들이 필요하다. 그러나 개발도상국들은 이러한 요소들이 결여되어 있거나 매우 빈약한 것이 현실이다.

(1) 자본축적의 측면

가난한 나라는 가지고 있는 자본의 양도 적은 것이 현실이다. 소득이 낮기 때문에 하루 벌어먹고 살기도 바쁘고, 이로 인해 자본의 축적을 위한 저축은 기대하기 어렵다. 미국과 같은 부유한 나라는 노동자 한 명이 10만달러 이상의 자본을 사용하지만 아프리카의 가난한 나라의 노동자는 1인당 500달러 이하의 자본을 사용할 뿐이다. 그 결과 생산성에서 차이가 나는 것은 당연하다. 이러한 현실을 극복하는 데 도움을 주기위해서 1944년 설립된 세계은행은 경제발전을 촉진시키기 위한 개발원조(development assistance)를 통해 낮은 이자율로 개발자금을 빌려주기도 한다. 그러나 이러한 원조프로그램에 대해 지원금액도 너무 부족하고, 적절하게 사용할 능력도 없고 준비도 안 된 개발도상국에서 과연 실효성이 있을지 의문을 제기하는 비판도 있다.

또한 인적자본의 경우 교육을 통해 지식을 축적하여 인적자본을 높일 수 있다. 그러나 교육사업은 시간과 자금이 많이 드는 사업이다. 먼저 교육할 학교들을 세워야 하고, 그

학교에서 교육할 교육자들을 양성해야 하기 때문에 자금이 부족한 개발도상국의 현실에서 단기에 교육에 투자하기는 어려운 실정이다.

(2) 기술혁신의 측면

수렴가설에서 제기한 바와 같이, 개발도상국들은 새롭게 창의적인 것을 개발할 필요가 없고 이미 개발된 기술을 도입하여 잘 활용하기만 해도 빠르게 성장할 수 있다. 한국전쟁 이후 급속한 경제성장에 성공한 우리나라의 경우가 좋은 예이다. 그러나 수렴가설에서 나타나는 추격현상도 경제발전을 이룩하고자 하는 의지를 비롯하여 어느 정도의 기반이 갖추어져 있어야 나타난다. 현재의 개발도상국들은 필수적인 과학적·공학적 지식이 부족하다. 교통통신 시스템과 같은 사회간접자본도 매우 부족하고, 경제를 일으키겠다는 국민과 정부의 의지도 약한 경우가 많다. 이러한 문제를 해결하기 위해서 **다국적기업**(multinational corporation)의 해외직접투자(FDI)를 유치하는 방안이 제기되고 있다. 그러나 이윤추구 목적과 기반시설 미비로 인해서 그 효과가 미미할 것이라는 비판적인 견해들도 존재한다. 이야기 13-4

이야기 13-4 **중세 최대의 부국 중국은 왜 경제적으로 정체되고 말았는가?**

중국 송나라(960~1270년) 시대는 종이, 물레바퀴, 물시계, 화약, 나침반에 이르는 과학적 기술이 크게 발전한 시기였다. 그러나 폐쇄적인 사회적 시스템으로 인해서 과학적 기술이 경제성장으로 연결되지 못했다. 윌리엄 보몰(William Baumol)에 따르면 중국의 송나라 시대는 기업가정신을 금지한 사회적 시스템이 산업화로의 이행에 걸림돌이 되었다고 한다. 사농공상의 생각에 사로잡혀 산업과 상업을 천시했고, 이러한 저급한 활동은 교육을 받는 사람에게는 부합하지 않는다고 생각했다. 황제가 백성의 재산을 압류하고, 사업을 통제할 수 있는 전능한 권한은 백성들이 벤처 사업에 뛰어들 유인을 감소시켰다. 따라서 유일하게 지위와 부를 획득할 수 있는 통로는 3년마다 열리는 과거시험에 합격하는 길 뿐이었다. 장원급제는 평생의 직위와 부를 보장받았고, 많은 권력을 통해 일부는 부패의 길로 빠지기도 하였다. 이처럼 역동적인 기업가 계급이 형성되지 못한 사회적인 시스템의 한계는 경제성장으로 과학적 기술이 전환되는 데 장애물이었던 것이다.
15세기 말부터 명나라는 경제발전의 원동력인 기업가 정신을 말살하는 정책을 펴기 시작했다. 당시 국왕은 왕권에 도전해 반역을 꾀하는 것을 두려워해서 상행위를 통해 부를 축적하고 이를 기초로 사병을 양성하는 것을 사전에 차단하였다. 모든 개인의 기업활동을 철저히 감시했고, 소금, 철 등 주요 산업을 모두 독점하였다. 특히 기업가 정신을 발휘할 수 있는 최상의 무대인 해외 무역활동을 전면 금지하여 1500년에는 돛대가 2개 이상인 선박을 건조한 자는 사형에 처하는 법을 만들었고, 1525년에는 모든 원양 항해선박을 폐기하고 선주를 체포하였다. 이러한 명나라의 기업가정신을 말살하는 정책은 동서양의 운명이 바뀌는 계기가 되었다. 만일 중국이 이 시기에 국민에게 상업의 자유를 부여하면서 자국의 막강한 기술력을 활용했다면 중국에서 산업혁명이 일어났을 수도 있다.

(3) 지식과 두뇌유출의 측면

개발도상국과 같은 나라들은 인적자본을 형성하는 교육과정에서 **두뇌유출**(brain drain)현상이 발생하여 더욱 가난해질 수 있다. 많이 배운 사람들이 부유한 나라로 이민을 가거나, 선진국의 좋은 교육 시스템에서 훈련을 받은 사람들이 고국으로 돌아와 경제성장에 도움을 주지 않는다면 인적자본이 필요한 개발도상국의 입장에서 큰 문제가 아닐 수 없다.

(4) 지리, 보건, 정치 등 불안정한 시스템

개발도상국은 부유한 선진국과 달리 특수한 상황에 처해 있다. 먼저 지리적인 측면에서 볼 때 미국을 비롯한 서구 선진국들은 온난한 기후대에 속해 있어 농업에 적합한 토지를 가지고 있는 경우가 많고, 좋은 항구 여건을 바탕으로 비옥한 해양을 활용할 여지도 많다. 그러나 사하라 사막과 같이 주변에 바다도 없고 경작할 만한 토지도 부족한 아프리카의 경우는 지리적인 측면에서 특수한 상황에 처해 있다고 할 수 있다. 또한 AIDS나 말라리아와 같은 풍토병은 가난한 나라에서 국민들의 건강을 악화시켜 경제발전에 장애가 된다. 따라서 열악한 보건환경을 개선하는 것도 특수한 상황으로 꼽을 수 있다. 무엇보다도 정치·사회 시스템이 제대로 구축되지 않아 뇌물과 부패, 국지전쟁 등으로 야기되는 불안한 상황은 경제발전에 가장 큰 장애물이라고 할 수 있다.

정석사고

경제가 발전하는 데에는 저축을 통한 자본축적의 증가, 교육을 통한 지식축적의 증가, 기업가정신의 기술혁신, 안정된 정치경제적 시스템 등의 전제조건들이 필요하다. 그러나 개발도상국들은 이러한 요소들이 결여되어있거나 매우 빈약하다.

2. 정부의 역할

(1) 자본축적의 촉진

경제학에서 자본(capital)이란 생산을 위해 생산된 모든 재화와 서비스를 말하는데, 공장이나 사무용 빌딩과 같은 건물, 컴퓨터와 같은 장비, 사용가능한 소프트웨어의 규모 등을 의미한다. 기업이 새로운 공장, 장비, 소프트웨어의 구입으로 투자지출을 늘리면 기존의 자본공급은 증가한다. 자본스톡의 증가는 기업의 투자지출의 크기에 의존한다. 자본형성을 촉진한다는 말은 새로운 자본을 만든다는 의미이다.

정부가 자본형성을 촉진하기 위해서는 민간기업이 보다 많은 투자를 하도록 유도해야 한다. 몇 가지 방법을 살펴보면, 먼저 실질이자율을 낮추는 것이다. 실질이자율이란 명목이자율에서 물가상승률을 뺀 것인데 기업의 입장에서 보면 자금을 빌리는 비용이 된다. 어떤 사업의 수익률이 8%인 경우 현재 실질이자율이 10%라면 기업은 투자를 꺼리겠지만, 실질이자율이 5%라면 충분히 투자에 참여할 것이다.

다음으로 정부가 사용할 수 있는 자본형성을 위한 투자촉진정책으로는 세법을 바꾸어 자본이익의 과세를 낮추는 방법이 있다. 여기서 어떤 자산을 구입금액보다 높게 판매를 할 경우에 발생하는 이익이 자본이익이다. 그 밖에 뒤에서 설명할 기술혁신을 유도할 인센티브를 활용한다거나 정치적인 안정과 재산권의 보호도 정부가 자본을 형성하는 방법이 될 수 있다.

(2) 교육훈련 향상

인적자본을 형성하기 위한 가장 좋은 방법이 교육에 대한 투자이다. 정부가 좋은 학교를 만들어 국민들이 질 높은 공교육을 받을 수 있게 된다면 장기적인 측면에서 생산성을 높일 수 있다. 미국의 경우 학교교육을 1년 더 받으면 평균적으로 임금이 10% 상승한다는 연구결과가 있다. 교육훈련이 부족한 후진국의 경우는 교육의 혜택이 임금격차를 보다 크게 할 수 있다.

교육을 통한 인적자본 형성은 긍정적인 **외부효과**(externalities)를 발생시킨다. 외부효과란 어느 한 사람의 행동이 의도하지 않게 거래당사자가 아닌 다른 사람의 후생수준에 영향을 미치는 것을 말한다. 예를 들어 새롭게 개발된 아이디어가 널리 활용되면서 생활의 편리함을 높이는 데 기여하는 것이 외부효과의 하나이다.

선진국과 개발도상국 간의 평균 학교교육 연수에 대해 비교해보면, 미국이 12.3년으로 가장 길고 인도는 5년 미만이며 수단은 2년도 되지 않는다. 대부분의 선진국에서는 초등학교는 물론 고등학교 졸업률도 매우 높다. 그러나 가난한 후진국에서는 초등학교 졸업자도 많지 않아 읽기, 쓰기, 연산도 원시적인 수준에 그치고 있다. 실물자본이 부족한 후진국의 경우 인적자본의 개발이 더욱 중요하게 되는데, 교육에 대한 투자없이 경제발전을 기대하기 어렵다. 자금이 부족한 후진국의 현실에서 무조건 학교 수를 늘리기보다 교육내용을 합리적으로 마련하고 교육받는 사람들이 합리적인 사고방식과 행동양식을 기르고 경제하려는 의지를 만들어야 한다.

(3) 기술정책

생활수준 향상의 원천은 생산성 증가이다. 그리고 생산성 증가의 핵심요인은 기술혁신이다. 전화, 컴퓨터, 증기기관 등의 발명은 모두 기술혁신의 사례들이다. 이러한 발명품들은 어느 개인의 천재적인 영감이나 개별기업에 의해서 이루어진 경우가 많지만, 최근에 들어서는 기술지식의 고도화와 복잡화로 인해서 어느 한 개인에게 의존하기가 어렵게 되었고 학제 간 연구와 같은 여러 사람의 집단지식을 활용해야 할 필요성이 제기되고 있다.

기술혁신과 같은 아이디어는 모두가 공유할 수 있기 때문에 정부는 정책적으로 더욱 장려해야 할 필요성이 있다. 미국의 경우 국립과학재단과 국립보건원을 통해서 연구비를 지급하고, 연구·개발을 수행하고 있다. 일례로 우주항공국인 나사(NASA)를 통해서 로켓과 항공기 제조부문의 지원을 하고 있고, 생명공학에도 많은 관심을 보이고 있다. 물론 우리나라도 AI와 자율주행기술 등의 첨단기술산업을 선정해 민간이 기술혁신에 참여하도록 정책적인 인센티브와 지원을 아끼지 않고 있다.

(4) 해외직접투자의 유치

경제발전을 위한 신규자본의 축적은 저축에 의해 이루어지지만, 저축률이 낮다면 저축에만 의지하는 데에는 한계가 있다. 이러한 경우 정부가 다양한 방법으로 해외의 투자를 끌어들이는 방법을 강구해볼 수 있다. 해외로부터의 투자에는 외국계 기업이 직접 공장을 지어 소유와 운영까지 맡아서 하는 '**직접투자**(*FDI*: Foreign Direct Investment)' 방식이 있고, 단지 자본만 투자하고 운영은 내국인에게 맡기는 '**포트폴리오 투자**(*FPI*: Foreign Portfolio Investment)'방식이 있다. *FDI*와 *FPI*를 구체적으로 구분해보면, 외국기업이 다른 나라의 한 기업에 대해 10% 이상 소유지분을 가지면서 투자하는 경우 *FDI*라고 하고, 10%미만의 소유권을 가지는 경우 *FPI*라고 한다. 외국기업이 국내에 자본을 투자하면 투자의 성과 일부가 외국으로 넘어가지만 투자를 받은 국내기업은 자본량이 증가하여 생산이 증가하고, 실질임금의 향상과 더불어 최신기술의 이전이라는 효과도 얻을 수 있다.

(5) 건강·영양상태의 향상

일반적으로 건강·영양상태와 부(wealth) 간에는 양의 상관관계가 존재한다. 가난한 나라의 국민은 건강상태가 나쁘기 때문에 더욱 가난해진다. 가난하기 때문에 음식물을 충분히 섭취하지 못하므로 노동의 질이 떨어지고 결국엔 생산량이 적어져서 더욱 가난해지는 악순환이 발생하는 것이다.

1993년 노벨상을 수상한 경제사학자 포겔(R. Vogel)은 영양상태의 개선을 통한 건강증진이 경제발전의 중요한 원천이라고 주장한다. 그는 국민들의 영양섭취 개선이 1790~1980년 영국의 1인당 소득 증가의 약 30%를 설명한다는 연구결과를 발표했다. 또한 1780년대는 영국 국민 20%가 육체노동을 할 수 없을 정도로 영양상태가 나빠 일을 하고 싶어도 할 수 없었지만, 영양상태가 나아지면서 노동자들의 생산성이 증가했다고 주장하였다. 특히 키에 관심을 보여 비록 키가 작다는 것이 유전적인 요인과 환경적인 요인이 클 수 있지만, 영양실조와 유아기의 영양섭취 부족을 나타내는 지표로 보아 경제가 발전함에 따라서 국민들의 영양상태도 좋아지고 키도 커진다고 하였다. 눈부신 경제발전을 이룬 우리나라의 경우 1962~1995년 남자들의 평균 신장이 2인치나 늘었다는 통계가 있다.

(6) 재산권보호와 사회적 안정

재산권(property rights)은 자신이 보유한 자원에 대해서 권리를 행사할 수 있는 능력을 말한다. 여기서 능력이란 재산을 처분하거나, 보유하는 동안 임대나 배당과 같은 방법으로 이익을 얻을 수 있는 가능성을 말한다. 예를 들어 철광채굴업체는 채굴한 철광석을 남에게 빼앗길 위험이 매우 크다면 노력하여 철광석을 캐려고 하지 않을 것이다.

후진국의 경우는 정부의 임의적인 정책 변경, 정치적인 불안정, 자본주의에 역행하는 이념, 만연된 부패, 지하경제와 범죄에 의해서 법치주의와 사회적 안정성이 위협을 받게 된다. 이런 국가의 국민은 자신의 재산을 언제 몰수당하거나 약탈당할지 모른다는 두려움 때문에 낮은 이자율 수준에서도 대출받지 않거나 정부가 여러 종류의 정책을 내놓아도 투자를 꺼려하게 된다.

표 13-1 **각국의 재산권보호순위**

국가	등급(1986~1995년 평균)
스위스	100
캐나다	98
미국	95
일본	93
이탈리아	82
영국	78
한국	74
브라질	68
멕시코	59
인도	59
수단	31

[주] 지수는 법과 질서 유지정도, 관료의 질, 재산몰수 위험, 정부의 계약파기 위험 등으로 산정함.

재산권의 보호 수준, 법규 준수 정도, 부패 정도를 측정한다는 것은 쉽지 않다. 주관적인 가치판단이 어느 정도 가미될 수밖에 없지만 〈표 13-1〉은 이러한 점을 감안하여 여러 나라들의 재산권보호의 상대적인 순위를 제시해준다. 부유한 선진국일수록 재산권보호순위가 매우 높다는 것을 알 수 있다. 따라서 개발도상국은 재산권보호를 위한 많은 노력을 기울여야 한다. 또한 이것은 시장경제가 잘 작동되는 기초이기도 하다. 이야기 13-5

(7) 자유무역의 강화

오늘날 많은 경제학자들은 가난한 국가들은 자국의 경제를 세계시장에 개방하는 **대외지향적인 정책**(outward oriented policies)을 선택하는 것이 경제성장과 경제발전을 위해서 바람직하다고 믿는다. 물론 어떤 특수한 산업부문, 특히 유치산업과 국가기간산업들에 대해서는 보호무역을 하기도 한다. 그러나 20세기 대부분의 기간 동안 **대내지향적인 정책**(inward oriented policies)을 추구한 아르헨티나보다 한국, 싱가포르, 대만 등 대외지향적인 정책을 추구한 나라들이 급속한 경제성장을 이룬 것이 자유무역의 이익에 대한 증거이다. 또한 최근 중국도 대내지향적인 정책을 추구하는 인도에 비해 대외지향적인 정책으로 더욱 빠르게 발전하고 있다.

이야기 13-5 소련이 미국보다 경제성장에서 뒤진 이유

1917년 러시아 혁명에서 1991년 몰락에 이르기까지 소련은 공산주의에 기반을 두고 70년 이상 시장 경제 시스템을 위협하였다. 당시 소련은 고학력 노동자, 많은 자본재, 풍부한 지하자원, 우주선을 먼저 쏘아 올릴 정도의 높은 수준의 기술을 가지고 있었다. 그러나 서구의 경제적 생활수준과 비교해 보면 소련을 비롯한 공산주의는 생활수준이 낮았는데 이것이 스스로 붕괴된 근원이었다. 이들 국가들의 생활수준이 낮아진 이유는 크게 사유재산권의 보장과 자유 시장 메커니즘의 부재가 제일 큰 원인이라고 보인다. 소련 경영자들은 추가적인 수익이 경영자인 자신이 아닌 정부에 귀속되기 때문에 비용을 절감하거나 더 품질이 좋은 상품과 서비스를 제공할 유인이 없었다. 또한 기업가정신을 바탕으로 새로운 사업을 시도하려고 하지도 않았다. 왜냐하면 사유재산권이 보장되지 않았기 때문이다. 또 다른 이유는 자유 시장 메커니즘이 작동되지 않았기 때문이다. 시장 체제에서 가격들의 변화는 하나의 신호 역할을 하여 사람들이 원하는 수많은 상품과 서비스에 대한 정보 전달 기능을 하고, 이 신호를 보고 소비자와 공급자는 행동하게 된다. 그러나 소련을 비롯한 공산주의 국가는 이렇게 복잡한 시스템을 중앙에서 통제할 능력이 없었던 것이다. 공산주의 몰락 후 소련을 비롯한 시장 지향적인 체제로 전환을 시도하고 있는 많은 동유럽 국가들은 정치적 불안정과 상거래의 확립과 법치주의 설립의 어려운 과정을 점차 극복하면서 성공적으로 높은 경제성장을 달성하고 있다.

정석사고

경제를 발전시키려는 의지를 가진 정부는 경제발전을 위해 몇 가지 중요한 역할을 할 수 있다. 그 역할은 자본축적의 촉진, 교육훈련의 향상, 기술정책, 해외직접투자의 유치, 건강·영양 상태의 향상, 재산권보호와 사회적 안정의 확립, 자유무역의 강화 등이다.

3. 경제발전의 한계와 마무리

경제는 끊임없이 발전한다. 그러나 그것이 무한히 계속되리라는 믿음에 비판적인 시각도 존재한다. 1972년에 출간된 『성장의 한계(*The Limits to Growth*)』에서는 경제성장을 즉시 멈추지 않는다면 전 세계는 조만간 자연자원, 식수, 숨쉴 만한 공기가 고갈될 것이라는 컴퓨터 시뮬레이션 결과를 발표했다.

이러한 비판적인 견해에는 몇 가지 문제점을 가지고 있는데, 첫째는 주장의 기본 전제로서 사람들은 항상 지금 가지고 있는 것보다 더 많이 가지고자 하여 더 많은 매연을 발산하는 공장, 더 많은 오염 차량, 더 많은 패스트푸드 음식점들이 생긴다는 것을 가정하

이야기 13-6 밀의 행복론과 '행복의 역설'

장기에는 경제가 정체한다는 면에서 경제학을 음울한 과학이라고 비관적으로 표현하기도 하지만, 고전경제학을 완성한 존 스튜어트 밀(John Stuart Mill)은 반대로 경제성장이 없는 장기 정체 상태를 자본주의가 좀 더 완숙한 단계로 이행할 수 있는 좋은 기회라고 생각하였다. 밀은 '천재'라는 수식어가 항상 따라 다녔던 학자였다. 3세에 그리스어를 공부했고, 8세에는 라틴어를, 13세에는 수학, 물리학, 화학에 통달하고 경제학을 공부하기 시작했다. 15세에는 당대의 모든 교육과정을 마치고, 20세에 정신병자가 되었다. "나에게는 소년시절이 없었다"라고 회고한 밀의 자서전을 보면 어머니에 대한 이야기는 거의 없고, 공부만 강요했던 아버지 밑에서 어찌 보면 정신병자가 될 수밖에 없는 상황인 것처럼 보인다. 괴짜가 되어버린 밀은 20대 중반에 이르자 애까지 있는 어느 유부녀를 따라다니기 시작했다. 50세에 이르러 그녀의 남편이 죽자 밀은 그녀와 결혼을 한다. 밀의 자서전을 보면 순수했었던지 모르겠지만, 어머니에 대한 이야기는 거의 없고 그녀에 대한 극찬만 계속 나열되어 있다. 대단히 인간미 넘치고 인정이 많았던 그녀가 밀에게 큰 영향을 미친 것만은 분명해 보인다.

밀이 쓴 걸작인『정치경제학 원리』에는 궁극적으로 가장 중요한 것은 국민의 행복이고, 경제성장은 행복을 위한 수단에 불과하다고 그는 특히 강조한다. 국민의 행복을 더 이상 증가시킬 수 없는 상태라고 생각했다. 장기 정체 상태에 이르러 국민의 행복을 증진시키기 위해서는 더 중요한 것이 소득재분배라고 생각했다. 밀은 산업혁명의 물질적 혜택을 대다수의 사람들이 공유하지 못했다는 점을 안타깝게 생각했다. 경제성장이 행복을 담보하지 못하는 것 같다. 미국 시카고 대학교가 수행한 조사에 따르면 결혼 생활이 매우 행복하다고 응답한 사람들의 비율 뿐만 아니라 직장 생활이 매우 만족스럽다고 응답한 사람들의 비율, 주거환경에 매우 만족한다고 응답한 사람들의 비율 등이 모두 지산 수십 년간 전반적으로 하락하는 추세를 보였다고 한다. 1인당 국민소득은 거의 3배 이상 증가했음에도 불구하고 미국인들의 행복지수가 높아지지 않고 있는 것을 '행복의 역설'이라고 한다.

고 있다. 만일 이러한 가정이 합리적이라면 경제성장에는 한계가 있을 수 있고 그 한계에 다다르기 전에 멈추어야 한다. 그렇지만 새로운 대체 원료의 등장과 과학기술의 발전으로 인해서 오히려 경제는 더욱 발전할 수 있다. 예를 들어 과거의 테니스 라켓은 나무로 만든 것이었지만 최근에는 더 좋은 재질의 합성물질로 대체되었다. 또한 새로운 의약품의 도입, 인터넷을 이용한 유통망의 확대로 경제는 지속적으로 발전할 수 있다.

둘째는 희소성을 중심으로 한 시장의 기능을 과소평가하는 면도 있다. 1970년대는 두 차례의 오일쇼크로 인해서 석유공급 중단기간 동안 에너지 위기와 세계 석유자원 고갈에 대한 우려가 급증했다. 그러나 오늘날은 에너지시장이 잘 작동하여 과거에 예상했던 것보다는 우려가 완화되었다. 석유공급의 감소는 가격의 상승으로 이어지면서 수요자는 집을 단열재를 이용해 만들고, 에너지 효율적인 전기제품과 자동차를 사용하게 되었고, 공급자는 더욱 많은 석유를 공급하려고 노력하는 한편 대체에너지 개발에도 투자를 하려는 행동변화를 가져왔다. 결국 시장의 힘은 세계가 에너지 위기에 대해 효과적으로 반응하도록 유도하고 있는 것이다.

이와 같은 문제점에도 불구하고 성장의 한계를 주장하는 학자들의 견해에 관심이 가는 이유는 경제발전이 우리들의 삶의 수준을 높여주기는 하지만 그 대가로 자연을 파괴하는 부작용이 반드시 따르기 때문이다. 또한 경제발전은 우리들의 재화에 대한 선택의 폭을 넓혀주지만 반드시 정신적인 행복을 높여주는 것은 아니다. 우리들의 행복은 우리가 살고 있는 사회환경과 개인의 가치관에서 나오는 것이다. 따라서 개발도상국이 어느 방향으로, 어느 정도의 경제발전을 추구할 것인지는 경제발전의 이득과 그 대가를 비교하면서 균형있게 이루어지는 것이 바람직하다. 이야기 13-6

정석사고

경제발전이 우리들의 삶의 수준을 높여주기는 하지만 그 대가로 자연을 파괴하는 부작용이 반드시 따르기 때문이다. 따라서 개발도상국이 어느 방향으로, 어느 정도의 경제발전을 추구할 것인지는 경제발전의 이득과 그 대가를 비교하면서 균형있는 가치관을 가지고 이루어지는 것이 바람직하다.

정석기본문제

1 다음 중 개발도상국에서 자본형성을 위한 투자촉진 정책에 해당하지 않는 것은?

① 실질이자율 인하

② 재산권의 공익화

③ 자본이익에 대한 과세 인하

④ 기술혁신을 유도할 인센티브를 활용

⑤ 정치적인 안정

정석힌트 재산권의 보호를 통해 자본형성 촉진이 가능하다. 공익을 이유로 재산권을 제한하는 것은 경제주체의 자본형성 의지를 약화시킬 수 있다. 정답은 ②

2 다음 중 해외투자유인의 효과에 대한 설명으로 옳지 않은 것은?

① 근로시간 단축

② 자본량 증가

③ 생산 증가

④ 실질임금 향상

⑤ 최신기술 이전

정석힌트 해외투자 유인의 효과는 자본량 증가, 생산 증가, 실질임금 향상, 최신기술 이전 등이다. 정답은 ①

3 다음 중 개발도상국의 경제발전에 대한 설명으로 옳지 않은 것은?

① 노동자 1인당 자본량이 선진국보다 높은 수준이다.

② 가난한 나라는 소득이 낮기 때문에 자본의 축적을 위한 저축을 기대하기 어렵다.

③ 이미 개발된 기술을 도입하여 잘 활용해도 빠르게 발전할 수 있다.

④ 인적자본을 형성하는 과정에서 두뇌유출(brain drain)현상이 발생할 수 있다.

⑤ 선진국에 비해 뇌물 및 부패, 국지전쟁 등 정치적으로 불리한 여건에 놓여 있어 경제발전의 장애요인으로 작용할 수 있다.

정석힌트 개발도상국 등 가난한 나라는 소득이 낮기 때문에 자본의 축적을 위한 저축은 기대하기 어려워, 가지고 있는 자본의 양도 상대적으로 적은 것이 현실이다. 정답은 ①

4 다음 중 경제발전의 속도를 가속시키는 요인으로 볼 수 없는 것은?

① 기계스톡의 증가 ② 여가활동의 증가

③ 교육수준 향상 ④ 토지 비옥도 상승

⑤ 공동지식의 확산

정석힌트 여가활동의 증가는 노동의 감소로 이어져 경제발전을 더디게 만들 수 있다. 정답은 ②

5 다음 보기를 읽고 빈칸에 적절한 말을 넣으시오.

보기

허쉬만의 불균형발전모형에서 핵심이 되는 것은, 선도산업에 대한 일차적 투자가 그 산업의 제품을 구매하여 생산에 사용하는 다른 산업의 성장과 투자를 이차적으로 유발하는 효과를 말하는 (   )와 선도산업에 대한 일차적 투자가 그 산업에 투입물(원료)을 공급하는 다른 산업의 성장과 투자를 이차적으로 유발하는 효과를 말하는 (   )이다.

정석힌트 전방연관효과, 후방연관효과

6 다음 보기에서 경제발전에 대한 서술 중 옳지 않는 것은?

보기

(가) 클라크가 분류한 제1차산업은 농업만 포함된다.
(나) 잠재실업자는 한계생산성이 0인 노동자를 말한다.
(다) 반도체산업은 컴퓨터산업에 전방연관효과를 낳고 컴퓨터산업은 반도체산업에 후방연관효과를 미친다.
(라) 불균형발전모형을 채택할 경우 농업보다 후방연관효과가 큰 공업쪽을 우선적으로 개발해야 한다.
(마) 루이스의 자본축적과정은 이윤을 모두 재투자하는 이유로 자본소득이 상대적으로 더 빨리 증가하기 때문이다.

정석힌트 (가)는 사실이 아니다. 농업, 임업, 수산업을 포함한다.

7 다음 보기에서 루이스의 경제발전이론에 관한 서술 중 옳지 않는 것은?

보기

(가) 불균형발전보다 균형발전전략을 지지한다.
(나) 후진국의 노동집약적 상품을 대상으로 분석하고 있다.
(다) 경제발전을 이루려는 의지를 강조한다.
(라) 후진국뿐만 아니라 선진국에도 직접 적용 가능한 이론이다.

정석힌트 (라)는 사실이 아니다.

8 다음 보기에서 상대적으로 가난한 국가가 빠른 속도로 성장하고 발전하기 쉽다는 수렴가설의 배경이 되는 이론은?

보기

(가) 자본의 한계수확체감의 법칙
(나) 모방에 의한 기술개발효과
(다) 정보의 규모의 경제
(라) 기술진보의 내생성

정석힌트 (라)는 사실이 아니다. 정답은 (가), (나), (다)

9 균형발전과 불균형발전의 선택에서 어떤 경우 불균형발전이 합리적인가?

정석힌트 수출시장확보가 쉬운 경제, 자원이 부족한 경제, 시장기능이 약한 경제 등에서는 균형발전보다 불균형발전모형이 더 합리적인 것으로 생각할 수 있다.

10 루이스의 이중구조와 전환점을 설명하시오.

정석힌트 한 사회 안에서 이질적인 요소에 따라 경제에 서로 계층화된 두 부문이 생기는 것을 경제의 이중구조(dualism)라고 한다. 불균형발전에 의해 경제에 두 부문이 공존하게 되는데, 공업과 같은 근대적 산업과 농업과 같은 전근대적 산업이 그것이다. 전근대적 산업에는 방대한 잠재실업이 존재하게 되는데, 루이스는 전근대적 산업의 잠재실업이 근대적 산업으로 이동하면서 근대적 산업의 자본축적을 촉진하며, 시간이 흘러 실질임금이 오르면서 노동의 한계생산성과 같아질 때 이중구조가 해소되는 전환점에 이른다.

11 개발도상국의 빈곤의 악순환을 수요측면에서 설명하시오.

정석힌트 낮은 소득 → 작은 시장 → 소비재와 자본재의 수요부족 → 저생산 → 낮은 소득

12 다음 보기를 읽고 경제의 효율성, 고전학파와 케인즈학파의 정부관에 초점을 맞추어 평가하시오.

보기

> 불균형발전전략은 필연적으로 불균형의 문제를 노출시키기 때문에 개발도상국은 균형발전전략을 쓰는 것이 더 바람직하다.

정석힌트 경제발전의 초기단계에는 자본부족이 심각할 경우 불균형발전전략이 불가피하다. 고전학파는 작은 정부, 케인즈학파는 큰 정부를 주장한다. 불균형발전전략은 케인즈학파의 이론을 바탕으로 정부주도로 추진된다. 반대로 균형발전전략은 고전학파의 이론을 바탕으로 정부가 최소한의 역할만 하는 시장기능을 살리면서 추진된다.

13 다음 보기를 읽고 평가하시오.

보기

> 외자도입은 성장의 엔진으로 작용할 수 있다.

정석힌트 외자도입의 긍정적인 효과는 소득·고용효과, 개발효과, 국제수지효과를 들 수 있다. 외자가 국민소득순환의 주입으로 투자를 늘려 소득과 고용을 증가시킨다. 외자가 사회간접자본에 투자되거나 기술과 함께 들어오면 외부경제를 발생시키고 기술의 향상으로 경제개발을 촉진하는 효과를 발생시킨다. 외자는 직접적으로 자본수지를 개선시키고, 외자가 투자되어 국내생산이 늘면 수출이 늘고 수입대체가 일어나 경상수지가 개선된다.

7

개방경제의 거시경제학

정석 거시경제론 **제14장**

국제수지와 환율

어느 국가도 무역에 의해 파멸되지 않는다.

- 벤자민 프랭클린 -

토머스 프리드만(T. Friedman)은 『렉서스와 올리브나무』에서 “세계화 체제는 끊임없이 반복되는 100미터 달리기 경주와 같아서 한 번의 승자가 영원한 승자가 될 수 없다”고 말한다. 세계화(globalization)는 경제적으로 단일화된 지구촌 경제가 되는 과정이다. 시장개방을 통해서 세계화는 국가 간 상품과 서비스 그리고 금융자산뿐만 아니라 기술과 노동까지 이동하는 것을 포함한다. 인간은 보다 풍요로운 삶을 누리기 위해서 원시시대부터 꾸준히 교역의 범위를 확대시켜왔다. 그리고 지금 우리는 페르시아산 양탄자 위의 말레이시아산 식탁에서 미국산 와인과 독일산 맥주를 마시고 있다. 미국의 재즈음악을 들으며 안주는 프랑스산 치즈를 먹고 있다.

세계화 덕분에 우리가 구입할 수 있는 상품의 종류가 다양해지고 생활이 편리해진 것은 틀림없지만 개방경제에서는 새로운 거시경제문제가 발생한다. 예를 들어 가계나 기업의 경우처럼 국민경제에서도 수입과 지출이 불일치할 수 있는데, 이것을 국제수지문제라고 한다. 이 문제는 국내거래와 마찬가지로 국가 간 상품이동의 이면에 화폐의 흐름과 관련이 있지만 거래내용이 더 복잡하고 다양하다. 또한 국제거래에서는 상품거래와 마찬가지로 자국의 화폐가 외국의 화폐와 교환되어야 하므로 두 나라 화폐의 교환비율, 즉 환율이 중요한 문제가 된다. 그리고 환율을 결정하는 방식에 따라 두 유형의 국제통화제도(고정환율제도와 변동환율제도)가 존재하게 된다.

이 장에서는 개방경제의 수입과 지출을 파악하게 해주는 국제수지의 개념과 국제수지균형을 살펴볼 것이다. 그리고 개방경제의 상품거래 이면에 숨어있는 화폐거래와 관련된 중요한 개념이 환율 즉, 두 나라 화폐 간 교환비율인데, 이것을 정의하고, 균형환율이 어떻게 결정되는지 학습할 것이다. 또한 환율을 결정하는 두 유형의 국제통화제도를 살펴볼 것이다.

이 장에서 배울 것

- 국제수지란 무엇인가?
- 국제수지균형은 무엇을 의미하는가?
- 환율의 의미와 국제통화제도의 유형은?
- 환율은 단기적으로 어떻게 결정되고 변동하는가?
- 환율은 장기적으로 어떻게 결정되고 변동하는가?

1 국제수지

1. 국제수지 개념

국제수지(balance of payments)란 일정기간 동안 한 나라 거주자와 다른 나라에 있는 비거주자 사이에 이루어지는 모든 경제적 거래에서 외화가 얼마나 남거나 모자랐는가를 체계적으로 나타내는 것을 말한다. 따라서 국제수지표란 일정기간 동안 한 나라 거주자와 다른 나라에 있는 비거주자 사이에 이루어지는 모든 경제적 거래를 체계적으로 작성한 통계표를 말한다. 구체적으로 개념을 풀이하면 다음과 같다.

① 일정기간 동안: 국부와 같은 저량 개념이 아니고 소득과 같은 유량 개념을 의미한다. 현재 우리나라에서는 월별로 측정하지만 나라에 따라서는 분기별로도 측정한다.

② 한 나라 거주자와 다른 나라에 있는 비거주자: 거주와 비거주자의 구분은 경제활동에서 주된 경제적 이익의 중심이 어디에 있느냐를 기준으로 한다. 예를 들어 한국에 1년 이상 거주하는 외국인이나 외국투자기업은 우리나라 거주자로 분류하지만 해외교포는 외국에서 경제활동을 하므로 비거주자로 분류한다. 국내기업의 경우 본사는 거주자로 분류하지만 해외지점이나 자회사는 비거주자로 분류한다. 따라서 본사와 해외지점 간 거래는 국제수지표에 기록한다.

③ 모든 경제적 거래: 상품, 서비스, 소득, 이전, 금융 등 모든 형태의 거래를 포괄한다는 것을 의미한다.

④ 체계적으로: 국제적으로 통일된 기준에 의해 외화가 들어오는 것은 수취란(+란)에, 나가는 것은 지급란(−란)에 기록한다.

정석사고

국제수지(balance of payments)란 일정기간 동안 한 나라 거주자가 다른 나라에 있는 비거주자 사이에 이루어지는 모든 경제적 거래에서 외화가 얼마나 남거나 모자랐는가를 체계적으로 나타내는 것을 말한다.

2. 국제수지표

우리나라 국제수지표는 1958년 이후 IMF의 국제수지통계편제기준에 따라 작성되어 왔다. 국제수지표의 기본구조는 경상수지(current account)와 자본수지(capital account), 금융계정(capital financial account)으로 분류된다.

국제수지표는 복식부기원칙에 따라 차변(debt)에는 지급이 발생하는 거래를 기재하고, 대변(credit)에는 수입을 가져오는 거래를 기재하며, 거래에 수반되는 반대급부의 이동을 반대편에 기록한다. 국제수지표 상의 모든 거래의 계상시점은 발생주의에 따르며, 모든 거래는 시장가격으로 평가하고, 통화를 환산할 때에는 거래당일의 실제 시장환율을 적용한다. 그리고 거래금액을 계상할 때 경상수지와 자본수지는 총액으로 기록하고 금융계정은 증가액에서 감소액을 차감한 순액을 기록한다.

(1) 경상수지(current account)

경상수지에는 거주자와 비거주자 간의 상품 및 서비스의 거래, 배당 및 이자 등의 소득거래, 대가없이 이루어지는 이전소득이 계상된다. 따라서 경상수지는 상품수지, 서비스수지, 본원소득수지, 이전소득수지로 나누어진다. 즉,

경상수지 = 상품수지 + 서비스수지 + 본원소득수지 + 이전소득수지

① 상품수지

상품의 수출입액의 차이를 기록한다. 수출이 증가하면 상품수지는 양(+)으로, 수입이 증가하면 상품수지는 음(−)으로 기록하여 상품수지가 양이면 상품의 수출이 수입보다 더 크다는 것을 의미한다.

② 서비스 수지

외국과의 서비스거래로 수취한 돈과 지급한 돈의 차이를 기록한다. 다시 말해서 운송, 여행, 통신, 건설, 보험, 금융, 사업서비스, 정부서비스 및 지적재산권 사용료 등의 서비스의 수출입액의 차이를 기록한다.

③ 본원소득수지

급료 및 임금수지와 투자소득수지로 구성된다. 급료 및 임금수지는 우리가 외국으로부터 얻는 임금소득과 국내외국인이 얻는 임금소득의 차이를 기록한다. 투자소득수지는 우리가 외국으로부터 얻는 투자소득(배당 및 이자)과 국내외국인이 얻는 투자소득의 차이를 기록한다. 과거의 소득수지와 국민계정의 대외순수취요소소득이 이에 해당한다.

④ 이전소득수지

거주자와 비거주자 사이에 아무런 대가없이 주고받는 거래의 차이를 말한다. 예를 들어 우리나라가 다른 나라와 상품을 무상으로 주고받는 거래를 한다면 이와 같은 이전거래액의 차이를 이전소득수지라고 한다. 이 수지는 송금, 무상원조, 국제기구 출연금 등의 일방적인 부의 이전을 기록한다. 과거의 경상이전수지와 국민계정의 대외순수취경상이전이 여기에 해당한다.

(2) 자본수지(capital account)

자본수지는 자본이전 및 비생산·비금융자산 거래를 기록한다. 자본이전은 자산소유권의 무상이전, 채권자에 의한 채무면제 등을 포함하며, 비생산·비금융자산에는 브랜드네임, 상표 등 마케팅자산과 기타 양도 가능한 무형자산의 취득과 처분이 기록된다.

자본수지=자본이전 + 비생산·비금융자산

과거에는 투자수지와 기타자본수지를 합하여 자본수지라고 했는데, 현재는 기타자본수지만 자본수지에 포함된다. 따라서 자본수지는 해외이주비와 같은 자본이전거래액과 특허권과 같은 기타자산의 거래액의 차이를 말한다.

(3) 금융계정(financial account)

금융계정은 직접투자, 증권투자, 파생금융상품, 기타투자 및 준비자산으로 구분된다. 이에 따라 금융계정에는 민간기업, 금융기관, 정부 등이 외국으로부터 외화를 빌려주거나 빌리는 외화의 유출과 유입이 기록된다. 과거의 자본수지 중 투자수지가 여기에 해당한다.

① 직접투자

직접투자는 직접투자관계에 있는 투자자와 투자대상기업 간에 일어나는 대외거래를 기록한다. 구체적으로 외국인이 국내현지법인을 설립하고 공장을 건설하여 영업활동을 하는 장기적 대외투자와 내국인이 똑같이 외국에 투자하는 금액의 차이를 말한다. 따라서 직접투자가 양이면 외국인의 국내직접투자가 더 크다는 것을 의미한다.

② 증권투자

증권투자는 거주자와 비거주자 간에 이루어지는 주식, 채권 등에 대한 투자를 말한다. 구체적으로 내국인이 해외증권시장에서 주식이나 채권을 산 것과, 외국계 증권투자펀드가 국내시장에서 주식이나 채권을 매입하는 주식거래 및 채권거래액의 차이를 말한다. 증권투자가 양이라면 투자자금의 유입이 투자자금의 유출보다 크다는 것을 의미한다.

③ 파생금융상품

파생금융상품은 파생금융상품의 거래로 실현된 손익 및 옵션 프리미엄 지급·수취를 기록한다. **파생금융상품**이란 외환, 예금, 채권, 주식 등 기초자산거래에서 파생되는 거래상품으로서 환율, 금리, 주가 등의 움직임에 따라 변동하게 되는 기초금융자산이나 부채의 미래가치를 사고파는 거래를 총칭하는 것이다. 일반적으로 **선물거래**(매매계약은 현재 체결하나 약정가격에 의한 현물의 인수와 인도는 장래의 특정시점에 이루어지는 선물환거래와, 선물환거래 중 표준화된 상품을 유형의 거래소를 통하여 매매하는 금융선물거래), **옵션거래**(통화 등 금융자산을 약정가격으로 장래의 계약만기일 또는 그 이전에 사거나 팔 수 있는 권리자체를 매매하는 거래), **스왑거래**(외화부채 또는 자산의 보유로 인해 발생하는 이자율 및 환율변동 위험을 방지하거나 외화차입비용 절감을 위해 환매조건부로 통화를 서로 교환하는 통화스왑과, 변동금리부와 고정금리부 채무의 이자지급조건을 일정기간 동안 서로 바꾸어 부담하는 이자율스왑의 거래) 등으로 구분된다. 이러한 파생금융상품에 대한 국내인과 외국인의 거래액의 차이를 기록한다.

④ 기타투자

직접투자, 증권투자, 파생금융상품 및 준비자산에 속하지 않는 거주자와 비거주자 간의 모든 금융거래를 포함하는 투자거래를 기록한다. 여기에는 대출, 차입, 상품을 외상으로 수출하거나 수입할 때 발생하는 무역신용, 현금 및 예금 등의 금융거래가 기록된다.

⑤ 준비자산(reserve asset)

준비자산은 통화당국의 외환보유액의 변동분 중 거래적 요인에 의한 것만을 기록한다. 외환보유액은 운용수익으로 발생하는 거래적 요인뿐만 아니라 환율변동으로 발생하는 비거래적 요인에 의해 변동할 수 있다. 준비자산은 이 중 거래적 요인에 의한 외환보유액 변동만 기록하는 것이다. 과거의 준비자산증감에 해당되며, 중앙은행이 국제수지불균형을 바로잡기 위해 사용할 수 있는 준비자산의 변동을 기록한다. 보통 준비자산은 금, 외화자산 등의 형태로 보유하게 되는데, 이번에 금융계정으로 편입된 것으로 외화자금의 과부족을 메우는 과정에서 발생하는 화폐용 금, 특별인출권(SDR: special drawing rights), IMF 리저브포지션, 외화자산(현금, 예금, 증권) 등의 변동을 기록한다.

(4) 오차 및 누락(errors and omissions)

복식부기 원리에 입각하여 차변과 대변의 총계가 일치해야 하지만 여러 통계자료의 원천이 달라서 정확하게 일치하지는 않는다. 따라서 이러한 오차를 조정하기 위해 오차 및 누락의 항목을 둔다. 오차 및 누락은 경상수지와 자본수지 및 금융계정의 차이와 크기는 같고 방향은 반대가 된다. 예를 들어 경상수지가 30억 달러 흑자이고, 자본수지와 금융계정이 15억 달러 적자라면 오차 및 누락은 −15억 달러가 된다. 따라서 국제수지표에서는 다음의 관계가 항상 성립한다.

$$경상수지+자본수지+금융계정+오차 및 누락=0$$

정석사고

국제수지표의 기본구조는 경상수지(current account), 자본수지(capital account) 및 금융계정(financial account)으로 분류된다. 경상수지와 자본수지 및 금융계정의 통계적 차이가 발생하면 오차 및 누락으로 처리되어 국제수지는 항상 0이 된다.

3. 국제수지표의 작성사례

〈표 14-1〉은 국제수지표의 구성을 보여주고 있다. 국제수지표는 복식부기원칙에 따라 모든 거래에서 외화가 들어오는 것은 수취란의 대변, 외화가 나가는 것은 지급란의 차변으로 구분하여 기록한다. 경상수지와 자본수지 및 금융계정의 차이가 발생하는 것은 오차 및 누락에 기록하여 국제수지가 0이 되게 한다. 이제 다음 사례를 이용하여 실제로 국제수지표를 작성해보자.

정석사례: 국제수지표 작성

거주자1은 자동차를 1억 달러 수출하고 대금은 현금으로 받는다. 거주자2는 원유를 2억 달러 수입하고 대금은 현금으로 지급한다. 거주자3은 국내해운사로서 수출화물운송대가로 외국에서 3억 달러를 지급받는다. 거주자4는 해외여행 중 4억 달러를 지출한다. 거주자5는 코닝사로서 미국 코닝사에 배당금 5억 달러를 지급한다. 거주자6은 해외교포로부터 6억 달러를 송금 받는다. 비거주자7은 국내 자동차기업의 주식 10%를 7억 달러에 취득한다. 비거주자8은 국내에서 원화증권 8억 달러를 발행한다(거주자가 전액매입).

거주자1은 상품을 수출하므로 경상수지의 상품수지 대변(실물자산감소)에 1억 달러를 기록하고, 현금으로 받으므로 금융계정의 기타투자 차변(금융자산증가)에 (−)를 붙여 같은 금액을 기록한다. 거주자2의 경우는 수입상이므로 거주자1과 정반대의 기록을 하게 된다. 거주자3은 운송서비스대가로 3억 달러를 받는 것이므로 경상수지의 서비스수지 대변에 3억 달러를 기록하고, 금융계정의 기타투자 차변에 (−)를 붙여 같은 금액을 기록한다. 거주자4는 거주자3과 정반대의 기록을 하게 된다.

거주자5는 미국 본사에 배당금을 지급하는 경우이므로 경상수지의 본원소득수지 차변에 5억 달러를 기록하고, 금융계정의 기타투자 차변에 같은 금액을 기록한다. 거주자6은 해외에서 송금 받는 경우이므로 경상수지 이전소득수지에 6억 달러를 기록하고, 금융계정의 기타투자 차변에 (−)를 붙여 같은 금액을 기록한다. 비거주자7은 비거주자로서 국내기업의 주식 10%를 구입하여 경영권을 행사하는 경우이므로 금융계정의 직접투자 대변(부채)에 7억 달러를 기록하고, 금융계정의 기타투자 차변에 (−)를 붙여 같은 금액을 기록한다. 비거주자8도 비거주자이지만 이번에는 국내 증권발행을 통해 돈을 해

표 14-1 **국제수지표의 구성과 작성사례**

(단위:억 달러)

		차변(−)	대변(+)	수지
경상수지	상품수지	2[2]	1[1]	−1
	서비스수지	4[4]	3[3]	−1
	본원소득수지	5[5]		−5
	이전소득수지		6[6]	6
	소계(A)	11	10	−1
자본수지	소계(B)	−	−	0
		자산	**부채**	**순유입**
금융계정	직접투자		7[7]	7
	증권투자	−8[8]		−8
	파생금융상품	−	−	0
	기타투자	−1[1]		2
		2[2]		
		−3[3]		
		4[4]		
		5[5]		
		−6[6]		
		−7[7]		
		8[8]		
	준비자산	−	−	0
	소계(C)	−6	7	1
합계(A+B+C)		−	−	0
오차 및 누락		−	−	0

주: 숫자위의 첨자는 본문 예의 거래번호임

외로 빌려가는 경우이므로 금융계정의 증권투자 차변에 (−)를 붙여 8억 달러를 기록하고, 금융계정의 기타투자 차변에 같은 금액을 기록한다.

4. 국제수지균형

앞에서 본 것처럼 **국제수지**(balance of payments)는 국민경제의 모든 부문이 일정기간 동안 대외거래를 한 결과로 나타나는 외화의 과부족을 말한다. 국제수지는 경상수지와 자본수지, 금융계정의 합으로 정의한다. 소득수지(본원소득과 이전소득)를 무시한다면 국제수지는 다음과 같다.

국제수지=(수출−수입)+자본수지+금융계정

오른쪽의 첫째항은 순수출을 뜻하는 경상수지를, 오른쪽의 둘째항과 셋째항은 순자본유입을 의미한다. 순자본유입은 거래결과 발생한 수입과 지급을 기준으로 한 것이고, 순해외투자(NFI: Net Foreign Investment)와 순외화자산(NFA: Net Foreign Asset)은 자산의 유입과 유출 자체를 기준으로 나타낸 개념이다. 만일 국제수지>0이면 국제수지가 흑자이고, 국제수지=0이면 국제수지가 균형상태라고 한다.

만약 정부부문이 없다고 가정하고, 총수요와 총공급이 일치하는 상품시장균형(청산)식을 통해 국내총생산과 경상수지의 관계를 보면 다음과 같다.

$$Y=C+I+(X-M)$$

(X는 수출, M은 수입)

국내총생산에서 소비를 뺀 것을 저축이라고 하면,

$$S-I=NX=X-M$$

저축이 투자를 초과하는 경우에는 잉여저축을 외국인에게 대출해주는 데 사용된다. 따라서 그 차액만큼 국외투자가 되고, 이를 국제수지와 관련해서는 **순해외투자**(NFI)라고 한다. 이 경우 외화가 밖으로 나가기 때문에 자본수지와 금융계정 적자(대외채권의 순증)가 된다. 요약하면 경상수지와 자본수지 및 금융계정은 동전의 양면과 같아서 '**국외투자(+)=순해외투자(+)=경상수지(+)**'로 정리할 수 있다. 따라서 통계상의 오차 및 누락이 없다면 국제수지균형은 다음과 같다.

경상수지+자본수지+금융계정=0

위 식은 화폐의 흐름을 추적하면, 우리의 순수출의 증가는 순자본유출과 정확히 일치해야만 한다는 것을 보여준다. 이하에서는 자본의 유출입을 말할 때 국제수지표상의 자본수지가 아니라 광의로 해석 한 자본수지와 금융계정을 포괄하는 '**자본금융계정**'으로 표현할 것이다. 또한 정부부문을 포함한 모형으로 확대해서 살펴볼 것이다. 먼저 외국화폐의 가치를 나타내는 환율에 대해 살펴보자.

정석사고

국제수지(balance of payments)는 경상수지와 자본수지 및 금융계정의 합으로 정의되며, 통계상의 오차 및 누락이 없다면 국제수지균형은 경상수지와 자본수지 및 금융계정의 합 = 0이 되는 상태를 말한다.

2 환율과 환율제도

1. 환율과 외환시장

(1) 환율의 개념

환율(exchange rate)은 두 국가 간의 거래로 발생하는 화폐의 교환비율로, 일반적으로 외국화폐 1단위를 얻기 위해서 지불해야 하는 국내화폐의 수량으로 표시한다. 이를 **자국통화표시환율** 혹은 **직접표시환율**이라고 하는데 미국 달러화의 환율은 1$=1,000₩으로 표현한다. 미국의 입장에서는 달러가 자국화폐이므로 **외국통화표시환율** 또는 **간접표시환율**이 된다.

한편 국제외환거래의 대부분을 차지하는 미달러화를 기준으로 환율표시방법을 분류할 수도 있다. 미달러화 1단위에 대한 외국통화의 교환비율, 즉 통화 1단위에 대한 미달러화의 교환비율, 즉 US 1$=1,000₩로 표시하는 방법을 **유럽식 조건**(European terms)이라고 한다. 반대로 외국통화 1단위에 대한 미달러화의 교환비율, 즉 1₩=0.001$로 표시하는 방법을 **미국식 조건**(American terms)이라고 한다. 국제외환시장에서 대부분의 경우 미달러화 1단위에 대한 외국통화의 교환비율인 유럽식 조건이 사용되지만 유로화, 파운드화, 호주 달러화 등의 일부 통화는 미국식 조건이 사용되고 있다.

대부분의 나라들은 달러가 외국화폐이므로 자국통화표시환율이나 유럽식 조건을 사용한다. 미국의 달러화가 **기축통화**(vehicle currency)로 사용되기 때문이지만 이러한 이유로 환율을 이해할 때 혼란이 오기도 하는데, 이어서 보겠지만 이렇게 표현하면 그림으로 나타낼 때 외환의 수요곡선은 우하향하고 외환의 공급곡선은 우상향하는 형태가 도출되는 장점이 있다. 이야기 14-2

이야기 14-2 우리나라의 외환위기

1997년 한국경제는 한보그룹 부도 등 경제 전반적으로 전망이 어두워 예상 밖의 큰 경상수지 적자를 기록하였다. 이전까지 낙관적인 전망을 유지하던 해외투자자들도 예상을 바꾸고 있었다. 1997년 7월 경제성장을 지속하던 태국이 바트화가 폭락하는 심각한 외환위기로 경제가 거의 마비상태에 이른다. 우리나라까지 여파가 미칠지 모른다는 우려가 있었지만 정부는 우리 경제의 경제기본요건(fundamentals)이 튼튼하기 때문에 거의 영향이 없다고 하였다.

그러나 그해 11월 환율이 불안해지면서 정부는 막대한 양의 달러를 환율 방어에 사용하게 된다. 그런데 900원대를 유지하던 환율이 12월에는 2,000원 수준까지 치솟았다. 결국 환율을 방어하기 위해 달러를 너무 사용했기 때문에 외환보유고는 거의 바닥나게 되었고, 국가부도 직전의 위기 상황으로 내몰리게 되었다. 이때의 외환위기로 지난 20여 년간 7%의 경제성장률을 유지하던 우리나라는 1998년에 -6.8%로 하락하였고 실업률도 8%를 넘어섰다.

동남아시아를 비롯한 우리나라의 외환위기는 해외투자자들이 갑자기 투자자금을 회수하면서 유발되었다. 그동안 동아시아 국가들은 빠른 기간 동안 해외지향적 성장을 극대화하는 전략을 취했고, 기업들은 문어발식으로 확장하면서 성공하면 좋고, 비록 실패할지라도 정부와 금융기관이 지원해줄 것이라는 대마불사(too big to fail)의 믿음을 가졌다. 기업들은 수익성이 낮아져도 해외자본자유화로 낮은 이자율로 자금을 빌릴 수 있어 투자를 계속해서 확대하였고 그 결과 과잉투자 문제가 발생하였다.

결론적으로 우리나라를 비롯한 동남아 외환위기는 정부의 지나친 관리금융, 기업의 단기차익성 차입경영과 과잉투자 등 여러 복합적인 요인들이 작용했지만, 환율방어를 해야 하는 고정환율제와 외환시장의 급격한 자유화의 결정체라고 할 수 있다.

(2) 환율변동의 개념

(자국통화표시)환율은 두 나라 화폐의 교환비율로, 자국 화폐단위로 표시한 외국화폐 1단위의 가격을 말한다. 환율이 상승한다는 것을 무엇을 의미하는가? 환율이 1달러당 1,000원에서 1,100원으로 상승하게 되면 우리나라 화폐 1원의 가치는 1/1,000달러에서 1/1,100달러로 하락(depreciation)하게 된다. 반대로 환율이 하락하게 되면 우리나라 화폐의 가치는 상승(appreciation)하게 된다.

결국 환율이란 다른 나라 화폐의 가치라고 생각하면 이해하기 쉽다. 정리하면 자국통화표시환율을 사용하는 경우 환율상승은 자국화폐(통화)가치의 하락을 의미한다. 본서에서는 환율상승이 원화가치의 하락을 의미하므로 원화약세로 표현하고, 원화약세는 달러강세를 의미하므로 '환율상승=원화약세=달러강세'라는 표현을 사용할 것이다. 뒤에서 살펴보겠지만 고정환율제도에서는 환율이 고정되어 있기 때문에 화폐가치 하락을 평가절하(devaluation)라고 하고, 반대를 평가절상(revaluation)이라고 한다. 즉 환율 인상 혹은 인하라는 표현을 직접적으로 사용할 수 없다.

(3) 외환시장

환율은 1달러와 교환되는 원화의 금액을 표시한 것이므로 외환인 달러의 가격이라고 생각하면 된다. 우리가 3,000원 하는 햄버거를 구입한다는 것은 원화 3,000원을 주고 햄버거와 교환하는 것이다. 마찬가지로 달러를 구입한다는 것은 원화를 주고 달러와 교환하는 것이다. 그렇다면 누가 달러를 구입하는 것일까? 달러가 필요하면서 원화를 가진 사람들이 구입한다. 가장 먼저 떠올릴 수 있는 사람은 해외에서 원재료나 상품을 수입하는 사람들이다. 상품을 수입하는 사람들은 상품수입의 대금을 달러로 지급한다. 이 때문에 원화를 주고 달러를 구입해야 한다.

또한 해외에서 발행한 주식이나 채권을 구입하려는 사람들은 달러를 지불하고 주식이나 채권을 보유할 수 있다. 따라서 해외주식이나 채권을 구입한다는 것은 해외주식이나 채권을 수입하는 것과 동일한 의미이다.

그렇다면 반대로 달러를 파는 사람들은 누구일까? 달러를 판다는 것은 달러를 주고 원화로 받는다는 의미이다. 해외에 상품을 수출하는 사람들은 해외로부터 수출대금을 달러로 받으면 이것을 원화로 바꾸어야 하므로 달러를 팔아야 한다. 또한 해외주식이나 채권을 보유한 사람들이 그것을 팔아 달러를 받으면 원화로 바꾸기 위해 달러를 팔아야 한다.

환율은 달러가 거래되는 외환시장에서 외환에 대한 수요와 공급에 의하여 결정된다. 과일과 야채와 같은 청과시장도 소비자가 가게에서 구입하는 소매단계와 가게주인이 청과시장에서 물건을 떼는 도매단계가 있다. 마찬가지로 외환시장도 외환은행과 같은 소매단계의 거래가 이루어지는 곳이 있고, 은행사이의 대규모 외환거래가 이루어지는 도매단계의 거래가 이루어지는 곳이 있다. 각 은행이 대규모로 외환을 보유하지 않고 은행사이의 도매시장에서 거래를 함으로써 고객의 요구에 응할 수 있게 된다.

외환시장에서 달러매도와 매입은 항상 일치해야 한다. 이것을 외환시장의 균형이라고 한다. 만약 달러매입과 달러매도가 일치하지 않으면 환율이 변화하여 조정된다. 만약 달러매도가 달러매입보다 많으면 환율은 달러약세 방향으로 움직인다. 이에 따라 달러매입이 증가하고 달러매도가 감소하여 다시 균형을 이룬다. 이것은 과일시장의 경우와 같다. 과일의 공급이 수요보다 많으면 가격이 내려간다. 달러와 원화의 거래에도 똑같은 원리가 작용하는 것이다.

정석사고

환율(exchange rate)은 두 국가 간의 거래로 발생하는 화폐의 교환비율로, 일반적으로 외국화폐1단위를 얻기 위해서 지불해야 하는 국내화폐의 수량으로 표시한다. 자국통화표시환율을 사용하는 경우 환율상승은 자국화폐(통화)가치의 하락을 의미한다. 환율은 달러매도와 매입이 이루어지는 외환시장에서 결정된다.

2. 환율제도

환율제도에는 크게 고정환율제도와 변동환율제도 그리고 관리변동환율제도가 있다. 여기서는 고정환율제도와 변동환율제도에 대해서만 비교해서 살펴보기로 한다. 이야기 14-3

(1) 고정환율제도

고정환율제도에서는 환율이 일정한 수준에서 고정되어 있어 교역 당사자의 입장에서는 예상하지 못한 환율의 변동으로 인한 위험을 부담할 필요가 없고 일관성 있는 대외

이야기 14-3 국제통화제도의 변천

국제통화는 영국의 금본위통화제에서 시작하여 달러 패권시대에 이르게 된다.

파운드 패권 시대(1819-1914년) → 혼란시대(1914-1945년) →

- **1819년** 영국 금본위통화제 도입(금 7g당 1파운드 고정환율제)
- **1914년** 제1차세계대전 발발, 영국 금본위통화제 포기
- **1929년** 대공황
- **1931년** 영국 파운드의 금태환중지
- **1939년** 제2차세계대전 발발
- **1945년** 브레턴우즈체제(금 3.75g당 35달러 고정환율제, 달러에 대한 회원국 간 환율변동폭을 1%로 제한)
- **1971년** 브레턴우즈체제 포기(닉슨 대통령 달러의 금태환중지)

달러 패권 시대(1945년-) →

- **1972년** 스미소니언체제(회원국 간 환율변동폭을 1%에서 2.25%로 확대)
- **1973년** 제1차 오일쇼크
- **1975년** 석유수출국기구(OPEC)가 달러를 유일한 결제수단으로 채택
- **1976년** 킹스턴체제(달러를 기축통화로 한 변동환율제 도입, 금공정가격 폐지)
- **1979년** 제2차 오일쇼크
- **1985년** 플라자합의(미국, 영국, 독일, 프랑스, 일본 등 선진 5개국의 달러평가절하 인정)
- **1999년** 유로 출범
- **2007년** 서브프라임 모기지사태 발발
- **2008년** 글로벌 금융위기 발발 및 실물경기 침체 본격화

경제정책을 수행할 수 있다. 그러나 해외의 경기변동이 국내의 경기변동에 직접적으로 영향을 미친다는 문제가 있다. 다른 나라 경제가 불황이면 우리나라의 수출은 줄어들게 되고 그 결과 외환 공급량이 줄어들게 된다. 이때 환율이 고정되어 있다면 외환에 대한 초과수요가 발생하게 되므로 환율을 계속 유지하려면 외화방출과 더불어 긴축정책을 채택해 외환에 대한 초과수요를 감소시켜야 한다. 그렇지 않으면 계속 환율상승의 압박이 작동해 고정환율을 유지하기 어렵게 된다. 그러나 긴축정책을 사용하면 국내 경기도 불황이 될 수 있다.

(2) 변동환율제도

변동환율제도란 외환시장의 불균형이 환율의 변동을 통해서 자동적으로 조정되는 것을 말한다. 변동환율제도하에서는 환율이 완충적 역할을 담당하게 되어 해외의 경기상황이 국내로 파급되지 않는다. 고정환율제도와 달리 다른 나라의 경기 불황으로 인해 발생한 외환에 대한 초과수요가 환율의 변화로 조정되어 긴축정책을 사용할 필요가 없다. 고정환율제도의 단점은 변동환율제도의 장점이 되고, 고정환율제도의 장점은 변동환율제도의 단점이 된다.

현실에서는 두 제도의 장점을 취합한 관리변동환율제도를 많이 사용하는데 환율이 일정범위를 벗어나면 정부가 개입을 하게 되고, 일정범위 안에 있으면 외환시장에 의해서 자유롭게 결정되도록 놓아두는 방식이다.

정석사고

환율제도에는 크게 고정환율제도와 변동환율제도 그리고 관리변동환율제도가 있다. 고정환율제도는 환율을 일정한 수준에 고정시키는 제도이며, 변동환율제도는 외환시장의 불균형이 환율의 변동을 통해서 자동적으로 조정되는 제도이다.

3 환율결정과 변동이론

환율은 다른 나라 통화(달러)인 외환의 가격이다. 앞에서 본 것처럼 외환(달러)에 대한 수요는 우리나라 사람이 외국의 상품이나 자산을 구입하는 경우에 발생하고, 외환의 공급은 외국인이 우리나라 상품이나 자산을 구입할 때 발생한다. 결국 외환의 수요는 자국 통화(원화)의 공급이 되고, 외환의 공급은 자국통화의 수요가 된다.

환율이 하락하면 달러가격이 하락한다는 의미이므로 달러약세가 된다. 달러약세가 될수록 달러에 대한 수요가 증가한다. 그리고 달러약세가 될수록 우리나라 사람이 부담해야 하는 수입품의 가격이 이전보다 더 싸진다는 것을 의미한다. 〈그림 14-1〉에서 보면 100달러짜리 가방을 구입할 때 환율이 1,000원이라면 10만원을 주면 되지만, 환율이 800원으로 하락하게 된다면 8만원을 지불하게 된다. 이 때문에 한국의 수입이 증가하여 원화를 달러로 바꾸는 과정에서 달러에 대한 수요도 증가한다. 결국 환율하락은 달러수요를 증가시키므로 외환수요곡선이 우하향한다.

외환 혹은 달러공급곡선이 우상향하는 것은 환율이 상승하여 달러강세가 될수록 달러공급이 증가하기 때문이다. 달러강세가 될수록 우리나라 사람이 생산하여 수출하는 수출품의 가격이 이전보다 더 싸진다는 것을 의미한다. 〈그림 14-2〉에서 10만원짜리 가방을 해외에 판매할 때 환율이 1,000원이라면 100달러이지만, 환율이 1,100원으로 상승하게 된다면 약 91달러로 판매가격이 하락하는 것이다. 따라서 달러강세가 될수록 달러로 표시한 수출가격이 내려서 수출이 늘어나고, 이에 따라 수출대금도 늘어나 지불받은 달러를 원화로 바꾸는 과정에서 달러공급이 증가한다. 결국 환율상승은 달러공급을 증

그림 14-1 환율변화와 수입

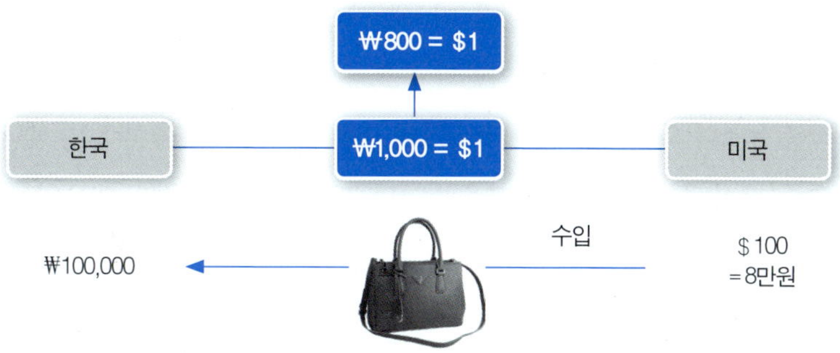

그림 14-2 환율변화와 수출

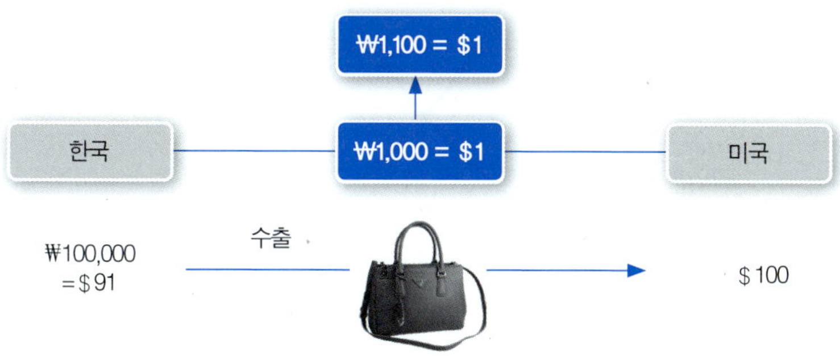

가시키므로 외환공급곡선이 우상향한다.

요약하면 환율이 상승하게 되면 외국상품의 가격이 상승하게 되고, 외국상품에 대한 수요량이 감소하게 되면 외환이 덜 필요하게 되므로 외환의 수요량은 감소한다. 따라서 외환의 수요곡선은 우하향하게 된다. 한편 해외에서 판매되는 국내상품의 달러표시가격이 하락하여 외국인의 수요가 증가하고 외환을 우리나라 수출업자에게 지불하게 된다. 이에 따라 외환공급이 늘어난다. 따라서 환율의 공급곡선은 우상향한다는 것을 알 수 있다.

〈그림 14-3〉에서 보여주는 바와 같이, **균형환율**(equilibriun exchange rate)은 외환의 수요곡선과 공급곡선이 일치하는 수준에서 결정된다. 이 그림에서 달러의 수요와 공급 속에는 해외투자로 인한 달러수요도 포함된다. 예를 들어 한국사람이 미국의 채권을 구입하는 경우 원화를 달러로 바꾸어야 하므로 달러수요에 포함된다. 미국사람이 한국채권을 구입하는 경우에는 달러공급에 포함된다.

한 가지 주의할 점은 균형환율이 경제여건의 변화에 따라 영향을 받는다. 달러의 공급이나 수요의 증감은 수출입의 증감 즉, 경상수지나 국제간 자본이동 즉, 자본금융에 의해 영향을 받으며 이에 영향을 미치는 요인들에 의해 외환수요곡선과 외환공급곡선이 이동하게 된다. 이와 같이 외환의 수요와 공급은 단기적으로 수출입, 국제간 자본이동, 각종 뉴스나 외환시장 참가자의 기대 등에 의해서 영향을 받으며, 중장기적으로는 물가수준, 생산성, 금리 등의 영향을 받는다. 따라서 외환시장의 수요와 공급을 결정하는 변

그림 14-3 외환의 수급과 균형환율

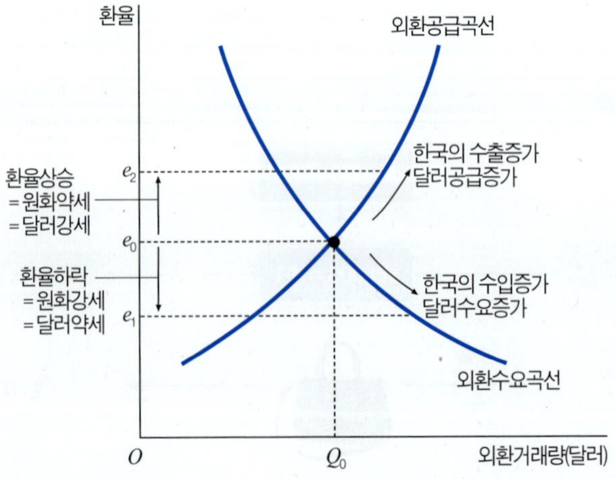

수들 중 무엇을 중요하게 여기는가에 따라 여러 환율결정모형을 생각할 수 있다. 이에 대해 알아보자.

정석사고

균형환율은 외환의 수요곡선과 공급곡선이 일치하는 수준에서 결정된다. 그런데 외환수요·공급곡선을 결정하는 변수들 중 무엇을 중요하게 여기는가에 따라 여러 환율결정모형을 생각할 수 있다.

1. 환율의 결정: 전통적 유량 어프로치

(1) 경상수지균형모형

전통적인 방식의 하나로 경상수지에 의해 환율이 결정된다는 유량접근방법이 있다. 이 접근모형은 경제의 펀더멘털스(fundamentals) 중에서 경상수지가 가장 중요하게 환율에 영향을 미친다는 점을 고려한 것이다. 경제의 **펀더멘털스**는 경제기본여건으로서 환율결정요인으로 고려해야 할 표준변수를 말한다. 여기에는 경상수지, 물가, 이자율, 경기상황, 예상 등이 있다. 이 중에서 환율과 물가의 관계는 구매력평가설에서, 환율과 이자율의 관계는 자산시장 어프로치의 이자율평가설에서 각각 따로 설명할 것이다.

경상수지는 환율결정의 중요한 펀더멘털스이다. 외환시장에서 보았듯이 경상수지가 흑자가 되면 외환공급이 늘어나 외환공급곡선이 오른쪽으로 이동하여 환율은 하락한다. 한편 경기확대정책으로 국내경기가 호황이라면 국민소득이 증가한다는 것을 의미하고 그 결과 수입이 증가한다. 수입의 증가는 외환의 수요 증가를 가져와 외환 수요곡선을 우측으로 이동시키고 그 결과 환율은 상승하게 된다.

환율이 균형환율 이상으로 높으면 경상수지가 흑자로 되는데, 이와 관련하여 J커브효과라는 것이 있다. **J커브효과**(J-curve effect)는 환율이 균형환율 이상으로 높아서 원화약세의 상황이라면 수출이 증가하고 수입이 줄어들어 경상수지가 흑자방향으로 움직여야 하는데, 실제로는 오히려 경상수지 적자폭이 증가하다가 일정기간이 지난 후에야 흑자로 전환된다는 효과를 말한다. 가로축에 시간을 두고, 세로축에 경상수지나 순수출을 표시할 때 그 변화모양이 J자를 닮아서 붙인 이름이다.

그림 14-4 **커브효과와 매커니즘**

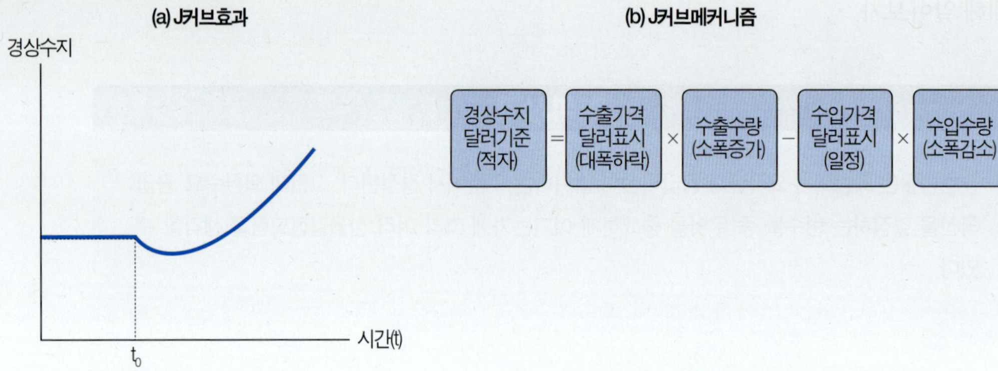

J커브메커니즘은 의외로 간단하다. 우리가 수출금액을 계산할 때 달러표시수출가격에 수출수량을 곱하면 된다. 환율이 2배로 올라서 원화가치가 1/2배로 될 때 자동차의 수출가격은 1/2배가 된다. 자동차의 수출대수가 2배로 증가하지 않는 한 수출총액은 감소한다. 즉, 예상과 달리 경상수지가 적자방향으로 움직인다. 요약하면 원화약세로 인한 수출수량의 증가속도가 늦어지면 경상수지는 적자방향으로 움직인다. 물론 몇 개월에서 수년까지 시간이 지나면 수출수량은 가격경쟁력의 강화로 증가할 것이다. 이때 비로소 경상수지는 흑자방향으로 움직이기 시작한다. 다음 〈그림 14-4〉가 이러한 메커니즘을 보여준다.

J커브효과를 생각해볼 때 환율상승이 경상수지를 흑자방향으로 움직이게 하려면 수출품에 대해 해외수요가 상당히 가격탄력적이고, 원화로 표시할 때 올라간 수입품가격에 국내수요가 상당히 탄력적이어야 한다. 엄밀히 말해서, 이 두 탄력성의 합이 1보다 클 때 환율상승이 경상수지가 흑자방향으로 움직이며, 이를 **마샬-러너조건**(Marshall-Lerner condition)이라고 한다.

경상수지균형모형은 경기호황으로 환율이 상승하면 경상수지흑자로 외환공급이 증가하여 균형환율로 회복된다. 이처럼 이 모형은 자본의 이동이 제한적인 저개발국의 환율결정에 유용하게 사용될 수 있다.

정석사고

전통적인 방식의 하나로 경상수지에 의해 환율이 결정된다는 유량접근방법이 있는데, 이를 경상수지균형모형이라고 한다. J커브효과(J-curve effect)는 환율이 균형환율 이상으로 높아서 원화약세의 상황이라면 수출이 증가하고 수입이 줄어들어 경상수지가 흑자방향으로 움직여야 하는데, 실제로는 오히려 경상수지 적자폭이 증가하다가 일정기간이 지난 후에야 흑자로 전환된다는 효과를 말한다. 환율상승이 경상수지를 흑자방향으로 움직이게 하려면 해외수입수요의 가격탄력성과 국내수입수요의 가격탄력성의 합이 1보다 커야 하며, 이를 마샬-러너조건(Marshall Lerner condition)이라고 한다.

(2) 먼델-플레밍 모형

경상수지균형모형에 국제간 자본이동을 도입하여 환율결정과 변동이론을 제시하고 있다. 이 모형은 다음 장에서 자세히 설명하겠지만 자본이동이 완전하여 세계이자율에서 자본을 무한히 수요하고 공급할 수 있다. 이 때문에 경상수지가 흑자가 되면 국내이자율이 세계이자율보다 낮아지며 즉시 자본유출이 일어나 자본금융계정이 적자가 된다. 따라서 외환의 수급은 경상수지와 자본금융계정의 영향을 받아 국제수지균형을 이루게 된다. 즉,

$$경상수지 + 자본금융계정 = 0$$

이 모형은 여러 가지 비현실적인 가정을 하고 있지만 소국개방경제의 환율의 움직임이나 정책의 효과를 어느 정도 설득력 있게 설명해주고 있다.

정석사고

먼델-플레밍모형은 경상수지균형모형에 국제간 자본이동을 도입하여 환율결정과 변동이론을 제시하고 있다. 국제수지균형은 '경상수지와 자본금융계정의 합 = 0'이 된다.

2. 구매력 평가설: 장기적 관점

환율의 장기적 움직임과 관련된 이론으로 구매력평가설(PPP: Purchasing Power Parity)이 있다. 이 이론은 환율이 물가와 밀접한 관계를 가지고 있다는 것이다. 구매력평가설은 상품이 어디에서나 같은 가격을 가진다는 일물일가의 법칙을 배경으로 한다. 만약 가격이 지역이나 나라에 따라 다르면 재판매행위 혹은 재정행위가 발생해서 가격이 같아진다.

(1) 구매력 평가식

이 이론이 정확하다면 모든 상품에 대해 국내가격은 해외가격에 환율을 곱한 것이 된다. 즉, 구매력평가식은 다음과 같다.

$$P=P_f \times e$$

(P는 국내물가, P_f는 해외물가, e는 환율)

한국을 국내, 미국을 해외로 생각하면, 이 식의 왼쪽은 국내제품의 가격이며 오른쪽은 미국내 제품가격을 원화로 환산한 것이다. 만약 관세와 수송비를 무시하고 왼쪽이 오른쪽보다 높다면 미국에서 제품을 구입해서 한국에 팔아 이익을 챙기는 사람이 생긴다. 이같이 가격차이를 이용하여 이익을 내는 행위를 **재판매행위** 혹은 **재정행위**(arbitrage)라고 한다. 재정행위로 가격차이가 없어진다는 것이 일물일가의 법칙이다.

현실에서 어떤 상품은 미국에서의 가격이 쌀지 모르지만 어떤 상품은 한국에서의 가격이 더 쌀지도 모른다. 그러나 모든 상품의 가격을 평균한 물가가 환율로 조정되면 거의 같은 수준이 된다는 것이 구매력평가설의 핵심이다. 이야기 14-4

구매력평가식에서 환율을 물가와의 관계로 표시할 수 있는데 다음과 같다.

$$e=\frac{P}{P_f}$$

이 식은 구매력평가설에 따르면 환율이 국내물가수준과 미국물가수준의 비율이 된다. 현실에서는 물가수준이라는 개념 대신 물가지수를 이용한다. 물가지수는 기준연도를 임의로 정해서 매년의 물가가 기준연도의 물가에 비해 어떤 수준인지를 지수로 표시한 것이다. 예를 들어 2020년을 기준으로 2022년 물가지수가 150이라면 2022년의 물가

이야기 14-4 구매력평가설과 빅맥지수

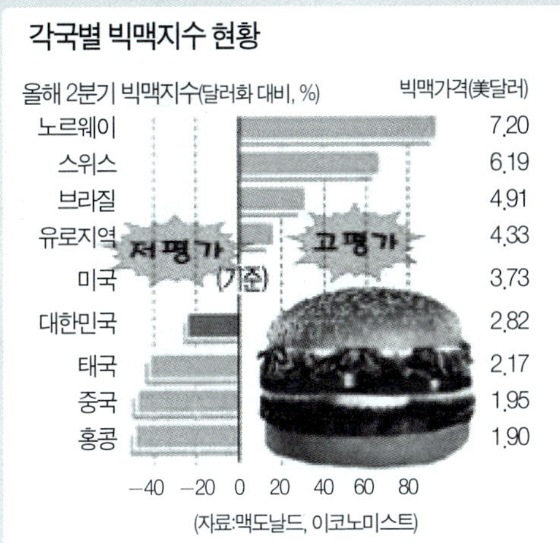

영국의 유명한 경제전문지인 Economist는 매년 빅맥지수(Big Mac Index)를 발표한다. 맥도널드(McDonald)에서 판매하는 3단으로 이루어진 빵에 소고기가 곁들여진 햄버거가 바로 빅맥이다. 빅맥은 전 세계 120여 개국에 동일한 품질로 판매되고 있다. 전 세계에서 동일한 햄버거를 미국이나 한국에서 같은 비용을 가지고 구매할 수 있다는 점에 착안해서 국가 간 통화의 비율인 환율을 계산하려는 시도를 한 것이다. 이러한 아이디어는 구매력 평가설(purchasing power parity: PPP)을 응용한 것이다. 구매력평가설이란 같은 돈 1$는 전 세계 어디서나 같은 물건을 구입할 수 있다는 가정에서 출발한다.

동일한 재화인데 국가마다 가격차이가 존재한다면 싼 곳에서 구입해 비싸게 다른 곳에서 판매를 하는 일명 재정거래(arbitrage)가 존재할 수 있으므로 가격은 동일하게 된다. 2013년 1월 미국에서 빅맥의 가격은 $4.37인데 한국에서는 3,700원이었다. 한국의 빅맥 가격인 3,700원을 미국의 빅맥 가격인 $4.37로 나누면 846원/$이다. 이 값은 구매력평가설에 입각한 균형 환율을 의미한다. 이를 2013년 1월의 환율인 1084원과 비교해보면 한국의 원화는 달러와 비교해 볼 때 약22% 과소평가된 상태라는 것을 알 수 있다. 최근에는 빅맥지수에서 파생된 많은 지수가 생겼다. 전 세계에 널리 퍼진 스타벅스 커피를 이용한 스타벅스 지수(Starbusks Index)가 대표적이다. 스타벅스의 대표적인 메뉴인 카페라떼 톨사이즈(355ml)의 각국 판매가격을 기준으로 산정된다.

는 2020년에 비해 1.5배로 상승했다는 것이다.

구매력평가설과 관련된 개념으로 실질환율이라는 개념이 있는데, 구매력평가식의 양변을 국내물가로 나누면 다음과 같은 식을 얻을 수 있다.

$$1=\frac{e\cdot P_f}{P}=E$$

이 식의 오른쪽 항을 **실질환율(E)**이라고 하는데, 당해기간의 환율을 물가로 할인해서 이 수치가 1(백분율로는 100%)을 넘으면 실질환율은 원화약세 혹은 달러강세 방향으로 움직이고 있다는 것이다. 실질환율은 물가로 할인하는데, 물가와 구매력으로 표시되는 상품수량은 반대로 움직이므로 실질환율은 국내상품수량으로 표시한 해외상품 1단위의 가치 즉, **구매력평가율**을 의미한다고 볼 수 있다. 따라서 실질환율은 현실의 환율이 구매력평가율보다 얼마만큼 높은지를 나타낸다. 이것이 1보다 낮으면 현실의 환율이 구매력평가율보다 낮다는 것이기도 하다. 물론 구매력평가식은 장기적으로는 성립하지만 단기적으로는 성립하지 않을 수 있다.

국내 물가가 상승하면 수출품의 가격은 수입품에 비해서 상대적으로 상승하게 되고, 수입품의 가격은 상대적으로 하락하게 된다. 따라서 수출은 감소하고 수입은 증가하며, 외환의 공급은 감소하고, 외환의 수요는 증가한다. 이러한 영향은 외환의 공급곡선을 좌측으로 이동시키고, 외환의 수요곡선을 우측으로 이동시킨다.

〈그림 14-5〉에서 보듯이 물가상승($P_0 \rightarrow P_1$)으로 인한 외환거래량은 외환 공급곡선과 외환 수요곡선의 이동 정도에 따라서 증가할 수도 있고 감소할 수도 있다. 그러나 환율은 반드시 상승한다는 것을 알 수 있다. 따라서 국내물가와 환율은 같은 방향으로 이동한다. 이처럼 환율변동과 물가변동 사이에는 밀접한 관계가 있는데 구매력평가식을 변화율로 바꾸어 표현하면 다음과 같다.

$$\frac{\Delta e}{e} = \frac{\Delta P}{P} - \frac{\Delta P_f}{P_f}$$

구매력평가설은 위 식에 따라 환율을 물가와 연계하여 환율의 장기적 변동을 설명하는 이론이다. 이 식에 따르면 국내인플레이션이 해외인플레이션보다 높으면 그 인플레이션 차이만큼 환율은 상승한다는 가설이다.

그림 14-5 물가상승과 환율변동

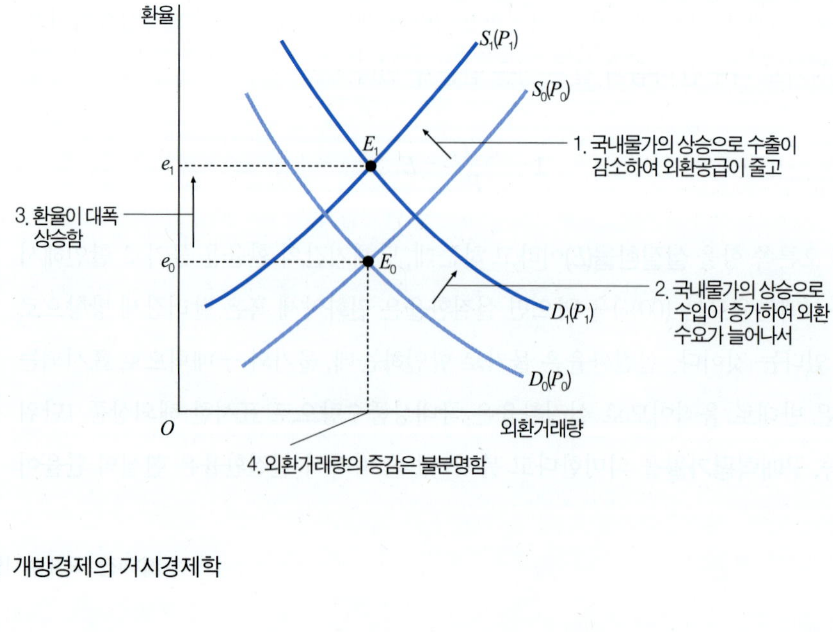

중단기적으로 환율은 구매력평가율(구매력평가설로 계산한 이론적 환율)에서 크게 괴리될 수 있다. 현실의 환율이 구매력평가율에서 크게 벗어나면 국내와 해외의 상품가격 사이에 큰 차이가 발생한다. 그러나 이러한 가격차가 영원히 지속되지는 않는다. 장기적으로는 환율이 구매력평가율에 접근해간다고 보아야 한다.

구매력평가설이 잘 설명해주는 경우는 인플레이션이 매우 크게 발생한 국가의 환율이다. 급격한 인플레이션으로 물가가 상승한 나라에서는 환율이 국내물가의 상승을 반영해 통화가치가 절하될 수밖에 없다.

(2) 장기적 환율변동의 결정요인

어떤 산업에서의 생산성의 향상은 그 산업에서 생산한 제품가격의 인하를 가져온다. 이러한 가격인하는 그 산업이 주요 수출산업으로 되기 쉬우며 환율을 원화강세방향으로 움직이게 한다. 이 산업의 생산성증가로 원화강세가 되면 상대적으로 생산성이 낮은 산업의 경쟁력을 잃게 한다. 미국과 한국 모두 물가가 상승하지 않는 한 환율은 장기적으로 두 나라 생산성 상승률 격차의 평균치에 접근하여 움직일 것이다. 장기적인 환율의 움직임은 생산성이 낮은 산업은 도태되고 생산성이 높은 산업은 규모를 확대하는 산업구조조정을 발생하게 한다.

정석사고

환율의 장기적 움직임과 관련된 이론으로 구매력평가설(PPP: Purchasing Power Parity)이 있다. 이 이론은 환율이 물가와 밀접한 관계를 가지고 있다는 것이며, 국내인플레이션이 해외인플레이션보다 높으면 그 인플레이션 차이만큼 환율은 상승한다는 가설이다.

3. 자산시장 어프로치: 중단기적 관점

장기적으로 구매력평가설이 설득력을 가지지만 단기 또는 중기적으로 왜 환율이 구매력평가율에서 이탈하는가? 라는 의문에 대한 해답은 외환거래규모에서 실마리를 찾아볼 수 있다. 외환시장의 거래에서 무역관련 외환거래보다 국제자금이동의 외환거래가 매우 빠르게 증가할 수 있다. 사실 현재 외환시장에서 그러한 현상이 벌어지고 있다.

이때 환율은 상품가격보다 더 큰 폭으로 변동하고 오히려 주가변동에 더 가까운 양상이다. 주가가 크게 변동하는 이유는 주식이 자산이며 사람들의 예측에 따라 마음대로 변동하기 때문이다. 외화도 자산인 만큼 크게 변동할 수밖에 없다. 이처럼 외화를 자산의 일부로 보고 환율의 움직임을 예측하는 접근방식을 **자산시장 어프로치**라고 한다.

외화를 자산의 일부로 보고 환율의 움직임을 보는 관점이 최근의 학자들의 주류가 되고 있다. 자산의 관점에서 환율움직임을 어떻게 꿰뚫어 볼 수 있을까? 사람들은 국내자산 뿐만 아니라 외화표시자산(예를 들어 미국국채와 주식)도 보유하고 있다. 이들 자산의 예상수익률과 위험률을 감안하여 어느 정도의 비율로 어떤 자산을 가질지 결정한다. 외화표시자산을 보유하면 금리, 환율 등이 어떤 방향으로 움직이는지 면밀히 관찰해야 한다. 환율이 달러강세로 움직이면 환차익을 볼 수 있지만 그 반대면 환차손이 발생할 수 있다.

사람들이 달러약세를 예상하면 달러표시자산의 구입을 보류하고 이에 따라 외환수요가 감소하고 실제로 환율이 달러약세로 움직인다. 예상이 현실을 움직인다는 것이다. 이같이 자산시장 어프로치는 사람들이 환율의 움직임을 예상하고 그 예상이 실제 환율을 변화시킨다는 것이다. 자산시장 어프로치에서 경제의 기본여건, 즉 펀더멘털스가 환율의 예상에 대단히 중요한 영향을 미친다. 펀더멘털스에는 경상수지, 이자율, 인플레이션 등이 있다.

(1) 이자율평가설

이자율의 상승은 경상수지에 미치는 영향과 자본금융계정에 미치는 영향으로 나누어 설명할 수 있다. 경상수지 측면에서 살펴보면, 이자율이 상승하게 되면 국내의 소비와 투자가 감소하게 되고, 그 결과 국민소득이 줄어들어 수입이 감소한다. 수입의 감소는 외환 수요의 감소로 이어져 외환 수요곡선을 좌측으로 이동시킨다.

한편 자본금융계정 측면에서 살펴보면 이자율의 상승은 자본의 유입을 야기해 자본금융계정을 개선시키며 그 결과 외환의 공급이 증가한다. 따라서 외환 공급곡선을 우측으로 이동시킨다. 결론적으로 이자율의 상승은 환율을 하락시키므로 이자율과 환율은 음(−)의 관계가 성립한다. 이자율은 이렇게 환율결정에 중요한 변수로 작용하므로 환율결정의 펀더멘털스라고 부른다.

국제간 자금이동을 설명할 때 이자율의 크기만 고려하는 것이 아니라 양국 화폐 사이의 교환비율인 환율도 감안하여야 한다. 예를 들어 한국투자가가 미국의 달러표시 채권을 구입한다고 해보자. 채권을 보유하는 기간 중에 달러강세가 되면 환차익을 얻고 달러약세가 되면 환차손을 입는다. 따라서 국제간 투자에서는 환율동향이 대단히 중요하다. 그런데 환율의 움직임은 이자율과 매우 밀접한 관계를 가진다.

그림 14-6 이자율과 환율의 변동

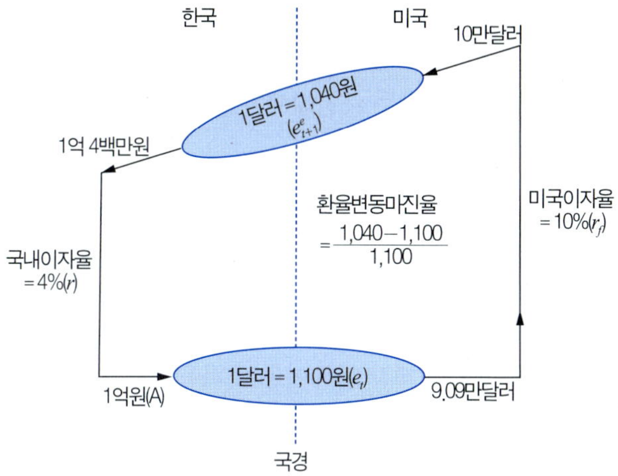

〈그림 14-6〉은 한국의 투자가가 미국채권에 투자한 경우의 수익률을 보여준다. 달러채권을 구입할 때 환율이 1달러에 1,100원인데, 1년 후 달러채권을 매각해서 달러를 원화로 바꾸는 시점의 환율이 1달러에 1,040원이라고 하자. 또한 국내채권은 4%의 이자가 붙는 반면 달러채권은 10%의 이자율이 붙는다고 하자. 1년 전에 1억원을 달러채권에 투자했다면 1달러에 1,100원으로 환산하면 약 9.09만달러가 된다. 이 채권은 1년 후 10%의 이자율이 붙어서 10만달러가 된다. 이때 달러강세가 되어 환율이 1,040원이므로 원금과 이자의 합계는 1억 4백만원이 된다. 이것을 원금 1억원과 비교해보면 수익률은 4%가 된다. 그런데 한국투자가가 국내채권을 구입해서 1년 후 받는 이자율이 4%이므로 사실상 수익률이 0이다.

이상의 설명을 수식으로 표현해보자. 미국의 달러채권을 A원에 구입하면 구입할 때의 환율 e_t로 환산해서 A/e_t달러가 된다. 1년 후 원금과 이자의 합계는 $(A/e_t)\times(1+r_f)$달러가 되며, 이것을 다시 채권을 매각할 때의 환율로 환산하면 $(A/e_t)\times(1+r_f)\times e^e_{t+1}$원이 된다. 이것을 다음과 같이 조금 단순화해보자.

$$(A\frac{e^e_{t+1}}{e^t})\times(1+r_f)=A\frac{e^e_{t+1}-e_t+e}{e}(1+r_f)=A(1+\frac{e^e_{t+1}-e}{e})(1+r_f)=A(1+m)(1+r_f)$$

이식의 m은 **환율의 예상변동율** 혹은 **환율변동마진율**로서 투자가 이루어진 후 환율이 몇 % 변동하는가를 나타낸다. 미국채권에 1년간 투자할 때의 수익률은 $(1+m)(1+r_f)$에서 1을 빼면 된다. 즉 $m+r_f+mr_f$이다. 그런데 마지막 항은 매우 작으므로 무시하면 미국 달러채권의 수익률은 $m+r_f$이다. 이것을 국내채권에 투자할 때의 수익률 r과 비교하면 최종적으로 미국 달러채권의 순수익률은 $m+r_f-r$이 된다. 만약 국내채권과 달러표시 채권의 수익률을 같도록 하는 완전대체자산이라면 다음 식에서 환율이 결정된다.

국내이자율＝해외이자율＋환율변동마진율

이 식을 이자율평가에 의한 **환율결정방정식**이라고 한다. 현재환율과 해외이자율이 주어져 있다면 한국의 이자율이 높으면 높을수록 환율이 작아진다. 이것은 원화강세로 움직인다는 의미이다. 국제간 자본이동이 자유로운 현실을 생각할 때 단기적으로 환율이 결정되는 과정을 잘 보여주는 매우 흥미로운 이론이다.

정석사고

이자율평가설은 '국내이자율－해외이자율＝환율변동마진율'이라는 이자율평가에 의한 환율결정방정식으로 환율결정과 변동을 설명한다. 현재환율과 해외이자율이 주어져 있다면 한국의 이자율이 높으면 높을수록 환율이 작아진다.

(2) 통화주의모형

통화주의자 프렌켈(J. Frenkel)과 무싸(M. Mussa) 등에 의해 발전된 환율결정의 통화주의모형은 생산물시장에 구매력평가설이 성립하고, 국제간 자본이동에는 이자율평가설이 성립한다고 가정한다. 또한 한국과 미국의 교환방정식이 똑같은 형태로 다음과 같다고 가정한다.

화폐의 유통속도×통화량＝물가×생산량

한국의 교환방정식을 미국의 교환방정식으로 나누면 다음과 같다.

$$\frac{\text{화폐의 유통속도(한국)}\times\text{통화량(한국)}}{\text{화폐의 유통속도(미국)}\times\text{통화량(미국)}}=\frac{\text{한국물가}\times\text{한국생산량}}{\text{미국물가}\times\text{미국생산량}}$$

이 식에서 구매력평가설에 의해 '한국물가/미국물가'는 환율이 되므로 환율은 다음과 같다.

$$\text{환율}=\frac{\text{화폐의 유통속도(한국)}}{\text{화폐의 유통속도(미국)}}\times\frac{\text{통화량(한국)}}{\text{통화량(미국)}}\times\frac{\text{미국생산량}}{\text{한국생산량}}$$

이것을 변화율로 고치면 다음과 같은 최종적인 표현을 얻을 수 있다.

$$\text{환율변화율}=\text{화폐유통속도변화율}+\text{통화량변화율}+\text{미국생산량변화율}$$

이 식에서 한국의 통화량이 더 많이 증가할수록, 한국의 화폐의 유통속도가 더 빠를수록, 미국의 소득증가율이 더 높을수록 한국의 환율은 더 빠르게 상승한다.

정석사고

통화주의모형은 생산물시장에 구매력평가설이, 국제간 자본이동에는 이자율평가설이 성립한다고 가정한다. 한국의 통화량이 더 많이 증가할수록, 한국의 화폐의 유통속도가 더 빠를수록, 미국의 소득증가율이 더 높을수록 한국의 환율은 더 빠르게 상승한다.

(3) 오버슈팅모형

미국의 거시경제학자 돈부쉬(R. Dornbusch)가 개발한 이 모형은 장기에 구매력평가설이 성립하고, 단기에 이자율평가설이 성립한다고 가정한다. 이 모형의 특징은 통화주의모형이 가정하는 장단기 모두 가격이 신축적이라는 가정을 버리고 단기에는 물가가 신축적이지 않다고 본다.

단기적으로 물가가 신축적이지 않아서 생산물시장에 불균형이 생기면 즉, 경상수지가 균형이 되지 않으면 물가가 즉시 조정되지 못해 환율이 적절한 수준을 넘어 오버슈팅(과잉조정)된다는 것이다. 따라서 환율의 오버슈팅(overshooting)은 경제의 어떤 충격에 환율이 단기적으로 장기균형수준에서 크게 벗어나지만 시간이 지남에 따라 장기균형수준으로 수렴해가는 현상이다. 이러한 환율의 오버슈팅 때문에 환율이 이자율의 차이를 넘어 단기적으로 매우 심하게 변동하므로 구매력평가설이 성립되지 않는다고 보았다. 다른 말로 하면 통화량이 늘어날 때 금융자산시장이 상품시장보다 더 빠르게 조

그림 14-7 영구적이고 예상 못한 통화공급의 증가와 물가, 환율 이자율

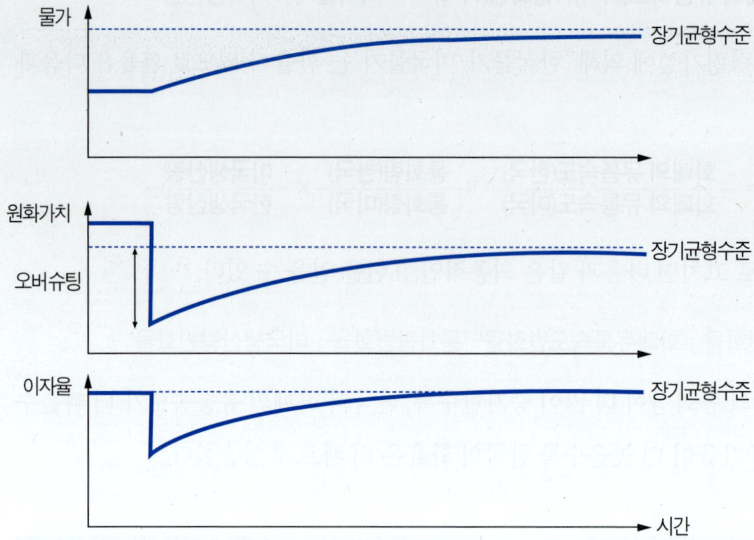

정된다. 이 모형은 단기적 환율의 움직임을 꽤 설득력있게 설명하는 것으로 평가된다.

〈그림 14-7〉에서 보듯이 영구적 통화공급의 증가가 이자율을 하락시키고, 원화가치를 통화공급의 충격이 있기 전보다 더 하락시켜 환율을 상승시킨다. 장기적으로는 물가가 상승하고 이자율이 올라서 원화강세(환율하락)로 돌아서게 된다.

(4) 자산구성균형모형

미국의 경제학자 **쿠리**(P. Kouri)가 제시한 자산구성균형모형은 환율결정과 변동에 경상수지균형과 같은 유량접근도 중요하지만 통화주의모형이나 오버슈팅모형과 같이 자산스톡의 저량접근도 중요하다고 생각하였다. 이 모형은 구매력평가설이나 이자율평가설을 수용하지 않고 단기에 환율이 환리스크가 존재하는 금융시장의 금융자산의 수요와 공급에 의해 결정된다고 한다. 자산구성균형모형은 경상수지, 자산, 물가 등의 상호관계 속에서 환율이 결정된다는 동태적 모형이다.

예를 들어 경상수지가 해외자산의 구성비율을 변동시키고 이것이 다시 자산총액을 변동시켜 자산수요변동에 의한 환율변동이 발생한다. 구체적으로 경상수지가 적자일 때 국내거주자가 보유하고 있는 외국금융자산이 해외로 유출되고, 이에 따라 국내거주자의 부가 감소한다. 부가 감소하면 국내금융자산에 대한 수요가 감소하고 환율이 상승

하게 된다. 이로 인해 원화로 표시된 외국금융자산의 가격이 상승하고 국내거주자의 부가 증가함으로써 새로운 균형에 이르게 된다. 이 이론은 많은 것을 고려하는 동태적 모형인 관계로 실증적인 지지를 거의 받지 못하고 있다.

4. 기타 어프로치

(1) 불규칙보행가설

이 모형은 내일의 환율을 예측하는 데, 오직 오늘의 환율수준만이 중요하다는 것이다. 내일의 환율은 평균적으로 오늘의 환율과 같아서 내일의 환율을 예측하기가 쉽지 않다는 점을 시사하고 있다. 예를 들어 외환시장과 같이 내일의 환율이 오늘의 환율수준이외에 다른 정보가 도움이 되지 않는 시장을 효율적 시장이라고 한다. 그 이유는 오늘의 환율이 내일을 예측하는데 가장 효율적인 정보라는 의미에서 붙은 이름이다. 이 때문에 **불규칙보행가설** 혹은 **랜덤워크가설**을 **효율적 시장가설**이라고도 부른다. 단순하게 보이는 이 모형이 어떤 정교한 모형보다 효율적이라는 점에서 환율이나 주가를 예측하는 이론으로 매우 유용하게 활용되고 있다.

(2) 시장심리모형

최근에 등장한 시장심리모형은 단기적으로 환율이 시장참가자의 심리적 요인에 의해 결정된다고 설명한다. 경제현상에는 시장참가자의 심리적 예상도 중요한 영향을 미친다. 환율의 단기적 변동은 외환시장참가자들의 심리적 예상에 의해 발생할 수 있다. 환율이 상승할 것이라고 예상하게 되면 기업들은 앞으로 외국상품이 비싸질 것으로 기대하게 되고, 그 결과 수출은 뒤로 미루고 수입은 앞당기는 현상이 일어난다. 따라서 외환의 공급은 감소하게 되고, 외환의 수요는 증가하여 결국 환율은 상승하게 된다.

이처럼 예상을 하게 되면 그 예상이 저절로 실현되는 현상을 **예상의 자기 충족적**(self-fulfilling) **현상**이라고 한다. 이는 케인즈가 말하는 '미인투표'와 같다. 누가 가장 미인인지를 투표할 때 자신이 미인이라고 생각하는 사람이 아니라 남들이 미인이라고 생각할 만한 사람에게 투표하는 것이다. 예상이 현실을 움직이는 것이다. 이 모형은 최근에 주목을 받고 있으므로 더 많은 연구가 축적될 필요가 있어 보인다. 특히 시장참가자들이 어떤 기초적인 정보를 중요시하며 서로 다른 예상을 할 때 어떻게 서로 영향을 주어 시장심리로 결정되는지를 설명할 필요가 있다.

(3) 경제뉴스모형

자산시장 어프로치처럼 통화량, 이자율과 같은 경제의 펀더멘털스가 환율에 강한 영향을 주는 것은 아니라고 보지만 이러한 펀더멘털스의 변동에 관해 전달되는 경제뉴스는 환율에 강한 영향을 준다는 모형이다. 이때 경제뉴스의 의미는 외환시장참가자들이 가지는 펀더멘털스에 대한 예상치와 실제 공표되는 실제치 사이의 차이이다. 예를 들어 외환참가자들이 통화량이나 이자율에 대한 자신의 예상치에 따라 외환을 매입 혹은 매각을 하다가 통화량이나 이자율에 대한 공식 발표가 나오게 되면 예상치와 실제치의 차이 즉 경제뉴스의 충격이 발생하게 된다. 외환참가자들은 이러한 경제뉴스의 충격에 따라 다시 외환을 매입 혹은 매각을 함에 따라 단기적으로 환율이 변동하게 된다는 것이다.

5. 환율결정과 변동이론의 마무리

환율은 두 나라 화폐 사이의 교환비율이다. 자국 화폐단위로 표시하는 경우 환율은 외환의 가격이다. 환율은 외환시장의 수요와 공급에 의해 결정된다. 그런데 외환시장의 수요와 공급을 결정하는 변수 중 무엇을 가장 중요하게 생각하는가에 따라 다양한 환율결정모형이 있다. 전통적인 유량어프로치에는 경상수지균형모형과 이에 자본이동을 더한 먼델-플레밍모형이 있다. 장기적인 관점에서 동일한 상품은 모든 나라에서 동일한 가격을 가지게 된다는 일물일가의 법칙에 따라 구매력평가설은 환율결정과 변동을 설득력있게 설명한다. 그러나 현실적으로 무역을 할 때 시간이 소요될 뿐만 아니라 거래비용(관세, 수송비용 등)이 발생하고, 각 나라의 상품들이 고유한 특성을 가질 수도 있으며, 무역이 이루어지지 않는 미용, 청소와 같은 서비스도 존재하기 때문에 나라들 사이의 물가가 동일해지기 어렵다.

중단기적 관점에서 환율이 구매력평가율에서 이탈하는 이유가 외환이 자산의 일부로 거래되기 때문이라고 보는 자산시장 어프로치가 있다. 이에는 통화주의모형, 오버슈팅모형, 자산구성균형모형이 있다. 이외에 단기적인 환율변동을 설명하는 기타 어프로치로서 불규칙보행가설, 시장심리모형, 경제뉴스모형이 있다. 이를 요약하면 〈표 14-2〉와 같다.

표 14-2 환율결정모형

전통적 유량어프로치	자산시장어프로치	기타 어프로치
경상수지균형모형 (경상수지=0)	통화주의모형 (구매력평가설+이자율평가설)	불규칙보행가설
먼델-플레밍모형 (경상수지+자본금융계정=0)	오버슈팅모형 (이자율평가설)	시장심리모형
	자산구성균형모형	경제뉴스모형

정석기본문제

1 국제수지표에 대한 다음 설명 중 맞지 않는 것은?

① 국제수지는 경상수지와 자본수지 및 금융계정으로 구성된다.

② 상품수지는 상품의 수출입을 기록한 것이다.

③ 본원소득수지는 투자수익수지와 외국으로부터의 임금소득수취를 포함한다.

④ 자본수지는 해외이주비, 자본이전거래, 비생산 유무형자산거래를 포함한다.

⑤ 준비자산은 민간과 통화당국이 보유한 대외준비자산을 기록한다.

정석힌트 준비자산(reserve asset) : 통화당국이 보유한 대외준비자산을 기록[이번에 새롭게 편입된 것으로 화폐용 금, 특별인출권(*SDR*: Special Drawing Rights), *IMF* 리저브포지션, 외화자산(현금, 예금, 증권) 등을 기록함]. 정답은 ⑤

2 다음 중 국제수지표의 금융계정 구성항목에 해당하지 않는 것은?

① 직접투자　　② 이전소득수지

③ 증권투자　　④ 기타투자

⑤ 준비자산

정석힌트 금융계정 : 직접투자, 증권투자, 파생금융상품, 기타투자, 준비자산으로 구분
경상수지 : 상품수지, 서비스수지, 본원소득수지, 이전소득수지. 정답은 ②

3 환율에 대한 다음 설명 중 옳지 않은 것은?

① 환율은 두 국가 간의 거래로 발생하는 화폐의 교환비율이다.

② 외환시장에서 외화(달러)에 대한 차입이자율이 결정된다.

③ 자국통화표시환율이란 환율을 외국화폐 1단위를 얻기 위해서 지불해야 하는 국내화폐의 수량으로 표시한 것이다.

④ 자국통화표시환율의 경우, 외환의 수요곡선은 우하향한다.

⑤ 자국통화표시환율의 경우, 외환의 공급곡선은 우상향한다.

정석힌트 외환이 수요곡선과 공급곡선이 만나는 외환시장에서 균형환율이 결정된다. 정답은 ②

4 **환율상승의 효과로 올바른 것은?**

① 수입 증가

② 수출 증가

③ 수입과 수출 동시에 증가

④ 수출 감소

⑤ 수입 감소

정석힌트 일반적으로 환율이 상승하게 되면 수출이 증가한다. 반대로 환율이 하락하게 되면 수입이 증가한다. 정답은 ②

5 **환율의 변동에 관한 다음 설명 중 옳지 않은 것은?**

① 국내물가가 상승하면 환율은 상승한다.

② 경상수지가 흑자이면 환율은 상승한다.

③ 국내경기가 호황이면 환율은 상승한다.

④ 이자율이 오르면 환율은 하락한다.

⑤ 환율상승이 예상되면 환율은 상승한다.

정석힌트 경상수지 흑자 → 외환공급 증가 → 외환공급곡선 우측이동 → 환율하락. 정답은 ②

6 **다음 보기를 읽고 빈칸에 적절한 말을 넣으시오.**

보기

자국화폐표시환율이 (　　)하여 자국화폐가치가 (　　)하는 것을 그 나라의 통화가 (　　)되었다고 한다.

정석힌트 상승, 하락, 절하

7 다음 보기에서 환율과 국제수지에 대한 서술 중 옳지 않은 것은?

보기

(가) 환율이 상승하면 교역조건이 개선된다.

(나) 한국에서 햄버거 1개에 2,000원, 미국에서 2달러이면 구매력평가설에 의한 환율은 1달러:1,000원이다.

(다) 국민저축은 불변인데 순해외투자가 증가하면 자본축적이 증가한다.

(라) 수출은 외환의 공급으로 수입은 외환에 대한 수요로 나타난다.

(마) 경상수지와 순해외투자는 항상 같다.

(바) 상품가격의 역수는 화폐 1원의 상품구매력을 나타낸다.

정석힌트 (가)는 사실이 아니다. 실질환율은 교역조건의 역수이므로 그 반대이다. (다)는 사실이 아니다. 국민저축은 국내투자+순해외투자이므로 순해외투자가 증가하면 국내투자가 줄어서 자본축적이 감소한다. 따라서 정답은 (가), (다)이다.

8 다음 보기를 읽고 빈칸에 적절한 말을 넣으시오.

보기

경상수지는 총저축에서 ( )을 뺀 것이기 때문에 총저축이 ( )를 상회할 경우 총저축 = ( )의 항등관계에서 그 차액만큼 ( )로 나타나는데, 이는 다른 나라로 그만큼의 외화가 빠져나가는 것이라는 점에서 ( )적자로 해석된다. 즉, 경상수지+자본수지+금융계정 = ( ).

정석힌트 국내총투자, 국내총투자, 총투자, 순해외투자, 자본수지 및 금융계정, 0

9 **중국인들이 갑자기 한국산 초코파이를 좋아하게 되었다고 한다.**

(1) 외환시장의 원화수요에 어떤 영향을 미칩니까?

(2) 외환시장에서 원화의 가치는 어떻게 변합니까?

(3) 순수출은 어떻게 변합니까?

정석힌트 (1) 외환 혹은 달러공급이 늘고 원화수요가 증가한다.

(2) 원화에 대한 수요가 증가하므로 달러공급이 늘어 달러 즉 외환의 가치가 하락하고 환율이 하락한다. 다시 말해서 원화가치가 상승한다.

(3) 순수출은 불변이다.

10 **구매력평가설에 따르면 한국 인플레이션율과 미국 인플레이션율의 차이만큼 균형환율이 상승한다는 사실을 설명하시오.**

정석힌트 구매력평가설을 변화율로 표시하면 다음과 같다.

환율의 변화율 = 국내 물가상승률 − 해외 물가상승률

이 식에 따르면 국내인플레이션이 해외인플레이션보다 높으면 그 인플레이션 차이만큼 환율은 상승한다.

11 **구매력평가설과 이자율평가설이 성립할 때, 한국과 미국의 명목이자율이 각각 연 5%와 3%이고, 한국의 물가상승률이 연 3%로 예상되는 경우의 서술 중 옳지 않은 것을 모두 고른다면?**

보기

(가) 미국의 물가상승률이 연 2%로 예상된다.

(나) 한국과 미국의 실질이자율은 동일하다.

(다) 한국의 실질이자율은 연 2%이다.

(라) 원/달러환율은 일년 후 2% 상승할 것으로 예상된다.

정석힌트 정답은 (가).

(1) 피셔방정식에 의하면 명목이자율(5%) = 실질이자율 + 인플레이션율(3%)

따라서 실질이자율은 2%.

(2) 이자율평가설에 의하면 환율변화율 = 국내이자율(5%) − 해외이자율(3%)

따라서 환율변화율 = 2%

(3) 구매력평가설에 의하면 환율변화율(2%) = 자국물가상승률(3%) − 해외물가상승률

따라서 해외물가상승률 = 1%

(4) 미국의 실질이자율: 명목이자율(3%) − 인플레이션율(1%) = 2%

12 다음 표는 2014년과 2015년 한국과 중국의 물가지수와 명목환율의 변화를 나타낸다. 다음 보기의 서술 중 옳지 않은 것은?

구분	2014년	2015년
한국물가지수	100	120
중국물가지수	120	90
원/위안 명목환율	100	145

보기

(가) 한국의 통화증가율이 중국보다 낮을 것이다.
(나) 명목환율의 변동은 구매력평가설과 일치한다.
(다) 한국의 대중국 순수출이 증가할 것이다.
(라) 원/위안 실질환율은 불변이다.

정석힌트 정답은 (가), (다).

(가) (신)화폐수량설에 따르면 물가와 통화공급량이 비례한다는 것이다. 이에 비추어 볼 때 한국의 통화증가율이 더 높을 것이다.

(나) 환율변동과 물가변동 사이에는 밀접한 관계가 있는데 구매력평가식을 변화율로 바꾸어 표현하면 다음과 같다.

환율의 변화율=국내 물가상승률−해외 물가상승률

구매력평가설은 위식에 따라 환율을 물가와 연계하여 환율의 장기적 변동을 설명하는 이론이다. 이 식에 따르면 국내인플레이션이 해외인플레이션보다 높으면 그 인플레이션 차이만큼 환율은 상승한다는 가설이다. 한국의 물가는 20% 상승하였고, 중국의 물가는 25% 감소하였다. 따라서 명목환율은 20%−(−25%)=45% 상승하게 된다.

(다), (라) 명목환율이 45% 상승하였지만 국내물가는 20% 상승하고 중국물가는 25% 감소하였으므로 실질환율=명목환율$\times\dfrac{\text{해외물가}}{\text{국내물가}}$ 혹은 실질환율의 변화율=명목환율의 변화율+해외물가변화율−국내물가변화율=45%−25%−20%=0이므로 실질환율은 불변이다. 따라서 교역조건에 변화가 없고 순수출도 불변이다.

정석심화문제

13 다음 중 현재 원화의 대달러 환율(원/달러)에 미치는 효과가 다른 것은?

① 국내 물가수준의 상승

② 미국인들의 소득 감소

③ 미국 국채이자율의 상승

④ 국내산 스마트폰에 대한 미국인들의 수요 증가

⑤ 국내 항공사들의 미국산 항공기에 대한 수요 증가

정석힌트 ①, ② 국내물가수준 상승, 미국인들의 소득 감소 → 수출 감소 → 외환공급 감소 → 환율 상승
③ 미국 국채이자율 상승 → 자본유출 발생 → 외환수요 증가 → 환율 상승
④ 스마트폰 수출 증가 → 외환공급 증가 → 환율 하락
⑤ 미국산 항공기 수입 증가 → 외환수요 증가 → 환율 상승
정답은 ④

14 원화와 엔화가 달러화에 비해 모두 강세를 보이고 있다. 그런데 원화의 강세가 엔화에 비해 상대적으로 더 강하다고 할 때 나타나는 현상에 대한 설명 중 옳지 않은 것은?

① 일본에 여행하는 우리나라 관광객의 부담이 줄어들었다.

② 미국이 한국과 일본에서 수입하는 제품의 가격이 올라갔다.

③ 일본산 부품을 사용하는 우리나라 기업의 생산비용은 증가하였다.

④ 미국에 수출하는 우리나라 제품의 가격경쟁력은 일본에 비해 떨어졌다.

⑤ 엔화표시 채무를 가지고 있는 우리나라 기업의 원리금 상환부담은 감소하였다.

정석힌트 원화와 엔화가 달러화에 비해 강세를 보이고, 원화의 강세가 상대적으로 더 강하다고 하면 3국 화폐의 강세는 "원화>엔화>달러화"순이 될 것이다. 강세를 보인다는 것은 원화의 가치가 절상되었다는 것이므로 원화는 엔화와 달러화에 비해 평가절상, 엔화는 원화에 대해서는 평가절하, 달러화에 대해서는 평가절상이 이루어진다. 평가절상은 환율의 하락, 평가절하는 환율의 상승을 의미한다. 또한 환율하락으로 가장 가격경쟁력이 없는 것은 한국제품이다. 따라서 우리나라는 두 나라 모두에 수출은 안 되고 수입은 늘 것이다. 일본은 미국에 대해서 수출은 줄고 수입이 늘 것이다. 반면 일본은 한국에 대해서는 수출은 늘고 수입은 줄 것이다.
① 환율하락으로 미국을 여행하는 한국관광객의 부담이 감소한다.
② 미국상품의 수출품 가격은 하락하고, 수입품 가격은 상승한다.
③ 수입재의 가격하락으로 한국기업의 생산비용이 감소한다.
⑤ 원화가치가 강세이므로 엔화표시 채무에 대한 한국기업의 채무부담이 감소한다.
정답은 ③

15 자국통화로 표시한 외국통화 1단위의 가치인 명목환율이 7% 올랐고, 자국과 외국의 물가 상승률은 각각 2%와 7%였다고 하자. 실질환율을 외국의 재화·서비스 1단위와 교환 가능한 자국의 재화·서비스의 양으로 정의할 때, 실질환율의 변화와 그에 따른 자국수출량의 변화로 옳은 것은?

	실질환율	수출량
①	불변	불변
②	2% 하락	증가
③	2% 상승	증가
④	12% 하락	감소
⑤	12% 상승	증가

정석힌트 실질환율 $E = \frac{eP_f}{P}$: 자국통화표시 외국상품의 상대가격

- 구매력평가설이 성립하면 실질환율은 항상 1
- 실질환율>1 이면 달러화가 고평가되어 외국상품의 가격이 국내상품보다 더 비쌈

실질환율 $E = \frac{eP_f}{P}$을 변화율로 나타내면, $\frac{\Delta E}{E} = \frac{\Delta e}{e} + \frac{\Delta P_f}{P} - \frac{\Delta P}{P}$가 되어 문제에서 주어진 값을 대입하게 되면 다음과 같이 된다. $\frac{\Delta E}{E}$ = 7%+7%−2% = 12%. 따라서 실질환율이 12% 상승하게 된다. 실질환율은 실물시장의 수출과 수입에 영향을 주게 되는데, 실질환율 인상은 수출량을 증가시키게 된다.

정답은 ⑤

16 원/달러 명목환율, 한국과 미국의 물가지수가 다음과 같다. 2013년을 기준연도로 하였을 때, 2014년의 원/달러 실질환율의 변화는?

	2013년	2014년
원/달러 명목환율	1,000	1,100
한국의 물가지수	100	105
미국의 물가지수	100	102

① 불변

② 3% 하락

③ 3% 상승

④ 7% 하락

⑤ 7% 상승

정석힌트 실질환율 $= \dfrac{\text{해외물가} \times \text{명목지급환율}}{\text{국내물가}} = \dfrac{P_f \times e}{P}$ 이므로 이를 증가율로 나타내면

$\dfrac{dE}{E} = \dfrac{\Delta e}{e} + \dfrac{\Delta P_f}{P_f} - \dfrac{\Delta P}{P}$ 가 된다. 위에서 주어진 자료를 보면 명목환율의 변화율은 10%이고 한국의 물가지수는 5%, 미국의 물가지수는 2%가 된다.

따라서 실질환율의 변화율은 10%+2%−5%로 7% 상승한다.

정답은 ⑤

17 한국과 미국 간에 이자율평가설이 성립한다. 현재 한국의 명목이자율이 2%, 미국의 명목이자율이 1%, 예상환율이 1달러당 1,212원일 때, 현재 환율은?

① 1,164

② 1,188

③ 1,200

④ 1,212

⑤ 1,236

정석힌트 이자율 평가설 식을 이용해 대입하면 된다.

$r=r_f+\dfrac{e^e_{t+1}-e_t}{e_t}$ 에서 $r=2\%$, $r_f=1\%$, $e^e_{t+1}=1{,}212$ 이므로 $2\% = 1\% + \dfrac{1{,}212 - e_t}{e_t}$ 이다.

따라서 $e_t = 1{,}200$ 이다.

정답은 ③

18 다음 표는 일정 시점에 5개 국가의 빅맥(Big Mac) 가격과 실제환율을 기록한 것이다. 당시 미국에서 빅맥은 3달러에 판매되었다고 하자. 빅맥에 대해 구매력평가설이 성립한다고 가정할 때, 실제환율이 오를 것으로 예상되는 국가를 모두 고르면?

	국가	빅맥 가격	실제환율
가	일본	250 엔	107 엔/달러
나	인도네시아	14.6 루피아	9.5 루피아/달러
다	영국	1.9 파운드	0.6 파운드/달러
라	스위스	6.3 스위스프랑	1.3 스위스프랑/달러
마	캐나다	3.3 캐나다달러	1.2 캐나다달러/달러

① 가, 나
② 다, 라
③ 가, 나, 다
④ 나, 다, 라
⑤ 다, 라, 마

정석힌트 **구매력평가설**

- 절대적 구매력평가설 : $P = eP_f$
- 상대적 구매력평가설 : $\frac{\Delta P}{P} = \frac{\Delta e}{e} + \frac{\Delta P_f}{P_f}$

빅맥지수란 영국의 〈Economist〉지에서 제공하는 각국의 화폐가치를 구매력을 중심으로 평가한 환율척도이다. 빅맥지수는 구매력평가설이 성립한다는 가정하에 장기적인 측면에서 환율을 설명하는 데 유용하다. 따라서 실제환율이 장기적인 적정수준으로 수렴해 간다는 가정하에서 현재의 환율수준이 낮은 경우에는 앞으로 상승할 것으로 예상할 수 있게 된다. 현재 실제환율이 빅맥지수로 평가한 구매력평가환율보다 낮은 상황에 있는 영국과 스위스는 앞으로 상승할 것으로 기대할 수 있다.

	국가	빅맥 가격	실제환율	빅맥지수
가	일본	250엔	107엔/달러	83.3엔/달러
나	인도네시아	14.6루피아	9.5루피아/달러	4.87루피아/달러
다	영국	1.9파운드	0.6파운드/달러	0.63파운드/달러
라	스위스	6.3스위스프랑	1.3스위스프랑/달러	2.1스위스프랑/달러
마	캐나다	3.3캐나다달러	1.2캐나다달러/달러	1.1캐나다달러/달러

정답은 ②

19 환율결정이론에 대한 〈보기〉의 설명 중 옳지 않은 것을 모두 고르면? (단, 〈보기〉의 모든 지문에서 환율은 국내통화/외국통화의 비율을 의미한다.)

보기

가. 상대적 구매력평가설은 일물일가의 법칙을 전제하지 않더라도 성립할 수 있다.

나. 구매력평가설에 따르면 외국의 물가가 상승하면 균형환율은 하락한다.

다. 구매력평가설에서 실제환율이 균형환율보다 높으면 수입은 늘어나고 수출은 줄어들게 된다.

라. 구매력평가설이 경상수지를 중요시하는 이론이라면, 이자율평가설은 자본수지에 초점을 맞춘 이론이라고 할 수 있다.

마. 인플레이션율이 0이라고 가정할 때, 이자율평가설에 따르면 국내 명목이자율이 외국 명목이자율보다 클 경우 환율은 하락한다.

① 가, 나

② 가, 다

③ 다, 라

④ 다, 마

⑤ 나, 마

정석힌트 (가) 절대적 구매력평가설은 $P=eP_f$을 충족해야 하는 것이고, 이를 변화율로 나타낸 것은 상대적 구매력평가설이다. 따라서 상대적 구매력평가설은 $\frac{\Delta P}{P}=\frac{\Delta e}{e}+\frac{\Delta P_f}{P_f}$의 관계가 성립해야 하므로 양국의 가격의 변화율이 일치하면 된다. 따라서 절대적 구매력평가설은 양국 재화의 가격이 일치해야 성립하나, 상대적 구매력평가설은 일물일가의 법칙이 성립하지 않아도 성립하게 된다.

(나) 상대적 구매력평가설이 성립하게 되면 $\frac{\Delta P}{P}=\frac{\Delta e}{e}+\frac{\Delta P_f}{P_f}$이므로 외국 물가가 상승하면 균형환율은 하락한다.

(다) 구매력평가설에서 실제환율이 균형환율보다 높으면, 달러로 환산한 재화의 가격이 적절한 균형가격보다 현재 높게 평가되어 있다는 것이므로 반대로 국내 원화로 환산한 재화의 가격이 더 낮다는 것을 의미한다. 따라서 수출은 증가하고 수입은 감소한다.

(라) 구매력평가설은 교역재의 수출과 수입과 관련이 있어 경상수지를 중시한 것이고, 이자율평가설은 이자율에 따른 자본수지에 초점을 둔 이론이다.

(마) 인플레이션율이 0이라고 하면 피셔가설에 의해서 $i=r+\pi$이므로 $\pi=0$이면(i는 명목이자율, r은 실질이자율) 명목이자율은 실질이자율과 같아진다.

이자율평가설에 의하면 $i=i_f+\frac{\Delta e}{e}$에서 $i-i_f=\frac{\Delta e}{e}$이 된다.

이때 국내명목이자율이 외국 명목이자율보다 큰 경우에 $i-i_f>0$이므로 $\frac{\Delta e}{e}>0$으로 환율은 상승한다.

정답은 ④

20 다음은 이자율평형조건(interest rate parity condition)에 대한 설명이다. (가)와 (나)를 바르게 짝지은 것은?

보기

이자율평형조건이 성립할 때, 가로축을 환율(외국통화 1단위에 대한 자국통화의 교환비율), 세로축을 국내이자율로 하는 그래프를 그리면, 우하향하는 형태로 그려진다. 이때, 이 그래프는 팽창적 통화정책으로 인하여 지속적으로 인플레이션이 발생한 경우에 (가), 단기에 상환하여야 할 외화부채가 증가한 경우에 (나).

	(가)	(나)
①	왼쪽으로 이동하고	왼쪽으로 이동한다
②	왼쪽으로 이동하고	오른쪽으로 이동한다
③	움직이고 않고	움직이지 않는다
④	오른쪽으로 이동하고	왼쪽으로 이동한다
⑤	오른쪽으로 이동하고	오른쪽으로 이동한다

정석힌트 여러 가지 환율결정이론 중 자본시장의 균형에 중점을 둔 이자율평가설(Interest Rate Parity theory)에 관한 문제이다. 이자율평가설에 따르면, 주어진 예상환율(e^e_{t+1})과 국제이자율(r^f)수준에서 국내이자율(r)이 하락하면 순자본유출과 함께 외국통화에 대한 초과수요가 발생하여 자국통화가치가 하락하고, 이에 따라 명목환율(e)이 상승하게 된다. 따라서 (e, r) 조합은 우하향하는 그래프가 된다.

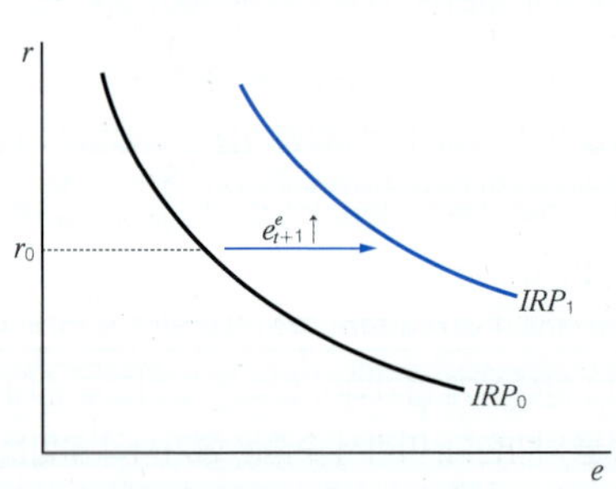

(가) 팽창적 통화정책으로 인한 지속적인 인플레이션이 발생하는 경우에는 자국의 통화가치가 하락하게 될 것으로 예상되어 기대환율인 e^e_{t+1}는 상승하게 되고 그 결과 주어진 r에서 IRP곡선이 우측이동하여 명목환율(e)은 상승하게 된다.

(나) 단기에 상환하여야 할 외화부채가 증가하는 경우에는 외화에 대한 초과수요가 발생하게 되므로 기대환율인 e^e_{t+1}이 상승하게 되고, 마찬가지로 그래프는 오른쪽으로 이동한다.

정답은 ⑤

정석 거시경제론 **제15장**

개방경제의 안정화정책

국제경제상황은 금융통합의 방향으로 변화되고 있으며,
이는 경제정책에 대해 중요한 의미를 갖는다.
- 로버트 먼델 -

앞장에서 개방경제의 새로운 거시경제문제로서 국민경제 전체의 거래에서도 수입과 지출이 불일치할 수 있는 국제수지문제를 살펴보았다. 또한 상품거래와 마찬가지로 국제거래에서 자국의 화폐가 외국의 화폐와 교환되는 비율, 즉 환율의 결정요인과 변동요인을 살펴보았다. 그러나 앞장에서 환율제도에 따라 개방경제에서는 안정화정책이 어떠한 효과를 가지는지는 살펴보지 않았다.

총수요나 총공급에 충격이 발생하면 경기변동이 발생하는데, 안정화정책은 단기적으로 경기변동을 완화하기 위한 정책이다. 해외를 고려하지 않은 경제에서 이러한 충격이 발생할 때 안정화정책이 어떠한 효과를 가지는지는 이전의 장들에서 살펴보았다. 케인즈학파는 재정정책과 같은 총수요관리정책이 효과적이라고 주장하고, 통화주의자는 통화가 중요하다는 주장을 하였다. 한편 새고전학파는 재정정책이든 통화정책이든 아무런 실질적인 효과를 갖지 못한다고 주장한다.

그렇다면 개방경제에서는 재정정책과 통화정책과 같은 안정화정책이 어떠한 효과를 보여주게 될까? 개방경제에서는 재화와 서비스, 자본이 국제적으로 자유롭게 이동할 수 있어서 지출이 생산과 일치할 필요가 없다. 이러한 관점에서 논의의 출발점은 국민소득 균형식에서 재정정책과 통화정책에 의존하는 저축과 투자, 그리고 이에 의존하는 경상수지의 관계를 밝히는 것이다. 이 관계를 이용하여 안정화정책이 경상수지에 어떠한 영향을 미치고 국내경기에 어떠한 효과를 가지는지 살펴볼 것이다. 또한 개방경제에서 통화제도의 유형에 따라 경제안정화정책의 효과가 어떻게 달라지는지 살펴볼 것이다.

이 장에서 배울 것

- 저축, 투자, 경상수지의 관계는?
- 소국개방경제의 특징은 무엇인가?
- 먼델-플레밍모형이란?
- 개방경제의 고정환율제도에서의 안정화정책의 효과는?
- 개방경제의 변동환율제도에서의 안정화정책의 효과는?

1 상품과 자본의 국제적 이동과 경상수지

1. 경상수지의 역할

개방경제와 폐쇄경제의 중요한 차이는 개방경제에서 특정연도의 총지출과 총공급이 일치할 필요가 없다는 점이다. 정부부문을 고려하여 한 나라의 경제를 거시적으로 파악할 때 다음과 같이 총수요와 총공급이 일치하는 생산물시장균형(청산)식 혹은 균형국민소득식을 볼 필요가 있다.

$$Y = C + I + G + X - M$$

이 식은 국내총생산(총공급)이 총수요와 항상 같다는 균형국민소득 결정원리에 따른 것이다.

총수요는 소비와 투자, 정부지출, 순수출로 구성된다. 그리고 총수요 중 소비와 투자, 정부지출을 국내총지출로, 수출과 수입에 관한 항을 모아 경상수지(소득수지무시)로 볼 수 있다. 이 식은 한 국가가 생산한 생산물은 가계, 기업, 정부, 해외부문에 의해 모두 소비된다는 것을 의미한다. 그런데 만약 국내총생산보다 국내총지출이 더 많다면 그것은 해외부문의 경상수지적자로 나타난다. 결론적으로 총생산이 총지출을 초과하면 그 차이를 수출하므로 경상수지는 양이 된다. 반대로 총지출이 총생산을 초과하면 그 차이를 수입하므로 경상수지는 음이 된다.

2. 자본의 국제적 이동과 경상수지

앞에서 살펴본 것은 사물로 비유하자면 '겉'을 보는 것이고 그 이면에 흐르는 자금의 흐름은 '속'이라고 할 수 있다. 생산물시장균형식을 민간부문(가계, 기업), 정부와 같은 경제주체 부문별 자금흐름으로 나눠볼 수도 있다. 이것을 위해 생산물시장균형식의 우변에서 소비와 투자를 좌변으로 넘겨 정리한 후 정부세수를 양변에 빼면 등식에 변화가 없으므로 다음과 같이 정리할 수 있다.

$$
\begin{aligned}
(G-T)+(X-M) &= (Y-T)-C-T \\
&= (Y_d-C)-I \\
&= S-I
\end{aligned}
$$

결론적으로, 이식은 다음과 같이 압축적으로 표현된다.

$$\underbrace{(G-T)}_{\text{(재정적자)}}+\underbrace{(X-M)}_{\text{(경상수지 흑자)}}=(S-I)$$

저축과 투자의 차액은 민간부문의 잉여자금이며, 이 자금은 민간부문에 의해 국채나 외채와 같은 금융자산으로 새롭게 보유된다. 민간부문에 이러한 자산을 공급할 수 있는 것은 정부부문과 해외부문이다.

만약 민간부문이 자국정부의 국채를 구입하면 자국정부의 재정적자를 보충하는 것이고, 해외정부의 국채를 구입하면 해외부문의 자금부족을 메우는 것이다. 즉, 민간부문에서 잉여자금이 발생하면 정부부문이나 해외부문에서 자금부족이 발생하고 있는 것이다. 예를 들어 민간저축이 투자를 초과하는 상태라면 정부의 재정이 적자이거나 경상수지가 흑자인 것이다. 따라서 이러한 경우 정부의 재정적자와 경상수지흑자 문제를 동시에 해결할 수는 없다. 비록 단순해보이지만 이러한 관계를 무시하고 재정적자와 경상수지적자 문제를 해결하려고 하면 결코 의미 있는 답을 얻을 수 없다.

한 가지 주목할 점은 재정적자가 민간부문의 국채의 구입으로 보충될 때 이자율(금리)에 변동이 생겨서 경상수지에 영향을 주고, 경상수지흑자가 민간부문의 해외채권의 구입으로 메워질 때 환율에 변동이 생겨서 국제경쟁력에 영향을 준다. 이러한 메커니즘을 알면 정책의 경제적 효과를 이해하는 데 도움이 된다. 이야기 15-1

정부가 균형재정을 유지한다면 저축과 투자의 차액은 **순자본유출**(net capital outflow)이 된다. 국내 민간부문이 해외채권을 구입하여 외국인에게 자금을 제공하는 것과 같다. 저축이 투자를 초과하여 잉여저축을 외국인에게 대출해주는 데 사용된다. 외국인이 우리에게 공급한 것보다 더 많은 상품을 우리가 외국인에게 수출했기 때문에 그들은 대출을 받아 상품을 구입해야 한다. 그러므로 우리는 경상수지흑자를 경험하게 된다. 결과적으로 화폐의 흐름을 추적하면, 우리의 순수출의 증가는 순자본유출과 정확히 일치해야만 한다. 다시 말해서 균형국민소득의 항등식에 따르면 저축이 투자를 초과하는 자본축적을 충당하기 위한 자금의 국제적 이동과 상품의 국제적 이동은 동전의 양면과 같다는 사실이다.

이야기 15-1 경상수지 적자는 손해인가

중국의 대미 경상수지 흑자에 대해 다음과 같은 비판이 있다.

"미국은 중국에서 많은 상품을 수입하고 있다. 그러나 중국은 미국상품을 수입하지 않는다. 이 때문에 미국의 경상수지는 적자가 되고 중국의 경상수지는 흑자가 된다. 따라서 미국은 경상수지 적자로 매우 큰 손해를 보고 있다."

정말 미국은 경상수지 적자로 큰 손해를 보고 있는 것일까? 경상수지 적자는 자신이 버는 소득 이상으로 상품을 구매할 때 일어난다. 미국은 자신의 분수에 맞지 않는 생활을 하고 있다. 미국이 적자를 낼 수 있는 것은 미국에 자금을 대는 중국과 같은 나라가 있기 때문이다. 중국은 미국정부가 발행한 국채와 통화와 같은 종잇조각을 열심히 구입한다. 미국으로 하여금 소득이상으로 소비와 투자를 하도록 만들어준다. 결국 달러가치가 대폭적으로 하락한다. 그래서 중국은 달러표시자산에 대한 투자가치를 거의 잃어버린다.

이렇게 보면 적자를 낸 미국은 이득이 되고, 빌려 준 돈의 가치가 떨어진 중국은 큰 손해를 보는 셈이다. 따라서 중국이 흑자를 낸다고 비난받을 이유가 없다. 남에게 돈을 빌려 자기분수에 맞지 않게 펑펑 소비한 미국이 오히려 비판받아 마땅하다.

정석사고

한 나라의 경제를 거시적으로 파악할 때 총수요와 총공급이 일치하는 생산물시장균형(청산)식에서 '재정적자+경상수지흑자=저축−투자'의 관계를 얻을 수 있다. 저축과 투자의 차액은 민간부문의 잉여자금이며, 이 자금은 민간부문에 국채나 외채와 같은 금융자산으로 새롭게 보유된다. 정부가 균형재정을 유지한다면 저축과 투자의 차액은 순자본유출(net capital outflow)이 된다. 화폐의 흐름을 추적하면, 우리의 순수출의 증가는 순자본유출과 정확히 일치해야만 한다.

2. 소국개방경제의 저축과 투자

앞에서 경상수지흑자는 순자본유출과 같고 이것은 다시 저축에서 투자를 뺀 것과 같다. 따라서 한 경제가 경상수지적자를 경험하면 외국으로부터 차용할 수 있고, 경상수지흑자를 경험하면 외국에 대출할 수 있다. 폐쇄경제에서는 저축과 투자가 일치하는 균형점에서 이자율이 결정된다. 그런데 개방경제에서 저축과 투자가 일치하지 않는다면 무엇이 이자율을 결정할까? 이에 대한 답을 가장 손쉽게 찾기 위해 완전한 자본이동이 가능한 소국개방경제를 가정한다. 이제 소국개방경제에서 상품과 자본의 국제적 이동에 관한 모형을 제시해보자.

1. 소국개방경제모형

개방경제에서는 저축과 투자가 일치하도록 실질이자율이 조정될 필요가 없다. 완전한 자본이동을 가정하면 소국개방경제는 세계의 아주 작은 부분에 불과하므로 세계 저축과 투자에서 무시해도 좋을 정도의 영향만 미치게 된다. 따라서 소국개방경제의 이자율은 세계금융시장에서 결정된 **세계이자율** 혹은 **국제이자율**과 일치하며, 그 이자율에서 자금을 자유롭게 차용하고 대출해줄 수 있다. 결론적으로 소국이라는 가정은 그 경제규모가 작아서 국제이자율에 영향을 미치지 못한다는 것을 의미한다.

〈그림 15-1〉은 어느 일정시점에서 저축이 고정되어 있다고 가정하여 그린 그림이다.

만약 저축이 투자보다 크면 순수출이 증가하여 경상수지(무역수지)흑자가 발생하며 해외의 자금수요가 커지므로 세계이자율이 높게 된다. 따라서 경상수지는 세계이자율에서 저축과 투자의 차액을 말한다.

만약 경제가 저축과 투자가 일치하는 균형상태에 있다고 가정하자. 정부가 정부지출을 늘려 적자재정을 운영하면 국내 총저축은 감소한다. 한편 투자는 세계이자율에 의존하는데, 소국개방경제의 가정하에서 세계이자율이 불변이므로 투자는 변하지 않는다. 따라서 투자가 저축을 초과하는 경우 투자자금의 일부를 해외로부터 차용해야 한다. 이에 따라 음(−)의 순수출, 즉 경상수지적자가 발생한다. 이 결과를 〈그림 15-2〉에서 확인해보자. 그림의 세계이자율수준에서 저축과 투자가 일치하고 있는데, 정부가 적자재정정책을 사용하여 총저축을 감소시키면 경상수지적자가 발생한다.

그림 15-1 저축-투자모형과 경상수지

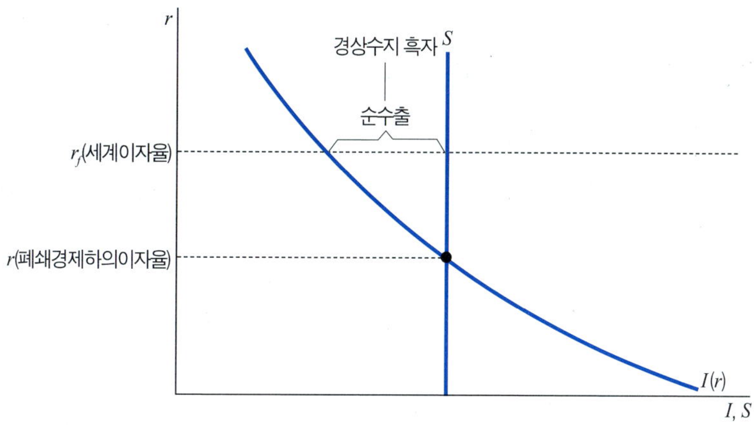

그림 15-2 정부지출의 증가와 경상수지

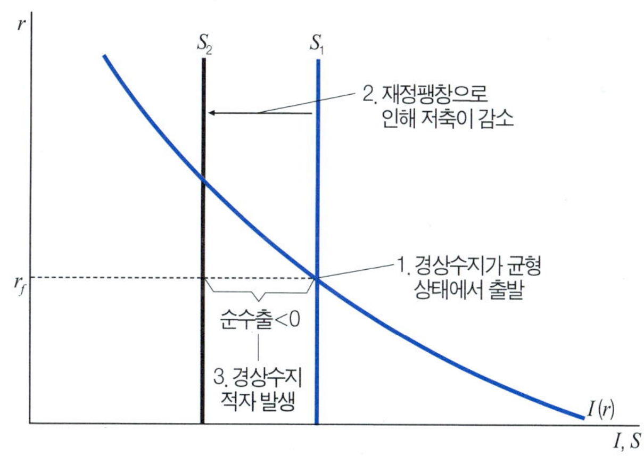

이상의 소국개방경제모형에서 경상수지 혹은 무역수지에 대한 경제적 충격은 저축과 투자에 대한 충격을 살펴봄으로써 파악할 수 있다. 투자를 증가시키거나 저축을 감소시키는 정책은 경상수지적자를 발생시키고 반대로 투자를 감소시키거나 저축을 증가시키는 정책은 경상수지흑자를 발생시킨다. 개방경제에서 경상수지적자는 낮은 저축을 반영하는 것이며, 낮은 저축은 경상수지적자와 대외부채를 증가시키는 것이므로 미래세대의 부담으로 돌아갈 수 있다. 그러나 경상수지적자가 항상 문제가 되는 것은 아니다. 경제성장을 위해 필요한 투자자금을 차용하는 경우라면 경상수지적자는 문제되지 않는다. 1970년대 한국은 대규모 무역적자를 경험하였지만 경제성장을 성공적으로 이루었다.

정석사고

개방경제모형에서 경상수지 혹은 경상수지에 대한 경제적 충격은 저축과 투자에 대한 충격을 살펴봄으로써 파악할 수 있다. 투자를 증가시키거나 저축을 감소시키는 정책은 경상수지적자를 발생시키고 반대로 투자를 감소시키거나 저축을 증가시키는 정책은 경상수지흑자를 발생시킨다.

2. 가격의 경직성과 먼델-플레밍 모형

환율을 포함해서 모든 가격과 임금, 지가 등이 자유롭게 움직이면 모든 환율제도는 똑같다. 예를 들어 원화가 2배로 강세가 되었다고 해보자. 이때 모든 국내가격이 절반수준으로 하락하면 원화강세의 영향은 없어지고 만다. 이와 같이 환율변화는 명목적인 움직임이며, 모든 가격이 동시에 조절되면 경제에 아무런 영향이 없다.

그렇다면 현실세계가 이렇게 움직이는가? 현실에는 각종 가격과 임금에 경직성이 존재할 수 있다. 원화강세가 정확히 수입가격에 반영되기도 어렵다. 따라서 환율변동은 경제에 영향을 미칠 수 있다. 다시 말해서 환율변동이 고용과 생산의 거시경제변수에 영향을 미치게 되고 화폐의 중립성은 지켜지지 않는다. 이와 같은 임금과 가격의 경직성을 고려하여 만든 표준 모형이 '**먼델-플레밍 모형**'(Mundell-Fleming model)이다.

먼델과 플레밍은 1960년대 초에 이 모형을 발표하고 1999년 플레밍이 그 전에 사망하여 먼델 혼자 노벨 경제학상을 받게 된다. 이 모형은 케인즈학파의 기본모형에 자본의 국제적 이동을 포함시켜 개방경제에 응용한 모형이다. 이 모형은 케인즈의 완전모형 IS-LM모형과 유사한데, 가격이 단기적으로 고정되어 있고 완전자본이동이 가능한 소국 개방경제에서 어떤 요인들이 총수요를 변동시켜서 총소득의 단기적 변동을 일으키는지 설명해주고 있다. 또한 이 모형을 통해 다양한 환율제도가 정책에 어떤 영향을 미치는지 이해하도록 만들어졌다. 먼저 모형을 소개하고 변동환율제도와 고정환율제도에 따라 정책의 경제적 효과가 어떻게 다른지 설명할 것이다.

(1) 먼델-플레밍 모형

먼델-플레밍 모형은 국내 및 국제물가수준이 고정되어 있으며, 소국의 이자율도 세계이자율 수준(r_f)에 고정되어 있다고 가정한다. 따라서 실질환율은 명목환율에 비례한다. 다시 말해서 국내통화가 평가절하되어 명목환율이 오르면 해외상품이 국내상품에 비해 비싸져서 수출이 증가하고 수입이 감소한다. 환율이 인상되면 순수출이 증가하고 이에 따라 총소득이 증가하므로 환율과 순수출은 정(+)의 관계를 가진다. 이해하기 쉽지만 원화약세로 환율이 상승하면 순수출이 증가함을 의미한다는 사실을 꼭 기억해두기 바란다.

저축-투자균형선 즉 IS곡선은 생산물시장을 균형시키는 총소득과 이자율 사이의 관계를 나타낸다. 이 곡선은 오른쪽으로 우하향하는데, 이자율이 낮을수록 투자가 확대되어서 총소득이 증가하기 때문이다. 화폐수요-공급균형선 즉 *LM*곡선은 정책적으로 결정되는 일정수준의 화폐공급에서 화폐의 수요와 공급이 같아지도록 하는 총소득과 이자율 사이의 관계를 나타낸다. 이 곡선은 오른쪽으로 우상향하는데, 이자율이 높을수록 화폐수요가 감소하므로 화폐수요를 일정하게 유지하기 위해 총소득이 증가하지 않으면 안 되기 때문이다.

〈그림 15-3〉은 이상에서 설명한 두 곡선이 교차하는 E점에서 **대내균형**을 이루고 있

그림 15-3 개방 IS-LM모형

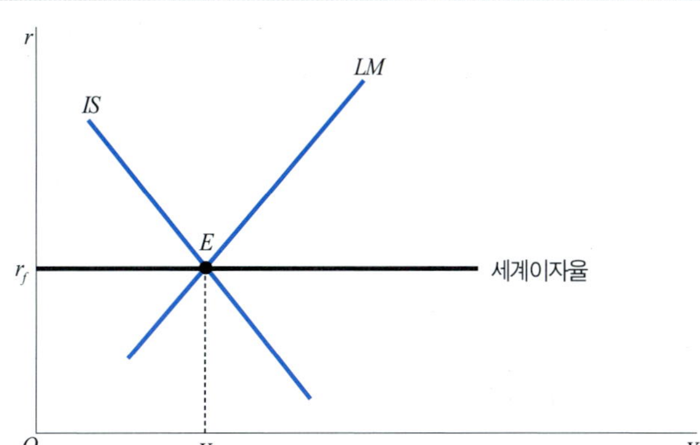

다. 폐쇄경제에 대한 케인즈의 완전이론에서 설명하였듯이 통화공급이 증가하면 *LM*곡선이 오른쪽으로 이동한다. 그 이유는 통화공급이 증가할 때 화폐시장이 균형을 이루기 위해 화폐수요도 증가해야한다. 화폐수요는 총소득이 증가하거나 이자율이 낮아질 때 증가하는데, 이자율이 세계이자율에 고정된 경우 총소득이 늘어나야 하기 때문이다. *IS* 곡선은 정부지출이 증가하거나 조세가 감면되면 오른쪽으로 이동한다. 그 이유는 총수요가 증가하면 총공급이 증가해야 하므로 총소득이 증가하기 때문이다.

이상의 설명은 폐쇄경제모형을 가정한 것인데, 먼델-플레밍모형은 이상의 모형에 외국과의 무역과 자본거래를 포함시킨 것이다. 이 모형에서 해외부문은 다음 두 가지 루트를 통해 작용한다. 하나는 **이자율**이고, 다른 하나는 **환율**이다. 먼저 이자율이 어떻게 작용하는지 살펴보자.

국제간 이자율의 격차가 발생하면 국제간 자본이동이 발생하여 그 격차를 해소하게 된다. 만약 국내이자율이 세계이자율보다 더 높으면 해외로부터 자본유입이 일어나고, 국내이자율은 하락하게 된다. 반대로 국내이자율이 세계이자율보다 더 낮으면 해외로 자본유출이 일어나서 국내이자율은 상승하게 된다. 결과적으로 국내이자율은 세계이자율과 같게 된다.

다른 하나의 루트인 환율은 원화약세로 움직이면 *IS*곡선은 오른쪽으로 이동한다. 왜냐하면 원화약세가 되면 한국의 수출이 증가하고 수입이 감소하므로 총수요의 증가로 *IS*곡선이 오른쪽으로 이동한다.

이러한 논리를 기초로 소국개방경제에서 정책의 효과를 살펴보기 위해 한 가지 곡선

그림 15-4 국제수지균형선

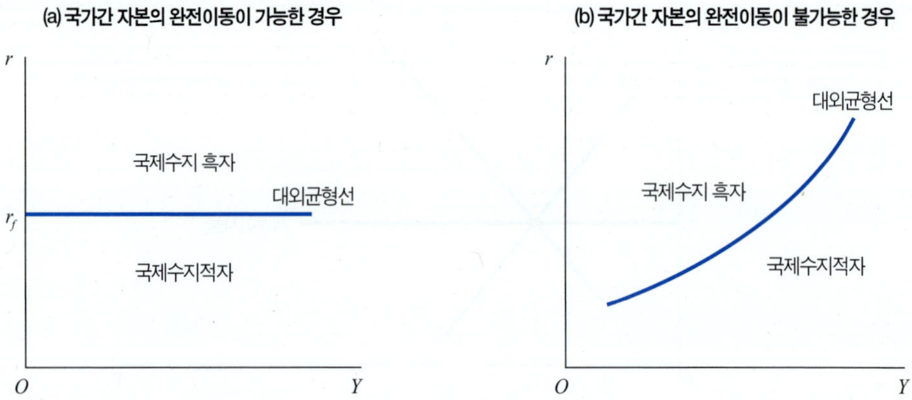

을 더 추가해보기로 하자. 개방경제의 대외균형은 국제수지, 즉 경상수지와 자본금융계정의 합이 항상 0인 균형을 말한다. 국가간 자본이동이 완전한 경우 국내이자율이 항상 세계이자율과 같으므로 자본유출입이 발생하지 않고 자본금융계정이 0이 되며 이에 따라 경상수지도 0이 된다. 따라서 세계이자율수준에서 수평으로 그은 선을 대외균형선(Balance of Payment curve, BP) 혹은 국제수지균형선이라고 한다(〈그림 15-4〉). 일반적으로 자본이동이 완전하지 않은 경우 소득증가로 인한 경상수지의 적자가 발생하면 이를 메우기 위해 국내의 균형이자율이 상승하여 자본유입을 가져와야 한다. 따라서 소득증가와 이자율상승에 의한 경상수지적자와 자본금융계정흑자가 조화를 이루는 우상향하는 곡선이 된다.

정석사고

유량접근모형에 속하는 먼델-플레밍 모형은 국내 및 국제물가수준이 고정되어 있으며, 소국의 이자율도 세계이자율 수준에 고정되어 있다고 가정한다.
개방경제의 생산물시장균형에서 환율상승 → 수출증가 → IS곡선 우측이동. 개방경제의 화폐시장균형은 폐쇄경제의 경우와 동일하다.
개방경제의 대외균형은 경상수지와 자본금융계정의 합이 항상 0인 균형이다. 국가간 자본이동이 완전한 경우 항상 국내이자율 = 세계이자율이므로 자본유출입이 발생하지 않고 자본금융계정 = 0이 되며, 이에 따라 경상수지 = 0이 된다. 따라서 대외균형선은 세계이자율수준에서 수평으로 그은 선이다.
일반적으로 자본이동이 완전하지 않은 경우 소득증가로 인한 경상수지의 적자가 발생하면 이를 메우기 위해 국내의 균형이자율이 상승하여 자본유입을 가져와야 한다. 따라서 소득증가와 이자율상승에 의한 경상수지적자와 자본금융계정흑자가 조화를 이루는 우상향하는 곡선이 된다.

환율	IS곡선	LM곡선
상승	우측이동	불변
하락	좌측이동	불변

3 변동환율제에서의 안정화정책의 효과

개방경제에서 정책의 효과는 각국이 채택하고 있는 환율제도에 따라 달라진다. 대부분의 나라들이 채택하고 있는 변동환율제는 환율이 시장에서 결정되며 경제상황이 변동하면 환율도 변동하게 된다. 이때 환율은 상품시장과 화폐시장을 동시에 균형시키도록 조정되어 세로운 균형수준으로 이동하게 된다. 이제 먼델-플레밍 모형을 이용하여 재정정책과 통화정책, 무역정책 등이 환율과 소득 등에 어떠한 영향을 미치는지 살펴볼 것이다.

1. 재정정책의 효과

정부가 정부지출을 증가시켰다고 하자. 〈그림 15-5〉에서 보듯이 정부지출의 증가로 *IS*곡선이 오른쪽으로 이동한다. 이에 따라 *IS*곡선과 *LM*곡선의 교차점은 *LM*곡선을 따라 오른쪽 위로 이동한다. 다시 말해서 총소득이 증가하고 이자율도 상승한다. 그런데

그림 15-5 변동환율제도하의 확대재정정책의 효과

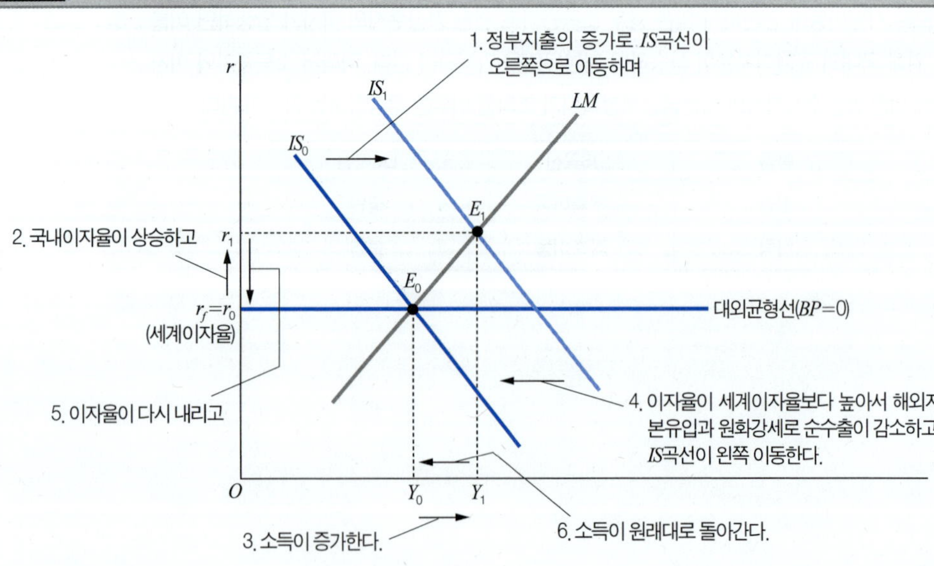

이러한 새로운 균형은 얼마가지 않는다. 국내이자율이 세계이자율보다 높게 상승함에 따라 해외로부터 자본유입이 일어나고 국내이자율은 하락하게 된다. 해외의 자본유입은 외환시장에서 원화가치를 상승시켜서 원화강세로 움직임에 따라 수출이 감소하고 수입이 증가하여 *IS*곡선이 왼쪽으로 이동한다. 원래의 이자율수준에 돌아올 때까지 이동하여 환율의 변화가 정부지출의 증가효과를 완전히 상쇄하게 된다.

정석사고

변동환율제의 재정정책의 효과: ① 정부지출 증가 → IS 우측이동 → 국제수지 흑자, ② 환율하락 → 수출감소, 수입증가 → BP좌측이동, IS좌측이동. 변동환율제도하에서 재정정책은 안정화정책으로 별로 효과가 없다.

2. 통화정책의 효과

정부가 통화공급을 증가시켰다고 하자. 〈그림 15-6〉에서 보듯이 통화공급의 증가로 *LM*곡선이 오른쪽으로 이동하여 총소득이 증가하고 국내이자율이 하락한다. 국내이자율이 세계이자율보다 낮아지면 해외로 자본유출을 촉진함으로써 국내이자율을 상승시키게 된다. 그런데 해외로 자본유출이 되면 외환시장에서 원화약세로 움직인다. 환율이

그림 15-6 변동환율제도하의 확대통화정책의 효과

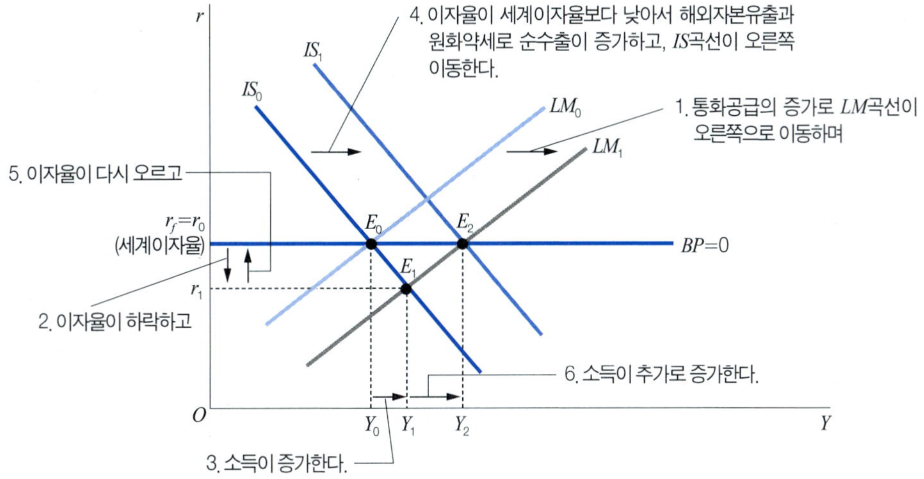

원화약세로 움직이면 수출이 늘고 수입이 감소하여 *IS*곡선이 오른쪽으로 이동하게 된다. 이 이동은 원래의 이자율수준으로 돌아갈 때까지 일어난다. 국제간 자본이동으로 생기는 환율변화가 총소득을 추가로 증가시켜서 통화공급의 증가효과를 강화한다.

정석사고

변동환율제의 통화정책의 효과: ① 통화량 증가 → LM 우측이동 → 국제수지 적자, ② 환율상승 → 수출증가, 수입감소 → IS 우측이동, BP 우측이동.
변동환율제도하에서 통화정책은 안정화정책으로 국민소득이 현저히 증가한다.

4 고정환율제에서의 안정화정책의 효과

변동환율제와 달리 고정환율제는 중앙은행이 환율을 고시하고 이 수준을 유지하기 위해 외환시장에서 국내 통화를 매입하거나 매도하는 것을 말한다. 1970년대 초 세계는 이 제도를 포기하였지만 최근 중국은 자국통화의 가치를 미달러화에 고정시키는 고정환율제를 채택하고 있다. 이러한 고정환율제에서 재정정책, 통화정책 등이 경제에 미치는 효과를 살펴볼 것이다.

1. 재정정책의 효과

정부가 정부지출을 증가시켰다고 하자. 〈그림 15-7〉에서 보듯이 정부지출의 증가로 *IS*곡선이 오른쪽으로 이동한다. 이에 따라 *IS*곡선과 *LM*곡선의 교차점은 *LM*곡선을 따라 오른쪽 위로 이동한다. 다시 말해서 총소득이 증가하고 이자율도 상승한다. 그런데 이러한 새로운 균형은 얼마가지 않는다. 국내이자율이 세계이자율보다 높게 상승함에 따라 해외로부터 자본유입이 일어나고 국내이자율은 하락하게 된다. 이자율상승에 의

그림 15-7 **고정환율제도하의 확대재정정책의 효과**

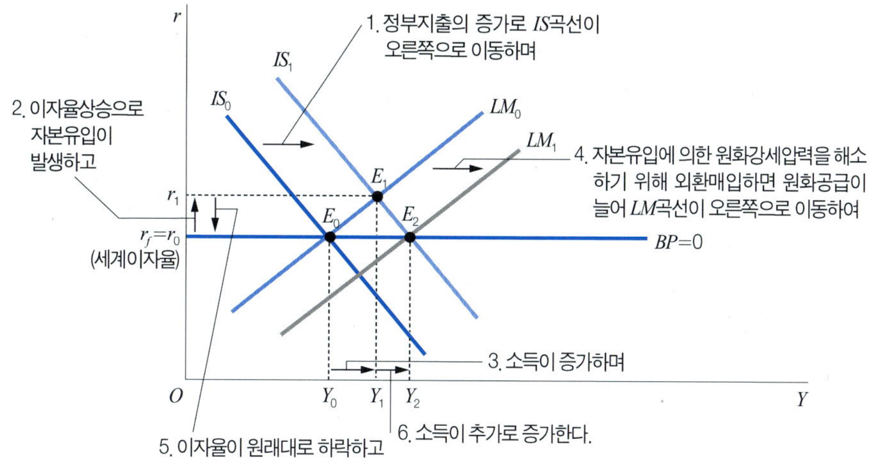

한 해외의 자본유입은 외환시장에서 외환의 초과공급에 의해 원화강세로 움직이는 압력이 작용한다.

이 부분이 변동환율제와 다른 점인데, 환율을 방어해야 하는 정부는 외환의 초과공급 압력을 해소하기 위해 외환매입을 하면 원화의 공급이 늘게 된다. 이에 따라 *LM*곡선이 오른쪽으로 이동하게 된다. *LM*곡선은 원래의 이자율수준으로 돌아올 때까지 이동하여 정부의 외환매입이 정부지출의 증가효과를 더욱 강화한다.

정석사고

고정환율제의 재정정책의 효과: ① 확대재정정책 → IS 우측이동 → 국제수지 흑자, ② 환율고수를 위해 외환매입 → 통화량 증가 → LM 우측이동. 고정환율제도하에서 확대재정정책은 국민소득을 현저히 증가시킨다.

2. 통화정책의 효과

정부가 통화공급을 증가시켰다고 하자. 〈그림 15-8〉에서 보듯이 통화공급의 증가로 *LM*곡선이 오른쪽으로 이동하여 총소득이 증가하고 국내이자율이 하락한다. 국내이자율이 세계이자율보다 낮아지면 해외로 자본유출을 촉진함으로써 국내이자율을 상승시

그림 15-8 고정환율제도하의 확대통화정책의 효과

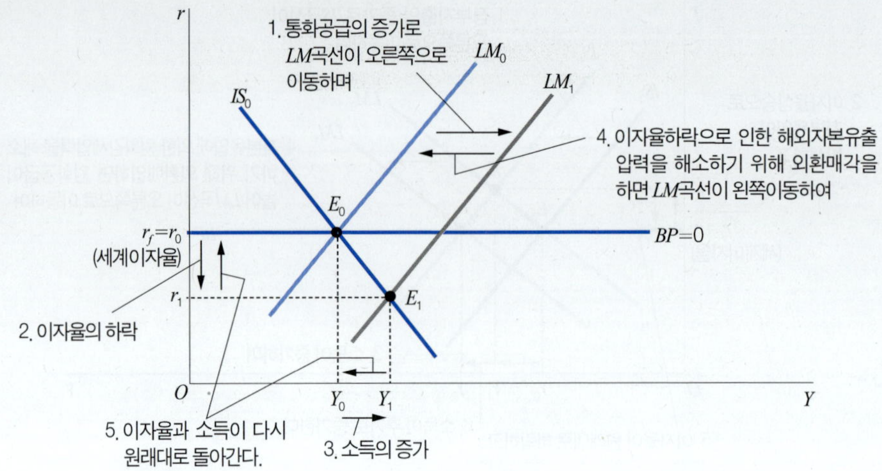

키게 된다. 그런데 해외로 자본유출이 되면 외환시장에서 외환에 대한 초과수요에 의해 원화약세로 움직이는 압력이 발생하게 된다.

변동환율제와 달리, 고정환율제에서는 환율방어를 위하여 정부가 보유한 외환을 매각(공급)하여 외환의 초과수요를 해소하려고 한다. 정부가 외환을 공급하게 되면 그 대가로 원화를 흡수해야 한다. 즉, 원화의 공급을 축소시키게 된다. 이에 따라 *LM*곡선이 다시 왼쪽으로 이동하게 된다. 이러한 이동은 국내이자율이 세계이자율과 같아져서 자본유출의 압력이 없어질 때까지 진행된다. 결국 고정환율제에서는 통화공급의 증가로 이자율이 하락하면 이로 인한 자본유출을 외환매각으로 막으려고 하는 과정에서 통화공급의 증가효과를 완전히 상쇄시켜 버린다. 애초에 통화공급의 증가를 통해 국민소득을 증가시키려는 시도는 완전히 무력화된다.

결론적으로 고정환율제에서는 통화정책이 무력하며, 재정정책이 매우 강력한 정책효과를 가진다. 반면에 변동환율제에서는 재정정책이 무력하고 통화정책이 강력한 정책효과를 보여준다. 이 때문에 통화주의자는 변동환율제를 선호한다.

정석사고

고정환율제의 통화정책의 효과: ① 확대통화정책 → LM 우측이동 → 국제수지 적자, ② 환율 고수해야 하므로 외환을 매각(공급) → 자국 통화량 흡수 → LM 좌측이동. 고정환율제도하에서 통화정책은 별로 효과가 없다.

5 개방경제안정화정책의 마무리

이상에서 보는 것처럼 먼델-플레밍모형에서 소국개방경제에 대한 경제정책의 효과는 변동환율제인지 고정환율제인지에 따라 다르게 나타난다. 이러한 정책의 단기적 효과를 요약한 것이 〈표 15-1〉이다. 주목할 점은 모든 결과가 두 환율제 하에서 다르다는 것이다. 변동환율제 하에서는 통화정책만이 소득에 영향을 미칠 수 있으며, 고정환율제 하에서는 재정정책만이 소득에 영향을 미칠 수 있다. 변동환율제 하에서 확장적 재정정책의 충격은 원화가치의 상승과 순수출의 감소로 상쇄되며, 고정환율제 하에서 확장적 통화정책은 환율유지를 위해 이용될 뿐이기 때문에 아무런 효과가 없다. 이야기 15-2

표 15-1 먼델-플레밍모형의 정책효과

정책	환율제도					
	변동환율제			고정환율제		
	효과					
	소득	원화가치	경상수지	소득	원화가치	경상수지
확장적 재정정책	0	↑	↓	↑	0	0
확장적 통화정책	↑	↓	↑	0	0	0

주: ↑는 증가, ↓는 하락, 0은 무효과를 의미한다.

이야기 15-2 글로벌 금융위기

2007년 후반에서 2008년에 이르기까지 미국의 금융제도는 제대로 작동하지 못해 1930년대 대공황 이후 가장 심각한 위기에 직면하게 되었다. 미국 연방정부는 자가주택 소유를 촉진하기 위해 은행들에게 대출을 적극적으로 장려해왔다. 은행은 평균보다 신용위험이 높은 주택 구입자들에게 고금리의 서브프라임 주택담보대출(subprime mortgage loans)을 시행하였다. 새롭게 등장한 금융혁신 상품인 주택저당증권(MBS: Mortgage-Backed Security)은 다양한 주택담보 대출채권을 기반으로 발행되는 채권으로, 채권의 보유자는 매월 차입자가 지불하는 대출상환금의 일부 또는 전부에 대한 청구권을 가지는 것이다. 은행의 입장에서는 손해 볼 것이 없는 상품이었다. 왜냐하면 표면적으로는 주택담보채권에 대한 채무불이행 위험을 전부 채권의 구매자에게 부담시켰기 때문이다.

그러나 주택담보대출의 채무불이행이 빠르게 확산되면서 은행도 큰 손실을 보게 되었다. 갑작스럽게 채무불이행이 확산된 데는 자산소유를 장려하고 보조하던 정부 프로그램, 갑작스런 자산가격 하락, 변제능력이 없는 사람들에게까지 대출을 해 준 은행과 대출업자들의 행태가 원인으로 작용하였다고 할 수 있다.

대출 채무불이행의 여파는 직접적으로 대출을 취급한 대출업자들은 물론 다른 금융기관으로까지 급속히 파급되었다. 메릴린치는 2년 만에 지난 10년 동안의 수익보다 더 큰 손실을 보게 되었고 헐값에 뱅크오브아메리카에 인수되었다. 주택저당증권을 대량 보유했던 리먼브라더스(Lehman Brothers)는 파산했고, 골드만삭스(Goldman Sacks), 모건스탠리(Morgan Stanley) 등 투자은행들은 대규모의 긴급대출을 받고 은행지주회사 형태의 상업은행으로 전환하였다. 시티은행(Citibank)도 연방정부대출에 의해 겨우 살아났으며, 보험회사인 AIG는 신용부도스왑의 대규모 손실에 따른 유동성 부족으로 파산위기에 직면하게 되었다.

2008년 말 미 의회는 부실자산구제프로그램(TARP: Troubled Asset Relief Program)을 통해 긴급대출에 약 7,000억달러를 사용하도록 승인하였다. 2009년 3월 AIG 파산을 막기 위해서 1,700억달러를 지출하였고, 시티은행, 뱅크오브아메리카, JP 모건체이스, 골드만삭스 등도 모두 TARP 자금의 수혜를 받았다. 뿐만 아니라 GM이나 크라이슬러 같은 비금융회사들도 수십억달러의 자금을 수혈받았다. TARP는 경제 전체의 신용경색과 금융기관의 연쇄도산을 막아냈지만 도덕적 해이(moral hazard)의 원인이 되었다. 정부는 대규모화된 금융회사들이 일시적으로 경제의 혈액순환을 어렵게 할 것을 두려워하여 구제금융을 지원하게 되고, 결국 금융회사들에게는 대마불사(too big to fail)라는 인식을 심어주어 고수익의 위험성이 높은 투자에 손을 댈 유인을 높이게 된다.

결론적으로 세계 금융위기는 우리에게 두 가지 교훈을 주고 있다. 하나는 금융시장이 금융혁신(자금조달을 쉽게 하기 위해 위험도를 줄인 새로운 금융상품을 개발하는 것)으로 지나치게 효율적이어서 실패할 수 있다는 것이며, 다른 하나는 금융자본가의 도덕적 해이를 막을 수 있는 금융시장의 공정성 또는 자율규제능력이 없다는 것이다.

정석기본문제

1 고정환율제도에 관한 다음 설명 중 옳지 않은 것은?

① 환율이 일정한 수준에서 고정되어 있는 제도이다.

② 예상하지 못한 환율의 변동으로 인한 위험을 부담할 필요가 없고 일관성 있는 대외경제 정책을 수행할 수 있다.

③ 해외의 경기변동이 국내의 경기변동에 간접적으로만 영향을 미친다.

④ 다른 나라의 경제불황시, 고정환율을 유지한다면 외환의 초과수요가 발생한다.

⑤ 다른 나라의 경제불황시, 고정환율 유지를 위해 외화방출과 긴축정책을 채택하면 국내 경기도 불황이 될 수 있다.

정석힌트 고정환율제도는 해외의 경기변동이 국내의 경기변동에 직접적으로 영향을 미친다는 문제가 있다. 다른 나라 경제불황 → 우리나라 수출감소 → 외환공급량 감소 → 환율고정시 외환 초과수요 발생 → 고정환율 유지를 위해 외화방출 & 긴축정책을 채택 → 그러나 긴축정책을 사용하면 국내경기도 불황이 된다. 정답은 ③

2 변동환율제도에 관한 다음 설명 중 옳지 않은 것은?

① 환율이 일정범위를 벗어나면 정부가 개입을 하게 되고, 일정범위 안에 있으면 외환시장에 의해서 자유롭게 결정되도록 놓아두는 방식이다.

② 변동환율제도 하에서는 환율이 완충적 역할을 담당하게 되어 해외의 경기상황이 국내로 파급되지 않는다.

③ 다른 나라의 경기 불황으로 인해 발생한 외환에 대한 초과수요가 환율의 변화로 조정되어 긴축정책을 사용할 필요가 없다.

④ 예상하지 못한 환율의 변동으로 인한 위험을 부담하게 된다.

⑤ 일관성 있는 대외경제정책을 수행하기가 어렵다.

정석힌트 환율이 일정범위를 벗어나면 정부가 개입을 하게 되고, 일정범위 안에 있으면 외환시장에 의해서 자유롭게 결정되도록 놓아두는 방식은 관리변동환율제도이다. 정답은 ①

3 다음 보기에서 경상수지흑자를 줄이기 위한 정책이 아닌 것은?

보기

(가) 총지출의 증대	(나) 자국통화의 평가절상
(다) 재정적자의 규모확대	(라) 국내저축의 감소
(마) 국내투자의 감소	

정석힌트 경상수지가 흑자일 때에는 확장적 재정정책을 통해 총지출을 늘려 흑자규모를 줄여야 한다. 그러나 국내투자의 감소는 긴축적 재정정책에 해당한다. 따라서 정답은 (마)이다.

4 자본시장이 완전히 개방되어 있고 변동환율제를 시행하는 소국개방경제에서 나타나는 현상이라고 볼 수 없는 것은?

① 통화량증가에 따라 순수출이 증가한다.

② 통화량증가는 소득을 증가시킨다.

③ 정부지출의 증가는 국내통화의 가치를 하락시킨다.

④ 통화량증가에 따라 자본유출이 발생한다.

⑤ 확장적 재정정책의 경기부양효과는 별로 크지 않다.

정석힌트 통화량의 증가(확장적 통화정책)는 이자율의 하락으로 자본유출이 발생하면 환율상승(자국통화약세)을 가져온다. 환율상승은 순수출의 증가로 경상수지흑자가 되며 국민소득을 증가시킨다. 그러나 정부지출의 증가(확장적 재정정책)는 이자율상승과 자본유입을 통해 환율하락을 가져온다. 이에 순수출이 감소하여 경상수지적자가 발생한다. 정답은 ③이다.

5 변동환율제하에 국제자본이동이 완전히 자유로운 소국개방경제에서 총수요부족이 나타나는 경우 효과적인 정책수단은?

① 통화량 증가

② 국채발행

③ 정부지출감소

④ 조세감면

⑤ 공공근로사업의 확대

정석힌트 변동환율제에서는 확장적 통화정책이 효과적이다. 따라서 정답은 ①이다.

6 다음 보기를 읽고 빈칸에 적절한 말을 넣으시오.

보기

자본이동이 자유로운 소국개방경제에서 변동환율제를 채택하고 있다. 이때 먼델-플레밍모형에 의하여 정부지출의 증가는 (　　)을 상승시키므로 (　　)이 유입되기 때문에 (　　)이 하락하여 (　　)는 상승하게 된다.

정석힌트 이자율, 자본, 환율, 국내통화의 대외가치

7 다음 보기에서 경기과열, 경상수지적자, 물가상승의 상황에 채택할 수 있는 최적의 정책조합은?

보기

(가) 통화량감소　　(나) 소득세인하

(다) 환율인상　　(라) 투자확대

정석힌트 변동환율제에서 경기과열상황은 긴축적 재정 및 통화정책, 경상수지적자상황은 환율인상이 최적의 정책이다. 정답은 (가), (다)이다.

8 경제가 b점에 있을 때 대내균형(D)과 대외균형(E)를 달성할 수 있는 정책조합은?

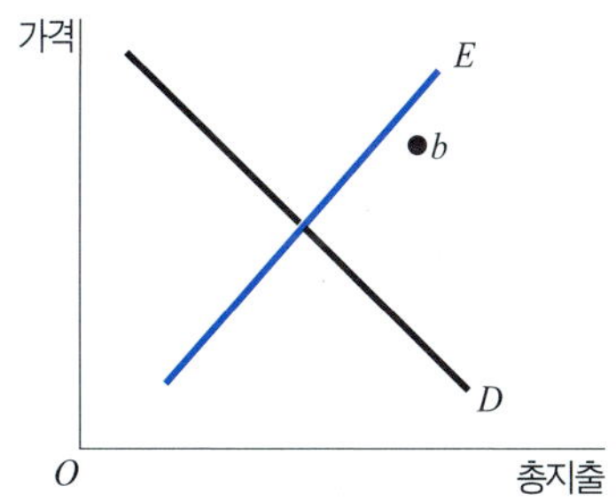

① 환율인하(평가절상)와 긴축정책

② 환율인하(평가절상)와 확정정책

③ 환율인상(평가절하)과 확장정책

④ 환율인상(평가절하)과 긴축정책

⑤ 환율변경 없이 긴축정책

정석힌트

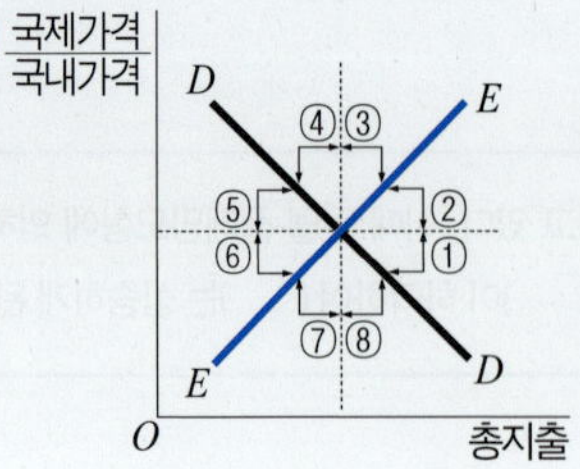

D선 이상부분은 인플레이션, 이하부분은 실업을 의미한다. E선 이상부분은 국제수지 흑자, 이하 부분은 국제수지 적자를 의미한다. 그림에서 ①~⑧의 구간마다 정책조정은 다음의 표와 같다.

구분	경제상황		정책	
	대내	대외	대내	대외
①	인플레이션	적자	긴축적 재정·금융정책	환율인상(평가절하)
②	〃	〃	〃	〃
③	〃	흑자	〃	환율인하(평가절상)
④	〃	〃	〃	〃
⑤	실업	〃	확장적 재정·금융정책	〃
⑥	〃	〃	〃	〃
⑦	〃	적자	〃	환율인상(평가절하)
⑧	〃	〃	〃	〃

따라서 정답은 ④이다.

9 **경제가 b점에 있을 때의 상황 중 맞는 것은?**

① 국제수지 흑자와 인플레이션

② 국제수지 적자와 인플레이션

③ 국제수지 흑자와 실업

④ 국제수지 적자와 실업

⑤ 국제수지 적자와 인플레이션

정석힌트 대내균형선 위와 대외 균형선 아래에 있으므로 인플레이션과 국제수지적자인 상태이다. 따라서 정답은 ⑤이다.

10 **한국의 실질이자율이 세계이자율보다 높다고 할 때, 순해외투자와 환율, 순수출에 미치는 영향을 설명하시오.**

정석힌트 내국인의 해외투자가 줄고 외국자본이 유입되므로 순해외투자가 감소한다. 이로 인해 외환수요가 감소하고 환율이 하락한다. 따라서 순수출이 감소하게 된다.

11 **정부가 수입할당이나 관세를 부과하여 수입품에 대한 수요를 억제하는 경우 소득, 환율, 무역수지(순수출)에 미치는 영향을 먼델–플레밍모형에서 변동환율제와 고정환율제의 경우로 나누어 분석하시오.**

정석힌트 (1) 변동환율제: 순수출은 수출-수입이므로 수입의 감소는 순수출의 증가를 뜻한다. IS곡선을 오른쪽으로 이동시킨다. 단기적으로는 총소득의 증가와 이자율의 상승, 외국자본의 유입으로 순해외투자가 감소하여 환율의 하락(원화강세)을 가져오지만, 장기적으로는 이자율이 세계이자율수준으로 회복되며 환율이 추가로 하락하여 순수출이 감소하기 시작하여 총소득도 원래수준으로 돌아간다.

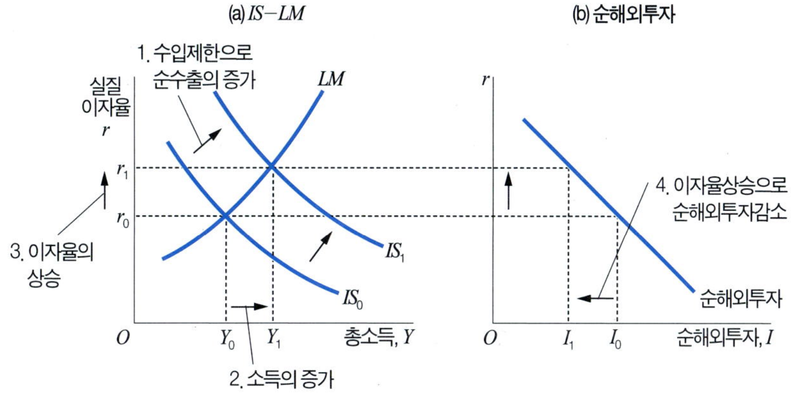

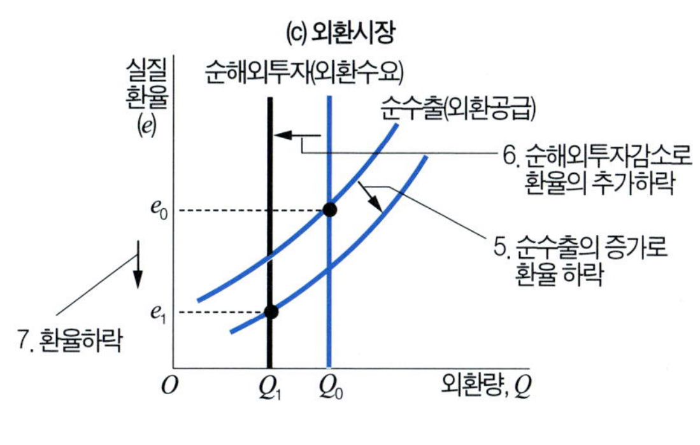

(2) 고정환율제: 순수출의 증가로 인해 IS곡선이 오른쪽으로 이동한다. 총소득의 증가와 이자율의 상승, 외국자본의 유입으로 순해외투자가 감소하여 환율의 하락(원화강세)을 가져온다. 환율을 고정된 수준에 유지하기 위하여 통화공급이 증가하여야 하며 통화공급의 증가로 LM곡선이 오른쪽으로 이동한다. 이로 인해 총소득이 증가하고 소득의 증가로 저축이 증가하여 순수출이 증가한다.

(3) 본문에 나온 요약표에 수입제한 무역정책의 효과를 추가하여 요약하면 다음과 같다.

정책	환율제도					
	변동환율제			고정환율제		
	효과					
	소득	원화가치	경상수지	소득	원화가치	경상수지
확장적 재정정책	0	↑	↓	↑	0	0
확장적 통화정책	↑	↓	↑	0	0	0
수입제한 무역정책	0	↑	0	↑	0	↑

주: ↑는 증가, ↓는 하락, 0은 무효과를 의미한다.

12 "변동환율제가 국내생산과 고용이 해외부문의 충격으로부터 격리시키는 효과를 가진다." 이에 대해 평가를 하시오.

정석힌트 해외경기가 호황이라면 수출이 증가하여 순수출이 증가한다. 이로 인해 IS곡선이 오른쪽으로 이동하고 이자율이 상승하고 총소득이 증가한다. 이자율의 상승은 해외자본유입으로 순해외투자를 감소시키고 외환시장에서 외환수요를 감소시켜 환율이 하락한다. 환율하락(원화강세)이 수출을 감소시켜 IS곡선을 다시 왼쪽으로 이동시키기 때문에 총소득은 최초수준으로 돌아간다.

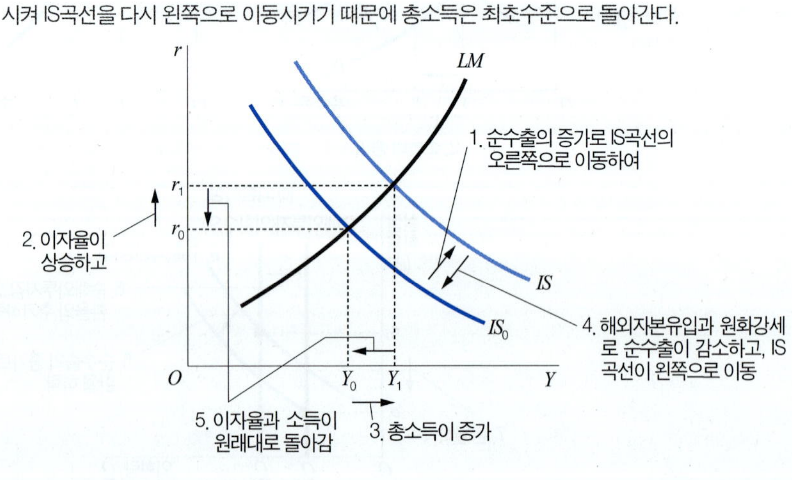

13 **국내투자를 활성화하기 위해 투자세액공제제도를 도입할 때 저축, 투자, 순해외투자, 이자율, 환율, 경상수지에 미치는 영향을 설명하시오.**

정석힌트 국내투자를 위해 기업들이 자금을 더 빌리려고 하므로 자금수요가 증가한다. 이로 인해 실질이자율이 상승하고 해외자본이 유입되어 순해외투자가 감소한다. 이는 외환시장에서 달러공급이 늘고 원화수요가 늘어 환율이 하락한다. 따라서 순수출이 감소하고 경상수지도 감소하게 된다. 한편 실질이자율의 상승은 국민저축을 증가시킨다.

14 **먼델–플레밍 모형에서 변동환율제도 하의 재정정책과 통화정책의 효과를 고정환율제도 하의 재정정책과 통화정책의 효과와 비교할 때 총소득, 환율, 경상수지측면에서 어떻게 다른지 설명하시오.**

정석힌트 본문 마지막 요약표 참조.

15 **먼델–플레밍모형에서 자본이동이 자유롭고 변동환율제를 채택하고 있는 소국이 (A) 통화량을 증가시킬 때 발생하는 현상과 (B)정부지출을 증가시킬 때 발생하는 현상을 타당하게 비교 설명한 것은?**

보기

(가) A의 경우 LM곡선의 우측이동, 국민소득불변, 환율하락
(나) B의 경우 IS곡선의 우측이동, 국민소득증가, 환율상승
(다) B의 경우 IS곡선의 이동, 국민소득불변, 환율하락
(라) A의 경우 IS, LM곡선의 우측이동, 국민소득증가, 환율상승

정석힌트 정답은 (다), (라).
변동환율제의 통화정책의 효과: ① 통화량 증가 → LM 우측이동 → (이자율하락) 국제수지 적자, ② 환율상승 → 수출증가, 수입감소 → IS 우측이동, BP 우측이동(수평선이므로 그대로).
변동환율제도 하에서 통화정책은 안정화정책으로 국민소득이 현저히 증가한다.
변동환율제의 재정정책의 효과: ① 정부지출 증가 → IS 우측이동 → (이자율상승) 국제수지 흑자, ② 환율하락 → BP좌측이동(자본이동이 자유로운 경우 수평선이므로 그대로), IS좌측이동.
변동환율제도 하에서 재정정책은 안정화정책으로 별로 효과가 없다.

정석심화문제

16 고정환율제도와 이 제도에서 나타날 수 있는 현상에 대한 설명으로 옳은 것을 모두 고르면?

보기

㉠ 국제수지흑자가 발생할 경우 국내 통화공급이 감소한다.

㉡ 국제수지적자가 발생할 경우 중앙은행이 외환을 매각해야 한다.

㉢ 고정환율제도는 해외에서 발생한 충격을 완화시켜 주는 역할을 한다.

㉣ 국내 정책목표를 달성하기 위한 통화정책이 제약을 받는다.

*국제수지 = 경상수지 + 자본수지

① ㉠, ㉢　　② ㉠, ㉣

③ ㉡, ㉢　　④ ㉡, ㉣

⑤ ㉠, ㉡, ㉣

정석힌트 ㉠ 고정환율제도에서 국제수지흑자가 발생하게 되면 달러가 유입되고, 원화의 평가절상(환율인하)을 막기 위해서 중앙은행이 통화량을 공급하게 되면 국내 통화공급은 증가하게 된다.

㉡ 고정환율제도에서 국제수지가 적자가 되면 달러가 유출되기 때문에, 원화의 평가절하(환율인상)를 막기 위해 중앙은행은 외환을 매각해서 환율을 고정시켜야 한다. 통화량을 감소시켜 원화를 매입하고, 달러인 외환을 매각해야 한다.

㉢ 고정환율제도에서는 환율이 고정되어 있으므로 해외에서 발생한 충격을 버퍼로 완화시킬 수 있는 장치가 없기 때문에 그대로 국내로 전달이 된다.

㉣ 고정환율제도에서는 중앙은행이 독자적인 통화정책을 사용하기 어렵게 된다. 국제수지가 흑자가 되는 경우에는 환율의 변화를 제거해야 하기 때문에 통화량을 증가시켜야 한다. 이렇게 국내 여건과 상관없이 환율유지를 하다 보면 외부의 충격이 고스란히 국내로 전파된다.

정답은 ④

17 **고정환율제도와 변동환율제도에 관한 다음 설명 중 가장 옳지 않은 것은?**

① 두 제도에서 통화정책은 항상 유효하다.

② 변동환율제도에서 국제수지는 자동적으로 조정된다.

③ 외환투기 현상은 두 제도 모두에서 발생가능하다.

④ 해외교란 요인의 차단을 위해서는 변동환율제도가 보다 바람직하다.

⑤ 가치가 안정된 통화에 대한 고정환율제도 실시는 물가안정을 보다 용이하게 할 수 있다.

정석힌트 (1) 고정환율제도 : 정부가 특정통화에 대한 환율을 일정수준으로 정하여(외생적) 이를 유지하는 제도

■ 특징

– 환율변동에 대한 불확실성이 없어 무역 및 금융거래가 활발
– 일시적 환차익을 노린 투기성 단기자본거래가 발생하지 않음
– 중앙은행의 외환보유액 변동이 필수적으로 수반
– 통화정책의 자율성이 훼손(재정정책이 상대적으로 효과적)
– 외환보유액이 충분하지 않고 고정환율수준이 기초경제여건과 크게 괴리된 경우, 외환투기가 발생 가능
– 통화가치가 안정된 국가의 통화에 환율을 고정시킨다면 물가안정을 용이하게 달성할 수 있음
– 국제수지가 자동적으로 조정되지는 않음

(2) 변동환율제도 : 환율이 기본적으로 외환시장에서의 수요와 공급에 의해서 내생적으로 결정되도록 하는 제도

■ 특징

– 자유변동환율제(중앙은행의 외환시장 미개입)와 관리변동환율제(중앙은행의 외환시장 개입)
– 환율변동에 대한 불확실성으로 무역 및 금융거래가 위축 위험
– 일시적 환차익을 노린 투기성 단기자본거래가 자주 발생
– 통화정책의 자율성이 유지되지만(통화정책이 상대적으로 효과적) 과도하게 사용될 경우, 인플레이션이 유발될 수 있음
– 통화가치의 상승 또는 하락 예상에 따른 투기적 자금이동에 노출
– 해외의 교란요인이 발생하더라도 환율변동을 통해 이를 차단하여 국내 경제에 미치는 영향을 최소화할 수 있음
– 국제수지 불균형이 자동적으로 조정

정답은 ①

18 다음은 고정환율제도하에서의 확장적 통화정책에 대한 설명이다. 옳은 설명을 모두 고른 것은?

보기

가. 통화팽창 이후 고정환율제도를 유지하기 위해서 중앙은행은 보유 중인 외환을 매각하여 원화의 통화량을 감소시켜야 한다.
나. 확장적 통화정책은 국민소득의 증가를 초래한다.
다. 고정환율제도하에서 중앙은행은 거시경제의 안정성을 유지하기 위한 수단으로서의 통화정책의 유효성을 상실하게 된다.

① 가, 나
② 가, 다
③ 나, 다
④ 가, 나, 다
⑤ 가

정석힌트 (가) 확대금융정책으로 이자율이 하락하고 자본수지가 악화되면 정부가 외환을 공급하면서 통화량이 감소한다.
(나) 통화량의 감소는 *LM*곡선이 처음 상태로 돌아와 국제수지균형에 도달할 때까지 계속된다.
(다) 국제자본이동의 원활성(*BP*곡선의 기울기)과 관계없이 국민소득이나 이자율을 변화시킬 수 없다.

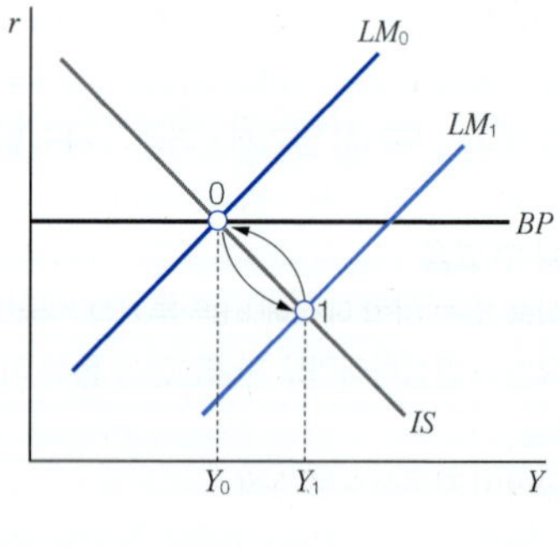

정답은 ②

19 자본이동이 자유롭고 변동환율제도를 채택한 소규모 개방경제에 대한 다음 설명 중 옳은 것을 모두 고르면? (단, 우하향하는 *IS*곡선과 우상향하는 *LM*곡선을 가정한다.)

보기

가. 정부지출의 증가는 재정적자와 경상수지적자를 동시에 증가시킨다.

나. 국채의 공개시장 매각(open market sale)은 소비 감소와 순수출 증가를 가져온다.

다. 투자심리 하락에 따른 투자 감소는 총수요 측면의 균형국민소득에 아무런 영향을 미치지 못한다.

라. 대체지급수단(means of payment)의 개발에 따른 화폐유통속도의 증가는 소비와 순수출의 증가를 가져온다.

① 가, 나

② 가, 라

③ 나, 다

④ 가, 다, 라

⑤ 나, 다, 라

정석힌트 이 모형 역시 *BP*곡선이 수평이다.

(가) 다음 항등식에 의해 정부지출이 증가하면 경상수지적자의 가능성이 커진다.

$(X-M)=(S-I)+(T-G)$

(나) 국채의 공개시장매각은 긴축금융정책으로 *LM*곡선을 상방으로 자체이동시킨다.

(다) 변동환율제도에서 *BP*곡선이 수평이면 *IS*곡선을 움직이는 충격은 전혀 효과가 없다.

(라) 화폐유통속도의 증가는 통화공급의 증가를 의미한다. *LM*곡선이 하방으로 자체이동하면 국제수지가 적자가 되고, 환율이 상승하면서 순수출이 증가한다.

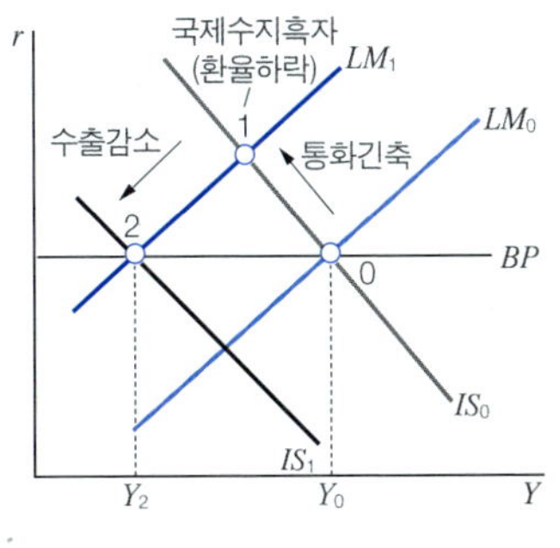

정답은 ④

20 자본이동이 완전히 자유로운 상황에서 변동환율제도를 채택한 경우, 소규모 개방경제의 *IS-LM-BP* 모형에 의할 때 다음 중 환율상승(평가절하)과 함께 균형국민소득이 증가하는 요인만으로 올바로 묶은 것은? (단, *IS*곡선은 우하향하고 *LM*곡선은 우상향한다고 가정)

보기

가. 화폐수요의 증가	나. 화폐공급의 증가
다. 독립투자지출의 증가	라. 국제이자율의 상승
마. 조세삭감	바. 정부지출 증가

① 다, 마, 바 ② 가, 다, 바
③ 가, 나, 라 ④ 나, 라
⑤ 나, 다, 라, 마, 바

정석힌트 자본이동이 완전히 자유로운 먼델-플레밍 모형에서 고정환율제도에서는 재정정책이 의미가 있고, 변동환율제도에서는 금융정책이 효과가 있다. 특히, 변동환율제도에서는 환율의 내생적 결정으로 인해 정부정책의 효과가 고정환율제도인 경우와 달리 나타나게 되는데, 그 과정을 정확히 이해할 필요가 있다. *IS*곡선을 우측이동시키는 확대재정정책(독립소비 및 독립투자 증가, 정부지출 증가, 조세 감면 등)은 국내이자율을 상승시키고 이는 해외에서 국내로의 자본유입을 유발하고 이에 따라 외환시장에서는 외환공급이 늘어나 환율하락(평가절상)이 발생한다. 환율하락은 순수출의 감소로 이어져 결국 *IS*곡선은 다시 좌측으로 이동하여 산출량과 이자율은 불변이 된다.

반면, 확대금융정책(화폐공급 증가, 화폐수요의 감소)은 *LM*곡선을 우측이동시켜 국내이자율을 하락시켜 국내에서 해외로의 자본유출을 유발하고 외환시장에서는 외환수요가 늘어나 환율상승(평가절하)이 일어난다. 환율상승은 순수출을 늘려 *IS*곡선이 우측으로 이동하여 결국 산출량은 증가하게 된다(이자율은 불변).

참고로, 국제이자율의 상승은 고정환율제도에서는 자본유출로 인한 *LM*곡선의 좌측이동과 *BP*곡선의 상방이동을 수반하여 산출량을 하락시키게 되고(국내이자율은 상승), 변동환율제도에서는 자본유출로 인한 환율상승을 유발하여 순수출 증가에 따른 *IS*곡선의 우측이동과 *BP*곡선의 상방이동을 수반하여 산출량을 증가시키게 된다(국내이자율은 상승).

〈국제이자율 상승-고정환율제도〉

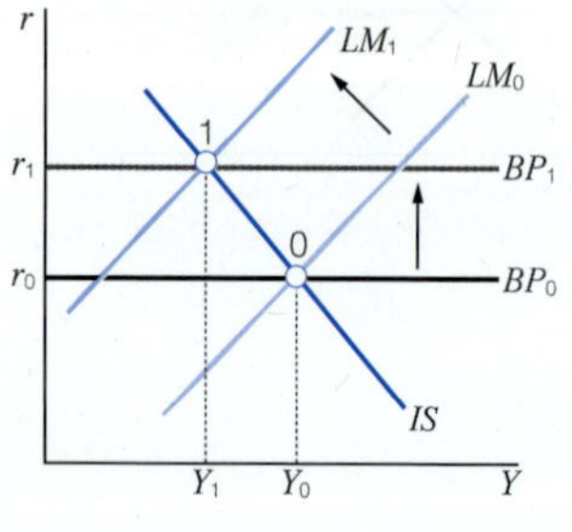

〈국제이자율 상승-변동환율제도〉

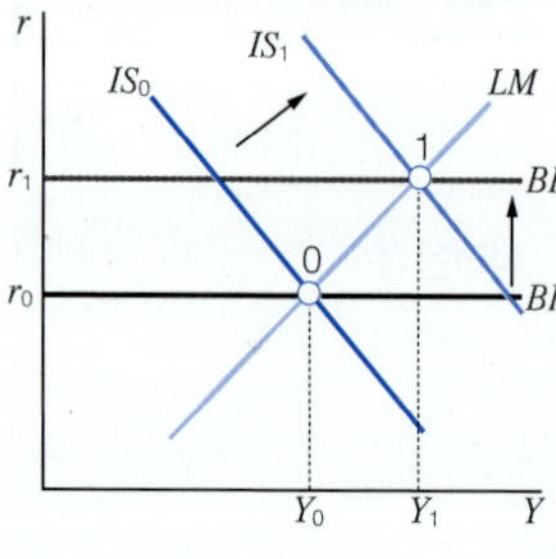

정답은 ④

찾아보기

국 문

ㄱ

ㄴ

ㄷ

ㄹ

ㅁ

ㅇ

ㅈ

ㅊ

영 문

A

B

C

D

E

F

G

H

I

저 · 자 · 약 · 력

장선구

성균관대학교 경제학과를 졸업하고 동대학원에서 경제학 박사 학위를 받았다. 웅지세무대학교에서 재직하였으며, 성균관대학교, 연세대학교, 고려대학교 등에서 많은 강의를 통해 후학들을 양성하였다. 한국경제학회와 한국경영학회 종신회원으로 활동하고 있으며, 한국산업경제학회 이사직을 맡고 있다. 현재는 성균관대학교에서 겸임교수로 학원가에서 공무원, 회계사, 세무사, 감평사, 노무사, 등 시험을 위한 강의도 담당하고 있다. 최근 유튜브에서 〈짱박사경제학〉 채널을 개설하여 콘텐츠 크리에이터로서 다양한 방식으로 학생들과 소통하고 있다.

박환재

경북대학교 경제학과를 졸업하고 미국 오하이오 주립대학에서 경제학 석사학위를, 미국 노스캐롤라이나 주립대학교 경제학 박사학위를 받았다. 현재 대구가톨릭대학교 경상대학 무역학 교수로 있다. 마르퀴즈 후즈 후(Marquis Who's who) 세계인명대사전과 세계 3대 인명대사전(Who's Who, IBC, ABI), 21세기 위대한 지성인 2000인(2000 Outstanding Intellectuals of the 21th Century-ABI, IBC)에 등재되었으며, 21세기 업적상(The 21st Century Award of Achievement-IBC)과 2006-2016 세계선도교육자(Leading Educators of the World 2006-2016-IBC), 올해의 국제교육자(International Educator of the Year 2006-2016 IBC)로 선정되었다. 통계청 사무관, 미국 SAS연구소 연구원, 오하이오 주립대학교와 캘리포니아 주립대학교 객원교수, 경제통상학회 이사, 재정학회 이사, 한국은행 대경본부 자문위원을 역임했으며, ABI 세계인명대사전 자문연구위원과 KDI 경제전문가 모니터위원으로 활동하고 있다.

이진형

성균관대학교 경제학과를 졸업하고 미네소타 주립대학교에서 박사 학위를 받았다. 미국 텍사스 주립대학교 의대와 조지아 주립대학교에서 교수로 지냈으며, 현재 성균관대학교 경제학과 교수로 재직 중이다. 전공은 의료경제, 산업조직, 응용계량이며, 보건복지부, 심사평가원, 건경보험공단 및 보건사회연구원과 다양한 연구를 진행하고 있다.

함선미

경희대학교에서 무역학과 학사, 석사, 박사학위를 받았다. 전공은 국제경제학으로 경제학박사를 취득하였고, 경제학원론, 미시와 거시경제학, 무역학원론, 국제경영과 국제경제학 과목을 강의하고 있다. 일본의 국립대학인 류큐대학에서 객원연구원으로 4년 동안 재직하면서 강의 및 연구활동을 하였으며, 이후 한국경제연구원에서 연구와 논문 등을 발표하였다. 현재는 경희대학교 후마니타스칼리지와 항공대 경영학부에서 경제학원론과 거시경제학을 강의하고 있다.

저자와의
협의하에
인지생략

정석 거시경제론 [제2판]

2016년 02월 25일 초판 인쇄
2021년 08월 23일 2판 인쇄
2021년 08월 27일 2판 1쇄 발행

저　자 : 장선구 · 박환재 · 이진형 · 함선미
발행인 : 정광식
발행처 : **비앤엠북스**
서울특별시 금천구 가산디지털1로 70 B1-103
등　록 2004. 12. 29. / 제313-2004-00298호
전　화 (02) 2627-5710~13, 팩스 (02) 2627-5720
홈페이지 www.대학교재.net
이 메 일 bnmbook@daum.net

정가 35,000원　　ISBN 978-89-6821-138-6